AV

Christian Dietrich Grabbe

Briefe

Herausgegeben von Lothar Ehrlich
unter Mitarbeit von Viktor Liebrenz
Mit einem Nachwort von Lothar Ehrlich

AISTHESIS VERLAG
Bielefeld 1995

Die Drucklegung förderten:

die Nyland-Stiftung, Köln,
der Landschaftsverband Westfalen-Lippe, Münster,
der Landesverband Lippe, Lemgo

Die Deutsche Bibliothek – CIP-Einheitsaufnahme

Grabbe, Christian Dietrich:
Briefe / Christian Dietrich Grabbe. Hrsg. von Lothar Ehrlich unter Mitw. von Viktor Liebrenz. - Bielefeld : Aisthesis-Verl., 1995
ISBN 3-89528-114-X
NE: Ehrlich, Lothar [Hrsg.]; Grabbe, Christian Dietrich: [Sammlung]

Postfach 10 04 27, D-33504 Bielefeld
Gesamtherstellung: Druckerei Runge GmbH, Cloppenburg

ISBN 3-89528-114-X

Inhalt

1. An die Eltern

Liebe Eltern!

Schnell ergreife ich die Feder, da ich höre, daß mein Vater mit mir nach Meinberg will!

Ich habe einen heftigsten Wunsch, Wunsch sage ich, die heftigste Begierde, die größte Leidenschaft nach einem Buche. Aber ach, alle meine Wünsche scheitern, meine Ruhe ist dahin auf lange, lange Zeit, es ist – es ist – – – – ich bin verwirrt, ich vermag es nicht zu schreiben, es ist – – – o Gott – – – zu teuer. Zitternd schreibe ich es. Wie gern gäbe ich vieles von meiner Kleidung dahin, um es zu erhalten, allein dies würdet Ihr nicht erlauben, doch geht es, so erlaub es Vater, liebe Mutter! bedenk, bedenkt, daß wahrscheinl. die Ruhe Eures Sohnes auf lange Zeit davon abhängt. Abschreiben möcht ich es, aber es sind 14 Bände. Schon seit langer Zeit habe ich mich mit dem Wunsch, es zu erhalten, umhergetrieben, schon lange Wochen nagte innere Unruhe an meinen Herzen. Dies Herz war zu voll, zu besorgt, als daß es hätte hoffen können, es über die Lippen zu bringen, oder es zu schreiben. Daher war jener finstere Trübsinn, den ich ganz nachhing, wo ich überall stand und in mich selbst versunken war, ihr wolltet ihn vertreiben, allein ich hange ihn noch jetzt in einsamen Stunden nach, dann hoffe ich, ihn in Eurer Gesellschaft zu zerstreuen, durch Frohsein darin auseinander zu treiben, aber vergebens, habe ich mich entfernt, so umhüllen wieder finstere Wolken meine sonst jugendliche freie Stirn. Darum murrte ich, wenn ich ein neu Kleid bekam: ach, dachte ich, du hast der Kleider so viele, hättest du doch das Geld dafür, daß du es zum Buche brauchen könntest. Ach Gott, wie gern, wie freudig wollte ich auf manches Verzicht tun, wenn ich nur das Buch bekäme. Gibst Du es mir, dann will ich wahrhaftig lange kein ander Buch als ein Schulbuch, lange kein neu Kleid haben, und Dir, durch kindlichen

Gehorsam, so viel wie ich kann, und was doch meine Schuldigkeit ist, Dein Alter versüßen. Da ich so ungeheuere Liebe zur Geographie habe, so habe ich eine solche Begierde danach, es ist von den so berühmten Zimmermann. Da es wissentschaftlich ist, so kannst Du denken, daß ich es zur Unterhaltung nicht verlange. Es heißt: Zimmermann, ›Taschenbuch der Reisen‹, bei Gerhard Fleischer zu Leipzig mit Kupfern und Karten. Verschreibst Du es mir, so will ich alles Unnötige verkaufen. O Gott, welch einen Tag habe ich heute wieder gehabt, ich habe das Buch immer vor Augen gehabt. Ganz genau weiß ich den Preis selbst nicht, frag daher erst die Buchhandlung ja darum, daß sie es Dir nicht schicken, und es wäre Dir zu teuer. Jetzt wollte ich Dich warnen, mich mit nach Meinberg zu nehmen, weil denn das Geld, was ich da verzehren würde, besser zum Buche angewandt wäre. Ich will keine Butter mehr essen, Kaffee wenig trinken. Frag doch den Dienstag um den Preis des Buchs, und verschreib es darnach, wenn du kannst, bedenk, meine Ruhe hängt lange, lange davon ab, jetzt beschließ diesen unter manchen Zähren und Schluchzen geschriebenen Brief.

Die Schrift konnt ich wegen meiner Unruhe nicht besser machen.

[Detmold, 1812/13]

Zum Zeichen, daß ich alles Mögliche getan habe, lege ich meine Aufsätze zum Durchsehen bei, und bitte, sie wieder auf die Kammer unten in mein Bücherbrett zu legen.

Euer
geliebter Christian.

2. *An die Meyersche Hofbuchhandlung*

Den Catull, Tibull, Properz, so wie auch des Ovids ›Tristia‹ bitte ich mir so bald als möglich zu übersenden. Sie werden es mir verzeihen, wenn ich bitten muß, mir das jüngst verschriebene ›Taschenbuch der Reisen‹ von Zimmermann, es doch ja in 8 oder 10 Tagen, mit möglichster Eile zu übersenden, da unerwartete Umstände mich dazu zwingen. Sein Sie des wärmsten Danks versichert, wenn ich es in der bedungenen Zeit bekomme.

den 30. Sept. 1815 Ihr

Grabbe.

3. *An die Meyersche Hofbuchhandlung*

›Neue Sammlung von Reisebeschreibungen‹, vom Campe für die Jugend bearbeitet. 7 Bände mit Kupfern, bitte ich mir zu übersenden. Da es zu unserem Schulgebrauch, besonders jetzt gut ist; so möchte ich es gern bald haben.

[Detmold 1815] ChDGrabbe.

4. *An die Meyersche Hofbuchhandlung*

Die wohlfeile Originalausgabe von *Schillers ›Geisterseher‹*, welche bei G. J. Göschen in Leipzig zu haben ist, bitte ich, mir so bald wie möglich zu übersenden. Preis 9 Gr. Die 9 Gr. erfolgen hierbei.

Detmold, den 12. Juli [1816] ChDGrabbe.

5. *An Georg Joachim Göschen*

Detmold, den 28. Juli 1817.

Ew. Wohlgebornen

werden verzeihen, wenn ich Ihnen meine ›Theodora‹ zum Verlag übersende. Mehrere Gelehrte, denen ich sie zur Ansicht übersandte, erhoben sie wohl zu hoch, besonders die Stellen, welche Seite 29, 30, 38, 48 sich befinden; sie lobten mehrere kühne Theaterstreiche, und lobten besonders die Einheit des Stückes, die Allegorien, den fünften Akt, dessen letzte Worte sehr auf sie gewirkt hätten, und viele Szenen, z.B. II 2 usw. So wurden mir Anerbietungen von einigen Buchhandlungen, durch einige meiner Freunde gemacht, welche den Inhabern jener Handlungen mein Manuskript gezeigt hatten, wider meinen Willen. Der geschriebene Bogen sollte mir mit mehreren Louisdor bezahlt werden. Allein ich habe nicht nötig für Geld zu schreiben, und alles zog mich zu Ihnen, dem Verleger der Meisterwerke Deutschlands, dem Unterstützer eines Schillers.

Alle meine Bedingungen sind diese: daß mein Werk wenigstens künftigen Ostern gedruckt ist. Gerne sähe ich es auf Schreibpapier gedruckt und mit einem Kupfer zu irgendeiner Szene verziert. Dann bitte ich mir einige der ersten Exemplare auf Velinpapier aus, und zuletzt bitte ich mir den geschriebenen Bogen zu bezahlen. Ein Schüler im sechzehnten Jahre (weil ich funfzehn Jahr alt war, hofften mehrere Buchhändler das Werk stark abzusetzen) würde ich keine Bezahlung fordern, wovon ich in der Zukunft Beweise ablegen werde, wenn ich nicht bald nach Pyrmont reiste. Deshalb muß ich Sie, mein Herr! bitten, die ›Theodora‹ den ersten oder den zweiten Tag nach dem Empfange durchzulesen und mir gleich darauf für jeden geschriebenen Bogen eine Pistole in Golde, zusammen also 32½ Pistole zu senden, so daß ich von dato an in neun oder eilf Tagen die Bezahlung erhalte. Das Format des Buchs, die Menge der gedruckten Exemplare, die Wahl des Papiers und der Typen überlasse ich gerne dem Kundigen, Ihnen. Sehr gerne möchte ich der Korrektor meines Buches sein.

Euer Wohlgebornen
untertänigster
ChDGrabbe.

6. *An die Eltern*

Liebe Eltern!

Ich habe ein Buch verschrieben, aber schon seit ½ Jahre, und konnte es zurücksenden, wenn es kam. Ich will eine

Kritische Beleuchtung

hierüber anstellen.

1.) War es erlaubt, ein Buch ohne das Wissen meiner Eltern zu verschreiben? Erlaubt war es nicht, aber zu entschuldigen ist es, weil ich fürchtete, es euch zu sagen, weil es ein halb Jahr wohl hin ist und weil ich das Geld desselben ersparen konnte. – Nun ist die Frage übrig, ob es das Buch wert ist, daß es verschrieben wird. – In jedem meiner Bücher kannst Du das Lob seines Verfassers lesen. Es ist in seiner Art das erste Buch der Welt und gilt bei vielen mehr als die Bibel, denn es ist das Buch der Könige und des Volks, es ist das Buch, wovon einige behaupten, daß es ein Gott geschrieben habe, es sind:

die Tragödien Shakespeares,

des Verfassers des ›Hamlets‹, die schon 300 Jahr bekannt sind. Diesen hat Deutschland seine Bildung zu verdanken, denn sie regten zuerst *Goethen,* den größten Deutschen, auf; sie waren es, um welche *Schiller,* als er eine Stelle aus ihnen hatte vorlesen hören, nach Stuttgart reiste und, von ihnen befeuert, die ›Räuber‹ schrieb; deshalb kannst Du mir verzeihen, daß ich von ihnen eingenommen bin.

Du weißt, wie nützlich es ist, sich durch Nebenarbeiten auf Universitäten Geld zu erwerben oder auch nach der Studentenzeit in Überfluß leben zu können. – Das kannst Du nur durch *Schriftstellerei,* denn man hat sogleich kein Amt. – Ich kann aber bloß das schreiben (außer der Jura oder Medizin, die ich vielleicht studiere), was in Shakespeares Fach schlägt, Dramen. – Durch *eine* Tragödie kann man sich Ruhm bei Kaisern und ein Honorar von Tausenden erwerben, und nur durch *Shakespeares* Tragödien kann man lernen, Gute zu machen, denn er ist der Erste der *Welt*, wie Schiller sagt, bei dessen Stücken Weiber zu frühzeitig geboren haben. Der Shakespeare ist aber so schwer zu verstehen, daß man *Monate* an einer Seite, wie an dem Monolog im ›Hamlet‹: *»Sein oder nicht Sein«* usw. studieren muß und jahrelang, wenn man etwas daraus lernen will, darum wünschte ich ihn eigen zu haben. – Im *Englischen* habe ich einen Band von ihn, und daraus kann ich *Englisch* lernen.

Sieh! so nötig habe ich ihn! – Du meinst, es koste Dir viel Geld, ihn zu verschreiben. – Das ist so nicht. – Sieh, ich habe gar keine Bücher gekriegt! Wir mußten Schulbücher haben! Ich habe sie geliehen, alte Ausgaben gebraucht um Dich nicht zu belästigen! – Meinst Du, es mache Spaß, mich mit den großen 400jährigen pergamentenen Büchern zu schleppen.

Ich mußte einen *Atlas* haben *(beim Rektor)* von der Welt vor Christus. – Alle haben ihn. – Ich nicht. – Ich sehe mit andren aus und mußte einzelne Karten leihen. – Der Atlas kostet 2 Rtlr. – Ich habe sie Dir erspart. Frag nach ob's nicht so ist. Ich mußte bei Koeler haben: *Nitsch, ›Alte Geographie‹, kostet* 1 Rtlr. – Ich habe ihn erspart und mit andren ausgesehen. Ich mußte haben: *Cicero, ›De legibus‹*, bei Moebius 24 Gr. – Ich habe eine alte Ausgabe geliehen, habe Dir nie etwas davon gesagt. – Ich mußte haben bei Moebius: *Terentii Com.*: 1 Rtlr. 12 Gr. – Ich sah mit einem andren aus. *Cicero, ›De senectute‹* (12 Gr.), bei Moebius, habe ich geliehen, ebenso wie *Steins ›Geographie‹* (24 Gr.) bei Preuß. – Sieh, diese Bücher habe ich Dir erspart, mit Mühe u. Verdruß, und hättest Du sie mir angeschafft, so hättest Du 6 Rtlr. bezahlen müssen. – Denke Dir, Du hättest die 6 Rtlr. zurückgelegt und wolltest sie nun für die *neun Bände* vom Shakespeare anwenden. – Doch dies verlange ich nicht einmal. – Erstlich verspreche ich Dir heilig, dies Jahr kein Buch von Dir mehr zu fordern. – Wenn die Meyersche Buchhandlung *jetzt* das Buch schickt, so erhalten wir erst Ostern *1819* oder ein ganzes Jahr später die Rechnung von Lemgo und brauchen dann erst zu bezahlen. – Nun erhalte ich jeden Tag 1 Groschen oder auch wohl einen Gutengroschen. Diesen gib mir noch bis diesen Ostern, denn das will ich sparen, wenn ich ihn brauchte; von diesen Ostern an bis Ostern 1819 will ich kein Taschengeld haben. Das macht über 10 Rtlr. – Hiemit kannst Du das Buch bezahlen, ohne mehr Geld wie sonst auszugeben über ein Jahr.

Also schreib hin nach Lemgo, sie solltens schicken, Du kannst es aber auch abbestellen. – Ich möchte es so gern haben, es ist mir dienlich und so vieles andere. Willst Du es abbestellen oder verschreiben? –

Dein
Sohn.

Die ›*Schuld*‹ ist abbestellt. Zeig ja! diesen Brief niemand, niemand!

[Detmold, Februar 1818]

7. *An die Meyersche Hofbuchhandlung*

An die Wohllöbl. Meyersche Hofbuchhandlung zu Lemgo.

Die Wohllöbliche Hofbuchhandlung ersuche ich gehorsamst, mir baldmöglichst zu übersenden: den sechsten Band von den ›Dramatic works of Shakespeare‹, published by Charles Wagner, Brunswick.

Unser Lehrer der englischen Sprache versicherte uns, daß dieser Band einzeln zu bekommen sei, weil die Wagnersche Edition eine Schulausgabe wäre. Da wir nun aus Mangel an Exemplaren in den englischen Privatstunden nicht eher die Lesung des Shakespeare beginnen können, als bis ich diesen sechsten Band erhalten habe, so muß angelegentlichst um Eile bitten

gehorsamst

Detm., 4. Mai 1818. Ch. D. Grabbe.

8. *An die Meyersche Hofbuchhandlung*

1.) Sophoklis tragoediae septem, edidit Schaefer,
2.) M. T. Ciceronis de officiis libri tres,
3.) Gerusalemme liberata di Torquato Tasso,
4.) Dizionaro della lingua italica. Verlegt bei Tauchnitz.
5.) Enzyklopädie der Archäologie der Griechen und Römer von Schaaf. Zwei Bände.
6.) Grotefends lateinische Grammatik. 2 B.
7.) Galletti, Lehrbuch der Geschichte, für Schulen.
8.) Heinsius, Kleine deutsche Sprachlehre, zum Gebrauch für Schulen.
9.) Italienische Grammatik von Filippi.

9. *An den Vater*

Lieber Vater!

Wir müssen in der Schule ein neues lateinisches Buch haben, welches ohngefähr 24 Gr. kosten wird. Es heißt:

›Quinctiliani de institutione oratoria libri XII‹.

Du mußt es heute noch verschreiben, denn am Donnerstag muß ich es gebrauchen. Wir haben es bei Falkmann; Du kannst ihn fragen, wenn Du mir nicht trauen willst. Ein andres lateinisches Buch, das wir bei dem Professor haben, ›De finibus bonorum‹ a Cicerone, brauchst Du nicht zu verschreiben, denn ich habe es zu bekommen gewußt.

Du weißt, wie sehr ich mich mit Shakespeare beschäftige, dessen Ruhm Du in jedem Buche lesen kannst; Du weißt, daß ihn einer, der sich mit dem Drama abgibt, durchaus kennen muß; Du weißt, daß ich mir auf diese Weise vielleicht einstens noch Geld verdienen werde.

Shakespeare hat 50 Stück geschrieben, davon habe ich 18 Stück in der berühmten Übersetzung von Schlegel, die ebenso gut wie das Original ist. Diese Übersetzung hat der weltbekannte Übersetzer Johann Voß, statt Schlegel, fortgesetzt; und von dieser Übersetzung ist der erste Band lange erschienen, in dem 4 Stücke von Shakespeare übersetzt sind, die ich nicht habe. Das Buch kostet drei Taler; wenn Du aber bedenkst, daß es so weltberühmt ist, daß ich so vieles draus lernen kann, daß ich dereinst mir vielleicht viel Geld damit verdienen kann, so weiß ich, Du verschreibst es mir heute. Ich bin ja doch dies halbe Jahr fleißig gewesen, habe eine gute Zensur gehabt und bin auf Examen bestanden. Der Titel des Buches steht auf beiliegendem Blatte unter dem Titel des lateinischen Schulbuches.

Dein
gehorsamer
Sohn
ChDGrabbe.

Nachschrift.

Du brauchst nur unter beiliegendes Zettel Deinen Namen u. D. Adresse zu setzen, um es nach Lemgo zu schicken. Dies zeig niemand, sonst narrt man mich damit.

Bitte mir, sobald wie nur möglich ist, zu übersenden:

1. ›Quinctiliani de institutione oratoria libri XII‹ (Hiervon eine mittelmäßige Edition.)
2. Shakespeares Schauspiele, übersetzt von Johann Heinr. Voß und dessen Söhnen Heinr. Voß und Abraham Voß. Mit Erläuterungen. Erster Band (der ›Romeo und Julie‹, ›Viel Lärmen um Nichts‹, den ›Sturm‹ u. den ›Sommernachtstraum‹ enthält), verlegt bei Brockhaus.

Detmold, den 17. Okt. 1818.

Grabbe,
Zuchtmeister.

10. An die Meyersche Hofbuchhandlung

Da in der Leipziger Fleischerschen Ausgabe der ›Plays of Shakespeare‹ die Teile auch einzeln zu erhalten sind, so bitte ich gehorsamst, mir den Teil baldigst zu übersenden, in welchem ›Timon of Athens‹ und ›Pericles, Prince of Tyrus‹ enthalten sind. Sollten diese Teile nicht einzeln zu erhalten sein, obwohl dies in der Ankündigung Fleischers des Jüngeren versichert wird, so bittet um gefällige Nachricht gehorsamst

Detm., 7. Mai 1819. Ch. D. Grabbe.

11. An die Eltern

Leipz., den 21. Spt. [1821]

Teurer Vater und liebe Mutter!

Den Brief mit den 10 Louisdoren habe ich richtig erhalten. Möchtet Ihr doch so gesund und froh sein, wie ich es bin. – Hier ist mancherlei Spektakel gewesen; die Studenten haben einem Kaffeewirte das Haus zertrümmert; Polizei- und Stadtsoldaten sollen manchen schweren Kampf gehabt haben; es werden die abgezognen Schützen wohl wieder zurückkommen müssen. – Nächsten Montag beginnt die Messe; ich weiß noch nicht, ob ich verreise. Ist die Fürstin entbunden? Ich trinke ungeheuer viel Kaffee; es ist sehr kaltes Wetter. Bei dem Professor Krug habe ich Naturrecht gehört; er trägt sehr deutlich vor; er ist zwei Jahre lang Husarenrittmeister gewesen. Hat der Hofprediger nun seine Frau? Werfel könnte mir auch wohl einmal schreiben. Ob Schmid an seinem Finger echte Diamanten hat oder böhmische Steine? Wie geht es dem Werkmeister Kruel? Ich habe neulich wieder Zahnweh gehabt; der Schwindel ist vorbei. In diesem Augenblicke ist vor meinem Fenster das größte Spektakel, weil man Meßbuden aufschlägt. Der Flausch tut mir sehr gute Dienste. Als ich den letzten Brief frankieren wollte, forderten sie 5 Gr. sächs.; Ihr müßt zu Hause auch noch einen Groschen nachbezahlen; ich frankierte ihn daher nicht, weil es teurer käme als sonst; ebendeswegen habe ich auch diesen nicht freigemacht; Geldnot ist der Grund also nicht; zieht mir nur dreist das Porto von meinem Gelde im ganzen ab. Man hört hier viel von Mordtaten. Der Bankrottierer Kopf ist zum Pranger verurteilt, hat aber appelliert. Drei Häuser haben wiederum aufgehört zu zahlen. Die ehmalige Begeisterung für die Griechen legt sich. Die Nachtmützen tun mir gute Dienste. Die Pflaumen sind hier sehr wohlfeil, Pfirsiche aber enorm teuer, weil sie von Dresden und Böhmen hergebracht werden müssen. Mit meinen Wirtsleuten bin ich sehr zufrieden. Neulich kam hier der Hr. von Rentsch wieder durch, mit dem ich von Paderborn fuhr. Man sagt, daß der König von England Leipzig berühren werde. Meine Stiefeln reißen ungeheuer, aber meine Hosen halten sich wie Eisen. Der Deklamator Solbrig wohnt in dem Hause neben mir; ich habe mehrmals mit ihm gesprochen ohne ihn zu kennen. Morgen schließen alle Professoren. Verzeihet, daß ein Tintenklecks in den Brief gekommen ist; wenn die Post nicht gleich abführe, so würde ich ihn wieder abschreiben. Daß ich bei dem Tumulte der Studenten nicht gewesen bin, könnet Ihr schon denken; ich finde an allen solchen Auftritten kein groß Vergnügen. Bald werd ich wieder schreiben.

Euer
stets gehorsamer Sohn
ChDGrabbe.
Schreibt mir bald.

Der nächste Brief wird sehr weitläuftig sein.

12. An die Eltern

Lpz., den 15. Okt. [1821]

Liebe Eltern!

Ich bin gesund; möchtet Ihr es doch auch sein.

Den Brief vom 28. September habe ich richtig erhalten.

Vater! Du sollst Dich warm anziehen, Dich vor dem Winde hüten, immer Warmes trinken und Dich mit dem Husten in acht nehmen. – Die Messe ist nun bald zu Ende; die Leute sind nicht zufrieden; es sind ungeheuer viel Verkäufer und nicht viele Käufer dagewesen. Es war eine außerordentliche Masse von Roßkämmen hier. – Wenn alle Zulage an Gehalt erhalten, so müßt Ihr auf den Zuchthofe doch auch welche bekommen. – An Meier will ich bald schreiben. – Neulich war Althof aus Jena hier; er sieht recht gesund aus; ich war grade nicht wohl zumute; ich bot ihm Kaffee und Rum an; am andren Morgen, als ich ihn in dem Wirtshause besuchen wollte, sagte der Hausherr, daß kein Student da eingekehrt sei. – Der Archivrat scheint bei der Gehaltserhöhung mit Freiligrath auf eine Stufe gesetzt zu sein. – Greverus Sachen werde ich bald gehörig besorgen. – Wenn ich sage: der Flausch tut mir gute Dienste, so heißt das natürlich, er sitzt mir in diesem meist naßkalten Wetter recht warm und behaglich. – Ich esse jetzt des Abends oft Suppe. – Ich muß doch ziemlich ordentlich sein, denn alle, denen ich zu bezahlen habe, trauen mir sehr. – Ich habe jetzt schon mehrmals des Abends eingeheizt. – Eben höre ich, daß auf dieser Messe 13000 Einkäufer weniger gewesen sind als auf der Ostermesse, und dennoch war alles von Fremden voll. – Die Nachtmützen setze ich des Abends auf. – Das Zahnweh ist vorüber. – Die Ankunft Petris hat diesen Brief unterbrochen; er ist 2 Tage hier gewesen und sagte, der Tumult und Lärm auf den Straßen zu Leipzig überträfe den Lärm in der Stadt Hannover bei weitem. – Das großstädtische Leben schien ihm zu gefallen. – Heute werde ich Holz kaufen; es fängt an sehr kalt zu werden. – Petri sagte, daß es in Detmold geheißen hätte, ich wäre zu den Griechen gegangen; ich weiß nicht, wie man so etwas denken kann. – Im ganzen soll es hier wohlfeiler als in Göttingen sein und dazu kommt, daß man hier für wenig Geld haben kann, was man haben will. Wenn ich z.B. für 1 Gr. Bier trinke, so kann ich alle Journale Deutschlands beizu lesen. – Griechen aus Jassy, die hier zur Messe gewesen sind, haben gesagt, daß Ypsilanti nur einen Haufen Abenteurer angeführt hätte und daß die Reichen sich nichts um ihn bekümmert hätten. – Ich ziehe ein Camisol unter den Rock. Meine Stiefeln habe ich vorschuhen lassen. – Immer wird seinen Vater und seine Mutter lieben

Euer Sohn
ChDGrabbe.

Schreibt mir bald wieder; in 8 Tagen will ich noch einen Brief schicken.

13. *An die Eltern*

Leipz., den 16. Nov. 1821.

Liebe Eltern!

Ich bin gesund; möchtet Ihr es ebenfalls sein! – Ich habe Eure beiden Briefe zu meiner großen Freude erhalten. Den Geburtstag der Mutter will ich würdig feiern. Daß Ihr mich sehr lieb habt, sehe ich daran, daß Ihr mir, obgleich ich mich noch so sehr dagegen wehre, Kisten über Kisten schickt. – »Flausch« bedeutet einen weißen Rock. – Den mitgeschickten schönen Ring werde ich tragen; ich danke für das Präsent. – Koste ich Euch nicht zuviel? Dulden es Eure Umstände? Schickt mir lieber weniger. – Krohn ist, so viel ich weiß, in Jena; in Detmold scheinen viele Lügen zu kursieren. – Für mein künftiges Unterkommen bin ich, so Gott will, nicht bange, und ich hoffe, daß ich es in Detmold nie zu suchen brauche; vielleicht bin ich schon in einem halben Jahre am Ziele; in Detmold kennen sie mich alle noch so viel als gar nicht; ich habe mich immer etwas verstellt. – Ich glaube, daß Keiser alles, was er zum Examen nötig hat, in sechs Wochen lernen kann. – Ich möchte wissen, wie Schröder mit Reichenbach bekannt sein will. Reichenbach ist ein Bankier, dessen Frau dreimal so viel vertut als die Fürstin zur Lippe. – Was mag's mit dem Seminaristen Meier sein? – Schreibt mir doch, ob ich mein Schulzeugnis vorigen Ostern nicht bei Euch zurückgelassen habe. Ich glaube, es liegt im Schranke. Wenn Ihr es nicht habt, so wird es in meinem Koffer stecken, den ich selten aufmache. – Neulich war hier Feuer; man räumte aber im Hause nebenan nicht einmal aus, so sehr verließ man sich auf die Löschanstalten. – Es ist hier hellkaltes Wetter. – Es sind nur zwei Leipziger Studenten nach Griechenland gegangen. – Der Vater muß sich mit seinem Husten in acht nehmen. – Ich trinke jetzt bisweilen Tee. – Auf den Dörfern umher gehen hier die Wurstschmäuse los. – Die wollenen Strümpfe will ich anziehen. Vielleicht kaufe ich eine Studierlampe; sie sind hier sehr wohlfeil; ein Vitriolfeuerzeug, welches auf der Stelle Feuer gibt, habe ich für 2 Groschen gekauft. – Die Lippstädter Butter habe ich eben gekostet; sie ist gut. – Ich will ein Butterbrot zum Kaffee essen und denken, ich wäre zu Haus. – Wenn ich auch mich niemals in Detmold niederlassen sollte, so werde ich Euch, liebe Eltern! doch jedes Jahr auf sechs bis acht Wochen besuchen. Mit meinen Wirtsleuten bin ich noch stets zufrieden. – Mein brauner Rock ist noch wie neu; ebenso meine Hosen. – Lebt wohl! Lebt wohl! liebe Eltern! – Ihr könnt meine Briefe doch deutlich lesen? –

Ein treuer Sohn.

14. An die Eltern

Teure Eltern! Leipz., den 11. Jan. 1822

(Ich gratuliere zum neuen Jahre.)

Euren Brief habe ich zu meiner großen Freude erhalten. Ich bin gesund; möchtet ihr doch auch fröhlich und gesund sein. Ihr müßt euch ja vor dem Husten und Schnupfen in acht nehmen; auch solltet Ihr Euch die Kuhpocken einokulieren lassen.

Der Pastor Althaus sollte erst ordentlich predigen lernen; ehe er an den Missionsverein dächte. Sie sollten die Heiden Heiden und die Christen Christen sein lassen.

Während der Ferien bin ich hier geblieben. Daß Ihr ein Schwein gekauft habt, freut mich sehr.

Die Neujahrsmesse ist für eine Wintermesse recht lebhaft. Neulich wurde hier ein im Duell erschossener Student von seinen Bekannten feierlich begraben. Seit einigen Tagen ist es hier kälter geworden. Ich bin bald (sehr bald) so weit, daß ich mich um alle lippischen Räte, Assessoren etc. nicht mehr zu bekümmern brauche; Ihr könnt mir das glauben; es ist keine Prahlerei; meine oft böse Laune hat mich nur immer aufgehalten und hält mich auch jetzt noch oft auf. Ihr müßt Euch aber an das Wort »böse Laune« nicht stoßen; das bedeutet nur soviel als eine Stunde, wo ich nicht recht lustig bin.

Unter meinem Fenster stehen Seifensieder- und Leineweberbuden; da solltet Ihr das Schimpfen hören; gestern schimpfte eine Seifensiederin einen andern Seifensieder 4 Stunden lang in einem Atem aus. Zum Prügeln kommt es aber niemals.

Ich esse jetzt sehr stark beim Mittagstische; ich habe bei der eingetretnen Kälte tüchtigen Appetit bekommen.

Mir standen die Tränen in den Augen, als ich in Eurem vorigen Briefe las, die Mutter hätte meinen Brief geküßt;

so viele Liebe verdien ich nicht, und die Mutter kann mir glauben, daß es mir recht gut geht.

Wie geht's dem Werkmeister?

Von Schmidts Georg steht ein Aufsatz aus Detmold in der Abendzeitung; weiß man, wer ihn gemacht hat?

Hier gehen viele russische Kuriere durch; über mir wohnen jetzt 2 Studenten aus Petersburg, die anfangs keinen einz'gen Menschen in ganz Leipzig kannten.

Neulich starb hier einer der reichsten Geizhälse, der Prof. Kees; er hat 2½ Million hinterlassen; wegen der Mitgift litt er es nicht, daß sich seine Töchter verheirateten; aber dennoch wurden schon drei bei seinen Lebzeiten entführt.

Auch wird hier bald ein Friseur hingerichtet werden; er ist ein alter Kerl und hat nichtsdestoweniger ein altes Weib aus Eifersucht erstochen.

Man richtet hier die Delinquenten mitten in der Stadt, auf dem Markte hin.

Meine Stube wird schon von 3 Holzstücken warm.

Ich bitte um Verzeihung, wenn ich in Gedanken nicht so schön geschrieben habe, wie ich schreiben wollte. In 12 Tagen schreibe ich wieder.

Euer treuer Sohn
ChDGrabbe.

15. An die Eltern

Leipz., den 26. Febr. [1822]

Teure Eltern!

Euern Brief vom 7. Febr. habe ich zu meiner großen Freude erhalten. Ich bin gesund; möchtet Ihr es ebenfalls sein.

Ich danke Euch innigst, daß Ihr meine Bitte bewilligt habt; Ihr sollt nicht Ursache haben, es zu bereuen. – Wenn Berlin auch weiter als Leipzig von Detmold entfernt ist, so kommt doch die Berliner Post weit schneller als die Leipziger bei Euch an.

Schmidts Georg läßt sich noch nicht blicken.

Der Winter ist außerordentlich sonnig; wir machen fast täglich Spaziergänge auf die nahen Dörfer.

Mein Stück kommt täglich seiner Beendigung näher; ehe ich es aber verlege, werde ich es mehreren Theaterdirektionen anbieten; es wird mich gewiß sehr berühmt machen. Doch! wir wollen warten, bis es fertig ist.

Viel Neues gibt es hier nicht; der berüchtigte Kopf hat entspringen wollen, ist aber wieder aufgefangen und durchgeprügelt worden.

Man hat neulich, als man den hiesigen Galgen umriß, 3000 Rtlr. darin gefunden. Wahrscheinlich ist das Geld während der Schlacht darin versteckt. Im nächsten Monat wird hier ein Friseur geköpft.

Für das Quartier in Berlin werde ich schon sorgen.

Ich weiß nicht, weswegen Ihr mir schreibt, daß ich Betten haben soll; ich habe sie nicht nötig; Ihr seid allzu gut und allzu sorgfältig.

Da es bald an Ostern geht, so bitte ich Euch, liebe Eltern! diesen Brief mir sehr schnell wieder zu beantworten. Verzeiht es mir, wenn ich ihn Euch etwas später als gewöhnlich geschickt habe. Ich scheue das Porto.

Daß ich Euch über alles liebe und ehre, wißt Ihr. Stets verharre ich als

Antwortet mir bald.

Euer treuer Sohn
ChD Grabbe.

16. An die Eltern

Teure Eltern!

Daß Ihr noch gesund seid, ist mir außerordentlich lieb; ich bin es auch noch. Euren Brief vom 18. Jun. habe ich richtig erhalten. – Das erste, was ich Euch melden muß, ist, daß ich umgezogen bin, und zwar ist einer meiner *Landsleute*, der mein voriges Quartier sah und meinen Wirtsleuten einen Taler mehr dafür bot, schuld daran. (Sprecht aber nicht davon.) Ich wohne jetzt, da ich nun einmal umgezogen bin, besser als vorher, und meine Wirtsleute, die mir durch einen Bekannten empfohlen wurden, scheinen mir recht brav zu sein. Meine jetzige Adresse ist:

an den stud. jur. Grabbe in Berlin, wohnhaft auf der Alten Friedrichsstraße, Nro. 83, drei Treppen hoch, bei dem Herrn Riemermeister Kramer.

(Daß das Umziehen mitten im Halbjahr geschieht, muß Euch nicht sonderbar scheinen, weil hier monatsweise vermietet wird.)

Gestern war hier die größte Hitze, die ich bis jetzt noch erlebt habe. – Hiebei liegt ein Brief an den Gymnasiasten Begemann. – Vertragt Euch mit dem Archivrate wieder, wenn es möglich ist; es sollte mir leid tun, wenn ich schuld an Eurem Streite wäre. – Den Schwindel habe ich nicht. – Ich lasse mein Werk abschreiben, aber es geht sehr langsam, denn ich habe in ganz Berlin nur einen einzigen Schreiber aufbringen können, welcher Zeit hatte, und dieser ist noch dazu sehr dumm, muß oft ganze Bogen wieder umschreiben und hat des Tags nur zwei Stunden übrig. – Der preußische Hof beträgt sich sehr liberal, und man sieht nirgends eine Spur von Stolz. Die Prinzen und Prinzessinnen fahren oft in einem offenen Wagen mitten durch den Regen. – In dem Hause, wo ich jetzt wohne, soll es in der Beletage (d.h. eine Treppe hoch) von Grafen wimmeln. Die Linden sind nur 4 Häuser von meinem Logis entfernt, und ich kann sie aus dem Fenster sehen. – In Berlin sind die Leute in der Regel sehr höflich. – Ich verdiene übrigens die viele Liebe nicht, welche Ihr, wie ich aus Euren Briefen sehe, zu mir hegt. – Daß ich mein Werk grade am 11. Juni geendet habe, will ich als ein gutes Zeichen annehmen. – Leset bisweilen, wenn Ihr sie bekommen könnt, in den Berlinischen Zeitungen. – Abends spaziere ich gewöhnlich im Tiergarten, dem einzigen grünen Wäldchen bei Berlin. – Hier ist immer Feuerlärm, aber die Leute wissen selten, in welcher Straße es ist. – Antwortet bald! Lebt wohl! lebt wohl! Nächstens mehr!

Den 6. Jul. 1822. Euer

Sohn ChDGrabbe.

17. An die Eltern

Teure Eltern!

Euern Brief und die 10 Pistolen habe ich richtig erhalten. Ich bin noch gesund; möchtet Ihr es auch sein. –

Wenn ich sage, daß es in meinem Hause von Grafen wimmelt, so heißt das, daß sich im ersten Stock viele eingemietet haben. – Ich habe sehr gute Betten und bekomme jede Woche neue Überzüge darüber. – Heute ist der Geburtstag des Königs. –

Vor allem aber melde ich Euch, daß mein Ruhm sich zu verbreiten anfängt. Ich hatte vor vierzehn Tagen oder drei Wochen einem Schriftsteller mein Werk mitgeteilt und werde nun schon von vielen hiesigen Schriftstellern aufgesucht. Erst gestern holte mich einer ab und führte mich in seine Wohnung, wo sich eine Masse von jungen Dichtern und Philosophen versammelt hatten, um mit mir bekannt zu werden. Der eine von ihnen versprach mir auf der Stelle einen Verleger zu dem Stücke zu schaffen, und meinte, daß ich außerordentlich viel damit verdienen würde. Ich schlug es aber aus, weil ich wenigstens erst versuchen will, ob ich es nicht auf das Theater bringen kann. – Mein Werk fällt den Leuten, die es lesen, so sehr auf, daß sie beinahe wirblicht vor Überraschung werden. – Ein Journalredakteur hat mir auch schon Freibilletts zum Theater angeboten; ich werde sie aber erst in einigen Wochen annehmen, weil man nicht gleich im Anfange so gierig und bedürftig tun muß. Da sich Begemann dafür interessiert, so bitte ich Euch, daß Ihr ihm diese Stelle des Briefes zu lesen gebt. –

Ich will nun das Stück noch einmal abschreiben lassen und es nach Dresden senden. Ich hoffe fest und zuversichtlich, daß alles sehr gut gehen wird. – Stets werde ich es Euch danken, liebe Eltern, daß Ihr mich immer zur Geduld ermahntet. Ich glaube, daß Ihr Euch werdet freuen können. –

Die Mutter bitte ich, daß sie noch oft tanzt und dabei Kaffee trinkt. Ich trinke jetzt bisweilen Tee. – Ich habe diesen Brief deswegen auf zwei Blättchen geschrieben, weil er weniger Porto kosten soll. – Lebet wohl! Schreibt bald, bald, bald wieder! Bittet Begemann um eine Antwort an mich!

Stets
Euer
treuer Sohn
ChDGrabbe.

Den 3. Aug. (Berlin.) 1822.

Ihr könnt ja dem Begemann das ganze erste Blatt dieses Briefes zeigen; es steht nichts Gefährliches darin.

Verzeihet mir die Spuren der Flüchtigkeit. Ich habe in Gedanken so schnell und nachlässig geschrieben.

18. An die Eltern

Teure Eltern!

Euren Brief vom 7. Aug. habe ich zu meiner Freude erhalten; ich bin noch gesund und möchtet Ihr es gleichfalls sein.

Mein Werk schafft mir allmählich immer mehr Freunde, Bekannte und Bewunderer, besonders lerne ich dadurch viele Adlige kennen; einer ist darunter, mit dem ich fast alle Donnerstagabend esse. Das Stück ist aber so ausgezeichnet und groß, daß sie mir alle raten, ich müßte es nur außerordentlich geistreichen Männern zeigen, weil das gewöhnliche Volk es nicht verstände. Ein Doktor Gustav sagte mir, daß mir meine Sachen, wenn erst eins gedruckt worden wäre, sehr hoch bezahlt werden würden. In 14 Tagen bin ich noch dazu mit einem Lustspiel fertig, von dem die meisten noch mehr erwarten als wie von meinem Trauerspiele. – Sagt Begemann, er möchte mir schreiben. – Ich habe einen Balbier angenommen, dem ich jeden Monat 8 Gr. bezahle, wofür er mich 2mal in der Woche rasiert. Auch habe ich mir die Haare schneiden lassen; das abgeschnittene Haar nahm der Perückenmacher mit, um es zu Locken zu gebrauchen. Ich bedaure den, der meine Borsten tragen muß. Daß die Mutter noch viele Eier erhält, ist mir lieb. Bald ist hier große Herbst-Revue, wozu 7 Kavallerieregimenter aus der Provinz hieher kommen müssen. Der König ist, wie ich glaube, nicht hier, sondern in Teplitz. Vielleicht kommt der russische Kaiser durch Berlin. Hier geschehen viele Selbstmorde. Abends um 6 oder 5 gehe ich regelrecht in den Tiergarten, welches der einzige Wald bei Berlin ist. Die Mutter muß lustig sein und fleißig Kaffee und Zucker trinken, denn ich müßte mich sehr irren, oder die Sachen stehen nicht übel.

Euer, Euer Sohn
ChDGrabbe

Den 2. Septemb. 22.

19. An Ludwig Tieck

Ew. Wohlgeboren

übersende ich halb mit Vertrauen und halb mit Zagen beiliegendes Trauerspiel. Ein paar beurteilende Zeilen von

Ihrer Hand sind alles, worauf ich zu hoffen wage. Wäre das Stück jedoch so glücklich, das nähere Interesse Ew. Wohlgeboren zu erregen, so würde mein schriftstellerisches Los entschieden sein. Ohne die Worte eines Meisters, wie Sie, möchten die Kühnheiten meiner Komposition, von denen ich wahrlich keine einzige ohne näheren Bedacht hingesetzt habe, schwerlich jemals ein gerechtes Urteil erfahren. – Das Manuskript können Ew. Wohlgeboren längere Zeit behalten; sähe ich aber statt desselben ohngefähr über drei Wochen einen Brief mit dem Postzeichen Dresden – ich wüßte nicht, was ich vor Freuden machen sollte, und enthielte er auch nur zwei Worte von Ihnen! Doch, mein Werk mag bestimmen, ob ich solcher Gunst würdig bin.

Aus Furcht, Ew. Wohlgeboren unnütz zu belästigen, schließe ich diesen Brief, in den ich so gerne noch vieles hineingeschrieben hätte. Stets verbleibe ich

Ew. Wohlgeboren

gehorsamster und tiefster Verehrer

Berlin, den 21. Sept. 1822.

Ch. Grabbe.

Nachschrift. 1) Meine Adresse ist: Große Friedrichsstraße Nro. 83, beim Riemermeister Kramer. 2) Im Bewußtsein, daß ich wenigstens etwas Ausgezeichnetes, wenn auch nichts Gutes geleistet habe, fodre ich Sie auf, mich öffentlich für einen frechen und erbärmlichen Dichterling zu erklären, wenn Sie mein Trauerspiel den Produkten der gewöhnlichen heutigen Dichter ähnlich finden.

20. *An die Eltern*

Berl., den 29. Nov. [1822]

Teure Eltern!

Euern Brief vom 5. Nov. habe ich zu meiner Freude erhalten; ich bin gesund, möchtet Ihr es doch ebenfalls sein.

Jetzt ist mir wirklich von einem Buchhändler für mein Lustspiel Geld angeboten worden; weil es aber nur ein Louisdor für den Bogen war, so habe ich es ausgeschlagen; daß dies volle Wahrheit ist, kann ich Euch schriftlich zeigen. Ich befinde mich hier in einer Gesellschaft, welche mich ordentlich liebt; es sind fast sämtlich junge angestellte Adlige, und jeder ist bemüht, mir einen Gefallen zu tun; sie unterhandeln für mich bei Buchhändlern, schaffen mir Freibilletts in's Theater, nötigen mich abends zum Essen, machen mich mit immer mehr Leuten bekannt, geben Ankündigungen von meinen Werken in den Druck usw. – Wenn ich nicht so eigensinnig wäre, so könnten von meinen Stücken schon Proben in allen Journalen stehen; erst in diesem Augenblicke habe ich mit dem Professor Gubitz gesprochen, welcher den ›Gesellschafter‹, der auch in Detmold gelesen wird, herausgibt; er wollte eine Szene einrükken lassen, da er aber etwas darin streichen wollte, so wurde mir widerraten, es zu tun. Noch nie bin ich so anerkannt worden als wie jetzt; in einer beschränkten, kleinen Stadt wie Detmold können mich die Leute nicht begreifen, und ich muß darin verkümmern wie welkes Laub; hier haben meine Bekannte Nachsicht mit meinen Fehlern, weil sie einsehen, daß dieselben aus meinen Vorzügen entspringen. Ein hiesiger Schriftsteller hat von mir gesagt: ich wäre ein Mensch, den man erst nach Jahrhunderten verstehen würde. Darum werde ich aber nicht hochmütig, denn ich kenne meine Schwächen nur zu gut. – Vorgestern ist hier der Kronprinz von Schweden angekommen; tags darauf war Parade. – Es ist hier sehr warm; bis jetzt habe ich noch kein Holz gekauft. – In diesem Augenblicke kommt einer, der mir sagt, daß er mein Lustspiel einem hiesigen Buchhändler vorgelegt habe. – Mutter trink Kaffee! Ich lasse mir jedesmal nur zwei Tassen machen, erhalte ihn aber recht gut. Der Tee taugt hier nicht viel. Abends hänge ich den Mantel um. Ich fühle mich hier weit glücklicher als in Leipzig. Ist der Rat Clostermeier noch immer böse? Stellt ihm doch vor, was ich für eine Lage in Berlin habe und wie ich durchaus mich hieherwenden mußte. Der Sohn von dem alten Hohenhausen, den Clostermeier in seiner Schrift totgeärgert hat, ist hier Regierungsrat und ist ein Erznarr. Mordgeschichten, Unglücksfälle usw. passieren in Berlin fast täglich. An des Königs Jubiläum war Illumination, ich habe auch ein paar Lichter vor's Fenster gestellt. An meinem Geburtstage will ich nur an Euch denken, teure Mutter und teurer Vater! O schreibt mir bald, bald wieder! Mit Sehnsucht erwartet Euren Brief Euer treuer Sohn

ChDGrabbe.

21. *An Ludwig Tieck*

Hochverehrter Herr!

Ihr Brief, welcher mich grade an meinem Geburtstage überraschte, ist mir das schönste und werteste Geburtstagsgeschenk, welches ich jemals erhalten habe. Das Wohlwollen und die Milde, welche daraus unverkennbar hervorleuchten, haben meinen Geist, der durch traurige innere und äußere Verhältnisse in die tiefste Apathie versetzt war, auf's neue beseelt. Freudig gestehe ich, daß Ihre Kritik mich und mein Werk meistenteils bis in das Innerste trifft, und statt eine jämmerliche Autorenempfindlichkeit zu fühlen, bin ich vielmehr entzückt, Ihres Tadels wert gewesen zu sein. – Die Vermutung, daß ich noch jung bin, ist gegründet; ich zähle erst 21 Jahre, habe aber leider schon seit dem siebzehnten fast alle Höhen und Tiefen des Lebens durchgemacht und stehe seitdem still. Wenn in meinem dramatischen Versuche hin und wieder der Ton einer tiefen Verzweiflung hervorklingt, so tut mir das besonders deswegen leid, weil es aussehen möchte, als wenn ich auf

Lord Byrons Manier mit meinem Schmerze renommieren wollte, und daran habe ich doch nicht gedacht; ich will mich von jetzt an bemühen, bloß heitere Sachen zu dichten, welche mir wahrscheinlich auch besser gelingen werden, weil sie mir ferner stehen. Die Behaglichkeit, in der Sie selbst das herrlichste Muster sind, vermissen Sie in meinem Versuche mit großem Rechte; jedoch dichte ich auch nicht in leidenschaftlicher Bewegung, sondern besitze, was vielleicht sonderbar scheint, während des Schreibens die starrste Kälte, welche denn freilich ein schlechter Ersatz für jene freundliche, mild wärmende Ruhe ist. Dürfte ich Ihre liebreichen Worte: »lassen Sie uns bekannter miteinander werden« im weiteren Sinne nehmen; so würde ich hier vor Ihnen, dem einzigen, vor dem ich es tun möchte, mich frei und zutrauungsvoll über manchen Zwiespalt, der sich in meiner Brust zwischen Kunst und Leben, Verstand und Gefühl erhoben hat, näher auslassen, und ich weiß, daß es die wohltätigsten Folgen für mich haben würde; aber es ist keine bloße Briefschreiberphrase, wenn ich sage, daß ich bei jedem Federzuge in Furcht bin, Ihren Unwillen zu erregen. – – Sollte das Lustspiel, welches beian liegt, die nachsichtige Meinung, welche Ew. Wohlgeboren von mir gefaßt haben, nicht verringern, so ist mir das fünfzigtausendmal lieber als die günstigsten Urteile sämtlicher deutschen Rezensenten. Daß die Persönlichkeiten, welche in demselben vorkommen, harmlos gemeint sind und daß der ganze Gang der Handlung absichtlich so lose und wunderlich aneinandergestellt ist, hoffe ich im Stücke selbst mehrmals ausgedrückt zu haben. Wenn ich Ew. Wohlgeboren versichere, daß in meiner jetzigen Lage, welche vielleicht manchen andern völlig niederdrücken würde, Ihre Briefe die einzigen Lichtpunkte sind, welche mich erheitern und beruhigen können, so werden Sie mir meine Bitte um baldige Antwort, wenn auch nicht gewähren, doch gewiß verzeihen. Mit der tiefsten und innigsten Verehrung verbleibe ich

Ew. Wohlgeboren

Berlin, den 16. Dez. 1822. gehorsamster Diener

Ch. D. Grabbe.

(Adresse: Große Friedrichsstraße, Nro. 83, beim Riemermeister Kramer.)

22. *An die Eltern*

Berl., den 20. Dez. [1822]

Teuerste Eltern!

Euren Brief vom 15. Dez. habe ich zu meiner Freude richtig erhalten; ich bin noch gesund, möchtet Ihr es auch sein. Daß die Mutter so starkes Kopfweh hat, macht mich so unruhig, daß mir das Essen nicht schmeckt.

Etwas sehr Erfreuliches ist es, daß ich grade an meinem Geburtstage durch den Rektor der hiesigen Universität, Herrn von Raumer, einen außerordentlich höflichen Brief von dem Schriftsteller erhielt, welche nach Goethe der erste in Deutschland ist, nämlich von Tieck in Dresden. Er erkundigt sich darin angelegentlich nach meinen Verhältnissen, sagt, daß ich seine große Teilnahme gewonnen hätte, daß ich ihm wieder schreiben möchte, daß er mit mir bekannt zu werden wünsche usw. Kurz, dieser Brief kann mir außerordentlich nützlich werden, denn wenn z. B. nur jemand weiß, daß ich mit Tieck, der fast niemanden eines Briefwechsels würdigt, korrespondiere, so ist das mehr Empfehlung, als wenn ich ein Adelsdiplom in der Tasche hätte. Komme ich Ostern zu Haus, so werde ich Euch den Brief zeigen. Schwerlich werde ich jedoch im Lippischen bleiben, oder daselbst die gewöhnliche Geschäftslaufbahn anfangen. Daß Ihr ein tüchtiges Schwein gekauft habt, ist das Vernünftigste, was Ihr tun konntet. Kümmert Euch nicht um das Detmolder Geschwätz; seid darüber erhaben; Ihr glaubt nicht, wie erbärmlich es ist. Die Sprütten hat eine riesengroße Pension; mehr wie eine Regierungsrätin. Hier ist es gräßlich kalt geworden; es liegt überall Schnee. Den Brief von Ballhorn bestelle ich nächsten Montag, weil Savigny nicht anders zu sprechen ist. Vor Hardenbergs Hause steht nur noch eine einzige Schildwache; wie man behauptet, tritt Voß an seine Stelle. Er ist schon vergessen. Neulich haben hier einige der untersten Schauspieler einen Rezensenten angefallen. Bei der Pferdeauktion, welche die Gardehusaren hielten, ist manches Pferd für 16 Gr. zugeschlagen. Bei mir meldet sich schon wieder das Zahnweh. Ich gratuliere Euch zu Neujahr. Ihr müßt viel Schweinebraten essen. Ich werde wohl niemals in Detmold wieder heimisch werden können, Euch aber will ich lieben, bis daß mir das Herz zerbricht! Stets, stets, stets, stets

Euer treuer Sohn

ChDGrabbe.

23. *An die Eltern*

Teure Eltern!

Berlin, den 29. Jan. [1823]

Euern Brief vom 2. Jan. habe ich zu meiner großen Freude erhalten; auch die 10 Pistolen darin, und ich hoffe, daß Ihr sie nicht geborgt haben werdet. Ich bin noch frisch und gesund; möchtet Ihr es gleichfalls sein.

Es ist hier so kalt, daß ich mich ordentlich einmummen muß, wenn ich auf die Post gehe, welche beinahe eine halbe Stunde von mir entfernt ist. Auch sollen schon einige Schildwachen erfroren sein. – Mein Zahnweh hat sehr nachgelassen. – Die Mutter muß etwas warten; dann will ich mich auch malen lassen. – Ob ich Ostern nach Hause komme, weiß ich noch nicht; ich habe hier mehrere Freunde, die sich um mich bekümmern; wenn Ihr es aber verlangt, so will ich Euch recht gerne besuchen; auch bin ich erbötig, mich zum Beweise, daß ich auf der Universität etwas profitiert habe, examinieren zu lassen, aber daß ich in Detmold, wo mich niemand verstehen, sondern höchstens nur verachten kann, auf immer leben soll, werdet Ihr mir nicht zumuten; darum hoffe ich, daß Ihr es mir nicht übelnehmt, wenn ich Euch sage, daß meine Freunde Korrespondenzen mit den größten deutschen Bühnen eröffnet haben, um mir auf irgendeiner einen Platz mit einem angesehnen Gehalte zu verschaffen. – Ich bin hier in Berlin schon so bekannt, daß man in vielen Gesellschaften häufig über mich redet. – Ihr sollt sehen, teure Eltern, daß bald in allen Blättern von mir geschrieben wird. – Bis jetzt habe ich doch außer Bekannten, Lobsprüchen und Mahlzeiten noch nichts erhalten, und dennoch sind schon mehrere Neider aufgestanden. – – – Die Decke tut mir außerordentlich gute Dienste; auch die wollenen Nachtkamisöler werden mir sehr nütze. – Minchens Weihnachtsgeschenk hat mich gefreut, und daß die Mutter darüber gelacht hat, kann ich ihr auch nicht verdenken. – Auf Euren letzten Briefe stand kein Datum, deswegen weiß ich nicht sicher, ob er vom 2. Jan. ist. – Ich habe etwas spät geschrieben, tat es aber vorzüglich wegen des Portos; antwortet mir doch gleich!!! – Könnte ich Euch, lieber Vater und liebe Mutter, doch nur bald, bald, bald Eure tausendfache Güte vergelten! Ich habe keinen heißerern Wunsch! – Trink Kaffee, Mutter! und gib dem Vater bisweilen eine Tasse ab. – Denkt des Abends in der Dämmerung an mich; dann denke ich auch an Euch und trinke gewöhnlich Kaffee! Lebt wohl, lebt wohl! Ich denke oft daran, wie mich die Mutter mit Kaffee, Butterbrot oder armen Rittern gepflegt hat, wenn ich des Nachmittags aus der Schule kam. – Schreibt mir doch viel Neues; ich erfahre ja nichts von Hause. Was macht Falkmann? Ist der Rat noch böse? Schwerlich kann ich jemals mit ihm übereinkommen.

Stets
Euer treuer Sohn
Ch. D. Grabbe.

24. An die Eltern

Teure Eltern!

Euern Brief vom 6. Februar habe ich zu meiner großen Freude erhalten. Ich bin noch gesund, hoffentlich seid Ihr es auch.

Daß Ihr die Berliner Zeitung haltet, ist mir außerordentlich lieb; die teuren Theaterpreise schaden aber nichts, da ich in der Regel Freibilletts habe. Meine Straße ist die größte in Berlin, und wenn Ihr sie nicht in der Zeitung häufig findet, so kommt das daher, weil in diesem Viertel wenige Kaufleute wohnen. – Vor ein paar Tagen ist hier der Schauspieler Stich, welcher den Grafen Blücher, der sehr arm ist und von der Mad. Stich als Galan unterhalten worden sein soll, in seiner Wohnung überrascht hat, von einem Dolchstich gefährlich verwundet worden. – Von dem Braunschweiger Theater hab ich einen Brief erhalten, der mir baldige Anstellung verspricht; wir haben aber auch an viele andere Theater geschrieben, und es wird alles schon gut gehen. Daß die 10 Louisdore, welche Ihr mir noch schicken wollt, die letzten sind, frißt mir um Euretwillen am Herzen – aber seid versichert, so gewiß ein Gott lebt, kommt noch die Zeit, wo ich Euch alles im größten Überflusse ersetze. – Zwei Hosen hatte ich in der Kälte nicht angezogen. – Wahrscheinlich werde ich Ostern kommen, und wir wollen viel miteinander sprechen. – Ich liebe Euch weit mehr als Ihr selbst denkt. – Laßt die andren alle versorgt sein, ich will gleichfalls schon fertig werden; glaubet nur, wenn ich mich bei Euch auch examinieren ließe, so würde ich doch nicht emporkommen, weil ich vielen ein Stein im Wege bin. – Vor'gen Weihnachten ist Begemann hier gewesen, und er hat zwei Nächte bei mir gewohnt, in der dritten mochte ich ihn aber wegen meiner Wirtsleute nicht mehr bei mir behalten. – Auf den Straßen ist jetzt so ein ungeheurer Kot, daß man kaum ausgehen kann; da war in Leipzig die Polizei besser, obgleich man bedenken muß, daß hier die Straßen zu breit und ausgedehnt sind. – Ostern werde ich die zerrissenen Strümpfe sämtlich mitbringen; die Mutter wird viel daran zu flicken erhalten. – Trinket Kaffee! Kaffee! Kaffee! – Das Münchner Schauspielhaus ist durch den ›Freischützen‹ abgebrannt; hier in den Theatern müssen in der Nacht alle Viertelstunde Wächter durch das Haus gehen. – Mein Haus, wo ich wohne, hat zwei Treppen, und darum kann ich bei Feuersgefahr ohne Sorgen sein. – O schreibt mir bald wieder! – Savigny, an welchen ich Ballhorn-Rosens Brief bestellt habe, hat eine Hirnentzündung bekommen. – Unter denen, welche seit Voß' Tode zu Staatsministern vorgeschlagen sind, befindet sich auch der bekannte General Gneisenau; bis jetzt verwaltet Graf Lottum interimistisch die Stelle. – Es heißt, die jüngste preußische Prinzessin würde in 2 Jahren den Prinzen von Braunschweig heiraten. – Neulich brach hier eine Tänzerin mitten auf dem Theater das Bein; es war in der Oper ›Cortez‹, in welcher 24 Pferde ein Ballett ausführen. – Schreibt mir bald wieder! bald! Stets verbleibe ich

Euer
treuer Sohn
Grabbe.

Berl., den 14. Febr. 1823

25. *An Ludwig Tieck*

Hochverehrter Herr!

Nahe am Untergange, blicke ich noch einmal auf der Erde umher und sehe keinen, keinen als Sie, zu dem ich mich wenden möchte; ich flehe um nichts, als diesen Brief zu lesen.

Ich bin in Lippe-Detmold von armen Eltern geboren; sie waren töricht genug, mich auf das Gymnasium zu schicken und dadurch meiner Seele Gelegenheit zum Erwachen zu geben; ich machte bald in den Wissenschaften bedeutende Fortschritte und überflügelte vielleicht manche meiner Lehrer; selbst die Fürstin Pauline wurde auf mich sehr aufmerksam und bezeugte mir persönlich ihr tätiges Wohlwollen. Mein damaliger Vorsatz, zu dem mich mehrere Verbindungen in Hannover ermunterten, war, Reisender in Diensten der Londoner wissenschaftlichen Sozietät zu werden, und ich brachte es wirklich in der mathematischen und physischen Geographie, Astronomie und Naturgeschichte so weit, daß ich mich noch jetzt stehendes Fußes einem Examen glaube unterwerfen zu können. Mittlerweile wurde aber der lippische Oberarchivar mit mir bekannt; er fand, daß ich mir nebenbei eine mehr als gewöhnliche Kenntnis der Geschichte erworben hatte, und machte mir Hoffnung, dereinst sein Adjunkt zu werden. Bei dieser Aussicht auf die einzige Versorgung, welche im Vaterlande für mich paßte, ließ ich alle übrigen Pläne fahren und widmete mich bloß antiquarischen, historischen und politischen Studien. Daß ich während der Zeit auch alttestamentarische Exegese getrieben habe und daß mir ein Stipendium von 400 Talern angeboten wurde, wenn ich Theolog werden wollte, lautet sonderbar, ich vermag es indes gleichfalls zu beweisen. – Nun wird es gewiß jeder, dessen Inneres sich so gewaltsam und verschiedenartig entwikkelt hat, wenigstens nicht unnatürlich finden, daß mitunter auch einige äußerlich etwas heftige Ausbrüche des jugendlichen Mutes zum Vorschein kamen; meine etwas kleinstädtischen Landsleute mochten oder wollten dies jedoch nicht begreifen. Sie beurteilten mich nach ihrer engherzigen Kritik, und ich merkte, daß es um meine Laufbahn im Lippischen getan sei. Vielleicht ist es gut, daß sich alles so gewendet hat; denn daß ich in einem Lande, wie meine Heimat, zu dem erbärmlichsten Brotgelehrten hätte versauern müssen, leidet wohl keinen Zweifel; auch flüchtete ich mich in jener Zeit, wo mich die Menschen meiner Umgebung verließen, zum erstenmal in das heitere Reich der Kunst und suchte mir Trost und Hoffnung daraus zu holen. Um aber, da es zu spät war, wieder Schuster oder Schneider zu werden, eine Karriere einzuschlagen, welche mir eine ziemliche sichere Aussicht auf Beförderung darbot, entschloß ich mich, die Jurisprudenz zu studieren und mich dann in Preußen examinieren zu lassen. Als ich mich nun nach zweijährigem Besuche der Leipziger Universität, welcher meinen unglücklichen Eltern den letzten Heller gekostet hatte, zur Prüfung in Berlin melden wollte, suchte ich mir das nötige Geld durch Schriftstellerei zu verschaffen, und ich verfertigte das von Ihnen so gütig aufgenommene Trauerspiel. Aber kein Verleger wagte sich damit zu befassen, obgleich es mir in Berlin eine Menge Freunde zuzog, von deren Unterstützung ich daselbst ¾ Jahr gelebt habe. Ich dachte, daß es mir mit einem Lustspiele vielleicht besser glücken würde, und ich vollendete daher das Ihnen übersandte Stück; es hat auch in einer Gesellschaft, in welcher es damals vorgelesen wurde, beinahe Furore gemacht; ich war indes zu scheu geworden, es einem Verleger anzubieten, und da ich grade zu derselben Zeit den nachsichtsvollen Brief von Ihnen erhielt, so überschickte ich es Ihnen und entschloß mich, Ihr Urteil abzuwarten. Mittlerweile rückten mir aber die Not und der Mangel immer näher, und ohngeachtet ich unter mehreren mir kurz vorher noch wildfremden Menschen soviel Liebe fand, daß ich sie um mich weinen sah, so mochte ich doch nicht länger von ihrer Gnade leben, und ich suchte in ein selbständiges Verhältnis zu kommen. Ich erinnerte mich des Talents, welches von jeher als mein größtes angesehen worden war, und meldete mich bei der Berliner Bühne zum Schauspieler. Aber ohngeachtet alle meine Bekannten für mich sprachen, ohngeachtet ich verlangte, daß man mich nur aus der Türe werfen möchte, wenn ich in irgendeiner Probe nicht bestände, so konnte ich es auch nicht einmal dahin bringen, daß ich zu einer mündlichen Unterredung vorgelassen wurde. Nun galt es das Letzte, ich verließ vor acht Tagen Berlin und reiste nach Leipzig, um an dem hiesigen Theater mein Glück zu versuchen. Da sitze ich nun seit vorgestern und weiß nicht, ob ich zu dem Dr. Küstner hingehn soll oder nicht; ich kenne hier keinen einzigen Schauspieler, falle allen in ihre Rollen, kann leicht ihren Neid erregen, und es wäre mit mir zu Ende, wenn mir ihre Intrigen auch diese Hoffnung abschneiden sollten; Geld, Kleider, selbst beinah Papier und Tinte sind mir ausgegangen, und wenn ich mich vorstellen lassen will, so muß ich gewärtigen, daß mir wegen meines schlechten Rockes die Tür gewiesen wird. Wenn meine Buchstaben schreien könnten, so würden Ew. Wohlgeboren mir gewiß vor Mitleid bald antworten; ich rufe Sie bei allen Heiligen an, mir einige kurze Stunden zu widmen und mein Lustspiel zu lesen und mir, wenn es irgend möglich ist, in zwei Tagen darauf zu antworten; es ist keine Frechheit, daß ich Sie hierum bitte, es ist Verzweiflung; vielleicht kann ich das Lustspiel, wovon Sie das einzige Manuskript besitzen, mit Hülfe Ihres Briefes, der deshalb wahrlich nicht günstig zu sein braucht, da ein Brief von Tieck schon an und für sich genug ist, an einen Buchhändler verkaufen; auch versichere ich Ihnen nochmals auf meine Ehre und fordere Sie auf, mich zu verlassen, wenn Sie es anders finden sollten, daß ich ein höchst bedeutendes Talent zum Schauspieler besitze, und ersuche Sie, mir gütigst mitzuteilen, wenn sich vielleicht in Dresden eine Aussicht für mich eröffnen sollte, – o verstoßen Sie mich nicht! Wer weiß, wo ich in acht Tagen bin, wenn ich keine Antwort von Ihnen erhalten sollte! Nur eine kurze Antwort! Sie werden es nicht bereuen, mich beschützt zu haben, denn ich habe noch nie Feinde, sondern höchstens Neider gehabt. Verzeihung, Verzeihung, wenn ich zu kühn gewesen bin! – Stets

Ew. Wohlgeboren

Leipzig, den 8. März 1823. gehorsamster Grabbe.

(Adresse: Fleischergasse, Nro. 241, bei Herrn Rost.)

Nachschrift.

Seit Neujahr habe ich ein ländlich-heitres Trauerspiel in 3 Akten geschrieben, und ich wage hiemit anzufragen, ob ich es Ihnen übersenden darf, wenn ich es erst reinlich kopiert habe? Jetzt arbeite ich an einem streng-historischen Stücke: ›Sulla‹. – Meine Lage entschuldige alles Inkonventionelle dieses Briefes!

Stets
Ihr
ergebner Grabbe.

26. An Ludwig Tieck

Hochverehrter Herr und Meister!

Das wehmütige Gefühl, welches jeden Gebildeten ergreift, wenn er hört, daß ein Mann wie Sie, der ganz Deutschland mit seinen Werken erfreut, an schmerzlicher Krankheit leiden muß, kann ich Ihnen nicht schildern; könnte ich Ihre Gicht nur auf meine jungen Schultern laden!

Gewiß beurteilen Sie zwar nicht mein Lustspiel, aber

mich selbst zu strenge, wenn Sie glauben, daß ich mich noch jetzt in solchen Gemeinheiten gefalle; das Stück entstand ja mit dem ›Gothland‹ zugleich in einer Periode, die nun schon wenigstens in soweit vorüber ist, daß ich neulich, als ich im stillen mein Trauerspiel wieder durchsah, glühend rot wurde. Ich hoffe, daß Sie mich in meinem neuesten Produkte, welches ich Ihnen bald zu übersenden gedenke, in mehrfacher Hinsicht nicht wiedererkennen. Jugendlicher Keckheit, die ihre Narretei einsieht, pflegt man ja von allen Fehlern am leichtesten zu verzeihen, und ich bitte zagend um Nachsicht.

Vielleicht hat selten jemand seinen gewählten Beruf so ungern verlassen als ich. Ich habe mich deshalb seit einem Jahre an Hohe und Niedere gewendet, und ich weiß, daß ich mich niemals völlig von den Wissenschaften loszureißen vermag, aber Sie haben sicher schon zum Teil aus meinem vorigen Briefe wahrgenommen, wie wenig ich auf diesem Wege eine Beförderung erwarten darf, und sollte ich einst so glücklich sein, Sie mündlich kennenzulernen, so bin ich überzeugt, daß Sie selbst mich gleich nach unserer ersten Unterredung zu meinem Vorhaben ermuntern werden.

Über mein etwaiges Talent zur Bühne wage ich mich nicht weiter auszulassen, weil ich dabei zu leicht in den Schein der Selbsthudelei verfallen möchte: ich versichere nur ganz einfach, daß ich meine Stimme ohne Anstrengung vom feinsten Mädchendiskant bis zum tiefsten Basse modulieren kann und daß der höchste Tadel, welchen man in Gesellschaften über meine Darstellung aussprach, darin bestand, daß ich die Charaktere beinahe zu scharf und eigentümlich aufgriffe und im Tragischen den Zuschauer zu sehr erschreckte. Auch lautet es läppisch, aber ich muß es doch sagen, daß ich in dem Augenblick keine Rolle wüßte, die ich mir nicht binnen zwei Wochen zu spielen getraute; mindestens zweifle ich nicht, daß, wenn ich z. B. den Hamlet oder Lear gut sollte darstellen können, ich den Falstaff oder Dupperig nicht weniger gut agieren würde; ja es scheint beinahe, als vermöchte nur diese Allgemeinheit mein Gemüt in steter Frische erhalten. Da ich aus Westfalen bin, wo man das Hochdeutsche im Gegensatz zum Plattdeutschen um so reiner ausspricht, und da ich noch dazu drei Jahre lang in Leipzig und Berlin auf meine Mundart geachtet habe, so brauche ich wegen meines Dialekts wohl nicht bange zu sein.

Wie gerne ich übrigens klein anfangen und mich in alle Schranken fügen werde, kann ich Ihnen nicht genug versichern, und wenn Sie nun gar sich herablassen wollten, mich während dieser Zeit der Niedrigkeit bisweilen Ihrer Belehrung zu würdigen, so hätte ich Ursache, der gesegnetsten und einflußreichsten Periode meines Lebens entgegenzublicken. Und bekäme ich auch nur eine Gage von 200 Rtlrn., so würde ich in diesem Falle selbst den reichsten Bankier in Deutschland nicht beneiden. Aber leider! leider! – ich zittere, indem ich es niederschreibe, und ich würde es nimmer tun, wenn es sich nicht um a l l e s handelte – muß ich Sie ersuchen, mir, wenn es möglich ist, wenigstens mit *einem einzigen* Worte und zwar – – mit der nächsten Post zu antworten. Sie können ja von Ihrem Bedienten, bloß das Wörtchen »Hoffnung« oder »wahrscheinliche Anstellung« in den Brief schreiben lassen, – es soll mir genug sein, und ich weiß dann doch, wie ich mich hier zu verhalten habe. Auch verlange ich ja gar nicht Gewißheit, sondern nur die Aussicht, ob ich in Dresden, wenn ich mich als solchen bewähre, wie ich mich in diesem Briefe darstelle, vielleicht ein Unterkommen, bei dem ich nicht zu Grunde gehe, finden kann. – Nebenbei liegt ein Brief von dem Herrn Professor Wendt, welcher mich auf Ihre gütige Empfehlung sehr freundlich empfing; den

Herrn Dr. Wagner habe ich bis jetzt noch nicht treffen können. – Ich stürze für Sie ins Feuer.

Leipzig, den 18. März 1823.

Ihr

gehorsamster Ch. D. Grabbe.

27. *An die Eltern*

[Anfangsbogen fehlt] ... sein, wenn nur die Fasson gut ist; meine jetzigen Röcke kann ich nicht in vornehmen Gesellschaften gebrauchen, und der Frack ist so schlecht, daß ich ihn verkaufen sollte; hier käme die ganze Geschichte zu teuer, aber das Geld will ich Euch in wenigen Wochen ersetzen.

Die Regie im Theater ist derjenige Teil des Theaterdirektionsamts, welcher die Beurteilung und Aufsicht der zu gebenden Stücke, die Bildung der jungen Schauspieler etc. unter sich hat; übrigens kommt es noch sehr darauf an, ob ich wirklich in einen solchen Posten eintrete, da mir wenigstens auf eine ziemliche Zeit mein Lebensunterhalt gesichert ist. – Ihr könnt denken, daß ich doch etwas wert sein muß, da mir die Leute Unterhalt geben, ohne daß ich einen Finger rühre. – In Berlin habe ich ebenso treue Freunde wie in Leipzig, und ich erhalte von ihnen täglich Briefe. – Mit meinem Landsmanne, Althof, werde ich schwerlich etwas anfangen können. – Unser Garten ist noch frei! Das ist herrlich! – Hier in Dresden, wo ich nun wenigstens einige Jahre bleibe, ist die schönste Gegend, welche ich jemals gesehen habe; die Elbe, ferne Berge, Fruchtfelder und Weinhügel sieht man überall. – Seid glücklich, denn ich bin es auch, – ich habe mein Auskommen, – denkt, denkt an mich, – es kann sehr leicht sein, daß ich Euch künftigen Sommer besuche, jetzt geht es noch nicht. – Meine Adresse: An Herrn Grabbe in Dresden, Große Schießgasse, Nro. 719, 1 Treppe. (Den stud. jur. könnt Ihr weglassen.)

Stets Euer treuer Sohn
ChDGrabbe.

[Dresden, April 1823]

28. An Ludwig Gustorf

O Gustorf!

Dein Schlafrock? Ist er tot? – Wohne: Große Schießgasse, Nro. 719. – Grüße Hundrich, Gründler, Köchy, Uechtritz – alle, alle. – Teufel, hier fällt mir ein, daß ich meinen Brief an Köchy auf verdammt lapperige Papierstreifen geschrieben und ihn nicht um Entschuldigung gebeten habe, – tu Du es für mich! – In Dresden sind: erträgliche Bäcker, schlechte Konditoren, gute Speisewirte, hohe Häuser, dumpfe Stuben, und der zehnte Mensch hat krumme Beine. – Trete noch lange nicht auf, halte mich von den Schauspielern fern und habe Freibilletts im Theater und vollkommene Unterstützung. – Habe in Nro. 41 oder 42 des ›Merkurs‹, unten auf der Seite, dem L. Pustkuchen einen Wischer gegeben – wenn Du das Blatt bei Stehely herausreißen und mir zuschicken könntest, so tätest Du mir einen Gefallen, hier geht es nicht. – Bitte, sag Hundrich, daß ich ihm in nächster Woche schreiben würde. – O Charlottenburg! – In diesem Momente tritt ein langer Landsmann von mir in die Stube, und ich bin,

(Habe kein Papier!) Du weißt es schon.

(Nächsten Dienstag schreibe ich an Borch.)

(Schreibe in Adressen)

(NB. Eben erhalte ich einen Brief von Köchy, den ich sofort beantworten würde, wenn ich nicht fürchtete, daß Köchy schon fort wäre. Schreib mir doch darüber. Heil der lieblichen Rosamunde – sie wird Brühl schon wegen ihrer Weiblichkeit gefallen. – Antworte mir doch sogleich! hörst

Du! – Sollte Köchy noch da sein, so sag ihm, er *müßte* über Dresden kommen und bei mir logieren. – Gut.

[Dresden, etwa Mitte April 1823]

29. *An Ludwig Gustorf*

Allervortrefflichster Gustorf!

Ich schließe, daß Du jetzt mit Köchy auf eine Stube gezogen bist, und Deine Briefe setzen mich in Ekstase. Wie freut es mich, daß Du aus der Klemme bist. Hinter der Mauerstraße Nro. 22 war's doch eine kuriose, herzdrükkende Zeit. – Was Du mir in Deinem letzten Briefe über mein Verhältnis zu Tieck schreibst, ist ganz richtig, Uechtritz und Hundrich sind in die Extreme geraten; übrigens geht es mir hier in Dresden noch so wie im Anfange bei Euch – ich stehe und halte mich im Hintergrunde – kommt tempus, kommt Grabbe. – Was mein Auftreten betrifft, so hat das Weile. – Hr. von Könneritz behandelt mich mit ausnehmenden Wohlwollen, – ich erhalte Geld und alles, – weiter wird aber unter 6 Wochen nichts geschehen. – Vielleicht spiele ich zuerst irgendeine kleine Rolle im ›Tell‹. – – Habe nun viele von Uechtritz' Bekannten und Bekanntinnen kennengelernt, wie z. B. die Hofsekretärin Ernst, welche mir nicht sehr imponierte. – Wo befindet sich Heine? – – Was den A. Mahlmann angeht, so habe ich ihn bis dato noch nicht besucht: 1.) weil ich nicht wußte, ob mein Brief bei ihm angekommen war, 2.) weil ich mir nicht den gehörigen Anzug verschaffen konnte, 3.) weil in dem Augenblick, wo ich mir denselben verschafft hatte, die Berufung nach Dresden ankam und diese mit dem Verwaltergeschäfte in einem zu direkten Widerspruche stand, als daß ich ohne einen näheren Rat von Euch einen Schritt hätte wagen dürfen, und 5.) weil ich stündlich erbötig bin, auf einen Wink nach Leipzig mit der Eilpost (welche den Weg in ½ Tage zurücklegt) zu reisen und mich ihm vorzustellen. – Meine Ansicht über die Sache ist bis dato dieselbe: ich betrachte sie als ein Reservekorps, welches am Ende mehr Dienste als die Hauptarmee leisten kann; übrigens schlage ich vor, daß man rascher zu Werke geht, – *ich trete erst in 6 Wochen auf und lebe vielleicht gar bloß als Schriftsteller.* – Ich dachte an Euren Unwillen, sonst würde ich schon längst von Mahlmann 200 Rtlr. oder einen Esel erhalten haben. – Ich bin in tausend Hinsichten ein rechter Antidresdener. – Neulich war ich seit vier Jahren wieder zum ersten Mal in der katholischen Kirche, und ich fühlte fast bis zu Tränen, wie sehr mir ein inniger Glaube not tut. –

Stets
Dein Freund
Chr. Grabbe.
Grüße Robert.

(Schreib bald!!)
[Dresden, Ende April 1823]

30. *An die Eltern*

Liebe, teure Eltern!

Ich bin noch gesund, möchtet Ihr es doch auch sein. Den Brief mit den Kleidern habe ich zu meiner großen Freude erhalten, und ich danke Euch für jetzt herzlich dafür.

Hier lebe ich noch so wie sonst, habe auch wieder Geld bekommen, und denkt Euch, war neulich mit dem Fürsten von Bückeburg und seiner Gemahlin in einer Gesellschaft. – Alle meine Sachen sind hier; in Berlin habe ich nichts mehr. – Daß Werfel krank von Prag zurückgekommen, ist wahr; es tat mir leid. – Ich habe nun schon wieder ein drittes Stück fertig und hoffe in 3 Wochen noch mit einem vierten fertig zu sein. Daß ich Euch gewiß einmal bald besuche, darauf könnt Ihr Euch heilig verlassen. – Das Essen in den Gasthäusern ist sehr gut, oft habe ich es aber umsonst. Von Bekannten habe ich nur ältere Leute. –

Daß ich mich malen lasse, kann hier am leichtesten geschehen, weil in Dresden so viele Maler sind. – Ich wohne hier eine Treppe hoch bei einer alten Frau, deren beste Eigenschaft ist, daß sie mir wirklich reinen Kaffee kocht. – Neulich war ich nach Tharandt und in die Sächsische Schweiz gereist; das sind herrliche Gegenden! Wenn ich auf das Land will, so kann ich die Familie eines Gutsbesitzers, ½ Stunde von der Stadt, welche ich durch ihren Sohn, einen Studenten in Leipzig, habe kennenlernen, besuchen, und das tue ich auch. (NB. Ich schreibe den Brief auf solches Papier, weil das andere durchschlägt.) Von meinen Freunden in Berlin habe ich gewiß über 100 Briefe liegen, die ich alle franko bekommen habe. Man sieht doch daran, daß man mich nicht vergißt, und das kann mich unendlich rühren. – Der König von Bayern ist jetzt fort; er beträgt sich ohngefähr wie ein reicher Edelmann; man erzählt sich viele spaßige Anekdoten von ihm; in München soll er oft mit den Bauern auf dem Lande sprechen. Der König von Sachsen lebt viel prächtiger und zurückgezogener. – In der katholischen Kirche ist hier sonntags herrliche Musik, nur tut es einem leid, wenn man hört, daß die Leute, welche singen, Verschnittene sind. – Ich lasse mich einen Tag um den andern rasieren. – Der 10. Mann hat in Dresden fast jedesmal einen Buckel oder wenigstens schrecklich schiefe Beine, die Menschen in Berlin sind weit größer und schlanker. – Was sagte der alte Hofprediger, als er den Brief bekam, daß Werfel nach Italien ginge? – – Meine Wäsche ist in gutem Zustande; ich ziehe sehr oft reine Hemde an; auch kostet sie nicht viel. – Den alten Flausch habe ich noch immer, trage ihn aber nur als Schlafrock auf der Stube. – Künftig könnt Ihr Euch darauf verlassen, daß Ihr allemal einige Tage nach Eurem Briefe eine Antwort von Eurem Sohne haben sollet; diesmal kommt sie etwas später, aber ich hoffe, desto angenehmer. – Es blüht und grünt hier, das Korn steht ellenhoch; ist es zu Hause auch so? Bald sehe ich nun grüne Weinberge und das noch dazu mitten aus der Stadt, von der Elbbrücke aus. – Von Leipzig nach Dresden und umgekehrt geht jetzt eine Eilpost in 6 Stunden, und wir sind also im Grunde nicht weiter auseinander, als da ich in Leipzig war. – Die Mutter muß, muß Kaffee trinken, und Du, Vater! sollst auf den Keller gehn! – Glaubt nur, ich werde stets, stets an Euch denken, kaum soll eine Stunde vorübergehen, ohne daß ich es täte.

Euer
treuer
ChD Grabbe.

Den 21. Mai [1823]

31. *An Ludwig Gustorf*

Gustorf! o! Gustorf!

Erstens schreibe ich Dir einen Brief auf Briefpapier, zweitens tadle ich Dich, daß Du so lange geschwiegen hast, da ich mich in dieser Hinsicht mit meinen neuen Verhältnissen und dem Abschreiben meiner Stücke entschuldigen kann, drittens bitte ich Dich, mir gleich nach Durchlesung des Briefs zu antworten, viertens wohnt der Choulant, wie ich höre, in Leipzig, fünftens bin ich aber auch zu faul gewesen, um in den Adreßkalender zu gucken, sechstens schreib mir, wie das Journal heißt, welches Deinen Aufsatz erhalten sollte, und siebentens schicke ich ihn Dir gleich auf Deine nächste Antwort, zum Dank für dieselbe.

Neulich erhält Tieck, während ich just da bin, plötzlich ein Paket von Berlin mit Heines sämtlichen Werken, ohne ein Begleitungsschreiben; tags darauf sagte Tieck, daß sich in den Gedichten etwas Erlebtes zeige, aber die Tragödien gefielen ihm nicht. – Auch traf ich neulich den Benedikt und gab mich ihm aus Spaß zu erkennen; er will mir schwerlich schaden; an den Gerüchten des vorigen Winters ist nichts Wahres. – Witwe Butzken? Die ist entweder sehr dick oder sehr hager, und noch dazu Original. Mauerstraße: Du, der Ökonom, Köchy, vier Beefsteaks, vier Champagnerflaschen und ich, gegenüber zwei hungrige Gelehrte, die nicht illuminiert hatten, nebenan das Gestöhne der ein Kind auskotzenden Wirtstochter usw. – Sag Robert, daß ich fest bin und bleibe, unerschütterlich fest; er möchte, in Deinem nächsten Briefe, einige Worte mitschreiben. – Was macht Grimm? Grüß ihn doch von mir. – Die Stich ist ja wieder aufgetreten; sie war die klügste von allen drei Beteiligten. – Ich wohne auch bei 'ner Witwe, die ehemals eine Frauensperson gewesen zu sein scheint und fast wie mein Teufel mitten im Sommer noch immer einheizen läßt; sie heißt Loose und trägt eine grüne Perücke. – Hat Köchy an Euch geschrieben? Wo steckt der Ökonom? – Wie ich hier stehe, wie ich mich gemacht habe, ist kurios; doch jetzo ist's mein fester Wille, mich allen mehr und mehr zu nähern; eigentlich werde ich zu human behandelt; aber was man von mir denkt, weiß ich nur so halb und halb. Rat einmal! Schreib mir's! – Bleib in Berlin; vielleicht besuche ich Dich einmal. – Wohnst Du hinten oder vorn heraus? – Ich glaube zu wissen, weswegen Du mich in verschiedenen Schimmern siehst. – Tieck nennt mein sentimentales Tier allerliebst, obgleich er auch manches daran aussetzt; er gesteht mir, daß man mich darin nicht wiedererkenne. – Hast Du Geld genug? Geh bisweilen um meinetwillen in den ›Don Juan‹ und lies die ›Abenteuer des Barbiers Schnaps‹. Es ist eins der ersten und wahrsten Werke in der Welt. – Wenn Du mir nicht sogleich antwortest und viele Witze und Fakta erzählst, so werde ich wahnsinnig; Kommentieren ist eine Deiner Hauptforcen. – Mir fehlt jemand wie Du. – ›Der Zuschauer‹ mit seiner Abtrittsbrille ist ja eingegangen! Was macht der vortreffliche Symansky nun? Ob er noch Freibilletts erhält? – Ich beneide Euch um die Sommergenüsse im Charlottenburger Theater, besonders wenn ihr Mädchen mitgenommen habt. – Was macht Dein Zahn? Meine sind auch wacklig und wollen auch ausfallen. Wie heißt der Titel von Heines Tragödien? Ich mochte Tieck nicht darum fragen. – Schreib!

Dein

Grabbe.

Dresden, den 3. Juni 1823. Adresse:

Große Schießgasse Nr. 719.

32. *An die Eltern*

Teure Eltern!

Euern Brief vom 30. Mai habe ich zu meiner großen Freude erhalten; ich bin noch gesund, möchtet Ihr es auch sein.

Das erste, was ich Euch schreibe, ist, daß ich Euch vielleicht noch im Juli besuchen kann; ich habe aus mehreren Gründen eben 40 Rtlr. Reisegeld erhalten und soll nach Braunschweig in einigen Tagen abgehen, um ein Geschäft mit dem Buchhändler Vieweg und dem Dr. Köchy abzumachen, und da kann es denn kommen, daß ich auch einen Sprung nach Detmold mache. – Grade auf den 11. Jun. hatte ich die drei ersten Aufzüge meines neuen Stückes fertig. – Die Sachen aus Berlin erhielt ich durch die Post. – Weswegen wollt Ihr so eifrig, daß ich mit meinen Sachen, ich meine mit meinen Schriften, zum Vorschein komme, da sie mir doch schon an die 200 Rtlr. eingebracht und Euch gezeigt haben, daß sich die Leute für mich interessieren? Ist das nicht fürerst genug? – In 5 Wochen müßt Ihr mir nicht schreiben. – Mein Bart wächst ganz schrecklich. – In Dresden hat nicht der 10. Mann einen Buckel, das ist freilich übertrieben, sondern der 3. hat einen. – Auf den Keller muß der Vater gehn. – Jetzt, da ich Konzerte, Theater und andere Dinge umsonst habe, frage ich soviel nicht mehr darnach. – Meier hat den Titel meines Stücks getroffen. – Meine Briefe aus Berlin sind ganz unschuldig. – Wenn ich mich selbst Euch zeigen sollte, so habt Ihr mein Porträt doch nicht nötig. – Überall erhalte ich Freunde. – Habe neue Stiefeln und Schuhe kaufen müssen. – Die Geschenke des Königs von Bayern sind sehr unbedeutend gewesen; man hat am anderen Tage schon viele bei den Juden getroffen. – Es blüht und grünt hier ringsumher. – Alles reist nach Töplitz. – Einen Mann, wie hier der Herr von Könneritz, trifft man nirgends wieder. – Ich bin fröhlich; denket häufig an mich; wir trinken vielleicht bald Kaffee zusammen und streiten uns dabei tüchtig.

Euer

Dresden, d. 15. Jun. [1823] ChDGrabbe.

33. *An die Eltern*

Liebe Eltern! [Leipzig, 26. Juli 1823]

Ich habe einen dummen Streich gemacht; ich versprach Euch vor sieben Wochen, Euch zu besuchen und erhielt auch wirklich von dem Königl. Theater 40 Rtlr. Reisegeld, um in Leipzig, Berlin und Braunschweig Buchhändler-Geschäfte für mich und Tieck abzumachen und bin nun sechs Wochen beinahe ununterbrochen in Leipzig liegengeblieben. Dazu verleitete mich teils ein gewisser Buchhändler Hartmann, teils eine allzugroße Anhänglichkeit an Leipzig, teils der Rat Blümner, welcher mich des Abends zu sich einlud, auch die Gesellschaft meiner frühern Bekannten etc. war Mitursache davon. Ihr könnt denken, daß ich von meinen 40 Rtlrn. noch einige Taler übrig habe, aber nichtsdestoweniger reicht es nicht hin, um hier das Logis und alles gehörig zu bezahlen, noch viel weniger, um Euch zu besuchen, was ich doch so gern möchte, da ich es kann, weil ich bis in den September tief hinein, wo erst meine Gönner in Dresden aus dem Bade zurückkommen, ganz frei habe.

Zwar könnte ich hier bei meinem Wirte, meinen Landsleuten, meinen Bekannten und andren borgen, aber das mag ich nimmermehr tun, und wenn ich nach Dresden schreiben wollte, so würden die Leute daselbst sich gewaltig ärgern, daß ich stets in Leipzig geblieben bin. Demnach bitte ich Euch, mir ohngefähr 5 Louisdor zu schicken oder auch mir zu *leihen*, wenn ich das sagen darf; ich würde nur 3 Stück fordern, aber da ich jetzt bis auf die Zurückkunft Eures Briefes wenigstens 10 Tage warten muß, so ersuche ich Euch um zwei mehr. Dann will ich auch sofort von Leipzig abreisen, mich in Braunschweig nur ganz kurz, vielleicht nur einige Stunden oder ½ Stunde aufhalten und Euch in die langentbehrten Arme stürzen. Verzeihet meinen Fehler, ich bin noch zu jung. Auch kann ich Euch wahrscheinlich etwas Gedrucktes mitbringen, da Tieck jetzt Hand an meine Stücke gelegt hat und mir einen tüchtig bezahlenden Buchhändler zu verschaffen sucht. Wenn es möglich wäre, so wünschte ich, daß Ihr den Brief mit dem Gelde nicht auf der Detmolder Post abgäbt, sondern durch einen sichern Mann in Herford oder Bielefeld darauf legen ließet – aber nein, es schadet nichts, die Detmolder dürfen wissen, daß Eltern ihrem Kinde was schicken, und ich bin auch doch in einer so guten Lage, daß ich mich dieses augenblicklichen kleinen Mangels nicht zu schämen brauche. Überdies möchte ein Fremder Euren Brief zu schlecht bestellen oder gar unterschlagen, und um ein wenig Eile muß ich Euch doch ersuchen. – Ich bin heiter, frisch, froh, gesund und sehne mich innig, einige Zeit bei Euch zu sein. – Eben lädt mich ein Leipziger Buchhändler zum Abendessen; lebt wohl! Antwortet mir bald! bald!

Euer treuer, treuer
Sohn
ChDGrabbe.

Meine Adresse:
an Chr. Grabbe, wohnhaft
bei dem Herrn Rost,
Fleischergasse Nro. 241 in Leipzig.

34. *An Ludwig Tieck*

Hochwohlgeborner Herr!

Verehrtester Herr Geheimrat!

Ihrer ausgezeichneten Güte bin ich die drei schönsten Monate meines Lebens schuldig, und selbst auf die Gefahr, Sie zu langweilen, bin ich verpflichtet, Ihnen Rechenschaft aus der Ferne zu geben. Ich reiste natürlich ein wenig trübe von Dresden ab und kam so nach Leipzig, wo ich mit mehreren Jugendfreunden die letzten Blüten der Erinnerung abpflückte. Ermutigt durch den Gedanken an Ew. Hochwohlgeboren, trat ich nachher in Braunschweig vor Klingemann, und die Schonung und Humanität, mit welcher Sie mich behandelt hatten, war einer der Trostgründe, welche mich aufrecht erhielten, als mir die Anstellung abgeschlagen wurde. Gewiß bin ich es zum größten Teil Ihrem Beispiele schuldig, daß mir die dasige Theaterdirektion eins meiner Stücke mit 30 Rtlr. abkaufte, welche mich in den Stand setzten, nach Hannover zu eilen und mich dort zu erbieten, von der Pike auf an der Bühne zu dienen. Aber leider war der Freiherr Grote eben nach Süddeutschland gereist, und ich konnte auf der Stelle keine sichere Antwort erhalten. Ich hielt für meine Pflicht, nicht länger das Geld aufs Ungewisse hin im Gasthause zu verzehren, sondern zu Fuße einige Taler zu meinen Eltern zu tragen. Mich ergriff's wie ein Krampf, als ich über die schwärzlichen Berge meiner Heimat dem traurigen Wiedersehen entgegenklettern mußte. Doch genug von allem, ich habe kein Recht, Sie an meiner Lage teilnehmen zu lassen – sie ist zu abscheulich. – Bisweilen habe ich die Idee, mich nach Bremen zu dem neu entstehenden Theater zu wenden, aber wie darf ich solche Reise auf Wagnis unternehmen? – Könnten Ew. Hochwohlgeboren mich zu irgendeinem Geschäfte gebrauchen, welches anderthalb hundert Taler einbrächte, so wäre ich erlöst und glücklich. Vielleicht hätte ich dann bald Gelegenheit, mich weiter emporzubringen, oder zum wenigsten könnte ich sie doch abwarten.

Ich denke fast stündlich Ihrer wie eines guten Genius und würde dies wahrlich nicht niedergeschrieben haben, wenn es mir nicht unwillkürlich aus der Feder geflossen wäre. Wenn Ew. Hochwohlgeboren mich auf irgendeine Art einer kurzen Antwort würdigten, so würde ich innigst erfreut sein, selbst wenn sie meine Bitte nicht gewährte. Auf alle Fälle würde ich daraus frischen Lebensstoff ziehen, dessen ich oft recht sehr bedarf. –

Mit der tiefsten Hochachtung bin ich

Ew. Hochwohlgeboren
gehorsamster
Detmold, den 29. Aug. 1823. Ch. Grabbe.

35. *An Ludwig Tieck*

Verehrtester Herr!

Jetzt erst, nachdem ich alles versucht und abgemacht habe, kann und darf ich Ihnen schreiben. – Mich übermannt die Erinnerung an den vergangenen Frühling, wo ich so ruhig und beglückt in Ihrer Nähe lebte. Wenn ich nur nicht fürchten müßte, daß Sie meiner Persönlichkeit nicht eben mit angenehmen Gefühlen gedächten! Gleich zu Anfang machte mich das Bewußtsein, Ihnen mit meinem Vorlesen mißfallen zu haben, scheu und verlegen, und als Sie dennoch fortfuhren, sich so sichtbar für mich zu interessieren, artete meine Verlegenheit und Dankbarkeit fast in Tölpelhaftigkeit aus. Verzeihen Sie, daß ich nochmals über dies Thema zu sprechen wagte; es liegt mir wie ein Stein auf dem Herzen! – Als ich von Dresden abreiste, war es mir, als sollte ich durch eine Tonne mit zwei Papierböden (Braunschweig und Leipzig) auf das harte Steinpflaster fallen. Wie ein Ertrinkender sich an jedem Grashälmchen festhält, hielt ich mich an jedem Augenblicke fest. Die Einladung mehrerer Universitätsfreunde, einige Wochen bei ihnen zu logieren, war mir hochwillkommen, weil sie die Zeit meines Sturzes zu verschieben schien. Mit Mühe riß ich mich endlich los und eilte weiter, indem ich mich unterwegs mit der Erinnerung begnügte. So kam ich nach Braunschweig und fand in dem Doktor Köchy einen treuen Helfer; aber noch besser und sicherer nützte mir Ihr Brief, geliebtester Meister. Eine Anstellung wurde mir zwar schon beim ersten Besuche, den ich Klingemann machte, unbedingt versagt, und ich saß grade zerstört und hoffnungslos auf meinem Zimmer im Gasthofe, als mir die tröstende Nachricht gebracht wurde, daß mir die Theaterdirektion auf Veranlassung Ihrer Empfehlung für eins meiner Schauspiele 30 Rtlr. geben wolle. Ich reichte ›Nannette und Maria‹, welches ich gut abgeschrieben bei mir hatte, dafür hin, und unter der ausdrücklichen Erlaubnis, es dennoch drucken zu lassen, wann es mir gefiele, ward es angenommen. Nun konnte ich nach Hannover reisen und dort mein Glück versuchen; ich habe jedoch immer ein bißchen Unglück, und so war denn der Freiherr von Grote, welcher dort alles gilt, am Morgen meiner Ankunft abgereist. Jetzt gingen meine Hoffnungen auf das Theater zu Bremen, und ich wäre dahin gereist, wenn nicht meine Barschaft bis auf siebzehn Taler zusammengeschmolzen wäre; ich hielt es also für besser, mich aufzumachen, allen Hohn zu ertragen und meinen Eltern zwölf Taler Geld zu bringen. Wenn ich meine Mutter nicht zu sehr liebte, so würde ich ihr die elenden Zweigroschenstücke auf der Post geschickt und für mich einen edleren Weg eingeschlagen haben; ich hätte nämlich blind und dreist mein Geschick versucht; aber wenn sie nicht wüßte, wo ich wäre und was ich triebe, so würde es ihr sein, als wenn ihr ein Arm fehlte. So schlich ich mich nachts um 11 Uhr in das verwünschte Detmold ein, weckte meine Eltern aus dem Schlafe und ward von ihnen, denen ich ihr ganzes kleines Vermögen weggesogen, die ich so oft mit leeren Hoffnungen getäuscht, die meinetwegen von der halben Stadt verspottet werden, mit Freudentränen empfangen. Ja, ich mußte mich noch obendrein mit der plumpsten Grobheit waffnen, weil ich sonst in das heftigste Weinen ausgebrochen wäre und eine Ifflandische Szene aufgeführt hätte. – Nun sitze ich hier in einer engen Kammer, ziehe die Gardinen vor, damit mich die Nachbarn nicht sehn, und weiß keine Menschen in den gesamten lippischen Landen, denen ich mich deutlich machen könnte, selbst dem Herrn Pastor Pustkuchen nicht. Mein Malheur besteht einzig darin, daß ich in keiner größern Stadt, sondern in einer Gegend geboren bin, wo man einen gebildeten Menschen für einen verschlechterten Mastochsen hält. – Ich fürchte, ich fürchte, daß Sie, teuerster Herr, es bereuen, jemals einige Teilnahme für mich geäußert zu haben, weil ich Sie mit diesen Erzählungen meiner Leiden beschwere. Ich bitte Sie aber, sich wenigstens um mich keine *Mühe* zu geben; höchstens ersuche ich Sie, wenn Sie irgendeine theatralische, juristische, schriftstellerische oder abschreiberische Karriere kennten, die mit meiner Person zu besetzen wäre und ohngefähr 150 Rtlr. einbrächte, an mich zu denken. Ich habe oft gehofft, daß ich in Berlin zum Beispiel, bei einem Haltpunkte von einigen Groschen täglich, am ersten vorwärtskommen würde. – Was meine Autorschaft betrifft, so konnte ich bei meinen Umständen nur wenig leisten; die letzten Akte des ›Sulla‹, welche ich umarbeite und etwas ernstlicher nehme als die drei ersten, sind noch nicht vollendet; die Idee zu einem anderen Faust, der mit dem Don Juan zusammentrifft, entwickelt sich in meinem Gehirnkasten mehr und mehr; ich habe in bezug auf dieses Stück dem heiteren Humor, der das Tragische im ›Hamlet‹ so mildernd durchweht, fleißig nachgespürt. An einer erträglichen, für unsre Zeit passenden Erzählung soll es mir auch nicht fehlen, wenn ich erst nur ein wenig von dem edlen Ton Ihrer Novellen in der Gewalt hätte. – – Als ich nach Braunschweig kam, eilte ich zuerst zu Vieweg, um Ihren Auftrag zu vollziehen; Ihr Name verschaffte mir einen außerordentlich höflichen Empfang, und man versicherte, die Bücher an den Leipziger Kommissionär von Hilscher abgeschickt zu haben, aber sie müßten unterwegs verloren gegangen sein. Ich wollte, ich hätte sie gefunden! – Ich bin sehr verzagt und suche die Hoffnung einer baldigen Antwort in mir zu vertilgen; alles Heil und Glück Ihnen, Ihrer Gemahlin, Ihren Töchtern und Ihrem ganzen Hause! – Immer verbleibe ich

Ihr

hochachtungsvollster Verehrer

Ch. Grabbe

Detmold, den 29. Aug. 1823.

36. An Ludwig Gustorf

[Detmold, etwa September 1823]

O mein Gustorf!

Bin von Berlin über Dresden, Leipzig, Braunschweig, wo mich Köchy ein wenig wieder emporrichtete, nach dem tristen Neste gestürzt, in welchem ich jetzt sitze und dessen Namen ich vor Ingrimm kaum ausschreiben kann, habe aber noch nicht den Hals gebrochen. Kann ich hier nun durchaus nicht länger ausdauern und will wieder fort. Das Klügste scheint mir, daß ich mich nach Berlin wende, und dort müßte ja der Teufel drinstecken, wenn ich mit meinen 4 Stücken (einem Lust-, Trauer-, sentimentalen und historischen) in der ersten norddeutschen Stadt keine Gönner und keinen Erwerb finden könnte. Auch bin ich gewillet, meine übrigen Hülfsquellen, d. h. die innern, denn äußere habe ich höchstens noch $\frac{1}{2}$, als Abschreiberei, wo mir Robert oder Hundrich vielleicht Kunden schaffen könnten, ferner meine Fertigkeit im Verfertigen kleiner Aufsätze, pikanter Rezensionen, historischer Abhandlungen usw. für alle möglichen Journale, wobei mir meine Verbindung mit Tieck, Briefe von Köchy etc. vielen Nutzen schaffen würden, ferner meine sämtliche Juristerei, wofern es dazu Gelegenheit gibt, ferne allen Müllerschen Ideen, alles was ich habe, spritzen zu lassen. Offenherzig, den Zeitungsschreibern muß ich, wie mir deucht, wie ein gerufenes Stichwort vorkommen; sie haben niemals einen Menschen wie ich nötiger gehabt. Daß ich, seit meine beiden neuen Tiere, der ›Sulla‹ und die ›Nannette‹ fertig geworden sind, und da ich mich durch Tieck wohl an Wolff und Raumer, von dem er selbst mit mir sprach, wenden kann, in Berlin weit besser auftreten werde als vorher, leidet keinen Zweifel. In diesem Detmold, wo ich abgeschnitten von aller Literatur, Phantasie, Freunden und Vernunft bin, stehe ich (Dir ins Ohr gesagt) am Rande des Verderbens. Ich muß fort, und wenn ich Hundrichs Bedienter werden sollte, und ich muß emporkommen, muß, werde und soll emporkommen, wenn ich nur am Leben bleibe. Antworte mir bald, ja wenn's Dir gut scheint, so sprich mit meinen Bekannten über mich, zeig ihnen selbst, mit Ausnahme der Zeilen vom »Rande des Verderbens« und »Hundrichs Bedienten« diesen Brief – wenigstens verschaffen sie mir vielleicht Abschreiberei oder die Hundrichische Bedientenstelle. Die Hauptsache wäre, daß ich fürerst eine ungeheuer billige Stube fände oder mit einem – vielleicht mit Dir – zusammen wohnte. Apropos! das neue Theater? Vielleicht auch da was zu machen. Tieck, über den ich gern mit Dir sprechen möchte, will meine ›Nannette‹ herausgeben und mir das Honorar dafür übermachen. Donner! nicht verzagt! Bald, bald, bald, bald antworte mir,

Deinem
Grabbe.

(Diesen Brief sende ich durch Köchy über Braunschweig.)
(Könnten Deklamatorien geben.)

Vielleicht wende ich mich direkt an den Kronprinzen und an den preußischen Staat; schaff mir nur ein Logis und sprich mit Gubitz, ob er mir will Aufsätze bezahlen.

Mein ›Sulla‹ und meine ›Nannette‹ sind bei Gott recht tüchtige Tiere.

37. *An Ludwig Tieck*

Verehrtester Herr und Meister!

Meine süßeste Lust besteht in dem Bewußtsein, aus meinem Schlupfwinkel heraus mit Ihnen reden zu dürfen; Sie, seit Shakespeare der größte romantische Genius, dessen Werke, je mehr man sie studiert, um so wunderbarer strahlen und deren Ruhm durch die Zeit, die sonst alles vertilgt, nur immer mehr zunehmen kann, Sie verachten mich nicht gänzlich. Glauben Sie auch nicht, daß ich das eben Gesagte gegen meine Überzeugung, als leere Schmeichelei, geredet hätte; es wird Ihnen ganz eins sein, ob ein miserabler Schlucker wie ich so oder so von Ihnen denkt; nur die Herzlichkeit meines Lobes kann ihm Wert verleihen. Ich mußte es niederschreiben, weil ich neulich durch einen, in meinem Geburtsneste, wo man die Literatur nur vom Hörensagen kennt, höchst merkwürdigen Zufall, wieder einige Teile von dem ›Phantasus‹ und mehrere Ihrer Novellen zu lesen bekam; noch nie fiel es mir so auf, daß Sie, sosehr auch das liebe Deutschland Sie anerkennt, dennoch eigentlich wohl noch nicht zum Sechstel erkannt sind. Doch ich weiß nicht, ob Sie mir dies Geschwätze übel nehmen. – Fürchten Sie nicht, daß ich Sie jetzt mit der Trödelbude meines Jammers unterhalten werde; betrachten Sie die paar Worte, welche ich darüber sage, wie eine Stelle aus einem schlechten Roman und achten Sie auf meine Bitten nicht, wenn sie Ihnen mißfallen. – Ich kann es hier nicht aushalten und will bald wieder forteilen; einige Wochen denke ich noch zu verziehen, in der Hoffnung, daß ich vielleicht von Ihnen zwei Zeilen mit Rat oder Trost erhalte; meinen Eltern lüge ich stündlich vor, daß ich in der Ferne angestellt bin, und sie freuen sich nicht wenig; wüßten sie das Gegenteil, so würden sie wie Schnee vergehen; dennoch wünsche ich aus voller Seele, daß sie eines sanften Todes schon längst gestorben wären, dann wäre ihnen besser, und ich wäre frei. In Bremen, wohin ich geschrieben habe und wo ein Herr von Staff für mich zu wirken suchte, scheint sich keine Laufbahn aufzutun. Wegen der Nähe meiner Heimat darf ich mich in Westfalen selbst nicht weiter umsehn. Ich meine, nach Berlin reisen zu müssen, dort, in einer größern Stadt, wo Theater, Schriftsteller, weitläufige juristische Kollegien sind, finde ich hoffentlich irgendeinen Angelhaken. Sollte ich jemals aus meiner Lage wirklich herauskommen, so wird sie sicher einen unendlichen Nutzen für mein Gemüt und meinen Geist haben, ja, ich würde wahrscheinlich eine echt christliche Idee von Gottes wunderbaren Wegen erhalten. – Da ich hier wenig mit Menschen umgehe, so schweife ich desto mehr in der Natur umher; sie ist wild und hübsch, und das ganze lippische Land rauscht von Bäumen, Waldbächen und fallenden Blättern; wenn ich aber so auf einem Berge stehe, fällt mir oft der nahende Winter ein, und zum erstenmal in meinem Leben fürchte ich ihn, weil ich nicht weiß, ob ich eine warme Stube werde haben können. Meine Gesundheit ist eisenfest, und ich wollte nichts mehr wünschen, als daß ich sie Ihnen schenken könnte. O Herr! jedes Wort von Ihnen gilt viel; wenn Sie mir in Dresden, Berlin oder Leipzig irgendwo ein schmales Unterkommen bei einem Buchhändler oder Theater usw. schaffen könnten, so hätten Sie mich und zwei alte Leute glücklich gemacht. Bis jetzt noch erliegt meine Seele nicht, und sie hat die hereinstürmenden

Unglücksfälle mit blutigen Köpfen zurückgeworfen; bei Gott, sie verdient es, daß jemand ihr hilft. Eine kleine, kleine Antwort von Ihnen wäre schon Erlösung; aber wenn Sie mir auch dies Gesuch abschlagen, so werde und kann ich doch nimmer und nimmer vergessen, was Sie mir schon Gutes und Edles getan haben. Stets

Ihr

Ch. Grabbe.

Detmold, den 22. Sept. [1823]
(Besonders feindselig scheint mir jetzt der hiesige Superintendent zu sein, weil er, wie ich vermute, durch einen Landsmann, der mich in Berlin besuchte, erfahren hat, daß sich in meinem Lustspiel der Teufel für einen Generalsuperintendenten ausgibt.)

38. An Ludwig Gustorf

Gustorf,

verzeih einem Esel seine Eselei und einem Grabbe seine Grabbage; außerdem war auch Dein besprochenes Schreiben so kurios eingerichtet, sein Kuvert so winzig, seine Adresse »An Herrn Christ. Grabbe« so verdächtig (selbst der Postsekretär sah mich darauf an), Deine Namensunterschrift so nachlässig und Dein Ausdruck so auffallend, daß ich das Schlimmste vermutete. Ist es aber wahr (was ich in der Tat dunkel ahnte), daß Du alles geflissentlich so anordnetest, so muß ich Dich verehren, und gestehen, daß ich noch nie so groß von Dir gedacht habe. – Ich schäme mich, Dir für die Gefälligkeit, mit welcher Du mir das Zeugnis (jetzt mein einziges Gut) verschafft hast, eine elende Danksagung abzustatten, sonst würde ich hier den allgemeinen Briefsteller zitieren. – Daß Uechtritz, der gewiß gar so übel nicht ist, nur Gutes von mir sagt, ist ganz dem pythagoräischen Lehrsatze gemäß, denn er muß ja wissen, daß ich ihm durchaus nicht mehr schaden und nützen kann. Zufolge Okens Naturhistorie wird er mich in 1 Jahre tadeln und in 2 Jahren vergessen. – Wenn ich in meinem letzten Sendschreiben auf meine *rechte* Ehre versichert habe, so deute mir das nicht ins Schlimme, weil ich wohlweislich zum Behufe meines gesellschaftlichen Umgangs mir 32 andere Ehren angeschnallt habe; Du denkst Dir nicht, was mir das für einen Nutzen stiftet. – – Der Herzog von Angoulême hat nun das spanische Bitter heruntergesoffen, und ich bin nur in Furcht, daß er davon leicht betrunken werden kann, obgleich man hoffentlich vermöge einer Dampfmaschine ihn mit einem legitimen türkischen Häringssalat usw. (NB. Wenn ich etwas durcheinanderschmiere, so nimm das nicht übel, weil ich, wie Du weißt, den Brief für den besten halte, welcher dem gewöhnlichen Umgangsgespräche, dessen Weitläuftigkeiten vermeidend, am nächsten kommt.) Weshalb bezeichnest Du mir nicht Dein jetziges Logis? Bei der Buzke wohnst Du nicht mehr. – Bilde Dir nicht ein, Du alter [unleserlich ausgestrichen], daß es bei Dir fuimus Troes heißt; Du bleibst gewiß, was Du einmal gewesen bist, und wenn Dir auch Hufeland noch so viel fremdartige Kadaver einzuokulieren sucht; paß nur auf, wie Deine Lebensgeister sich plötzlich aufrütteln werden, wenn Du durch ein günstiges Geschick irgendwo »nen Rinderbraten von Alt-England« erschnappst; hic it, ein einziger Floh biß dem großen Newton sicherlich die ganze Astronomie weg, und Kant hat, trotz seines Renommierens, die ›Kritik der Vernunft‹ in einer Tasse Kaffee geangelt oder besser gesagt, er hat die Vernunft darin rein gewaschen und manchen den Kaffee verdorben. Ich entsetze mich über das triviale Zeug, womit ich Dich ennuiere; glaub nur nicht, daß ich es aus Bosheit, Rachsucht oder Undankbarkeit tue – es ist meine diesjährige Einfalt, denn trotz des gelinden Winters wird mein

Geist künftigen Sommer eine geringe Witzernte halten; es muß fortan anderes Korn, echter Rocken darin wachsen, und zwischen dessen Halmen rottet man die Blumen aus. Wäre übrigens meine Situation nicht etwas triste, so würde ich ziemlich vergnügt sein, weil mir die Wissenschaften wirklich wieder Spaß machen: mein Gemüt ist ein unruhiger Hund, dem man ein Stück Fleisch vorwerfen muß, damit es etwas zu kauen hat, und so ein Stück Fleisch mit einem Knochen darin ist das corpus juris Romanorum civilis. – Denkst Du auch noch wohl dann und wann an Dein Logis in der Mauerstraße? Ahne ich recht, sitzt Du am Ende wieder darin? – Die Kronprinzessin, welche Ihr nun habt, sah ich in Dresden; sie schien mir recht hübsch zu sein und hatte Lippen wie Polster, auf denen die Küsse ausruhen sollten. Es ist aber auch möglich, daß ich sie mit einer ihrer Schwestern verwechsle. – Wer weiß, ob ich im Lippeschen nicht aller Vorurteile ungeachtet in eine erträgliche Karriere gerate, wer weiß, ob wir uns in einigen Jahren nicht abermals psychisch und physisch näherstehen als je. Bis dahin werde ich mich freilich oft mit dem Ausspruche meines Sulla trösten müssen: Das Jahr ist kurz, die Stunde lang. – Wie ist's mit den Kosten des testimonii? – Sehr gefällt mir in Deinem Briefe die Stelle: laß Deinen miserablen Argwohn, Grabbe. Der Grabbe will versuchen, ob er es kann. Aber Du mußt wenigstens auch nicht mehr sprechen, daß Du so wenig Zeit hättest, an mich zu schreiben; Zeit zum Briefe hat man immer, wenn man nur will. Mach die Dinger nur nicht allzu breitschultrig (ich meine im Kuvert), sonst denkt die Post, daß sie den Wagen umschmeißen könnten und nimmt mehr Geld dafür. In den ersten 3 Monaten brauchst Du übrigens an mich nicht zu frankieren; wozu soll ich ja das wenige, was ich habe, eher anwenden als zum Behufe, einige Worte von meinen Freunden zu hören? – So wie ich in meinen Nöten an

Hundrich schrieb, um Dich zu treiben, habe ich neulich an Robert geschrieben (Du wirst's schon wissen), um Euch beiden zu treiben, und an Köchy, um Euch alle drei zu forcieren. Du nimmst es mir doch nicht krumm? Ich dachte, einige von Euch wären mir böse, und ich glaube, man kann mir leicht allerlei verzeihen. – Meine Menschenkenntnis ist nicht viel wert, besonders in concreto; darin hast Du ganz recht, so wie Du auch überhaupt mehr recht hast, als ich bisweilen denken mag. Responde (amico tuo)

sobald, so bald als möglich.

Dein

Detmold (den 12. Febr. 1824) Ch. D. Grabbe;

der Bär, brumm,

brumm.

39. *An Moritz Leopold Petri*

Ob in mora periculum.

Besuchen ging vorigen Sonntag nicht, weil es gewitterte. Bücher habe ich grade keine in der verlangten Art, die angeschlossenen enthalten eine ›Reise nach Paris‹ von Benzenberg, die Du schon wohl kennst. Im Taschenbuch steht der ›24. Februar‹. Kann ich's, so hol ich heute von der Bibliothek Dir ›Siegfried v. Lindenberg‹. Ich habe wirklich allerhand zu tun bekommen und muß daher bitten, mich mit einem Besuchsversprechen etwas zu befristen, idq. salv. [is] salvandis.

Worüber pp.

Conc.[epit] et exhib.[uit] Grabbe.

[Detmold 1825]

40. *An Moritz Leopold Petri*

Anbei: Müllers ›Schweizergeschichte‹ 1. und 2. Tl., Malchus' 1. Teil und Grolmann. Da ich auch für mich ein paar Bücher mitnahm, so konnte ich nicht mehr in Taschen und Händen tragen.

Daß ich den Malchus genommen habe, ärgert mich, er kommt mir jetzt recht kahl vor, und willst Du mir einen Gefallen tun, so mußt Du den Müller nicht eher wegwerfen, als bis Du die beiden ersten Bände durchgelesen hast. Seine Helvetierfaselei zu Anfang ist das Schlechteste.

Den Registraturpunkt betreffend hatte Krohn seinen Claproth verlegt, und da ich einen schlimmen Finger habe, konnte ich nicht viel im Bücherstaube umhersuchen. Ich habe nur die negative Ausbeute gemacht, daß im Leyser, Lauterbach, Fredersdorff, Cramer (Observat.) und Strube (Bedenken), wohl hier und da der Registratur erwähnt wird, aber der fragliche Punkt nicht berührt ist. Bei Krohn fehlte sogar im Müllerischen ›Promptuario‹ das r; ich will aber nächsten Mittwoch in demselben af dr Bbltk. nachsehen, ref.[usis] exp.[ensis]

Desuper pp.

[Detmold, 27. (?) Juli 1825] G.

41. An den Fürsten Leopold II.

An
Serenissimi Regentis
Hochfürstliche Durchlaucht!
Untertänigste Bittschrift
des Advokaten Grabbe in Detmold,
betreffend die Anstellung als
Amtsschreiber zu Örlinghausen.

Durchlauchtigster Fürst!
Gnädigster Herr und Regent!

Durch den Tod des Amtsschreibers Tasche in Örlinghausen ist die dasige Amtsschreiberstelle erledigt worden. In der Meinung, daß dieser Posten weder zu den wissenschaftlich bedeutenden noch zu den lukrativesten gehört, wage ich mich zu demselben zu melden. Mein Wille besteht aber in nichts weniger, als hierbei, wenn Bessere oder Verdientere sich bewerben sollten, mit diesen in Wettstreit zu treten, vielmehr bitte ich alsdann untertänigst, mir huldreichst die abschlägige Antwort zu schenken und mein Gesuch tacite zu reponieren. Nur zweierlei möchte ich gehorsamst versichern: 1.) daß, wenn ich bis jetzt noch nicht unmittelbar oder doch sub titulo, als z. B. Amtsauditor, dem Lande diente, diese Versäumnis eher an den Umständen als an mir liegen müßte, wie denn das Beispiel anderer nicht angestellter junger Juristen ebenfalls beweist; dagegen habe ich aber versucht und versuche ich täglich und stündlich, diesen äußeren meist quantitativen Mangel durch das Studium nach innerer juristischer Qualität (die vielleicht den nämlichen Wert besitzt) zu ersetzen; 2.) ist es nicht bloß oder vorzüglich mein persönliches Interesse, welches mich zu gegenwärtiger Bitte veranlaßt, sondern es ist der reine in Hinsicht meines Vorteils sehr uneigennützige Wunsch, meinen Eltern jede Beschwerde, die sie mit mir haben könnten, zu nehmen und ihnen, bei ihrem hohen Alter, die Hoffnung zu verschaffen, in jedem Fall bei ihrem Sohn Unterstützung finden zu können. Aus solcher Quelle sind, wenn auch keine Vortrefflichkeiten, doch wenigstens keine schlimme Folgerungen zu ziehen.

Indem ich nun alleruntertänigst bemerke, mich gern *jeder etwaigen Beschränkung oder Nebenbedingung unterwerfen zu wollen*, wage ich Ew. Hochfürstliche Durchlaucht! in pflichtschuldigster tiefster Untergebenheit zu bitten:

mir, wenn es als paßlich erscheinen sollte, die Stelle des Amtschreibers zu Örlinghausen gnädigst zu verleihen.

Ersterbend Durchlauchtigster Fürst und Herr!
Ew. Hochfürstlichen Durchlaucht!
alleruntertänigster Ch. Grabbe.

[Detmold, Dezember 1825]

42. An den Fürsten Leopold II.

An
Serenissimi Regentis
Hochfürstliche Durchlaucht!
Untertänigste Bittschrift
des Advokaten Grabbe in Detmold,
die eventuelle Erteilung der
Amtsauditorstelle in Horn anbelangend.

Durchlauchtigster Fürst!
Gnädigster Fürst und Regent!

Ein innig gefühlter Eifer, besser und unmittelbarer als es vielleicht im Advokatenstande geschehen kann, dem Lande zu dienen und mich selbst zu vervollkommnen, bewegt mich zu der untertänigsten Bitte, mir im Fall des der Vermutung nach bevorstehenden Abganges des dermaligen Amtsauditors Overbeck in Horn gnädigst dessen Stelle zu verleihen. Nicht sowohl zur Unterstützung als zur Entschuldigung solchen Gesuchs füge ich bei, daß ich, bereits seit fast zwei Jahren examiniert, nie einen sehnlicheren Wunsch besaß, als mich eines sogestalten Wirkungskreises würdig zu machen. Meine Bitte, deren weitere Motivierung mir um so minder zusteht, als die gnädige Beurteilung Ew. Hochfürstlichen Durchlaucht einzig entscheiden kann, geht demnach alleruntertänigst dahin:

mir in eventum die genannte Auditorstelle in Horn unter den nämlichen oder auch unter vermehrten beschwerenderen Bedingnissen, mit welchen sie der bisherige Inhaber besessen, allerhöchst zu bewilligen.

Ersterbend Durchlauchtigster Fürst!
Gnädigster Fürst und Herr!
Ew. Hochfürstlichen Durchlaucht
alleruntertänigster treugehorsamster Grabbe.

[Detmold, Januar 1826]

43. *An Christian Gottlieb Clostermeier*

Verehrtester Herr Archivrat!

Die einfachste Sprache bleibt gewiß die beste, und darum versichere ich, daß mir kaum etwas so unerwartet und doch so hocherwünscht erschienen ist, als die Teilnahme und das Zutrauen, womit Sie mich beehren.

Ich gestehe frei, daß ich den Grund, aus dem Sie mir eine solche Zuneigung schenken, nur darin vermuten kann, daß Ihr Blick aus einzelnen Zügen meinen Charakter und meine Lebensverhältnisse scharfsinnig zusammengesetzt und zu meinem Vorteil erklärt hat. Denn ich weiß zu gut, daß ich mich Ihnen nie eben im nächsten und besten Lichte zeigte.

Die Erklärung ist leicht: als Kind, selbst noch als Student, fühlte ich gegen Sie, verehrtester Herr, die geziemendste Hochachtung, aber nicht ohne Mischung einer zum Teil aus Blödigkeit herstammenden Scheu; sie hielt jede Annäherung ab. Späterhin, und noch jetzt täglich, erkannte ich recht wohl, daß mir nichts mehr not tun möchte als die Bekämpfung meines leidenschaftlichen und extremen Wesens; da mußte freilich jene kindische Furcht verschwinden und einer wahren Verehrung allein den Platz lassen.

Wo hatte ich aber in den letzteren Jahren die Gelegenheit, diese gehörig zu äußern? Sich von selbst aufzudrängen und einen Mann, der weder unseres Beifalls, unserer Achtungsbezeugung oder unserer Hülfe bedarf, mit ersterem zu überschütten, beweist in meinen Augen an dem Aufdringlichen die offenbarste Absichtlichkeit und Falschheit. Überdem voll Mißtrauens gegen mich selbst, ist es mir immer schwer gewesen zu glauben, meine Bekanntschaft könne einem Dritten irgend angenehm sein, fast, ich leugne es nicht, ist es mir dadurch zur andern Natur geworden, nur sehr langsam mit jedem, den ich nicht von Jugend auf kannte, vertrauter zu werden, ich glaube nicht einmal, daß in Detmold jetzt ein einziger Schulgenosse lebt, mit dem ich auch nur in etwas in solchem Verhältnisse stände. Um wie viel minder konnte es mir in den Sinn kommen, an einem angesehenen Gelehrten und Geschäftsmann einen stillen und so günstigen Beobachter zu besitzen.

Dabei bekenne ich offen, daß die Verhältnisse sich so gewendet hatten, daß ich schon längst fürchtete, Sie hätten mich, wo nicht aufgegeben, doch beiseite gelegt. Dies kam mir schon damals so vor, als ich, bei einer Ferienanwesenheit in Detmold, die Albernheit hatte, Ihnen selbst zu verschweigen, daß ich nach Berlin reisen würde und meinen Vater zu bitten, Sie gelegentlich damit bekannt zu machen. Es wäre ein Zeichen fortdauernder Schwäche, wenn ich dies Benehmen noch jetzt entschuldigte: es bleibt an und für sich stets sehr mattherzig. Die Motive, von denen ich mich aber nicht hätte leiten lassen dürfen, waren indes wohl vornehmlich: die alte blöde Scheu, welche mir das Wort mehrmals im Aussprechen zurückhielt, und die übereilte Überzeugung jetzt: einen ganz selbstständigen Wirkungskreis suchen zu müssen, indem ich bei der damaligen Errichtung der Bibliothek sowohl den Bibliothekar durch Sie auserwählt fand als auch hierüber unendlich weiter kombinierte. Wie konnten Sie, verehrter Herr, aber an mich nur denken, der ich noch nicht ausstudiert hatte? Auch würde ich, wenn ich Ihrer Zuneigung wirklich würdig gewesen wäre, nicht Ihnen, sondern den Umständen haben Vorwürfe machen können.

Ich bin zu jedem Dienst, den Sie mir auflegen wollen, erbötig und bitte nur zu fordern und zu befehlen. Mir darf nie die Wahl gelassen werden, sonst fürchte ich in allen Anerbietungen, wenn auch noch so gut gemeint, zu beleidigen. Selbst Besuche habe ich vorzugsweise deshalb immer gescheut, weil ich fest überzeugt war, bloß Langeweile zu verursachen.

Auch will ich nicht verhehlen, wen Sie im ganzen an mir finden, obgleich eine Selbstschilderung stets nach Selbstlob lautet und lauten muß, weil sie sonst affektiert klänge. Ich besitze ein ziemlich gutes Gedächtnis, kann auch leicht etwas lernen, aber fast nur so, daß mir eine Masse zugewiesen wird und ich diese selbstständig, ohne fremde Spezialleitung bearbeite, und nur da, wo ich unüberwindliche Schwierigkeiten fühle, um Belehrung anfragen darf; meine ehedem sehr heftige Phantasie hat mir bis jetzt viel geschadet, aber auch insofern genützt, als ich all meinen Verstand schärfen und aufbieten mußte, sie zu zügeln; dadurch bin ich der Selbstbeherrschung näher gekommen, und ich habe mich kennen lernen, das beste Mittel gegen Dünkel und Eitelkeit; mein Charakter ist, wenn man ihn im allgemeinen nimmt, wohl nicht zu den schwankenden zu zählen, und ich gestehe, daß ich das Böse zwar hasse, aber Gemeinheit und Schwäche mir an anderen das Widerlichste auf Erden ist; mein Wissen ist großes, meist unnützes Stückwerk.

Dieses Schreiben ist mir ohne Absichtlichkeit, wie es hier steht, aus dem Herzen geflossen, und ich wünschte, daß es so aufgenommen würde. Das letzte Resultat ist: daß ich mich jedem Ihrer Beschlüsse unterwerfe und auch jedem Winke zu folgen bereit bin. Für meine Dankbarkeit, an welcher Sie freilich nur den bewiesenen guten Willen schätzen könnten, glaube ich bürgen zu dürfen.

Lieb wäre es mir nicht, wenn mein Vater diesen Brief zu sehen bekäme, obgleich ich Sie durchaus nicht verhindern will, ihn nach Gutfinden als ein Dokument zu gebrauchen, welches künftig gegen mich zeugen kann. Er ist zu Ihrer vollsten Disposition gegeben. Ich bin,

Hochverehrtester Herr Archivrat,
Ew. Wohlgeboren

Detmold, den 3. April 1826. gehorsamster Ch. Grabbe

44. *An die Meyersche Hofbuchhandlung*

Wohllöbliche Hofbuchhandlung

ersucht Unterschriebener ihm

›*The works of Lord Byron complete in one volume*‹, wenn er sich nicht täuscht, bei *Brönner in Frankfurt am Main erschienen*, alsdann baldmöglichst zu überschicken, wenn dieselben noch, wie er *neulich las*, *zum Subskriptionspreise* zu erhalten sind.

– Überdem bemerkt Unterschriebener nochmals, daß im weil. Hoffmannischen Kataloge die auszulassende oder auszustreichende Stelle sich in *Gemäßheit der Handschrift gar* nicht *auf die 3. Abteilung*, sondern bloß auf die derselben *vorhergehende* ebenfalls mit 1677 beginnende Annotation der ungedruckten Schriften bezieht.

Detmold, den 15. Jun. 1826. Grabbe.

45. *An Christian Gottlieb Clostermeier*

G. P. M.

Vor allen muß ich bemerken, daß die Vorstellung an Serenissimum mir gewiß mehr Lob gibt, als ich verdiene und ich die geneigte Gesinnung darin dankbar verehre.

Zum ersten Bogen derselben pag. 3 und 4 wage ich anzuführen, daß nicht bloß auf der Universität, sondern schon auf der Schule die Geschichte und die Geographie, wie meine Lehrer: Falkmann, Möbius, Preuß bezeugen müssen, mein Haupt- und Lieblingsstudium war, ich auch darin etwas prästierte.

Aktenstaub und Aktendunst fürchte ich so wenig, daß ich allein in der letzten Zeit drei Bibliotheken (die Helwing-Hoffmannische, die Helwingische und die dem Auditor Krohn von seinem Vater nachgelassene) binnen wenigen Tagen geordnet habe, welches zugleich ein Zeugnis geben möchte, daß ich in den dazu erforderlichen Kenntnissen einiges Zutrauen genieße.

Jetzt habe ich von dem Generalsuperintendenten Weerth den Auftrag erhalten, morgen, den 28. August, eine meist theologische Büchersammlung zu verauktionieren, und dabei abermals Gelegenheit bekommen, den literarischen Nachlaß des verstorbenen Generalsuperintendenten von Cölln ordnen zu helfen.

Den Advokatenstand zu verlassen, trage ich herzliche Sehnsucht, habe auch stets an der Jurisprudenz nur die historisch-theoretische Seite geliebt und ging zum Teil deshalb nach Leipzig und Berlin, wo, besonders unter Haubold, die historische Schule vorherrschte.

Zum 2. Bogen pag. 4 etc. der Vorstellung.

Diplomatik betreffend, wurde dieselbe in Leipzig nur als Nebensache der historischen und historisch-juristischen Kollegien betrachtet und kam, weil man sich auf den eignen Trieb der Fähigen von Seiten der Oberbehörden verließ, kein Kollegium darüber zustande. Wie in Leipzig, steht es damit auch an den übrigen Universitätsorten, und es ist *jetzt* bloß leeres Rühmen zu sagen, Diplomatik gehört zu haben. Eben durch die *Praxis* selbst, fundiert auf Geschichtskenntnis, läßt sich in diesem Felde heutzutage etwas erwerben, und wo sollte ich eine bessere Anleitung finden, als wenn ich das Glück hätte, unter den Augen des Herrn Archivrats zu arbeiten? Das ist mehr als Universität, und gerade darum ist zu hoffen, daß der Fürst die geschehene Bitte, welche ihm einen tüchtigen Geschäftsmann im Gewährungsfalle bilden würde, unter solchen Auspizien gewährt.

Das nächste, was im Ermangelungsfalle zu haben war, habe ich nicht versäumt: vor allem hörte ich (was sonst kein Student so früh tut, noch mit Nutzen tun kann) schon im 2. Halbjahr bei dem alten Professor Müller alt- und neudeutsches, lausitzisches und sächsisches Lehn- und Staatsrecht, in welchem durch natürliche Verbindung ein ganzer diplomatischer politischer Kursus vorkam, besonders ein fortwährender Bezug auf die alten Manuskripte zu Halle, Leipzig und Görlitz.

Bogen 3 der Vorstellung.

Bei dem Sohn des Hofrats Wenck (ebenfalls ein historischer Jurist) hörte ich viele Kollegia. Geschichte im allgemeinen und die der größern Staaten betreffend, ist wohl seit meinem 17. Jahre keine Woche bis zur gegenwärtigen vergangen, wo ich nicht in verschiedenen Sprachen wenigstens drei bis vier Bände guter Schriften darüber studiert habe. Dies ist in der Stadt wohl eben nicht unbekannt, ich bin aber jedenfalls erbötig, *das strengste Examen stündlich darüber gegen mich ergehen zu lassen.* Ja, wird es irgend bedungen, so kann ich hoffen, mich binnen kurzem, oder sofort, zum s. g. Doktor, eigentlich Magister, der historischen Klasse einer philosophischen Fakultät erheben zu können, was ich bloß unterlassen habe, weil man einesteils den Doktorhut mit Recht hier *nicht respektiert*, andernteils zu viel Kosten bevorstanden.

Geschichtliche Kollegien hörte ich bei: Pölitz, Kruse (in Leipzig, Verf. der Tabellen und Karten über das Mittelalter), Beck, Böttiger (jetzt nach Erlangen berufen), Wieland, Wilken, fast aus allen Zeiträumen – gestehe aber dabei, daß ich in diesen Kollegien, für die Masse berechnet, nichts Neues erfuhr und eben deshalb mein Studium auf meinen Privatfleiß, *dessen Früchte ich gern durch ein Examen dokumentieren würde*, immermehr zurückziehen mußte. Mit dem Professor Raumer in Berlin (Verf. der ›Hohenstaufen‹) ward ich persönlich bekannt.

Eben dieser Bekanntschaft mit dem Professor Wendt in Leipzig, unter welchem die Universitätsbibliothek mit ihren Manuskripten steht, mit dem Bürgermeister und Hofrat Blümner daselbst, der über die Ratsbibliothek gebietet, verdanke ich nicht den kleinsten Teil einer im ganzen vielleicht unbedeutenden historisch-literarischen Bildung.

In Dresden vollends, wo die zahlreichste und manuskriptenvollste Büchersammlung Deutschlands sich befindet, hatte ich nicht nur die tägliche Gelegenheit, dieselbe zu benutzen, sondern erhielt im Gespräch mit dem Prof. Kruse (aus Halle), mit dem Hofrat Tieck, der viele Lebensjahre bloß dem Studio des Mittelalters widmete, auch mit v. d. Hagen (aus Breslau) die belehrendsten Ermunterungen.

Die lippische Geschichte betreffend, muß ich dieselbe schon wegen vieler juristischer Fälle möglichst studieren, kann aber, bei Ermangelung vollständiger Schriften, wiederum eben nur unter Anleitung des Herrn Archivrats das Genügende lernen, er ist der einzige, der dabei Aufschluß geben kann.

Über meine juristischen Kenntnisse beziehe ich mich nötigenfalls auf die hiesigen Obergerichte, besonders da ich glauben darf, daß die ersteren wirklich jährlich zunehmen. Auch glaube ich, ein Archivar, der kein guter Jurist wäre, ist nicht denkbar. Die Zeiten sind so, daß die Vereinigung eines Juristen, Historikers und sprachlich gebildeten Mannes, welche Dreiheit sich wohl nirgends besser als mit der Hülfe des Herrn Archivrats Clostermeier erwerben läßt, von Ersprießlichkeit sein dürfte.

Alles dies ist nur zum beliebigen Ansehen hingesetzt, und es wird um Verzeihung gebeten, wenn der Ton hier und da zu stark scheinen sollte, was so leicht eintritt, wenn man von sich reden muß.

Gehorsamst

[Detmold, 27. August 1826] Grabbe.

46. *An Christian von Meien*

Ew. Hochwohlgeboren

wage ich gehorsamst anzuzeigen, daß mir von seiten des Hrn. Oberstlieutenants Böger die Anfrage geschehen, ob ich in eventum die interimistische Dienstbesorgung des jetzt kränklichen Auditeurs Rotberg übernehmen würde. Wie Ew. Hochwohlgeboren gewiß schon glaubhaft erfahren haben, konnte ich hierauf nur mit einem *»Ja«* antworten. Ich halte es aber überdem für unerläßliche Schuldigkeit, selbst Ihnen zu melden, daß ich unter *jeder Art und Bedingung* mich gern dem mir geschehenen Antrage unterziehen werde und meine größte Sorge darin bestehen soll, die Zufriedenheit der Vorgesetzten zu verdienen. Nichts könnte mich in diesem Augenblick hindern, vor Ew. Hochwohlgeboren persönlich zu erscheinen, aber ich darf aus vollem Herzen versichern, daß von je mich zu viele Scheu und zu wenig Eitelkeit beherrscht hat, um irgend zu glauben, daß meine persönliche Erscheinung einem weit über mir stehenden Mann anders als unbedeutend und noch dazu *belästigend* sein könnte. Aus demselben Grunde bitte ich auch für dieses vielleicht unzeitige Schreiben um Verzeihung. Sollte ich wirklich in den interimistischen Dienst des Auditeurs eintreten, so wird mich, wie ich zu hoffen wage, die Notwendigkeit entschuldigen, wenn ich dankbarst von Ew. Hochwohlgeboren Instruktion und Belehrung einhole.

Ich verharre voller Hochachtung
Ew. Hochwohlgeboren
gehorsamster Grabbe.

Detmold, den 15. Okt. 1826

47. *An Moritz Leopold Petri*

Lieber Petri

anbei der ›Gothland‹: ich habe seit drei Tagen 24 Bogen abgeschrieben aus demselben, bin aber doch nicht mit ihm fertig geworden, also bitte ich, das *einzige* Dir hiermit übersandte *Exemplar nicht zu verlieren.* Das 2. Stück, welches ich Dir heute übersenden wollte, *suche ich noch jetzt mit Mühe zusammen.* Ärgere Dich über den ›Gothland‹ nicht: er ist wenigstens (selbst nach Tieck) der berechnetste und *verwegenste* oder doch *tollste* dramatische Unsinn, den es gibt. Ich verfalle nicht wieder darein.

Votre

Detmold, den 18. Nov. 1826. Grabbe.

48. An Christian Gottlieb Clostermeier

Hochgeehrtester Herr Archivrat!

Indem ich die ›Beschreibung des Lippischen Landes‹ gehorsamst zurücksende, ist mein nächstes Gefühl der große Dank, welchen ich Ihnen, hochgeehrtester Herr Archivrat, für diese so belehrende als unterhaltende Lektüre schuldig bin. Das Land und seine Geschichte sind mir lieber geworden, seit ich Ihren Aufsatz gelesen habe. Selbst der Lauf der Jahre, welcher geographischen Werken so leicht etwas von ihrer Bedeutsamkeit raubt, hat dem Ihrigen nichts nehmen können, da es überall mehr auf naturhistorische und geschichtliche Data als auf bloße statistische augenblickliche Verhältnisse sich gründet. Selbst dem rein Politischen oder Statistischen (welches übrigens keinesweges verabsäumt ist) gehen hier immer historische Entwicklungen voraus und geben ihm so auch einen an sich dauerhaften Wert.

Es würde Sie, verehrtester Herr Archivrat, ermüden, wenn ich meinen anerkennenden Dank noch weiter begründen wollte, wozu Ihr Werk soviele Gelegenheit gibt, – nur das wage ich zu meiner Entschuldigung zu sagen, daß ich den Aufsatz nur deshalb so *lange* behielt, weil er mir viel zu interessant war, um ihn, gleich anderen Büchern, schnell zu lesen.

Mit größter Hochachtung verharre ich

Ew. Wohlgeboren
gehorsamster Diener
Grabbe.

Detmold, den 1. Mai 1827.

49. *An Georg Ferdinand Kettembeil*

Bester Freund!

Vergessen konnte ich Dich nie und bin sehr erfreut, daß Du an mich selbst mitten in Deinem Glück (zu dem ich gratuliere) gedenkst. Was ich treibe? Wo ich bin? Was etc.? – Nun, ich muß Dich neugierig machen, also zuerst einige Worte über die Vergangenheit. Wir beide verlebten zusammen recht heitere, schöne Stunden. Dem Benemann vergesse ich es noch immer nicht, daß ich ihn durch das Rosental begleitete und er so undankbar war! – Roner: »In Algier ist es recht hübsch.« – Felix d'Heureuse – er hatte Recht, sich im feminino zu benennen, seine Frau war eine närrische Person. Spar-Käse nicht weit davon. Stehely: »Tasse« (nicht Torquato Tasso). Auch »der Aeremitt kapp mir tie Rossen« (der Eremit gab mir die Rosen) nicht zu übersehen, und Lippold als ein eingesalzener Leipziger in Berlin! Wer eingesalzene Leipziger haben mag, der genieße ihn. Doch über dieses und so vieles v. den General Pepe (nämlich p.p.) – *Ich* und *jetzt*, ein Fisch im Morast, der doch nicht stirbt, sondern sich durchdrängt. Die Welt ist mir bisweilen eine 1, denn alles ist eins und einerlei und nicht einmal *null* (obgleich die Erde und der Himmel und der Menschenschädel ohngefähr so rund wie eine Null aussehen wollen). Vor Nullen kann man doch Zähler setzen, aber setz einmal vor die Welt eine 9, es werden doch keine 90 daraus. Fort mit Reflektionen: erstlich, ich wohne dermalen in loco subscripto, in Detmold, welches durch Anlegung neuer Straßen die Zahl seiner – – zu vermehren sucht; zweitens, ich bin voriges Jahr beinah völlig blind gewesen, jetzt aber wieder auf der Besserung und habe seit dem Verlust meiner Leipzig-Berliner Lorgnette 4 Brillen gekauft; drittens, ich bin Hausherr und Familienvater, eben jetzt sitzt meine junge Ehefrau neben mir – mon dieu! wie der Kettembeil erschrickt! vor einem Schreckschuß! – nein, Freund, ich bin der Alte, Junggeselle so viel als möglich und unverheiratet pro every time; viertens – ehe das Vierte kommt, müssen wir exponieren, jedoch flüstere dabei soviel Du willst, ich bin keine Dame in *»Parteiwut«* (denk an Berlin). Ich verließ Dich in Leipzig und gab vor, nach Dresden retournieren zu wollen. Aber Tieck und ich, in denen zwei harte Esprits sich begegneten, – das hatte ich satt. Ich ging nach Braunschweig und lebte da lange Zeit, indem ich von Klingemann, der Respekt zu bekommen schien, Geld für ›Nannette‹ erhielt. Ich schöpfte aber auch da Überdruß, mochte insbesondere nach verzehrtem Gelde nicht weiter auf Neues dringen und zog mit der Eilpost nach Hannover. Wieder Respekt, Geld, Aufenthalt – aber endlich auch von da fort, nach – Bremen, woselbst Geld, kurze Bataille, das an Abenteurerei grenzende Leben eines Schriftstellers satt bekommen, die Intriguen der Theaterwelt eingesehen – und nach Detmold, nach so langem Zwischenraume, heimwärts gekehrt. Hier wurde *wild*, vielleicht *gemein* von mir gelebt, ich kam, wie ich glaube, in üblern Ruf als ich gewesen, ich dachte nicht daran, mich in der Kleinstädterei anzusiedeln. Das dauerte 4 Monate. Die wüste Wirtschaft langweilte; meine Gesellschaft bestand aus zu dummen Jungen. Ich erhielt viel Briefe von ausländischen Freunden, hatte auch Aussichten in das Ausland, aber es hatte mich zu oft getäuscht. Meine Poesien – auf sie war ich dergestalt stolz, daß ich mich jetzt schäme, und da sie selbst von anderen, von Tieck, Wendt (wo ich nicht irre) in Leipzig, Berlin, Braunschweig pp. (Du weißt es zum Teil ja selbst) anerkannt wurden, und zwar in sehr hohem Grade, *so* ließ ich und lasse ich sie liegen; in 3 Jahren beinah, schreibe in drei Jahren, hat wohl niemand einen Vers von mir erblickt, kein Detmolder hat etwas von meinen Werken gesehen. Du siehst, ich bin kein aufdringlicher Dichter. – Aber nun – nach jenen 4 Monaten wüster Wirtschaft entschloß ich mich (sta viator), das juristische Examen zu machen, und, was noch mehr war, alle Vorurteile, die wider mich im Schwange waren, entscheidend zu besiegen.

Ew. Wohlgeboren wissen aus jahrelanger Beobachtung, daß der gerupfte Hahn, die lippische Krabbe, welche nur dann ihre Krebsscheren hat, wenn sie vom Schneider dergleichen leiht, nicht zu jener Tierklasse gehört, welche auch noch nach dem Verlauf des ersten Fuchssemesters die Kollegia besucht, sondern daß sie höchstens aus Neugier einmal vorspricht. Fürerst war es daher schwer, die nötigen Testimonia zu erhalten. Aber die Berliner Freunde verschafften sie mir umsonst. Sodann wurde mir, der ich in Jahren nicht an das Jus (bei dem sachkundigen Römer auch Brühe bedeutend) gedacht hatte, Terminus zum Examen binnen 4 Wochen angesetzt, und es ist die hiesige Prüfung eines Juristen nicht leicht.

Was geschah? Zu vieler Leute Erstaunen erhielt ich weder den Durchfall noch fiel ich selbst durch – ich bestand. Fuimus Troes, ich ward Advokat. Meine Praxis vermehrte sich bald, mein *juristischer* (denk Dir!) Ruf wuchs, ich machte alle wilde Zeiten vergessen, selbst die ersten Personen des Landes beehrten mich mit ihrem Zutrauen, ja, ohne daß ich irgend angetragen hatte, übertrug mir, dem Menschen, der hier im Lande keine bedeutende Konnexion besitzt, die Regierung die Geschäfte des Militärauditeurs, also die Gerichtsbarkeit über 1200 Mann Soldaten (die aber natürlich sich nicht alle stets in *aktivem* Dienst befinden). Den *Titel* »Auditeur« habe ich aber noch nicht, da der alte kränkliche Auditeur noch lebt: nenne mich daher nur simpel: Advokat. Lieber zu wenig als zu viel.

Meine Geschäfte sowohl als Advokat wie auch als Auditeur sind groß: Du weißt, wie ich in allen Sachen, die bloß wissenschaftlich sind, schnell arbeite, und jetzt muß ich von morgens 7½ bis 11½ stets mit der Feder drauflosdreschen. Während ich den Brief hier schreibe, sind gewiß 20 Bauern und Soldaten bei mir gewesen.

Ich stehe erträglich und verdiene auch erträglich – aber ich bin nicht glücklich, werde es auch wohl nie wieder. Ich glaube, hoffe, wünsche, liebe, achte, hasse *nichts*, sondern verachte nur noch immer das *Gemeine*; ich bin mir selbst so gleichgültig, wie es mir ein Dritter ist; ich lese tausend Bücher, aber keines zieht mich an; Ruhm und Ehre sind Sterne, derenthalben ich nicht einmal aufblicke; ich bin überzeugt, alles zu können, was ich will, aber auch der Wille erscheint mir so erbärmlich, daß ich ihn nicht bemühe; ich glaube, ich habe so ziemlich die Tiefen des Lebens, der Wissenschaft und der Kunst genossen; ich bin satt von dem Hefen; nur Musik wirkt noch magisch auf mich, weil – ich sie nicht genug verstehe. Meine jahrelange Operation, den Verstand als Scheidewasser auf mein Gefühl zu gießen, scheint ihrem Ende zu nahen: der Verstand ist ausgegossen und das Gefühl zertrümmert. – Dies Dir mitzuteilen, Freund, ist mir eine Art Erleichterung; Du siehst, daß Du noch immer meinen Gedanken nahe stehst; ein Detmolder würde mich Geschäftsmann und mich Witzbold nun und nie für das halten, was ich infolge des Dir Gesagten bin. Der Mensch ist in facto nichts; er ist nur Erinnerung oder Hoffnung, was man Gegenwart nennt, ist ein häßliches Ding, und kaum kann man es bemerken. Meine Seele ist tot, was jetzt noch unter meinem Namen auf der Erde sich hinschleift, ist ein Grabstein, an welchem

Tag für Tag weiter an der Grabschrift gehauen wird; Dein Brief kommt auch darauf. – Und bei all dem, Kettenbeil, sind Wir im Benehmen noch immer ganz der Alte; ja Wir hoffen zwar nicht, aber erwarten doch ruhig, ob nicht die geistige Harmonie einmal bei uns möglich werden könne. Wir *ertragen* gnädigst Uns (den Mr. Christian) selbst.

Das Ideal eines Briefes ist völliger Ersatz mündlichen Gesprächs. Da ich nun Mund zu Mund sehr rappelig, inkorrekt und nachlässig rede, auch dies unter Leuten, die sich kennen, für keinen Fehler halte, – so verzeihe mir auch den Wirrwarr dieser Send (Zent-) Schrift.

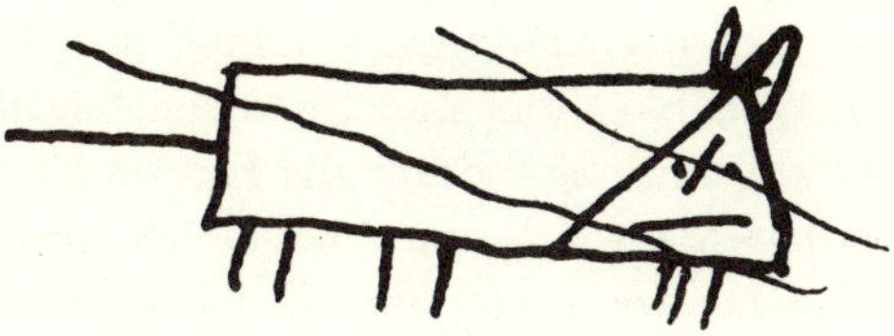

Ew. Wohlgeboren sind so gütig, sich meiner früheren poetischen Arbeiten zu erinnern, ja, machen mir Hoffnung, daß dasjenige, was wir früher gemeinschaftlich wünschten, eben durch Sie realisiert werden könne, nämlich der Abdruck jener Poesien. Wer hätte diese Glückswende, die einen der vertrautesten Teilnehmer an meinen literarischen Produktionen zu deren kräftigsten und unmittelbarsten Beförderer im Publico scheint machen zu wollen, vor 4½ Jahren auf der Stube der Wittib Pütschel gedacht? – Kettenbeil, viele Stunden sind seitdem verflossen, vieles ist erlebt, Du bist mir lieb und wert, also will ich Dir *kalt* auseinandersetzen, was ich über diese Sache denke. Doch zuerst auch hier eine Episode.

Denk Dir, Uechtritz mit den ausgetrockneten Haaren, er, der mich in Briefen, die ich noch von ihm bei mir liegen habe, so hoch über sich selbst erhebt, er, dessen Autorität ich bloß durch mein Erscheinen in seinen Berliner Zirkeln vernichtete, er, der Poesieentblößte, soll ein Trauerspiel ›Alexander u. Darius‹ mit Beifall auf der Berliner Bühne aufgeführt haben, und dieses Ding soll genial sein. Die Sonne muß eine Brille aufsetzen, wenn sie im Uechtritz eine Spur von Genialität erblicken will. Dieses Trauerspiel ist, wie ich schon am Titel merke, sonder Zweifel ohne innere Lebenskraft, ohne Einheit, ohne Endwirkung, ohne Poesie, sondern höchstens eine phrasenhafte halb adlige Repräsentation. Ich will es *nie* lesen, aber doch richtig rezensieren. – Wie kann ich in arte existieren, wenn ein Uechtritz Beifall findet?

Als Tieck mich nach Dresden kommen ließ, Könneritz mir ein Reisegeld bloß um mich zu sehen bewilligte, ich überall Geld und Ehre bloß durch die Force meiner Manuskripte erwarb – da wurde mir (indem ich nach bloßem Renommee nicht viel frage) der *Druck* meiner Siebensachen ganz gleichgültig; ich wirkte mit ihnen ohnedem. Nachher, in das Geschäftsleben getaucht und Arbeit mit Belohnung gefunden, vergaß ich jene dramatischen Geschöpfe fast ganz.

Du erinnerst mich daran, ich danke Dir, denn sollte der Abdruck jener Erzeugungen möglich sein, so möchte mein Leben einen angemesseneren Wendepunkt bekommen.

Also dies: drei Stücke, von sehr verschiedenem Inhalt, Deine alten Bekannten, liegen vollständig in Abschrift noch stets bei mir fertig und kannst Du sie, sobald Du verlangst, gleich nach Frankfurt überschickt erhalten. Diese 3 Stücke sind: 1) das teufelhafte Lustspiel (›Scherz und Ironie‹), 2) der ›Gothland‹, 3) ›Nannette und Maria‹. Bei dem Abdruck des letzteren ist gar kein Bedenken, aber 1 und 2! Schwerlich gibt es in der Literatur etwas Tolleres und Verwegeneres. Doch eben dadurch würden diese Produkte vielleicht die Aufmerksamkeit um so mehr erregen; gibt es darin tiefen Schatten, ja abscheuliche Fehler, so haben sie aber auch Lichtseiten, wie keiner unserer dermaligen jungen Poeten sie schaffen möchte. Diese 3 so verschiedenen Tierchen, unter denen die unschuldige ›Nannette‹, etwas reizend (z. B. für Theodor Hell) abstechen wird, in einem Bande gedruckt, mit einer eindringlichen Vorrede versehen, auch nötigenfalls Briefe, z. B. den von Tieck vorgedruckt, – wer weiß, der Effekt könnte enorm sein. Goethe, Schiller konnten mit ihren ersten bizarr scheinenden Stükken lange keinen Verleger finden, ja Goethe verlegte seinen ›Götz‹ (oder ›Werther‹) selbst, und welch ein Erfolg. Stehen meine Siebensachen auch gewiß unter dem Range der früheren Hauptwerke jener Matadore, so steht auch die jetzige literarische Zeit unter der damaligen, und trotz der in Nr. 1 und 2 alles überbietenden Frechheit oder Verwegenheit weht ein Geist darin, der sicher hier und da imponiert, ja vielleicht zerschmettert. – Aber ferner: mir selbst sind diese meine Werke bereits zu fremd und zu sehr widerlich geworden, als daß ich denken könnte, auch nur *ein* Wort darin zu korrigieren, obgleich dies wegen der Zensur nötig sein möchte. Dafür aber würde ich dem Verleger unbedingt jede Abänderung in denselben überlassen; er könnte dies meinethalben durch den ersten besten dienstfertigen Studenten besorgen. Noch lieber wäre es mir, daß man alles der Zensur (welche man aber nicht aufmerksam machen müßte) überließe, und da, wo sie striche, zur Andeutung für das gute Publikum die Striche im Abdruck anzeigte. Es wird bei der harten Speise auch diese Strichelchen verdauen. – Endlich den sittlichen Eindruck, welchen bei albernen, kurzsichtigen Personen jene Produkte machen könnten, trage ich unbedingt, und geht er den Verleger nichts an. – Dies und mehreres bitte ich zu erwägen, und glaubst Du mit meinen Dramen, von denen nur die ›Nannette‹ ohne Abänderung und der ›Gothland‹ nur mit großer Abänderung, jedoch dann mit Wirkung aufgeführt werden kann, es versuchen zu dürfen, so kannst Du sie erhalten. Von Honorar wird unter guten Freunden nichts gesprochen, und könnte es vom Erfolg des Absatzes nötigenfalls abhängig gemacht werden: nichts oder ein Kleines wäre dann das resp. Resultat. –

Außer jenen 3 fertigen Pasteten liegt noch die Hälfte des vollkommen umgearbeiteten ›Sulla‹ vor mir und ist nicht übel; sodann habe ich neulich, bloß um zu versuchen, ob ich noch dichten könnte, 2 Szenen aus ›Don Juan und Faust‹ geschrieben, und sie sind geraten; endlich spukt mir ein Roman im Kopfe, der in der trüben Zeit von 1806 bis 1813 spielt, und vieles aus unserem Staats- und Wissenschaftswesen reflektieren soll. Aber offenherzig, zu all diesem wird das rechte Feuer wohl nicht eher erwachen, als bis ich weiß, wie ich mit den älteren Produkten daran bin. Gelänge es aber irgend mit diesen, so würde ich mich wahrscheinlich als der Literatur zurückgegeben betrachten, und der Verleger, dem ich mich widmete, machte nicht die schlechteste Akquisition: Du weißt, Bizarrerie, zuweilen Witz, ein wenig Lauge, mancherlei Wissenschaftlichkeit, erträgliche Kenntnis der Literatur und Kritik pp. sind mir nicht fremd. Auch kann ich arbeiten. Wie fern mir aber bis auf Deinen Brief aller Buchhändlerverkehr gewesen, beweist, daß mehrere Redaktoren westfälischer Zeitschriften, die mich de auditu kannten, mich um Mitteilungen sehr baten, aber ich nicht einmal an Antwort gedachte.

Nun müssen wir schließen; bitte mir jeden Anklang von Selbstlob zu verzeihen, ich betrachte mich als eine 3. Person und weiß bei all dem recht gut, daß ich im ganzen ein armseliges Menschenkind bin. Ich glaube, Du kennst meine Art. Das Jahr ist kurz, die Stunde lang.

Nochmals *Dank* für Deinen Brief. *Und antworte mir bald.* Ich habe das auch getan. Die Adresse habe ich doch recht gestellt? Du bist mir eine Stimme in der Wüste gewesen; Du weißt, ich habe mich stets sehr gern zu Dir hingewendet, mich oft bei Dir erholt, mich oft, da ich Deine Ansichten kannte, frei gegen Dich ausgeschüttet, so daß Du ex facto überzeugt sein mußt, es sei keine Heuchelei, wenn ich versichere, daß Du zu den wenigen gehörst oder vielleicht der einzige bist, dem ich

ein aufrichtiger liebender Freund bleibe.

Grabbe.

Detmold, den 4. Mai 1827

(Heute vor 7 Jahren reiste ich nach Leipzig und kam am 8. Mai daselbst an.)

50. *An Georg Ferdinand Kettembeil*

Lieber Freund Kettembeil,

Deinen Brief vom 9. d. M. habe ich zu meiner großen Freude erhalten, ich schreibe Dir diese Antwort nur deshalb vorläufig nach Frankfurt hinüber, weil es bei näherer Ansicht nicht möglich gefunden ist, die qu. Dramen mit *nächstem* Postwagen zu schicken, sondern ich durch meinen Kopisten noch mehrere Lücken daran zu flicken habe und Dir überhaupt alles in einem Zustande schicken will, der ohngefähr sagt: »hier ist die Pastete, wie sie Grabbe aus der Hand läßt, nun mach damit, was Du willst«. Also acht bis vierzehn Tage Zeit (hoffentl. nur 8) gönne mir. Sodann antworte auf diesen *interimistischen* Brief *nicht*; Du hast ein neues Geschäft und natürlich mehr zu tun als immer Briefe an Sepulcarum + b (Grab-be) zu schreiben; jeder Deiner Briefe ist mir eine Wohltat, aber Du weißt, ich kann »Edelmut« nicht ausstehen, und bitte, wenn Du mir nächstens wieder schreibst, mir zu beweisen, daß Du grade nichts zu tun oder Langeweile hattest, als Du die Feder ansetztest, um zu Deinem alten »Schmetterer« zu fliegen.

Zum Spaß und um Dir darzutun, daß der Diable mich

noch nicht ganz verlassen hat und ich Un-Sentimentaler und Nie-Liebender selbst noch Force genug besitze, grade mit Waffen solcher Personen zu fechten, setze ich eine Stelle aus ›Don Juan und Faust‹ hierher, die ich neulich mitten unter Akten dritter Instanz expedierte, übrigens aber weder in Vers noch Wort ausgefeilt ist und in der ersten Zeile an: »wenn mir Dein Auge strahlet« erinnert, jedoch in der 2. Zeile schon *weit* schöner schließt. [...]

Ich bin Dein Freund Grabbe, und zwar, wie Du sagst, im Fischkasten, denn wenn ich hier in Gesellschaft bin, so fließt mir das Wasser in Mund und Ohr.

Dein
alter unedelmütiger aber
treuer

Detmold, den 16. Mai 1827. Grabbe.

51. An Georg Ferdinand Kettembeil

Freund Kettembeil,

anbei der Tiefsinn, ausstaffiert mit *Vorwörtern.* Das schlechte Äußere, in specie die vielen Korrekturen der Vorreden, bitte ich zu verzeihen. Hoffentlich ist alles zu lesen.

Und nun? Ich glaube, die Stücke sind unter sich gut geordnet – (ich habe sie nach der Reihenfolge mit lateinischen Nummern versehen) – die ziemlich unschuldige ›Nannette‹ als Nr. I im Drucke voran, denn mindestens in den beiden ersten Aufzügen (hier nicht *Akten*) wird sie den überwiegenden Teil deutscher Belletristen (deren poetisches Talent in *Verlieberei* besteht) für sich gewinnen. Du kannst dies selbst an einem Verliebten probieren. Die ›Nannette‹ ist der *Köder*, hat der Fisch (nach dem vielen Wasser, welches von den Poeten und Kritikastern fließt, sollte man sie in der Tat für Fische oder für etwas noch Schlimmeres halten) ihn angebissen und im Halse stecken, so hängt er an der *Spitze der Angel* um so sicherer – diese vorderste Spitze ist der Mr. Gothland sub Nr. II. Vor demselben stehe der Brief von Tieck, der flößt den guten Leuten Achtung und Bedenken ein, und pto. seiner schlimmen Äußerungen (die mir sehr angenehm sind, weil sie das dabei gespendete Lob nebst Erschrecken, Verwunderung pp. um so unparteiischer machen) bin ich klug genug, bei denselben à la Müllner hinter der culpa lata (Schuld) einige ersprießliche Bemerkungen gemacht zu haben, die ich bei dem Druck gern in der gewöhnlichen Art unter den Text des Briefes gesetzt sähe. Nun ist's ein Spaß, daß die 2 ersten Akte des ›Gothland‹ (die dritten Personen oft die besten, mir die unbedeutendsten scheinen) grade die *mildesten* sind, aber von Mitte des dritten Aktes, wenn der Wolf sich schon auf den Spieß gefressen hat, muß derselbe vorwärts, er mag nun schimpfen oder brüllen oder sich entsetzen oder bewundern. Immer gibt's ein Aufsehen. – Dem ›Gothland‹ folgt das Lustspiel, zwar aus den nämlichen Grundansichten entsprungen, aber in der äußeren toll-komischen Erscheinung ein vollkommener *Kontrast* des so tragischen Gothlands. Kontraste wirken auf dumme Leute am ersten, die Kinder malen Schwarz neben Weiß, – nun sind die meisten Menschen dumm, also pp. Fehlt auch alles, *imponieren* müssen wir. – Den Schluß macht ›Sulla‹, noch nicht vollendet; er darf aber nach meiner *klaren* Überzeugung nicht fehlen, besonders da er zeigt, daß der Autor (nicht auctor) sich vielleicht auf historischen Blick versteht und beizu auch in jener *früheren Zeit* (v. die Vorrede) schon *Volksszenen* individualisiert à la Shakespeare (v. ›Sulla und Marius‹, 2. Akt) schildern konnte, welches angebliche Talent ziemlich rar ist und sich aus Verfassers übrigen Stücken nicht spüren läßt. Das Fragment hat Tollheiten und gewaltige Stellen genug, um sich produzieren zu können. Es ist nicht der ›Sulla‹, den Du in Leipzig hörtest, sondern ein in Hannover umgearbeitetes Stück. –

Übrigens veranlaßt es auch zur Frage, ob es fortzusetzen sei – da muß Antwort kommen, und ich bin endlich klug genug geworden, nie anders zu *fragen* (zu harpunieren), als wenn ich eine nießnutzende *Antwort* (einen Walfisch) spritzend angezogen kommen sehe. – Eine Saite hat wenigstens jeder Gebildete, welche bei Lektüre meiner 4 Tiere (dear, Teure, vi, Vieh, Vieh- (loso-) Vieh) anschlägt. – Der Köchy, er, der lange (wie ich brieflich beweisen kann) verzagt war, weil er ganz ohne Grund glaubte, ich hielte ihn nicht für poetisch genug, läßt Dramen in Breslau und Kassel aufführen? – Wie! tausend Teufel! ich speie in die sogenannte Poesie! ich halte das Herz für eine in das unrechte Loch gelaufene Billard-Kugel! ich bin, wenn ich eitel bin, eher auf alles andere eitel als auf meine früheren Poesie-Produkte, – ich fühle, sie jetzt weit überflügeln zu können, aber, bei meinem Mephisto, sollte ich mich irren oder haben meine Dir überschickten Dramen nicht mehr Kern, Feuer pp. als die Eseleien der sämtlichen heutigen Dramatiker? Diese letzteren Herrn sind fein, oft regelrecht (wie die Ignoranten nach Maßgabe ihrer Kritik meinen) – aber das *auch* zu werden, ist mir jetzt wahre *Kleinigkeit*, – machen die Herren nur erst Bilder, Gedanken, Pläne, Entwürfe, verschiedene Charaktere, wie ich sie vor 5 Jahren machte. Dies ist keine Prahlerei, – wollt ich mir jetzt auf Poesie etwas einbilden, das wäre, als wenn ein Schmidt sich damit rühmte, daß er sich für einen Tailleur ausgäbe – in einer Sache, die mir *innerlich* schon lange, jetzt auch der äußeren Lage nach nicht relevant war, kann ich wohl ohne Verdacht der Selbstschmeichelei sprechen. –

Die Vorworte! (Vor*wörter* dem Sinne nach? Nein!) – Glaub mir, sie schützen, sie helfen. Tiecks Brief gleichfalls. Manches kann stehenbleiben, weil die Vorreden *davor* stehen. Bei Betrachtung der Total-Vorrede und der den Stücken II, III, IV speziell vorgesetzten Notizen wirst Du finden, daß ich ex officio die Hessen-Darmstädtische Militär-Zeitung lese und je höher schieße, je niedriger ich in der Ferne treffen will. Meine Vorreden sind so trocken, daß sie vielleicht manche Stelle der Stücke retten. Ich kann übrigens nicht nähen, und mein Kopist hat fast noch mehr zu skribeln als ich – hefte Du die losen (losliegenden) Vorworte mit einer Stecknadel an den resp. Stellen fest, sie fallen sonst heraus.

Und nun, da ich einmal die Pastete überschicke, so rate ich auch, laß *drucken*. Lärm gibt's! Abgang auch! Die Inmoralität übernehme ich oder das »Ganze der Komposition«! Hierzulande allein wird man eine Masse Exemplare kaufen (einer meiner Landsleute, ein reicher Kaufmann, ist jetzt in Frankfurt beim Prof. Herling, – er kennt mich, und willst Du Dir einen Spaß machen, so besuch ihn in meinem Namen und bring ihn auf mich – sprich aber nicht von früheren Verhältnissen, – er heißt Meyer) –, die Berliner Clique, aus denen sich soviele Schriftsteller entwickeln, obgleich bei der dürren Hitze sonst wenige Würmer hervorkriechen, wird rasend werden. – Mon dieu, ich hätte gern noch einmal die Welt zum Narren, und Du hast mir die Lust geweckt, auch läge ich gern einmal 1 Jahr in Paris – ich versichere Dich (oder Dir), ich habe einen Roman unter der Faust gehabt, der umfassender wie meine 4 Stücke zusammen ist, – ich habe ihn, wie so vieles liegen lassen, – Journal-, Bücher-, Kritik-, Theater-, Musik-Ideen, Politik, Geographie, Jurisprudenz durchkreuzten mich – manches ist schwarz auf weiß (welche Farbe Preußen wegen seiner schlechten Schriftsteller angenommen) –, aber ich will ewig verflucht sein (möchte ich ausrufen), wenn ich eher etwas drucken lasse, als bis ich durch den Druck des früheren Zeuges so weit gekommen bin, daß man mir entgegenkommt. Toll will ich eintreten und vernünftig enden. Wirst Du aber wirklich mein erster Verleger, so sollst Du auch mein *steter* Verleger bleiben und Einfluß auf meine Arbeiten haben.

Neulich nicht, aber jetzt bitte ich um baldige Antwort. Streich, arbeite in den übersandten Stücken wie Du willst, – ich weiß, Du bist mäßig, wärest Du es aber auch nicht, – tout egal. Wo möglich laß die Angriffe auf die Schriftsteller stehen, *denn* Persönlichkeiten ziehen an, und die Herren sind teils unbedeutend, teils hilft auch bei ihnen das Vorwort, – ich habe oft durch Grobheit Liebe oder doch Furcht gewonnen.

Jetzt schließ ich: sat prata. Merkwürdig, daß wir auf einmal so wieder aneinander gekommen. Du stehst vor mir. Sollen wir heute nach Charlottenburg fahren? – Apropos! Heines ›Reisebilder‹? Habe vom 1. Teile gehört, und zwar mittelst alter Göttinger. Schreibt Heine erst Reisen, so heißt das: seine produktive Kraft ist aus und er flüchtet zum Erzählen von Begebenheiten. Aber auch das wird ihm Schweiß gekostet haben. Einiger oder viel Witz, der jedoch gepreßt erscheinen möchte, wird auch darin sein, – die Gedichte sind aber gewiß höchst erbärmlich, eben weil der Poeten-Jude Reisen schreibt.

Alter Kettembeil, trink ein Glas Rheinwein zu meinem Gedenken und gedenke dabei, daß jedes Glas Rheinwein mein Blut ist oder mich doch so anzieht oder so auf mich wirkt wie mein Blut, – erheitere mich bald mit einer Antwort, genieß das Leben, betrachte das Heiraten als eine Spekulation, das Kinderzeugen als ein notwendiges Übel, die Menschen als erste vom Dampf getriebene Maschinen, das Leben als ein Mittel zum Vergnügen, und mich als

Deinen

Detmold, den 1. Juni 1827. Grabbe.

52. *An Georg Ferdinand Kettembeil*

Detmold, den 25. Juni 1827.

Kettembeil,

Sire! (von zurückzu Eris), Freund, Ew. Wohlgeboren, verehrtester Herr, im Ernst

alter vertrauter Freund!

Dein Schreiben vom 19. huj hab ich erhalten. Es hat mich sehr erfreut. Deine Briefe sind mir wahrhaft lieb. Auch daß Du meine Poesien nicht mißachtest, daß sie Dir noch jetzt gefallen, daß mein fragmentarischer ›Sulla‹ sogar Dein Interesse erregt, muß mich erheitern (sentimentaliter: entzükken). Dein Gefallen am ›Sulla‹ wundert mich um so mehr, als ich es bis jetzt für eine der schwierigsten, durch den ›Sulla‹ nicht gelösten Aufgaben hielt, nicht nur die Historie, sondern das trockene, selbst im Kriege mit Karthago nach dem Pandektenrechte riechende Römer-Leben den modernen »spectators« annehmlich darzustellen. Führte ich künftig (und ich will es nach Deinem Befehle tun) den Hrn. Sulla weiter aus, so würde übrigens der jetzige Anfang zwar bestehen, aber gegen die folgenden Aufzüge, sobald sie gut werden sollten (hilf, Charakter Sullas, Catilinas, Metellas, etc.!), in nichts zerfallen. Jetzt herrscht noch Marius vor, aber dieser Heros, zerschmettert durch Sulla, – das ist effektvoll.

Glaubst Du, ›Sulla‹ wäre mein Höchstes? Mag sein bis dato. Verlaß Dich drauf: ›Don Juan und Faust‹, die mittelalterlichen (ich habe seit Jugend das Mittelalter sehr studiert) »Hohenstaufen«, in denen Nationalstolz und Poesie sich vereinen, selbst mein Roman aus der Zeit von 1806–1814 werden größer. Ich gehöre wenigstens zu den Pflanzen, die stets wachsen, wie Gustorf sagte, ich habe genug zertrümmert und verdaut, ich muß wieder aufbauen, und sonderbar, wer weiß, wohin ich mich gewendet, ob ich je an Dichtung qua Dichtung wieder gedacht, wenn die merkwürdigste Verkettung uns beide nicht wieder verknüpft hätte. – Ist's einmal Zeit, so geben wir ein Journal heraus, wozu Frankfurt so trefflich liegt, daß es ein Wunder ist, wie von dort nichts Genügendes in der Art erscheint. Das Journal füttern wir allein, besonders mit einem täglichen Überblick der Albernheiten, die in den übrigen Journalen erscheinen; auch wäre es einmal Zeit, durch eine kurze Broschure ein wenig über die, wie Lord Byron bei Brönner und Lippold unter den Linden sagen, zur *fashion* gewordene Bewunderung des Hrn. Shakespeare zu reden. Der Mann hat keinen aufrichtigeren Verehrer als ich, es kennen ihn auch wenige besser, aber mancher Narr, hier und da auch vernünftige Männer, z.B. Tieck, schützen ihn vor, weil sie selbst nicht so hoch kommen können als er und daher in seiner von ihnen erregten Bewunderung sich selbst geschmeichelt fühlen.

Wohin? – Meine jetzt bei Dir befindlichen Manuskripte kündige pompös an. Es schadet nichts. Recht, daß Proben gedruckt werden sollen, aber aus allen Stücken. Wähle sie selbst. Aber in 2 Bänden zu zerteilen? Auch das tu unbedingt, ich überlasse Dir alles und brauchst mir kein Wort darüber zu sagen. Der ›Gothland‹ wühlt sich gewiß durch, sagte Heine. Nur zum *beliebigen* Gebrauch erwähne ich dies: wegen der Kontraste und des schnelleren *Schlageffekts* wäre *ein* Band mit der ganzen Pastete besser, und sollte er, wenn groß Oktav genommen und ein sparsamer Druck gewählt würde, mehr Raum füllen als der Band mit den 3 (nach Tieck kein Genie versprechenden, nach mir recht *talent*vollen) Immermannschen Tragödien: ›Roland‹, ›Edwin‹, ›Petrarca‹? Ginge dies nicht, so hielte ich für ratsam, daß die 2 *Bände* meiner Stücke *zugleich* oder dicht hintereinander versandt würden. – Streich oder laß streichen, *so viel Du willst.* Ich traue Dir vollkommen. Auf Dein Verlangen hierbei nur dies: die Stelle im ›Gothland‹ im 3. Akte dürfte wohl nur in den schlimmsten *directe* contra Gott gerichteten Stellen verändert werden; wo Bilder sind, kann sie stehen bleiben. »*Gubitz*« in Berlin, dem diese Stelle (die hier und da zu extrem sein mag) sehr gefiel, meinte übrigens nicht *sie*, sondern die *Zoten* würden der preuß. Zensur auffallen. Schlimmstens könntest Du beim Beginn derselben die Note setzen: »Die 3. Szene des 5. Aktes und in gegenwärtigem Auftritt die Zwischenreden Berdoas zeigen, daß der Dichter, nachdem er zwar die Flamme des Abgrundes auflodern ließ, er sie auch durch ihre eigene Kraft (selbst durch Berdoa) zu schwächen, ja zu *vernichten* versteht.« So etwas hilft. Wie ist's mit meinen Vorreden? Billigst Du sie? Tust Du es nicht, so können wir nach vollendetem Druck eine neue vorfügen. Auf jeden Fall wirst Du als Verleger bemerken müssen, es seien von Dir im Auftrage des Verf. mehrere Stellen, die dem größeren Publico vorzulegen Bedenken gefunden worden, gestrichen oder verändert. Wird ›Nannette‹ nicht vorgedruckt, so muß auch in der Hauptvorrede die resp. Numerierung ebenso wie bei den Stücken selbst verändert werden. Das Streichen kann mit Pfiffigkeit geschehen, v. z. B. Goethes ›Faust‹:

> sie hatte ein – – – großes –
> so groß es war pp.

oder wie die Worte lauten. Das ist fast schlimmer (denn der Reim *verrät* im Faust), als wenn Du setzest:

> Hat sie – tüchtige –
> Man kann – – Stiefeln ausziehn.

Statt Kodons (im Lustspiel) könnte K-s stehen. Der Teufel sei meinetwegen kein Generalsuperintendent, aber was meinst Du zu *Kanonikus*? oder *Eremiten*? – Die Kanonikusse sind in den Romanen ja ganz gewöhnlich. – Konfiskation? Bei gehörigem Streichen wird jedes Stück so ziemlich unschuldig erscheinen und sie nicht zu fürchten haben. Vor den Preußen bin ich gar nicht bange; sie schätzen aufkeimende Talente. Hast Du die Frankfurter Zensur passiert, so stehst Du sicher. Laß nach vollendetem Druck nur schnell verschicken: die Meiersche Buchhandlung in Lemgo wird auch einen Haufen unterbringen. Je mehr ein Buch (god beware!) verboten wird, desto mehr geht es bei einem weisen Spekulanten ab. Leider zweifle ich, dieses Verbotsglück zu erleben. Österreich? Das ist ein fatales Land; da ist auch Schiller verboten gewesen. Doch werde daselbst verboten oder nicht, ich müßte mich sehr irren, wenn die Wiener Belletristen unsere Pastete nicht vielfach einzuschmuggeln verständen. Die kleineren deutschen Fürstentümer, bis zu Weimar hinauf, sind auch nicht zu verachten. Dein nahes Nassau, das schönste Herzogtum der Welt, ist wohl zu hübsch, als daß auf solchem Grunde die besten Geister sich nicht wie Tintenkleckse, ähnlich dem oben auf dieser Seite stehenden, ausnehmen müßten.

Um den Hrn. Meier mach Dir nur nicht zu viele Wege.

Kannst Du auch meine Briefe lesen? Das tut das satanische Geschäftsleben, meine Hand läuft, als wären 4 Pferde davor.

Und nun übergebe ich den Fortgang mit Einrichtung (die nicht häßlich, aber auch nicht zu kostbar zu sein braucht), mit Abänderung pp. *lediglich Deiner Willkür.* Schick mir bald den 1. Probebogen. Ruhe ist meine Sache nicht, und was ich einmal begonnen, das treibe ich gern rasch fort. Solange Du willst, werde ich an Dir halten. Wir wollen, wenn der Weg gebrochen, noch anders und noch mehr den Herren Literatoren aufwarten, und sollt ich einen wahrhaft gewaltigen, großartigen Juden schildern. Wie Flugsand, sagt Faust (der meinige), stäuben die Sterne durch den Nachthimmel. Als der liebe Gott (möchte ich sagen) seine Kaffeemilch umgoß, entstand die Milchstraße. Laß erst den Don Juan die Zerline poussieren, als welches mir einfällt, indem eben eine Frau vor mir steht, die eine

Alimentationsklage gegen einen Soldaten anhängig macht. »Zäh und kühn« ist mein Wahlspruch; eine baldige Antwort von Dir meine Hoffnung. Ich will eine Komödie darüber machen, wie ich in Berlin ins Theater ging, um mich zu verlieben, und immer aufpaßte, ob's bald kommen würde. Ein Stück will ich schreiben, welches so süß sein soll, daß man es entweder beim Kaffee lesen oder als Zucker hineinwerfen kann. Die Witwe Pütschel will ich verherrlichen. Den Dr. Hennings will ich konfrontieren. Meine Lebensbeschreibung, die von Jugend auf (ich leitete als Kind an einem wollenen Faden einen Mörder, der begnadigt, 70 Jahre alt und mein täglicher Gesellschafter war) will ich in einem Romane exponieren und dem Papste weihen; ich will – ich *muß* Dir meine Liebe, und was bei mir mehr sagen will, mein Vertrauen zu Dir versichern – dieses Vertrauen hatte ich schon in Leipzig – und bin

Dein Dir bewußter Grabbe.

Deine Adresse ist: J. C. Hermannsche Buchhandlung. Da aber mir zweifelhaft scheint, ob nicht ein Kommis so adressierte Briefe öffnen könnte, so habe ich diesmal Kettembeil beizugesetzt und bitte über diese Adressierung um Nachricht.

53. *An Georg Ferdinand Kettembeil*

Freund,

Deinen Brief nebst dem Druckbogen, den ich anbei remittiere, habe ich zu meiner Freude erhalten. Druck und Papier kann ich nur loben, ja, fast ist der Druck zu splendid, was jedoch, wie alles Gute, *keineswegs* schaden wird. Ich frage leider weder in Kleid noch Schrift viel nach äußerlicher Ausstattung, darum ist es Recht, daß Du, dem ich alles überlassen, so vormundschaftlich sorgst. Der Gedanke, die beiden Bände brochieren zu lassen, ist herrlich; ich weiß es an mir selbst, wie derlei dem Käufer unter den

Arm greift; weil das Buch *gebunden* war, kaufte ich vor zirka 1 Jahre den Brönnerschen Lord Byron. Da ich gewiß auf Dein Interesse so sehr sehe als auf das meinige, so verzeihe mir die Versicherung, daß Du mit dem Versprechen, die beiden Bände nur auf einmal zu versenden, mir eine wahre Liebe getan hast. Ich halte diese Zugleich-Versendung *für unumgänglich not* und freue mich, daß die Zeiten es mit sich brachten, auf den ›Gothland‹ ein Lustspiel pp. zu schreiben. »Ein jeder sucht sich (in der Masse) endlich etwas aus«, heißt es in Goethes ›Faust‹. In dem übersandten Bogen sind wenig Druckfehler. Ich vermute, daß Du die künftige Korrektur selbst besorgst oder besorgen läßt, darum habe ich sie nicht angezeigt; auch frag ich nicht viel nach solchen Blatternarben, selbst die Überschrift der Szene, nämlich »Ostküste« statt Ostseeküste ließe sich nach Nyköpings Lage rechtfertigen. Willst Du, so will ich übrigens wohl die Korrektur besorgen. Bemerkungen während des Druckes habe ich, sobald Du keine forderst, nicht einzuliefern. Ändere, streiche, soviel Du willst; nur wäre in oder nach der Vorrede, die doch *zuletzt* gedruckt wird, in Deinem oder meinem Namen ein Wörtchen darüber zu sagen. Die verzweifelnde Gotteslästerszene? Manches darin ist groß, manches Wut; *kann* sie *ganz* stehen bleiben, ist es mir *lieb.* Die Zoten sind in den Gesprächen zwischen Berdoa und Gustav (der ein Hauptcharakter ist) am nötigsten; da schone soviel als *Dir* möglich ist. Der Teufel als Generalsuperintendent? Meinetwegen! Doch wäre »Eremit«, »Kanonikus«, »Bonze« (in China) oder »Derwisch« oder »Druide« nicht zulässiger? – Kodons? Hm! Verwünschte Geschichte. Womit soll man den Herrn Teufel im Käfig fangen? Entweder streich das Wort »Kodon« überall und jede zu grelle Anspielung aus oder beurteile meinen nachfolgenden stegreiflichen Rat: *Mollfells* (Akt II) sagt dem Schulmeister: Da! für die gute Nachricht zwanzig Duodezbändchen Romane von Walter Scott, dem großen viel bekannten Unbekannten, herausgekommen bei den Gebrüdern Alpha und Omega, das Stück zu 2 Pf. Sie sind so *wohlfeil*, daß sie fast nichts mehr *wert* sind. (Geht ab.) – *Schulmeister:* Mein Gott, was soll ich mit den Dingern machen? Lesen *kann* ich sie nicht, denn ich *schlafe* dabei ein. Aber stille! ich will sie der Frau Gerichtshalterin als Gegenpräsent für den Topf Erbsen übersenden: sie hat früher unter Lafontaines Ölpressen *geseufzt*, dann ließ sie sich von Fouqués Lanzenbrechern *niederstoßen* und wird sich jetzt auch auf der nichts besseren Folter des Walter Scott *auseinanderziehen* lassen. – Im 3. Akte ginge das Gespräch mit Gretchen also: *Gretchen:* Guten Abend, Herr Schulmeister! Die Frau Gerichtshalterin läßt sich tausendmal empfehlen! Sie liest immer in den hübschen Büchern von Walter Scott, die Sie ihr geschickt haben. Sie lebt und webt darin, wie ein Fisch im Wasser. Sie sagt, es kämen so nette junge Menschen darin vor, die sich alles gefallen ließen, – und das Heidekraut wäre so schön beschrieben, schöner als es aussähe, – und die Herren Schotten hätten so kurze Kleider an, – und man könnte aufhören, wo man wollte, man fände sich immer, auch ohne ein in die Blattseite gebogenes *Eselsohr*, gleich wieder zurecht, – und ach! die Mädchen und Frauen, – die Frauen wären lange Hexen, und das eine Mädchen wäre jedesmal erhaben wie die Frau Gerichtshalterin, das andere klein und unschuldig, wie ich. O, und das alles wäre so hysterisch, wie sie es nennt – *Schulmeister:* Historisch, willst Du sagen, Gretchen. *Gretchen:* Ei was! Historisch und hysterisch, das ist einerlei! Wer historisch ist, der ist hysterisch, und wer hysterisch ist, der ist historisch! – Ja, und die Gerichtshalterin sagt: Die historischen und hysterischen Personen läsen sich in jenen Romanen wie Anekdotensammlungen und wären doch so herrlich, herrlich! Sehn Sie, Herr Schulmeister, ich lese auch in den Büchelchen, – hier hab ich Schweinigels ›Schicksale‹ bei mir. (Sie zieht das Buch aus dem Busen). *Schulmeister:* »In Deiner Brust sind Deines Schicksals Sterne!« – Der Mann heißt aber Nigel, Kind, nicht Schweinigel oder porc-épic. Leih mir das Buch bis morgen abend, lies bis dahin in ›Kenilworth‹, allwo Du finden wirst, wenn Du es verstehst, daß der große unbekannte *Handelsmann* auch mit Szenen aus Goethes ›Egmont‹ *zur Messe geht. Gretchen.* Könnte ich nicht in ›Kenilworth‹ lesen, so ließe ich Ihnen dies Buch nicht um alle Welt. – Adies, Herr Schulmeister! – – – Gleich nachher sagt der Schulmeister zum Schmidt statt: »daß die Kodons, welche der Gerichtshalterin pp.« – »daß der Nigel, welcher ersichtlich eine wahre Lagune bildet, in der jedoch kein Venedig steht, in der vielmehr höchstens die fischartige Gerichtshalterin wie eine Hexe zu schwimmen sucht, eine sündliche, *ersäufende* Eigenschaft an sich haben muß pp.« – In der Szene, wo der Teufel gefangen wird, hieße es: *Teufel:* Ich rieche hier zweierlei! Links etwas Wässeriges, Ersäufendes, – rechts etwas *Spirituöses, Versoffenes* pp. (»Die unterstrichenen Worte kehren an ihren Stellen wieder!«) – Billigst Du all dieses, Freund, so sind die Kodons fort und mittelmäßig ersetzt, besonders da Scott einen Hieb verdient und schon etwas im Zwielichte steht. Die übrigen kleinen Abändrungen, z. B. jedesmal statt »Kodon« »Nigel« zu setzen etc., besorgst Du selbst. Ich bitte darum! – Solltest Du meine Werke öffentlich *ankündigen*, so rate ich jetzt einen *strengen, mäßigen, kräftigen* Ton. Liegen die Sachen zum Verschicken aber da, so ist es Zeit, zu renommieren. – Von Tieck, dessen Brief mir übrigens jedenfalls nützen soll, indem er dem ›Gothland‹ vorgedruckt wird, rede in der Ankündigung (wenigstens in der vorläufigen, wenn solche statt stände) nicht. Ich weiß nicht mehr, wie ich mit ihm stehe; seit Leipzig habe ich ihm nicht geschrieben. Erscheint die Ankündigung *zugleich mit Versendung* des Werkes, so sag von Tieck und von aller Welt, was Dir gut scheint. Das Schriftchen über die Shakespeare-Manie kannst Du, wenn Du es foderst, in 8–14 Tagen, von Deinem nächsten Briefe an zu rechnen, erhalten. Ich rate aber, es nicht sofort mit den Dramen drucken zu lassen; es würde Tieck und seine Schule (im ›Morgenblatt‹) sehr hart verletzen, auch wird Tieck mich (der mir den Titel eines großen Kritikers gab, als ich den Polonius einen altgewordenen Hamlet nannte) *erraten*, und erst möcht ich auch wissen, wie Tieck, der so viel, ja äußerst viel auf meine Poeterei hielt, sich nach Erscheinung des Werkes benimmt. ¼ Jahr nachher ist die ›Shakespeare-Manie‹ an der Zeit. Zu der Vorrede des Lustspiels hätte ich noch gern die Notiz am Ende: »Es wird noch bemerkt, daß dieses Stück, ebenso wie die übrigen, schon im Jahre 1822 geschrieben war und auch in mehreren Gesellschaften vorgelesen wurde.« Nämlich, 1) sind im Lustspiele viele ältere Anspielungen, 2) sind des Teufels Memoiren von Hauff erschienen, in denen zwar ein leichter Vortrag herrscht, dessen Teufel aber nicht viel Teuflisches an sich hat (der meinige würde bei all seinem Spaß, in eine Tragödie versetzt, eben *spaßig* auf die schauderhafteste Art das beste Familien- und Liebesglück zertrümmern), er überhaupt auch dem meinigen ganz unähnlich ist, jedoch auch von *Literatur* spricht, und ich selbst in dieser Hinsicht nicht wünschte, vom späteren Hrn. Hauff etwas *dem Schein nach* angenommen zu haben. –

Nun zu etwas anderem, nicht streng Geschäftlichen. – Professor Herling? Der Mann, irr ich nicht, näselt oder quäkt mit der Stimme und mit seinem e i g n e n Stil. Seinen Stiefbruder, den reichen Meier, der jetzt wieder hier ist, beherrsche ich in seinen Kunstansichten in mehrerer Art, kann ihn jedoch vom Einflusse seines Bruders nicht überall losmachen. Denn höre: eben dieser Prof. Herling hat dem

Herrn Meier früher empfohlen, stets den Klopstock (›Messiade‹) zu studieren, und läse er auch nur 3–6 Verse den Tag darin. *Ebendeshalb* liest mein Teufel im Klopstock. – Der Prof. Herling hat eine naive Frau: sie soll, wie ich einmal verbotenus von einem sehr genauen Bekannten gehört, meiner Nannette ex oculis geschnitten sein (Dubito!). Nicht mit ›Sulla‹, mit *›Nannette‹* hättest Du, wenn es der Mühe wert gewesen, kommen müssen. ›Sulla‹ ist Fragment, nur von wenigen (aber vielleicht grade von den Tüchtigsten), dessen Ende zu ahnen, Volksszenen von einem Philologen gar nicht zu schätzen, – *in der Masse, neben den übrigen Stücken*, aber *auch als Fragment* eine eigne Force beurkundend. Köchy hielt ihn für enorm drastisch, Klingemann bot mir eine ziemliche Summe, wenn ich ihn vollendete. – Damals war schon die Szene darin (welche Du nicht kennst, weil sie im 3. umzuändernden Akte steht), in der Sulla sich den Namen »Felix« gibt, witzig und grimmig wird, seine Frau für den armen Marius zittert und Phrasen fallen wie: wenn meine Wangen *glühn*, so gehn davor die Städte in *Asche* auf, – oder »der Erdball liegt wie ein gekrümmter Sklave unter meinem Fuß, – lautjauchzend wie der Donner den *Blitz*, begrüßt das Volk mein *Lächeln*« pp. pp. – Offenherzig, der Sulla selbst wird ein höchst kurioser Kerl: er soll das *Ideal* (vergiß nicht, das Ideal, denn sonst wär es sehr wenig) von mir werden.

Ich bin fest überzeugt, wir machen großen Eklat. Denk an Berlin: wie drang ich unter den literarischen Koterie-Menschen durch: erst war Immermann der Held, nichtsdestominder spießten wir ihn am Haarbüschel, wie Gustorf sagt. Und das war *nur der ›Gothland‹*, und im ›Gothland‹ gefiel manchem nur das Empfindsame (Gustavs Liebefloskeln!) – so ist der Geschmack! – Auch Hr. Prof. Wendt soll uns Dienste leisten. Masse contra Masse, darunter viel Fraß für die erlesenern Klugen und Geistreichen, – wir siegen.

Hier im Lande schlägt der Postmeister, der ästhetisch ist und etwas geahnt haben muß, schon Lärm. Meinethalben! es schadet nicht. – Seis, wie es sei, eine *ähnliche* Erscheinung wie unser Zeugs, wenn es zusammen in die Welt springt, ist selten gewesen.

Freund, noch eins, weswegen mir der Druck meiner Werke wichtig gewesen, – ein triftiger Mit-Beweggrund. Er wird mir und eo ipso Dir künftig nützen. Unser Fürst (Lippe hat jetzt mehr Einwohner wie Weimar zu Goethes ersten Zeiten) ist ein großer Theaterfreund. Er hat die erste Gesellschaft Westfalens, die Pichlersche, dergestalt an Detmold fixiert, daß sie die meiste Zeit hierbleibt und im Auslande (in Münster) Nachschüsse erhält. Es ist ein großes Komödienhaus hier erbaut worden. Die Geschichte kostet an Zuschüssen jährlich gewiß 30–40 000 Rtlr. Nun ist in Detmold kein anderer Theaterkenner als ich (was in *Detmold* jedoch nicht viel sagt). Dies wissen auch wohl alle Detmolder. Nur mich haben Schauspieler und Intendanz mit meinen Kritiken zu fürchten und haben bereits durch eine in ein Provinzialblatt gesetzte Kleinigkeit Grund. Ist mein Zeug gedruckt, stehe ich allgemein literarisch bekannt da, so ist hier [für m]ich ein tüchtiger Sprung offen, sc.[ilicet] nicht zum Schauspiele, sondern zum beherrschenden Kenner, cum pecuniis. Und bei den vorhandenen Geldmitteln läßt sich in Westfalen vielleicht eine Sonne anzünden, die zum Erhellen von allerlei Erzeugnissen dient. Jam satis.

Und also, amice (vir'human – quamcimique, sagte Reichel), laß mit Deinem mir so erfreulichen Eifer drauflos drucken und pressen, – meine Vorrede ist vom Tage der Schlacht bei Aspern, der ersten Schlacht, die Napoleon an uns Deutsche verlor, zufällig und doch bedeutungsvoll datiert, – wir wollen schmettern, donnern, flüstern, lispeln und alle zum Narren haben. – Aufträge expediere ich, aber jedesmal muß mir eine sehr kurze Frist gesetzt werden, wie ich sie bei der ›Shakespeare-Manie‹ wünsche, denn Fristen halte ich schon als Jurist, und setzt mir jemand gar keinen Zeitpunkt, zu dem ich fertig sein soll, so gehe ich leicht ins Blaue. Also, sei strenge. Antworte mir, und obwohl ich Dir keine Frist hierin vorschreiben kann, bedenke doch, daß Deine Antwort dem schiefen, unedlen und kuriosen, nämlich

Deinem Freunde Grabbe

Detmold, den 12. Juli 1827. recht, sehr lieb ist.

54. *An Georg Ferdinand Kettembeil*

Lieber Freund,

oft bedenke ich mich, ich habe es getan, und statt mit meinem Aufsatz ›Über die Shakespearo-Manie‹ hinterm Berge zu halten, übersende ich ihn, heiß wie er aus der Pfanne kommt, anbei. Jedoch dabei die Dir und mir vorteilhafte Bitte, ihn so wie er ist, hinter den 2. Teil unserer Dramen drucken zu lassen und auf den Titelblättern: ›Dramatische Dichtungen von Grabbe. Nebst einer Abhandlung über die Shakespearo-Manie‹ zu setzen. Du wirst finden, daß ich auch hinsichtlich Tiecks im Vorworte die nötigen Klauseln getroffen, so wie auch pto. meiner selbst und meiner Stücke. Etwas kritischen Ruf und ohne Zweifel Eintritt in die kritischen Journale schafft mir die Debatte. In jetziger Zeit ist ihre Tendenz etwas Unerhörtes. Künftige »Shakespeare-Erläuterungen« habe ich angedeutet, um auf den Zahn zu fühlen, ob sich mir und Dir hier nicht eine neue Spekulation eröffnet. Daß ich Shakespeare und seine Anhänger kenne, ergibt sich wohl deutlich – Malicen, Witze fehlen auch nicht ganz darin, obwohl der Endzweck des Aufsatzes eine etwas ruhig scheinende Darstellung erforderte. Zu meinen Stücken verhält sich derselbe ganz kurios und sollte den Nichtkenner verwirrt machen. Nicht *allein*, mit den Stücken *zugleich* gedruckt, besonders da ich fürchte, daß der 2. Band ohnehin *dünner* als der erste werden wird; lieber sehe ich das Ende dicker. Willst Du den Aufsatz lieber ›Über die Bewunderung des Shakespeare‹ überschrieben sehen, so tue das. Ich sage, er sei vor *»mehreren Jahren gemacht«*. Das hat seine Gründe. Du kennst sie gewiß. In der Hauptvorrede müßte es am Schlusse noch heißen:

– Betreffs der Abhandlung ›Über die Shakespearo-Manie‹ besagt das derselben vorgesetzte besondere Vorwort das Nötige. –

Freund, ich konnte in dieser Manie manches nur andeuten, nicht alles sagen; darum soll es auch nicht fehlen, wenn man mich zu mehrerem zwingt.

Die Handschrift ist schlecht, weil ich kein Konzept gemacht; schlimmstenfalls mußt Du sie für den Setzer kopieren lassen.

Jetzt halte ich auch nicht mehr gut, die Journale mit vorläufigen Proben anzufüllen. Der Gesamteindruck entscheide und wird entscheiden, jetzt ist sogar Kritik dabei. Vorläufigkeiten *störten* am Ende nur. Keine Glieder, das Ganze!

Zur Übersendung an Müllner, den ich, nicht sine studio, nunmehro ein wenig gelobt habe, an Tieck sowie an die verzweifeltsten kritischen Institute, und wären es grade welche, die ich angegriffen, bitte ich mir künftig einige Exemplare (wenn es Dir gefällt) aus oder doch die Erlaubnis, dazu die Briefe zu schreiben. In Briefen habe ich bei solchen Leuten Force.

Da Du eine so lange Abhandlung erhältst, muß ich den Brief wohl kürzen, und ich bin

Dein

Detmold, den 26. Juli 1827. alter Freund Grabbe.

55. *An Georg Ferdinand Kettembeil*

Bester Freund,

so mancher hat es mir gesagt, ich wäre eigentlich ein Poet, aber auf Ehre (Nr. 200), ich spreche lieber mit Dir von unseren übrigen Erinnerungen und Verhältnissen als von der Poesie. Sie ist eine Art von Handwerk, wenigstens bei mir. Deinen Brief vom 28. Juli erhielt ich zu meiner Freude; Freude ist hier selten, wird auch bei uns nicht so teuer bezahlt als eine gestohlene Forelle. *Fressen* und sich freuen ist bei uns einerlei. *Trinken*? wozu? Die Leute haben keinen Verstand, sie brauchen ihn nicht zu versaufen. Wenn sie trinken, so werden sie klug, id est *grob* (gegen sich, nicht wider mich). Ich glaube, es war eine nette Zeit, als wir nach Charlottenburg fuhren. Herr Lasky (der Jenenser Student in Leipzig, der beim Thomasbäcker saß und so schnell bei den Kaufleuten borgen wollte) ist aus der Burschen*welt* in die Griechen*welt*, von da in die Köpf*welt* gegangen, nämlich vor dem Serail auf einer Lanze aufgepflanzt. Mein Gott, welche Lebenserfahrung müßte es geben, wenn man sich hinter dem Köpfen besinnen könnte. Ist man es gewohnt, so hat man es überstanden. Ich will ein Politiker werden, will ein Buch über die Gefahr, welche uns von Rußland droht und über die Mittel, sie zu hemmen, schreiben. Auch will ich ›Eine Giftpflanze, gewachsen im Boden der Pandekten‹ edieren, nämlich das Erbschaftsrecht. Eintrocknen brauche ich sie nicht, weil sie schon trocken genug ist. Hieße es nicht bei uns Juristen »ewiger (sc. trockener) Sommer, ewige Ernte« (sc. Geldernte), wo wäre Lex 7 de Verborum Significatione? Und – (das »und« ist eine schwebende Brücke über Abgründe, die der Stilist nicht ausfüllen kann) – ich will doch lieber Jurist in Detmold als Poet in Dresden sein.

Zu unsren Geschäften. 1) Die kartonierten Exemplare auf Velinpapier betreffend. Damit mach Dir nicht zu viel

Mühe. Ich wünschte höchstens ein einziges, nämlich, um es dem hiesigen Fürsten zu präsentieren. Ein Exemplar auf gewöhnlichem Papier reichte vielleicht auch aus. 2) Die Proben in den Journalen. Die Idee darüber entstand wohl vorzüglich dadurch, daß, da meine Werke in 2 Teilen gedruckt werden sollten, wir womöglich auf andere Weise den durch diese Zerstückelung gefährdeten Gesamteffekt retten mußten. Du willst aber beide Teile *zugleich* verschikken lassen (keinen ja früher als den anderen!!), also ist der Gesamteffekt gerettet. Der Journale bedürfen wir nicht, und ex. gr. der ›Gothland‹ ist viel zu verwickelt, um nicht, indem wir eine Szene vorlegen, den Mißgriff jenes Griechen zu tun, der einen Ziegel als Probe seines Hauses darzeigte. Deine ausgewählten Szenen des ›Gothland‹ passen sonst zum Zweck, sie sind zwar nicht die besten und sollen es nicht sein, aber sie gehen doch drauf los. Fast möchte ich (wenn ich überhaupt dafür wäre) raten, einige *Stellen* des ›Gothland‹ nur einrücken zu lassen: z.B. das Gespräch mit Berdoa im 4. Akt von den Worten: »eine sternhelle Luft« bis »o des Wahnwitzes« oder gar bis »jetzt o jetzt«, und dann im selben Akt die ganze Stelle, wo Gothland unter Sternschnuppen und Nordlicht durch das Schneefeld stürzt. – ›Abendzeitung‹ oder ›Morgenblatt‹ wäre einerlei, aber ich bitte, si possible, laß in meinem Lustspiel die Anspielungen auf ›Abendzeitung‹ etc. und die literarischen Witze nicht aus; ich versichere, daß ich grade die am meisten beleidigten Leute an der Nase ziehen werde, mittelst einiger Sendschreiben. – Rattengifts Dicht- und des Teufels Hufeisen-Szene sind gut gewählt. – Aus ›Nannette‹ ist die leichteste Wahl: die vorletzte und letzte Szene des 2. Aktes z.B. oder gleich die erste Szene des 1. Aktes. Glaub, ›Nannette‹ macht *leicht* Glück. Aus ›Sulla‹, die 1. oder die 2. Szene des 2. Aktes. Die Schlachtszene ist wohl zu skizzenhaft und wirkt nur im ganzen. – Alles dies ist nur in eventum gesagt, denn offenherzig, ich bin gegen diese *stückweise* Ankündigung. 3) Ankündigung? Sobald Du das Buch versendest, mußt Du eine an die Meiersche Buchhandlung in Lemgo schicken, womöglich gleich gedruckt, damit sie sie dem *›Intelligenzblatte‹* (so heißt unser Lippisches Journal!) beilegen. Sie würde heißen: »In der Hermannschen Buchh. in Frkf. a. M. sind erschienen und bei uns zu haben: *Dramatische* pp. pp. Diese Dichtungen bedürfen keiner gewöhnlichen Buchhändleranzeige; sie werden sich den Beifall selbst erringen. Nur das darf man behaupten, ohne zu fürchten, der Leser werde uns einer Täuschung beschuldigen: es regt sich in diesen verschiedenen tragischen, komischen, sentimentalen und historischen Dramen, ein äußerst gewaltiger, vielseitiger Genius und dabei von einer Selbstständigkeit und Eigentümlichkeit, wie sie schwerlich in neueren Zeiten gefunden werden. Das beigedruckte Urteil eines großen Dichters wird dieses schon allein bei der voranstehenden Tragödie rechtfertigen. Auch der Aufsatz über die zur Mode gewordene Bewunderung des Shakespeare verrät gewiß ebensoviel kritisches tiefblickendes Talent als Kenntnis der älteren und neueren Bühne.« – Diese Ankündigung (in der ich mir die *Selbstschmeichelei* pto. *necessitatis* zu verzeihen bitte) wäre bei uns und anderwärts zu gebrauchen. 4) Kodon. Die Idee mit Althing ist gut, jedoch, da Althing in der Masse des Publici immer etwas obskur, auch schon veraltet ist, so rate ich, den Molfells dem Schulmeister die Memoiren von *Jacob Seingalt de Casanova* geben zu lassen: »Da, für die gute Nachricht pp. ein Exemplar der Memoiren von Jacob Seingalt de Casanova, in Maroquin gebunden und dennoch *ungebunden.* Ich kaufte es von einem Juden pp. *Schulmeister:* Memoiren von Jacob Seingalt de Casanova? Dieses Napoleons der Unzucht? Dieses Generals der sieghaftesten Niederlagen? Was soll pp. pp. pp. gehörig zu ›studieren‹ wissen.« – Die

Szene mit Gretchen: »Guten pp. den Jacob Seingalt de Casanova an den Kopf pp. *Schulmeister* (indem er die einzelnen Bände des Werkes aufhebt): Hm, hm, kann Madame diese Bücher also nicht zur Belehrung oder zum Studio in der Küche gebrauchen? *Gretchen:* Ach pp. Daß solche Ware nicht zum Studio in der Küche gemacht ist pp. Man fiele ins Feuer! Madame ist pp. pp. *Schulm.:* Hm, hm, hier sind aber nur drei Bände, und ich hatte der Madame doch *vier* überschickt pp.« – Die Szene mit dem Schmidt macht sich von selbst, nur bemerke ich, daß überall, wo Du »Casanova« hinsetzen willst, Du dies des Effektes wegen mit seinem vollen Namen »Jacob Seingalt de pp.« tun müßtest. – Szene, wo der Teufel gefangen wird: »*Schulm.*: Die Sonne pp. pp., und ich müßte mich sehr irren, wenn ihn nicht die magische Einwirkung von 3 Teilen des ›Jacob Seingalt de Casanova‹, herausgegeben von Wilhelm von Schütz, hieher locken sollte. Zur Sicherheit aber verstärke ich den Effekt mit weil. Althings hinterlassenen Schriften und lege sie auf den Casanova wie schlechten Pfeffer auf Schweineschinken. (Er setzt pp. legt den Casanova und Althings hinterlassene Schriften pp.)« Nachher der Teufel: ›Ich rieche hier zweierlei: links etwas Abscheuliches, Zuchtloses, rechts etwas Versoffenes, die Kinder Züchtigendes pp.« Und zuletzt *Schulm.:* »Mit Speck fängt man Mäuse, mit Casanova und Althing den Teufel« p. Somit hättest Du Deinen Althing, ich meinen Casanova in uno. Das übrige änderst Du selbst. Bist Du aber nicht mit meiner Idee zufrieden, so geniere Dich nicht, sondern führe die Deinige aus. 5) Die Notiz wegen der Abänderungen. Ich glaube, daß Du hinter die Vorrede setzen mußt, etwa so: »*Anzeige des Verlegers.* Des großen Publici wegen mußte bei dem Druck nachstehender Werke sehr vieles verändert, ja gestrichen werden. Da der Verfasser erklärte, er selbst würde wegen dieser Veränderungen keine Hand anlegen, wolle mir aber, da er in seine Produkte nicht verliebt sei, unbedingte Gewalt geben, in dieser Hinsicht das Nötige zu besorgen, so mußte ich mich dem Geschäfte unterziehen. Manche bedeutungsvolle Stelle mußte leiser ausgedrückt werden, manche mußte ganz wegfallen, hier und da waren im gedruckten Buche Schwächen und Dunkelheiten grade an Orten *nicht zu vermeiden*, wo das Manuskript kräftig und höchst klar ist. Beides gilt vorzüglich von dem ›Gothland‹ und von dem Lustspiel.« – Ich weiß, Du fühlst Dich nicht beleidigt, wenn ich Dir den Ausspruch, Du hättest manche Dunkelheit oder Schwächung *nicht vermeiden* können (ich hätte und habe es ja auch nicht gekonnt!) in den Mund lege; die Sache tut vielleicht ihre Wirkung. 6) Der Aufsatz ›Über die modische Bewunderung des Shakespeare‹ oder ›Über die Shakespearo-Manie‹ wird schon in Frankfurt sein. Was meinst Du von ihm? Er ist schnell geschrieben, *konnte* auch nicht über den ganzen Shakespeare erschöpfend sein (wer weiß, was wir mal tun), aber da ich den Hrn. Shakespeare und die Hrn. Poeten recht gut kenne, so glaube ich doch, *es steckt etwas darin*, und was mehr ist, er paßt in die Zeit, also laß ihn hinterdrucken. Mancher kauft die Stücke, um über den lieben Shakespeare etwas zu hören.

Und jetzt atme ich wieder und rede von allerlei, quer durcheinander. Meine Spekulation pto. des hiesigen Theaters ist nicht *ohne*, und da mit oder vor Michael bei der Rückkunft des Fürsten der Lärm recht losgeht, so freut es mich äußerst, daß Du schon in 2 Monaten den Druck geendigt zu haben und zu versenden gedenkst. Ich stehe hier so, daß ich nützliche Sprünge machen kann. Dem »Creuzer« in Heidelberg habe ich mit Willen eins in der ›Shakespearo-Manie‹ abgegeben. Heute ist ein schöner Tag, und wie die Karpfen im Sonnenschein mit blauen Rücken aus dem Wasser ragen, liegen die blauen Berge in der Ferne.

Selbstrezensionen sind auch ersprießlich. Preußen hat 7 Jahre gesiegt (1756–63) und 7 Jahre gelitten (1806–13). In dem 7jährigen Leiden hat es mehr gewonnen als im 7jährigen Siege. Künstlern und Helden (beides ist eins, denn der Krieg im großen ist eine Kunst) gehts wie der Perlmuschel; aus Qual werden Perlen. Der König von Sachsen ist ja auch tot, er mit der hohen Stirn, auf welcher die Läuse (wenn er welche gehabt hätte) schwindlich geworden wären wie Edgar im ›Lear‹ an den Kreidefelsen von Dover. Ich müßte lachen, wenn die Hrn. Politiker in den Türken den schlafenden Löwen geweckt hätten. Ist Europa eine Jungfrau, so ist es schade um sie, denn statt eines weißen Flusses hat sie ein *Weißes Meer*, und wo ohngefähr die Hinterteile ruhen, flutet das *Schwarze Meer.* Deutschland ist das Herz, ach Gott ja, es ist zerrissen, wie nur ein Herz sein kann! Italien sieht aus wie ein bestiefelter Fuß, deshalb traten die Römer mit ihm der Welt auf den Kopf. Die Griechen sind Narren, wenn sie sich helfen lassen. Wer sich selbst nicht befreien kann, verdient keine Freiheit und bewahrt sie nicht. Die Menge ist ein Hund, je mehr Prügel, je folgsamer. Wer sich selber nicht imponiert, der imponiert anderen. Ich lerne Musik. Theaterrezensionen sollte man so schreiben, daß man die Urteile den Geistern der dargestellten Personen in den Mund legte. Was würde der Wallenstein über Herrn Anschütz sagen? Die Nordamerikaner sind um Rivinus reicher geworden. Die Franzosen sitzen in Spanien wie die Maus in der Falle. Ich lese seit Jahren die ›Frankfurter Zeitung‹, früher redigierte sie Krapp (Grabb –), jetzt ein Hr. Oehlers, was ist das für ein Mann? Höpfner in Leipzig, – Du schriebst mir, Du hättest ihn gesprochen, – was ist er? Gewiß Magister? – Und nun, schreib bald, ich bitte, – und glaube, daß ich bin

Dein *alter* unedelmütiger *Freund* Grabbe.

Detmold, den 3. Aug. 1827.

56. *An Georg Ferdinand Kettembeil*

Mein bester Freund,

Deine Freude über meine ›Shakespearo-Manie‹ ist mir lieber als der Aufsatz selbst. Seine Folgen? Ich hoffe, er stößt manches um, denn so deutlich ist nicht oft gegen Shakespeare gesprochen; auch denke ich, er zieht mir eine Partei Anhänger und eine Partei Kläffer zu. Ich gestehe, er ist vorzüglich mitberechnet, dem Tieck i. e. seiner albernen Kritik den Todesstoß zu geben. Ich mußte (wie ich höchstens einmal *mündlich* näher entwickeln könnte) ihn in Worten schonen, aber indem ich den *Götzen* angreife, zu dessen *Papst* er sich aus Mangel eigener Kraft machen will (auch diese Worte kann Tieck, wenn er lärmt, einmal gedruckt zu lesen bekommen), so zertrümmere ich auch ihn. Da Tiecks unvorsichtiges Benehmen ihm schon unter dem Dichterpöbel Feinde zugezogen hat, die öffentlich, selbst in der ›Modezeitung‹, gegen ihn auftreten, so hoffe ich den Matadors-Ruhm zu erlangen. Geht er oder einer seiner Anhänger los, ich stehe mit mehr Materie und gröberer Form zu Diensten, ohne Reserve tue ich keinen Schritt. Tiecks Kritik ist manchem schon so verdächtig, daß ihm der jetzige Verfall der Literatur zugeschrieben wird, Müllner hat ihn schon tüchtig gebissen, Dr. Gans desgleichen, und ebendeshalb weiß ich nicht, ob, wie ich in meiner Ankündigung der Dramen geschrieben, wir bloß von einem »großen Dichter«, der einen Brief über den ›Gothland‹ geschrieben, reden oder dahinter in Klammern setzen (»L. Tieck«). Tue, wie Du willst und richte Dich nach den Städten, wo Tieck noch Anhänger hat. – Den Brief Tiecks können wir nicht missen; auf manchen wirkt er noch immer, und, wie Du so gut geahnt hast, meine ›Shakespearo-Manie‹ zeigt, indem sie ihn kritisiert, jedem Vernünftigen meinen eigentlichen Zweck. Den lieben Brief, der den ›Gothland‹ doch immer als ganz besondere von allem übrigen verschiedene furchtbare Erscheinung anzeigt, benutze ich wie ein Instrument, ja, wie eine eben eroberte, nun gegen den Feind gerichtete Kanone. Vielleicht hast Du ihn schon gedruckt, sonst laß uns am Schlusse desselben statt der bisherigen Höflichkeitsform setzen:

»Diese Anmerkungen zu dem geehrten Schreiben L. Tiecks sollen keine Widerlegungen, sondern nur Andeutungen einiger Ideen sein, welche den Verf. bei Ausführung seines Werkes leiteten. Der freimütige und herzliche Tadel, den L. Tieck ausspricht, müßte dem Dichter des ›Gothland‹ schon insofern höchst angenehm sein, als er die Unparteilichkeit des vielleicht übergroßen Lobes am besten verbürgt. Freilich sind die Ansichten und die poetische Natur des Verfassers viel zu sehr von der Eigentümlichkeit L. Tiecks verschieden, als daß er glauben könnte, derselbe habe in Lob und Tadel hier und da sein Werk nicht mißkannt. Aber trotz dessen von einem solchen verschiedenartigen Dichter eine so an sich *geistreiche* und *wohlwollende* Beurteilung erhalten zu haben, erfüllt den Beurteilten jedenfalls mit Freude und Dank. Übrigens pp.« (die Phrase über die Aufführbarkeit des ›Gothland‹) –

Und nun, Freund, noch dieses: den *Druck* der Probestellen überlasse ich lediglich Deinem *Ermessen*, nur beim ›Gothland‹ wünschte ich, Du nähmst nur die Stellen, die ich Dir proponiert, zu welchen Du auch noch das Auftreten Berdoas im 3. Akte »Was? bin ich noch der Neger?« bis zu der Stelle: »wenn sie nun aus dem Halse stänke« (welcher Vers in der ›Abendzeitung‹ halb oder leiser angedeutet werden könnte) fügen möchtest. Ich habe bei diesen Stellen meine Gründe; *Szenen* wirken weniger, und Du könntest in den Blättern bemerken, es wären keine aus dem ›Gothl.‹ zu nehmen gewesen, weil sie zuviel Exposition gefodert hätten. – Hör mal, laß doch (wenn möglich) den Teufel ja Ritter des päpstlichen Zivilverdienstordens bleiben; die Katholiken anpacken, heißt manchen gewinnen. Daß Deine Verleger-Annonce über das Streichen und Abändern mehr Gestrichenes und Abgeändertes andeutet als vorhanden ist, schadet nicht; immer Sand! Sand! – Den zweiten Band sähe ich am liebsten von der ›Nannette‹ eröffnet; sie bildet zum ›Gothland‹ einen größeren Kontrast als das Lustspiel, und dann fällt dieses wieder der ›Nannette‹ auf den Kopf, und dann der ›Sulla‹, und dann die ›Shakespearo-Manie‹ als Salz auf die Schnecke. Vor die ›Nannette‹, um sie auch nicht ohne Prolog zu lassen, wäre zu setzen: »Vielleicht versöhnt dieses Stück manchen Leser mit dem, woran er im ›Gothland‹ glaubte Anstoß nehmen zu müssen.« – Du deutest an, alles was ich über die resp. Vorworte auf dem Herzen hätte, Dir zu schreiben, aber da kann ich nicht helfen: ich habe nunmehr schon alles darüber geschrieben, es liegt in meinen Briefen zerstreut, und leider (ich erkenne die Qual und Gefälligkeit, welche Du mit der wiederholten Lektüre übernimmst) wirst Du wohl es daraus aufsuchen, bezeichnen und an den gehörigen Stellen einschalten müssen.

Geht unsere Sache gut, wie ich gar nicht zweifle, *so wache ich auf.* Wo ich Endzweck sehe, bin ich unermüdlich. Zwei Trauerspiele, zwei Komödien, sechs Abhandlungen über Literatur und ihre Heroen, eine Masse Kritiken, auch Wissenschaftlichkeiten, Trotz und Überbietung von allem was mir in den Weg kommt, – das schaffe ich Jahr für Jahr. Und hielte ich das nicht alles im vollsten Ernste für Kleinlichkeiten, welche nur durch die Albernheit der meisten übrigen Skribenten eine scheinbare quantitative Größe erlangen, so spräche ich nicht davon, weil es Prahlerei schiene.

Du bietest mir Exemplare an. Ich *selbst* wünsche nur eins

auf gewöhnlichem Papier; den Köchy (der Devrients Tochter jetzt geheiratet hat) wünsche ich als anonymen und publiken Ankündiger zu besitzen; für den bitte ich auch um eins; dann eins für unseren Fürsten; und (wenn Du sie missen kannst) noch einige (3 ist schon genug) auf verschiedenem Papier zur eventuellen Nutzanlegung. In Detmold verschenke ich *nichts*. Die Briefe an die Herren literarischen Hammel und Ochsen werde ich nach Frankfurt schicken, jedoch kann ich das erst dann tun, wenn ich mein gedrucktes Exemplar in der Hand habe und sehe, wie es den Messires in Geist oder Auge fällt. Dann erhältst Du die Briefe in 3 Tagen, und damit sie nicht die Buchhändlerspekulation wittern, schreibe ich hinein, ich wäre grade in Frankfurt zum Besuch.

Nicht umsonst spreche ich in der ›Shakespearo-Manie‹ vom Eulenspiegel; mein nächstes Lustspiel soll ihn vorführen. Zwei Romane, ein kleiner und ein großer, werden auch in dem nämlichen Augenblicke vom Baume fallen, wo meine Stücke effektuieren. In der ›Manie‹ spreche ich von Tiecks ›Verlobten‹; ich glaube aber die Novelle heißt ›Die Verlobte‹. Korrigiere es, si placet. Ich habe die ›Manie‹ geschrieben, *ohne ein einziges Buch nachzuschlagen*. Auch in Tiecks Briefe fehlt hier und da ein Komma oder ein Und. Das kannst Du auch ersetzen. Bei Gott, Du bist Doktor und Hebamme. Mein Eulenspiegel soll theatralisch werden, auch äußerlich etwas von einer Eule an sich haben. Berlin *gebe ich noch nicht auf*. Daß die Publikation meiner Stücke in den Herbst fällt, ist gut, denn ›Gothland‹ z. B. trägt Herbstspuren. Den ›Sulla‹, wenn das Fragment, wie ich hoffe, Effekt macht, vollende ich diesen Winter, vor Weihnachten. Er steht schon in meinem Kopf Szene vor Szene. Marius sagt schon: »Durch meiner Augen Fenster sieht nicht mehr der Löwe wie wohl ehedem. Er ist zu einem gelben welken Herzchen eingeschrumpft.« Vielleicht benutze ich in Westfalen auch unsren lieben Pustkuchen zum Trommeln.

Erfreue bald mit Antwort

Deinen

Detmold, den 12. Aug. 1827. alten, treuen Grabbe.

57. *An Nikolaus Meyer*

Ew. Wohlgeboren

übersende ich anbei einen kleinen Beitrag zu Ihrem geehrten ›Sonntagsblatte‹. Er ist zum Teil ein wenig gegen die letzte Detmoldische Korrespondenz (die, wie ich offen gestehe, nach meiner Vermutung vom Rat Sterzenbach ist) gerichtet, indes mit höflicher Einleitung und ohne Grobheit. Das Blatt Ew. Wohlgeboren wird gewiß, und geschähe es mit Selbstverleugnung, eher die Sache als die Person beachten. Meinen Namen brauchen Sie auf keine Anfrage zu verhehlen, und den Scherz, welchen ich mir am Ende der Korrespondenz, mit meiner eigenen Theaterkritik mache, bitte ich als unschuldigen Humor zu betrachten. Großes Vergnügen wäre es mir, wenn Sie diese Korrespondenz in eines der nächsten Blätter und womöglich unabgebrochen einrückten. Grade der nicht im Lesen unterbrochene Gesamteffekt ist von mir für Detmolder, Auswärtige und für meine Verhältnisse berechnet. Ein Exemplar teilen Sie mir dann wohlgefälligst mit. Die mittelmäßige Schrift, welche, wenn man gleich in das reine schreibt, so leicht der Feder unwillkürlich entschlüpft, bitte ich zu verzeihen. Auch daß ich dem Versprechen gemäß nicht früher schon irgendeine passende Mitteilung übersandt, entschuldigen Sie wohl mit den Geschäften, die mich zerstreuten. Übrigens stehe ich jetzt im Begriff, mit Hülfe eines unserer größten Schriftsteller in mehreren Druckwerken vor dem

Publico aufzutreten, und würde, wenn ich reüssierte, auch dann meine Verbindlichkeit gegen das ›Sonntagsblatt‹ durchaus nicht vergessen.

Voller Hochachtung verharre ich
Ew. Wohlgeboren
Detmold, den 21. Aug. 1827. gehorsamster Grabbe.

58. *An Georg Ferdinand Kettembeil*

Bester Freund,
anbei das Manuskript, welches nach meiner Berechnung 2½ Druckbogen füllt. Sollte noch etwas fehlen, so mußt Du hier und da etwas splendid drucken lassen, oder mir Nachricht zu weiterer Arbeit geben, oder laß meinetwegen das in einem Briefe Dir übersandte Don-Juans-Stück sub titulo: ›*Fragment aus Don Juan*‹ mitdrucken.

Wüßtest Du die enorme Arbeit (sic), welche bei Ende der Ernteferien auf mich eindrängt, die Berge von durchzulesenden und zu fabrizierenden Akten, die Masse Termine, die Berichte, die Briefe, meine Pomade, meine weitverbreitete Lekture, die ich selbst beim Schreiben oft nicht aufgebe, – so würdest Du die schlechte Pfote meiner anliegenden Handschrift entschuldigen. Das Ding enthält die Skizzierung vom ›Sulla‹ usque ad finem. Weitere Ausführung als hier geschehen konnte ich nicht liefern. Ich hatte nur an 2 Tagen Zeit. Solche Skizzierung ist schon durch Schillers ›Demetrius‹ dem Deutschen bekannt. Auch Goethe hat Ähnliches. Casu dient sie in etwas, den Eseln zu zeigen, wo ›Sulla‹ hinaus will. Ein Charakter wie Sulla ist noch auf keiner tragischen Bühne in der Art gewesen. Etwas hat der Mann auch, mit Ehren zu melden, von mir. Hier und da habe ich poetische Verse zur Erbauung eingeflickt. Stehen irgendwo noch Schreibfehler, so bitte ich um Deine Korrektur.

Die ›Shakespearo-Manie‹ auszudehnen, ging nicht. Ich

habe keine Handschrift von ihr. Auch schadet ihr die Breite. Sie ist ein Kern, aus dem ich, wenn er in den Shakespearo-Manen aufgeht, Apfelbäume ziehe. Sie macht ganz ohne Zweifel großen Effekt. Die Zeit ist zu solchem Angriff so reif, daß, wenn ich nicht damit erschiene, gewiß irgendein anderer käme.

Unsere Dramen übrigens *müssen* wirken. Ich habe mich sehr bedacht, ehe ich jetzt deren Publikation beförderte. Das klare Resultat ist: tüchtige Wirkung erfolgt. – In soetwas täusche ich mich selten. Mehrere Stücke, vorzüglich ›Gothland‹, geht in Extreme aller Art, bis in den Vers; (den Vers hätte ich leicht verbessern können, aber teils ist er berechnet, teils gehört er zum ›Gothland‹ wie das Fell zur Hyäne), aber ganz unleugbar ist ein Haufen Poesie darin, wie man sie jetzt nirgends findet. – Ich wollte, Uechtritz wäre ein bißchen berühmter; ich ließe den Brief an Puteani drucken, worin er mich schon wegen meines Lustspiels für eine der außerordentlichsten Erscheinungen erklärt. Wirkt das Lustspiel so auf einen Uechtritz, so ist Hoffnung bei anderen noch viel mehr da. Die Volksmasse erkennt das Echte, auch im Kuriosen. Wenn ich wollte, habe ich noch stets gegen das Publikum, welches mir gegenüberstand, gesiegt.

Daß Du schon bei Absenden Deines letzten Briefes am 18. Bogen des ›Gothlands‹ gewesen, ist mir lieb. Ich bitte Dich, befördere diesen Monat die Pastete ganz zu Ende: ich habe einen Schlag vor. Du kannst ihn ahnen; bringt er mir Nutzen, so auch Dir. Etwas vor Ende dieses Monats sähe ich gern Deine Ankündigung im ›Intelligenzblatt‹. Unser Fürst kommt früher zurück als ich vermutete, er ist schon in kurzem allhier. Die westfälischen Zeitschrifts-Redaktoren mache ich hier und da, mittelst einiger halbpikanter Korrespondenzbrocken, zu meinen Freunden. Auch nicht sonder Grund. Dr. Gans in Berlin wird mir durch einen Orientalisten bekannt, nämlich dem Dr. Rose (den Unschuldigen), jetzt expektivierter Gesandschaftssekretär nach Konstantinopel. Herr Gans schreibt in Berliner Journalen.

Daß Du an Berlin und dabei an mich denkst, sitzt mir wohltätig in der Brust. Du charakterisierst unsere Berliner Periode sehr gut, indem Du sie als die Periode der *Pomade* andeutest. Nichts störte uns. Aber das vergebe ich Dir nicht, daß Du nicht einmal den Namen des Hrn. Restaurateurs Fiedler, des Platzes, auf dem er wohnte (Petriplatz), nennen willst. Und der Mr. Du Plant in der Taubenstraße: »Steck er das Lamm an!«!! Recte, daß Du die Pütschel geärgert hast. Mit meinen Medizingläsern habe ich die Leipziger Madame Georgi auf ähnliche Art erfreut. Auch der Stiefelwichser, der in einer wahren Bürst-Manie versierte und meine ohnehin abgetragenen Röcke in Stücken zu bürsten drohte! Weißt Du, wie wir ihm eins von den Gulden-Rosinanten auf dem Opernplatze kaufen wollten, damit er die Stiefeln zu Pferde bringe? Wie manches Buch, wie mancher Pfeifenkopf ist 50mal von uns besehen. Unsere Wißbegier war dämonisch, unersättlich.

Ja, uns in Berlin zu begegnen, wäre hübsch; ich würde nicht fehlen. »Erst das *vergangne* ist das wahre Glück«, sagt Cäcilia, und sie hat recht. Dort könnten wir, wie Du so wahr sagst, Vergangenheit und Gegenwart vereinen.

Ich muß (es erscheinen Klienten) jetzt schließen und harre auf Antwort als Dein

treuer Grabbe.

Detmold, den 1. September 1827.

59. *An Georg Ferdinand Kettembeil*

Bester Freund!

Diesen Brief schreibe ich in einiger Eile, denn in ½ Stunde geht die Post ab. Erstlich muß ich Dich fragen, wie gerätst

Du an unseren älteren, im Ruhestand lebenden Hofmarschall v. Blomberg? Der Mann kann nichts anderes als bigotte Bücher von Dir erhalten haben; ich glaube, er ist Pietist. Die 3 Rtlr. 9 Gr. hat er mir recht höflich zugesandt – was mache ich mit dem Gelde? Es ist kaum das Porto wert, soll ich es Dir sofort zuschicken oder sollen wir auf Gelegenheit warten, wo ich es z. B. in Kassenscheinen in irgendeine andere Übersendung einflicken könnte? – Hast Du in Detmold Aufträge, so stehe ich stets unbedingt zu Dienst. Ja, Du traust meiner Gefälligkeit zu wenig, und freilich kommt es bei mir darauf an, wer sie fodert. – Daß ›Sulla‹ Dir so gefällt, ist mir angenehm und überraschend. Vielleicht ist es gut, daß wir den Herren Leuten zum Teil nur einen Entwurf vorlegen, – sie sehen, *wie* man entwirft. Die Ausführung wird den Entwurf überbieten. – Der gute Professor Herling, mit der quäkenden Stimme, ist doch wohl nicht so ganz konträr wie Du glaubst. Er hat hier das Gerücht verbreitet, ich würde ein furchtbares Stück über die Hohenstaufen schreiben, ja, der Hr. Meier, welcher trotz seines Reichtums diesen Hrn. Herling (seinen Stiefbruder) anbetet, wird sichtbar untertäniger und geneigter gegen mich. Du lieber Gott, wir werden mit unseren Sachen viel erleben, viel Tadel, viel Lob, viel Unverstand, – scio, – aber vor den Kopf schlagen wir doch. – Daß Buchdrucker, Setzer sich allmählich belehren, freut mich, – wir wollen das Volk auf die Letzt schon proben. Die liebe Nannette; ich gebrauche sie als eine Hure, sie zieht die Narren an. – Westfalens Schriftsteller und Journalisten kriege ich allmählich auf die Seite, Hrn. Glanzow oder Pustkuchen darunter. Tiecks Brief ist eine gute Ouvertüre, meine Glossen und Vorreden sind aber auch obligat. – Der ›Gothland‹ ist freilich sehr hart, – die Leute irren sich aber, wenn sie die ›Nannette‹ weicher glauben, – Leben und Liebe ist darin wie eine Seifenblase behandelt, v. das Ende. Ich werde aber fortan mit mehr Kunst die Natur verhüllen und um so eher vielseitig werden, als Furcht vor Langerweile mich dazu zwingt. Mr. Gothland ist in der Handlung reine Erfindung, obwohl ich, eh ich ihn begann, aus angeborener Liebe nordische Natur und Geschichte studiert hatte. Es gibt in der nordischen Historie einen *Erik Blutaxt*, – der möchte in einigen Punkten an Gothland erinnern. – Die Versicherung, daß die Stücke Ende dieses Monats gedruckt sein werden, ist mir sehr lieb, – ich bitte, wenn Du auch nach anderen Orten später versendest, mich und die Meiersche Buchhandlung in Lemgo vorwegzunehmen. Ich schlage gern 2 Fliegen mit einer Klappe – unser Theater, welches zwar schlecht ist, aber doch dem weil. Leipziger de 1820 pp. nicht nachsteht, und sicherere Fonds hat, ist eröffnet. – Seine größte Schützerin ist unsere Fürstin, diese soll sich aber sehr der Geburt eines Kindes nahen, – vor diesem Zeitpunkte möchte ich losrücken. Es bedarf nur wenigen Steinbrechens, – die Hrn. u. Mds. Schauspieler beben schon vor meinen Kontrollen, sie können in Westfalen ohne meinen Edelmut nicht ruhig existieren.

Willst Du die Sachen brochieren lassen? So zeig das ja in der Ankündigung mit einem »geheftet« an. (»Broch.« versteht mancher nicht.)

»Zäh und kühn« mein Wahlspruch, auf die Beine kommen wir. Besseres, immer Besseres zu liefern, ist für einen Menschen, der sich selbst kennt, auch nichts Großes. Selbstkenntnis ist eine Landkarte, worin die Berge verzeichnet sind, in denen die Metallgruben liegen. Jeder Mensch hat so viel Talente als der andere in sich verborgen, – er muß nur wissen, wie und wann er sie zutage bringt. Die Menge ist eine Bestie, – darum *imponiert.* – Sieh, lieber Freund, ich wollte Dir schnell antworten, muß aber jetzt kurz schließen, es schlägt 9 Uhr, und die Post rückt ab. Wenn ich nur gut zusiegle, – das ist meine Force nicht. Nur bitte ich Dich, meiner nicht zu vergessen, sondern zu denken an Deinen Freund,

den treuen alten Grabbe oder sep. + b.

Detmold, den 23. Sept. 1827.

60. An Johann Wolfgang Goethe

Hochgeehrtester Herr!

Mit einem unüberwindlichen Zagen wag ich dem ersten Dichter der Nation anbei ein Exemplar meiner Jugendwerke zu überreichen. Ich bin über die Aufnahme derselben um so ungewisser als ich in dem Lustspiele sehr, sehr verwegen gewesen bin. Darf ich aber nicht vielleicht hoffen, daß der Aufsatz ›Über die Shakespearo-Manie‹ die ernstliche und unbegrenzte Verehrung zeigt, welche ich gegen Ew. Exzellenz hege? Ew. Exzellenz werden gewiß mit Briefen und Zusendungen wie die gegenwärtigen so sehr überhäuft, daß ich, ein völlig Unbekannter, hier abbrechen und es auf das Glück oder, was mir weit mehr gilt, auf das Wohlwollen Ew. Exzellenz ankommen lassen muß, ob ich mich einiger Beachtung zu erfreuen haben werde.

Mit Hochachtung und Ehrfurcht verharre ich

hochgeehrtester Herr!
Ew. Exzellenz
gehorsamster Grabbe.

Detmold, den 26. Okt. 1827.
(Abgesandt während meiner Anwesenheit in Frankfurt am M.)

61. An Ludwig Tieck

Verehrtester Herr und Meister!

Die schönste und größte Zeit meines Lebens war die, wo ich mich persönlich von Ihnen belehren lassen konnte. Sie flößten mir durch Ihr Urteil soviel Zutrauen zu meinen Werken ein, daß ich es gewagt habe, sie drucken zu lassen, und zwar um so mehr, als ich jetzt, wie Sie verehrtester

Meister! zu wünschen schienen, auch im bürgerlichen Leben als Advokat und Substitut des Auditeurs *fest und sicher* stehe. Einigemal streiten meine Ansichten (insbesondere in der Abhandlung über Shakespeare) zum Teil mit den Ihrigen. Die Ihrigen sind gewiß die geistreicheren und besseren, – aber grade Sie, verehrtester Herr, werden als großer umfassender Dichter auch die freie Äußerung meiner Ansichten nicht mißkennen.

Ein Exemplar meiner Werke ist angebogen, und innig hoffe ich um eine geneigte Antwort aus Ihrer Feder.

Mit größter Hochachtung und Liebe verharre ich

verehrtester Herr und Meister!

Ihr

Detmold, den 30. Okt. 1827. gehorsamster Grabbe.

(Dieser Brief ist während meiner Anwesenheit in Frankfurt a. M. abgeschickt.)

62. An Georg Ferdinand Kettembeil

Lieber bester Freund,

verzeih dieses Blättchen; es ist morgens 6 Uhr, die Post geht um 7, und ich kann jetzt bei geschlossenen Läden kein Briefpapier erhalten. Deinen Brief vom Todestag Gustav Adolfs (6. Nov.) nebst Paket habe ich zu meiner Freude erhalten; Du sollst bald weitere Antwort darauf haben, wie ich denn auch mittlerweile Deine Antwort auf meine Selbstrezension hoffe. Sie ist berechnet (sc. die Rezension). Jetzt schreibe ich Dir besonders deshalb, nämlich: ich brauche zwar wohl weiter keine Exemplare mehr und habe sie nach Möglichkeit unter Pustkuchen, Gans, Köchy pp. zum Teil verteilt, – aber Dich bitte ich, sende baldmöglichst noch folgende aus: nämlich an die Literaturzeitungen (Jena, Halle insbesondere), (Halle wird uns günstig sein) – auch an den Mr. Müllner, etwa mit dem Briefe:

Hochgeehrtester Hr.

Hochgeachtester Herr Hofrat!

Als Zeichen meiner unbegrenzten Achtung, die ich auch in der im 2. Teile meiner Werke enthaltenen ›Shakespearo-Manie‹ aufrichtig, aber doch zu schwach ausgesprochen habe, wag ich, Ew. Wohlgeboren Beiliegendes zu übersenden. Ich wünschte, etwas Besseres schicken zu können. Eine Antwort von Ihnen müßte mir hocherfreulich sein, doch bis ich weiß, ob Sie mich Ihrer Berücksichtigung würdig halten, darf ich nicht wagen, Sie mit mehr Zeilen als gegenwärtigen, vielleicht unwillkommen, zu belästigen.

Mit Verehrung und Hochachtung

E. W.

Detm., d. . . . . ghsst Grabbe.

Ferner sende auch nach München; an die ›Heidelberger Jahrbücher‹ (sind uns vielleicht gut), an die ›Leipziger Literaturzeitung‹, und überhaupt an alle journalistischen Institute soviel Du kannst. Diese Opfer bringt uns vielleicht viel ein. Meine Versendungen sind unterirdische Minen.

Hier bei uns ist noch immer Rumor; selbst der von mir mit Absicht getadelte erste Komiker und Lieberhaber hiesigen Theaters (jetzt nach Berlin, wenn er gehen will, berufen, und besser als z. B. Stein) macht mir die Aufwartung (Hr. Braunhofer). Du siehst, unsere Tollheiten wirken in jedem Schlag Menschen.

Köchy gibt ein Journal, ›Horen‹ genannt, heraus und will mich darin gleichfalls sofort produzieren. Der Uechtritz soll vernichtet werden.

Im ›Eulenspiegel‹ muß die Szene, wo er bei dem Landgrafen (Grafen) malt und nur ein *Ehelicher* (ist das zu unzart? ich kanns mäßigen) das Gemälde sehen kann, die Hauptsituation werden und sich seine Handwerksverhältnisse daran knüpfen.

Die Hohenstaufen (Friedr. I, II, Heinrich VI) wurmen.

Friedrich II, mein Liebling von je, könnte höher stehen als Sulla. Der Don Juan und Faust heulen. Etwas, schon meines Charakters wegen, müssen wir aber auf den Erfolg unserer Sachen, der doch erst in einiger Zeit (die Leute sind schweren Lesens und Verstehens und Schreibens und Druckens) losbrechen kann, warten. Meine Hoffnung ist groß.

In meinem Briefe an die Journalredaktoren steckt freilich der Mephisto.

Nun, nun, der Schauspieler, welcher meinen ›Gothland‹ eine in Pracht und Zepter auf den Nachtstuhl gesetzte Theaterkönigin nennt, hat doch ein kleines bißchen von meiner Malice geahnt. Die Theaterköigin ist meinem Sinne nach die moderne Poesie.

Klienten, Klienten, Klienten! Soldaten!

Verschicke viel, ich bitte.

Ich schließe, bald mehr von mir,
von Dir bald Antwort
Dein, Dein, Dein

D., d. 28. Nov. 1827. Grabbe.

63. An Georg Ferdinand Kettembeil

Bester Freund,

auch diesen Brief muß ich in größter Eile vor Abgang der Post schreiben, um umgehend auf Dein eben angekommenes Schreiben zu antworten. Wir sind in Kampf mit dem Publico getreten, und im Kampf ist Schnelligkeit schon ein halbes Genie. Darum bitt ich, antworte dem Herrn Kunz (dessen Brief ich wenigstens für einige Zeit wohl zurückbehalten darf) baldmöglichst; sag ihm von mir, was Dir gutdünkt (in ähnlichen Fällen richte Dich nur immer auch ohne meine ausdrückliche Zustimmung nach Deinem Gutfinden), bezeichne ihm meine bürgerliche Lage als Auditeur und Advokat hierselbst pp. Etwas kennst Du von den

Verhältnissen, die auf mich eingewirkt; ganz kann ich sie niemanden oder Dir höchstens mündlich einmal vertrauen; Sohn ziemlich geringer Eltern (jetzt statt ? – Zuchtmeister, Zuchthausverwalter), mitten in Gefängnisszenen als Kind erwachsen, sodann selbstständig und ohne Kontrolle die Schule besuchend, in den höchsten Ständen Zuneigung findend, früher bloß Wissenschaft liebend, besonders Diplomatik und zu diesem Fache bestimmt, – dann – dann – in innere und äußere Abgründe, die ich stets bestmöglich verstecken mußte und muß, – Haß auf die detmoldischen kleinlichen Umgebungen a priori und doch jedem schmeichelnd, – Leipzig, Berlin, – durch Tiecks Ruf in Dresden, – vor Kunstgeschwätzen und – daraus fortgegangen – nun in ein vielfaches Geschäftsleben als Jurist geworfen, – braue daraus pp., was Du magst.

Der Pöbel (wozu mancher Autor gehört) entscheidet mit seinen Stimmen nichts; tausend und tausendmal werden Individuen aus ihm sich gegen uns erheben; das Beispiel des Kunz, früher Tiecks, zur Not Wends p. zeigt aber, daß die Besseren anders reden werden, und diesen folgt zuletzt überall der Haufe. Ich werde gar nicht ärgerlich, wenn jemand die Sachen tadelt; das wußte ich vorher. Der Tadel selbst wird aber öffentlich ganz gewiß in toto so ausfallen, daß unsere Sachen nur Aufsehen erregen. Du hast mir schon eine ganze Menagerie von Eseln, Ochsen und Affen, die in Frankf. räsonniert haben, aufgezählt. Laß sie! Urteile über das Ganze wirst Du selten finden; der Dummkopf hängt sich an das einzelne; das Ganze ist ein Meer, das einzelne der Strauch, an dem er sich daraus vor dem Ersaufen rettet. – Daß Hauff tot, ist wohl schade; sorge, sorge ja für eine Rezension in das ›Morgenblatt‹. Kunz und sein Freund (also 2 Rezensionen in verschiedenen Blättern) kommen wirklich allerliebst! – Da ich den Brief des Kunz noch nicht zurückschicke, so hier für Dich die Notiz, daß er vom 23. Nov. d. J. ist und daß Kunz besonders (wenn Du nicht mehr dran denken solltest) manches aus dem konventionellen Leben der Poeten abzuleiten sucht. Er hat eine gute Nase.

Sind die Sachen auch in den Berliner, Leipziger Zeitungen sowie in den Beilagen der ästhetischen Journale angekündigt?

Pto. Müllners hast Du von mir schon Notiz, und zwar unmaßgeblich.

Pto. des Preises der Bücher erklärt jeder Gescheute es für Recht, daß er hoch gesetzt ist.

Pto. Köchys ›Horen‹ wird nicht viel daraus, wenn ich nicht tüchtig helfe. Er hat indes Verbindungen.

Pto. der ›Teufels- oder Esels-Zeitung‹ in Hamburg ist der gute Ehemann der Händel-Schütz Redakteur davon, und hat er mich schon früher durch einen reisenden Schauspieler zur Mitarbeit eingeladen, die ich indes wohl nicht liefern werde. Es wird nichts daraus.

Herrlich, daß wir beide, wie Du sagst, schief sind; Parallelen berühren sich nie, aber die schiefen Linien stoßen in einen Winkel zusammen, je schiefer je spitzer, und diesen spitzen Winkel wollen wir den Leuten in die Augen bohren.

Heute ist Napoleons Krönungstag, und der Tag von Austerlitz. Mich umwehen seine Donner, obgleich es auch einmal Zeit wäre, über die Napoleono-Manie zu schreiben und darzutun, wie die Schufte Deutschlands, welche bei seinem Leben ihn zu verachten strebten, jetzt am meisten preisen. Das kommt daher: wer auf dem Berge steht, sieht seine Größe wegen der Nähe nicht; in der Ferne erst wird er erhaben.

O wie viele lange Nasen werden in Deutschland bei unserer Werke Betrachtung wachsen, besonders die Nasen der Angegriffenen. Wie mancher, selbst Houwald, wird seine Nase aus der Lausitz hervor bis in das ›Morgenblatt‹ stecken. Laissez! Wir haben den meisten Witz und werden nicht lächerlich.

Um Gottes Himmel willen, da hör ich gestern ein hinter meinem Rücken gesprochenes Lob, welches so einzig als mancher Tadel ist, nämlich die Pracht der Sprache im ›Gothland‹! – Nun, das geht. – Der Mr. Pichler setzt einige Szenen, am Ende die meisten, in der ›Nannette‹ über ›Romeo und Julie‹.

Ist in der Selbstrezension Lob und Tadel klug gemischt?

Kannst Du nicht weiter Rezensionen in Blätter befördern oder auch nur Stellen, wär es auch nur in der Frankfurter ›Iris‹?

Wirst Du mir im Anfange, wenn etwas Gedrucktes herauskommt, nicht auf meine Kosten dasselbe, sobald es mich rezensiert, zur Ansicht übersenden? Ich werde es jedesmal binnen 4 Tagen zurückschicken.

Die Post!

Detmold, den 2. Dez. 1827.

Der Dir stets treue,
aber unedle Grabbe.

(NB. Ich habe diesen Brief nicht einmal wieder überlesen können, daher vielleicht Schreibfehler stehengeblieben. In das ›Morgenblatt‹ will Kunz' Freund schreiben; er wo anders hin.)

64. An Friedrich Wilhelm Gubitz

Hochgeehrtester Herr Professor!

Vielleicht erinnern Ew. Wohlgeboren sich meiner noch aus früherer Zeit, wo ich durch ein Drama, namens ›Gothland‹, und durch Heine und Köchy bei Ihnen introduziert wurde. Dieser ›Gothland‹ und mehrere andere Stücke sind jetzt gedruckt, und hoffe ich, daß der Verleger auf meine Bitte Ihnen bereits ein Exemplar mit einem für Sie von mir bestimmten Schreiben zugeschickt hat (sonst stehe ich noch immer zu Diensten) und daß Sie in Ihrem gediegenen ›Gesellschafter‹ eine Erwähnung darüber ergehen lassen werden. Diese Erwähnung falle aus wie sie wolle, ich werde mich schon an sich dadurch *geehrt* fühlen. – Anbei übersende ich eine Theaterrezension von hier mit der Bitte, sie baldgefälligst im ›Gesellschafter‹ aufnehmen zu wollen; auch brauchen Sie dabei auf Anfragen meinen Namen nicht zu verheimlichen. Die Pichlersche Gesellschaft verdient wirklich eine öffentliche Beurteilung, besonders jetzt, wo der Fürst zur Lippe sie sehr liberal unterstützt (er hat z.B. ein Schauspielhaus bauen lassen, größer als das Leipziger), auch ist diese Gesellschaft die erste in Westfalen, wie denn auch ihre Hauptglieder in der ersten Stadt Westfalens, in Münster, sehr beliebt sind; weder Eßlair, Devrient, die Stich pp. haben es verschmäht, in Pyrmont bei dem Hrn. Pichler Gastrollen zu einer Zeit zu geben, wo seine Gesellschaft im ganzen und einzelnen nicht so bedeutend war als jetzt.

Ew. Wohlgeboren erzeigen mit baldiger Aufnahme der Rezension manchem Westfalen einen Gefallen, auch hoffe ich, daß dieselbe manches enthält, was dem Nicht-Westfalen interessant sein kann. Ob Ihre Geschäfte Ihnen eine Antwort an mich verstatten, weiß ich leider nicht, so sehr ich sie auch wünschen müßte. Wäre es möglich, so würde die Übersendung des Blattes des ›Gesellschafters‹, in dem die Rezension abgedruckt stünde, mir angenehm sein, wenn auch auf meine Kosten.

Ich bin mit alter, vollkommenster Hochachtung

Ew. Wohlgeboren
gehorsamster Grabbe
(Auditeur in Detmold.)

Detmold, den 22. Dez. 1827.

65. An Georg Ferdinand Kettembeil

Alter Freund,

die ›Iris‹-Rezension gefällt mir, sie nützt uns, wir sind doch außerordentlich oder ungeheuer, auch geht sie nur bis pag. 25 und doch 2 Blätter. Den 2. Band hat aber der Rez. offenbar nicht gelesen, er hätte den Poeten sonst im allgemeinen anders beurteilt. Man sieht aber, daß es passable mit uns gehen wird, wenn auch nicht mit geistiger, doch mit geldlicher Anerkennung. Ich eine Rezension in die ›Hallesche Literaturzeitung‹? Wohlan! Kurz und schlecht:

Dramatische pp.

»Der Verfasser (wie es scheint, ein juristischer Geschäftsmann in der Stadt Detmold im Fürstentum Lippe) eröffnet die Vorrede zu diesem Buche mit der Erklärung, daß ihm seine jetzt gedruckten dramatischen Werke längst fremd geworden seien. Die Vorrede ist in seinem so kalten, sich selbst belächelnden Stile geschrieben, daß man diesem Geständnis fast Glauben schenken könnte. Die hier gedruckten Stücke bestehen in ›Herzog‹ pp., Trauerspiel pp.; ›N. u. M.‹, e. t. Sp.; ›S., S., I. u. t. B.‹, e. L. pp.; ›M. u. Sulla‹, e. Tr. und in einer Abhandlung ›Über die Shakespearo-Manie‹. Dem ›Herzog Gothland‹ ist ein Schreiben L. Tiecks vom 6. Dez. 1822 beigedruckt, nach welchem ihm zwar »sein wahres Urteil grade bei diesem Stück schwerfällt«, aber das Resultat darin besteht, daß das Werk »ihn angezogen pp. – gewonnen«.

Rez. hat lange Jahre den Gang der poetischen Literatur beobachtet, aber eine im ganzen so niederschlagende und dennoch hie und da erhebende Erscheinung wie diese dramatischen Dichtungen bilden, ist ihm noch nie vorgekommen. Offenbar ist der Verfasser in mehr als einer Rücksicht untergegangen, mit Ernst und mit Spott scheint er alles Sittliche und Ideale zertrümmert zu haben, er selbst ist mit sich uneins, er ist sich nichts, deshalb ihm auch die

Welt. Die Tragödie ›Gothland‹ enthält den Kampf eines *Negers (Berdoa)* mit dem Herzoge *Gothland*, dem *Repräsentanten der Europäer*. Der Neger ist mit Farben gezeichnet schwarz wie er selbst, und Gothland, ein kühner, aber schwacher Mensch, erstarrt endlich zu einem Bösewicht, der den Neger noch überbietet. Beide Personen bekämpfen unter vielen Wechselfällen sich fortdauernd und gehen endlich beide unter. Das Merkwürdige bleibt dabei, wie bei den trefflichsten poetischen Stellen, fast auf jeder Seite, wirklich mit dem Neger ein wahrer Samum verheerend durch das Stück weht, der alles Gemütliche und rein Menschliche darin zerstört. Wenn Berdoa »fast mit Vision« sagt:

»Sinne öffent eure Tore

– Amen«,

so bezeichnet er damit nur den Geist des Stückes. Rez. scheut sich, hier ein Mehreres auszuziehen, nur den neugierigen Kenner könnte er dabei interessieren, – dem Verfasser indes ist zu raten, nicht im *Zerstören*, sondern im *Aufbauen* des Edlen seinen Ruhm zu suchen.

Das tragische Spiel ›Nannette und Maria‹ ist eine *Skizze*, nichts weiter. Es sind jedoch *Szenen* darin, wie sie sich nur in den besten Liebestragödien vorfinden mögen; man nehme nur die erste, die wir hier zur Probe ganz abdrucken lassen

– –

Wie schön und naiv! – – aber der Dichter scheint Langeweile gefühlt und Ende des 3. Aktes alles über den Haufen geworfen zu haben.

›Scherz, Satire pp. – –‹, ein Lustspiel, wird bei jedem lautes Lachen erregen, doch im Grunde nur ein Lachen der Verzweiflung. Um alles zu verspotten, bemüht der Verfasser den Teufel, seine Großmutter, ja, sich selbst in dieses Stück hinein; nichts in Literatur und Leben bleibt unversehrt, – man lese z. B. die 2. Szene des 2. Aktes

»Rattengift pp. Ach die Gedanken – – mitteilen will«.

Schon in diesem weder im guten noch schlimmen eben ausgezeichneten Probestücke findet man leicht die Idee, auf welche der Dichter hinausgeht.

Viel wohler wird es Rez., nunmehr vom ›Marius und S.‹, einem Trauerspiel, und von der ›Shakespearo-Manie‹, einer Abhandlung, reden zu können. ›Marius und Sulla‹, *noch unvollendet*, bietet, besonders im 2. Akte, ebenso geschichtliche als ergreifende Szenen dar. Selbst Shakespeare hat nie trefflichere Volksszenen gezeichnet als wir sie hie (Akt 2, Sz. 2) finden.

Sextus

»Wem gehört dieser Palast – – Säulen in Stücken«.

Und wo sind die Gefühle des Marius auf Karthagos Trümmern dichterischer geschildert worden als in Akt 1, Sz. 1:

Marius

»Unermeßliche – zweitenmale.«

Dennoch ist Marius gegen den Sulla, der sich dadurch charakterisiert, daß er sagt:

»Der Pöbel irrt sich pp. – hetze«

unbedeutend. Marius stirbt mit sehr poetischen Floskeln:

»Zwei Schlachtfelder pp. – Geselle« und

»Fort, fort, mit pp. – Sterben«

aber Sulla, von dem es heißt:

»Der Erdball pp. – Lächeln«

verläßt mitten im Triumphzuge seine Diktatorstelle und ist dadurch um so größer.

Die Abhandlung ›Über die Shakespearo-Manie‹ ist vielleicht das Beste des Buches. Nur wundert es Rez., wie ein so gelehrter und kritischer Dichter, als hier der Verf. sich ausweist, selbst so weit gegen seine eigenen Regeln in seinen Stücken *sündigen* konnte. Shakespeares Verhältnis zur altenglischen Bühne, sein Auftreten und seine Verbreitung in Deutschland, sein eigener Wert und der Wert seiner Kritiker (Lessing, Schlegel, Tieck pp.), der Nutzen und Schaden, den die ihm gewordene unbedingte Bewundrung gestiftet, sind meisterhaft geschildert.

Man muß dem Verf. dieser Dichtungen bedeutende Objektivität und Phantasie zugestehen, Tragik und Komik sowie die verschiedenartigsten Charaktere scheinen ihm gleich geläufig aus der Feder zu fließen. Dennoch spürt man in seinen Stücken überall nur die Trümmer einer *zerstörten* Subjektivität; der Verf. hat Ruinen gemacht, um daraus neu zu bauen; seine Werke erfreuen nicht, aber erschüttern, und schwerlich wird oder kann ein Mensch wie der Verf. ferner etwas leisten. u.«

Amicissime, füll die Lücken. Daß Du vieles angezeigt, ist klug; *alles hilft.* Der Lärm geht los. Den Herrn Kunz laß nur helfen, je mehr geschimpft, je besser verteidigt. Wer schimpft ist ein Narr, denn *er greift an*, und der Angreifende ist stets übler dran als der Verteidiger. Die erscheinenden Rezensionen schick mir nur *baldmöglichst, immer auf meine Kosten, zur Ansicht oder zum Behalten.* Du tust mir einen Gefallen. Verschickst Du unsre Sachen, so beobachte doch, ob nicht 2. und 1. Teil die *nämlichen* sind; der Buchbinder hat sich bisweilen, wie ich spüre, geirrt. Ich bin hier in guten Wegen. Alles wurmt, ich muß nur *Erfolg* sehen, und noch *lieber einen Brief von Dir.* Meinen Brief füllt jetzt die verdammte Rezension, an der Du bessern magst. Bald mehr. Gestört werde ich immer, auch jetzt durch ein sehr langes Gesicht. Dein

alter schiefbeiniger, doch
erträglicher Ch. D. Grabbe.

Detmold, den 28. Dez. 1827.

66. An den Fürsten Leopold II.

Durchlauchtigster Fürst!

Gnädigster Fürst und Regent!

Ew. Hochfürstlichen Durchlaucht statte ich mit tiefster Verehrung meinen Dank für die am Ende verwichenen Jahres mir hinsichtlich der Verwaltung des Auditeur-Dienstes bewilligte Gratifikation ab.

Diese Gnade ermutigt mich zu der folgenden Bitte.

Der Auditeur Rotberg ist diese Nacht (am 4. Januar 1828) mit Tode abgegangen, – es sind fast schon anderthalb Jahre, daß ich den Dienst für ihn versehen und mich in dessen Partikularitäten eingeübt habe, – von meinem beständigen Eifer sind meine nächsten Vorgesetzten gewiß überzeugt worden, – auch ist außer der praktischen Übung der mündliche Unterricht, welchen ich noch lange von dem verstorbenen Auditeur genießen konnte, mir wohl soweit zustatten gekommen, daß vielleicht kein Dritter sich so leicht als ich in den Geschäftsgang des Militärgerichtes ohne Stockung finden möchte, – dabei sind meine bürgerlichen Verhältnisse in keiner Art die besten, ich besitze weder Vermögen noch eine sonstige Anstellung, schreite schon in das 27. Jahr, und kann es leicht sein, daß ich bei einem Todesfalle einen überlebenden Teil meiner hochbejahrten Eltern ernähren muß.

Untertänigst wage ich daher, Ew. Hochfürstliche Durchlaucht zu bitten:

gnädigst mir den erledigten Auditeurposten
und seine Emolumente verleihen zu wollen.

Ersterbend

Durchlauchtigster Fürst!
Gnädigster Herr und Regent!
Ew. Hochfürstlichen Durchlaucht!

Detmold, den 4. Januar 1828.

treu gehorsamster und untertänigster
Grabbe. (Advokat.)

67. *An Christian von Meien*

Ew. Hochwohlgeboren

übersende ich einliegend 3 Rezensionen, eine in Abschrift (aus Mangel des Originals). Die im ›Gesellschafter‹ ist mir fast zu brillant, und die ›Iris‹ würde fast zu tadelnd sein, wenn sie sich nicht bis auf pag. 25 nur ausdehnte, also immer Aufmerksamkeit beweist. Eine 4te glänzende Beurteilung soll im ›Konversationsblatt‹ stehen, ist mir aber bis jetzt nicht mitgeteilt. – Darf ich diese Sachen, mit denen ich Ew. Hochwohlgeboren vielleicht bloß beschwere, heute nachmittag um 4 Uhr zurückholen lassen? Ich bitte, dieses tacite genehmigen zu wollen.

Nochmals danke ich Ew. Hochwohlgeboren für die mir gestern erzeigte Gunst; ich müßte mich schämen, wenn ich nicht fortan immer mehr streben würde, das mir so höchst zeitig gewordene Glück zu verdienen.

Ich verharre in vollster Hochachtung

Ew. Hochwohlgeboren
gehorsamster Grabbe.

Detmold, den 10. Januar 1828.

68. *An Georg Ferdinand Kettembeil*

Amice,

in Nr. 3 des vielgelesenen (wenigstens in Westfalen) ›Westfälischen Anzeigers‹ aus Hamm (Schulz) und Münster vom 9. Jan. c. steht eine Rezension meiner Oeuvres von Rousseau so tadelnd und so lobend als je eine geschrieben. Ich bin so »infernalisch« als »ein großer Dichter, dessen Geburtsort man durch den Anzeiger zu erfahren wünscht«, ich bin ebenso gemein als groß, etwas Ähnliches als ›Gothland‹ gibt es unter den Nationen nicht pp. Ich glaube, Du beziehst dieses Journal in Frankfurt auch, sonst teile ich Dir Abschrift mit. Rousseau kenn ich nicht persönlich. Weil seine Rezension zugleich heftig tadelt, ist sie mir fast lieber als die im ›Socio‹. Wir machen Glück. Hr. Pustkuchen kontinuiert in seinem eigenen Tone und versteht meine Sachen weit weniger als Rousseau, obgleich ich ihm, er mir karessiert. Ich Christlicher! Er vergleicht den ›Gothland‹ bereits mit ›Yngurd‹, dieser soll besonnener, ›Gothland‹ mehr voll Dichterfeuers sein, auch nennt er mich klüger als Goethe; warum? – Darum: in Berdoa zwar den Teufel, aber doch nicht unter rechten Namen auftreten zu lassen. Übrigens ist sein Betragen gegen mich doch ehrenwert. Auf meinem Tische steht ein Bierglas. – Allmählich wird es mein Ernst, ferner etwas zu leisten, besonders durch ein Stück, welches sowohl theatralisch korrekt ist als auch alles, was ich bis jetzt dem Publico in einzelnen Dramen von meiner resp. Kraft gezeigt, überbietet, und da finde ich nach reiflichem Überlegen nichts geeigneter als ›Faust und Don Juan‹, beide im Kampf, Leporello die Komik, der Teufel (unter verstecktem Namen) die Ironie, – das gibt was. Es ist mir nunmehr, da ich Auditeur und Lieutenant (letzteres jedoch nur wegen des Gewehrpräsentierens im *Range*, nicht im Titel, weswegen ich bitte mich nur »Auditeur« zu kuvertieren) geworden bin, also einen etwas sicheren Boden habe, vielleicht die Periode meines Lebens aufgegangen, in der ich, grade weil ich am ruhigsten bin, das Größte und Feurigste leisten kann. Ich glaube der Ätna hat am meisten Ruhe, wenn er das meiste Feuer speit. Das merke ich schon überall, wir, der eventuelle »Messias der deutschen Bühne« (Rousseaus Worte) wollen die Paviane (selbst Mr. Raupach) als schändliche Heiden verjagen.

Satan, Du schreibst mir zu wenig (Satan ist ein Kompliment, denn die unschuldigen Kinder kann ich nicht ausstehen, nur der Satan ist fromm gewesen, sonst wäre er nicht so ungeheuer böse, und Bosheit ist für den Vernünftigen nichts als Notwendigkeit, sagt Kant in seinen nicht hinterlassenen Schriften). Die Gespräche in Detmold sind mir all zu interessant, als daß ich Deine Briefe missen möchte. Die Leute schätzen mich unendlich, die Augen gehen auf wie die Pforten des Himmels bei der Sündflut, aber unser Werk ist manchem doch wohl noch immer zu teuer (für 2 Pf. hat man jetzt allerliebste Bücher), was, wie Hr. Pichler sagt, schändlich, jedoch von Dir klug berechnet sei. Und dabei bleibe ich wahrhaftig auch.

Nun sag mal um des Himmels willen, willst Du noch nicht heiraten? Ich bin jetzt verlobt, das heißt, mit keiner. Was soll Don Juan dem Geist, der ihn zur Hölle ruft, präsentieren? Salat, Endivien, Gurken und Kalbsstoß? Auch da muß noch Ironie stecken. Soll er die Polizei rufen lassen? – Das Größte meines Lebens werden aber doch noch einmal die ›Hohenst.‹ pp. Sich und die Nation in 6–8 Dramen zu verherrlichen. Und welcher Nationalstoff! Kein Volk hat einen auch nur etwas gleich großen. Und wie soll fast jeder irgend bedeutende deutsche Fleck verherrlicht werden; im Sonnenschein soll unser ganze deutsche Süden liegen, Adler über Tirols Bergen schweben, und die See um Heinrichs des Löwen Staaten brausen wie eine Löwenmähne.

Herr Gott! Ich bin Dein treuer alter

und

sehr schiefer Grabbe. (Schreib bald, Freund)

Detmold, den 20. Jan. 1828.

69. An Georg Ferdinand Kettembeil

Amicissime!

Dank für die letztübersandten Exemplare. Pustkuchen fährt unermüdlich mit den Rezensionen über meine Werke in seinem ›Herforder‹ Blatt fort; ›Sulla‹ ist ihm das Höchste, auch setzt er mich über Heine, Immermann und in ›Sulla‹ über Shakespeare. Den »Kunz« mußt Du *treiben.*

Hast Du auch nicht bloß an »Hauff«, sondern an die *Redaktion* des ›Morgenblatts‹ ein Exemplar gesandt? Schreib mir ohngefähr, welchen Zeitungen Du Exemplare geschickt, wir können *nicht genug* fortsenden, denn »rezensieren« müssen sie, dem Geschäftsgange gemäß endlich. Unsere Sachen sind erst $\frac{1}{4}$ Jahr im Gange, und wir haben bis dato Glück genug. Börne gehe zum Teufel. Ich stehe ohne ihn.

Gestern erhalt ich Antrag von Hrn. von Holtei; – soll ein Lustspiel gegen Ende Mai c. zu seinem Taschenbuch deutscher Theaterspiele liefern. Schwerlich wohl, tät es höchstens Gubitz zu Gefallen, denn in kleinen Dramen will ich nicht verkrüppeln, – *um Pfingsten bis Johanni d. J.* ist mein ›Don Juan und Faust‹ (Szene im heutigen Rom, voll Trümmer, beleuchtet vom Abendrot menschlicher Vergangenheit) *gewiß fertig*, – Du magst dann überlegen, ob er uns nützen kann. Er vereint all mein bisheriges Streben und bildet das Ende der Katastrophe.

Freilich rückt der Feind langsam an, doch längst nicht so langsam wie fast bei allen übrigen neuen poetischen Werken, und der Feind, den wir bis jetzt gesehen, betrachtet uns im Grunde doch mit gesenkten Lanzen. Es muß schlimmer werden, und wird es.

Erhält'st Du Rezensionen, so schickst Du sie mir wohl gleich, in originali oder Abschrift, auf meine Kosten. O, was werden die angegriffenen Tagesblätter sagen? *Hell* wird *dunkel*, *Kind* wird *alt*, *Methusalem verjüngt* sich und kackt *inelegant*. Methusalah! Du Süße!

Die Hunde, wir sind Poeten, größer wie sie, und könnten noch größer sein. Alle bisherigen Rezensenten *spüren* das, und es muß noch mehr gespürt werden.

›Don Juan und Faust‹ wird *theatralisch*; trägt auch eine Spur der Oper, die ihm aber, wenn ich kein erbärmlicher Philister bin, nur nützen kann.

Kannst Du meine Pfote auch lesen? Das Aktenschmieren macht sie so schlecht. Ich fühle mich überdem seit einigen Tagen unwohl pcto. eines nicht verdauten Häringssalates, aber daß Du mir trotz dieser kurzen Zuschrift doch ordnungsmäßig und bald antwortest, hoffe ich als

Dein

treuer, erbärmlichster Grabbe.

Detmold, den 5. Febr. 1828.

(Nochmal, ich glaube, an Journale, und kommen die Rezensionen auch erst nach langen Zeiten hinaus, sind auch genug Exemplare zu senden, denn viel gesetzt, viel gewonnen.)

Dein

»Es gibt nichts Neues unter der Sonne.«

70. An Georg Ferdinand Kettembeil

Freund,

für Deine beiden Briefe dank ich, auch für Übersendung der Notiz aus der ›Frankfurter Zeitung‹. Der Hr. Redakteur hält mich wohl nicht ganz mehr für so unsinnig, als es die ›Iris‹ teilweise zu tun schien. Die fernere Rezension teilst Du mir wohl mit, dagegen denk ich Dir nächstens die seit 1 Woche beendigte Pustkuchsche zu schicken; ich habe schon um ein Exemplar nach Herford geschrieben, denn sie Dir abschriftlich, wie ich sie besitze, mitzuteilen, ist sie zu lang. Die Notiz im ›Westfälischen Anzeiger‹ kenne ich, ist aber nicht von mir veranlaßt; ein toller Druckfehler: *Prädikant* statt *Praktikant* ist darin enthalten. *Kunz* muß; sei aber nicht zu grob gegen ihn, halt ihn *ernst* an sein Wort und bemerke ihm, unbedingtes Lob verlangten wir gar nicht. Beim ›Konversationsblatt‹ mußt Du auch irgend *anzutreiben* suchen. – Der Einsatz an Journale kann nicht groß genug sein: mein guter Rosen, der in Berlin wirken sollte, und am Ende im ›Gesellschafter‹ mittelbar wirken half, geht auf Reisen in den Orient (des Arabischen halber), also schick nach Berlin noch an die dortigen *›Jahrbücher der wissenschaftlichen Kritik‹, an das ›Berliner Konversationsblatt‹* p. Ich habe Grund, Gutes davon zu hoffen. Berlin ist mürbe, und alle Journale, in denen wir bis jetzt rezensiert sind, werden dort gelesen. – Das Weimarer ›Journal des Luxus und der Moden‹ rezensiert schnell, – überhaupt, ich möchte fast raten, an jedes Journal, welches Dir einfällt, ein Tier zu senden, quia wir nicht auf die Bretter getreten sind. – Die Detmolder Schauspielgesellschaft jammert nach einem Stücke von mir; der alte Direktor hatte, ehe er sie ausgelesen, bereits die 1. Sz. aus ›Nannette‹ extrahiert, aber da – kamen die Verwandlungen. ›Don Juan und Faust‹ sollen sie haben. Ich versichere, dies Stück, mit dem ich mich auf die Hohenstaufen und deren reine Geschichtlichkeit vorbereite, indem ich alles, was ich noch auf dem Herzen habe, darin abschäume, wird ein theatralischer, *begeisternder* ›Gothland‹. Faust und Don Juans Schicksale verpflechten sich in der gemeinschaftlichen Liebe für Donna Anna, Don Juan, der Spanier, Faust der Deutsche, Don Juan, schwelgend in Ruhm, Sinnlichkeit, Faust, im Wissen, im Zweifel. – Nein, dem Holtei gebe ich nichts; da gehts mir wie dem Napoleon, ich liebe große Schlachten, Scharmützel schwächen mich, selbst am Geiste. – Neulich sprachst Du von meiner Geliebten, von *Paris.* Mon Dieu, da möchte ich als Korrespondent der Wiener Modezeitung leben. Daß Du heiraten solltest, war mein Spaß, ausgenommen, wofern Du Geld dabei eroberst. Ist es Dein Ernst? Befindet sich der Benemann in Zörbig? Viel Pekunien wird er nicht haben. Und ist Höpfner Gerichtsverwalter in Schandau? Gott, welche Helden sind wir worden! Schändlich aber, daß diese Ochsgenies (sie *ochsten*) sich nicht besser oder schlechter stehen als wir, wir Faullenzer auf den Straßen von Stehely nach d'Heureuse, von Stehely zum Theater. Wenn Du ein Kind kriegst, bin ich Dein Gevatter, es soll »Murki« heißen.

Fürerst will ich ein kleines Flämmchen im Mindener ›Sonntagsblatt‹, welches auch in Berlin gelesen wird, und dessen Redakteur, Regierungsrat Meyer, mich neulich mit Begeisterung aufgesucht hat, anzünden. – Schick an die Journale, obgleich ich weiß, daß Du schon das Ungeheuerste getan hast. Auch Pustkuchen scheint indirekt mich zu ermuntern, in Dramatisierung der Hohenstaufen von Memel bis Triest die höchste Palme zu erringen; alles was bis jetzt darüber geleistet ist, ist Dreck, größer, vaterländischer als alles sind die Hohenstaufen, größer, vaterländischer ihr Drama. Ganz Deutschland in die blendenden Farben der Poesie gehüllt.

Die Post geht.

Dein
echter Grabbe.

Detmold, d. 2. März 1828.
(Sehr eilig geschrieben)

71. An Nikolaus Meyer

Hochgeehrtester Herr Regierungsrat!

Leider war ich neulich, als Sie mich mit Ihrem Besuche beehren wollten, schon nach dem Mittwochs-Konzerte gegangen. Ihre persönliche Bekanntschaft bleibt mir unersetzlich. Darf ich aber nicht hierbei, bis ich so glücklich bin, dieselbe zu erhalten, ein Exemplar meiner Werke mit der Bitte übersenden, es geneigtest anzunehmen und zugleich eine, wenn auch nicht lange oder lobende, doch unparteiische Rezension darüber im ›Sonntagsblatt‹ zu geben? Dabei bäte ich mir gegen die *Gebühr*, welche per Postvorschuß entnommen werden könnte, das Blatt oder die Blätter, in denen die Rezension befindlich, in einem Exemplare *bal-*

digst mitzuteilen. Wir Detmolder – ja, wir Detmolder – – –

Ich bin mit ausgezeichnetster Hochachtung

Ew. Wohlgeboren

Detmold, den 3. März 1828. gehorsamster Grabbe.

72. *An Friedrich Wilhelm Gubitz*

Ew. Wohlgeboren

würde ich schon längst geantwortet haben, wenn nicht eine Kommissions-Reise mich wochenlang von hier entfernt gehalten. Für Ihren gütigen Brief, für die Aufnahme der Rezension über meine Werke, für den schnellen Abdruck meiner Theaterkritik bin ich Ihnen mehr als dreifachen Dank schuldig. Ich bitte, versichert zu sein, daß ich ihn nach Kräften stets abzutragen bemüht sein werde.

Meine Teilnahme an v. Holteis Jahrbuch d.[eutscher] B.[ühnenspiele] betreffend, ist mir die Einladung dazu gewiß angenehm, und könnte ich wohl bald ein Lustspiel (zwei Komödien, eine große, ›*Eulenspiegel*‹, eine kleinere, ›*Der Prozeß*‹, schweben mir seit Jahren in dem Kopfe) liefern, – doch überlasse ich es *Ihrer Beurteilung*, ob nicht grade ich in Gefahr laufe, mich durch solche Almanacharbeiten zu zersplittern oder doch in die leichtfertigste gelderwerbende Manier zu geraten. Ich bin hierin offen, – und nun gar die *Preiswerbung* anlangend, ehre ich hoch den Zweck und Nutzen dieses Instituts, – aber *ich* – ich glaube, ich zertrümmerte mich selbst, wenn ich mit dem Gedanken an Preiserteilung arbeitete.

Auf Mittensommer hoffe ich die Tragödie ›*Don Juan und Faust*‹ in 5 Akten zu vollenden; sie ist der Schlußstein meines bisherigen Ideenkreises und wird (Dank für Ihren Rat!) gleich allen meinen künftigen Werken *bühnenrecht.* Dann *binde* ich mich an die Geschichte, und zwar an das Studium und die Begeisterung *meines Lebens*, an den deutschen Dramen-Zyklus *›Die Hohenstaufen‹*. Wie ein mächtiges Alpengebirge steht dieses Werk im fernen blauen Duft vor meinem Geiste und zieht mich wunderbar an mit seinen Felsenhöhen und seinen Schluchten. – Kann ich mit all diesen Sachen der Vereinsbuchhandlung etwa dienen, so erwarte ich gern ihre Anträge. An einem Verleger fehlt es mir just nicht, aber es würde mir Freude und Ehre sein, *Ihnen* auch hierin die Hochachtung zu beweisen, mit der ich bin

Ew. Wohlgeboren

Detmold, d. 7. März 1828. ganz gehorsamster Grabbe.

73. *An Georg Ferdinand Kettembeil*

Freund,

anbei die Pustkuch'sche Geschichte. Daß er bei seinem Pfaffentum und seiner vielleichtigen Eitelkeit mich, seinen nebenbuhlenden Landsmann, ziemlich anerkennt, ist gewiß viel. Nach Norden hin hat seine ›W[est]ph[a]lia‹ Leser, und eben schreibt er mir, er erbiete sich, seine Rezension auch in eine beliebige Literaturzeitung zu senden, was ich denn angenommen und ihm die Wahl überlassen habe.

Dank für Deine prompten Übersendungen der Abschriften erschienener Rezensionen. Ich bitte fahr so fort, wenn auch auf meine Porto-Kosten. Ich glaube, daß wir in dem Zuge sind. Der ›Merkur‹, – nun, das ist gut, er erkennt zum 1. Mal die ›Shksp.-manie‹ an, – und Hell! – es ist ein Lichtlein aufgegangen oh! – Er ist bange, hat aber doch nicht dumm gehandelt, nämlich alles gelobt, nur das Lustspiel nicht, wie für ihn billig. – In der Berliner ›Staatszeitung‹ soll ich stehen, – ist das wahr? Was macht die ›Iris‹? Sie wird hier auch gelesen, kommt aber sehr spät. Auch in der ›Bremer Zeitung‹ soll ich erwähnt sein.

An den *›Hermes‹* bei Brockhaus ist auch ein Exemplar zu senden. Bei uns zulande bin ich nunmehro zwar ein großes

Genie, aber die Bücher selbst sind den Leuten bis auf wenige Ausnahmen doch etwas zu teuer und suchen sie auf Schleichwegen zu lesen. (Doch der hohe Preis muß bleiben.) Mußt bedenken, wir sind keine Großstädter und Großländer, es geht bei uns in kleinen Tritten, – doch, wie ich höre, in Minden, *Bremen* soll ich bekannt sein wie ein bunter – Überall hat man sich nach dem Fieberphantasten erkundigt. Auch Hamburger Reisende kennen mir.

›Don Juan und Faust‹? Die Szene des Stückes? Ich habe sie Dir schon bezeichnet, – wo soll ich die beiden Personen anders vereinigen als im welthistorischen Rom? Der Gouverneur ist daselbst spanischer Gesandter.

Die Rezension des ›Berliner Konversationsblattes‹ mußt Du mir mitteilen, quia es *hier* nicht gelesen wird. Also auch Willibald Alexis und Förster?

Könntest Du mir noch 3 Exemplare senden, so wär es mir lieb. Ich denke nämlich an einen Schlag am hiesigen Theater (nicht an den Schauspielern, sondern am Vorstande seitens des Fürsten) und könnte da mir Leute und Einfluß erwerben durch kleine Huldigungen.

Wahrhaftig, ich muß schließen, – Berichte und Berichte – Satan, antworte mir bald, der ich bin

Dein

Ich

Detmold, den 16. März 1828. d. h. Dein Grabbe.

(Wahrhaftig, meine poetische Ader braust wieder in etwas, ich schwebe schon wie ein Geier über der Peterskuppel und den Alpen. Amen.)

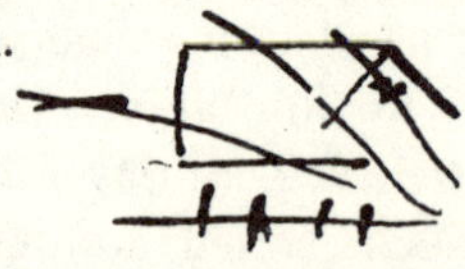

(An Pustk. hab ich in meiner Unbeholfenheit ein paar Worte abgeschnitten; Du errätst sie leicht. Auch ein Brief von Wasserfall liegt bei. Idem.)

74. *An Karl Gottlieb Theodor Winkler*

Hochgeehrtester Herr Hofrat!

Sie haben sich gegen mich benommen, wie ich es *nicht* verdiene. Denn die schalen Namen- und Wort-Witze, die ich in meinem Lustspiele begangen, müßten jeden mehr beleidigen oder doch mit Recht erzürnen, als bei Ihnen der Fall ist. Freilich, wer meine Persönlichkeit kennt, wird mir derlei nicht übel deuten. Aber Persönlichkeit braucht und soll das große Publikum nicht kennen. Ich bin zwar wild und heftig wider jeden Angriff, sofern er mir bedeutend scheint, nur da, wo mir Mäßigung entgegen tritt, ist es mir (verbi gratia), als fühle ich einen Maulkorb. Ihre Rezension meiner Siebensachen (NB. im 17.–19. Jahre geschrieben) in der ›Abendzeitung‹ war dergestalt gemäßigt. Ich danke.

Anbei eine Rezension über unser Detmolder Theater. Es kann bei seinen nicht unbedeutenden Mitteln *besser* werden als es ist; schon *darum* wurde mein Urteil oft hart. Übrigens ist die Pichlerische Schauspielgesellschaft die berühmteste in Westfalen und verdient auch einige Worte in der Vespertina. Darum bitte ich, die Rezension baldgefälligst darin aufzunehmen, auch mir (wenn auch gegen die Gebühr) ein Exemplar gleich nach dem Druck zukommen lassen zu wollen. Auf Verlangen können Sie *unbedingt meinen Namen* nennen. Ist Ihnen indes, wie ich nicht hoffe, die Sache nicht paßlich, so werfen Sie dieselbe nur tacite zurück. – Die Äußerlichkeit der Rezension bitte ich mir, da ich sie gleich ins reine schrieb, in Erwägung vieler Geschäfte zu verzeihen.

Ich selbst schreibe jetzt am ›Don Juan und Faust‹ und an den ›Hohenstaufen‹ (deren Geschichte ich wohl noch besser als die römische kenne).

Hochachtungsvoll und mit Aufrichtigkeit bin ich

Detmold, den 2. April 1828.

Ew. Wohlgeboren
gehorsamster Grabbe (Auditeur)

75. *An Georg Ferdinand Kettembeil*

Lieber Kettembeil,

Dieser Brief wird in großer Eile geschrieben, und werd ich ihn nicht wieder durchlesen können, um Schreibfehler zu verbessern.

Ist Leipzig das Alte geblieben, so sind wir es auch geblieben. Das ist ein Trost. Die Clique des Mr. Döring (?), der, wenn ich mich nicht sehr irre, als ein studentischer Alfanzer einmal in der ›Jenaer Literaturzeitung‹ durchgezogen ist, des Saphir, Seller (mir unbekannt), beruhe auf sich; kennen müßten sie mich aber denn doch aus ›Abendzeitung‹ und ›Merkur‹ mindstens. Es ist fatal, daß ich nicht in einer größeren Stadt wohne; wär ich z. B. in Leipzig, so machte ich mich (wie etwa in Berlin) in so eine Koterie hinein und beherrschte und gebrauchte sie.

Master Wendt ist schon besser; eps rar ist er auch nicht. Früher hatte er vor mir respct. Neugierig bin ich, wo seine Kritik auftaucht. Im ›Morgenblatt‹ vielleicht? Er korrespondiert mit der Person. Sieht er nicht aus wie ein Schusterpfriemen, oben mit schwarzem Pech?

Der Elegante, Methusalem, ist zu beleidigt, als daß ein Gespräch mit ihm viel fruchten können; ich glaube, er kriecht wie eine Schnecke in seine Schale zurück und schweigt. Krug – nun – Krug ist eitel und versteckts hinter Protestantismus. Der ist eitel für ihn. –

Daß Rezensionen seit einiger Zeit stille liegen, ist fatal, indes, wir können im Grunde doch zufrieden sein, denn erstlich haben wir binnen 4 Monaten doch zirka 7 bis 8 Stück erhalten und fehlen in den ästhetischen Journalen, die mehr gelesen werden, nur Elegante, Freimütige (aus sehr guten Gründen) und ›Morgenblatt‹, 2. sind sie sämtlich ausgezeichnet, 3. ist das mehr Glück als Milton oder Hume gehabt, 4. ist mein Werk schwer zu verdauen, ehe man ein Urteil darüber auskackt (in Berlin teilten sie sich ja zu 3, und Pustkuchen scheint zu meinen, es koste 2 Jahr) 5., 6. pp.

Ich wollt, Halle ginge los. Der Kunz, ich weiß nicht, was ihm fehlt. Er ist faul oder hat bei den Journalen keinen Kredit. – Mit den bisherigen Hunden mag ich nicht kämpfen (wär ich in Berlin, ich tät's), sonst sollte mindestens Kriegsgeschrei die Journale füllen. Ich mag aber nicht, und zwar in Hoffnung, wir dringen doch durch. Unsere Geschichte ist zu toll, und nun der ›Don Juan‹ –

Der soll auffrischen, und vorzüglich nützt der Name zweier bekannter Personen: Don Juan und Faust. Immer doch müssen in Homburg meine Sachen Effekt gemacht haben, da man 12 Exemplare contra resp.[ectum] 1. 3. 4. 2. 6. von dem meinigen bestellt. Aber die Ankündigung? Vetter, ich billige sie im Grunde, obgleich schweren Herzens. Das Tier von Tragödie wird (si diis placet) Ende Juli oder anfangs August fertig. Da ginge es denn noch an. Die verwünschte Donna Anna. Den Satan hab ich.

Wie mit der ›Iris‹?

Daß theatralische Sachen von der Bühne kräftiger wirken ist gewiß; indes Immermann (der jetzt ein schlechter Dichter geworden: ›Trauersp. in Tirol‹) existiert auch ohne Bühne, und selbst das Hauptjournal seiner Buchhandlung (›Rh.-W. Anzeiger‹) erhebt mich als Messias über ihn.

Auf den ›D. J. u. F.‹, die noch theatralischeren und patriotischeren ›Hohenstaufen‹ – wir wollen alles in Stücken schlagen.

Antworte mir wo möglich vor, sonst während Deiner Reise; und schick mir jede Kritik, so wie Du sie bekommst; sie machen mir einen großen Spaß, auch beim Arbeiten an ›Don Juan und Faust‹.

Dein

Detmold, d. 24. Mai 1828. Grabbe

76. An Georg Ferdinand Kettembeil

Gewitterwolken ziehn oft über beide,
Doch keine beugt davor die Scheitel, und
Noch wen'ger die Bewohner. – Oft, wenn ich
Von meines Schlosses Zinnen, dich, o Nachbar,
Und deine Burg erblickte, wenn ich dann
An dich gedacht, an deiner Ahnen Taten,
An Euren Namen, fiel prophetisch es
Mir ein: vielleicht, daß einst, wenn *Hohenstaufen*
In dieses finsteren Jahrhunderts Kämpfen
Zu Trümmern sank, der *Hohenzollern* sich
Bei hellern Sonnen wird erheben, das
Vollendend, was mein Haus begonnen, hoch
Den Schild der Welt vorhaltend, welcher gleich
Dem Himmel glänzt und tönet, von der Macht,
Des Lichts, der Freiheit und der Wahrheit Donnern!
– – Ich ahn's, daß andre Friedriche mich einst
Ersetzen, sei's aus meinem Hause, sei's
Aus eurem! – *Hoch* heißt unsrer Namen
Vorsilbe! *Hoch*, dem Schicksal Stirne bietend,
Laßt uns dem Feind begegnen!

Ich erwarte bald
Deine Antwort
als Dein Dir stets treuer

Detmold, den 30. Aug. 1828. Grabbe.

(Auch wo Du Schreibfehler im ›Faust‹ pp. ahnst, bitte ich um Notiz; es sind einige da; ich selbst ahne welche und werde sie zeitig nachtragen

Dein
Freund.)

Der fortan dich verfolgt!

77. *An Christian von Meien*

Ew. Hochwohlgeboren

konnte ich den ›Don Juan und Faust‹ noch nicht gestern übersenden, weil er erst nächsten Montag ankommen soll. Jedoch mache ich mir eine Ehre daraus, Ihnen vorläufig die nachfolgende Notiz der *Redaktion* der Frankfurter ›Iris‹ mitzuteilen, de dato den 1. Jan. curr.

»Das Publikum wird zum voraus auf eine höchst merkwürdige, durch poetische Schönheiten überraschende, durch die frappante Darstellung des aufgefaßten Stoffes seltene Tragödie aufmerksam gemacht. Sie heißt: ›Don Juan und Faust‹ und erscheint binnen wenigen Wochen im Verlage der Hermannschen Buchhandlung dahier. Beide Sagen sind zu einer verschmolzen und bilden ein imposantes, den tragischen Sturz der Sinnlichkeit und Übersinnlichkeit verherrlichendes Gemälde, das um so interessanter, als es zugleich zur Bühnendarstellung geeignet ist. Der Verfasser ist der durch seine wildgenialen dramatischen Dichtungen bekannt gewordene Grabbe, Auditeur in Detmold. Wir werden dieses Werk sobald es ausgegeben ist, mit kritischer Ausführlichkeit, worauf es Anspruch machen darf, beleuchten.«

Machen Sich Ew. Hochwohlgeboren darum keine zu große Idee von dem Dinge, obgleich ich gleichfalls höre, daß ein gewisser Rousseau in Frankfurt den Zyklus seiner dramatisch-ästhetischen Vorlesungen mit einer Sektion meines ›Faust‹ eröffnen will.

Ich verharre hochachtungsvollst

Ew. Hochwohlgeboren

Detmold, d. 6. Jan. 1829. gehorsamster Grabbe.

78. *An Georg Ferdinand Kettembeil*

Unter den Namen Don Juan und Faust kennt man zwei tragische Sagen, von denen die eine den Untergang der zu sinnlichen, die andere den der zu übersinnlichen Natur im Menschen bezeichnet. In Tragödien, Tragi-Komödien und Opern ist dieser Stoff, der etwas Weltbedeutendes an sich hat, vielfach behandelt, und selbst Shakespeares ›Hamlet‹ ist nichts anderes als ein englischer Faust. Mozarts ›Don Juan‹ und Goethes ›Faust‹ – welche Kunstwerke! Und wie kühn, nach diesen Meistern in beiden Stoffen wieder aufzutreten.

Jedoch das ließ sich von Grabbe, bekannt durch seine wilden dramatischen Dichtungen, erwarten. Es gilt hier nur, was und wie er gearbeitet hat. Die Komposition, die Verschmelzung beider Sagen ist höchst genial, – wir haben in den beiden Hauptpersonen die Extreme der Menschheit vor uns, und auch äußerlich, in der dramatischen Handlung, hat der Dichter sie trefflich aneinander zu bringen gewußt. In der Weltstadt Rom (die Erinnerung an sie klingt wie ein Resonanzboden durch das ganze Stück) treffen sich beide Charaktere, und beide geraten durch die Liebe zu der Donna Anna, der Tochter des spanischen Gesandten in Rom (Gouverneur Don Gusman) in Zwist auf Leben und Tod. Donna Anna interessiert sich mehr für Don Juan, doch Faust entführt sie ihm in sein Wunderschloß auf den Montblanc, – Don Juan hat mittlerweile durch sein Schwert den Bräutigam und den Vater der Anna aus dem Wege geräumt und verzagt auch nicht, sie auf dem Montblanc zu erringen. Anna kann ihn, als sie dies erfährt, nur lieben und hassen, und den Faust, der ihr Weib, Kind, Welt,

»ja selbst seine Tränen«

opfert, nur fürchten und verwerfen. Faust aber, zwar heiß verliebt, jedoch voll des höchsten Stolzes als ein Titane, der es zum Übermenschlichen gebracht, sich das Geisterreich unterworfen hat, *verwirft sie wieder*, tötet sie und büßt, da menschliche Wehmut und Reue sein Herz erfassen, dadurch, daß er dem Teufel, mit welchem er im Bündnis steht, sich freiwillig ergibt, freilich mit der echt Faustischen kühnen Versicherung und Hoffnung:

»wenn Du pp., ring ich auch – getan«.

Don Juan, der, wie oben angedeutet, die Anna bis in Fausts Wunderschloß verfolgt hat, ist mit seinem Diener Leporello vom Montblanc bis an die Grabstätte des Gouverneurs durch Faust (in einer herrlichen Szene, voll Phantasie und Humor) zurückgeworfen worden; hier, wo die Grausen des Geisterreiches auf ihn einstürmen, entfaltet sich nun auf die sprudelndste Weise aller Trotz, alle Kraft seiner Persönlichkeit, und diese dauert bis in die letzte Szene des Stückes, wo Faust ihm den Tod der Geliebten meldet, wo der Satan als roter Funken im Hintergrunde des Zimmers schimmert, wo das Steinbild des Gouverneurs mit Schritten herannaht, die, nach Leporellos Ausdruck, kommenden Erdbeben gleichen. Statt vor Donner und Blitz zu zagen, ruft Don Juan:

»Da capo – treffen«

oder »hoch lebe – heute«. Szenen wie diese sind Rez. nirgend vorgekommen; Lebenslust, Mut und Grausen, Humor, Spaß und Ernst sind so künstlerisch vereint, daß selbst das Finale des 2. Akts im Mozartschen ›Don Juan‹ zurücksteht.

Nach diesem Lobe muß Rez. aber doch bemerken, daß hinsichtlich der Komposition darin ein Fehler begangen ist, daß der Faust, weil er am Äußeren dem Don Juan nachsteht, wenigstens für die erste Anschauung weniger Interesse als der letztere erregt, ja nur wie dessen Folie dazustehen scheint. Blickt man jedoch aufmerksamer hin, so findet man, daß wahrscheinlich der Dichter den Faust mit Vorsatz, so wie er da ist, angelegt hat. Es ist kein goethischer, in allen Farben der Lyrik glänzender, und deshalb, ungeachtet seiner Charakterschwäche, so anziehender

Faust, – aber der Faust, welcher in den Tiefen der Gedanken und der Welt zu Hause ist, ist es. Sein erster Monolog (Proben?), der *studiert* sein will, bezeichnet ihn gleich anfangs ganz bestimmt als solchen. Er bleibt aber, obgleich er strebt, sich Gott zur Seite zu stellen, »wär es selbst im Kampfe«, *Mensch*, verliebt sich menschlich und findet, ist auch seine Liebe unglücklich, doch die Welt weit besser als er gedacht hat: »denn man kann darin lieben«. Mit den letzten Worten löst Faust die Dissonanzen des Stückes und macht es aus einem Fragmente, welches fast alle Tragödien sind, die bis zur Region dringen, wo Zweifel und Glauben sich bekämpfen, zu einem Ganzen. Fausts Begleiter, der Mephistopheles, scheint tief angelegt zu sein (sein teufliches Wesen ist daher entstanden, weil er früher »so ungeheuer geliebt hat«), allein er ist doch bloß Skizze. Die Szene, wo ihm der Blitz zu Füßen stürzt, um ihn als Herrn des Feuerelements zu begrüßen, ist indes höchst imposant.

Don Juan dagegen ist ein Charakter, wie er vielleicht seit Shakespeare und Cervantes nicht geschrieben worden: alle menschlichen Vorzüge, Gestalt, Genie, Phantasie, Witz, Mut, unbändige Tatkraft, selbst Gemüt vereinigen sich in ihm, und doch ist er nur der nach Befriedigung der Sinnlichkeit strebende Mensch. Im 2. Akte ist seine Liebesszene zwischen ihm und Donna Anna (Proben?) so voll Feuer, Poesie und scheinbarer Wahrheit, daß man sie einem echten Liebhaber der besten Liebes-Tragödie in den Mund legen könnte, und doch ist alles nur – Heuchelei. Dem Leser oder Zuschauer (das Stück ist bühnengerecht) ergeht es aber wunderbar genug wie der Donna Anna: man muß den Don Juan doch lieben.

Leporello, der sagt: »der Mensch (sc. Don Juan) – noch einmal als Er« hat recht, und aus dieser Stellung zum Don Juan läßt sich schon erraten, wie merkwürdig dieser Diener, der voller Humor ist, gezeichnet sein muß. Mut hat er, aber nur »auf sechzig Schritt weit«, denn nachdem er zitternd das Denkmal des Gouverneurs zu Gast geladen, wirft er ihm doch, als er 60 Schritt davon entfernt ist, einen Stein ins Gesicht.

Donna Anna, der Gouverneur, Don Octavio sind, wie Rez. sagen möchte, die Notnägel des Stückes, besonders die Donna Anna, indem die Liebe zu ihr beide Hauptpersonen zusammenbringt. Scharf charakterisiert (in Charakterisierung scheint Grabbe seit seinem ›Sulla‹ nicht mehr zu überbieten zu sein) sind aber auch diese Leute: der Ernst und die Tugend der Anna, das Ehrgefühl und der Stolz des Gouverneurs, die Zierlichkeit und Gewöhnlichkeit des Octavio treten deutlich hervor. – Eine komische Partie des Stücks ist der Polizeimeister Negro, und er ist komisch genug. Mehr kann man über ihn eben nicht sagen.

Wenn Grabbe eine Lebenslust wie Don Juan beibehält und nicht wie sein früherer ›Gothland‹ einschläft, so kann aus ihm als dramatischer Dichter das *Höchste* werden, sonst aber vielleicht auch – nichts. Noch immer scheint sein eigner Geist mit sich selbst im vernichtenden Streite zu sein.

—

Freund!

Großen Dank. Geschäfte. Muß kurz sein. Hier oben eine kleine Rezension. Mach sie größer. Du kannst's oder auch Deine Helfer. Ich seh's an der Ankündigung vorm ›Don Juan‹. Grüße Rousseau und Meseritz. Ich bitte drum. Ankündigung ins ›Morgenblatt‹ gut. Rezension für England mußt Du nach Analogie der obigen machen, auch für ›Konversationsblatt‹ oder Halle. Weiß nicht, wohin Du obige schickst. Ideen: Geist, Feuer des Stücks, – Charaktere – hervorgestrichen – Bezug auf meine früheren tollen

Produkte – Szenen, z. B. die Ballgeschichte über die Oper geworfen – Worte angeführt – letzte Geisterszene gelobhudelt – mich in England (unter Bezug auf die ›Hallische Literaturzeitung‹) mit Lord Byron konfrontiert, pp. Sei klug. Mach oder laß diese Selbstrezension recht schnell machen. Verschick auch *schnell.* Exemplare habe ich für Pustkuchen, Köchy, Klingemann zirka noch 6 nötig. Kann sie auch von Meiers in Lemgo nehmen. Poussiere mir *Rousseau.* Schildre ihm meine Person. Geld für Übersetzung ins Englische kannst Du *wagen.* Deine 6 Rtlr. mußt Du mir, obgleich ich eben von unsrem Landesherrn ein Präsent erhalte, *wenn Du kannst*, noch einige Wochen borgen. Ich will und *kann* groß hinaus, muß aber groß leben. Mich selbst rezensieren, aber die ›Hohenstaufen‹! – Nicht Zeit dazu. Hatte ich nicht doch recht? Der Don Juan ist ein höllischer Kerl. Laß Rousseau vorlesen.

Ich liebe Dich

Dein treuer Grabbe.

Detmold, d. 16. Jan. 1829

(Besorg Verschickung und Rezensionen)

79. An Friedrich Rosen

Doktor und Freund, und, wie ich höre, Professor,

wie bei Voß »der Calcutta-Spuk durch Ägypten will«, so will dieser Brief zu Ihnen. Ich wünsche, daß es Ihnen in London schlecht geht und hoffe, daß Sie sich daselbst im besten Glücke befinden.

Doktor, ich habe neues Zeug in Druck gegeben, auch ein paar Exemplare bereits erhalten, aber verschenken müssen. Die Geschichte heißt: »›Don Juan und Faust‹, Trag. in 4 Akt., Frankf. am M., Hermannsche Buchhandlung«. Nun würde ich Ihnen bei dieser Gelegenheit sofort ein Exemplar mitsenden, aber ich kann bis dato in der Buchhandlung zu Lemgo noch keins bekommen, indem der Verleger die Sache erst vor wenigen Tagen auf die Fuhren gegeben und in die Welt geschickt haben wird. Da bitte ich, da Sie gewiß aus Deutschland Büchersendungen erhalten, bei Ihrem Kommissionär nur meinen ›D. J. u. F.‹ auf Rechnung meines Verlegers ausnehmen zu lassen und das Ding zu lesen als eine Erinnerung an mich. Meine früheren Poetereien sollen schon in einem englischen Journal stehen, und, um das Nützliche nicht auszuschließen, würde es der Hermannschen Buchhandlung, die in London Konnexionen haben will, nicht ungenehm sein, wenn Sie in irgendein Journal einiges über ›D. J. u. F.‹ sei's lobend, sei's tadelnd, einrücken lassen wollten.

Der Herr Lieut. von Donop will die Gefälligkeit haben, diesen Brief an Sie zu besorgen; sagen Sie ihm, daß ich, obgleich er ihn offen mitnimmt und dieses am Ende selbst lesen wird, daß ich ihm sehr dafür dankte, – ferner, daß der Nil Staatsrat geworden ist und einen Orden erhalten hat, dieweil er Ägypten so trefflich bewässert, – daß es ein Unglück für Podagristen wäre, Kelleresel zu sein, indem sie dann statt 2 an die 50 Beine hätten und 25mal mehr litten, – daß es schlimm für das Land ist, wenn Neunaugen kurzsichtig werden, weil sie 9 Lorgnetten tragen müssen.

In Frankfurter Journalen seh ich eben, gehn meine Geschichten schon etwas in die Luft.

Im Ernst: ein paar deutsche Zeilen sind Ihnen in England von Ihrem

Grabbe

wohl lieber als in Berlin.

Detmold, den 10. Febr. 1829.

80. An Friedrich Althof

Anbei ein Bindfaden zur besseren Festknüpfung unserer Freundschaft.

Wenn Du heute nachmittag 3–4 Uhr bei mir teest und

mein[et]halb um 6 nach caupona nova gehst, so lade ich ein

1) das ist die schwarze Seele,

2) das ist Scipio,

3) den Langen kennt man schon,

4) der Kadett kommt wohl auch.

etc. Dein

Detm., 20. Febr. 1829. rat einmal.

81. An Georg Ferdinand Kettembeil

Freund,

›Aschenbrödel‹ wächst. Auch ›Heinrich VI.‹ Freut mich äußerst, daß Du kommst und ›Barbarossa‹ Dir gefällt. Gibt es etwas Nationelleres? Wir siegen. Schnell gedruckt und versandt. In ›Abendzeitung‹ und ›Gesellschafter‹ war neulich von mir die Rede. Szenen ans *›Morgenblatt‹ und die ›Abendzeitung‹*. Gleich! – Ich *flehe*: meine Theaterrezension sofort etwas verändert in die *›Iris‹*. An sie ist nichts von hier abgegangen. Es war ein Irrtum. Neulich erhielt ich die Anweisung auf Wasserfall und die angefügten Kassenscheine. *Sechs* Prachtexemplare (auch England, Lippe und der Kronprinz von Preußen.)

Vetter, die *Szenerie* im ›Barbarossa‹ ist groß. Venedig, Mainz und Harz. Ob Du 1. Teil der ›Hohenstaufen‹ davor setzest oder nicht, überlaß ich Deinem Ermessen als Buchhändler. Nötig scheint's nicht, da die Ankündigung von ›Heinrich VI.‹ doch angeschlossen wird. Der ›Barb.‹ ist mir dazu zu sehr in sich vollendet.

›Don J.‹ wird bald wirken, ›Barbarossa‹ nach, dann ›Aschenbr.‹, dann ›Heinr. VI.‹, dann ›Philipp‹ – ich bin in vollster Kraft, und hätte ich Zeit und Geld, so könnte ich dieses Jahr noch mehr tun. Aber die Bauern: sieh's an meiner Handschrift.

Schick mir ja sofort jede Rezension. Rousseau, Meseritz, Döring, los! Wir spielen ums Höchste. Hätt ich Zeit, wollt ich den Leuten mich als Kritiker gefürchtet machen. Ja, Exemplare vom ›D. J.‹ an Gubitz, Hell, Müller. Sind die Rezensionen fort?

Ich *muß* schließen, und kann nur sagen, daß ich Dich liebe, und bin

Dein

Detmold, den 16. April 1829. Grabbe stets.

(Der Wittelsbacher im ›B.‹ ist auch gut! – Theatralisch kann ich es leicht ordnen, zeig es ja an. – Die Schlachten, so wild sie scheinen, passieren re vera *außer* der Bühne. Das ist die Kunst.)

(O sprechen wir uns erst mündlich!)

(Es ist ein Schauspieler Braunhofer in Frankfurt. Der kennt mich, ich habe ihm genützt – kannst du ihn nutzen. Nach Hannover ist ein ›D. J.‹ ans Theater von Pichler gesandt.

In Lemgo sind die Exemplare vergriffen. Fast wünscht' ich, Du schicktest mir mit der fahrenden Post für diese Handlung neue. Die Manesser nächstens retour.)

82. An Georg Ferdinand Kettembeil

Anbei eine sofort in die ›Iris‹ zum schnell[sten Abdruck zu gebende Theater]kritik. Schreibfehler verbessere. Kannst Du die Name[n(?) … sie drucken] wie Du willst. Dein

Freund

1) anbei ein Brief an Rousseau, der mir geschrieben. Besorg an ihn anliegende oben schon erwähnte Rezension in

die ›Iris‹, aber *abgeschrieben*, nicht von meiner Hand, mußt sagen, ein Dritter, Lieut. Runnenberg etwa, habe sie gemacht,

2) ist der ›D. J. u. F.‹ auch ordentlich verschickt und überall angekündigt? Er ist ein guter Vorläufer.

3) das ›Morgenblatt‹ könnte Rousseau besorgen,

4) aus dem ›Barb.‹ ja Szenen in die Journale,

5) ich konnte heute, wo ich aus Ursachen einen »Satz« gebe, nicht frankieren,

6) ja Szenen aus ›B.‹ gleich in die Journale,

7) anbei Dein Zettel zurück

ad I desselben: *»wahn«* vor pp., (wahn heißt ja »blind«, »toll«).

ad II »Tot schlägt man noch einmal so viel der Feinde«.

ad III »Gern höre ich den Ton des Landes d'oc«

(der Sprache d'oc – Languedoc)

ad IV »Alle Erinnrungen der Vorzeit laßt *erwachen*, Alfs pp.«

›Heinrich VI.‹ wird gewaltig.

Schick ›D. J.‹ ja an die Literaturzeitungen. Wir müssen setzen, wir gewinnen. Ans ›Konversationsblatt‹, ›Westf. Anzeiger‹!

Schnell den ›Barb.‹ gedruckt. Und [ein Stück des Briefes abgerissen]

Grabbe.

(Mir jede Rezension, wenn auch unfrankiert, mitgeteilt.)

Noch etwas: verzeih meine wilden Briefe, ich habe zuviel zu tun. Mir ja den ›D. J.‹ ausposaunt, Du hast ihn wirklich mißschätzt und zu lange liegenlassen. Rousseau hatte mir eine Subskriptionsliste für eins seiner Bücher geschickt, ich habe unterzeichnet, ihm auch angezeigt, wie er mehrere

Subskribenten erhalten kann, er verspricht mit möglichstem Eifer für uns zu wirken; nutz ihn. Sollte er nichts in seinen alten, hier sehr viel gelesenen ›Westf. Anzeiger‹ jagen können? Aus ›Heinr. VI.‹ liegt schon Neapels Golf vor mir mit seinen Inseln und Vulkanen. ›Aschenbrödel‹ wird tollkomisch, aber auch so:

Erste Fee.

Was singt die Nachtigall?

Andere Fee.

Verstehst du's nicht:
»Durch's laub'ge Dunkel
Bricht Lichtgefunkel,
Entzündet mir die Brust,
Hoch flammt mir auf die Stimme,
Und preist der Liebe Schmerz und Lust!«

Erste Fee.

Was will der Duft der Rose?

Andere Fee.

Er ist der Rose Stimme
Und ruft dem Sonnengotte zu:
»Ich schlief im grünen Kleide,
Verloren ist die Ruh,
Denn mich erwecktest du!
O Sonn' und Liebesfreude,
Euch anbetend
Schwillt mir der Busen schamerrötend!«

Bin ich nicht ein bißchen ein Sappermenter? Den Sir Shakespeare wollen wir doch noch wohl unterkriegen. Für sein bestes historisches Stück gebe ich nicht einmal den ›Barbarossa‹. Erkundige Dich unter der Hand, auf welche Weise man den Potentaten die Exemplare am besten zuschickt. Ich tät's gern unmittelbar. Der Erinnerung, welche in ›Heinr. VI.‹ vorzugsweise durch Heinr. den Löwen an das vorige Stück erregt wird, soll ebenso künstlerisch als nützlich sein:

H. d. L.

Hier stand Mathildis mir zur Seite,
Zerriß den Schleier, um den Landolph zu
Verbinden – Tot nun lange! – Sei geküßt,
Du heil'ger Boden!

– Für das übersandte Geld danke ich sehr. Du tätest mir aber einen großen Gefallen, und ich würde Dich bis zur nächsten Produktion, falls sie Dir gefällt, *auf Ehre* nicht wieder quälen, wenn Du mir mit der nächsten Post noch 30–36 Rtlr. schicken könntest. Kannst Du es nicht, so laß es und erwähne es nicht wieder. Ich spekuliere hier äußerst hoch, bin Sieger, aber noch vorsichtig, schieße erst, wenn ich ganz unzweifelhaft treffe, und bedarf äußerst viel, wozu denn die Advokatur hilft und Du, Vetter, Tät's mir nicht not, spräch ich nicht davon.

Also Dein
schiefer Grabbe. Detm., 18. Apr. 1829.

83. *An Georg Ferdinand Kettembeil*

Freund,

nimm mir dies Papier nicht übel. Ich erhalte erst in diesen Tagen meine Briefpapierladung.

Auf Dein Letztes und Allerletztes:

1) großen Dank für das ›Morgenblatt‹; ich bin auf die Fortsetzung sehr begierig; die Rez. ist geistreich; ob aber der Verf. weiß, wie ich mit Tieck stehe? Ich glaube, es ist *Menzel*, und spüre es daran, daß er mich gegen die Berliner, die ihn auch angegriffen wegen seiner Literaturgeschichte, in Schutz nimmt, – wir dringen weiter, – 2) Dank für die ›Didaskalia‹, – 3) ja, den ›Don J.‹, den Du mir noch stets zu wenig goutierst, überall angekündigt und verschickt, – er *ist* bereits in Lüneburg, *wird* in Köln aufgeführt, – die

Schauspieler reißen sich drum, und von Detmold geht Hr. Lortzing damit auf Gastrollen, der vielleicht auch Dich besucht, – ›Faust und D.J.‹ ist ein sehr tiefes Stück, – 4) dem Morgenblättler, wenn Du ihn sicher entdeckt, ja Exemplar zu, – 4) ja, ›Barbarossa‹ ist herrlich, ästhetisch und historisch – er trotzt der Welt und erobert sie, – schnell, schnell gedruckt, und ja beim Versenden bemerkt, daß er ein in sich abgerundetes Ganzes ist, jedoch die übrigen ›Hohenstaufen‹ folgen, und deshalb nur erster Teil heißt. – Was sagst Du vom Erscheinen Ofterdingens darin? 5) Nein, die Rezensionen über ›D.J. u. F.‹ müssen fort, in die Welt, und wenn Du sie auch nur w e n i g veränderst. Da mußt Du fleißig sein. *Des Guten tut man nicht zu viel.* 6) Im ›Barb.‹ laß Act. V., Sz. 1., als Österreich fällt, dahinter setzen: »Er fällt« und dann als dasteht »Österreich, Polen pp. fallen« den Österreich weg.

›Aschenbrödel‹ ist wohl gewiß Juli fertig. ›Heinr. VI.‹ wächst riesenhaft. Er spiegelt sich in Neapels Golf und tränkt ihn mit Blut.

Bist Du nur erst hier.

Meine Pläne sind schon (nicht durch meine Schuld, aber um so lieber) Gerüchte. Ich glaube, ich könnte losbrechen. Doch ich muß ganz sicher sein.

Mailands Konsul ist im ›Barb.‹ auch nicht schlecht. Ausdauer, Kraft und Sieg! – Mir ja jede Rezension mitgeteilt, wenn auch auf mein Porto. –

Dein
alter Grabbe.
Detm., 26. Apr.
1829.

(Das ›Morgenblatt‹ steht mit dem ›Globe‹ in Paris in Verbindung. – Ist da was zu machen? Vielleicht kommt's von selbst.)

Mußt Du das ›Morgenblatt‹ zurückhaben? Ich behielt's gern.

84. An Georg Ferdinand Kettembeil

I Dank. II Bald kommst Du. III Nutz Deine Gegenwart in Leipzig.

Der ›Barbarossa‹ muß Anfangs Juni fertig sein. Wer besorgt aber die Korrektur? ›Aschenbrödel‹ ist bis zum 14. Juni gewiß auch wohl fertig. Es wächst sehr.

Feenkönigin.

Nie freut mich mehr die Feenkraft,
Als wenn sie Heil aus Unheil schafft!
In ihrem größten Mißgeschick
Send ich Olympien das höchste Glück,
Die Krone und die Liebe!

Olympia ist Aschenbrödel. – Hör mal, mit dem ›Don Juan‹ hast Du mit mir Spektakel – außer dem Frankf. Journal und Lemgo, seh ich ihn *nirgends* angekündigt. Es ist bei Gott nicht profitable. Du mußt es endlich tun. – Du wirst hier eine schöne Gegend finden, wenn's nicht regnet. Das schönste Laubholz in Deutschland vielleicht. – Steht die Kritik des Theaters allhier in der ›Iris‹? – Hör mal, ich möchte wohl einen der Kerle, die auch Menzel unter mich setzt, den Immermann oder Raupach, nach allen ihren Werken in einer tüchtigen Zeitschrift kritisieren und schimpfieren. – Menzel sagt recht, daß diese Fabrikarbeiter pp. – Ich arbeite auch schnell, wirst aber stets Geist finden, und wir siegen endlich, wenn Du nur mit dem ›D. J.‹ nicht kalmüserst und Exemplare austeilst. Ich habe selbst welche gekauft und tue es. – Meine Sache steht wunderbar. Ich könnte losbrechen. Es wäre ein enormer Streich. Doch noch bin ich Grabbe das Tigerlein, der gern lauert, bis er gewiß krallt. – – Mich freut's, daß der ›Barbarossa‹ Dir immer mehr gefällt. Ich will ihn lieber gemacht haben als den ›Götz v. B.‹ nebst Shakespeares sämtlichen historischen Stücken. Und sein Deutschtum! Sorg nur, daß Dich der Drucker nicht täuscht, und so schnell fertig wird als er versprochen. Gut wär es, wenn er zugleich erschiene, eben wenn die Szenen im ›Morgenblatt‹ (solche Einzelheiten sind mir zuwider) stünden. – ›Heinrich der VI.‹ wächst und wächst wie der Ätna, auf dem er steht und nach Afrika sieht, hoch, düster und doch leuchtend. Ein Nationalwerk wie die ›Hohenstaufen‹ soll Deutschland noch nicht gehabt haben.

Dein
alter
[Grabbe.]
Detmold, d. 13. Mai 1829

Teil mir ja Rezensionen mit,
wenn auch aus Leipzig
und unfrankiert.

85. An Georg Ferdinand Kettembeil

Freund Freund Freund,
anbei die Rezensionen. Schnell besorgt. Kannst Du nichts von mir in die Frankfurter Zeitungen schaffen? Gern stünde ich in der ›Didaskalia‹. Durch Weidner? Wenn's geht, *dehn* die Rezensionen. Verschick bald. Ich bin geliebt. Das Weitre indes komme. ›D. J. u. F.‹ sind wunderbar und erwarte ich Deine Abbitte. Stücke des ›Barbarossa‹ geht nicht. Ich schreibe schnell Konzept und ordne erst beim Abschreiben. Schick Müllner in meinem Namen sehr höflich ein Exemplar. Er mag mich leiden. – Tieck?? – Mir schick doch alles, was über ›Gothland‹ etc. erscheint. Wir müssen hetzen: Schick an die meisten Journale (nicht ans ›Sonntagsblatt‹, Gubitz, da habe ich gesorgt), besonders auch nach Berlin an die Konversationsblätter. Verzeih diesen wilden Brief. Ich habe die Rezensionen in einer Stunde gemacht. Viel zu tun.

Den Rousseau warm gehalten! den Meseritz auch.

Wär ich in einer großen Stadt!

Ist Rousseau ein Enthusiast, so mach ihm meine Person so bizarr und doch anziehend als möglich. Schenk ihm ein Exemplar. Daß er mich ja oft vorliest und auch verteidigt! – Philosophen finden den Faust größer als den Don Juan.

Dummer Streich wurde hier gemacht, indem der Sohn des Schauspieldirektors Pichler mein Abbild auf die Bühne brachte. Wollte ihn durchschießen, kam aber in Hausarrest. – Der alte Pichler aber ist so von mir eingenommen oder bange, daß er ein Exemplar einem Dritten abgeluchst und an Klingemann gesandt hat. Rousseau muß die Endszenen vor allem lesen, aus dem Lustspiel lese er auch.

Votre

3. Juni 1829. Grabbe.

86. An Friedrich Steinmann

Hochgeehrtester Herr!

Ich muß die triviale, aber wahre Entschuldigung gebrauchen, daß meine Geschäfte mich verhindert haben, Ihr geehrtes Schreiben vom 24. Juni c. bis jetzt zu beantworten. Ich bin Auditeur, Advokat, Dichter, habe in allen drei Sachen viel zu tun, und lebe doch gern wüst und träge, sofern ich nur meine Pflicht erfülle. Anteil an Ihrem Journal könnte ich nur insofern nehmen, als ich Ihnen *vor dem Druck* Probeszenen aus meinen künftigen Dramen, falls mein Buchhändler nichts dagegen hat, mitteilen könnte. Denn sonstige Aufsätze sind mir fast unmöglich. Bedenken Sie: eben kommt mein ›Barbarossa‹ aus dem Druck; ein Lustspiel: ›Aschenbrödel‹ ist wieder darin; ›Kaiser Heinrich VI.‹ geht im September c. ab, im November c. ›Napoleon oder die hundert Tage‹, und Ende Dezember c. sehr wahrscheinlich das Trauerspiel: ›Die Abbassiden‹. Dabei Bauern, Prozesse, Untersuchungen und die unseligste, unruhigste Natur, die mich keine zwei Stunden des Tages arbeiten läßt.

Meine mir eben zugesandten Exemplare des ›Barbarossa‹ sind leider ausgegeben und mußten ausgegeben werden an den und den; sonst übersendete ich Ihnen eins. Künftig send ich Ihnen stets ein Exemplar meiner Stücke, und lieb wär es mir, wenn Sie in Ihrem Journale, tadelnd oder lobend, sowohl frühere als jetzige erwähnten.

Ich bin hochachtungsvoll
Ew. Wohlgeboren
gehorsamster Grabbe.

Detmold, den 2. August 1829.

P.S. Eine baldige Antwort! Geht es? Idem.

87. An Nikolaus Meyer

Ew. Wohlgeboren

hätte ich gewiß schon längst auf Ihren geehrten Brief vom 29. Juni d. J. geantwortet und, wie ich hiermit tue, für die Rezension des ›Don Juan und Faust‹ gedankt, wenn ich nicht darauf gedacht hätte, Ihnen meinen ›Barbarossa‹, der eben ankommt, zugleich mit zu übersenden, und bitte ich, seiner in Ihrem so geachteten ›Sonntagsblatt‹ zu erwähnen. Ein paar Druckfehler, die nicht im Druckfehlerverzeichnis erwähnt sind, werden wohl nicht schaden und leicht zu ahnen sein.

Eine Subskriptionsliste auf Ihre Gedichte habe ich aber leider *nicht* erhalten. Vielleicht durch einen Versehen beim Einpacken. Ich selbst subskribiere hiermit auf ein Exemplar und werde, wenn Sie mir die Liste gefälligst übersenden, dieselbe weiterbefördern.

Ew. Wohlgeboren sind gegen mich stets so gütig gewesen, daß Sie glauben können, es sei, wenn ich nicht ein Schmeichler wäre (was ich gewiß nicht bin), mein vollster Ernst, daß ich versichere, mit wahrer und großer Hochachtung zu sein

Ew. Wohlgeboren
herzlich ergebenster Grabbe.

Detmold, den 3. Aug. 1829.

88. An Friedrich Steinmann

Hochgeehrtester Herr!

Anbei die Probeszenen aus ›Aschenbrödel‹. Ich weiß nicht, ob Sie die zweite, wo die Ratte vorkommt, ganz einrücken lassen können. Sie (die Ratte) hat kuriose Ideen. Vielleicht gehts; sonst schneiden Sie gefälligst oder lassen Sie aus. – Ach! es geht doch. Ich weiß es am ›Gothland‹. –

Tadeln Sie meine Produktionen nach Belieben. Ich schätze Tadel, besonders, wo Verstand dabei ist, wie bei – (nun, ich will nicht karessieren). Ich hätte gern ein Exemplar Ihrer Rezension des ›Don Juan‹.

Wie gefällt Ihnen ›Barbarossa‹? – Lassen Sie uns Freunde bleiben, und verzeihen Sie meine wilden Briefe und Kuverte. Es geht so: auf Ehre, ich habe gestern Wagen und Pferd zerschmettert und liege halb krank. – Antwort?

Ew. Wohlgeboren

Detmold, den 23. August 1829. gehorsamster Grabbe.

89. An Louise Christiane Clostermeier

Hochgeehrteste Mademoiselle!

Anbei die Jenaer Zeitung zurück, – aber wie soll ich danken für Ihre Güte, daß Sie mir die Journale so freundlich mitteilen? – Bei Gott, ich bin bange, ich weiß nicht, wie ich es anfangen soll. – Komme ich Ihnen vielleicht nächste Woche einmal zur rechten Zeit? Darf ich deshalb um Befehle bitten, wenn auch nur mündlich durch die Magd? – Diese Wochen haben mich Bauern, Juden, Gelehrte und Studiosen gehindert und hindern heute wahrlich wieder. Ich verharre mit aufrichtigster Hochachtung

Ihro Wohlgeboren

Detmold, den 23. Okt. 1829. ganz gehorsamster Grabbe

90. An Georg Ferdinand Kettembeil

Lieber Kettembeil,

verzeih mir alle Äußerlichkeiten dieses Briefes. Mit meinen Geschäften wirds zu arg. – Nur dies: a) bitte besorge inliegenden Brief, womöglich an Meyer unterderhand, damit Herlings nichts erfahren, aber bald, – gehts nicht unterderhand, so schick ihn öffentlich hin, – b) ›Kaiser Heinrich‹ ist fertig, und (einiges natürlich ausgenommen) sehr gut, äußerst pompös, – c) die Unterhaltungsblätter erhielten von mir auch (ich schrieb Dir davon) 2 Szenen (Akt II, 2, 3) aus ›Aschenbrödel‹, haben sie mit großem Lob abdrukken lassen, – schadet das, wenn etwa andere Journale dieselben Szenen zugeschickt erhalten haben? Müssen wir sie zurücknehmen? – d) von Hohenhausen (Mann der Elise) rezensiert im ›Sonntagsblatt‹ den ›Barbarossa‹, wie ich höre, sehr gut, – e) daß Halle losgegangen, bon – derlei Nachrichten sende mir mehrere, – die ›Unterhaltungsblätter‹ erheben ›D. J. und F.‹ auch enorm. Statt »närren« lies doch in meinen Stücken künftig immer »narren«. Köchy ist in Mainz – könntest ihn nicht poussieren, daß er ›D. J. und F.‹ da auf die Bühne brächte? Auch den »Braunhofer« (erster Liebhaber das. oder in Mannheim?) kenne ich *sehr* gut.

Blausäure!!

Detmold, nescio. Dein

[8. November 1829.] Esel *Grabbe.*

(Daß ich den Brief nicht frankieren konnte, gilt doch wohl für keine Geldspekulation.)

91. An Georg Ferdinand Kettembeil

Freund, mein sonst so trefflicher Abschreiber ist krank und überdem Kalkulator geworden, – er hat mir ›Heinrich VI.‹ noch nicht ganz zurückliefern können. Sei aber mit Drukkern pp. parat, und melde bei ihm, ich wäre, falls Bühnen es wünschten, erbötig, ihn, ›Barbarossa‹ und ›D. J. u. F.‹ dem Bedürfnis jedes Theaters anzuordnen. Daß ›D. u. F.‹ gut gehen, mir lieb. Weißt Du, daß Fr. Gleich in seinem ›Eremiten‹ rächend gezäpft hat? ›Kaiser Heinrich VI.‹ ist gewiß, auch in Deinen *Buchhändleraugen*, erhabener als ›Barbarossa‹, und es war keine kleine Kunst, und unter welchen Verhältnissen geschrieben, – aber eben der Trotz! – Ein Schauspieler Braunhofer, mein *Freund* (!), ist in Mannheim, gilt da, benutz ihn, so wie Köchy in Mainz. Mußt mehr von Frankfurt aus in die Zeitungen jagen, – z.B. per Meseritz, Doering.

Tancred.

Der erste Tancred paarte
Zu seinen Taten seine Liebe, und verherrlicht
Ward er zwiefach deshalb im Heldenliede, –
Auch ich fühlt's wohl im tiefsten Herzen brennen,
Doch Not der Heimat ließ mich Liebe kurz nur kennen, –
Du Vaterland! sei mir Amenaide!

Graf Acerra.

Mein König, du hast königlich gewählt –
Wo wär die Schönheit, die dem Land hier fehlt?
oder:

O Krone, Krone, goldnes Kleinod, Stern
des Südens, Schmuck des Mittelmeers, dein Reich
Ist deiner nicht mehr wert pp.

und das sind für ›Heinr. VI.‹ mittelmäßige Stellen. Und der Kerl: Don Juan, Sulla und Gothland in einer Person. – Setzest Du Aschenbrödelszenen in Blätter?

Sei fleißig, mach Selbstrezensionen, beian eine für Meseritz. Ist schnell gemacht, mußt sie revidieren.

O Gott
Dein
Detm., d. 25. Nov. 1829. Grabbe.

(Ja Nachricht von Rezensionen, – nichts in die ›Didaskalia‹ zu bringen?)

(Vergib das wilde Aussehn des Briefes.)

(Die abermaligen 4 Gr. Porto können wir mal anrechnen.)

92. An Georg Ferdinand Kettembeil

Obgleich Du, Freund, mir dadurch, daß Du mir die Bl – verweigerst, die Sachen gefährlicher gemacht hast, bin ich noch ziemlich wohl. ›Napoleon‹ schon im Gange. Ich hätte gern Fleury de Chaboulon (Reise von Elba) und die Venturinisch-Bredowsche Chronik von 1813–1817. – ›Heinrich VI.‹ kommt erst Mittwoch über 8 Tage bei Dir an, mein Schreibkerl war krank, drei andere haben ihn dreimal verdorben, jetzt liegt er aber erträglich abgeschrieben vor mir. Leider geht aber erst Freitag die Post. Bereite alles zum schnellsten Druck, denn

Kaiser Heinrich:
Laßt die Jagd
Beginnen – Her die Falken – Nichts auf Erden
Ist dem Normannen wicht'ger als sein Jagdbann –
Heut will ich ihm das abgewöhnen – laßt
Die Vögel über seine Forsten steigen,
Und schießt mir ein Baron nur einen nieder,
So stürzen tausend Wetter auf ihn selbst!
(Die Falken werden losgelassen und steigen auf)
Zeit ist's – denn seht, Auroras goldne Krone,
Die sie mit zarten Rosenfingern um
Die Welt gelegt, erblaßt schon vor dem Glanz
Des Helios! – O ihr gewalt'gen Sonnenrosse,
Milchweiß und strahlenschäumend pp.

Ich.

6? Dez. 1829 Det.

93. *An Friedrich Steinmann*

O Gott, ein kleiner Brief, aber voll großen Dankes! Eben geht ›Kaiser Heinrich‹ ab. ›Aschenbrödel‹ wird erst nach ihm gedruckt. Zufälle hinderten es. Bitte, rezensieren Sie den ›Barbarossa‹, und teilen Sie mir die Rezension mit. Die über ›Don Juan und Faust‹ hat mir sehr gefallen. Sie packt den Nerv des Stücks. Pto. Tadels genieren Sie sich bei mir nicht. Wollen Sie Probeszenen aus ›Heinrich‹? – Sie erhalten sie, wie früher die aus ›Aschenbrödel‹. Nur müßte ich dann bitten, daß ich die Abschreibe-Gebühren, die ich selbst zahlen muß, dann per Postvorschuß entnehme. Will's Ihr Verleger nicht, auch gut, – ich tu es Ihretwegen. An Honorar denke ich bei Journalen nicht. Den ›Heinrich‹ erhalten Sie, so wie er kommt. –

Beim ›Barbarossa‹ bitte ich nicht zu vergessen, daß ich eigentlich meiner Natur und äußeren Lage nach zum Historiker bestimmt war, die Geschichte wirklich genau kenne, und mancher sich irrt, wenn er an Kleinigkeiten häkelt und nicht merkt, daß ich als Dramatiker nur den Geist hervorziehen durfte. – O Eigenlob! – Glück und Gruß und Hochachtung von

Ihrem

Detmold, den 16. Dezember 1829. Grabbe.

94. *An den Fürsten Leopold II.*

Durchlauchtigster Fürst!

Gnädigster Fürst und Regent!

Furchtsam wage ich Ew. Hochfürstlichen Durchlaucht Nachfolgendes untertänigst vorzustellen.

Die Auditeurstelle, welche ich durch die von mir innigst und stets empfundene Gnade Ew. Hochfürstlichen Durchlaucht zu bekleiden die Ehre habe, trägt jährlich an Gehalt nur 144 Rtlr. Dazu mögen Paß-, Konsens- und sonstige, meist sehr geringe Gebühren, etwa 60–80 Rtlr. kommen.

Davon geht aber wieder ein nicht unbedeutendes Quantum für Abschreibegebühr, die ich allein tragen muß, ab, und gar manches geschieht aus Billigkeit und Rücksichten umsonst.

Der Auditeur hat Seconde-Lieutenants-Rang, und gewiß nicht weniger als ein solcher bei dem Militär zu arbeiten. Meinem Vorgänger soll auch bloß zufällig die volle Gage des Seconde-Lieutenants nicht zugekommen sein. Die Regierung, insonders der Referent in Militärsachen, Regierungsrat von Meien, und mein nächster Vorgesetzter, der Obristlieutenant Böger, werden sicher bezeugen, daß ich, vielleicht einige Versehen abgerechnet, wozu ich mich als Mensch in voraus gern bekenne, in meinem Posten pflichtgemäß gehandelt habe. Meine literarischen Arbeiten, wenn ich so etwas Persönliches erwähnen darf, bringen mir wohl etwas ein, aber kann ich mich darauf verlassen, daß dieses immer so währt, daß ich stets dazu die Kraft behalte, und muß ich nicht schon darum noch fortdauernd das so störende, den poetischen Geist wirklich lähmende Advokaturgeschäft betreiben?

Nur ein etwas erhöhetes Gehalt kann mir Muße und Ruhe gewähren und *jede* Zukunft sichern, und nur Ew. Hochfürstliche Durchlaucht können mir am ersten und huldreichsten diese Gnade, der ich mich so würdig als möglich zu machen suchen würde, erteilen.

Untertänigst bitte ich Ew. Hochfürstlichen Durchlaucht: mir gnädigst eine Gageerhöhung, und scheint es nicht unbillig, zwar die Gage eines Seconde-Lieutenants zu 24 Rtlrn. monatlich erteilen, sowie diese Bitte mildreichst verzeihen zu wollen. In tiefster Devotion ersterbend
Durchlauchtigster Fürst!
Ew. Hochfürstlichen Durchlaucht
tief untertänigster Grabbe.
Detmold, den 19. Dezember 1829.

95. *An Georg Ferdinand Kettembeil*

Liebster Kettembeil,

bei ›Aschenbrödel‹ gab ich zu, daß es manches Schlimme habe, bei ›Don Juan‹ gab ich Fehler zu, ›Barbarossa‹ hielt ich für erträglich – bei Deinem Urteil über ›Heinrich VI.‹ kann ich aber Dir nur sagen: »Geh in Dich und bereue.« Keine Poesie in ihm? Eh! Wo Neapel, Sizilien, wie hier? Keine Charaktere? Eh! Heinrich VI. selbst! Er sticht vor, aber gut. Es verhindert den Dualismus. Und Löwenherz? Achmet? Tancred? Agnes? So schlecht? – Zeichnung der Normannen? Eh! V. ihren Reichstag. So *waren* ihre Häupter. – Keine sonstige Charakteristik? Denkst Du der Bardewiker, Österreicher, Sarazenen? – Heinrich der Löwe als Greis, wie schwer, und doch wie groß! Seine Landung, sein Tod, welche Szenen! – Heinrich der VI. spricht nicht, wie Du meinst, *beiseit* zu den Lesern, wenn er redet, redet er für sich, – es kocht. V. Richard III. Daß *der* scharf gezeichnet ist, dafür steh ich. Eben wegen einiger Ursachen *forcierte* ich ihn nicht. – Wo mehr Phantasie als im Märchen der Sarazenen? – Die Handlung ist trotz der Geschichte ganz dramatisch. Neapel – Deutschland – Löwenherz und der Löwe im Wege – Gesiegt – Retour bis Sizilien – – Tod im Glück. Und alles wie historisch! wie die Geschichte *enträtselt.* Die Weiße Frau auch gut. V. Heinrich VI. auf dem Reichstage, – wo entwickelt sich ein Charakter deutlicher? – ›Heinrich VI.‹ *ist durch und durch ein Meisterstück.* So gut wie das Publikum den ›D. J. u. F.‹ mehr als den ›Barbarossa‹ anerkennt, wird er *mindestens* ebenso sehr anerkannt werden. Kein einziger Fehler, überall Poesie. Ich sollte Charaktere damit zeichnen wollen, daß z. B. jemand ruft »Eis vom Ätna?!« Ist das nicht der *Moderuf* in jedem neapolitanischen großen Hause? – Lies noch einmal. Bei ›Aschenbrödel‹ wich ich, – hier sage ich aber stolz: Meisterwerk. So auch die Wirkung bei anderen. Sollten die

Schreibfehler Dich gestört haben? – ›Heinrich VI.‹ ließe sich auch auf die Bühne bringen. Drucke vor, daß ich dabei gern helfen will, wie beim ›D. J.‹ u. ›Barb.‹ – Dank für die Nachricht mit den beiden Rezensionen. Schick solche Notizen mehr. ›Heinrich VI.‹ keine Poesie! Nun, der letzte Akt allein mit seiner kleinen merkwürdigen Zwischenszene! – Das ganze Stück ist eine Zeder, üppig voll und groß, ist ein idealer ›Richard III.‹ – Himmel, Du mußt die *schwärzeste* Stunde oder die *sonderbarsten* Erwartungen gehabt haben, oder die *Schreibfehler* haben Dich ennuyiert, als Du ihn lasest. – Jedenfalls mir lieb, daß Du ihn drucken läßt, – beginne. – Aber wie mit den verfluchten Schreibfehlern? Soll ich die *Korrekturbogen* vom 1. oder doch vom 3. Akte an etwa jedesmal zu 2 erhalten? Ich schicke sie frankiert retour. Antworte darüber.

Den Operntext schicke ich Dir mit nächstem Pakete franko. Ich schickte ihn gleich, wär ich in meinem Hause eben. Er war beim Einpacken vergessen. Von Venturini hätte ich auch gern das Jahr 1817. Im ›Napoleon‹ muß alles *Moderne* einmal im Glanz der Poesie erscheinen, vom Pulverwagen bis zur Stadt Paris mit ihrem Lärm und dunklen Schrecken. Carnot und Fouché begegnen sich nachts auf dem Greveplatz und hören das Rieseln des da vergossenen Blutes. Und

»Des stolzen Östreichs
Traurende Blume neigt gewiß nach Elba hin
Ihr tränenschweres Haupt.«

Vergleiche künftig im Operntexte die Lieder Richards und Blondels mit meinen (echten). Wirst Dich wundern. – Brauchst nicht bange zu sein, daß ich ermatte, wer so reich an Gedanken und Bildern pp. ist wie ich in ›Heinrich VI.‹ hat noch genug. Nur darin gebe ich in *etwas* recht, nicht ganz, daß im ›Bbr.‹ die Lanzknechtsszenen mehr interessieren, – aber das *ging* gar nicht anders, dort waren sie noch neu, und Lanzknechte kommen künftig nicht wieder in den ›Hhst.‹ vor. Hier mußten grade soviele sein als da sind.

Übrigens traue meinem Urteil um so mehr, als Du mich darin kennst. Lies das Stück etwas unbefangener und denk nicht, ich hätte forciert. Ich urteile jetzt um so unparteiischer als ich die Sache auf einmal aus einer fremdartigen Position ansehe, die vielleicht, da sie mir einige geistige Ruhe gibt (denn arbeiten darf ich einige Tage lang nicht) und mir Diät aufnötigt, die mir gefällt, und aus andren Gründen, mir sehr sehr nützlich ist: mir ist bis auf einige Fasern der linke (Ober-)Arm ab. Auf *Ehre*! – – Es ist natürlich, wie man hier auch allgemein weiß, auf einer Schlittenfahrt, die ich mit einigen jungen Leuten machte, geschehen. – ›Heinrich VI.‹, selbst sein Sterben, selbst der Anfang mit Vesuv, Ende mit Ätnas Riesenhaupt, ist größer angelegt als der ›Gothland‹. – – – Etwas mehr Zeit werde ich mir bisweilen bei meinen Stücken nehmen, – jedoch bei ›Heinrich‹ war's nicht not. Er sprang wie Minerva aus dem Kopfe. – Laß uns noch ½–1 Jahr versuchen. Es keimt doch. – Auf Neujahr habe ich übrigens die 24 Rtlr., und ich glaube, Wist, der neulich nur 60 Rtlr. genommen, wie er sagt, mir aber 72 Rtlr. bezahlt, hat 12 Rtlr. Rückstand. – Schreib bald oder schicke eine tolle Rezension Deinem Grabbe. (Habe Wundfieber.) Detm., 30. Dez. 1829.

96. An Georg Ferdinand Kettembeil

Anbei ›Heinrich‹ retour. Arm schlimm, für mich gut. Auch Operntext. ›Heinrich‹ Meisterwerk. Die trocknen (?) Szenen *mußten*. Siehe Shakespeares hist. Schauspiele. Laß ihn *schnell* drucken. Schick mir doch unfrankiert Nachricht über Rezensionen gleich, so wie Du sie weißt. Ich bitte! Zwei Worte nur immer. Sonntag mehr. Ehe die Druckfehler hinten angezeigt werden, möcht ich das Exemplar sehen. Geht's? – Sonntag, wo ich frankiere, mehr.

Konnt es heute nicht, weder schreiben noch frankieren. In ›H. VI.‹ *keine* Abänderungen. Habe nichts Persönliches drin, – oft, was Du dafür hältst, historisch. – ›Napoleon‹ wird sehr ernsthaft studiert. Wollen durchstehen. Ich bin an Geist und Körper, außer Arm, gesunder als je.

Dein

Detm., d. 15. Jan. 1830. Grabbe.

97. An Georg Ferdinand Kettembeil

[Ein Stück abgerissen].: *Er*, *Blücher*, Fouché, Carnot, die Angouleme, Wellington, Gardist, Preuße, Labedoyere pp. Sterne erster Größe. Auch Murmeltierknabe.

– – – –

Jetzt erst der Operntext beian. War wieder vergessen. Ärgere Dir nicht.

Mutter in Berlin. Junge, wat drinkst du da?

Sohn. Enen blauen. Kostet nur einen Silberjroschen in Magdeburg. (Galle)

Mutter. Junge, du ärgerst mir, daß mir die Jalle in den Arsch kommt.

Sohn. Det is gut, denn im Munde schmeckt solche bitter.

Mutter. Nun, Junge, bin ick abers ferrig! (fertig)

Sohn. Daruf habe ich lanje jewartet. Abers, Mutter, nun höre sie auch noch enes. Sie hat ene Zunge, so lang, daß sie sie dreimal um en Wajenrad schlagen kann, abers en kleenes Stückchen bleibt doch noch über, und damit kann sie mir in den Arsch lecken.

Bitte: Antworte auf 1) Soll ›Heinrich‹ schnell gedruckt werden? Ich flehe! Lerne ihn taxieren. 2) Soll ich (oder willst Du Szenen in Blätter senden? Den Tod des Löwen, samt der Weißen Frau, etwa? In den ›Gesellschafter‹ Du oder ich? 3) Kommt denn von ›Aschenbrödel‹ nichts in gelesenere Blätter, als die westf. ›Unterhaltungsbl.‹? 4) Willst Du Selbstrezensionen vom ›Barb.‹? 5) Kannst nicht selbst in

Blättern, Zeitungen nachschüren, wenn auch nur kurz? Meld meinthalb meinen Armbruch. 6) Was sagt das boshafte ›Konv.blatt‹ in Berlin, das uns doch nicht tötet, vom ›Barb.‹? Sollen wir es nicht einmal mit der Satire in ›Aschenbrödel‹ ärgern? 7) Kann ich das gedruckte Exemplar sehen im ganzen, ehe die Druckfehlerverzeichnisse gemacht werden? Damit ich nachse[hn kann.] Die Schreibfehler finde ich nicht zum besten. Paß ja auf und, wo Du zweife[lst, frage] mich. O mein Arm. Superber Witz. O! Wahrhaftig. Zeit war [Loch im Papier] ch Teufel. Antworte! – – An ›Napoleon‹ arbeite ich rasch, aber doch sehr ruhig. – Der Arm schlimm. Ich aber jetzt in *jeder* Art Luft. – Das ›Morgenblatt‹ führt mich lobend im Meßkatalog auf.

Dein

Detmold, d. 15. Jan. 1830. Grabbe.

Laß ja ›Heinr. VI.‹ vordrucken, bei ›Barb.‹, ›Heinr. VI.‹, ›D. J. u. F.‹ (der theatralisch genug) ich erbötig, dem Theater zur Aufführung nachzuhelfen.

– – – –

Verzeih dies wilde Schreiben, – die Wunden schon, und ich dazu.

98. An Georg Ferdinand Kettembeil

Erlebt ›Barb.‹ eine neue Auflage, so erinnere mich ja an die Druckfehler. Ich habe deren Verzeichnis.

– – – –

›Heinrich VI.‹, Akt V, I, muß es, wie ich falsch korrigiert habe, nicht »drei«, sondern »der« Pechkessel in der Rede des Pisaners heißen. O korrigiere es *gleich* wieder. Ja.

– – – –

In Deinem nächsten Brief schreib mir (es gilt nicht) Deine Verhältnisse erlaubten nicht, mir jetzt eine größere Summe für ›Heinr. VI.‹ zu senden. Ich möchte warten, Du tätest mir wieder den Gefallen. Bitte vergiß dies nicht.

– – – –

Nächsten Sommer muß ich vielleicht nach Wiesbaden.

– – – –

Karl der Große und die Sachsen mit ihrem Heidentum wäre ein gutes Vorspiel zu den ›Hohenstaufen‹, mehr als Shksp. Joh. ohne Land zu seinen Heinrichen.

– – – –

Sizilien ist in ›Heinr. VI.‹ doch köstlich. Kennst Du Homer darüber? Ist benutzt.

– – – –

Vergiß das nicht mit Wist.

– – – –

Über Napoleon lese ich in der Krankheit ungeheuer viel.

Der Stoff groß, von selbst dramatisch.

[Detmold, Januar (?) 1830]

99. *An Friedrich Steinmann*

Geehrtester Herr!

Der linke Arm ist mir seit vier Wochen zerschmettert; darum kann ich nur kurz antworten und danken für Ihr Urteil über meinen Rotbart. Zu Ihrem Taschenbuch ›Aurora‹ alles Glück! brauchen Sie meinethalben auch meinen Namen dazu. Die Szenen aus ›Heinrich VI.‹ werden folgen, aber aus ›Napoleon‹, der bei meinem Wundfieber still liegt, nicht. Abschreibegebühr verlange ich dabei auch nicht, denn das Taschenbuch ist in Ihrem Interesse; obgleich ich mich wiederholt erbiete, auch Ihren Blättern (für deren Übersendung ich schon Ihnen und Ihrem Herrn Verleger Dank schuldig bin), Szenen auch *ohne* diese mir sonst als Geschäftsmann unwillkürliche (welch Wort!) Gebühr, *gern* zu liefern.

Verzeihung wegen dieses Briefes, dieser Schrift, dieses Papiers, dieser späten Antwort auf Ihr letztes Schreiben. Ein Schlitten, in welchem ich umstürzte, brach mir – die Kanaille! – den Arm, welcher sich den Spaß macht, mir sehr viele, ernstliche Schmerzen zu machen. Alles ist in Unordnung, das Kuvert wird schön werden, und ich danke Gott, daß ich mit Hochachtung versichern kann, Ihr

ergebenster Grabbe zu sein.

Detmold, den 30. Januar 1830.

Wieder wegen Armbruchs einige Wochen liegen geblieben. Können Sie ziemlich geistreiche Aufsätze früherer Jahre gebrauchen? Wie ist's mit Barbarossas Rezension?

Neulich wurde in Ihren Blättern Clostermeier, mein Gönner, verehrt. Die Chiffre war: S. F. Id est: Soest, Ferdinand Freiligrath?

100. An Georg Ferdinand Kettembeil

Lieber Kettembeil,

immer mehr, mehr, schätze ›Heinr. VI.‹, laß Dich nicht verwirren. Ich habe ein gutes Urteil. Ich, der vor 3/4 Jahren mit dem ›Barb.‹ Dich entzückte, bin in 3/4 Jahren nicht ermattet, – ein Armbruch, oder wie es heißt, macht mich sogar – nur stark. Aber ›Heinr. VI.‹ ist gut. ›Napoleon‹ enthält nichts von Berliner Jungensgespräch, im letzten Briefe machte ich nur Witz. Seine Offiziere sind in den Schlachten geschmiedet, u. der lustige la Fleur dazu. Befördere ›Heinrich den VI.‹ zur schnellen Vollendung. Das ›Morgenblatt‹ fragt darnach, u. die ›Abendzeitung‹ (Alfr. Reumont) spricht wieder ehrenvoll vom ›Barb.‹. Wir wachsen, und haben wir nicht soviel Glück als andere, so haben wir doch weit mehr als die meisten. Die Ankündigung über die Bühnenfähigkeit meiner Stücke und daß ich dazu helfen will, mache doch in meinem Namen oder setze hin: »Ich bin erbötig, jeder Theaterdirektion, die den ›D.J. u. F.‹, den ›Barb.‹, den ›Heinr. VI.‹ aufführen will, mit etwaigen Veränderungen behufs der Szenerie pp. gern zur Hand zu gehen. Grabbe.« – Ich verspreche nicht, ich halte. Vor dem Druck muß ich ›Heinr. VI.‹ sehn und die Druckfehler nachsimulieren. *Ophamila* sagt Act. I:

Matthäus – Ha, die Viper – O ich hasse
Die eigne Priesterkleidung, denn er trägt
Ja eine gleiche – Lang und furchtbar rangen
Wir miteinander – Doch was half's? So elend
Der Normann ist, die Italiener sind
Elender noch und feiger – weichen gleich
Wenn die Normannen sich nur regen –

Was fehlt da? Vipern ringen miteinander. Bitte schreib mir. Und ›Barb.‹ hat ungeheuer viel Druckfehler. – Soll ich ihr Verzeichnis, wenn ich besser bin, Dir schicken? – Und ›Heinr. VI.‹ ist genialer. – Und ängste Dich nicht wegen unseres Kontraktes? Bist Du zufrieden, wenn ich Dich bitte, ihn noch *ein Jahr* zu halten, und Dir verspreche, darin für 24 Rtlr. monatlich ›Napoleon‹ und ›Philipp von Schwaben‹ mit aller meiner Kraft und allem Ernst zu liefern? Und dann alles weiter gehen oder auf sich beruhen soll, nach dem Erfolge, oder Deiner Ansicht? – Schreibst Du es vorher, können auch Monate in den 24 Rtlrn. *ausfallen.* Den jetzigen aber und nächsten oder übernächsten laß mir, si possible. Wist hat wieder pro Febr. 24 Rtlr. gezahlt und fordert die erwähnten vorjährigen 12 Rtlr. nach. Ich schrieb Dir neulich, wie es mit diesen 12 Rtlrn. v.J. kam. Nächsten März kannst Du sie abziehen, dann nehme ich nur 12. – Obgleich Du Dich mit ›Aschenbr.‹ etwas, mit ›Heinr. VI.‹ *entsetzlich* irrest (mit ›D.J. u. F.‹ dito, wie Du merkest), befördere ›Heinr. VI.‹ Druck, schnell, wir wachsen immer, habe 1 Jahr Zutrauen zur Kraft, zur Liebe, zum Ernst

Deines Grabbe, der in Krankheit an Dich nur schreibt, und der doch kein vom Publico mißkannter, sondern ziemlich geehrter Poet ist.

Detm., d. 1. Febr. 1830.

(*Alle,* die ›Heinr. VI.‹ gehört, halten ihn für mein Bestes, so sehr sie den ›Barb.‹ oft getadelt. – So hier. – Kluge Leute, – so der Redakteur des ›Sonntagblatts‹, welcher übrigens den ›Barb.‹ sehr lobt.)

101. An Georg Ferdinand Kettembeil

Lieber Freund,

eben erhalte ich einen Brief von Köchy, der in Mainz bei Haake ist, u. an die Aufführung meiner Stücke denkt. Er zaudert aber gern. Die Rezension im ›Freimütigen‹ ist doch erbärmlich fade. Hr. Schiff hat wohl in den ff einen Druckfehler. Ophamila denkt bei dem Ringen mit Matthäus nur an *seine* Person, – er u. Matthäus, – das Bild taugte auch nicht, wenn viele Vipern rängen, – er spricht nachher von den Italienern, wie wir oft von den Deutschen, die wir schimpfen, mit Ausnahme von uns selbst. Setz meinethalb:

»Lang und furchtbar rang
Ich mit ihm.«

Du bist da zu bedenklich, ich weiche aber gern. Das Druckfehlerverzeichnis zum ›Barb.‹ sende ich nach, – ja, dem ›Heinrich‹ (der, wie gesagt, auch seine Achtung verdient) ist es anzuschließen. An meinem Arme wird ziemlich gerissen. Mir fallen dabei Gedanken ein wie Schnee. Ich kann nicht gut mehr schreiben.

Stets
Dein Grabbe.

Detmold, den 10. Febr. 1830.

[Am Rande:] Raupach hat ja auch einen ›Heinrich VI.‹ geschrieben.

102. An Karl Gottfried Theodor Winkler

Hochgeehrtester Herr Hofrat!

Ihrerseits bitt ich um Verzeihung für diesen nachlässig hingeschrieben scheinenden Brief, denn ich habe beim Umsturz eines Schlittens meinen linken Arm total gebrochen, und wird mir derselbe, da er mir zur Last wird, schon höchst zuwider, – meinerseits Dank für die Anzeige des ›Barbarossa‹ in der ›Abendzeitung‹, und zwar großen. Schon früher hätt ich ihn abgestattet, aber Journale sieht man hier nur dann, wenn sie 6 Monate schon erschienen sind.

Ich kann's nicht lassen, mein Herz zu lüften: Sie kennen den Goethe persönlich – – er ist klug und ungeheuer eitel – furchtbar! – Ich lese eben erst den Briefwechsel zwischen ihm und Schiller, und, auf mein Wort, er schmerzt mich mehr als mein Arm. Hat Goethe dessen Herausgabe befördert – nun! – Der arme, nicht Menschen, nicht Hof, nicht Welt kennende Schiller, der übersichtigere Goethe, sonst nicht viel besser oder geistreicher. – Und läßt die an ihn gekommenen Briefe publizieren!

Ich möchte darein zu schlagen versuchen, aber es ist sehr nützlich, auch die Schwächen großer Geister zu sehen. Ob der Goethe am Ende auch das bezweckt hat? Seine Anhänger *müssen* es sagen. Dies bloß meine Herzensergießung, denn persönlich bin ich weder Goethe noch Schiller böse.

Hochachtungsvollst

Ew. Wohlgeboren

gehorsamster Grabbe (Auditeur).

Detmold, den 16. Febr. 1830.

103. An Georg Ferdinand Kettembeil

Lieber Freund,

ich bin wieder ziemlich gesund. Aber Geschäfte. Doch die Advokatur habe ich abgegeben, und widme mich nun mehr der Muse. ›Napoleon‹ wird gut. ›Heinrich VI.‹ ist es aber doch auch. Westfälische Blätter loben mich, aber error, wenn Du die Zögerung des ›Barbarossa‹ dem ›D. J. u. F.‹ zuschreibst. ›D. J. u. F.‹ ist besser, und ›Gothland‹ wurde noch schlimmer rezensiert. Die Feenszenen aus ›Aschenbrödel‹ könntest zum ›Gesellschafter‹ schicken, mit der Notiz, sie hätten zwar schon in den Münsterischen Unterhaltungsblättern gestanden, aber der ›Gesellschafter‹ sei weiter verbreitet pp. Gubitz will karessiert sein, und die Szenen Act. II, 1–3 (ja bis ans Ende, auch die Ratte mit, wie in den Unterhaltungsblättern) sind herrlich. Schreib ihm, ich hätte den Arm gebrochen, sonst würde ich ihm selbst geschrieben haben. Ich hätte Dir nur ein diktiertes Billett schicken können.

Wo bleiben meine übrigen Selbstrezensionen vom ›D. J. u. F.‹. Treib Menzel. Grüß ihn von mir. Schreib ihm, ich ließe mich bedanken, litte aber grade an einem zerschmetterten Arm.

›Barbarossa‹ müssen wir poussieren. Nebenliegende Selbstrezension fülle aus (mit den angedeuteten Zitaten) und korrigiere. Ich flehe. Gib sie Meseritz.

›Napoleon‹ wird ungeheuer. Frische Kraft in mir. Ich trinke weniger.

Auf den Witz von Wist beian antworte verneinend, wie natürlich. Er spekuliert immer und kann mit den 24 Rtlrn. monatl. gut zufrieden sein. Ich mußte nur so etwas tun.

Um mir Ruhe zu schaffen erkläre doch, daß ich die 24 Rtlr. frei erhielte, wenn ich nur nach Muße für Dich arbeitete. Ich will fleißig sein.

Die Literaturgeschichte. – Bis zum nächsten Briefe. Goethes Briefwechsel mit Schiller hat mich so geärgert, daß ich über Goethe schreiben möchte.

Befördere doch alle Rezens. über ›D. J. u. F.‹ u. ›B.‹, wenn auch, was ich wünschte, und zwar sehr, eine in die ›Didascalia‹. – Napoleons Kürassiere und la Fleur.

Rekruten kommen. Dein

Detm., d. 15. März 1830. steter Grabbe.

(Frankieren konnt ich nicht. Aber nächstens wohl. Pässe kommen.)

Treib ›Heinr. VI.‹. Nächstemal auch die Druckfehler des ›Barbarossa‹.

104. An Karl Gottfried Theodor Winkler

Hochgeehrtester Herr Hofrat!

Für Ihr gütiges Schreiben meinen Dank. Auch Hrn. Böttiger bitte ich Gruß und Wunsch zur Heilung von mir zu übermachen. – Tieck – ? Nein, ich glaube, er ist mir nicht ganz hold mehr. Ich war ihm früher wohl zu eigensinnig. Gott hat mich aber gebessert, oder ich selbst.

Mein zerfetzter Arm heilt doch jetzt etwas. Ich behalte ihn doch, wenn auch vielleicht gelähmt. – Lyrisches oder Erzählendes werde ich schwerlich der ›Abendzeitung‹ liefern können, da es bei mir andere Natur geworden, alle meine Kräfte auf einen Punkt immer zu richten, und dieser Punkt ist grade jetzt das Drama. Lieber *ein* Herkules als 1 000 000 Liliputer.

Und nun ein Brief beian, vom Schauspieler Pichler junior. Es ist meine Passion, Leuten, die sich mit Unrecht von mir beleidigt glauben, jede Gefälligkeit zu tun. Pichlers Vater glaubte es einstmals. Sie sind, wie ich glaube, zugleich Sekretär des Königl. Theaters, oder haben doch sonst Einfluß auf dasselbe. Pichler jun. bittet mich, den eingeschlossenen Brief an Sie zu besorgen. Können Sie ihm helfen, bitte ich, es zu tun. Er ist ein tüchtiger Komiker, und dabei auch in ernsthaften Rollen, sobald sie – ich möchte sagen etwas Porträtmäßiges haben – recht brav. Sein Shylock ist der reine Devrientsche, was in Dresden, wo Werdy ihn ganz anders als Devrient spielt, vielleicht zur Abwechslung gefällt. Recht befriedigt hat mich noch nie ein Schauspieler, weder Eßlair noch Devrient, darum ist mein Lob eines einzelnen dieser Klasse gewiß unverdächtig.

Mit Hochachtung und Liebe
Ew. Wohlgeboren

gehorsamster Grabbe,
der ein schlechter
Briefzumacher (!) ist.

Erhalte ich wohl zwei Zeilen Antwort wegen Pichler?
Darf ich fragen, ob die Notiz des Lortzing, wegen der ›Jagd‹, eingerückt ist?

Detmold, d. 23. März 1830

105. An Georg Ferdinand Kettembeil

Lieber Kettembeil,

Keine Rezension? habent sua fata libelli. Ich und das Publikum urteilen richtiger als Du, ›Don J. u. F.‹ ist besser als ›Barbarossa‹, obgleich er genug Meerschaum hat, daß er bald sein Glück auch machen wird. Frißt sich durch, und die Bewunderer werden wachsen wie Pilze. Ja, schnell die Rezension in die ›Hall. Literaturzeitung‹ und die Szenen aus ›Aschenbrödel‹ an Gubitz. Folgtest Du mir als Verstandesmenschen, ich ließe ›Aschenbrödel‹ doch drucken. Es wirkt gewiß, schon wegen der Angriffe, und der Witz ist *schärfer* als im Lustspiel. Ich bitte, wie kannst Du mir Witz absprechen? Hast erst neulich Landolph und Wilhelm anerkannt. – Jede Dame, die ich kenne, setzt ›Barbarossa‹ unter ›D. J. u. F.‹, jeder Herr ›Heinrich VI.‹ darüber, und ich auch, und mit dem allervollsten Rechte. ›Heinrich VI.‹ ist *weit gediegener* und hat *keinen* Fehler, *keinen* Schaum, und Du irrest Dich über das Ding. – Vom ›D.J. u. F.‹ las ich neulich Notizen in der ›Eleganten‹. Don J. selbst wurde sehr gelobt, nicht der Mephisto. Hell schreibt mir auch. – Jetzt an Lustspiele zu denken, ist nicht Zeit. ›Napoleon‹ ist im Werden. Da hilft hoffentlich schon der Name, aber wir müssen seiner würdig sein. Übrigens kommen so ziemlich alle meine Ideen über die Revolution hinein, und die sind gut und viel. – Wann kommt denn endlich ›Heinrich VI.‹? Er ist nötig als etwas Erfrischendes, und Köchy und Pustkuchen mahnen mich daran, indem bei einem Zyklus von Tragödien sie und die meisten Rezensenten, um sich nicht zu vergaloppieren, lieber schwiegen bis eine Folge käme. Mit den Geldgeschichten bin ich zufrieden und wollen die beiden folgenden Termine aussetzen. Nur waren, da ich Deinen Brief vom 30. v. M. erst am 3. oder 4. d. M. erhalten, die 24 Rtlr. schon ausgenommen.

Ich bin wieder kräftig, tätig, sogar etwas verliebt. Dieses eine Jahr laß uns noch versuchen. Mußt mir aber freie Gewalt über die Zeit geben, ob ich 2 oder 3 Stück schreibe, brauchst mir auch nicht jeden Monat 24 Rtlr. zu schicken, mußt es mir nur vorher zeitig melden, aber, da ich mein ganzes Vermögen arrangiere, indem ich der Literatur wegen die Advokatur aufgebe und mich leicht ängstige (was mich beim Dichten stört), erklären, sowohl meine Stücke als die etwaigen erhaltenen oder noch zu erhaltenden Summen, wären dons gratuits, und wir höben jede Ansprüche gegeneinander auf. Das geht auch, denn es stimmt teils mit unsren Kontrakten, teils wirst Du doch am Ende großen Vorteil ziehen, teils verlange ich die 24 Rtlr. ja nur nach Deinem Belieben, teils habe ich Ruhe auf den Fall Deines oder meines Ablebens, der ferne sei.

Wahrscheinlich komme ich nach Wiesbaden. Es wäre gut. ›Napoleon‹, denk ich, ist Ende Juli fertig.

Willst Du noch Selbstrezensionen? – Im Grunde haben

wir doch Glück genug, aber es muß wachsen, da wir es *verdienen.* Anbei Druckfehlerverzeichnis zum ›B.‹. Vergleich es, und setz es hinter ›Heinrich den Sechsten‹. (Spüre doch mal, ob der Tieck nicht machiniert. Hell ist ihm nicht gut, und Böttiger ebenso wie Hell.)

Stets Dein
Detmold, d. 8. April 1830. alter Grabbe.

106. An Georg Ferdinand Kettembeil

Lieber Freund, ([das wilde (?) A.]ussehen meiner Briefe verzeihst Du scho[n ...] wie meine Haare.)

Dein letzter Brief ist mir deinethalb, nicht meinetwegen, unangenehm gewesen. Ich glaube *Dir*, daß Du vollkommene Wahrheit sprichst. Nutzen hast Du *am Ende* gewiß bei unseren Sachen, aber die Deutschen sind literarisch übersättigt und sehr flau und es währt lange. Wie sind wir nicht angegriffen und gelobt – und doch! – Na, Ich bin Ich, und ist mir alles eins. Nichtsdestominder arbeite ich sehr ernstlich am ›Napoleon‹. Der Name schon hilft, und alle Ideen, die ich je über die Revolution gehabt, lassen sich darin ausschütten. – *›Heinrich VI.‹ verkennst Du*, das sage ich ruhiger als Du (der Du der Ruhigere sein willst), und laß Du ihn schnell drucken! *Wann kommt er?* – Uns wird es gehen, wie jetzt wohl fast allen Autoren und Buchhändlern. Viel Geschwätz und wenig Wolle. – Wegen Einstellung der Zahlung der monatlichen 24 Taler bin ich nicht böse, danke Dir vielmehr für Deine Erklärung und Deine übrige Gefälligkeit, bleibe Dein amicus, jedoch mußt Du erlauben, daß ich für diesen letzten Monat die monatliche Quote noch einmal aus Gründen ausnehme, will sie jedoch Dir *franko* auf Erfodern, wohin Du willst, nur, wo möglich, nicht nach Frankfurt oder außer Deutschland rücksenden. Auf Ehre. – *Schaffe doch die Probeszenen aus ›Aschenbrödel‹ in den ›Gesellschafter‹.* Im ›Rh. Anzeiger‹ steht mein Armbruch, auch der ›Komet‹ spricht einigemal von mir. – Wir dringen doch wohl brillant durch. Wir sind zu gut. – Der ›Freimütige‹ u. das ›Konversationsbl.‹ sind ja jetzt eins! – [Da] die Tücke des ›Konversationsblattes‹ gegen den ›Barbarossa‹ gerichtet ist, begreife ich den ›Freimütigen‹ contra ›D. J.‹ u. umgekehrt. – Die Hunde – die Konversation tötet den ›Freimütigen‹. – Sage dem Herloßsohn, ich würde gern am ›Kometen‹ mitarbeiten, grüßte ihn, litte aber am Armbruch.

Dein alter
Grabbe.

Welch ein Zettel! 5. Mai 30. (Napoleons Todestag, nicht meiner.)

Daß Raupach einen ›Heinrich VI.‹ geschrieben, schadet uns nicht. Habent sua fata. Mein ›VI.‹ ist mehr als ›Gothland‹, viel künstlerischer, kühner, und doch Feuer, echte, sehr richtige Historia. Schick mir ja den gedruckten ›Heinrich‹ vor dem Wegsenden wegen der Druckfehler.

107. An Louise Christiane Clostermeier

Hochgeehrteste Mademoiselle!

»Sonntag frei«? Heißt das: ich frei, Sie nicht besuchen zu dürfen? Eine schlimme Freiheit. – Ihr Billett ist rätselhaft, aber morgen fodr' ich die Lösung durch – Bitten.

Ohne Komplimente
Ihr
gehorsamster Grabbe.
(Verzeihen Sie dem
Schwachen.)

Detmold, d. 23. Mai 1830.

108. An Louise Christiane Clostermeier

Ohne Komplimente,

es ist *ganz gewiß* so alles, wie ich sagte, – darum ohne Sorgen. Ich will sorgen. Ruhe, Freude, Menschen- oder doch (denn Menschenkenntnis haben Sie feiner als ich u. Althof) Lebens-Kenntnis! Anbei den zufällig mitgenommenen Zettel zurück. Ich sehe ihn bei der Gelegenheit noch einmal durch, und muß nochmals versichern, Sie handeln zu ehrenvoll oft und es wird anerkannt.

Hochachtungsvollst, gehorsamst,
devotest, ergebenst pp.

Detmold, d. 2. Juni 1830. Grabbe.

109. An Georg Ferdinand Kettembeil

Kettembeilius,

anbei die Druckfehler. Hältst Du einige für unnütz, nimm sie weg. Setze auch die zum ›Barbarossa‹ hinter ›Heinr. VI.‹. Schaffe doch die Szenen aus ›Aschenbröd.‹ in den ›Gesellschafter‹. ›Napoleon‹ ist nunmehr in der letzten Szene. Bei ihm lasse mir aber den vollsten Lauf. All mein Geist, jede meiner Ansichten, muß soviel als möglich hinein. Darum, so weh es mir tut, schreibe ich ihn in – Prosa, aber wie ich hoffe, in lutherisch kräftig biblischer, wie z. B. ›Die Räuber‹. Ich kann die Artillerie-Trains, die congrevischen Raketen pp. nicht in Verse zwingen, ohne sie lächerlich zu machen. Schiller dachte bei ›Wallenstein‹ erst ebenso, änderte nachher – aber das ist ein Unterschied: Wallenstein liegt uns fern genug, um ihn in das Phantastische zu ziehen, Napoleon bewegt sich zu nah in unserer prosaischen und darum so sehr musikalischen Zeit (denn die Extreme berühren sich).

Die Pakete mit Bücherkatalogen erhielt ich und besorge sie; aber einen *Professor* Overbeck in Lemgo gibt's schwerlich. Der Bote soll sich dort erkundigen. – Es wird jetzt zu viel geschrieben, als daß einzelnes, und sei es von Gott, schnell durchdringen könnte. Man merkt's überall. Die Zeiten von Goethes, Wielands Auferstehen, wo man jahrelang sich um Bürgers Ballade stritt, sind dahin (fuz à qui sagt man hier). Selbst Selbstausposaunen (womit der alte Narr Goethe vorausgeht) hilft wenig. Tu Du es etwas aber mit unsren Sachen immerhin. Indes glaube ich doch, das Schlechte wird allmählig verfliegen, und das Gute bleiben, jedoch nicht im Laden, sondern im Verkaufe. – Apropos, bei den Druckfehlern zu ›Barb.‹ u. ›H. VI.‹ mußt Du die Zeilen nachzählen. Nach meiner Manier bin ich konsequent gewesen und habe stets *von oben* gezählt, oft ist's aber von unten näher. Mach's wie Du willst, besorge nur den ›Heinrich‹ schnell.

Daß ich erst jetzt antworte, hat seine guten und schlimmen Gründe. A) Gute: ich mußte den ›Heinrich‹ erst 3mal durchlesen, um wegen der Druckf. sicher zu sein. B) Schlimme: obgleich ich viel arbeite, leide ich an Händen und Füßen schnöde an der Gicht. Und dazu gebe ich alle meine alten Bohnen (Geschäfte) selbst im Bette ab. Ich kann das übrigens so ziemlich, weil ich hier nicht ganz unbegünstigt bin. – *Bitte, treib den Menzel.* Grüß ihn von mir, und sprich von meiner Krankheit, wegen deren ich nicht schreiben könnte. – Einige Druckfehler bei ›Heinr. VI.‹ verschuldet sicher der Setzer. Aber ich habe auch kuriöse Abschreiber. Unbedeutend sind die Fehler fast alle. – Hinter dem Druckfehlerverzeichnis ist eine Notiz *für Dich.* – ›Napoleon‹ hilft uns vielleicht schon durch den Namen. – Die Venturinische Chronik pp. muß ich bis zu Napoleons Beendigung behalten. –

Napoleon ist übrigens eine so große Aufgabe nicht. Er ist ein Kerl, den sein Egoismus dahin trieb, seine Zeit zu benutzen, – außer eigennützigen Zwecken, hat er schon als Korse, als Halbfranzose nie gewußt, wohin er eigentlich strebte, – er ist kleiner als die Revolution, und im Grunde ist er nur das Fähnlein an deren Maste, – nicht *er*, die Revolution lebt noch in Europa, – man sieht's an den Wahlen in Frankreich. *Er* hätte die ebenso gehaßt wie Polignac.

Nicht *er*, seine Geschichte ist groß. Sein Geist ist gut (?) und tüchtig, er hat oft gesiegt, seine Trommeln tönen vielen Eseln noch so laut wie Paganinis elende G-Saite (nämlich des *genialen Scharlatans*), – aber wodurch siegte er? Er hatte nie einen großen Gegner, – seine Gegner waren durch Anciennität, er durch Geist befördert. Weil Anciennität im Altertum so wenig galt, darum ist es so jung, – darum finden wir trotz der schlechten damaligen Zeit dort in 10 Jahren 100mal mehr große Leute als jetzt in 20, – darum hat die Revolution, wo aus dem Kote auch etwas hervortauchen konnte, Ähnlichkeit mit ihm.

Im Drama werde ich aber aus Klugheit den l'empereur et roi hochhalten. Ich kann's auch mit gutem Gewissen. Er ist groß, weil die Natur ihn groß machte und groß *stellte*, gleich der Riesenschlange, wenn sie die Tiger packt. – Ich kann nicht weiter, meine Hände.

Dein alter

Detmold, den 14. Juli 1830. *Grabbe.*

(Diesen Brief konnte ich nicht wieder durchlesen. Antworte bald.)

›Heinrich der VI.‹ hat Fehler, ist aber ebenso wie ›D. J. u. F.‹ besser als der widerlich – ›Barb.‹. *Meine* Ansicht und auch anderer.

(Nota. Freimachen konnt ich diesen Brief nicht. Verzeihe.)

110. An Wolfgang Menzel

Hochgeehrter Herr Hofrat!

Ich muß Ihnen Dank sagen für die Anerkennung, welche Sie mir in Ihren Rezensionen gewähren, oder vielmehr, ich muß das achten, und mein Gemüt oder was es sonst ist, zwingt mich, es Ihnen auszudrücken. Sie treffen scharf. Einiges, sei's Lob, sei's Tadel, scheint mir zwar nicht immer unwiderleglich. Aber urteilt der Fremde am Ende über das

Ich nicht besser als das Ich selbst, welches fast stets ein Ich-Ich ist? Und muß man daher bei so geistvollen Männern, wie Sie, die ich in ihren Arbeiten auch ohne Namensunterschrift oft erkannt habe, nicht zweifeln, ob das Ich-Ich recht hat, ja sogar vermuten, daß es unrecht hat?

Sie, mein hochgeehrter Herr, sind unter den Literatoren ein *Charakter*, – Ihnen wünschte ich eine Armee, – vielleicht bin ich in manchen Weltansichten (nicht eben in literarischen) sehr von Ihnen verschieden, – vielleicht wissen oder fühlen Sie das, – vielleicht liebe oder hasse ich da, wo Sie es umgekehrt machen, – aber Sie sind stark genug, Fremdes auch da anzuerkennen, wo es Ihnen vielleicht nicht fremd, sondern auch widerwärtig sein mag. Gibt es aber Widerwärtiges? Wir betrachten die Kröte mit Ekel, – wie sieht sie aber vielleicht *uns* an? – Ach Gott, alles ist am Ende eins. Wohl dem, der es einsieht.

Im Ernst: Folgen eines zerschmetterten Arms, Gicht, Biß eines tollen Hundes, der hoffentlich nicht schaden wird, weil Tollheit auf Tollheit wenig wirken kann, Blutspeien und Geschäftsdrang, lassen mich nicht mehr und besser schreiben als hier geschehen. Also seien Sie fürerst mit meiner Hochachtung und meinem Dank zufrieden oder doch nicht ärgerlich darüber. Ich bitte.

– In diesem Augenblick kommen hier Zeitungen von Paris an – die Stuarts von 1688? Charles war für Frankreich stets ein ominöser Name, Charl. d. Dicke, V, IX pp.

Ew. Wohlgeboren ergebenster

Detmold, den 3. Aug. 1830. Grabbe (Auditeur).

111. *An Georg Ferdinand Kettembeil*

Kettembeilius,

Menzels Rezension ist gut. Ich habe einen Brief an ihn beigelegt. Besorg ihn, wenn es Dir gefällt. Versiegle ihn besser mit *Lack*. Daß Du ihn aufbrichst ist Dir erlaubt, aber ich sehe das bei Briefen nicht gern. Jedes in seiner Art, und dem Brief sein charakteristisches Geheimnis, der Person angemessen, bloß dem Empfänger offen, wie –. Mit den Druckfehlern in ›Heinrich VI.‹ mach es, wie Du willst, – flick aber auch ›Barbarossa‹ dahinter, – wie viele dumme Jungen, ad exemplum Dr. (dummer?) Schiff haben die nicht gemerkt. Nur Druckfehler wie »leben« statt »wohnen«, »Wundermale« statt »Wundenmale«, »verbraent« statt »verbrannt« (p. III) sind nicht ohne Bedeutung. Achte und überlege. »Graf Boogholt« statt »Borgholt« könnte am Ende stehen bleiben. Es ist ein erfundener Name. Nur hängt oft der Charakter mit dem Namen, den man sich dazu gedacht, zusammen. Ist's nicht schon zu spät, so laß ihn meinethalb immer stehen. Entscheide. – Mich hat, im Ernst, ein quasi toller Hund gebissen. Ich brauche nichts, denn das ist alles nur Scharlatanerie, – wer das Blut nicht darnach hat, wird nicht toll, wer es darnach hat, wird toll. – Ja, die Aschenbrödelszenen fort und ›Heinrich‹ schnell besorgt. – ›Napoleon‹ ist fertig, und wird nun von mir selbst corrigendo, supplendo etc. abgeschrieben, nach meiner Gewohnheit. Daß Du mir etwas Zeit läßt, ist mir lieb. (Gott, da singen sie in der meiner Stube gegenübergelegenen Kirche!). Ich habe sehr viel zu tun, auch Gicht und Podagra dabei. Sollten wir wohl so ganz durchdringen? Die Literatur ist ein Meer geworden, in dem man Golfströme nicht mehr sieht. Gegen mich ist auch etwas Neid rege. – Verbessere den Titel an Menzel, wenn ich darin gefehlt, oder entschuldige den Fehler bei ihm. – ›Napoleon‹ wird eigen, – das jetzige Theater taugt nichts, – meines sei die Welt, – ich werde ein Vorwort schreiben. – Über Goethes und Schillers Briefwechsel denke ich mich irgendwo in einem Journale nebenbei zu lüften. Diese Hemdausziehereien! – Die Prosa in ›Napoleon‹ soll schon schmettern. *König Ludwig:* »Nicht zwei Jahre, und dort sprengten die Weltenstürmer wilden Trabes, mit den feueratmenden Geschützen durch die Straßen von Paris, von Cadix hin nach Moskau, und Er« pp. *Napoleon:* »Meine Schlachtendonner wieder, – in mir wird's still.« *Bertrand:* »Nun ist es, als stiegen in seinem Busen Abendröten« pp. (Napoleon schlafend unter Batterien.) *Cambronne:* »Wer wagt es, ihn zu wecken?« *Ein Offizier:* »Die Preußen fahren die Geschütze schon auf!« *Cambronne:* »Laß sie fahren. Und schlagen sie uns nieder mit Kartätschen – Niemand soll seinen Schlaf stören oder seine Träume« pp. Alles besser, ist's abgeschrieben. Jetzt nur Stückwerk. Der Ball in Brüssel!

›Heinrich der VI.‹ ist vielleicht zu – gut. Besorg ihn doch schnellmöglichst – wer weiß? – Auch *ganz* ›Aschenbrödel‹ hätte ich drucken lassen.

Die *Angouleme:* wer so wie ich, umdonnert vom sturmempörten Paris, die Straßen knirschend unter den Rädern der Henkerkarren, die Häupter des Vaters und der Mutter von den Schafotten rollend pp., wer dann als Kind im Tempel gefangen sitzt, – und in der Nacht nichts fühlt als das Klopfen seines kleinen Herzens, – dem möge Gott nahen wie mir, und er nahte mir –. (Porto kann ich nicht gut.)

Alles nur, selbst im kleinsten, Bruchwerk. Aber ahne.

Geht's, es wäre gut, so könntest Du mir erst von *nächstem Monat September* an nur 12 Tlr. übernehmen. Es lüftet mich. Ich habe viel zu fodern an viele Leute, aber viel zu tun, um es auszutreiben. Dein *Grabbe.*

Detmold, den 4. August 1830.

(Eben hör ich die Donner in Paris. Na, das soll dem ›Napoleon‹ nicht schaden.)

112. An Louise Christiane Clostermeier

Hochgeehrteste Mademoiselle!

Anbei Klemms Brief (hierin eingeschlossen) und ›Herfest‹ zurück. Mein Klemm ist es schwerlich. Der Mann hat übrigens, soviel ich gelesen, Anlagen, und darum bitte ich Sie, antworten Sie ihm auf seine Fragen. Sie können es am besten. Er macht aus dem Hermann am Ende eine Reihe idyllisch-epischer Fragmente.

Ein Narr ist er aber doch. Daß er den Archivrat geschätzt hat, versteht sich, indem er seine Schriften kannte, die am Ende mehr wert sind als die ganze liebe Hermannsschlacht selbst. Es steckt weit tiefere Historie drin. Aber in seinem Briefe kommt er eigentlich nur deshalb karessierend an, damit der Herr Archivrat (modo Sie) ihm aus unserm Teutoburger Walde einiges Buchenholz zu seinen poetischen Feuerbränden bringen sollen.

Detmold, den 5. Sept. 1830.

Hochachtungsvoll
Grabbe
und
gehorsamst.

113. An Georg Ferdinand Kettembeil

Freund,

aber aus ›Aschenbrödel‹ die Feen in das ›Morgenblatt‹!! Wie ich höre, stehen wir in der ›Allgemeinen Zeitung‹. Den ›Napoleon‹ beschleunige ich von Tag zu Tag, er ist reell und greift in die Zeit. Die Weltereignisse, welche jetzt losbrausen, wie geschmolzene Gletscher, und die ich auf Ehre in Frankreich und Belgien fast bis auf das kleinste prophezeit hatte, werden uns insofern nützen, als vor ihren Donnern das Gepiepe eines Raupach, das kokette Trillern einer Sonntag, das Rezensieren jedes Ladendieners, dem die Hand juckt, nicht mehr gehört werden wird, ja die Leute auch Paganinis melancholisch-berechnete-darum klug-talentvollscharlataneriemäßige-hanswursthaftige-Seiltänzereien auf der G-Seite nicht mehr ihrer flachen Reflektion, aus der sie wieder die Tropfen ihres Gefühls schöpfen, würdigen werden. Der Ernst wird gelten, und Ernst habe ich ihnen geboten, und biete ihnen denselben wieder an. Politik ist zwar jetzt die Hauptsache, aber politisch bin ich auch. Orleans und die jetzt so lahme Deputiertenkammer der Kaufleute enden nicht besser als Charles X. Hat das Volk für Kaufleute gestritten, so heißt das noch nicht, daß die Krämer es beherrschen können, und Orleans – pp. – Charles X. machte einen dummen Streich, – blieb er konstitutionell, so wäre das ganze germanisch-römische Europa, besonders Preußen, das ruhig handelt und ernst denkt, es auch in einigen Jahren geworden – Friede war da. – Aber ob der Geist über den Wassern die flaue Friedenszeit, ausgeputzt mit konstitutionellen Schranken, für dienlich hielt? – 1832 fällt ein Komet.

Den Brief an Menzel konntest Du dreist erbrechen.

Ein toller Hund hat mich wahrhaftig gebissen. Es geht vielleicht gut.

Wo bleibt ›Heinrich VI.‹? Wo Deine Briefe? – Für diesen Monat leg mir die 12 Tlr. bei; ich bitte. Mußt sie aber dabei als don gratuit erklären. Ärgern soll's mich nicht, wenn Du den Oktober miteinschlössest, – es wäre mir jetzt grade nicht meinetwegen, sondern wegen Deines oder meines Portos lieb. Du oder ich müßten die paar Kassenscheine doppelt frankieren.

›Napoleon‹ hinter ›Heinr. VI.‹ angekündigt, ist *jetzt* gut.

Sei wegen meines Fleißes nicht bange, außer dem Hundsbiß bin ich gesund wie ein Tiger.

Meine, dem Herloßsohn versprochene Rezension über die Schiller-Goethesche Briefsch..... rei ist eine *Abhandlung* über unsere – *Zeit und Goethe und Schiller geworden.* Sollte Herloßsohn sie in seinem Journal nicht plazieren können, würdest Du sie ansehen? Er dringt, sie ihm zu schicken, – aber sie ist zu lang für das Blatt. Mein Versprechen halt ich gern: darum schick ich sie ihm, und werde fragen, was er damit machen will, ob im Journal oder besonders abdrucken lassen.

Napoleon (noch auf Elba):

O meine Gardegrenadiere! Wandelnde Festungswälle mir in der offnen Schlacht! Umglänzten eure Bajonette mich doch wieder!

Dein *Grabbe.*

Detmold, den 12. Sept. 1830.

(Frankieren ging nicht gut.)

114. An Georg Ferdinand Kettembeil

Kettembeil,

dies ist Frankfurter Papier, einst an den Kaiser von Österreich bestimmt. Den ›Heinrich‹ schick ja an die Journale. Auch an Menzel. ›Napoleon‹ schreibe und schreibe ich ab, jeden Tag mehrere Bogen, aber bei der Gelegenheit wächst er wieder, und der Stoff ist – weil er so *nahe* liegt, aus keinem anderen Grunde – riesenartig. Früher riefst Du mir Ruhe zu, jetzt Eile. Ich eile und will und muß eilen pto. der Zeit, aber will ich gehörig kontrollieren, nicht manches übersehen, was mancher Laffe, der es grade gesehen hat, besser weiß, so mußt Du zirka 3 Wochen warten. Als Drama, der Form nach, habe ich mich nach nichts geniert. Die jetzige Bühne verdient's nicht, – Lumpenhunde sind ihr willkommen, dafür soll sie aber wieder zu den Dichtern kommen, so gewiß ich wieder gesund bin. – Wegen der Gelder mußt Du mir den gewünschten Revers ausstellen, sonst bin ich geniert und dürfte wohl nicht einmal mehr etwas annehmen. Die vierundzwanzig Taler erhielt ich sehr gelegen, und danke. – Wild ist die Zeit, abschreckend sogar, paß aber auf, im Sturme zeigt sich der Fels. Man sieht darnach. Die Huren haben auskokettiert, man kann sie leichter kriegen als vom Parterre aus. Die Journalisten müssen rechte Speise auftischen, sonst können sie die schlechte selbst fressen. Die Zeitereignisse nützen ihnen, wenn sie klug sind, ½ Jahr, – aber es ist Hunger nach Tüchtigem da. – ›Aschenbrödel‹ im ›Morgenblatt‹? – Kannst Du nicht die Memoiren der Herzogin Elisabeth v. Orleans, Straßburg (Braunschweig) 1789, auftreiben, für billigen Preis? Ich bitte, antworte mir darüber! – Die Volksszenen in ›Napoleon‹ werden köstlich, besser als im ›Sulla‹. – Hätt ich nur Zeit oder Lust, da ich jetzt selbst eile. Da muß eine zweite Auflage einmal dienen, alles zu überflügeln, was jetzt nur in pikanten Skizzen geschehen kann. Aber Worte: »Die Finger abgehackt, in den Mund damit als Zigarren der Nation« dürfen Dir nicht auffallen, denn sie fielen wirklich *Napoleon*: Amphitrite, blauäugiges neckisches Mädchen – Tu du mißlaunig wie du willst, ich weiß, du liebst ihn doch, den Sohn der Revolution, der mit den Waffen um dich wirbt, liebst ihn weit mehr als Englands Krämer, die mit der Elle dich messen, – einst trugst du mich auf sichren Armen vom Nil zum Rhone, morgen trägst Du mich ebenso von Elba nach Fréjus – Amphitrite, schlummre süß! –

Die Angouleme.

Nun macht er seine Tigersprünge! Weh, mein Busen!

Eile. Bauern.

Dein

Detmold, den 2. Okt. 1830. Grabbe.

Kannst Du mir Abschrift des ›Ça ira‹ und des ›Allons enfants de la patrie‹ schicken?

115. An Georg Ferdinand Kettembeil

Lieber Freund,

alles was Du von Beeilung des ›Nap.‹ sagst, ist recht. Aber die jetzigen Zeitereignisse zwingen mich, ihn nicht allein umzuschreiben, sondern zu potenzieren. Du wirst das begreifen, wenn Du ihn siehst. Ich hatte vieles geahnt, jetzt mußt ich noch mehr ahnen. Trink eine Flasche Wein: *Morgen ist auf Ehre die letzte Szene fertig.*

Das Ding über Goethes und Schillers Briefwechsel und die beiden Herren selbst, habe ich auf Deinen Rat nicht abgeschickt, sondern Bedingungen gemacht, die H. nicht erfüllen wird können. Willst Du es? Es ist viel darin.

Von ›Heinr. VI.‹ mußt Du an die Journale schicken. Im ›Sonntagsblatt‹ rezensiert ihn die Hohenhausen – gut.

Meine tolle Lebensart und das ewige Sitzen bei dem Ungetüm von Napoleon hatte mir Bluterbrechen zugezogen, und vorigen Donnerstag hing mein Leben von $\frac{1}{4}$ Stunde mehr oder weniger Apothekerschnelligkeit ab. Vide an einl. Etiketten, daß ich nicht lüge. Jetzt wieder besser, bei meiner zähen Natur, aber der hiesige Hofrat hält mich im Zügel der Diät, weil er sagt, ich verdiente es diät zu sein. – Menzel wahre zum Freund. Das »wunderlich« tut nichts, es stand schon einmal von Berlin aus im ›Mgbl.‹ über mich, und ich glaube, der Berliner Korresp. macht überdem die Meßübersichten, nicht Menzel. – Glückt ›Napoleon‹, so schreibe ich ›Robespierre‹. – Den ›Napoleon‹ verseh ich mit einer derben Vorrede, jedoch ohne Persönlichkeit. Er bindet sich als Drama aber an nichts. Halb oder ganz. Müssen sehen, wie der Wurf gelungen. Ist dick. Napoleon, Blücher, Bülow, Wellington, Angouleme (er und sie), Blacas d'Aulps, Chassecoeur (Gardegrenadier), Jouve (Revolutionsmensch), Ludwig XVIII., Fouché, Carnot, Herzog von Braunschweig, Lützower, Berliner Freiwillige, Harzjäger, Pariser Schneider, Vorstädter von St. Antoine, Bergschotten, Gneisenau, Emigranten, – Tuillerien, Palais royal, Greveplatz, Elba, Brüssel, Ligny, Belle Alliance, Hortense – pp. pp. Alles hoffentlich sicher gezeichnet.

Dein alter

Krischan Grabbe.

Detmold, den 10. Nov. 1830, St. Martin.

(Meine Abschreiber will ich schon hetzen.)

116. An Georg Ferdinand Kettembeil

Lieber Kettembeil,

meine Abschreiber schreiben abscheulich, – ich kann Dir nur den Anfang ›Napoleons‹ schicken, und so Post für Post weiter. Du hast eine feine Nase und wirst hoffentlich riechen, daß mein ›Napoleon‹ wohl etwas Außerordentliches wird. Alle Interessen der Zeit sind darin. Die Anfangsszenen sind in quanto et quali sehr wenig, aber für Dein Urteil genug. Wie aber alles weitergeht? Den Chassecoeur hältst Du vielleicht für einen sein sollenden Haupthahn – atto III kommen aber die Leute von St. Antoine! – Ich wollte, Du wagtest ein paar Taler und acht Tage und kämest hieher. Der ›Napoleon‹ ist es wert, und mündlich ließe sich viel überlegen. – Das »Orleans, einst König« war wirklich schon im Dez. v. J. geschrieben. Also kenn ich die Zeit. Schicke den Anfang gleich in die Druckerei, *mir* aber die Probe-Bogen zur Korrektur – Du hättest alles und besser, aber meine Abschreiber! O. – Lies mit heiterem Auge, sind vielleicht auch jetzt noch Böcke im Manuskript. Ich konnte die Herden nicht zählen, gedruckt vielleicht besser.

Detmold, d. 10. Dez. 1830. Dein

N. Grabbe.

Personenverzeichnis fehlt, – denn es ist nicht nötig. $^{9}/_{10}$ ist wörtlich historisch – die dummen Rezensenten finden es aber oft nicht. Meine Gesundheit befestigt sich. Ein Mädchen hat mich auf 1 Kind verklagt. Ça non ira. Idem.

117. An Georg Ferdinand Kettembeil

Lieber Kettembeil,

anbei der erste Bogen retour. Soll Chassecoeur einmal kein Gefreiter sein, so mach ihn, wo er so heißt, zum Gemeinen. Das wäre dann das Beste, es muß aber ja im ganzen Stücke geschehen, und hängt von Dir ab. Pag. 14 habe ich den Gefreiten nicht korrigiert. Deinen Brief vom 8. hab ich erhalten, auch die Pekunien mit dem vom 5., und danke. Teufelskind, weißt Du, was ich für Deine Kataloge für Porto v. Kassel bis hier nachzahlen mußte? 16 Ggr. 3 pf. – Eile, eile mit Vollendung des deutschen Druckes. Wir bekommen sicher Krieg, nicht aus der und der Ursache, der und der Intervention, der und der Laune, sondern weil statt der Völkerwanderung die Ideenwanderung da ist, und Feuer und Wasser, i. e. Liberalismus und Legitimität, wie die Herren sie verstehen, sich nicht auf die Länge vertragen. – Ob Du mir die Bogen schickest, überlege. Meine Korrektur schadet eben nicht. Könntest Du mir nicht *mehrere* immer senden lassen? – Von Zweibrücken nichts. Quäle den Ritter. – Korrigiere, laß aus, – freilich mit Vorsicht. Ja, von der österr. Mätressenphrase so viel stehen gelassen, daß man sie ahnt. Nächsten Freitag leg ich wieder Manuskript auf die Post. Dann überleg die franz. Übersetzung. Es wäre ein herrlicher Streich.

Dein

Detm., d. 12. Januar 1831. Grabbe.

Ist der ganze ›Napoleon‹ (das Stück) nicht ein eigener Wurf?

118. An Nikolaus Meyer

Hochgeehrtester Herr Regierungsrat!

Meine Entschuldigung: den ›Eros‹ haben bis jetzt von selbst der Hofrat Piderit, der Hofrichter und der Rat Ernst bezahlt, und die übrigen Herrn habe ich bei meinem

Kranksein persönlich nicht getroffen, und expreß umherschicken mocht ich nicht. In einigen Wochen (3–4 mehr oder weniger, i. e. auf 2 Monate darf's bei Entfernung des Druckorts nicht ankommen) ist mein ›Napoleon‹ im Druck zu Ende, Ihnen und Fr. Elis. v. Hoh. sende ich jedem 1 Exemplar und lege dann Porto ersparend das eingekommene (und es wird alles sein, da ich Ihnen ernstlich verspreche, dann auch in eventum umherschicken zu wollen) Geld bei. Sollte irgendeine Gelegenheit von hier nach Minden Ihnen bekannt sein, irgendein Mindenser, der hier durchkäme, so gefällig sein, mich zu besuchen oder seine Anwesenheit anzeigen zu lassen, so könnten wir die ganze Post ersparen. – Sonst mit ›Napoleon‹.

Im Drange der Geschäfte,
aber hochachtungsvollst
Ew. Wohlgeboren
Detmold, d. 12. Jan. 1831. gehorsamster Grabbe.

119. An Wolfgang Menzel

Hochgeehrtester Herr!

Dank für Ihren Brief. Und nur keine Entschuldigung wegen Ihrer verzögerten Antwort: denn 1) antworten Schriftsteller in der Regel spät, und das muß seine Gründe haben, eben weil es so allgemein ist, – 2) weiß ich, daß Sie genug zu tun haben, und sehe, daß Sie überflüssig tun, – u. 3) ließ mich der Anblick Ihres Schreibens das Warten darauf sofort vergessen, ja – doch was hilft der wahre Ausdruck der Empfindung, wenn er für schmeichlerische Phrase gehalten werden kann? Indes spricht die Natur der Sache für mich, – lang ersehnt, sehr willkommen pp.

Die jetzige Zeit wirkt trefflich auf mich ein. Es ist juristisch erweislich, daß am selben Morgen als ich die lieben Ordonnanzen des zehnten Karls las und ihre Folgen für Frankreich ahnte, mir die Gicht aus den Füßen fuhr. –

Warum, weiß ich nicht recht. – Oder, sollt es sein, verdauen wir endlich 6000 Jahre Weltgeschichte? – – Alle Staatsrevolutionen helfen aber doch nichts, wenn nicht auch jede Person sich selbst revolutioniert i. e. *wahr* gegen sich und andere wird. Darin steckt alle Tugend, alles Genie. Ist das toll von mir gedacht?

Ich habe ein schweres Jahr gehabt. Die große Weltzeit hat eine kleine Vorzeit nicht ganz für mich verdrängen können – die Gicht ist fort, aber Nervenschläge treffen mich doch noch zirka alle 4 Wochen mit schauderhafter Kraft. Dabei, als hiesiger Auditeur, Militärgeschäfte mehr als je. – Verzeihen Sie daher wilde Briefe, um so mehr als Briefe doch das hin und herspringende Gespräch ersetzen müssen und vielleicht so besser sind, je mehr sie sich der Unbefangenheit der persönlichen Unterredung nähern.

Mein ›Napoleon‹ ist in vollem Druck. Ich habe beinah zuviel in ihm vorausgesagt, soviel, daß, als die Begebenheiten rascher waren wie Abschreiber und Setzer, ich, um kein zu arger Prophet ex post zu sein, manches streichen mußte. Mein Verleger wird Ihnen das erste Exemplar schicken.

Sie wünschen mich populärer. Mit Recht. – Aber theatralischer? der Manier des jetzigen Theaters entgegenkommender? – Ich glaube, unser Theater muß dem Poeten mehr entgegenkommen. Das tut es aber weder durch Eröffnung pekuniären Gewinnstes noch durch Darbietung tüchtiger Künstler. Wäre an das Schauspiel das gewendet, was in der letzten Sirupszeit an die Oper verschwendet ist, es ließe sich sogar ein ›Gothland‹ aufführbar machen. Übrigens ist auch (natürlich nach meiner Einzelmeinung) das Drama nicht an die Bretter gebunden, – der geniale Schauspieler wirkt durch etwas ganz anderes (NB. das »ganz andere« ist ein ekelhafter vager Ausdruck, – zu sagen, was ich damit meine, erfordert aber wohl scharf gewählte Worte, und das Auswählen würde diesen Brief um Wochen verzögern, oder 6 Seiten voll ungeordneter Gedanken, und die liefre ich nicht gerne. Hoffentlich einmal die Worte) als der Dichter, und das rechte Theater des Dichters ist doch – die Phantasie des Lesers. Die ›Eumeniden‹, die ›Sakuntala‹, der ganze Shakespeare und unsere Zeit, die der Bühne über den Kopf wächst, beweisen es vielleicht. Vielleicht, – denn Sie scheinen anders zu denken, und das hätte mich bei jedem stutzig gemacht, bei Ihnen macht es mich nachdenklich und zweifelhaft.

Dank für Abdruck der Aschenbrödeleien, und moralisch und literarisch wird mir jedes Lob und jeder Tadel von Ihnen willkommner sein als ich sagen mag. – Ich hatte im Juni v. J. über Goethes und Schillers Waschzettel-Wechsel eine breite Abhandlung geschrieben, in der aber nun manches zu spät, manches unzeitig sein mag. Können Sie es gebrauchen, steht's zu Dienst.

Verzeihung für das wüste Aussehen dieses Briefes. Ich vergaß im Eifer, daran zu denken, und hochachtungsvoll bin ich

Detmold, den 15. Januar 1831.

Ew. Wohlgeboren ergebenster
Grabbe.

120. An Georg Ferdinand Kettembeil

[Lieber Kettembei]l,

hierbei ein Brief an Menzel. Versiegle ihn und fort damit. Von ›Napoleon‹ ist e. Sendung unterwegs, ich konnte aber nichts dabei schreiben, weil ich Rekruten beeidigen mußte. Treib, poussiere beizu ›Heinr. VI.‹, – ich finde ihn jetzt hin und wieder in den Journalen erwähnt. Ich glaube, die großen Literaturzeitungen vergißt Du – sie wirken in kleinen Städten am meisten, – man hält sie für ehrwürdiger. Solltest Du selbst die Korrektur besorgen (*selbst!* nicht allein durch Zweibrücker Professoren), so achte ja auf Eiligkeitsversehen, oder frag mich. Ich glaube, wenn der Hr. Ritter nur fleißiger wäre, so hält die Detmolder Korrektur nicht viel auf. Noch hab ich keinen 2. Bogen. – Bei der Sendung, die Du Mittwoch erhältst, liegen Deine Bücher nicht. Ich konnte sie nicht einpacken lassen, als mir die Stube voll war. Jetzt ist die ›Minerva‹ wohl einballiert, und Venturini liegt vor mir, und wird der Staub abgewischt. – Wir wechseln wohl zuviel Briefe, indem es Dir zuviel Porto macht. Ich will künftig soviel als möglich mich konzentrieren. – Diesesmal schrieb ich aber schon deshalb, daß Menzel auch Antwort erhielte. Er kann uns nützen.

Dein

Detmold, d. 15. Jan. 1831. Grabbe.

121. An Georg Ferdinand Kettembeil

Lieber Kettembeil,

Du schreibst ja gar nicht. Hierbei erstlich die 2 von Ritter erhaltenen Bogen und ein Blättchen an ihn. Du mußt die Sache schneller treiben. Es sind schon wieder Prophezeiungen erfüllt, die in dem ›Napoleon‹ stehen. Ritter besitzt, wie er mir schreibt, für den 4. Bogen Manuskript nur noch 2 Seiten. Wie ist das? Von mir hast Du Manuskript genug. Die Schickerei von Zweibrücken direkt hierher taugt nichts; über Frankfurt ist noch einmal so kurz. Ritters Brief ist am 5. von Zweibrücken abgegangen und am – 26. hier eingetroffen. Also über Frankfurt, falls, *wie ich sehr glaube*, meine Durchsicht gut ist. Ich schicke immer wieder umgehends retour. Die Szene, welche dem Berliner Freiwilligen das Gleichgewicht halten mußte, nämlich die am Wachtfeuer der hochbegeisterten freiwilligen Jäger, ist trefflich geraten. Noch besser die Schlacht bei Ligny. Glaub's. Ob ich Dir aber morgen damit eine Sendung mache, weiß ich nicht, indem ein hiesiger Klub, i. e. ein ästhetischer und noch mehr weintrinkender, zu dem auch ich gehöre, mich um deren Vorlesung auf übermorgen (Sonnabend) bittet, und ich nicht wohl ausweichen kann. Dafür erhältst Du nächstens mehr; hast ja doch jetzt schon einen Haufen, den der Drucker bis dahin nicht zwingen wird. – In dem Manuskripte, das Du hast, steht Akt III, Sz. I, etwas von »Casketts« der polnischen Lanzenträger, – es muß heißen »Kalpaks«. – Napoleon sagt in Akt III, Sz. 3, er wolle sein Heer bei »Avesnes« versammeln. Daher könnte Akt IV, Sz. 4, wo der preußische Husar meldet: »in Marchienne pp. wimmele es von Franzosen«, auch »Avesnes« hinzugefügt werden, und zwar voran. – Sieh in einem guten französischen Lexikon nach, ob es usus ist, »Etuis« oder »Etui« zu schreiben; ich habe bekanntlich kein Buch und kenne beide Lesarten. Ich bitte sieh nach. Wir wollen auch in Kleinigkeiten ordentlich sein. – Achte auf die Szenenfolge, ob ich sie immer richtig gezählt habe, nicht etwa 2mal dieselbe Zahl gesetzt. – Akt III, I, habe ich bei Anfange jeder Strophe den ersten Vers etwas weiter einrücken wollen. Meine Korrektur bezeichnet es, mein ich. – Ich mag nun schicken, wenn ich will, Deine ›Minerva‹, Venturini erhältst Du auf Ehre mit der nächsten Sendung. – Vielleicht sehen wir uns am Rhein. Denn ich gehe mit in das Feld, und dazu kommt es gewiß. Mein Arzt hat mir befohlen, zwei Karrieren zu ergreifen, die ganz anders wären als meine bisherige Art: entweder zu heiraten oder den Feldzug mitzumachen. Letzteres kann ich so eher, da ich ja Soldat und Auditeur bin, – ich stehe auf der effektiven Marschroute. – Aus Chassecoeur habe ich einen Gemeinen gemacht; auch in dem beiliegenden Bogen ihn dazu umkorrigiert; hast Du ihn im ersten zu etwas anderem umgestempelt, so mußt Du meine Korrektur wieder umkorrigieren. Habe Du überhaupt ein scharfes Auge. Die Lieder: ›Où peut on être mieux, qu'au sein de sa famille‹ und ›Freut euch des Lebens, weil pp.‹ habe ich bei Waterloo gut angebracht. Bei Ligny ein bißchen der Marseillaise. ›Napoleon‹ macht unser Glück, betreibst Du ihn rasch, und rasch in infinitum. Dein

Grabbe.

Detmold, den 26. Jan. 1831.

Ich habe beizu ungeheuer mit Soldaten-Einrollieren, Brüche, Ausfall des Mastdarms der angebl. Dienstuntauglichen zu untersuchen, Stellvertreter zu stellen, Pässe zu visieren pp. zu tun.

122. An Nikolaus Meyer

Hochgeehrtester Herr Regierungsrat!

Ihr Verlust ist zu groß, da sprech ich nicht weiter, so wenig wie ich gewagt hätte zu schreiben, wenn ich so etwas gewußt. –

Der Hr. Postmeister Lieut. Runnenberg wird Ihnen für den ›Eros‹ übergeben

a)	von Sr. Durchlaucht dem Fürsten (5 Exemplare, deren Betrag der Hr. Schloßhauptmann von Funck zugleich mit dem seinigen übermacht hat)		6 Rtlr. 24 Gr.
b)	vom Hrn. Schloßhauptmann	1 Ex.	1 Rtlr. 12 Gr.
c)	vom Hrn. Hofrichter Ernst	1 »	1 Rtlr. 12 Gr.
d)	» » Kanzleirat Ernst	1 Ex.	1 Rtlr. 12 Gr.
e)	» » Hofrat Piderit	1 Ex.	1 Rtlr. 12 Gr.
f)	» » von mir	1 Ex.	1 Rtlr. 12 Gr.
			13 Rtlr. 12 Gr.

Der Herr Lieut. Runnenberg wird seinen Anteil selbst anfügen. Dem Herrn Rat Sterzenbach habe ich gestern geschrieben, aber noch keine Antwort.

Ihrem ›Eros‹ Geist, Gefühl, Sprache nicht zugestehen, wäre töricht; die Rezens. im ›Gesellschafter‹ scheint ersichtlich berechnet-wegwerfend zu sein. Eine Damenhand hätte ich nie darin gesucht. Da ich aus mancherlei Gründen mich nicht als Rezensent hinstellen mag und kann (auch mein Theaterrezensieren ist längst vorbei), kann ich bei keiner Rezension meinen Namen *unterdrucken* lassen, aber an ein beliebiges Journal (auch an den ›Gesellsch.‹) eine Rezens. Ihres ›Eros‹, mit der Sie gewiß nicht unzufrieden sein sollen, selbst einschicken und mit einer Chiffre darunter einrücken zu lassen, will ich recht gern. Darüber 2 Worte Antwort.

Wie leid tut es mir, daß ich Sie nicht sprechen kann.

Hochachtungsvollst
Detmold, d. 29. Januar 1831. Ew. Wohlgeboren
gehorsamster Grabbe.

123. An Georg Ferdinand Kettembeil

Hierbei die ›Minerva‹ und der Venturini. Letzteren läßt Du wohl zurecht legen, und zwar so, daß er recht gut aussieht. Den verdammten ›Eulenspiegel‹ kann ich nicht finden, hoffe aber doch noch. – Ferner: ein Fragment von ›Napoleon‹. Mit alle den Szenen bin ich zufrieden. Sämtliche Wasserkünste dürfen aber bei Ligny nicht springen, weil Waterloo blendender sein muß. – Mit der französischen Spekulation mußt Du es am besten wissen. Der Name »Napoleon«, deutsches Drama, könnte auch ohne Theater (an das ich überhaupt nicht gedacht habe, wenigstens nicht so, wie es jetzt ist) wirken. Vereinige Dich mit Ritter, er scheint tätig, oder tut's nicht. Mihi unus. – Ich habe ungeheuer viel zu tun. Von morgens 7 – bis abends 6. ¼ Stunde Mittag ausgenommen. – Und betreibe den ›Nap.‹. Der Ritter in Zweibrücken könnte ein Kuvert um die Druckbogen, die er an Dich oder mich sendet, schlagen. *Du* mußt aber genau korrigieren. In Zweibrücken möchten eher Truppen als Buchdrucker zu finden sein, wenn auch der Krieg mit Frankreich erst etwa Mai, und da die Polen losschlagen, man also Blut riecht, noch etwas früher ausbrechen sollte. Ich marschiere mit, besonders wenn die Franzosen so eitel sind, wie manche Deutschfranzosen von Metz, Straßburg, Nancy. Daran zweifle ich indes sehr. – Ich bin gewiß liberal, aber wenn uns die Franzosen die Köpfe zurechtsetzen sollten, so verdienten wir selbst keine zu haben. Regierung und Volk haben in Deutschland Interessen, die der Pariser schwerlich kennt.

Dein

Detmold, den 4. Febr. 1831. *Grabbe.*

124. An Georg Ferdinand Kettembeil

In Eile!

Da der ›Napoleon‹ ganz. Ich hoffe, Du bist zufrieden. Steht's überall gleich: Akt oder Aufzug? Ich weiß nicht, wie ich den ersten Akt oder Aufzug betitelt, – wie er müssen die übrigen heißen. – Folgt die Nummer der Szenen richtig? – Steht überall »Soignies«, nicht auch »Soignie«? Das erstere ist richtig. – Sieh im französischen Lexikon nach, ob es »das Epaulette« oder »die Epaulette« heißt und korrigiere danach den Ausdruck des Milhaud. Desgleichen, ist des Berliner tout égal recht? oder toute égal? – Solltest Du nicht anhangsweise bemerken können (qua Buchhändler), das Stück wäre erweislich vor Juli 1830 geschrieben? – – – Die preußischen Jäger (von denen Du am 19. schreibst) habe ich mit *Willen* ziemlich konform gemacht, denn daß es an meiner Kraft nicht lag, beweisen die vielen schnell hingeworfenen Gestalten im ›Napoleon‹. – Deine Anträge wegen Geschichte oder Roman überlege ich. Grade nach ›Napoleon‹ habe ich zu den ›Hohenstaufen‹ keine rechte Lust. – Und schnell, schnell, schnell. – Der Krieg drängt, – zum Glück roch ich die Zeit, und im ›Napoleon‹, sowohl im Stücke als in der Person selbst, sind viele liberale Anklänge. – Wir haben verdient, mit dem ›Napoleon‹ eine dramatisch-epische Revolution und Glück zu machen. Schneller sei als je! Ziehe Ritter in Dein Interesse.

Dein

Detmold, den 25. Febr. 1831. *Grabbe.*

Steht auch überall »Gneisenau« statt meines Abschreibers verfluchtem »Greisenau«?

[Nachschrift]

Ich muß aus diesem Kuvert einen Brief machen, indem ich nicht weiß, ob im inliegenden Schreiben des Pakets auch die Bitte steht, daß Du nachforschen und eventuell darnach im ›Napoleon‹ korrigieren mögest, ob es »Paßkugel« oder anders (Bas, Bosset, Passe- oder Gott weiß wie) heißt. Das Wort ist militärisch zu gebräuchlich und zu individuell, um bloß Kanonenkugel zu setzen.

Dein

Detm., 25. Febr. 31. Gr.

125. An Georg Ferdinand Kettembeil

Lieber Kettembeil,

mache nur den ›Napoleon‹ auf alle Weise bald fertig. Die Druckfehler etwa, Deinem Vorschlage gemäß, nachgeschickt. Und laß ihn, wenn er versendet wird, mit *großen Buchstaben* in die Zeitungen rücken. Sprich, das Publikum lange gewartet, wie er sich in einem Kopfe wie der meinige widerspiegele, – die Zeitgemäßheit pp., drin vorausgesagt pp. Sei klug. – Eile, der Krieg *da* oder *nahe.* Verstehst Du es, so wirkt er. Ich tat alles. Nicht? Ein Wort einmal darüber. Wegen des späten Erscheinens sprich meinethalb von meinem vor. Winter erlittenen »Armbruch«. Exemplare hätt ich gerne 16, ja eigentlich 19. Geht's nicht, schick weniger. Finanzen – Bitte, spare für mich bisweilen einige Notpfennige. Jetzt hat's für mich nicht Eile mit der Finanzerei. Künftige Pläne überlegen. Proponiere ruhig und überlegt. Nicht ›Heinr. VI.‹, sondern die Zeit schadet. Er soll im ›Planeten‹ oder ›Kometen‹ brillant stehen. – Befördere ihn und ›N.‹ an alle Journale, – nur viel Geschrei kann den Augenblick helfen. Wird Raupachs ›Heinr.‹ in Frankf. gegeben, schicke etwas über meinen und ihn in die ›Didaskalia‹. Mein Geist ist wieder sehr frei, aber meine Geschäfte sind ungeheuer. Schnell, schnell, schnell, schnell – ›Napol.‹ kann noch *sehr zeitig* kommen, doch schnell. Warm ins Volk.

Die Franzosen kommen übrigens nicht so weit als sie denken.

Dein

Detmold, d. 24. März 1831. Grabbe.

Eile ! ! ! ! ! ! ! ! ! ! ! ! ! !

So geht's

Ja, Vetter. Ich wollte, wir könnten uns einmal mündlich sprechen.

Der ganze Buchhandel wird stocken, – nur eine Idee wie Napoleon, mit sehr großen Buchstaben in den Zeitungen, geht noch durch.

126. An Georg Ferdinand Kettembeil

Ich bitte, den ›Napoleon‹ nunmehr sobald wie möglich überallhin zu versenden, ihn in Journalen und Zeitungen anzuzeigen pp., es ist die höchste Zeit! Die Druckfehler sind so unbedeutend, daß ich sie nicht nachtrage. Der Druck ist schön, und ich bin im ganzen damit sehr zufrieden. Dieses habe ich wegen meiner vielen Militär-Arbeiten nicht selbst schreiben können. Zugleich bitte ich in meinem Namen mich bei dem Ritter zu bedanken.

Detm., 11. April 1831. Dein

Grabbe.

127. An Georg Ferdinand Kettembeil

Kettembeil,

Du bist jetzt in Leipzig, kannst aber recht gut von Leipzig aus über Detmold hierher kommen, und ich bitte Dich darum, weil es nötig ist. Deine größere Ausgabe wegen dieser Reise würde höchstens 10 bis 20 Rtlr. betragen. Hier in Detmold kannst Du während Deines Aufenthalts einige Tage bei mir wohnen. Einige Exemplare des ›Napoleons‹, deren ich noch bedarf, bring mit. Gib auch eins an Holtei und schicke, da die Berliner, vielleicht aus Furcht vor mir, gegen mich verschworen sein sollen, einige Exemplare nach Paris, insbesondere an den ›Globe‹ und ›National‹, sowie auch nach London an die paßlichen dortigen Journale; desgleichen an Wolfgang Menzel in Stuttgart. Vielleicht wirken Paris, London und Menzel für uns mehr, wie alle Cliquen, die uns in Deutschland entgegenarbeiten. Tieck hat gelogen, ich habe den Brief öffentlich abdrucken lassen, habe aber meine Gründe, dieses mit Stillschweigen zu übergehen. –

Komm übrigens über Detmold nach Hause. –

Diesen Brief habe ich durch einen Fremden schreiben lassen müssen, weil ich von den vielen Geschäften ermattet bin.

Detmold, Dein
den 25. April 1831. Grabbe.

128. An Louise Christiane Clostermeier

30. April 1831.

Hochgeehrteste Mademoiselle.

Meine wirklich vielen Geschäfte, die mich des Abends so matt machen, als wären alle meine Glieder gebrochen, sind schuld, daß ich in jetziger Zeit Sie nicht besuchen u. mit Phrasen eines Abgematteten belästigen konnte, ja nicht einmal Entschuldigung zu machen wagte. Dieser einige

Monat lang gewährt habende Geschäftsdrang ist überdem wohl stadtbekannt. Jetzt mindert er sich aber, obgleich er mir noch lange im Körper wird stecken bleiben. Außer neulich, wo ich nach Lemgo mußte, und gestern, wo ich zum 1. Mal im Garten war, habe ich noch keinen Frühling gesehen .... Red. des ›Morgenblattes‹ ist, mein ich, Haug in Stuttgart. Mein ›Aschenbrödel‹ hat mein Buchhändler durch Hofrat Menzel hineinbesorgt. Diese Gefälligkeit Menzels kann ich aber für Ferdinandus nicht anders benutzen, als wenn ich Sie bitte, mir seine poetischen Kinder u. den dazu gehörigen Brief *versiegelt* zu übergeben, auf daß ich sofort meinen Buchhändler bitte, ihn weiterzubefördern.

Ihre Zahnschmerzen tun mir weh, – weh tut mir auch, daß mich die Frau Archivrätin nicht mehr für den »deutschen Michel« hält. – Gott, *ich* war ja bange, Sie neulich verletzt zu haben.

Gehorsamst Grabbe.

129. An Christian von Meien

Hochgeehrtester Herr
Regierungsrat!

In der Untersuchung gegen die Lemgoer Aufrührer halte ich es für Pflicht, immer sobald als möglich Nachricht zu geben, und das Möglichste zu tun. Es ist nicht, weil ich die immer sichtbarer werdende Dummheit der Leute (welche eigentlich den Namen »Narren« so gut verdienen als »Rebellen«) mit zu großen Augen betrachte, sondern weil sich grade in ihrer grundlosen, gegen ihre eigenen Interessen laufenden Widersetzlichkeit derselbe Revoltegeist äußert, der von Paris aus in wenigen Wochen sogar die Tscherkessen ergriffen hatte.

Gestern sind alle Leute, bei denen es nötig war, noch einmal verhört, denn mit einigen war man im klaren, – die erfoderlichen Konfrontationen sind angestellt, – nun kommt aber der p. Schmuck mit seiner Anschuldigung gegen Falkmann, – ob, da bei Schmuck von den Empörern getrunken ist, es nicht heißen kann,

wer sich entschuldigt, eh man klagt,

sei dahingestellt, – heute Morgen wird er verhört, aber falle es aus, wie es wolle, der Mann zieht die Sache und den Bericht bis morgen in die Länge. Sollte er weitere Untersuchungen machen, so schicke ich Ihnen auch vor dem Berichte morgen früh alle Protokolle s. p. r. Bis jetzt hat mein Schreiber sie nicht alle abschreiben können.

Hochachtungsvollst
Detmold, d. 16. Mai 1831. gehorsamst Grabbe.

130. An Georg Ferdinand Kettembeil

Lieber Kettembeil,

nun unsere Truppen aus dem Lande sind, bekomm ich etwas Luft, und schreibe an Dich. Meine Stube ist wie eine Brandstätte. Zehntausend Menschen mögen in den letzten Monaten mit ihren verschiedenen Gesuchen, Beschwerden pp. darüber gegangen sein, vielleicht noch mehr. Ich habe auch Pfunde von Galle ausgespien. – Hast Du den ›Napoleon‹ auch an Menzel geschickt? Und kannst Du denn gar keine Selbstrezensionen befördern? Du bist ja sonst gewandt genug, hast Leute. Ich habe Dir solchen Quark schon soviel gemacht, daß es mich anekelt. ›Napoleon‹ muß an einige französische und englische Journale.

Literarisch sind mir nun die Hände ganz *frei.* Pläne hab ich nicht. Also überlege wohl, was zeitgemäß und einträglich wäre. Hast Du Stoffe, so proponiere sie deutlich, damit ich darüber urteilen kann.

Sollte nicht gegen uns eine Art literarische Clique, besonders von unbedeutenden Köpfen, von Berlin aus im

Spiele sein? Oder belfert das Volk uns an, wie alles Tüchtige angebelfert wird? Oder sind wir wirklich dumm?

Ich hatte die Idee, den Herren auch einmal zu zeigen, daß wir rezensieren können, und wollte mir ein Journal erkiesen, in dem ich sie à la Menzel packte. Was sagst Du dazu? Und welches Journal nehm ich dann?

Schaffe mir doch etwas in die ›Didaskalia‹, z. B. die Notiz, daß in meinem ›Napoleon‹ vor den letzten Ereignissen stände: »hoch Orl.[eans] einst K.[önig]«, so wie darauf folgte »würde p.« Ich bitte Dich darum. Lebte ich in Berlin, könnte dort persönlich wirken, wir hätten längst mehr als Furore gemacht. In Frankf. ist das nicht möglich, aber etwas mehr könntest Du da auch tun. – Überhaupt mußt Du vom ›Napoleon‹ etwas in die politischen Zeitungen zu bringen suchen.

Dein

Detmold, d. 8. Juni 1831. alter Grabbe.

131. An Georg Ferdinand Kettembeil

Lieber Kettembeil,

antworte mir bald. Was meinst Du, wenn ich »eine Kritik der früheren und jetzigen sowie eine Andeutung der noch zu erwartenden Revolutionen« schriebe. Da wäre vielerlei zu machen. Nicht bloß die politischen, auch die religiösen, wissenschaftlichen, selbst die Erd- und Himmelsrevolutionen könnten hineingezogen werden. Das Ding könnte in Heften oder kleinen Bändchen fortlaufen. Auseinandersetzung der Lage, Macht, Verhältnisse einzelner Reiche, Berechnung oder Hypothese, wann und wie sie vermutlich untergehen, praktische Winke, das zu verhindern pp. – kurz ein ungeheurer Stoff, und vielleicht auch dann noch von den Leuten interessant gefunden, wenn die politischen Schmierereien kein Interesse mehr finden, denn daß dieses sehr dünne werden muß, seh ich an den übersandten Broschuren. Sie sind alle zu flach, zu dumm, zu dünn, und eigentlich noch in der alten Zeit ganz befangen, so sehr sie auch zum Teil schreien, sie wären es nicht. Das hält auf die Länge nicht aus.

Von ›Napoleon‹ Neues? Dein

Eilig geschrieben. Grabbe.

Detm., d. 24. Jun. 1831.

Ich glaube wahrhaftig die obige Idee ist so übel nicht. – Neulich sah ich mich in Münchs ›Aletheia‹ zitiert. – Ich bin wieder frisch und trinke des Morgens nur Wasser. – Daß die Erde ein beseeltes Wesen und das Meer ihr Auge ist, davon bin ich total überzeugt. Item auch davon, daß unten in der See Völker leben, Staaten sind, – ebensowenig wie wir aber oben in den Äther kommen können, weil dort die Luft zu dünn wird, können sie an die Oberfläche geraten, weil das Wasser ihnen zu dünn wird. Alles was besteht, kann man sich umgekehrt denken. Wer das tut, braucht eben nicht klug zu sein um 1000 neue Ideen zu haben. – Der Komet von 1832 ist auch ein verdammter Kasus.

Ich muß schließen.

132. An Louise Christiane Clostermeier

Hochgeehrteste Mademoiselle!

Zuerst: mein Bedauern, daß (wie ich nicht wußte) die Frau Archivrätin krank ist, und mein ernster Wunsch, daß sie bald wieder gesund und heiter sei.

Dr. Klemm ist ein begabter Mann, – wird sonst nicht besser als der Schriftstellerhaufen sein, – ich (was soll ich lügen?) mag ihm nicht antworten, wenn Sie es nicht ausdrücklich verlangen. Habe ich früher weitere Antwort versprochen, so habe ich es nicht anders, als schon geschehen, gemeint, liefere sie dann aber um so mehr auf Erinnern.

Die ›Hohenstaufen‹ setze ich nicht fort. Sie sind zu klein

für die Zeit, und ach – auch unsere Zeit ist mehr toll als groß.

Wie ich merke, wollen Sie mir nicht glauben, daß bloß Geschäfte mich hinderten, seit Mai Sie zu besuchen. Ei, ich habe seit Februar kaum essen können, denn selbst wenn ich zu meinen Eltern deshalb flüchtete, war ich belagert. Und dann mußte ich noch bisweilen in Lemgo sein. Da wäre ich für Sie abends ein matter Gast, voll Dumpfsinns, gewesen. Bedenken Sie, was es heißt, unerwartet, schnell, wie noch nicht geschehen, in ein paar Wochen ein Kontingent bilden zu helfen.

Ich kann beweisen, Sie oft haben besuchen zu wollen, aber eben durch meinen Mißmut zurückgeschreckt zu sein.

Daß Ihr Wunsch bei der Regierung so gut erfüllt ist, freut mich. Ich wundere mich darüber und war anderer Meinung.

Vieles hätte ich zu sagen, aber Sie wissen, ich fürchte mich zu kommen, falls Sie es nicht besonders mir befehlen. Wie leicht wäre ich überlästig, und Ihre Güte verhehlte es mir. Und jetzt ist eine Pause dazu eingetreten, die Sie mir, nicht meinen Geschäften zuschreiben. Lassen Sie mir es geneigtest sagen, wenn ich einmal kommen darf.

Bis diese Stunde hatte ich heute zu tun, – diese Stunde las ich Ihren Brief, da ich ihn im Aktenkram nicht lesen mochte, dieses meine Antwort, Entschuldigung und Bitte. – Genesung der Frau Archivrätin!

Hochachtungsvollst und ohne
Detmold, den 25. Juni 1831. Phrase
Grabbe.

133. An Louise Christiane Clostermeier

Hochgeehrteste Mademoiselle!

Erstlich Genesung vom bösen Husten! – Für Ihren gestrigen *Brief* Ihnen beiden Dank. Ich verdiene Nachsicht, andere als Sie hätten mich aber getadelt. Sobald ich mich dazu fähig fühle, komme ich zu Ihnen. Du lieber Gott, ich glaube aber noch immer als ein trauriger Passagier. Die reformierte Kirche wird auf drei Wochen geschlossen, weil man – weißt.

Hochachtungsvollst
gehorsamst Grabbe.

Detmold, den 10. Juli 1831.

134. An Louise Christiane Clostermeier

13. Juli 1831.

Glück u. Heil der Frau Archivrätin am Jahrestag vor der Erstürmung der Bastille! *Ja, ich komme.* Aber, außer Geschäften, in deren Vollziehung ich meine Ehre setze, habe ich keinen Verstand. Ich werde dumm, langweilig und etwas gut sein. – Mich frißt die Zeit, oder ich fresse ein Stück von ihr, oder ich weiß nicht. Was sich jetzt mir nicht übel zeigt, ist in Gefahr.
Diese Antwort ist spät bestellt, weil ich keine Besteller hatte. – Sie herrlichen, obgleich oft eigenwilligen, aber so guten, zu bewundernden Menschen. Ach, Sie kennen wohl Ärger, aber Hundezeug nicht. pp.

Ich bin
nur Grabbe.

135. An Louise Christiane Clostermeier

17. Juli 1831.

... Wie Menschen verschieden sind, zeigt das tolle Ding von ›*Barbarossa*‹, welches ich von meiner Hand beilege. Es entstand heute, als ich Freiligraths Traum von Konradin und Friedrich von Östreich las. Was geht uns jetzt Konradins, des Sekundaners, Ermordung an? – Freiligrath ist noch aus der Matthissonschen Schule, – überflügelt uns vielleicht bald, denn er ist jünger, etc. etc.

136. An Louise Christiane Clostermeier

Hochgeehrteste Mademoiselle!

Großen Dank für Ihre Teilnahme, die Sie selbst krank sind. Werden Sie ja besser. Sie können und verdienen es. Das Essen versuche ich abends in Meiers Hause. Vielleicht hilft es. Krank so arg wie früher werde ich aber in diesen Wochen nicht werden, oder mein Nervensystem täuschte mich.

Morgen frage ich an, ob ich bei Ihrer Krankheit Sie doch abends besuchen darf.

Sie werden die Wahrheit sagen.

Gruß der Frau Archivrätin, und möge Sie gesund bleiben, wie Sie ist.

Die kleine Ente ist ein Teufelskind.

Hochachtungsvollst
gehorsamst
Detmold, 20. Juli 1831. Grabbe.

137. An Georg Ferdinand Kettembeil

Lieber Kettembeil,

wenn Preußen die Insertion des ›Napoleon‹ verbietet, so darf er dort auch nur schlecht oder gar nicht rezensiert werden. An Deiner Klugheit und Tätigkeit liegt es, das durch nichtpreußische Journale 3fach zu ersetzen, auch durch Frankr. u. Engl. Ich bitte, laß doch etwas in die ›Didaskalia‹ bringen. Die ›Abendzeitung‹ und überhaupt sächsische Zeitungen mögten gut sein.

Die politischen Schriften sind Gequakel. Ich lese kein Buch, worin bewiesen wird, daß Licht Licht, Despotie Despotie, Preßfreiheit Preßfreiheit sei. Ich bin sehr liberal, aber das jetzige Revolutionsrasen ist weiter nichts als ein notwendiges Übel, welches die Menschheit durch Leiden dahin führen wird, daß jeder einsieht, es gibt nur ein Glück, und das ist

sich selbst zu reformieren und klug genug zu sein, um völlig edel zu sein.

Dann finden sich Staats- und Familien-Verhältnisse von selbst.

Dieses ist nicht sentimental gemeint, aber mein bewegtes Leben hat mich dahin geführt.

Kościuszko als Drama gefällt mir, obgleich der Mann ein bornierter Kopf war. Du denkst dabei aber wohl zu sehr an die Zeit und überschätzest die europäischen Juden, die Polen. Diebitsch hat schändlich dumm gekriegt, – jetzt geht das Volk bald unter, ehe ›Kościuszko‹ gedruckt ist. Was Tapferkeit der einzelnen, wenn das Ganze verrottet ist? Wie Geschwüre brechen jetzt von Skrynecki erlogene Verrätereien aus dem Boden, die Moral weicht, Skrynecki aber wird auch laufen müssen.

Rußl. wird noch manchen Staat beschützen müssen. Die Franzosen, wollten sie einmal wieder Trikoloren, haben hinsichtlich *Rußlands* zu lange gewartet. Sie finden da immer, und ist es auch rebellisch, den Anstoß.

Mir steckt vieles Praktische in dem Kopf. Ich *muß* wieder Arbeit haben. Ein Buch wie Murhard schreib ich in 8 Tagen. Mach mir mehr Vorschläge, sei's was will, und wär's eine Grammatik.

Laß mich nachdenken. Antworte mir aber bälder als sonst.

Dein

Detm., 20. Juli 1831.

Gr.

138. An Louise Christiane Clostermeier

Hochgeehrteste Mademoiselle!

Gesundheit! Ihnen und der – Frau Archivrätin sobald sie dieselbe nötig – ich hoffe nie – hätte.

Verzeihen Sie dieses Konzeptpapier. Ich treffe den Ulrich,

von dem ich gern für meinen Gebrauch Papier benutze, nicht zu Haus. Von Freiligrath Anliegendes zurück. Morgen und übermorgen hoffe ich mehr. Das anliegende Gedicht ist so gut, daß ich selbst meine Korrekturen retour nehme. Es braucht nicht abgeschrieben zu werden. Darum schick ich es nur zur Nachricht. Ich will es besorgen. Morgen abend lasse ich es holen. Hochachtungsvollst gehorsamst

Detm., 22. Juli 1831. Grabbe.

Der Brief sieht aus wie ich.

139. *An Georg Ferdinand Kettembeil*

Lieber Kettembeil,

ja, Kościuszko ist ein guter Stoff, obgleich ich dabei bleibe, daß der Kerl nichts wert war. – Mit dem ›Morgenblatt‹ hast Du Dich sehr geirrt: ich habe vom ›Napoleon‹ nichts hineinrücken lassen, auch nichts hineingerückt gesehen. Zeige das Menzel an, denn von dem wünscht ich eine Rezension. Ich bin im Augenblick riesenstark, aber schon wieder knackert Pist – lenzeugs um meinen verdammten Schädel. Gott weiß (Gott wird auch wohl Deputiertenkammer haben), warum ich geboren bin? Ich glaube, ich bin ein gemachter – Witz. – Kościuszko, Malachowsky, ein Pole, Katharina, Suworow, Potemkin, ein Russe wären die Hauptstoffe, – dazu ein preuß. u. österr. Abgesandter.

Dein

Detm., 28. Juli 1831. Grabbe.

140. *An den Fürsten Leopold II.*

Durchlauchtigster Fürst!

Gnädigster Fürst und Herr!

Ew. Hochfürstliche Durchlaucht bitte ich untertänigst um gnädigste Gestattung eines Urlaubes von 14 Tagen für die nächsten Wochen zur Hin- und Zurück-Reise nach Frankfurt am Main. Hinsichtlich des Geschäftsganges am Militärgericht ist das Dringendste besorgt, und im übrigen würde der Kriminalgerichtssekretär Althof während meiner kurzen Abwesenheit gern das Nötige für mich tun. Seitens des Obristlieutenants Böger wird gegen meine Urlaubsbitte, welche durch meinen Gesundheitszustand und durch einige Buchhändler-Verhältnisse bedingt ist, welche ich nur mündlich in Frankurt am Main abmachen kann, nichts erinnert.

In tiefster Devotion bitte ich:
um gnädigste Gewährung.

Ersterbend

Durchlauchtigster Fürst!
Gnädigster Fürst und Herr!
Ew. Hochfürstlichen Durchlaucht
untertänigster Grabbe
(Auditeur.)

Detmold, den 28. Juli 1831.

141. An Georg Ferdinand Kettembeil

Lieber Kettembeil,
heute will ich die Rheinfahrt nach Koblenz machen und sehen, wie sie wirkt.

Besorge ja sofort die Annonce im ›Frankf. Journal‹, sollt's auch etwas kosten. Es hängt viel davon für mich ab. Rousseaus Oberpostamtsz. nützt mir *bei uns* weniger.

Aus Kościuszko und der allgemeinen Geschichte soll etwas Ordentliches werden. Jedenfalls verlaß Dich darauf, einen gereiften Mann, der ich bei aller meiner scheinbaren Tollheit doch bin, darin zu finden.

Dein
G.

Main, 14. A.[ugust] 1831.

142. An Georg Ferdinand Kettembeil

Du,

obgleich der Herr von Maltiz hier ist, will ich doch noch heute morgen fort. Längeres Bleiben nützt nicht, und Du wirst nur durch mich in Deinem Geschäft gestört.

Da ich aber Deine Buchhandlung und Umgebung scheue, besuch mich zum letztenmal, bald in ¼ Stunde. Ein Gespräch in der Morgenstunde ist besser als 10 abends beim Wein.

Bitte komm, – *wir sehen uns ja nun sobald nicht wieder* – ein hübsches Frühstück, wie der Pariser Hof es hat, steht Dir zu Gebot.

Am selben Tag wo dieses
geschrieben ist, und

ganz gehorsamst derselbe
der es schrieb.

143. An Louise Christiane Clostermeier

Hochgeehrteste Mademoiselle,

daß ich an ihren Namenstag denke, beweise das schlimme Blumenzeugs, schlimm, weil ich nichts Besseres wußte und erst gestern den Namenstag erfuhr; also nicht wählen konnte, sondern mich fügen mußte in das Gebrachte.

Hochachtungsvollst
gehorsamst
Grabbe.

Detm., den 25. Aug. 1831.

144. An Louise Christiane Clostermeier

Hochgeehrteste Mademoiselle!

Sie haben eine schlechte Reise nach Heidenoldendorf gehabt.

Nehmen Sie mir aber nicht übel und seien Sie nicht zu edel: Ihr Ihnen mitgeteiltes Reskript ängstet mich, – aber

Sie wollen ja des Morgens mich Sie nicht besuchen lassen, und abends auf gestern, heute und morgen sind Sie bei Kaiser versagt. Also mir das Reskript mitgeteilt, und mich *Montag abend Sie* besuchen lassen.

Hat's aber Eile, jede Stunde. Aber ich bin und wäre abscheulich, weil ich Ihnen alles, und vor allem Gesellschaft wünsche, und ein zerrütteter Teufel sie nicht ersetzen kann.

Hochachtungsvollst

Detmold, 27. Aug. 1831. gehorsamst

Grabbe.

Bauern um mich. Deshalb die Eile.

145. An Louise Christiane Clostermeier

Sie Liebe, Gute!

Ihren Brief anbei zurück, weil Sie es verlangen. Mittwoch hol ich ihn wieder.

Die Leipziger Briefe, ehe ich noch *einen* erhalte, zu schikken, wäre von mir schlecht, und schlecht wünschen Sie mich doch nicht zu wissen. Sie würden über die Orthographie schon spotten, – ach, und die Seele war nicht böse.

Kaiser ist ein Narr.

Das einzige Glück, welches ich auf Erden noch habe, ist die Erlaubnis, Sie bisweilen besuchen zu dürfen. Werde ich besser, werde ich es dadurch. Aber ich bin für Glück eigentlich zu verdorben.

Warum ist man geboren? Warum haben auch Sie Ihre Eltern beweinen müssen? Wodurch verdienten Sie das?

Tyrannei des Geschicks.

Unter Geschäften konnte ich nicht antworten. – Ihr Brief war zu gut dazu – also erst jetzt.

Halten Sie sich nicht für einsam, Sie sind es nicht. Wehe, wer Sie verletzte.

Es wird besser. Die Stunde naht, wo man sich freuen kann. Ich hoffe mindestens.

Ihr

Detm., 2. Sept. 1831. Grabbe.

146. An Louise Christiane Clostermeier

Hochgeehrteste Mademoiselle!

Sollen wir heute aus? Der Tag könnte aber freundlicher sein, und wir den ersten besten freundlicheren benutzen. Denn nichts geht in unsrem Lande über die schöne Beleuchtung eines reinen Herbsttages. – Darf ich, um über die Sache zu debattieren, zum Kaffee kommen? Und wann? – Ich bin ein Flegel, mich selbst einzuladen, aber schlagen Sie es ja ab, falls andere da sind oder da kommen.

Hochachtungsvollst

Detm., d. 24. Sept. 1831. Ihr

Grabbe.

Sie allzu Gute!

147. An Louise Christiane Clostermeier

Freiligrath ist wirklich ein guter Junge. Phrasen macht er aber auch, und schreibt seine Briefe erst in Konzept. Seine Sachen sind in Frankf. besorgt, aber so schnell mit der Aufnahme geht's nicht. Ich will morgen früh deshalb an Kettembeil schreiben.

Sie Liebe, Gute, seien Sie heiter wie der gestrige Tag. Wahrhaftig, ich habe immer die Nacht geträumt, Sie wären traurig. Ich bin

Detmold, 27. Sept. 1831. nicht der Klügste.

148. An Valentin Husemann

Hochgeehrtester Herr Husemann!

Alles, was mir die Henr.[iette] böse gemacht hat, ist nichts anderes als falsche Vermutungen. Ich selbst bin daran schuld. – Bitte, tun Sie mir nicht weh, und nehmen Sie, so lange ich lebe, bisweilen einen Brief von mir an. Daß ich Ihnen allen gut bin, will ich Ihnen bald beweisen, selbst in und nach dem Entscheidendsten.

Vor allem schreibe ich dieses, weil von mir wieder allerlei Heiraterei gesprochen wird, seit ich einen mir sehr teuern Ring trage. Ach, die Jette lasse ich nie. Sie alle scheinen hart und kalt, wie ich sonderbar und schroff. Es bricht doch einmal im Herzen los.

Beschweren Sie meine Briefe – gut – und in einer Stunde sind Sie von solchen Beschwernissen erlöset.

Neulich war ich krank. Sie werden gemeint haben: Wegen Schwelgerei. Himmel, wie anders! Ich hatte in Meinberg von 9 bis 3 Uhr geschlafen, und Jude Wolff hat meinen Mantel verloren. Diesen Mantel hatte die Henriette einmal in besseren Zeiten um ihre Schultern gehängt und im Spaß gesagt, wenn ich in das Feld zöge, wollte sie mein Marketender wohl sein. Das reizte mich zur Wut darüber, daß der Wolff meinen Mantel verloren, der um die Schultern *der* gehangen, die mir so gut schien oder war.

Ach – Grabbe.

Auf diesen Blättern sind Tränen gewesen.

… Ich lebe wie ein Gott, fahre noch heute aus und – bin ohne Sie doch verloren.

Um allen Himmel, alles Glückes willen, erwidern Sie mir nicht hart hierauf – warten Sie, bis ich anfrage. Gott, o Gott.

Detmold, 30. September 1831.

149. An Moritz Leopold Petri

Lieber Petri,

lies die wild hingeworfene Anlage. Gehe ich nächstens dahin, schicke ich sie erst als Ultimatum zu Husem.[ann.]

Der Kern der Sache ist darin.

Laß Dich nicht verwirren: 1) hat die Henriette ja gesagt, und ich ihr erlaubt, zurückzutreten, – sie tat das, – 2) versöhnte sie sich mit mir wieder und versprach, mir treu zu bleiben und nun mich nicht wieder zu ruinieren. Darauf benahm sie sich nach einigen Wochen so furchtbar eines Abends, daß ich wütend weggehen mußte, was ihr oder ihren Verwandten lieb gewesen sein muß, indem alle schriftlichen Versuche, uns wieder zu vereinen, fruchtlos blieben, sie am Ende davonlief.

Das Volk ist kaum wert, daß Du es besuchst, was aber meiner Liebe zu ihm wahrhaftig nicht schadet, ebensowenig wie die folgenden Notizen. Ich habe da den Narren gefressen. Besuchst Du es, so halte Dich stolz, aber als mein Freund. Gefühl haben sie nicht im Leibe. Husemann ist Apotheker, und unrächbar ist die Familie. Denn schöß ich heute einen tot, – zwei Tage nachher verkauften sie wieder Salz. Aber die Henriette war sicher anders.

Die Husemann ist klug, die lange Schwester der Henriette gutmütiger als die anderen, die Schramm ein neidisches Schaf. (Diese kenne ich weniger als die übrigen.)

Kannst Du meine Äußerlichkeiten entschuldigen und den Husemann oder die Weiber dahin gewinnen, daß sie wieder glauben, die Sache ginge vielleicht doch gut, sie nicht mehr zwischen mich und die Henriette treten (wie sie vielleicht zuletzt getan), uns nach Stolzenau reisen lassen, so führe ich das Mädchen in 8 Tagen als Braut und Frau heim. Reiste Husemann mit, desto besser. Es wäre ihm Ehre, uns einerlei wegen seiner Person, aber nützlich wegen der Sache.

Besuchen über diese Sache kann ich Dich nicht, obwohl ich es versprochen. – Anlage remittiere

Deinem

[Detmold, den 7. Oktober 1831] Grabbe.

150. An Valentin Husemann

Herr Husemann,

ich vertraue Ihrer Ehre, daß Sie diesen Brief niemanden mitteilen. Sie können mich damit sofort ruinieren, – wollen Sie das – gut.

Bloße Schuldigkeit gegen meine Eltern und einige Befreundete ist es, daß ich, ehe das Äußerste geschieht, Ihnen dieses Äußerste an das Herz lege.

Ich könnte wüten, rächen, toben, aber von dem allen sollen Sie und Ihr Haus nicht die Spur haben, – ein paar Tränen von Ihnen nach meinem etwaigen Tode, und die Einsicht, daß ich in jeder Art besser war, als Sie glaubten, wünsche ich.

Meine Sachen sind nun soweit geordnet, daß ich sagen kann, den vierten Sonntag von heute an erlebe ich nicht mehr. Sie halten das für Faxe, – ich verpfände aber hiermit meine Ehre, daß es so ist, und gebe Ihnen die Erlaubnis, mich anzuspeien, falls es nicht ist. Ein Teudt, ein Stöcker werde ich nicht, und gäbe man mir 1 000 000 Jahre Leben und jedes Jahr 1 000 000 Louisdors dazu.

Es kann sein, daß ich gefehlt habe, – ich hätte müssen karessierender sein, – die Henriette unter den Arm fassen, sie als meine Braut publizieren, in der Stadt umherführen, Posten anschlagen lassen, schöne Brautröcke anziehen, immer lügen, immer schmunzeln sollen – aber seit sie meine Braut war, wurde sie mir zu bedeutend, und bei ihr, für die ich *sterbe*, hätte ich gern jeden Wunsch erfüllt, den sie gesagt hätte, aber so lange sie das nicht tat, war ich zu scheu, schien trotzig, und kühn und *wagte doch selten*, sie anzurühren. – Ich hätte sollen gleich sagen: morgen Heirat, Frau. Da wurde alles anders, doch meine Gutmütigkeit, welche fürchtete, ich wäre für sie zu schlecht, wollte ihr Bedenkzeit gönnen.

Ich habe *nie* gegen Sie und Ihre Verwandten gelogen, habe mich vielmehr geringer und schlechter gemacht als ich bin, Lüge und Falschheit ist jede Einflüsterung, die gegen mich geschehen sein mag, ich will es beweisen.

Ich falle. Das ad exemplum.

Fragen Sie die beiden bedeutendsten Männer in Detmold, den Hofrat Piderit, den Assessor Petri, ob ich je schlecht gewesen?

Durch die *Täuschung*, die mir die Henriette *so unvorsichtig* gemacht hat, verliere ich schon jetzt an reiner Einnahme 1000 Rtlr. jährlich, – denn ich kann weder advozieren, poetisieren, noch schriftstellern, und danke Gott, daß ich die laufenden Auditeurgeschäfte noch besorge. Mein Geist fliegt hin, ich ihm nach.

Henriette soll, wie ich höre, gegen mich einen Widerwillen jetzt haben. Weshalb hatte sie ihn nicht früher? Sie kannte mich und meine Bizarrerien lange, weshalb mir nicht alles gesagt, daß ich mich bessere, sondern stillen Groll gehegt? Sie sagte einmal zu mir, ich machte ihr Kummer, – weshalb, ahnte ich nur, nämlich durch Trinken. Ich ging aber seitdem sehr selten, und seit der 2. Versöhnung gar nicht mehr zu Meier. Meine Rum-Tees tranken seitdem andere.

Sie hat mit mir *gespielt*, – das mag man mit Plessing, Klingenberg oder Werkmeister Löwen tun, aber wahrlich nicht mit mir. Und doch will ich mich nicht anders rächen, als daß alles Unheil auf mich fällt.

Glauben Sie aber, ist es geschehen, so kommt der

Schmerz doch über Sie. Ganz anders werden die Augen, die Gespräche – Ach, Gott. Mehrmals habe ich nachts vor Ihrem Hause gestanden und gedacht, *da* zu enden – aber seien Sie unbesorgt: mir fiel ein, es könnte Ihnen unangenehm sein.

Ich lüge seit Jahren aus Grundsätzen, die mich gelehrt haben, daß alles Lügen nichts taugt, niemals, – das Mädchen mußte mir glauben.

Aber so sind die Weiber: seit der Zeit, daß ich bitten muß, haßt sie mich, – hätte ich despotisiert fort und fort, ich wäre ihr lieb und lieber. Wie könnte ich aber je sie despotisieren, sie, die mir auf ausdrückliche Fragen, ob sie mein Engel sein wolle, *ja* sagte, meine Hand auf ihr Herz legte, – sie, die mir, als ich Ereignisse wie jetzt befürchtend, fragte, ob ihr mein Tod schmerzlich sein würde, antwortete: »Glauben Sie ich hätte kein Gefühl?«, – sie, die mir nach dem ersten Bruch des Verhältnisses (auf welchen unseligen Tag *ich zum Tode* lag), als wir uns wieder versöhnten, versicherte, *sie wolle mich nicht wieder ruinieren?*

Henriette, sieh in Dein Herz, – Du hast mich lange gekirrt, – ich war und bin Dein, – Du nicktest mir mit den Augenwimpern, als ich um Dich anhalten wollte – es geschah – Du sagtest »ja«, – ich erlaubte Dir zu widerrufen, – Du versöhntest Dich, als Du wegen meiner Tollheit aufriefst, zum zweitenmal mit mir, – bist ohne Grund gewichen – Mein Blut über Dich!

Die gute Schramm, Herr Husemann, welche mir nicht wert zu sein scheint, ihren Geschwistern die Füße zu lekken, hat sich erlaubt, zu sagen, ich hätte der Henriette keine Ruhe gelassen. Das mag sein, – aber wußte die Person auch, daß ich der Henriette deshalb keine Ruhe ließ und lasse, weil ich vorher so ruhig und sicher mit ihr stand? Sie, die Schramm, tut klug, künftig die Sache zu ignorieren.

Diese Bemerkung mach ich Ihnen so freier, als Sie selbst, ehe die Jette mit mir oder ich mit ihr anband, mir Haß gegen das Schrammsche Wesen einflößten, weil er (ohne Zweifel mit Mitwissen von ihr) wegen seiner krüppelhaften Existenz 1000 Rtlr. von Ihnen zu erobern suchte, – weil die gute Caroline 6 Wochen dort die Krankenwärterin gemacht hatte, und doch statt Dankes Undank erhielt.

Ja, eine förmliche Verlobung, wie ich leicht tun konnte, schloß ich mit der Henriette nie. *Eine Frau einklagen*, mochte ich nicht. Ich verließ mich auf ihr »Ja«, wie auf einen Gott. Das zweitemal wenigstens hätte sie es halten sollen. Moralisch hat sie *die Treue gebrochen.* Auf Ehre.

Sie selbst haben, wie Sie selbst mir wiederholt gesagt und wie ich auch spürte, die Sache der Heirat befördert, – darum *helfen* Sie.

Ich habe ja darauf verzichtet, das Mädchen zu bekommen, falls es nur zwei Jahre etwa *mit mir eine Glocke (die Detmolder) hören und dergestalt mich durch ihre Nähe, ohne daß ich es sehe*, beglücken, monatlich entre nous 30 Rtlr. von mir annehmen und die Sache einschlafen lassen will. – Ihre, *Henriettens Abwesenheit*, macht mich unsinnig.

Weiber haben tolle Flirren, – ein Westenknopf, ein alter Überrock macht sie trübsinnig, aber bei der Jette dachte ich an solche Kleinigkeiten nicht mehr. Ich meinte, ich hätte mich so fest auf sie verlassen können als sie auf mich. Es wäre brillant geworden.

Ein Mädchen, was mich nicht mehr liebt, doch heiraten zu wollen, ist sonderbar, – aber sie muß mich wieder lieben, weil sie mich einmal lieb hatte, – ich verspreche, sie soll mich lieb haben und glücklicher sein als die Schramm, welche ihr Geschwätz lassen konnte.

Die Jette mag jeden Esel von Kaufmann oder von sonst heiraten, – so unbedeutend ich bin, bin ich ohngefähr so bekannt, daß mein Verhältnis zwischen mir und ihr im Munde der Nachwelt bleibt, sie als meine Mörderin gilt, da sie zweimal meine Beglückerin sein wollte.

Sie wird dadurch nicht glücklich. Sind denn die Weiber Tiere und alle Menschen erbärmlich? Hat denn die Jette, nachdem sie mir so oft unter Küssen und Drücken, ihr Ja gegeben, nicht gefühlt, daß ich bloß im blinden Vertrauen, sie würde meine Gutmütigkeit nicht mißbrauchen, ihr erlaubte, das »Ja« zurückzunehmen? Hätte Sie nicht das zweitemal, statt wegzulaufen, mich erst zum Besuch einladen sollen?

Aber Abends, als ich mit ihr ausging, deutete ich dem Korporal Böger mit einem Blicke an, nicht anschlagen zu lassen, – andrentags, wo ich spät abends zu Ihnen kam, hatte sie sich geärgert und war nicht mehr da, – morgens darauf hatte ich mit Willen eine schlechte Weste angezogen, um zu sehen, ob sie sich mit mir oder meinem Äußeren, das sie längst kannte, versöhnen wollte – abends, das weiß Althof und Uder.

Ich kann's mir nicht denken: ich verlange, ich *will* nicht 1 Pf. Geld von ihr, – ich will mich aufopfern, ihr alles zu geben, zu tun, was sie wünscht, – und sie, die mir so lieb tat, ruiniert mich auf das entsetzlichste?

Sie hat sich gefreut, in meinen Eltern neue zu finden. Ich wagte sie aber nicht auf den Zuchthof zu führen. Ich wollte sie höher stellen. Wie gern täte ich es jetzt. Und warum mir nichts von alle dem gesagt?

Ich habe Sie alle lieb, beharre bei all meinen früheren Versprechungen, in jeder Art, nur muß die Schramm das Gespräch lassen. Ich tue ihr ja auch nichts.

Detm. [7. Oktober 1831] Grabbe.

151. An Georg Ferdinand Kettembeil

Du irrst, wenn Du mich auf dem Faulbett glaubst. Krank bin ich aber sehr gewesen, liege auch noch darnieder. Der Kościuszko ist mein Ernst, und ich studiere stark für und über ihn. Aus dem Ärmel kann ich ihn bei meiner Gemütsstimmung aber nicht schütten. Komme er aber, wann er will; alles was während seiner Ausarbeitung in der Zeit passiert, soll, wo möglich, hinein. An das Theater denke ich dabei auch, aber verwünscht, wenn diese hölzerne Lumpenkram, der total verändert werden, weit einfacher und doch weit großartiger werden muß, mich durch seine jetzige Äußerlichkeit gänzlich im freien Gebrauch meiner Phantasie stören sollte. Du hättest qua Buchhändler wenig Nutzen davon, denn ich höre eben nicht, daß man die jetzigen Theaterstücke, weil sie aufgeführt sind, auch gedruckt kauft, und Raupach möchte mit einer Gesamtausgabe der seinigen übel fahren. Mir könnte es einigen Profit und Komödienläufer-Bewunderung machen. Frage aber nicht viel darnach.

Daß ich sehr gäre, sehr schlimm jetzt bin, weiß ich auch. Ich habe 5 Seelen im Kopfe. Ich weiß aber auch, daß ich nur nicht selbst einzustürzen brauche, um in den Tagen der Ruhe alle die Schätze, Schlacken und Felsen zu sehen, die ich ausgeworfen habe, und sie zu benutzen.

Die Wasserfallschen Posten vom v. J., welche Du anführst, habe ich, glaube ich, auf Deine Anweisung erhalten.

Befördere den ›Napoleon‹ in Paris.

Was ich kann, will ich Dir zu Gefallen bei dem Kościuszko tun, um nicht nur ein zeitgemäßes, sondern auch in die Zeit sich fügendes Werk daraus zu schaffen. Das letztere hält bei mir freilich schwer, denn so ganz kann ich mich nicht überwinden, bloß um ein paar Groschen schneller zu verdienen, geniale Flugblättchen zu Bänden zu füllen, und weiter sind z. B. Börnes und Heines neuere Schriften doch nichts. Etwas muß ich doch auch selbst an meinen Sachen lieb haben. Ich glaube, wir stehen auf dauerhafteren Füßen als diese Sommervögel.

Ich achte allmählich die Menschen zu wenig, um mir die Mühe zu geben, sie zu Narren zu halten. Vor zehn Jahren aber wär es mir Spaß gewesen, jeden Tag einige Stunden anzuwenden, um sie mit grundschlechten Schriften zu mystifizieren. Jetzt will ich selbst zufrieden sein.

Im ›Napoleon‹ steckt viel Prophetisches (z.B. jetzt wieder die Pairssache, Act. IV, 1). – Das sage ich aber, im Kościuszko soll noch mehr sitzen.

Statt den ›N.[apoleon]‹ zu rezensieren, druckt man Szenen daraus ab – neulich die im V. Akte mit Braunschweig sowohl im Frankf. ›Unterhaltungsbl.‹ oder Wochenblatt als in Braunschw. selbst, wo Lärm darüber entstanden. Was bedeutet das?

Wahrlich
Dein
Grabbe.

Detm., d. 20. Okt. 1831.

152. An Moritz Leopold Petri

Lieber Petri,

1) Bist Du bei Hus.[emann] gewesen?

2) Ist alles unwiederbringlich verloren?

Bitte, gib's schriftlich ab. Mündlich kann ich's nicht vertragen, sei's, was es sei.

Und wenn's nur schlimm stände, so müßte es wieder besser werden können. Es wäre allzu schändlich.

Hierbei 7 Gr. von der Ressource für Rotwein und 2 Zigarren. Als Du bei mir warst, hatte ich die Zahlung vergessen.

Dein
Grabbe.

Detmold, d. 26. Okt. 1831.

153. An Louise Christiane Clostermeier

Hochgeehrteste Mademoiselle!

Sie sind böse, sc. Ich vermut es, denn das Mädchen sah so verflucht aus, als es von Ihnen zurückkam. Wahrhaftig. Und warum – weil ich krank bin. Ich bin's, ich habe gestern abends aus Meiers Hause stürzen müssen, als ich ½ Glas Wein getrunken. Dazu Geschäfte. Dazu abscheuliche Mißlaune. Dazu Geistesträgheit. – Durfte ich so Sie heute besuchen und ennuyieren? Mit langem Krankengesichte Tee trinken und dummes Zeug sprechen? – Darf ich kommen, so bitte ich, daß ich um 5 Uhr Ihnen zeige, ich bin so abscheulich als ich sage. Ich liefe aber um 6, 7 oder halb 8 schon wieder fort, und es hätte Ihnen andere Besuche und einen Abend verdorben.

Detm., 6. Nov. 31. Der unselige Grabbe.

154. An Moritz Leopold Petri

Lieber Petri,

Deinen Brief habe ich erst vor einigen Tagen erbrochen, und Du hast ihn so geschrieben, daß er mich Deines guten Willens wegen freuen mußte, und deshalb weniger aufreizen konnte.

Für Deine Hülfe und Mühe meinen Dank. Fodere in jeder Lebenslage wieder von mir, was Du willst.

Je mehr ich überlege, so ist die Sache so, wie ich sie geschildert habe, H.[usemann] und das Mädchen haben sie eingefädelt, und – meine Zuneigung hat mir bisher nicht erlaubt, es zu sagen – es ist dumm und schlecht, auf so elende Manier treubrüchig und flüchtig zu werden. Was Erhabenes vermutete ich in der Henriot nicht, aber ehrlich und sicher wie Gold hielt ich sie.

Eben darum blieb ich vielleicht mehr als nötig, wie ich war, aber ich fühlte mich doch besser werden, und wär das auch nicht so gewesen – sie kannte mich längst, und wäre sie, statt blind abzubrechen, mich durch ein abscheuliches Benehmen zum Rückzug zu nötigen, drohend, aber mit Liebe, hervorgetreten, ich hätte selbst ihre Launen erfüllt.

Über diese Sache so kalt zu schreiben, gehört auch zur Überreife der Zeit. Wertheriade ist es nicht und wird nicht daraus, – ich bin schon weit verliebter gewesen als jetzt, – aber nach allen früheren Verliebereien und Wüsteneien, ohne irgendein fremdes Interesse, deutlich zu sehen, daß man etwas Liebes, wofür man sorgt, haben muß (meinen Eltern bin ich Dank schuldig, aber sie lieb nennen, kann ich nicht), – dieses Liebe sich entgegenkommen zu sehen, wohl zu berechnen, daß alles gut geht, und, was das Schlimmste ist, das *Ja zu* erhalten, und Gott weiß aus welcher Erbärmlichkeit es unter fratzenhaften Drehungen gebrochen zu erblicken, – halte ich nicht aus. Alles, was Ehre, Treue, Liebe, Verstand heißt, wird mir dadurch verdächtig. Selbst bei Männern zweifle ich, und, wenn die auch diese Schätze noch hegten, ich bedurfte eines Weibes und mit ihr der Häuslichkeit.

Von Stunde zu Stunde schlechter, in eignen und fremden Arbeiten nachlässiger, oder (wie ich jetzt noch tue) im Fleiße Erholung suchend, aber ohne andren Zweck als sich selbst zu vergessen und nachher ein womöglich triviales Gespräch (das Sprechen ist aber auch schon im Absterben) bei einem Glase Biers, einer Zigarre oder einer Quote Wein wünschend, – vieles lesend und studierend, selbst die Poesie in Regung fühlend, aber ohne zu wissen, wozu und wohin, – jede Stunde auf's Krankenbette oder in Wahnsinn stürzen könnend, – wohl etwas verdienen, aber wo nicht die Not drückt, kaum es einfodern – alles und sich selbst verachtend – et sequentia (sit venia verbo), – ist keine gute Zukunfts-Aussicht.

Bemerke ein Praktisches: als ich mit Henriot im Verhältnis war, wurde ich nicht mehr krank, schrieb vom Ende des ersten Aktes in Gedanken an sie den ›Napoleon‹, bildete mit Meien und Böger das Kontingent, und legte erweislich hunderte zurück (nicht durch die Kontingentsbildung), – ja, ich las Thibaut und Eusebii ›Kirchengeschichte‹ mit wahrhaften Interesse noch beizu, – und jetzt, wo Buchhändlereien und Prozesse mir die günstigsten Aussichten zeigen, nichts von alledem – komme im Vermögen schon retour, indem ich bald etwas von dem aufnehmen werde, was ich jüngst verliehen.

Du bist mir im Grunde immer gut gewesen, – ich Dir auch, – Du stehst an Benehmen und Einsicht über mir, – darum spreche ich mich vor Dir aus wie vor einem Kriegsrat. Ich spreche leider stets zu viel von dem, was mich drückt, bei Dir aber mit Gründen.

Ich glaube, so viel wert zu sein, und daß das Leben soviel wert sein kann, jeden Hoffnungsstern festzuhalten. Du sprichst von dergleichen dunkel. Gut, ich will mit Dir reden. Aber glaub mir, schließe ich oder schließt sich das nicht bald, so müßte ich mich selbst verachten, und das führte noch schlimmer einige Jahre später zum selben Ziel.

Der Brief an H. ist das letzte Mittel. Am Ende schmeichelt er aber dem Tier. Ein hübscher Rubin im Weiberhaar der p. eines anderen. Indes der Brief wird doch wohl abgehen müssen. 4 Wochen Frist stehen darin als letztes, womit ich mich dem H. auf's Spiel setze, damit er darin etwas versuche.

Diesen Brief habe ich nicht wieder überlesen. – Althof kommt. – Die Henriot habe ich darin geschimpft, aber ich liebe sie immer, denn sie schien es auch zu tun und sagte: *Ja.*

Dein

Detmold, 8. Nov. 1831. Grabbe.

Bitte sprich mit mir von der Sache nicht eher, als bis ich anfange.

Idem.

155. *An Louise Christiane Clostermeier*

Hochgeehrteste Mademoiselle!

Ich bin 2mal, mein Tier 1mal vor Ihrem Hause gewesen.

Anlage zeigt, wie sehr ich durch meine unvorsichtigen Zusagen gebunden bin, und, soll ich nicht mich verletzen, heute ausfahren muß.

Heute abend 8–8½ Uhr klopfe ich noch einmal an Clostermeiers Haus.

Sind Sie dann nicht da (ich bitte, genieren Sie sich ja nicht mit Einladungen in oder außerm Hause, denn am Ende trinken wir, kommen in den Lethestrom des Bacchi), komme ich doch morgen früh, um mich schelten zu lassen und ein bißchen Entschuldigung zu stammeln.

Hochachtungsvollst

Detm., 20. Nov. 1831.

Ihr

gehorsamster

Nehmen Sie's nicht übel dem

Ach ich kann das Malen nicht lassen. Es geht mir Tee Ger Lehr

156. An Moritz Leopold Petri

Lieber Petri,

verzeih meine Albernheiten meiner schweren Seele.

Wie kann ich existieren, wenn das, was mir über alles lieb war, schofel ist?

Außer daß ich dieses an Dich schreibe, habe ich ja nichts mehr auf der weiten Erde. Du hast in Deinem Briefe noch einige Hoffnungen geäußert, die Katastrophe zu wenden. Mein Charakter läßt mich nicht verzagen, so lang ich versuchen kann. Darum schreibe ich dies noch.

Ist's Dir lieb, bin ich Dienstag, den 22. d. M., 6½ Uhr abends, bei Dir.

Du bist gut. Aber probiere: befiehl mir was Du willst, ich bin Dir auch gut.

Freilich bedeutet es in einer Lage wie meiner wenig, sein Leben zu verlieren. Wäre ich glücklicher, würde ich es mehr schätzen.

Detm., 20. Nov. 1831 Dein

Grabbe.

Heute fahre ich mit Wippermann und Althof nach Meinberg. – Das ist nun ein Hauptspaß! Die beiden, so gut sie mir sind, glauben sicher, ich wäre froh, wenn ich lache.

157. An Louise Christiane Clostermeier

Hochgeehrteste Mademoiselle!

In Geldsachen bin ich vielleicht deshalb ein schlechter Ratgeber, weil ich zu bedenklich bin, und dadurch oft schade. Ob der Wehren allhier auch ohne Ingrossation sicher ist, müssen Sie bedenken. Ich glaube es indes für meine Person mehr als zuviel. Hat er aber Kinder aus erster Ehe, so müßte wohl auch deren Einwilligung in die Bürgschaft, welche er übernehmen will (ohne diese ist die Sache nichts), rechtsgültig, gerichtlich und unter gehöriger

Zuziehung u. Einwilligung deren etwaiger Vormünder, wegen der *prorogierten Gütergemeinschaft* erwirkt werden.

Übrigens ist Ingrossation doch gut und ratsam. Das fällt mir ex post ein.

Hätte weitere Überlegung nicht bis Sonnabends Zeit?

Hochachtungsvollst
gehorsamst
Grabbe.
(In Eile!)

Wäre es überflüssig, sich zu erkundigen, wieviel Ottos Stätte wert, und quo loco die Ingrossation geschehen? – Dazu ist weiblicher Takt gut, – ob not, ob unnot. Doppelte Sicherheit ist bisweilen besser. – Zeigen Sie diesen Brief aber niemanden! – Es ist bloß meine tolle Geldansicht.

[November (?) 1831]

158. An Georg Ferdinand Kettembeil

Lieber Kettembeil,

Meseritz kann die Rezension in die ›Hallische Literaturzeitung‹ selbst machen. Er bekommt das Honorar dafür, braucht sich nicht anzustrengen, und Selbstloben will ich nicht. Habe es seit Jahren satt. Sorge, daß *er* was tut. – Von ›Kościuszkos‹, dem Quaste, sind 1½ Akt fertig, aber nicht Polen, sondern Rußland spielt, wie ich ahnte, die Rolle. Auch ist das Ding gut und ernst. – Aber meine *innere* Lage – Gott oder die Welt und ihr Geist seien mir gnädig und ich ihnen! So oder so – Ostern seh ich sonst *ganz gewiß nicht mehr*, ja Neujahr nicht, wenn ich nicht durch Kampf zu siegen hoffte.

Ich bin auch dabei einen Roman zu schreiben, in dem ich alles auslasse, was ich fühle, denke, gefühlt, gedacht habe und was pikant und zeitgemäß ist. Kann ich ihn vollenden, könnte ihm, soviel heute Bücherwirkung möglich ist, diese nicht fehlen.

Wenn die Russen *in sich* eins bleiben, verhält sich dieses Reich zu dem übrigen Europa, wie einstens der Norden zu den kleinen italienischen Staaten im Mittelalter.

Börnes Briefe kenne ich nicht. Er ist ein Narr, der sich nicht genug anerkannt glaubt, und Onanie ist ein schlechter Trost.

Ich glaube Dir, daß Raupach so übel nicht ist. Er ist kein gewöhnlicher Poetenjünger mehr. Er ist *Fabrikant*, und mit solchen Leuten ist besser Umgehen als mit Dichterlingen.

Dies auf Deinen Brief. Dabei: kannst Du mir nicht einen kleinen, aber *netten* goldnen Ring schaffen? Geht's nicht, so laß es. Auch habe ich hier Bekannte, die gern die neuesten wichtigsten, besonders politischen Erscheinungen kauften. Melde mir doch solches Zeugs mit billiger Rabatts-Anzeige, und ob es von Dir zu beziehen sei.

Und antworte mir bald. Ich bedarf einer Antwort.

Detmold, den 28. Dez. 1831.
Habe ich Dir schon geschrieben, daß der Immermann neulich hier war und mich besah? Ich sah aus wie alte Meubles, denn die besieht man.

159. An Moritz Leopold Petri

Lieber Petri,

ich wollte, wie ich Dir sagte, Euch auf heute einladen. Es geht aber nicht. Ich erwartete Sporteln und Zinsen, –

nichts ist eingetroffen, und es wird den Leuten gehen wie mir, sc., daß sie mit Neujahrsrechnungen kämpfen. Ich kann also über mein persönliches tägliches Fixum (1 Rtlr. 12 Gr.) nicht hinaus, und habe triftige Gründe, auch keinen Gulden Schulden zu machen. Der kleine Teufel soll alles unversehrt erhalten, weswegen ich auch keine Deserviten einklage oder Obligationen aufhebe. – Weiß Schierenberg von der Einladung, kannst Du ihm dies dreist sagen. Nächstens lade ich Euch ein, aber vorher komme ich nicht zu Euch.

Gestern war es ½ Jahr, daß ich um meine Einkünfte jeder Art, um meine Geisteskraft, um alles gekommen und ein Baum geworden bin, von dem ein Blatt nach dem andren fällt.

Dein

14. Januar 1832. Grabbe.

160: An Georg Ferdinand Kettembeil

Lieber Kettembeil.

Ich arbeite am ›Kościuszko‹ und a[m Ro]man. Jetzt sind aber Militär-Be[eidigungs]zeiten allhier, und außerdem leide ich [am Tod.]

Mein Geist ist nicht verdreht. Kraft ist nichts wert, wenn sie nicht Glück schafft. Ich kämpfe um inneres Glück mit aller Kraft.

Was ich bei meinem ersten Auftreten, wovon Du sprichst, gewollt habe, ist wohl so arg nicht als Du denkst, – ich hatte ja meine Sachen 5 Jahre liegen lassen und frage jetzt wenigstens nach literarischem Ruhm nichts. – Was ich tue, tue ich ohne Rücksicht auf ihn, und wird's desto besser.

Börnes Briefe habe ich jetzt gelesen. Er hat sich blamiert.

Laß doch durch einen Deiner Diener dem Rousseau sagen, ich wäre krank, Subskri[ben]ten für sein Buch (ich habe seinen Brief [ni]cht zu Ende gelesen und deshalb den Titel nicht gesehen) fänden sich hier nicht. Der Kerl schreibt unfrankiert.

Ach, hätte ich Ruhe!

Vor meiner s. g. Geistesgröße [flieht] meine Braut zum 3. Mal! Und [ich bin] doch wie ein Kind.

Ich bitte und gewähre es umgehends (es soll niemanden kompromittieren), schicke mir eine vom 12. Nov. 1829 ausgestellte Obligation mit Siegeln, wonach Du mir 500 Rtlr. schuldig bist. Sie gilt nichts, wie ich hiermit bezeuge und Dir wiederholt bezeugen werde. Gegen Dummheit muß ich aber physische List gebrauchen, wie Russen kontra Franzosen. – Tue dies!

Es wird wohl alles gut. Die Kataloge sind besorgt.

Dein

Detm., den 29. Januar 1832. Grabbe.

161. An Louise Christiane Clostermeier

G. P. M.

Sehen Sie doch einmal diesen Brief an, den ich aber heute abend zurückhole. Sollte man glauben, daß mich, der ich mich und die Menschen verachte, noch Leute lieb hätten?

Detm., 4. Febr. 32. Ihr

Grabbe.

162. An Theodor von Kobbe

Geehrtester Herr!

Ich danke für Ihren Brief. – Verzeihen Sie meine flüchtige Antwort auf Schreibpapier. Ich schreibe sie während Untersuchung angeblich dienstuntauglicher Militärs und kann, da meine Stube von ihnen belagert ist, niemand nach Briefpapier aussenden.

Meine Poesien sind alle flüchtig geschrieben, und nicht so gut als Sie wollen. Mein ansprechendstes Werk muß der ›Barbarossa‹ sein. Damals schien mir die Sonne des Glücks, – seit zwei Jahren aber nichts als Geschäfte, Undankbarkeit, Armbruch, alle drei Wochen infolge früheren wüsten Lebens einen mich immer mehr ermattenden Krankheitsangriff, seit 7 Monaten, wo ich, um ordentlicher zu werden, mich häuslich ketten wollte, eine angeblich vor meiner Geistesgröße von hier entwichene Braut, an der ich noch hänge, und wieder eine andere, die ich wohl schätze, aber an der ich nicht hänge, sie jedoch an mich, das alles muß anders werden oder in diesem Jahre so oder so endigen.

Die Zeit und ihre Trompeter, die Poeten, haben jetzt etwas Krampfhaftes an sich. Niemand benutzt sein Talent recht. Bruchstücke von vielen einzelnen Bruchstücksmenschen sind da, aber keiner, der sie im Drama oder Epos zusammenfaßt. Wahrscheinlich kommt aber doch einmal der Messias, der diesen Jammer im Spiegel der Kunst verklärt. Wie ist's mit unseren berühmten Tagsautoren? Haben sie Mut? Haben sie Lebensfrische? Kennen sie die Welt? Geldjuden und feige – – – sind sie zum Teil. – Ich kenne einige.

Werfen Sie sich mir nicht an den Hals. Meine Person würde Sie schwerlich ansprechen. Mein bester Freund findet mich entweder wüst und wild, oder stumm und langweilig, oder in Geschäftslaune, und dabei stets nachlässig im Betragen. Meine Blütenstunden sind nicht mehr. Ich habe durchgelebt und lache, obgleich ich keine Feder mehr ansetze, über die in meinen früheren Sachen bewiesene schlechte Menschenkenntnis.

Lebe ich solange, so reise ich *vielleicht* nächsten Sommer

auf einige Tage nach Hamburg. Ich glaube aber, es kommt auch zu dem »vielleicht« nicht, – sonst könnten wir uns da sprechen.

Ich bin hochachtungsvoll

Ew. Hochwohlgeboren

gehorsamer

Detmold, den 10. Febr. 1832. Grabbe

163. An Georg Ferdinand Kettembeil

Lieber Freund,

ich danke Dir für Deine Gefälligkeit pto. der Obligation. – Meine Sterne blinkten wieder, und sanken ebenso schnell. Vielleicht zum Glück. Meine Zweimal-Braut heiratet – – – einen *Blaufärber* von 47 Jahren. So was hilft und macht shakespearische Lebensansichten, besonders wenn man so ziemlich den Burgunderschaum des Brautstandes genossen hat. – Ich habe dem Hrn. Färber ein Kartell zugeschickt, zweifle aber, daß der Sir es annimmt. – Ernstlich, jetzt erst fühle ich den Mann. Vielleicht ist diese verdammte Geschichte, die mir alles verdarb, mich nur im ›Napoleon‹ begeisterte, mein Glück. – Mittlerweile habe ich wieder eine mögliche Braut, eine gute, gesetzte Person, und dabei in der Gelehrsamkeit erfahrener als ich, auch reicher wie die künftige Färberin, aber der Lebensgeschmack ist mir fort. – Der ›Kościuszko‹ hätte den Feuerglanz des Nordlichtes vom 7. Januar 1831 erhalten, wenn meine Juno mir nicht weglief. Zwar halt ich von den Polen nicht viel, aber das Dings wäre doch nicht übel geworden. Nachdem ich Deinen Brief durchgelesen, sah ich es (den ›Kościuszko‹) noch einmal an, und fand des Guten und des Schlechten genug darin. Bitterkeit und Menschenkenntnis, ganz ohne Gène ausgedrückt, war der Hauptcharakter. – Ich will ihn aber umreißen. Suwarow, Katharina, Potemkin, Kościuszko selbst, Madalinsky sollen helfen. Auch die europäisch-asiatischen Verhältnisse.

Mein Leben, merk ich, wird nie durch Ruhm, Liebe, oder wie das Zeugs heißt, glücklich. Ich verdiene hier ziemliches Geld, – kannst Du mich aber in den sichren Stand setzen, daß ich unbedingt monatlich von Dir 15 Rtlr. ziehen kann (auch per Postvorschuß), und zwar auf die Wagnis, ob der ›Kościuszko‹ Dir gefällt oder nicht, so glaube ich, es geht. Oder, wenn Du soviel nicht kannst, etwas weniger. Denn die elenden 15 Rtlr. werde ich bloß auf Ausfahrten verwenden, und die Natur als die unschuldigste meiner Geliebten betrachten. Nachher komme ich zu Haus, schreibe viel und gut, und lasse mich nie mehr auf Personalien ein.

Dein
Detmold, den 20. Febr. 1832. Grabbe.

164. An Louise Christiane Clostermeier

Hochgeehrteste Mademoiselle!

Bei Gott, der sonst blöde Althof quält mich, mit mir Sie heute besuchen zu dürfen. Ich weiß nicht, wie er so tapfer wird. Ich wollte, Sie verziehen ihm, erlaubten ihm den Besuch und ärgerten ihn für seine frühere Furcht. Bitte tun Sie es. Wenn Sie mein Mädchen fragen, »ob ich heute denn nicht ins Konzert ginge«, so heißt das, Althof dürfte mitkommen.

Gehorsamst
Grabbe.

Bei Gott, ich fühle mich abscheulich zumut.

[Frühjahr 1832 (?)]

165. An den Regierungsrat von Meien

Hochwohlgeborener,

Hochgeehrtester Herr Regierungsrat!

Es ist mir nicht möglich gewesen, Sie zu einer geeigneten Zeit, wozu ich den Morgen rechne, zu besuchen. Ich danke also schriftlich für Ihr günstiges Referat wegen der Uniform. Die Sache wurde mehr und mehr nötig. Wenn Sie, was ich an Ihrem Schweigen abnehmen werde, nichts dagegen erinnern, und glauben, daß Serenissimus es mir nicht übelnimmt, so reiche ich eo ipso auch eine Danksagung an den Fürsten morgendes Tages ein. Binnen 4 Wochen hoffe ich mich ganz passable präsentieren zu können.

Hochachtungsvollst

Detmold, den 28. Mai 1832.

Ew. Hochwohlgeboren

gehorsamster Grabbe.

166. An den Fürsten Leopold II.

Durchlauchtigster Fürst!

Gnädigster Fürst und Herr!

Untertänigst danke ich Ew. Hochfürstlichen Durchlaucht für die mir als Auditeur bewilligte Uniform. Ich werde alles tun, um durch meine Dienste bei dem Militär Ew. Hochfürstlichen Durchlaucht dieser Gnade mehr und mehr wert zu werden.

Ich ersterbe

tiefst in Devotion und Dankbarkeit

Durchlauchtigster Fürst und Herr!

Ew. Hochfürstlichen Durchlaucht

Detmold, den 29. Mai 1832.

untertänigster Grabbe.

167. An Georg Ferdinand Kettembeil

Lieber Kettembeil, antworte mir *umgehends.*

Ich glaube, andere benutzen Ihre Talente. Mehr als ich, quia, weil sie es nötiger haben. Heine und Börne *leben* von

Buchhändlern und Zeitungsschreibern, und darum sind sie liberal, würden übrigens, wenn ich Kaiser würde, und es nicht der Mühe wert hielte, sie köpfen zu lassen, Fußleckerei lernen und sehr kaiserlich sein. Auch *sorgen* andere mehr für ihr großes Genie als ich. Ich habe aber denn doch meine Sachen durchgelesen, i. e. von neuem, und finde, daß sie mehr und mehr durchdringen müssen. Sie sind nicht so schlecht als ich dachte. Auch wird wohl jeder Mensch nach 4 Jahren ein anderer.

Narren müssen als Narren behandelt werden. Und solange das Gepack so dumm ist, muß man mit ihm heulen, bis man ihm bequem in den Nacken schlagen kann. Darum könntest Du wohl etwas einsetzen, um in dieser schurkenvollen Welt durch bestellte Rezensionen etwas für Dich und mich allerorts zu tun.

Mein Kartell ist nicht angenommen, aber meine Braut bietet sich mir durch die dritte Hand wieder an. Nun aber nehm *ich* sie nicht. 1½ Jahr habe ich gelitten, – jetzt bin ich wieder gesund, und das ekelhafte Loch zwischen den 2 Beinen soll mir nicht geschadet haben, sondern mich groß machen.

Mit der Buchhändlerei steht es, den Zeitungen nach, nicht gut. Es ist mir daher so lieber, daß doch etwas von dem ›Napoleon‹ abgegangen ist.

Der Mensch Kościuszko interessiert mich qua solcher wenig. Ich liebe ausgezeichnetere Charaktere. Aber schildern kann ich ihn wohl und habe bei ihm schon genug getan. Bühnengerecht wird das Ding indes (wenn es nicht Spekulanten zustutzen) nicht, desto sicherer aber *weltgerecht.* Auch sind eine Masse Personen darin, die ich liebe, z. B.: Katharina (Kathinka), Potemkin, Suworow, Igelström, Malachowsky, Gräfin Wlodomirska, Robespierre, Danton (letztere beiden freilich auf eine eigene Weise, aber doch dramatisch gut eingeführt) pp. da. Herr Seume, der

Jammervolle, ist als Sekretär des Hrn. Igelström auch nicht vergessen, und soll sein auf elende, renommistische Art bekannt gemachtes Niente büßen. Kurz und gut, ich bin jetzt größer und klüger als je und trete im ›Kościuszko‹ als »Dichter« selbst in brillanten Prologen hier und da auf, und soll alles darin sein, was in Wissenschaft, Kunst und Leben bis dato passiert ist, – soll besser werden als Goethes ›Faust‹, der eigentlich darin doch nur ein Hurenleben geschildert hat. Sir Goethe konnte ja nicht zum Leben kommen, weil ihn das Leben auf den Händen trug.

Bei dieser Bohne ist es eins, ob Polen unter, oder nicht.

Nur, Kind, ist es mit dem Buchhandel nicht mehr so, wie zu der Zeit, wo jeder Musenalmanachsdreck mit 1 Rtlr. 12 Gr. bezahlt wurde. Du mußt, so wenig sie wirken, doch die Journale pp. mittel- oder unmittelbar mehr benutzen (kostet's Dir auch Geld) als Du tust. – Und dann: a) Du mußt meinem Worte trauen, daß ich Dich mit dem K. nicht täusche, – mein Geist ist freier als je, – b) könnte Dir die Schmiere soviel einbringen, muß ich 4–5 Monate lang, denn dann ist der ›Kościuszko‹ fertig, unbedingt am 1. jeden Monats 15 Rtlr. per Postvorschuß auf Dich erheben dürfen. Bedenke: ich brauche nur mehr zu advozieren, so verdiene ich 2–3mal soviel außer meinem Auditeurgehalt, – aber ich poetisiere lieber. Wag's, wenn es Deine Verhältnisse erlauben. »Ein großes Herz wird stärker durch's Zerreißen« sagt mein Rotbart – ich glaube, meines ist's geworden.

Neuigkeiten – 2 Fliegen haben Leistenbruch gekriegt, – 1 Ameise hat auf Champagner gesetzt, – der Teufel gebraucht Schlammbäder, – das Hambacher Fest ist albernes Zeug, sie haben gesoffen und sind a manièra tedesca nach Haus gegangen, – Rotteck hat noch viel zu lernen und wird eher von Demokraten als von Aristokraten geköpft, wie Camille Desmoulins, – die Raben trinken sehr, – ich habe (wenn ich will) meine alte Braut wieder und eine neue dazu. – Apropos: ich habe Uniform. –

Altigkeiten –

Dein

Den 9. Juli 1832. Grabbe.

168. An Louise Christiane Clostermeier

17. Juli, 1832.

Ich spreche hart, ziehe schnell ein schiefes Gesicht u. kann nicht ertragen, daß eine gescheute Dame keine Gründe annimmt. – Voilà tout. Ich nehme ja von Ihnen an, was ich kann, obgleich ich recht habe.

Sie sollen auch recht haben, so gut wie ich. Denn eine Nelke denkt anders als eine Tulpe, und zuletzt stehen sie doch unter einem Himmel. Aber Sie müssen auch etwas nachgeben, oder nachsehen. Es geht nicht anders. Gedanken, Gefühle u. Recht sind verschieden, wie Knospen, Perlen und Fenstergläser. p. p. – Die Briefe des Verstorbenen sind halbgute Ware. p. p. –

169. An Louise Christiane Clostermeier

Wenn's scheidet, merkt man wie es war.

9. Sept. 1832. Grabbe

170. An Moritz Leopold Petri

Lieber Petri,

ich schicke hierbei den ›Regulus‹ und die ›Borgia‹ zurück.

Herr Arnault hat in dem ›Regulus‹ entsetzlich aus dem Collin gestohlen, aber, um das zu *verdecken*, wohldumm in der Vorrede weder Collin's Drama erwähnt noch Attilia als Gattin des R. behalten. Er machte sie zu seiner Tochter, damit er a) originell wird, b) eine Liebschaft à la Racine anspinnen kann, und merkt nicht, daß andre das merken.

Die ›Borgia‹ ist unpoetisch, toll, unwahr, nicht einmal in manchen so weitläufigen Dialogen theatralisch. Aber sie interessiert. Der Schauspieler, welcher den Gennaro gibt, könnte (da Gennaro, wie fast alle Charaktere des Stückes, schwach und jedem Einfluß fähig scheint) wunderbare Dinge nach den Endworten: ta mère machen: sich über sie stürzen, dann auf sie fluchen, über sie weinen, dann heulen, dann ruhig sein, dann pp.

Merkwürdig ist's immer. Laß uns die nächste Serie französischer Stücke von Ackermann in Dessau kaufen. Ich bezahle die Hälfte. Man ahnt doch, wohin Geist u. Volk will.

Der *jammervolle* Rotteck (er gesteht sein Adjektiv so ziemlich selbst ein) mit den abscheulichen Porträts, denen man außer Welker (der sieht lebensfrisch aus) ansieht, daß sie den *Malern gesessen haben*, liegt noch bei mir. Muß ich *ihn Dir zurückschicken oder wird er abgeholt?* Hierum bitte ich um Antwort, die Du mündlich der Überbringerin erteilen kannst.

Detmold, 5. Jan. 1833.

Dein
Grabbe.

Nimm mir Sand und Eile nicht übel. Ich habe soviel zu tun wie Stein.
Idem.

171. An den Fürsten Leopold II.

Durchlauchtigster Fürst!

Gnädigster Fürst und Herr!

Ew. Hochfürstliche Durchlaucht bitte ich um gnädigste Einwilligung zu einer ehelichen Verbindung mit meiner Freundin Louise Clostermeier allhier (hinterbliebenen

Tochter weiland Archivrats Clostermeier) ehrfurchtsvoll und untertänigst.

Ersterbend in tiefster Devotion

Durchlauchtigster Fürst!
Gnädigster Fürst und Herr!
Ew. Hochfürstlichen Durchlaucht
ganz untertänigster

Detmold, den 15. Februar 1833.

Grabbe
(Auditeur.)

172. *An die Meyersche Hofbuchhandlung*

Wohllöblicher Meyerischen Hofbuchhandlung danke ich ganz ergebenst für die gütige Übersendung des unsern Wünschen ganz entsprechenden, und hier wieder angeschlossenen, Probeabdrucks.

Sollte die Besorgnis, daß das glatte Papier dem raschen Trocknen der Druckschwärze entgegenstehe, gegründet sein, so würde es uns sehr betrüben, indem wir diese Karten, die größtenteils für die Ferne bestimmt sind, äußerst elegant zu versenden wünschen, und um besseres Papier, als sich gewöhniglich hier dazu findet, uns schon seit Wochen bemüht haben, aber nicht schöner, als das vorliegende, zu erhalten vermochten.

Vielleicht macht ein vorsichtiges und langsames Trocknen, oder sonst noch die Anwendung einer Kunst, alles gut. Und gern wollen wir deshalb diesen Karten noch länger entgegensehen.

Eine Karte von noch glätterem Papier mit Abdruck schließe ich zur gefälligen Ansicht an.

Den Brief meiner Frau setze ich fort mit der Bemerkung, daß, falls Sie es auch für's beste finden, wir um Kartenpapier bitten, wie das des Hrn. Assessor Stein war, – wo möglich aber die jetzigen beizubehalten wünschen. Ihre Kenntnis und Ihre Güte entscheiden.

Detmold, den 14. März 1833.

Gehorsamst
Grabbe.

173. An den Kanzleidirektor Ballhorn-Rosen

Den verehrten Gönnern und Freunden zeigen wir unsere eheliche Verbindung gehorsamst an.

Detmold, den 6. März 1833.

Grabbe.
Louise Clostermeier.

174. An den Fürsten Leopold II.

Durchlauchtigster Fürst!
Gnädigster Fürst und Herr!

Ew. Hochfürstliche Durchlaucht wollen geruhen, meinen untertänigsten Dank für die mir so huldreichst erteilte Einwilligung zu meiner ehelichen Verbindung mit Louise Clostermeier, die ich am 6. dieses Monats vollzogen habe, gnädigst aufzunehmen.

Ew. Hochfürstlichen Durchlaucht wag ich zugleich, namens meiner Frau, den ehrfurchtsvollsten Dank für die ihr nach dem am 28. Julius 1831 erfolgten Hinscheiden ihrer Mutter, der Archivrätin Clostermeier, so lange sie unverheiratet, gnädigst verliehene Pension zu jährlich 100 Rtlr. untertänigst zu Füßen zu legen.

Ersterbend in tiefster Ehrfurcht
Durchlauchtigster Fürst!
Gnädigster Fürst und Herr!
Ew. Hochfürstlichen Durchlaucht

Detmold, den 22. März 1833.

tief-untertänigster Grabbe.

175. An seine Frau

Auf den Ball geh ich nicht

– – – –

Wie ich höre, ist der Major hier, es wäre möglich, er besuchte uns, und wenn Du mich nicht *ärgern* willst, mache Deine Locken vor und sei freundlich mit ihm. Den Frühstücksmadeira würde ich von der Ressource herschaffen.

– – – –

Dafür schenk ich Dir *auf Ehre* den Ball.

– – – –

Um meine Schläfen schließt ein Kriegeshut
Sich mit wunderbarem Heldenmut.
Groß sind die Türken in der Schlacht,
Was aber gegen Grabb' in seiner Pracht?
Hoch schwillt mein Herz voll Ehrbegier,
Schon weiß ich zweimal zwei ist vier,
Und Teure ich versichre Dir,
Schon unterscheid ich mich und mir.

– – – –

Nichts über die Laxificaz,
Das schwör ich Dir, Du Ratz.

– – – –

Hühneraugen
Wenig taugen,
Doch Herr Blume spricht:
»Ei, genieren Sie sich nicht.«

– – – –

Detmold, den 23. April 1833.

Lukas.

176. An seine Frau

Ach Lucie,
Vor der Eh'
Da waren schöne Träume –

Nun blühn die Bäume.
    Denkst Geld,
Mein Herz ist eine Welt,
Woraus es ist zu pressen,
Durch Dich verdirbt das Essen.
    Sieh die Natur,
Sieh Menschenseelen
Und nimmer, nimmer sollst
                    Du Dich verfehlen.

[Frühjahr 1833]

177. An seine Frau

O Lucie!
Es war eine bessere Zeit,
Als Du Dich freutest, mich zu erfreuen,
Ich wegwarf das Gesicht des Leuen.
Jetzt Habsucht, kein Hoffen,
Das Grab allein, das steht mir offen.

[Frühjahr 1833]

178. An seine Frau

Magst Du schimpfen,
Magst Du schelten,
Forstsekretäre loben,
Freunde tadeln,
Rein und weiß wie frischer Schnee,
Dicht unter der Himmelshöh,
Soll meine Ehre ragen
Und Felsen dahin empor mit tragen.

[Juli (?) 1833]

179. An den Regierungsrat von Meien

Hochwohlgeborener,

Hochgeehrtester Herr Regierungsrat!

Für Ihren gütigen Vermittelungsversuch statte ich aufrichtigen Dank ab.

Meine Frau ist von Herzen gut, aber sehr eigen, und nimmt alles im übertriebenen Maßstabe. Das tue ich auch, aber ich glaube, doch nicht so sehr als sie. Mein Herz mag schlechter sein als das ihrige.

Die Gütergemeinschaft mit ihr interessiert mich besonders insofern, als ich dadurch ein eigentümlicheres Interesse habe, für das Gesamtgut zu sorgen, als wenn keine da wäre. Sie selbst hat sie gewünscht, und, wie viele Beispiele zeigen, ein gemeiner Mensch betrügt bei getrennten Gütern seine Frau und seine Gläubiger eher als bei ungetrennten.

Ich aber habe von meiner Frau Vermögen nichts verbraucht, gab ihr meine monatliche Gage und mehr, weiß nicht einmal, worin ihr Vermögen besteht, muß aber, seitdem sie über 300 Rtlr. verschleppt hat, den Mann zeigen und Aufsicht halten. Denn, gebe ich nach, so wird das nicht als Gutwilligkeit, sondern als mein von mir eingesehenes Unrecht behandelt.

Nichtsdestoweniger bin ich erbötig, die Anzeige im ›Intelligenzblatt‹ zu unterlassen und meiner Frau den verwünschten Kasten mit den 300 Rtlr. pp. zur Disposition (sie mag ihn ins Wasser werfen oder die mir verdächtigen fremden Witwenkassen) mit schriftlicher Versicherung damit zu tun, was sie will, zu übergeben, sobald sie nur den Kasten wieder ins Haus schafft.

Sodann bleibt es zwischen mir und ihr auch in jeder Art beim früheren, und sie mag, sofern sie dem Gemeingut nicht schadet, verwalten wie sie will. Auch die Gage und die von mir genommenen Zinsen (zirka 21 Rtlr. 18 Gr.) werde ich ihr wieder gern überlassen.

Ich könnte mehr sagen. Wenn Sie das wünschen, bitte ich, mir die Stunde zu bestimmen, wo ich Ew. Hochwohlgeboren sprechen kann.

Meine Frau ist weit besser wie ich, klüger aber schwerlich, und darum sehe ich bei ihren Verschleppungen auch etwas zu.

Detmold, den 10. Juli 1833.

Hochachtungsvollst
gehorsamst
Grabbe.

180. An den Regierungsrat von Meien

Hochwohlgeborener
Hochgeehrtester Herr Regierungsrat!

Hoffentlich habe ich Sie doch durch den gestrigen Brief nicht verletzt, indem ich keine Antwort erhalte, wonach ich das fürchten muß.

Hätte der Forstsekretär Kestner den Kasten mir überliefert, so würde ich zu meiner Frau gesagt haben:

sieh, hier ist der Kasten mir überliefert, und mußte das mir als Ehemann geschehen,

und dann:

da ich mein Recht Dir gezeigt habe, mache damit, was Du willst.

Statt so Versöhnung zu befördern, hat der Forstsekretär Kestner sich in halbe Maßregeln eingelassen, aus denen stets wenig und nur Schädliches entspringt.

Heute muß ich fast den ganzen Nachmittag die Prozeßtabelle redigieren, und Sie haben, obgleich Sie mir den Besuch freistellen, doch so wenig Zeit, daß ich davon nicht Gebrauch machen kann, sondern fragen muß:

wann darf ich in den nächsten Tagen kommen?

Das Dings an das ›Intelligenzblatt‹, welches mir meine

Frau *gewaltsam* aus den Händen gerissen hat (und *ich* soll nach ihrer Idee immer der Schlimme sein, obgleich ich sie kaum sehe), werde ich ohne Anfrage bei Ihnen nicht einrücken lassen.

Ich wollte, es ginge alles gut, denn nicht gern möchte ich unter der Kategorie einiger anderen Weiberverläufer stehen.

Glauben Sie aber mehr der Geisteskraft und ausdehnenden Erfindungskraft meiner Frau (wovon sie selbst kaum weiß) als ihrem – vielleichtigem *Sprechen.* Ich hätte Zeugen.

Hochachtungsvollst gehorsamst

Grabbe.

Detmold, den 11. Juli 1833.

Nochmaligen Dank für Ihre Güte. Auch habe ich die grade fällig gewesenen 21 Rtlr. Zinsen ihr zurücküberliefert.

Idem.

181. An den Regierungsrat von Meien

Hochwohlgeborener,

Hochgeehrtester Herr Regierungsrat!

Obgleich ich es nicht sicher weiß, glaube ich doch, daß durch Ihre Güte der unselige Kasten zurückbefördert ist. Die Sache ist geendet; ich habe den Kasten nicht angefaßt und meiner Frau einen Schein gegeben, daß sie 300 Rt. daraus in die Witwenkasse selbst oder durch mich setzen könne.

Ich danke Ihnen herzlich.

Hören Sie aber noch von kleinen Debatten (in momento habe ich keine), so glauben Sie nur, daß meine Frau in etwas eine Denkgläubige ist, indem sie ziemlich alles glaubt, was sie denkt, und zweitens ein kleiner Napoleon, indem sie alles was man ihr bewilligt als ein erobertes Terrain zu benutzen versteht, wovon aus sie mehr erobern kann.

Hochachtungsvollst gehorsamst

Grabbe.

Detmold, den 16. Juli 1833.

182. An die Fürstlich Lippische Regierung

An

Hochfürstliche Regierung.

Gehorsamste Bitte

des Auditeurs Grabbe,

Teilnahme an der hiesigen

Witwenkasse betr.

Ich wünsche, für den Fall, daß ich einst nach meinem Ableben eine Witwe hinterlassen sollte, dieser durch eine Witwenkasse ein jährliches Einkommen zuzusichern. Und bitte deshalb Hochfürstliche Regierung gehorsamst: mich als Mitglied des hiesigen Witwen-Instituts hochgeneigt aufnehmen zu wollen und mir das Antrittsgeld anzuzeigen, welches die Aufnahme in dasselbe erfordern wird.

[30. September 1833] Grabbe.

183. An den Fürsten Leopold II.

Durchlauchtigster Fürst!

Gnädigster Fürst und Herr!

Dieses Blatt leg ich unmittelbar an das Herz Ew. Hochfürstlichen Durchlaucht, und wage das so eher als ich Beweise früherer Gnade besitze.

Der Auditeur ist ein ehrenvoller Posten, aber seit dem Marsch nach Luxemburg sind seine Geschäfte überschwänglich.

Meine Dichtungen, die dem Lande und mir nicht zur Unehre gereichen, die überall fast für die rechtmäßigen Fürsten glühen (selbst der wilde Don Juan sagt: »König und Ruhm und Vaterland und Ehre«), mit denen ich nützlicher wirken kann, als mit dem größten Geschäftsfleiß, habe ich seitdem *aufgeben* müssen. Und es treibt mich ein innerer Drang doch so sehr immer wieder nach den geistigen Gebirgen, wo die Quellen der Poesie rinnen.

Diese Dichterarbeiten brachten mir jährlich 800 Rtlr. ein, die Advokatur, welche ich ebenfalls meist aufgeben mußte, 500 Rtlr. Die Stelle des Auditeurs bringt mir dagegen nur 216 Rtlr. ed. M. und die Sporteln, die jetzt keine 100 Rtlr. betragen, ein. Und letztere nehme ich nur da, wo ich eben so viel, als sie betragen, ausgelegt habe, oder wo Unverschämtheit mich erbittert. Was konnte ich nicht beim Ausmarsch nach Luxemburg verdienen, und zwar rechtlich? *Geschenkt* habe ich, so daß mir *Vorwürfe* daraus gemacht sind.

Nun ist mein Vater tot, meine Mutter, die zwar eine gnädigst bewilligte Pension von 40 Rtlrn. besitzt, erhält von mir monatlich resp. 6–10 Rtlr., indem sie wegen ihres Alters deren bedarf, meine Frau erhielt früher meine gesamte Gage, aber seit Anfang dieses Jahres, wo mir alles Nebenverdienst abgeht, kann ich das nicht mehr geben, und sie muß sich einstweilen mit den Zinsen ihrer in die Ehe gebrachten Kapitalien begnügen.

Deshalb Durchlauchtigster Fürst! bitte ich, kühn im Vertrauen auf ein fürstlich schlagendes Herz, retten Sie einen Dichter, der in Geschäfts- und Familiensorgen unterzugehen Gefahr läuft. Schon mehrmals ist in Zeitungen die Gnade anerkannt worden, mit welcher Höchstdieselben mich zum Auditeur beriefen. Aber wirkt es für Enkel- und Enkelskinder nicht besser, wenn ich ihnen ewige Monumente hinsetze, statt mich Tag für Tag in Kleinigkeiten (zum Beispiel Schuldforderungen um 6 Mgr.) und beengenden Verhältnissen (von denen ich nur sagen darf: ich bin besser als der Ruf) hinquälen zu müssen?

Durchlauchtigster Fürst: ich bitte um Erlaubnis, daß meine jetzt schon fertigen und meine künftigen Werke Höchstihren Namen in der Widmung vorantragen dürfen und mir dabei zu gestatten, hier oder an den Ufern des Main oder des Rhein zu wohnen, und damit ich nicht von den Kauf- und Verkauf-Ideen einiger Buchhändler abhänge, auch sicher meine Mutter unterstützen kann, mir unter der Bedingung, jährlich über meine Bestrebungen Rechenschaft abzulegen, einige 100 Rtlr. jährlich gnädigst zu bewilligen.

Goethe, Schiller, Jean Paul fanden gleiche Beschützer und wurden durch sie vor den Stürmen des Lebens und der Geschäfte geschützt. Sie wären ohne solchen Schutz sicher verkrüppelt, und Deutschland dazu, denn ohne diese Heroen (welchen ich mich nicht gleichstellen, aber nähern will) hätte Deutschland nie die geistige Einheit gefunden, welche jetzt alle Umtriebe von außen wie Spinnwebe zerreißt.

Der Landmann wie der Rat sieht zuletzt doch nur auf seinen Fürsten. Er ist es, an den alles sich kettet. Darum, Durchlauchtigster Fürst, bitte ich um eine kleine *direkte* Antwort auf diesen wagnisvollen Brief. Möchte sie günstig sein!

Und daß ich meinem Nachfolger die Auditeursachen in möglichster Ordnung überliefern werde (sollte ich auch $1/4$ Jahr daran arbeiten, denn sie sind sehr verwickelt), versprech ich.

Mein Fürst!
Durchlauchtigster Fürst und Herr!
Ew. Hochfürstlichen Durchlaucht
untertänigster Grabbe
(Auditeur).

[Januar 1834]

184. An den Fürsten Leopold II.

Durchlauchtigster Fürst!

Gnädigster Fürst und Herr!

Mit tiefster Rührung dank ich für die Antwort vom 30. vorigen Monats. Mein Herz schlug Freude – es hat einen Fürsten und glaubte sich so, ach, so sehr verlassen!

Ich gehorche, wie ich muß, und werde der Regierung noch heut mein Gesuch vortragen. Aber die Regierung muß *Rücksicht* nehmen, *Huld* und *Gnade* kann nur der Monarch gewähren. Das ist das so Große und Erhabene der Monarchie.

Ich flehe, wenn die Regierung begutachtet hat, um eine Antwort von Ew. Hochfürstlichen Durchlaucht Selbst. Verlassen Höchst-Sie einen Mann nicht, dem Tränen hinter den Augen quellen, wenn er zu lachen scheint, der da scherzet, um sein Unglück und fremde Schande zu bemänteln, der vielleicht ein *rettungswerter* Poet ist.

Durchlauchtigster Fürst!

Gnädigster Fürst und Herr!

Ew. Hochfürstlichen Durchlaucht

Detmold, den 3. Februar 1834.

untertänigster Grabbe.

[Bemerkung des Fürsten in der oberen linken Ecke der ersten Seite:]

Bedarf wohl keiner Antwort, und hätten Sie wohl die Güte, dieses Schreiben bei das andere zu legen.

d. 3. Febr. 1834. LFzL.

185. An die Fürstlich Lippische Regierung

An
Hochfürstliche Regierung!
Gehorsamste
Vorstellung und Bitte
des
Auditeur Grabbe, in Detmold,
dessen Auditeurdienst
betreffend.

So ehrenvoll der Posten des Auditeurs ist, so ehrenvoll er ihm verliehen worden, wofür er aufrichtig dankt, muß er, der Auditeur, doch bemerken, daß ihm derselbe fast mehr kostet als er einbringt. Überdem häufen sich täglich seit dem Marsch nach Luxemburg die Geschäfte so, daß sie kaum zu bezwingen sind.

Gern würd er diesen Posten versehen, dann aber müßte er, wie auch in Preußen der Fall ist, seine Gage bis zu mindestens 500 Rtlr., außer den Sporteln, erhöht sehen und kommandierte Schreiber halten können.

Er verlangt indes das nicht und bittet nur

1) entweder um eine erhöhte Gage, nach welcher er ohne eignen Schaden Schreiber halten kann, oder

2) um Verwendung an Sr. Hochfürstlichen Durchlaucht, wodurch er eine kleine Pension erhält, mit welcher er selbst leben und seine Mutter unterstützen kann.

[Detmold, Februar 1834] Grabbe.

186. An den Regierungsrat von Meien

Hochgeehrtester Herr Regierungsrat!

Sie haben mich als Vorgesetzter so gut als wie jüngst als Freund behandelt. Nie, nie habe ich Grund gehabt, irgend über Sie zu klagen.

Sie werden Serenissimo das Nötige, welches wir neulich

besprochen, vorgestellt haben. Ich erwarte die Entscheidung.

Jedenfalls ist es mir Pflicht und Ehre, diesen so schwierigen, so verwickelten Posten des Auditeurs so lange beizubehalten, bis ich ihn makellos abgeliefert habe. Dazu bin ich erbötig, und sollte es mir selbst viel Zeit wegnehmen.

Aber, *unter uns!*, ich muß doch davon. Meine Geisteskraft wird ruiniert, laß ich jeden Tag 50 von Bauern und andrem Ärger in dieselbe hineinlaufen.

Können Sie etwas Gutes für mich dabei tun, so soll Ihr Name in der Geschichte über dem meinigen stehen.

Noch bin ich frisch, noch lebenskräftig, noch voll Poesie und Wissenschaft; soll ich aber dabei untergehen in Sorgen und Beschwernissen? Nein!

Stellen Sie mich vor Pistolen, Batterien, ich werde wissen, für meinen Fürsten zu sterben, unter Aktenstößen ist's mir unmöglich.

Weg damit, und wo möglich etwas Hülfe, denn ich habe zwar Ruhm, aber auch Frau, Mutter und mich selbst.

Ich überlasse Ihnen alles. Auditeur bleib ich nicht, außer so, als Ihr Bericht es Serenissimo vorgestellt hat. Wo möglich: *weg damit!* Denn ich traue Ihnen und meinem Fürsten.

In mir würde viel gerettet: Glanz, Liebe, Ehre und Ruhm, leider aber nur durch Poesie, die wir alle haben, aber alle auch bedürfen.

Immer und jeder Art

Ihr Grabbe.

Detmold, den 12. Febr. 1834.

Ach, verzeihen Sie einem zerrissenen, und dazu vielfach beschäftigten Herzen die Form dieses Briefs.

187. An den Regierungsrat von Meien

Hochwohlgeborener,

Hochgeehrtester Herr Regierungsrat!

Ich darf Ihr Schreiben heute nicht aufbrechen, nicht lesen. Meine reizbare Natur ist zu erschüttert.

Gestern Schlag 4 nachmittags arbeitete ich noch, wie heute bis 6½ Uhr abends.

Aber gestern, wie ich eben in das Theater gehen wollte, warf mich plötzlich der Gram auf das Bett.

Ich war da verlassen und verloren wie ein toter Hund. Die Leute, die mir aufwarten sollten, wurden von meiner Frau weggewiesen; nicht einmal Öl genug hatte ich auf's Licht. Darum Verzeihung, wenn ich in dieser Herzensangelegenheit vielleicht erst übermorgen antworte. Meine eigene gute Natur hat mich gerettet; die Geschäfte sind besorgt.

Detmold, den 13. Februar 1834.

Hochachtungsvollst
und gehorsamst
Grabbe.

Heute entdeck ich *doppelte Schlüssel*!

Eod. Idem.

188. An den Regierungsrat von Meien

Hochwohlgeborener,

Hochgeehrtester Herr Regierungsrat!

und

edler Freund!

Herzlichen Dank für das Schreiben vom 13. d. M. Mehr war's als ich erwartete.

Preuß kann helfen, soll auch die *resp. Sporteln, so weit es irgend geht, haben.* Das wird, entre nous, nützen, anfeuern. Im übrigen pto. der Gage helfen *Sie*!

Ordnung muß sein. Ich muß und will sie halten, *selbst* oder *durch Preuß.*

Glücklich bin ich sonst *nicht*. Ohne *Härte*, die mir schwer wird, bin ich *verloren*. Mein gestriger Brief beweist es.

Hochachtungsvoll – gehorsamst

Detmold, den 14. Februar 1834. Grabbe.

189. An den Regierungsrat von Meien

Hochgeehrtester Herr Regierungsrat und *Freund*!

Eben les ich das sicher *sehr wohlgemeinte* Reskript vom 11. d. M. Wir Menschen haben Irrtümer, und ich muß *mehr* tun als im Reskript steht.

Doch, doppelte Rollen (Auditeur und Poet) spiel ich nicht mehr. Ich suche um meinen Abschied nach, noch heute.

Das tut – ach – raten Sie nur! –

In Tod und Leben
Ihr
gehorsamster Grabbe.

Detmold, den 15. Febr. 1834
(Wallensteins Todestag.)

190. An den Fürsten Leopold II.

Durchlauchtigster Fürst,
Gnädigster Fürst und Herr!

Mein Herz ist *Blut*.

Mein Fürst! ich bitte um meinen *Abschied*.

Ein *schlechter* Diener will ich nicht sein.

Und mein Fürsten, denken Sie ja nicht, ich vergäße je Ihrer Huld.

Mehr darf ich nicht sagen.

Durchlauchtigster Fürst!
Gnädigster Herr!
Ew. Hochfürstlichen Durchlaucht

Detmold, den 15. Februar 1834

untertänigster
Grabbe, Auditeur.

191. An den Regierungsrat von Meien

Hochwohlgeborener,

Hochgeehrtester Herr Regierungsrat!

Dank unsrem Fürsten für Seine Gnade, Dank Ihnen für Ihre Güte.

Gereizt, ungesund, bin ich, mein *Geist* ist aber kräftiger als je.

Ich bedarf ½ Jahr Urlaub für den *Körper*. Sämtliche Sporteln soll mein Vertreter unterdes beziehen, und daß ich meine Gage während des Urlaubs erhalte, wie Sie gestern sagten, ist Gnade. Sie soll, bis auf einige Abzüge für mich (5–6 Rtlr.), meiner *Mutter* ganz zufallen. Für meine Frau will ich doch schon sorgen. Jeden, der während meiner Abwesenheit den Auditeur-Dienst verrichtet, will ich darin binnen 14 Tagen a dato Höchster Resolution einführen und instruieren.

Ich überlasse Ihnen alles, und glauben Sie, es geht mir wie Westindiens Meeren, je heiterer ich scheine, so tiefer der Untergrund und mein – Schmerz.

Detmold, 1. März 1834. Hochachtungsvollstgehorsamst

Grabbe.

192. An den Regierungsrat von Meien

Ew. Hochwohlgeboren

bericht ich nachträglich, daß der Auditor Pustkuchen allhier mir versprochen, interimistisch die Auditeurgeschäfte unter den von mir vorgeschlagenen Propositionen zu erfüllen, falls das allerhöchst genehmigt würde.

Er ist schon lange mir ein tüchtiger Bekannter (ich möchte »Freund« sagen) gewesen, und ich weiß, er ist tüchtiger Geschäftsmann dazu.

Mein innerer Trieb zwingt zu diesem *Postskript*. Bei meinen Geschäfts- und Lebensbedrängnissen, die mir *höchstens* einen etwas heiteren Abend im Theater verstatten (Kirche und Sonntag hab ich nicht, *so sehr werd ich überlaufen*), muß ich so wünschen.

Sei doch Pustkuchen, *wenn er noch* will, mein Substitut. Er hat's versprochen, aber kann doch noch viel *anderes* zu tun haben. Ich will helfen, was ich kann. Ich achte ihn, und da irr ich mich nicht leicht, weil ich Menschen kenne.

Detmold, den 2. März 1834.

(viel Überlauf auch heute! Indem ich dies schreibe!)

Gehorsamst
Grabbe.

193. An den Fürsten Leopold II.

Durchlauchtigster Fürst!
Gnädigster Fürst und Herr!
Tiefsten Dank!

Schicken Ew. Durchlaucht mich in den Tod – Ich folge.

Ich schrieb schon zuviel Briefe an Ew. Durchlaucht, doch diesen kann ich nicht lassen, denn meine Brust schwillt und Dankbarkeit bricht heraus wie ein Strom. Tränen der Freude sind dabei als Nebenflüsse. Ich muß mich hüten, sie öffentlich zu zeigen, man möchte sie verkennen. Doch, sie sollen Perlen der Poesie werden, Perlen um das Herz meines Fürsten.

Durchlauchtigster Fürst!
Gnädigster Fürst und Herr!
Ew. Hochfürstlichen
Durchlaucht!
untertänigster
Grabbe.

Detmold, den 15. März 1834.

194. An Karl Immermann

Hochgeehrtester Herr!

Überbringer dieses ist der Schauspieler Gerstel. Er wünscht nichts, als Ihre Bekanntschaft zu machen, und ich wünsche bei dieser Gelegenheit, mich bei Ihnen in Erinnerung zu bringen.

Der Gerstel hat Feuer und Geist. Er sehe, wie es sich entwickelt. – Mir geht's sonderbar: – doch ich sag's nicht.

Mein Stück ›Aschenbrödel‹ hab ich verloren beim Umräumen. Nun wollt ich einen Roman schreiben, verlor mich aber dabei in Reflexionen, brauche ihn daher zu Fidibus. Jetzt bin ich beim ›Hannibal‹, einer Tragödie, und ich hoffe, es sind darin Nebensteige, die nicht an meinen ›Napoleon‹ erinnern. Nichts schändlicher als Manier.

Eine Antwort wäre mir lieb. So leicht schließ ich mich nicht an, aber Sie haben sich gegen mich benommen wie wenige, und die wenigen sind die stärksten.

Ihr
Grabbe, Auditeur.

Detmold, am Tage
der Schlacht von Montenotte
[12. April], nun nur Erinnerung
anno 1834.

195. An die Fürstlich Lippische Regierung

An
Hochfürstliche Regierung!
Gehorsamste Bitte
des Auditeurs Grabbe allhier,

gnädigste Verlängerung
seines Urlaubs betreffend.

Der mir gnädigst bewilligte Urlaub läuft am 15. d. M. ab.

Die Ablieferung der Militärakten, der deponierten Gelder, auch die Aufräumung meiner Advokatursachen, machten mir unmöglich, eher als jetzt eine Erholungsreise, deren ich sehr bedarf, zu beginnen. Der Mithülfe des Auditors Pustkuchen verdank ich die Beseitigung jeder Schwierigkeit in betreff der Militärsachen.

Ich wünsche Erlaubnis zu einer Reise nach Frankfurt am Main auf eine hochgeneigtest zu bestimmende Zeit, bitte dabei, mir Rang und Titel zu lassen, und sonst nur mir, falls es zu Felde geht, zu gewähren als Auditeur und Quartiermeister, solange der Feldzug währt, mitzumarschieren, was meinem Ehrgefühl und meiner Gesundheit (letzteres kann ich ärztlich bezeugen) zuträglich wäre. Nur die nicht beendigten Geschäfte hinderten mich am Marsch nach Luxemburg. Sonst wünschte ich, daß der Auditor Pustkuchen in meine vollen Geschäfte um so mehr einträte, als seine Akkuratesse mich jeder Folge überhoben hat und überhebt. Früher waren ja auch 2 Auditeurs da, deswegen bitte ich nur, mich in Felddienst zu gebrauchen.

Zwei Monate zög ich noch gern meine volle Gage, nachher ein Billiges. Ich hoffe, mich herauszuarbeiten, und werde Unterstützung nicht erbitten, sobald ich ihrer nicht mehr bedarf. Seit dem Zug nach Luxemburg hab ich ja wegen meines Dienstes jedes andere Einkommen gern aufgegeben, und die jetzige Bitte ist daher doch wohl verzeihlich.

Auch fühle ich die Kraft, bei einer kleinen Unterstützung dem Vaterlande als Dichter wenigstens keine Schmach zu bereiten, mein Trauerspiel ›Hannibal‹ wird das wohl in 2 Monaten beweisen, so wie ich auch mit Freude bei unserer Bundesgesandtschaft und ihrem Gesandten jede mir aufgetragene Angelegenheit besorgen helfen würde, was ich sicher kann, da ich von Jugend auf, oft nur zu sehr, mich um die Diplomatie bekümmerte. Dieser Gedanke wird mir, wenn auch keine Gewährung erfolgt, wegen des guten Willens, vergeben werden.

Ich bitte nun gehorsamst: diese meine Bitte Sr. Hochfürstlichen Durchlaucht weiter zur gnädigsten Entscheidung zu empfehlen.

Grabbe,
Auditeur.

[7. September 1834]

196. An den Regierungsrat von Meien

Hochwohlgeborener,
Hochgeehrtester Herr Regierungsrat!

Fürerst und für stets Dank.

Da ich bald abreisen möchte, wird es mir sehr lieb sein, daß ich das Geld qu. gleich beziehen kann.

Das verdien ich kaum, und ich weiß nicht, wie ich Hochfürstlicher Regierung dartun soll, wie tief ich dieses in ernster Freude fühle. Es liegt mir schwer auf dem Herzen, und wird mich quälen (wie das immer meine Art war) bis ich etwas ersinne.

Gestern hab ich zu meinem größten Verdruß wegen weniger Taler incl. der Kosten ./. Schuhmacher Schierholz einen Eid schwören müssen. Ich tat es wegen des *Rechts*, bei welchem der Pfennig mit Millionen Louisdors gleich sein muß. Auch werd ich Foderung, Kosten pp. eintreiben lassen, sie behalten, nichts weggeben, weil es leerer Hochmut wäre. Sie verzeihen, daß ich dieses hier anflicke, aber Verleumdung könnte ihre Zungen ausrecken, und bei Ihnen will ich im guten Licht stehen.

Bedarf ich in der Auditeursache weitere Aufklärung, werde ich bitten, Sie besuchen zu dürfen.

Hier im Hause wird's besser; ich bleibe jedoch *in jeder Art* bei meinen Entschlüssen. Ich werde meine Frau ehren und geehrt wissen, doch – das Hierbleiben geht dermalen nicht.

Detmold, den 10. Sept. 1834.

Hochachtungsvollst
gehorsamst
Grabbe.

197. An den Regierungsrat von Meien

Hochwohlgeborener,
Hochgeehrtester Herr Regierungsrat!

Ich kann Serenissimo und der Regierung nur danken für die Resolution vom 9. Sept. 1834.

Mein Geist wächst nun wieder wie frisches Gras.

Zu erinnern habe ich nichts; die Befehle befolg ich.

Nicht gern belästige ich unsren Fürsten mit Schreiben an ihn. Darf ich ihm meinen Dank abstatten schriftlich? Ich tät's so gern.

Diese Antwort wurde verspätet, weil ich keine Aufwärter zur Hand hatte. Wenn Sie schweigend (ich bin des Schreibens oft nicht wert) einwilligen, besuch ich Sie morgen früh um 10 Uhr. Sind dann Leute da, warte ich.

Detmold, den 12. Sept. 1834.

Hochachtungsvollst,
wie immer,
Ihr
ganz gehorsamster Grabbe

Ich bitte um Verzeihung wegen der Korrektur des 11. u. 12. Sept. Es ist eine fremde Nachricht daran schuld. Ich fragte, sah nicht den Kalender, der oben im Haus war.

198. An die Fürstlich Lippische Regierung

An Detmold, den 14. Sept. 1834.

Hochfürstliche Regierung!

Untertänigste, aufgegebene
Erklärung
des Auditeurs Grabbe,
ad rescr. reg. vom
9. h. m.,
Beurlaubung betreffend.

Der Auditeur hat für nebenbezeichnetes Reskript nur den tiefsten Dank für die Gnade Serenissimi Regentis und die milde Verwendung Hochfürstlicher Regierung empfinden können. Er kann ihn nicht im vollen Umfang ausdrücken. Vielleicht, nein! sicher, legt er ein dichterisches Schärflein bei seinem jetzt erheitertem Gemüt auf die Waage. Ist's nichts, so wär es doch der gute Wille, d.h. der Pfennig der armen Witwe.

Zwei Bitten hat er leider noch zur Belästigung:

1) ihm seine Gage bis Ende d.J. auf einmal jetzt auszahlen zu lassen, indem er sonst mit Porto-Angelegenheiten zu kämpfen hätte, denn

2) wünscht er, binnen 2 bis höchstens 3 Tagen a dato nach Frankfurt am Main abzureisen, und bittet deshalb um einen Regierungspaß auf eine beliebige Zeit dahin, und wenn es paßlich gefunden wird, auch weiter. Er wird nie das Ziel des Passes (Frankf. a. M.) verlassen, ohne erst bei seinen hiesigen Vorgesetzten anzufragen: ob er darf?

Ich lege also den Posten als Auditeur nieder, jedoch mit dem gehorsamsten Gesuche, obige 2 Bitten gnädigst zu berücksichtigen, so wie unter den Bedingungen des in rubro bezeichneten geehrten Reskripts, die ich so gern in jeder Art, weil ich sie für gut und gnädig halte, annehme.

Grabbe.

199. An den Regierungsrat von Meien

Hochwohlgeborener,

Hochgeehrtester Herr Regierungsrat!

Beiliegende Erklärung kommt aus dem Herzen. Ist sie recht? Eine stumme Antwort gilt mir für eine bejahende, denn ich will mit meinen Briefen Sie nicht zu andren Briefen quälen.

Dito eine Quittung an die Militärkasse. Ein Wort von Ihnen, und der Hr. Hauptmann Steffen erfüllt sie heute. Es ist zwar Sonntag, aber in Betracht, daß ich bald abreise, und soviel arrangieren muß, tut er es sicher mir zuliebe.

Dieser Brief wäre um 8 Uhr d. M. bei Ihnen gewesen, aber meine Aufwartung – zweideutelnd oder zaudernd, – und ärgern will ich mich über die Schlamasse nicht.

Hochachtungsvoll
gehorsamst
Grabbe.

Detmold, den 14. Sept. 1834.

200. An Karl Ziegler

Lieber Ziegler!

Denk an Müller Starke! Den 5. ist Termin. Ziehe die Des.[erviten] aus vorher. Heute bis morgen schick ich wohl den ganzen Rest der Deserv. R. gegen wen sie auch sind. Deine Plage wird pp. Wir kennen uns ja.

Ich verharre
Votre très humble, obéissant
et très obligeant
serviteur
Grabbè.

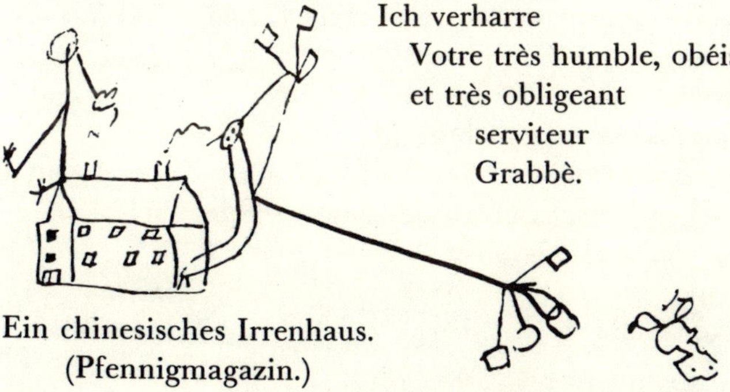

Ein chinesisches Irrenhaus.
(Pfennigmagazin.)

[Detmold, erste Tage des Oktobers 1834]

201. *An seine Mutter*

Liebe Mutter!

Ich konnte nicht eher schreiben, als bis ich hier etwas eingerichtet war. – Jetzt dieses Blatt nur zur Erinnerung. Ich vergesse Dich und Minchen nicht. Auch geht's bis jetzt sehr gut. Ich werde mehr gesucht als ich wünsche. Laß Deine Antwort durch Minchen schreiben, aber ordentlich durch einen, der's versteht, kouvertieren, z. B. durch Serg. Schulz, Four. Viering. Kannst sie auch bei Ziegler einlegen lassen. – Noch ein paar Wochen, und vielleicht kannst Du und Minchen hier sein, oder eine von Euch, ohne daß es der andren schadet.

Dein: Sohn.

[Frankfurt a. M., etwa 18. Oktober 1834]

202. *An seine Frau*

Liebe Frau!

Ich denke so zu sorgen, daß Dir nichts abgeht, sofern Du's nötig hast und gut bist.

Du und ich, wir haben genug, können genug. Ich sage nichts weiter als:

ich erwarte einen ruhigen Brief von Dir, und bald zwar, – schwatze nur nicht mit Deinen s. g. Freundinnen pp., sei treu und gut. Ich sage: mein Leben klingt Dir alsdann entgegen.

Ich bin gesund, meine Verbindungen als Schriftsteller sind verlockender als ich dachte.

Von Frankfurt nach Detmold sind nur 2 Tage. Bedarfst Du meines Rats, kann ich stets hinüberkommen auf einige Tage, oder wie's nötig ist.

Dein

Frkf. am Main, 2. Nov. 1834. Grabbe.

203. *An Moritz Leopold Petri*

Lieber Petri!

Besorge doch die erste Inlage an meine Mutter, und laß Ziegler sagen, er möchte doch pto. der einzuklagenden Deserviten nach meinem letzten Brief verfahren, oder mir schreiben, ob er diesen Brief nicht bekommen hätte.

Dann Petri, wir sind ja Freunde, wirf bisweilen ein Auge und ein Ohr auf das Benehmen meiner Frau. Viel zu hoch stehst Du in meinen Gedanken, als daß ich damit meinte, Du solltest mir Kleinigkeiten zuflüstern. Tut sie aber laute, tolle Schritte, melde es dem, der Dich von Kindheit an allen Bekannten vorgezogen hat.

Den Brief an meine Frau kannst Du durch einen Dritten bestellen lassen. Ich ließ ihn offen, damit Du sähest, nichts Böses wär drin. Auch der an meine Mutter ist deshalb offen. Siegle beide zu.

Ich befinde mich wohl, und viele Besuche belehren mich, daß ich bekannter bin als ich glaubte. Mein ›Hannibal‹ wird, ich sag's, immer besser.

Dann hätt ich gern, daß Du meiner Mutter, drei Monat lang, aber nicht anders als jeden Monat, von Ankunft dieses Briefes an gerechnet, pro jeden Monat vier Taler Pr. C. bezahlest, mit der Bedingung ½ Rtlr. davon an Minchen Wallbaum abzugeben. Es wird beiden freuen, aus Deinen und meinen Händen das Geld zu erhalten. Ich dachte bei der Abreise nicht daran, aber Du erhältst *alle 3 Monat* Deine Auslage sicher zurück. Es ist nur um das Porto zu sparen, indem ich so handle. Ich und mein Buchhändler haften. Er schickt alle 3 Monate Kataloge. Tut er's nicht, schick ich.

Schreib mir. Unfrankiert und wahr. Den Brief verbrenn ich.

Frankfurt am Main, Dein
2. Nov. 1834. Grabbe

(Macht meine Frau offenbare Schritte, schreib mir's. Ich diene, wo Du es nötig glaubst, wieder und bedarf hier Freundes-Nachricht.)

204. An seine Mutter

Liebe Mutter!

Hast Du den Brief erhalten, den ich für Dich an den Hrn. Advokat Ziegler geschrieben?

Ich will Dich nicht verlassen. Melde mir, was Du und Minchen bedürft.

Kanzlrt. Petri wird wohl fürerst sorgen helfen; das heißt, so weit ich ihn gebeten habe, denn *belästigst Du ihn über meine Bitten, so* wären wir geschiedene Leute (d. h. ich mit Dir). Ich hoffe, bald mehr Dir leisten zu können. Ich habe meine Arbeit aber unter den vielen andren Geschäften noch nicht fertig.

Frankfurt am Main, den 2. Nov. 1834.

Dein Sohn Grabbe.

205. An Wolfgang Menzel

Herr Hofrat!

Unterzeichneter (schlagen Sie um) wird Ihnen bekannt sein. – Er hat reich geheiratet (wie das kam, kann er nur mündlich sagen), aber an der Frau ein Genie bekommen, welches ihn, will er nicht das Äußerste tun, nötigt, dessen Glorie nur aus der Ferne zu betrachten. Er ist zu stolz, etwas vom ihm auch zukommenden Vermögen, ja selbst von seinem Eingebrachten zu nehmen, behält zwar die Gewalt darüber sich vor, benutzt sie aber nur im äußersten Fall.

Nun könnten Sie und die Cotta'sche Buchhandlung mir wohl aus der Verlegenheit helfen. Mein hiesiger Verleger, dem ich meine ersten Schriften geschenkt habe, will immer dies und das, hier soll geändert, da etwas niedergedrückt werden, und das kann ich nicht. Wollt er es selbst tun, wär's mir eins. Die Cotta haben so manchem Unternehmen geholfen. Helfen sie auch meinem. Ich habe einen ›Hannibal‹ (Drama) fast fertig, der meinem ›Napoleon‹ gleichsteht. Ich kann in geschichtlichen Sachen (mein helfender Lehrer war mein Schwiegervater, Archivrat Clostermeier, Verf. der ›Hermannsschlacht‹ pp.) jedem die Stirn bieten. Böttiger meinte, Barbarossas Provençale wäre erfunden. Sie ist von Fr[iedrich] I. selbst.

Ich bitte a) mir *umgehends* Antwort zu schicken, – denn hier leb ich prekär, – b) im interessanten Schwaben mir unter erträglichen Bedingungen (18 Gr. des Tags und freie Miete würde wohl für's erste Jahr, weil ich selbst Geld habe und 's nur meiner Mutter schenken will, sicher genügend und genug sein) Aufenthalt zu verschaffen, wogegen ich Dramen schreibe und überliefere; zwei versprech ich in 6 Monaten, – auch soll dann Hr. Cotta, wenn er will, nicht mehr verpflichtet sein, – c) die Herrn von Cotta tun das vielleicht. Ich brauche nur Atem. Denn – vielleicht mehr als Sie und ich denken, leist ich. Ich bitte noch einmal, antworten Sie *umgehends.* Statt mit meiner Frau wieder zusammenkommen zu müssen, schaffen Sie mir im äußersten Fall eine Abschreiberstelle. Schwabens Täler und Burgen entschädigen einen Poeten.

Im ›Morgenblatt‹ und dem ›Literaturblatt‹ pp. kann ich beizu sicher viel leisten.

Ich bin ohne dumme Komplimente, in Eile und doch stets

Ihr desto mehr Sie hochachtender

Frankfurt am Main, den 15. Nov. 1834. Grabbe.

206. An Karl Immermann

Herr Oberlandesgerichtsrat,

verzeihen Sie, wenn ich mich im Titel irre. Sie sind bekannt genug als K. Immermann, und die Adresse wird jedenfalls an ihren Mann kommen.

Ich habe Zutrauen zu Ihnen und hoffe auf Sie. Ich glaube nämlich, ich und eine alte Mutter sind verloren, wenn Sie mir nicht zu helfen suchen. Zwar hab ich seit 1½ Jahren eine ziemlich reiche Frau, jedoch so interessant, daß ich sie nur aus der Ferne, jetzt von hier aus, bewundern kann, und von dem Vermögen nehm ich dem Weibe nichts, obgleich es mir mitgehört, dazu bin ich zu stolz, habe vielmehr mein Eingebrachtes der Dame großenteils auch gelassen. Diese Dame ist so interessant gewesen, daß ich ihretwegen Advokatur, Auditeurgeschäft (mit Beibehaltung des Ranges und Titels, um in Gesellschaft doch etwas zu sein) und eine Zeitlang auch Literatur aufgab. Nun ging ich nach Frankfurt, wo ein Freund hauste. Als ich ankam, war er fort. Mein Verleger ist stets gegen mich etwas sparsam gewesen (meine dramatischen Dichtungen hat er z. B. umsonst erhalten), und ich mag ihm jetzt, wo ich einiger Geldhülfe bedarf, keine Anträge stellen und meine Seele nicht verkaufen. Denn daß ich dann so arbeiten müßte wie er will, weiß ich. An andere Buchhändler wende ich mich nicht, denn ich verstehe den Schacher zu schlecht. – Helfen Sie also mir, und könnten Sie mir auch nur ein Stübchen schaffen und etwa (was Ihnen nicht schwerfallen kann) juristische oder nicht juristische Abschreibereien gegen ein Billiges. Auch hätte ich etwas für einen Buchhändler, wovon so recht noch niemand weiß: mein *›Hannibal‹* ist fast vollendet. Wenn Sie mir zu so einem auch hülfen, hätt ich wohl was Winterkost für meine unglückliche Mutter beizu. – Daß mich die Zeit drängt und ich umgehends Antwort wünsche, bitte und erwarte, brauch ich wohl nicht zu sagen. Wer weiß, wo Ihr Brief mich sonst träfe, denn hier in Frkf. kann ich nicht lange mehr existieren. Meine Adresse ist: »An den Auditeur Grabbe, im 5. Quartier, Lit. E, Nr. 108, auf der großen Bockenheimer Gasse, 3 Stiegen hoch«.

Da ich jedoch spüre, wie's oft mit Briefbestellung geht, so bitt ich, in ein besonderes Kouvert ein paar leere Worte zu schreiben und dieses sub titulo:

»An den Auditeur Grabbe«

»An die Hermannsche Buchhandlung abzugeben«. Der Inhaber dieser Buchhandlung bricht's leicht auf, »denn er ist mein Freund ja«. Wenn in dem Kouvert anfangs steht: »Herr Grabbe«, so soll mir das ein Zeichen sein, den *rechten* Brief auf der Post zu finden.

Ich

Frankfurt am Main, Ihr

1834, 18. Nov. ej. anni. Grabbe.

207. An Karl Immermann

Hochgeehrter Freund!

Ich komme. Binnen wenigen Tagen bin ich da. Meine Menschenkenntnis betrog mich nicht. Ich hielt Sie für ernst, fest und treu, nach Ihren Werken, nach Ihrem Gesicht. Hinter solchen Mauern wohnt grade der Edelsinn. Mit dem Stübchen und 6–7 Taler monatlich bin ich zufrieden. Nein, ich bin mehr als das, ich bin erfreut, und da entstehen jedesmal neue Ideen bei mir, fast Blumen unterm Maischauer. Nämlich: Sie, Uechtritz und ich, sollten wir nicht nach Art der alten Engländer und der neuen Franzosen (Shakespeare und Johnson, Fletcher und Beaumont, Scribe und Konsorten) gemeinschaftlich eine Komödie, oder gar Tragödie bilden können, worin jeder seine Partien und Charaktere ausmalte, jedoch unter der Bedingung, uns wechselseitig zu kritisieren und auszubessern? Dieses

Triumvirat würde gefallen, auch von Verlegern und vom Theater belohnt werden. – Dem Ernsten, was jeder für sich behalten will, oder eben so dem Komischen (was auch oft eine Maske, wohinter ein trauriges Gesicht steckt, ist) schadet's nicht. Es wird in der Stille desto [bes]ser ausgearbeitet, um zum Wetteifer mit dem Gemeinschaftlichen verglichen zu werden.

Der Gr. Platen, Hochgeboren, haben mich auch angezapft, oder ich müßte mich sehr irren, wenn er in der jämmerlichen Ihrer und meiner Art nachgearbeiteten ›Liga von Cambrai‹ nicht bei den auf einmal vorwärts gehenden »Krabben« meiner gedacht. Sie hätten ihm auch nicht antworten sollen, der Verseschmidt ist's nicht wert, jedoch sind Sie gerechtfertigt in dem Sonett worin Preußens Leiden, Fahnen und Siege rollen. Da ist der Ärger ein Keim der besten Poesie geworden.

Der Buchhändler Schreiner wird wohl mit meinem ›Hannibal‹ zufrieden sein. Ich kann ihm denselben aber nicht überschicken, weil ich keine Zeit habe, ihn abschreiben zu lassen. Ich bringe ihn mit. Schlecht muß er nicht sein, quia mir 2 Szenen daraus gestohlen sind, und man stiehlt doch keine Kröten, sondern eher Gold.

Frankfurt am Main,
28. Nov. 1834.

Ihr
Grabbe.

208. An Karl Ziegler

Lieber Ziegler!

Besorg inliegenden Brief an meine Frau.

Wenn Küster noch hundert Taler fodert, muß ich den Depositionsschein sehen, sofern Du die Sache nicht im Depositionsbuch angezeichnet findest, und ich nichts dabei erinnere.

Pustkuchen hat übrigens kein Recht, meiner Frau etwas

zu insinuieren. Ich bin ihm mindestens gleich. Er muß an die Kanzlei erst gehen, und die Kosten sich notieren, bis sie ihm etwa erstattet werden könnten. Er konnte mir schreiben. Denn, wär ich die Summe rückständig, liefre ich sie gleich von hier. Zinsen sind nicht versprochen, und mit dem Geld ist's sicher nicht echt. Von Zinsen gar weiß ich *nichts*, wofern sie nicht im Dps.schein ständen, woran ich zweifle.

Wenn Spanier in Rotbergs Sachen verglichen haben will, so hat er verglichen. Das geht meiner Deservitfoderung nichts an. Zahlt er nicht, so verklag ihn und meld ihm, er täte klug, sich an das Beispiel mit Krohn zu erinnern. Ich schenk ihm keinen Heller. Die Militärakten ergeben, wie er sich verglichen hat; weiter weiß ich nichts, und erhärte eventualiter eidlich, daß ich ihm pto. Privatfoderungen keinen Heller geschenkt habe. Melde ihm das mit Bitte um schnelle Antwort. Sonst sei streng mit ihm, und kannst ihm passum concernentem mitteilen.

Ich bin hieher zu Immermann gezogen, wohne aber erst noch im [Lücke gelassen], wohin Du die Briefe adressieren kannst.

Bietet Weber in Hörste 6 Rtlr. statt 7–9, so nimm das Zeugs an und teil's mit mir verabredetermaßen. Es verjährt sonst oder wird vergessen. Nimm bei Deserviten nur, was wir kriegen können. Es sind schlechte Foderungen pto. der Zahlung.

Gegen Starke sei genau und vergiß nichts. Anliegendes *gleich* an meine Frau. Ich bitte!

Antworte *bald*. Ich ziehe in wenigen Tagen aus dem Gasthof in ein Privathaus. Erteil ich auch im Gasthof beim Ausziehn pto. der Briefe die nötigen Befehle, so ist's besser, ich treffe die Briefe noch hier. Pustkuchen soll übrigens meine Frau nicht, sondern, wenn er es will, *mich* fragen, etc.

Wenn meine Frau auf irgendetwas Arrest legt, was ich in

die Ehe gebracht, so bin ich in 24 Stunden in Detmold, und sie sehe – was juristisch folgt. Sie wird indes klug genug sein, um mich nicht für den größten Dupe zu halten. Ich käme nicht so freundlich als ich abreiste. Hoffentlich ist's nicht nötig, denn ich will und werde tun, was ich kann. Teile ihr diesen Brief auch mit und sag:

sie möchte mir Zutrauen schenken. Ich tu dann herzensgern, was ich vermag. Mißtrauen lähmt mich.

Düsseldorf, 9. Dez. 34.

Dein
Grabbe.

209. An seine Frau

Liebe!

Dein neulicher Brief gefiel mir nicht. Ich hatte Dir freundl. geschrieben. Dagegen schickst Du mir ein Gedicht auf den Tod des guten Blume, foderst, die Du alle meine Sachen hast, kleine Obligationen, sogar eine elende Uhr von mir, willst Arrest legen pp.? Ich verbiete Dir Arrestanlage, sonst bin ich (will's wohl gewahr werden durch Dir Unbekannte) in 24 Stunden da, und zeige Dir den Mann. Nur verzeih ich Dir wegen der hundert (angeblichen) Taler des Küster. Ziegler teilt Dir das nötige darüber mit. Antworte bald, und bist Du klüger u. besser, ist's auch

Düsseldorf, den 9. Dez. 1834.

Dein
Grabbe.

(Ziegler hat meinen Brief und meine Adresse und teilt Dir beides ohne oder doch auf Verlangen mit. Er weiß, wie ich hier bin.)

210. *An Karl Immermann*

Exp. Geschrieben schon, wie
auch unten steht, am 10. Dez.
Dies vorläufig zur Vermeidung
eines Irrtums.

Hab ich gestern in etwas gefehlt, so mach ich's besser, wenn Sie es mir sagen. Nicht elender als belehrt sein wollen, ohne Lehren hören zu können. Der ›Hannibal‹ brennt mir in d[en] Fingern. Ich hätte Ihr Urteil gern über einige Szenen. Das kann aber nur geschehn, les ich selbst sie. Die Kopie ist zu schlecht. Meine eignen Sachen les ich zwar schlecht, indes deutlich, und damit ich nicht täusche, ohne Deklamation. Uechtritz, der in Berlin so gut gewesen, mein Lustspiel vorzulesen, muß wissen, wie ungern ich eigenes Machwerk vortrage, aber einen ›Lear‹ ziemlich vortragen kann. Dr[um,] geht's an, besuchen Sie mich nach dem Mittagessen, und lassen Sie uns ein paar Szenen durchgehn, wie die Philologen sagen, *streng, mit Tadel.* Ich achtete Sie immer, jetzt, wo Sie so gut sind, lieb ich Sie. Werfen Sie diese Achtung und Liebe nicht weg. Man bekommt sie selten aus reiner Münze. – Meine Umstä[nde] haben sich, wie ich wieder aus einem eben angekommenen Brief s[ehe,] et[was ver]bessert. Indes – wo außer Ihnen und dem Kanzleirat nur einen Freund auf der weiten, jetzt dabei kalten, E[rde. Eine] Zeile Antwort!

Ihr
Grabbe.

Düsseld., 10. Dez. 1834.

Eod. abends.

[Dieser] Brief ward unterbrochen, indem ein Bekannter mich zum Theater führte, nachdem wir vorher gemittagt. – Sie sind, wie ich eben höre, in der Dämmerung bei mir gewesen, – Sie haben, ahn ich, überhaupt mehr getan als ich erwartete, – ich hoffe, ich kann bald – Pfui, das Wort

»danken«, welches mir in der Feder saß, ist zu niedrig. [– »vergelten« nicht möglich für Edelsinn. Der ist zu g]eistig. – Sie haben mit meiner Hausfr. über mein Mittagsessen geredet. Ich folg Ihnen, und speise von jetzt an mit meiner Wirtin. Fast kommt's mir vor, als wären Sie mein Luigi, ich bin aber zum Malheur in keiner Art ein Petrarca, [kann nicht so glänzend die Ware zeigen.] Ich habe zu tief geliebt, muß das Zeugs tief in Abgründen, meinen Archiven, bewahren, kann nur, wie der Kenner merken muß, in herben Spott mich darüber trösten, und gewiß auch Shakespeare, sans comparaison, hat nie mehr in Liebeserinnerungen geschwelgt als da, wo er den ›Macbeth‹ schrieb. Die Lady ist weich, aber Tieck irrt, wenn er glaubt, sie müßt es *zur Schau* tragen. – – Ich bin jetzt einsam: indem ich dieses schreibe, ist's mir als säß ich Ihnen gegenüber. Lassen Sie mich etwas plaudern. ›Der Freischütz‹ – mit den Stimmen ging's – die Schlange in der Wolfsszene war besser wie in Berlin, war trefflich, die wilde Jagd fast so trefflich wie (raten Sie!) in [den] letzten Zeiten Küstners in Leipzig. Sie flog dort noch wirr[warrige]r durch die aufziehenden Gewitterwolken. Das Spiel als Zu[sammen]spiel besser als ich sonst in diesem Stück gesehen. Welche Erinnerungen stiegen [mir aber] bei den altbekannten Tönen auf: falsche Freunde, verlaufene [Geliebte, ein] toter, guter Vater, der das Stück so gern hörte, und mir nachmittags abstarb, während ich schlief. Er lebt mir aber noch, jede Mitternacht, im Traum, seh ich, sprech ich ihn, und er, außer Petri und Ihnen, ist der einzige Freund, der noch kommt. – Entschlüsse reifen bei mir spät, aber dann brechen sie plötzlich aus wie hier: nicht das Geringste meines Lebens und Wesens ist Ihnen von jetzt an verschlossen.

Ich bin auch dabei, mein ›Aschenbrödel‹ umzuarbeiten. Auch da wünsch ich natürlich Ihren Rat. – Und lassen Sie uns ein Lustspiel machen, bühnenrecht, geistreich, tollkomisch, den Franzosen zum Trotz. Einer schreibt des Tags das 1. Viertel eines Bogens, der andere setzt es auf dem 2. Viertel andren Tages fort, und so ferner, wie ich schon früher andeutete. – *Geben Sie mir auch zu arbeiten*, vor allem kommen Sie. Ich komme auch zu Ihnen, aber die Manuskriptenschlepperei würde sehr lästig sein. Einmal 1 Stunde bei mir.

Sind Schreibfehler etc. in diesem Brief, so werfen Sie es auf mein bewegtes Gemüt, das eben so wenig wie die See nach Belieben ebben und fluten kann. Durchlesen kann, darf ich ihn nicht wieder. (Ex post: tu's jetzt eben doch!)

Plutarchs ›Hannibal‹, sei er deutsch, griechisch mit lateinischer Übersetzung (ed. Xylander) oder französisch, hätt ich gern, auch dito Dörings ›Anleitung‹ zu lat. Stilübungen. Da lernte ich den Hannibal zuerst kennen, und ich mag den ersten Keim nicht vergessen. Ihr

Grabbe.

Abends, 10. Dez. 1834.

(Abgeschickt am 11. Dez. 1834, meinem oft so einfach fromm gefeierten Geburtstag. Kommen Sie. Das soll mir das köstlichste Angebinde sein, ist auch das einzige, das ich erhalte. Meine Wehmut muß sehr groß sein. Ich kann nicht einmal witzig werden. Und *so* wird die erfreuende Poesie gebraut? Auch bei Ihnen? Sicherlich früher.

Ich halte die Briefe überhaupt für den Stellvertreter der Konversation, darum sehen die meinigen oft so wie Kraut u. Rüben aus als ich selbst im Gespräch bin.

Jetzt ich zu einem fataleren Brief und dann zum ›Hannibal‹.

Wollen Sie kommen, dann: wann ungefähr, damit ich parat bin. Ich habe einen einzigen Gang nur (auf die Post) zu tun, möchte aber ihn einrichten, daß ich Sie nicht um 1 Minute versäumte.

211. An Moritz Leopold Petri

Lieber Petri,

es tut mir leid, daß ich Dir noch stets nichts Erfreulicheres als Bitten schicken kann. Aber auf wen soll ich mich so verlassen als auf Dich? Gern überraschte ich Dich und Schierenberg mit dem ›Hannibal‹, aber der Afrikaner ist schlimmer als Martins Tiger, auch als mein ›Napoleon‹, den ich nur einmal umarbeitete, denn ich habe ihn jetzt dreimal zu Boden geworfen, um ihn wieder anders aufzurichten. Vieles, vieles habe ich dabei vom Wesen der dramatischen Kunst gelernt, ich habe aber keine Lust es zu schreiben, das Publikum muß es aus dem Stück erraten. Könnt ich mit Köchy Gespräche führen, stånd's bald zu Papier. – In Frankf. blieb ich nicht, weil mein Verleger viel versprach, auch allerlei tat, aber nicht so wie ich es wünschte; ich sollte sein Hund werden, bald hier, bald da nach seinem Willen korrigieren, damit das Zeugs dem oder dem Blatt anpaßte, und er begriff nicht, daß fremde Korrektur schlimmer als ein Originalfehler. Ich verzeih's ihm, er will heiraten. Nun schrieb ich an Immermann, und er ruft mich (was ich kaum erwartete) hieher, verspricht mir Verleger, die mich gut behandeln, Logis etc. etc. Er benimmt sich brav, auch laß ich ihn gern in meiner Privatwirtschaft den Vormund spielen, denn ich sehe, es ist nütz, er meint's gut, und die Poesie, wo mein Verleger den Vormund machen wollte, ist weit genug für meine Laune. Beherrschen laß ich mich nicht, aber solang ich guten Weg sehe, folg ich dem Führer (den Verf. des ›Meierrechts‹ und seine Söhne mein ich nicht).

Nun das Fatale, aber Wichtige: da schreibt mir Ziegler, der Pustkuchen hätte dekretiert: ich müßte an Otto Küster aus Hovedissen noch 100 Rtlr. Depositionsgelder zahlen, nebst Zinsen vom 3. Dez. v. J. Bin ich sie schuldig, zahl ich sie, und es wäre möglich, daß ich bei Zwisten und Umräumen die Suppe nicht gesehen, mir auch mit – gewirtschaftet worden. Ehe die Brühe aber ausgezahlt wird, bitte ich Dich (hoffentlich in dergleichen Sachen nie wieder) a.) laß bei der Leihkasse (Kirchhof) anfragen, ob nicht diese 100 Rtlr. dort von mir deponiert sind, seit dem qu. 3. Dez. oder später, b.) dito vergleiche die Konsens- oder (ich weiß nicht genau) die Stellvertretungsakten des Otto Küster bei Hochf. Regierung, c.) siehe den Depositionsschein an, sofern er nicht schon an mich übersandt ist, – erkennst Du ihn richtig, von mir ausgestellt, bin ich zufrieden und halte ihn für echt, – d.) ist in meinem Hause zwar Geld genug, wenn es nicht wieder zu besseren Männern als ich bin geschleppt wird, aber ich mag die Geliebte nicht betrüben und erschrecken, so wenig als mich ärgern, also e.) ich habe hier bei mir 1.) eine Obligation vom Col. Sprute, Nr. 2 aus Mosebeck, nach welcher er mir 180 Rtlr. schuldig, und die am 13. April 1831 vom Amt Detmold ingrossiert ist, 2.) eine andere vom Col. Freese oder Hagemeister aus Hiddesen auf 100 Rtlr. vom selben Amte am 23. April 1831 ingrossiert. Sprute bezahlt anno 4½ Prozent, Freese 4 Rtlr. 18 Gr. Zinsen. Davon zedier ich nach Belieben Dir bis auf 100 Rtlr. jede Obligation mitsamt den Zinsen, falls Du, sollt ich die 100 Rtlr., wenn Du glaubst, bezahlen müssen, diese selber kurzweg auslegst oder durch andere auslegen läßt. Bin ich's einmal schuldig, kann meine Frau nichts dagegen erinnern, so gern sie auch diese von mir in die Ehe gebrachten Obligationen, wie manches andere, mich aus dem Hause treibend, seorsum behielte. Sicher stehen die Obligationen, wie Du am Amt Detm. sehen kannst, Gefahr ist nicht dabei, und nötigenfalls haftet ja mein ganzes Vermögen, eingebrachtes und erheiratetes. Nun hilf mir von der Sache ab, und laß Dir, oder wer es will, dafür eine der Obligationen mit allen Rechten und künftig fallenden Zinsen und Haftung meines Vermögens (was ich aber unnütz halte, und nicht gern sehe) zedieren, was ich eventuell, wofern die 100 Rtlr. von Dir oder einem Dritten dem Militärgericht bezahlt sind, schon jetzt tue. Und dann schreib mir, daß ich das Original sofort übersende. Am liebsten, Du wähltest die Freesische Obligation, weil's grade 100 Rtlr. sind. Jede Gebühr bezahl ich gern beiher. Pustkuchen erhält das Geld gegen Quittung, um die ich dann bitte. Er benimmt sich nicht so gegen mich, wie ich ein Jahr lang *umsonst, ohne Gehalt*, gegen Rotberg. Er konnte bei mir anfragen. Du am liebsten, sonst tun Kaufmann Hoffmann, Meier pp., wenn Du sie ersuchst, es auch wohl. Ich will ihnen von diesem Jahre die Zinsen bis zu 5 Prozent erhöhen, verlangen sie's.

Antworte mir bald! Die Sache stört mich. Ich glaube, ich habe bei dem ganzen Auditeurgeschäft verloren.

Ich konnte wegen Eile an meine Mutter nichts beilegen. Grüß sie. Eben kommt jemand.

Düsseldorf, 11. Dez. 1834.

Dein
Grabbe.

212. An Karl Immermann

G. P. M.

Hier das Schreiben meiner Frau. Das dazugehörige lustige Gedicht hab ich verlegt. Der ganze Brief atmet nichts als Gier und Unwahrheit. Hätte sie nur alles so für sich, ich könnte krepieren. Ich der *Mit-Herr* und der *Verwalter* des Vermögens habe ihr, die meinen Dispositionen folgen mußte, nicht allein bis jetzt die freie Verwaltung über ihr elterliches Gut so hingehn lassen, sondern sie hat auch über alle meine gewöhnlichen Einkünfte frei disponiert, die außergewöhnlichen mindestens zu $\frac{2}{3}$ erhalten. Nie, nie, hat sie für Haushalt, Visiten, für Kleidung etc. etwas Bedeutendes ausgelegt. Ich tat's beizu und quälte mich wie ein Hund. Ich lasse all mein Eingebrachtes (Silber, Ringe,

Tafeluhren, Sofa, Kommoden, Schränke, Wäsche, Betten pp.) bei ihr zurück, und jetzt fodert sie zu unserer Sammlung von Raritäten die Dose zurück, welche ich gebrauche und die mir geschenkt ist von e. Freunde, – sie gönnt mir nicht, daß ich zur Sicherheit ein paar Obligationen mitnehme, die ich längst vor der Ehe besaß, sie, welcher ich gar nicht trauen sollte, da sie gerichtserweislich mir Gelder heimlich verschleppte, sie, die mir danken sollte, daß ich nichts weiter verlangte, sie will (fast lautet's, vergleicht man unsre Landsverordnungen, wie Wahnsinn) auf meine zurückgelassenen Leihbanksobligationen Arrest legen, sie spricht von ihrer dürftigen Lage, und hat weit mehr als vor der Ehe, wo sie ohne mein Inferiertes lebte, und doch jeden Tag Feten gab, sie spricht von 2 silbernen Uhren, die ich als Andenken von meinem Vater, meiner Mutter in Verwahrung gegeben, sie spricht von meinem kleinen silbernen Becher, den ich, wie sie weiß, auf Reisen zum Trinken gebrauche, während bei ihr noch mindestens 6 zu Hause stehen, nicht einmal »mehrere« Wäsche (ich habe 6 Hemden und 6 Paar Strümpfe mitgenommen, und 60 meiner Hemden, 60 Paar meiner Strümpfe pp. sind sicher zurückgeblieben) gönnt sie mir für die lange Reise. – Und das alles so naiv – listig – falsch – lustig und traurig durcheinander, daß ich durchaus dieses Weib einmal in einem Drama schildern möchte. Etc. etc.

Ganz Detmold kennt sie übrigens jetzt. Ich glaube selbst der Fürst, ich hätte sonst so milde den Urlaub nicht bekommen. Sie sahen ein, es ging nicht. Ich bitte ja den angeschlossenen Brief nicht zu verlegen, sondern ihn mir nächstens gefälligst zurückerstatten zu wollen. Ich könnte ihn nötigenfalls vor Gericht gebrauchen, und überdem dient er zum Beweis, daß meine Abreise ihr bekannt und nicht dolose geschehen.

Der ›Hannibal‹ würde wohl in 10 Tagen fertig sein, hätt

ich nur Plutarch (lateinisch oder deutsch oder französisch), den Livius wo möglich (im Original), oder doch die ›Allgemeine Weltgeschichte‹ von Guthrie und Gray, in quarto, erläutert von Dr. Cr. Baumgarten, in den Bänden die Karthago und Hannibals Feldzüge, von diesen an bis zum Untergang der Stadt, betreffen. Ist es denn nicht möglich in irgendeiner hiesigen Bibliothek *bis morgen mittag* das aufzugabeln? Oder bei einem Philologen? Weiß ich nur *wo*, und um mehr als diese Nachricht bitt ich natürlich nicht, die Läufe danach, will ich mit größter Freude machen. Geht es, so leihen Sie mir gefälligst aus Ihrem Plutarch die Lebensbeschreibungen der beiden Scipionen auf 1½ Tag.

Gestern hat mir das Theater sehr gefallen. Die Gesten waren oft originell und durchweg doch sehr richtig, auch war die Akzentuation sehr richtig, oft nur zu scharf, zu diktierend. Das kommt aber davon her, weil den Leuten sichtbar vieles mit Mühe hat einstudiert werden müssen, und seien Sie es oder Uechtritz (dessen Deklamation ich oft zu erkennen glaubte), es muß hier in kurzer Zeit Enormes geleistet sein, im einzelnen und im Zusammenspiel, besonders wenn man bedenkt, daß die Mehrzahl der Schauspieler schwerlich genial sein wird, und auch wohl, in Düsseldorf so gut wie überall, je mehr talentlos, je eigensinniger zu sein pflegt. Geht das Einstudieren so gut weiter, könnte hier das alte Mannheim entstehen.

Mein Gelübd halt ich. Es wird mir nicht schwer. Pto. der Journale, welche ich beim Theater in einem Museo oder wie's heißt lese, behalt ich mir aber auf Abend ein mäßiges Glas Punsch bevor, indem sie von Weinen dort nur den schweren und teuren Bordeaux haben.

Die Bücher? Geben Sie mir Gelegenheit, Ihnen Gefälligkeiten auch erzeigen zu können.

Mein täglicher Verbrauch in meinem Logis wird, wie gesagt, *stets von mir sofort bezahlt*, nur fällt mir ein, nicht das

Licht und die Heizung. Sonst wüßt ich gar nichts, was ich außer Miete verschuldete. Ich bitte, schickt die Mad. Ihnen etwa die Monatsrechn., mir vor der Zahlung dieselbe zu zeigen. Auch zum lieben Rum hat sie nichts ausgelegt.

Gehorsamst

Düsseld., den 14. Dez. 1834. Grabbe.

213. An Karl Immermann

G. P. M.

Anbei die ersten Szenen des ›Hannibal‹. Ich bitte, sie binnen 2 Tagen, wo der Herr Töpfer abgeschrieben sein wird, rückholen zu dürfen. Über den Vers haben wir gestern gesprochen und sind wir wohl eins. Ich habe mit Bewußtsein, mit Vorsatz ihn so geschrieben wie er da ist, aber durchaus ohne Affektation. Soll man ewig die alten Hosen tragen? Schiller hat's auch geahnt: cfr. seinen Jambus im ›Tell‹ mit dem in ›Don Carlos‹ und in ›Maria Stuart‹. Der Gedanke macht den Vers, nicht der Vers den Gedanken.

Karthagos Mädchen waren berühmt wegen ihrer Schönheit, sie waren die ersten, welche die ungeheure Stadt anzündeten, deshalb durft ich mit der Alitta anfangen. – Sie wird, wie fast alle Charaktere, im Laufe des Stückes wachsen. Der Melkir z. B. verschließt nach der Schlacht bei Zama dem Hannibal das Tor, meint er wäre Herr, als der Gisgon ihn fassen läßt und dem Moloch opfert, ihn beim Wort haltend, indem Melkir sagt: dem Moloch muß das Beste geopfert werden zur Rettung der Stadt (er meint Hanno) und Gisgon ihm dartun, der Beste sei grade er, Melkir.

Schön sieht die Handschrift des Manuskripts nicht aus. Es fallen einem beim Kopieren zu viel Korrekturen ein. Indes, es geht wohl doch. Als ich Archivar werden wollte, machten unleserliche Handschriften mir gar Spaß. War auch nichts daran, ich entzifferte und freute mich mehr, die tollen Zahlen und Buchstaben erkannt zu haben (mancher Mönch hatte wohl sauer genug daran geschmiert) als den Inhalt.

Der Konsul und ex post Diktator Fabius Maximus, mit dem sauberen Beinamen cunctator, erhält in den bald folgenden Szenen auch sein Teil. Besonders freu ich mich auf's Mundieren der bekannten Ochsengeschichte im Tal von Casilinum.

Den jüngeren Scipio mußte und muß ich ferner besonders wachsen lassen. Nichts mir fataler als Schauspiele, wo alles sich um einen Götzen dreht. Ich meine, Scipios d. J. Erz leuchtet schon dem Hannibal etwas in die Augen. Bei Zama muß er vor dem Stahl-Schild des Römers gar etwas blinzeln.

Der alte Cato ist sicher so gewesen, wie ich ihn schon jetzt geschildert. Ich hoffe, einige Nebenpersonen sind auch zu erkennen. *Allen* scharfe Züge zu geben, ist leicht, aber es verwirrt, ist unnatürlich und unkünstlerisch. Es müssen auch Unterlagen da sein, worauf die Hauptpersonen stehen.

Daß Karthago Amerika kannte, Afrika umschifft hatte (letzteres weiß nicht allein Herodot, sondern auch Plutarch, irr ich nicht im Leben des Dion, welches der Kameltreiber Heeren übersehen hat), ist ohne Zweifel. Der Gottesdienst in Mexiko war karthagisch, und die jetzt entdeckten Ruinen von Huatlipatnam sind's auch. Die Guanchos auf Madera scheinen gleichfalls Karthager gewesen zu sein. Der neuentdeckte gebildete Volksstamm in Südafrika vielleicht auch. Hätte Karthago gesiegt, ständen wir vielleicht unter afrikanischer Herrschaft, aber Europas Seeländer sind zu zackig, und Nordafrikas Küste zu breit, zu lang, zu schmal, dicht die Wüste dahinter – ich glaube, beide Erdteile können sich nichts tun. Karl V. scheiterte an Algier (die Franzosen wahrscheinlich bald darin), die Sarazenen mußten Spanien räumen. Karthago suchte, anfangs klüger als beide, die Inseln – Nachher – – Wo komm ich hin? Unendlicher Stoff.

Ich will an Helmichis denken. Nach Graf Wackerbarth, der meinem Schwiegervater sein großes Werk über die Teutonen geschenkt hat, in welchem er *auf Ehre* und noch dazu auf seine Kosten (denn er hat's auf seine Kosten in roy. fol. drucken lassen) versichert, die Deutschen wären vor 30 000 Jahren 36 Fuß hoch gewesen, müßte Helmichis ein Deutscher, in specie ein Mecklenburger sein. Denn »he« ist der Artikel »der« und milchis ist das »michel« (groß) aus den Nibelungen. Allein Rosamunde hat mich belehrt – dieser echt deutsche Name Helmichis gehört doch den Slaven an, denn die Gepiden waren Slaven, sind aber in dem Stück zu verschwistert mit den ehemaligen germanischen Küstenbewohnern der Ostsee (Longobard, long board, weit am Bord, an der Küste, die wahrscheinlichste, historischste Ableitung), daß ich bisweilen nicht wußte, wer Gepide, wer Longobard? Und doch – die Mecklenburger Bauern sind ja Slaven, dito ist das mecklenburgische Haus ein Zweig der Obotriten, auch slavisch, so gut wie die bairischen Schyren – Uechtritz, den ich in vieler Art doch als tüchtigen Mann kenne, hätte mich nicht in all diese Skrupel und Widersprüche bringen sollen. Ich will sie ihm selbst sagen, sobald ich weiß, wo er wohnt. – Verzeihen Sie. Ich habe wenig Gesellschaft und schreibe dann gern. Rechnen Sie es nur dem ›Hannibal‹ nicht an.

Gehorsamst

Grabbe.

Düsseldorf, 17. Dez. 1834

214. An Karl Immermann

Das Gute hab ich, daß manches Körnchen, ist's auch Tadel, hinterdrein aufgeht. Nur findet es meist erst übernachts den rechten Grund. Sie haben durchweg recht pto. des Verses im ›Hannibal‹, er ist ein Zwitter, ich zerschlage ihn, wie neue rauhe Chausseesteine, und verwandle ihn in Prosa. Mein Kopf bekommt dadurch noch freieren Spielraum, überall seh ich das Stück besser, moderierter und doch kräftiger werden, und – das ist der Grund – *acht ich einmal die Versmaß-Autorität nicht, so kann ich ja am besten und bequemsten den Rhythmus, welchen ich bezwecke, in Prosa ausdrücken.* Auch spür ich, daß es nur eine alberne Furcht vor dem grauen Altertum war, in dem das Stück spielt. Närrisch: denn soviel auch die Philologen von Profession und die Dichter von Nicht-Profession (Justi, der gelehrttuende Herr Generalsuperintendent Ammon,

»des Nam' sogar karthagisch klingt!«)

sich bemühen, die Bibel, den Plautus, den Terenz in Verse zu bringen, so haben sie doch noch keine passende herausgebracht. In der Bibel macht offenbar nur der Sinn die Dichtung aus, und höchstens erinnert der parallelismus membrorum an Versartiges; bei Terenz und Plautus ist die Blindheit der alten Knasterbärte noch toller, denn sie wußten doch, daß eben die Vorbilder dieser beiden Poeten, die Griechen Menander und Philemon, in Prosa schrieben. – Auch wird mir nun leicht, manches Pompöse in einzelnen Redensarten, durch den Vers herbeigeschleppt, auszulassen, umzubilden und die Helden dem Herzen näherzubringen. Besonders wird der jüngere Scipio gewinnen. Der soll ein Kerl werden, menschlich, römisch, groß, kindlich und doch ein Guß. Das Stück wird nun noch schneller fertig. Ich bitte übrigens, das Fragment doch erst *auszulesen*, das Gute darin anzuerkennen, indem Sie denken, die störende Form ist morgen schon fort. Wo möglich, hätt ich's heut abend oder morgen früh zirka 8 Uhr deshalb zurück. Vorreden schreib ich nicht gern – Was meinen Sie aber, wenn ich in der Dedikation an Sie, Ihrem Rat dankend, einiges hierüber einfließen ließe? Was tut nicht ein offener Freund, der sich nicht scheut, die bösen Wunden zu berühren! – Den Töpfer kann ich nun erst morgen früh schikken. Die Sache mit Hannibals Versen hat mich zu sehr erregt, erfreut. Die Verse des Töpfer gehen, beizu gesagt, grade den rechten Pferdetrab; mir ist dabei, als führ ich immer glattweg, immer bergunter: »jip, jap, jap, jip« – Das Abschreiben ergötzt mich. Ich lerne allerlei, wenn ich das Mittelmäßige so recht durch die Hände gehen lasse. – Platen scheint ganz einzutrocknen. Die neapolitanischen Geschichten (einfältiger Titel, wahrscheinlich Nachäfferei des Titels der ›Historien‹ des Tacitus, deren Sinn im Lateinischen etwas mehr bedeutet und klarer ist, als das Wort »Geschichten« im Deutschen, besonders da sie den Annalen des Tacitus korrespondieren), sind besser als die ›Liga‹ (Ligue war dem Herrn Grafen zu gemein, da es uns gewöhnter klingt) des sich selbst verkündenden Messias, denn er macht denn doch kein schlechtes *Gedicht* daraus, und Neapels Geschichte wird in Deutschland wenig kultiviert, so daß es gut ist, sie einmal zu berühren. Glaubt übrigens dieser Bengel, es gäbe nicht hinter den Bergen in Deutschland auch Leute, die da sehen, wie er mit Gelehrsamkeit renommieren will? Statt den Giannone zu zitieren und auszuschreiben (er hat's aber sicher bisweilen mehr als nötig getan, da er sich hütet, ihn zu erwähnen), zitiert er einige weltbekannte Scriblifaxe, den Lügner *Paulus Jovius* darunter! Des Herren Grafen Hände hätten den Schmutz von Neapels Archiven mit deren Manuskripten nicht scheuen sollen. Doch Exzellenz flechten auch am reinen trimetrischen Lorbeer beizu.

Ihren älteren Hofer laß ich aus der Leihbibliothek holen, zum mir großen Genuß sein sollenden Vergleich.

›Die beiden Philibert‹ gingen wieder gut. Es drängt mich, über das Düsseldorfer Theater, noch nicht genug seinem Werte nach anerkannt, etwas in ein bedeutendes oder doch verbreitetes Blatt (›Morgenblatt‹, ›Abendzeitung‹ pp.) zu schicken, so vielen Ärger ich auch mit einer Schauspielrezension gehabt habe. Ich will Ihnen den Aufsatz vorher mitteilen. Soll ich? Auch ist's wohl gut, wenn ich mich unterschreibe, so sieht man doch, es ist nicht heimliche Hand im Spiel, was leider so oft bei anderen Theatern der Fall ist, und auch bei diesem vermutet werden könnte. Denn jeder denkt von dem andren so schlecht als er selbst ist.

Ich danke Ihnen, daß ich Bier trinke, nicht den Morgen-Rum.

Düsseld., 18. Dez. 1834.

Gehorsamst
Ihr
Grabbe.

(Uechtritz kann ich noch nicht entdecken.
Helmichis sagt's auch nicht.)

215. An Karl Immermann

Hochgeehrtester Freund!

Hierbei Töpfer selbst mit ›H. u. D.‹ retour, und meine Abschrift, die erste, welche ich von fremder Hand gemacht. Die ruhige Behandlung gefällt mir, obgleich das Ganze flach gehalten ist. Besonders hat Töpfer den Charakter des alten Feldern mißhandelt, bei Goethe ein tüchtiger Spießbürger, bei Töpfer ein halb verrückter Polterer mit einem Gran Ifflandscher Komödienväterei. Ich war nicht gewohnt zu berechnen, wie lang die Abschreiberei währen könnte; das nächste Mal soll es sicherer gehn, auch rascher. Ich bin nun schon geübt. Schicken Sie mir nur was.

Dito mit Dank Platens ›Neapel‹ anbei. Hat mich nicht befriedigt. Hier und da wird's interessant, aber nur bei zu hervorgehobener Skizzierung einzelner Szenen. Ob auch der Anfang trocken ist, mir gefiel er besser als nun das Ende.

Ihr ›Reisejournal‹ habe ich nun mit Aufmerksamkeit durchlesen, und viel darin gefunden. Meinem Wesen sagt aber vor allem Ihre Ansicht über den Liberalismus und seine Söhne zu. Dieses Gesindel, das (ja, nehmen wir das Schlimmste, es ist bei ihm das Gewisseste) da schreit, um Lob und *Diäten* zu haben, das überall die Steine zu Kalk macht, damit ein Napoleon oder Cäsar einst Kasematten so fester darüber kleben kann, diese Versammlungen von 100 Narren für einen Thron, welcher denn doch überall zu hoch steht, als daß er vom Inhaber oder vom Pöbel so ganz und gar beschmutzt werden dürfte wie manche sogenannte Kammer, könnten mich Despotie zurückwünschen lassen. Roms Republik war ganz was anderes, wie wir wohl einmal mündlich diskurieren könnten, und Frankreichs Juli hat mir nur bewiesen, daß da alles ohne Halt ist, daß England (wie ich lange vorher prophezeite) Frankreich durch scheinbares Anschmiegen betrogen hat: in Belgien ist der König *Coburg*, halb *englisiert*, in Antwerpen liegen *50 engl.* Kauffahrer gegen *1 franz.*, und *Wellington* ist wieder Minister. – – – Da fällt mir die badische Ständeversammlung ein. Herr von Rotteck gibt ihre Annalen heraus mit Porträts der Mitglieder. Ich habe in mancher Menagerie bessere Visagen (die des Welcker geht so so) gesehen, besonders sieht man den Messieurs par peuple an, wie *wohlgefällig, vorsichtig* und *ernst* sie dem Maler gesessen. Nach Herrn von Rottecks ›Geschichte‹, in welcher er sich auf Gibbon als seinen Führer zu beziehen wagt, auf ihn, den er nicht einmal wert ist, zu erwähnen, war zu vermuten, daß auf die ekelhafteste Art das Widerlichste qua Porträt vorangestellt wurde, und richtig, *er* steht voran, mit einer Nase, die nach Weisheitskörnern zu picken scheint, und einer Stirn, gespannt wie Trommelfell (leider hatte M. v. Weber gleiche Stirn, er trommelte aber doch Max, Ännchen und Agathe heraus.)

– Wie? Ist die Madonna, die sixtinische, in Dresden, ist die durch die Auffrischung schlechter geworden, etwas Charakteristisches in dem Gemälde zerstört? O, ich fürchtete es lange, die hätten sie eher groß untergehen lassen sollen, statt daran zu arzneien. *Sie, Immermann*, deuten's nur halb an – Ist es? Niemand hat noch dies Weib mit dem Kinde und den beiden Engeln echt abkonterfeien können, ich glaube, sie hatte Bewußtsein, sie lebte, aus dem Rahmen hätte sie springen sollen als Schmierer darüber kamen. – Und wär es? Den Sixtus und die Barbara, die sicher nicht von Raffaels Hand sind, sondern höchstens nach seinen leichten Umrissen von irgendeinem seiner Schüler, vielleicht auch die Besteller des Gemäldes nach alter Sitte darstellend, hätte der Verbesserer wegschaffen mögen, aber Maria, den Sohn, die 2 Engel auffrischen? – Daß Sixt. u. Barb. nicht raffaelisch sind, beweis ich: 1) Raff. hätte in beiden den Glanz der Himmel *charakteristischer* widerspiegeln lassen, 2) Barbara tut gar dabei wie eine Leipziger Magd, die aus dem Fenster sieht.

Ihr Urteil über Correggio hat mir sehr gefallen. Die *Nacht* selbst hat wohl nur ihre Berühmtheit ihrem Namen zu verdanken. Es ist ein qualmiges Ding mit gezierten Figuren. Da ist schon die Glasmalerei im Kölner Dom kühner und größer.

– Schicken Sie mir doch gefälligst den Brief meiner Madonna gelegentlich retour. –

Da ich Ihre Werke jetzt so vor mir habe, sie in einem Gusse lese, wundert's mich, daß unter so vielen Urteilen noch kein *tüchtiges* Urteil darüber erschienen ist. Die Zeit sitzt wie die gefangenen Juden am Bächlein zu Babylon und ahnt nicht die großen Dichtungen u. Ströme, worin die kleinen zerfließen. Ich will neben der Theaterkritik den ›Hofer‹, den Peter und die Gedichte noch einmal durchgehn und gründlich zu kritisieren versuchen, – den Rest ein andermal, – es soll mir die Lieblingsbeschäftigung bei meinem ›Hannibal‹ sein, und Sie willigen wohl ein, daß ich die Kritik publiziere.

Wär ich mit dem Punier fertig, so hätt ich

1) ›Aschenbrödel‹ zu reformieren,

2) ›Der Dichter‹, Drama, zu vollenden, mit dem Beisatz: historisch,

3) einen Eulenspiegel, worin dieser echt norddeutsche Charakter einmal dasteht, wie aus Felsen lustig gesprungen und gehauen, zu produzieren. Eulenspiegel und Aschenbrödel *auch für die Bühne*, und den Eulenspiegel wo möglich gemeinschaftlich mit Ihnen.

Pto. ›Hannibals‹ *flehe ich*, mir zu helfen: ich muß und muß den Plutarch in einer Übersetzung, das Griechische könnt ich nur zu flüchtig durchgehn, den Livius und die beiden Scipionen (die haben Sie im Kannegieter) bald auf einige Tage haben. Desgleichen Guthrie und Grays ›Weltgeschichte‹ und Dörings ›Anleitung‹ vom Übersetzen des Deutschen ins Lat. – Ich bin zu begierig, das Werk mit den großen Heerstraßen, an deren Enden sich Karthago in Scipios Helm und Harnisch brennend abspiegelt, und Hannibal in der Nacht des Todes erlischt, zu vollenden. Ich bitte! bitte! und ich quäle Sie sobald nicht wieder. Mich verzehrt die Sache sonst. Ein Zettelchen von Ihnen an die betreffende Behörde hilft mir besser als meine Persönlichkeit.

Düsseldorf, den 22. Dez. 1834.

Gehorsamst

Grabbe.

– Schrieb obiges vor dem Theater, komme eben heraus. Recht, daß im Menuett der Ochs nicht kam, in meiner Nähe waren genug, die sich nur selbst hätte besehen sollen, als sie ihn vermißten.

Eod. Id.

Und doch noch eins: Zelter und Goethe.

N. S.

Der Brief blieb gestern liegen, weil die Madame fürchtete, abends das Mädchen so weit auszuschicken.

Den 23. Dez. 1834.

216. An Karl Immermann

Hochgeehrtester Freund!

Hierbei ›Struensee‹, Plutarchs 2., Shakespeares 16. Bd. mit Dank zurück. Dito die Iliade. Die beiden gesuchten Verse stehen lib. 6, 648–49. Der ›Struensee‹ interessiert mitunter, aber welch ein Wortschwall, welche flache Bilder und Sentenzen, welche Einflickereien (z. B. die Prophezeiung bis auf den heutigen Tag) – die simplen Untersuchungsakten, soweit man sie kennt, sind interessanter. Ich habe sie einmal (in Schlözers ›Briefwechsel‹ oder ›Staatsanzeigen‹, irr ich nicht) gelesen. Struensee war ein emporgekommener Strudelkopf, verletzte wirklich manche Rechte, beizu auch Gutes begründend, und sein Verhältnis zur Mathilde. – Warum sperrte der König von England sie zeitlebens in Celle ein? – Im Shakespeare haben wir uns (hoffentlich nicht in seinem Geist) im Bande vergriffen. Der zurückerfolgende enthält statt Hamlets ›Cymbelin‹ und ›Tit. Andronicus‹. Was die Kerle in den Noten da streiten, der letztere sei nicht von ihm, grade mit Gründen, die sie selbst treffen. Ist er ein paar Jahr älter als ›Heinr. VI.‹, gut, deshalb ist er auch unbedeutender, – sind die Verse so glatt, – gut, das sind sie ja eben in allen früheren Stücken, je weiter zurück je glätter, – fehlt die Komik, fehlt sie verhältnismäßig in ›Heinr. VI.‹, ›Richard dem III.‹ nicht auch? und da drang sie der nationale Stoff auf, hier aber ist das kalte Byzantinische der Stoff, – pikante Züge sollen mangeln, und sie deuten selbst auf die des Mohren hin p.p.p.p. – Den alten ›Hamlet‹ übersetz ich also. Gut. Wir müssen aber sprechen: *wie?* Ich denke ganz in seiner vorliegenden Form, ohne Szenerie, ohne Seitenzahl, ohne Verbesserung der Orthographie in fremden Namen, ohne Milderung der Versform, aber verständlich. – Ihr Schreiben wegen der Bücher zum ›Hannibal‹ kann ich erst morgen benutzen, wann die Festtage vorbei sind. Mittlerweile ist dagegen morgen abend ›Aschenbrödel‹ fertig und ziemlich umgearbeitet und macht Ihnen übermorgen einen Knicks, denn ich hab's bis dahin noch durchzulesen.

Gehorsamst

Düsseldorf, 26. Dez. 1834. Grabbe.

217. An Karl Immermann

Hochgeehrter Freund!

Anbei eine Probe der Hamletsübersetzung, so wie sub pet. rem. Ihr englisches Original zur Vergleichung. Ich habe gar keine Hülfsquellen, keine Übersetzung und kein Lexikon und keinen Kommentar gehabt, also verzeihen Sie wohl, fände sich ein Schnitzer. Die Engländer u. Franzosen sind mit ihren Versen gut daran, und sind blind, daß sie sich fürchten, es mit Hexametern zu versuchen – der Franzose braucht ja nur zu akzentuieren, die kurze Silbe lang, die lange kurz (in den Klassikern wie oft fille, père) und der Engländer, seinem Wesen ziemlich gemäß, nur zu verschlucken, wo ihm was im Wege steht, und das hat der Stratforder redlich benutzt. Ich habe in diesem Probestück seine Verse von 3, 4, 6½ etc. Füßen redlich nachgebildet, aber man kann manche mit drei-doppelten Rhythmus lesen. Der alte Voß hat doch recht, wenn er manche Shakespearische Szene, in Prosa in den Ausgaben, wieder in Verse stiefelt, z. B. ist nicht eben das von mir übersetzte Gespr. zwischen Haml. u. Ophelia fast ganz Vers, kontra Schlegel, Blair und Johnson? – Auch, so viel es ging, hab ich Williams Interpunktion beibehalten, er ist groß genug, um bei ihm auch oft im Komma eine Lanze zu wittern. Bisweilen sind, und ich glaube zum Teil mit Vorsatz, die Verse doppelsinnig (er läßt die Tugend von der Ehrbarkeit, die Ehrbarkeit, wie es scheint, von der Tugend umwandeln), und ich habe mich bemüht, ihm die beiden Masken zu lassen. Im Monolog »be or not« p. hat William (par exellence) in der first edition den Charakter, die Aufgeregtheit des Haml. besser spielen lassen wie in der second. Es geht in der first durcheinander, so daß einmal hope für Furcht dasteht. Ich glaube aber, das Wort mag zu Shsprs. Zeit auch wohl das Gegenteil bedeutet haben, wie so manches Wort in vielen Sprachen, z. B. »ahnen« bei uns, sacer bei den Römern. Ich überlasse Ihnen, ob ich mit einer Note auch hope als Hoffnung übersetze, denn ohne Noten wird's (soll die Übersetzung ganz interessant werden) schwerlich abgehn. – Die Abkürzung des Namens der Ophelia in den Rubriken, Ofel, einmal gar Ofe, hab ich ganz so stehen lassen, der Klang erinnert zwar an ovis und Ofen, macht mir aber das Mädchen lieber als das Prunkwort Ophelia. – Die englische Sprache hat fast nur männliche Endsilben im Vers; wir kastrieren aber die deutsche und geben den Sinn nicht wieder, handeln wir nicht wie Schlegel, und sprechen wir das Fremde so mit dem Mund wie er uns gewachsen ist. – Mit »Earnest vowes of lofe« hat Wildhelm mir auch einen bösen Streich gespielt, da er eine Welt mit ihren Tücken in sich hat – Earnest, heißt bei ihm, und zwar so viel ich mich erinnere, im ›Macbeth‹ auch *»Handgeld«* – ich glaube aber es mit *»ernst«* hier übersetzen zu müssen, – Ofel wird doch von keinem *Liebeshandgeld* sprechen wollen, und ist's ein ihr vom Dichter zugeschobenes Wortspiel, wüßt ich nicht, wie man's nachmachen sollte. Hieß es Handgeld, hätte Tieck verbotenus recht, so wie ich auch glaube, daß er im *Geist* des Stücks bei der Ofe überhaupt recht hat. – Merkwürdig ist es auch, und beim Übersetzen erst fiel's mir auf, daß ein Engländer Geschenke zum Andenken »Genommenes« und wir solche »Gaben« nennen (tokens, Gaben). –

Können Sie mir nicht bis morgen mittag einen Abschreiber für ›Aschenbrödel‹ auf meine Kosten zuweisen? Und dann: haben Sie Hermanns ›Metrik‹, und könnt ich sie nicht auf 2 Tage bekommen? Dito den ersten Teil des Landrechts? Und endlich *auch mir* etwas zum Abschreiben, aber mit 8 Tagen Frist, und wenn ich keinem dadurch sein Verdienst nehme. Ich will lieber mit ihm nach seinem Belieben teilen, denn nach den Instituten, seh ich, gehört's auch dem Souffleur.

Düss., 1. Jan. 1835. Gehorsamst

Grabbe

Noch eins als Postskript: ich muß mich rechtfertigen, warum ich nicht wie die anderen »My Lord« mit »mein Herr« übersetzte. »Mein Herr« bedeutet jeden engl. Gentleman, Lord ist aber ein unübersetzbares Wort, welches man annehmen muß wie die fremden Worte: »Kaiser, Konsul, Prätor« pp. Wir Deutschen um so eher, da nach Grimms Grammatik das Wort aus dem Niederdeutschen stammt: aus *Laif* (Laib, Brot) und *Ort* (Herr.), ergo Brotherr. Sind Sie anderer Meinung, füg ich mich gern. Indes mir ist der Lord wahrhaftig lieb.

Eod. Id.

Williams Schreibfehler oder Schreibvorzüge hab ich auch nachgeahmt, z. B. Sterben (Die) groß, leben klein. Id.

Güldenstein und Rosenschlau durft ich eben nicht wie gewöhnlich mit Güldenstern und Rosenkranz übersetzen, wenn die alte Ausgabe die alte bleiben sollte mit ihren »stone« rossen und craft. Auch wohl eine Note beim Druck dabei. Shaksp. hat ohne Zweifel früher mit den ss. pp. die offenbare Doppelsinnigkeit der Namen meiden wollen.

218. An Karl Immermann

G. P. M.

Hierbei eine Forts. der Hamletübersetzung. Diese alte Ausgabe ist in mancher Art weit besser als die neuere. Sie ist weit einfacher, weit weniger geziert. Vergleichen Sie, werden Sie finden, daß ich auch hier streng den Vers des Sh. im Aug hielt, die öfteren Trochäen am Anf., die Hickhakkereien in der Mitte. Das »Man« in der bekannten Stelle habe ich mit »Mann« übersetzt, nicht wie Sitte mit Mensch: es folgt nämlich ja gleich der Gegensatz des Weibes, und Haml. denkt dabei erst an seinen Vater (glorious), dann an den jetz. König Dänmks (contents not me), dann als er über Güld. Lächeln zürnt, wieder an seinen Vater. Das Wort ist im Engl. mit großem Anfangsbuchst. geschrieben, was dem Leser in der Regel Mensch bedeutet, indes ist diese shaksp. Spitzfindigkeit (vielleicht auch das M nur zur nachdrücklichen Akzentuation des Manns) zu wohlfeil erkauft, wenn wir den Haml. im Deutschen von seinen Vater »der Mensch« sagen lassen, was, bei der Gemeinheit so vieler dieser Klasse, im Deutschen fast ein Scheltwort geworden. Entscheiden Sie. Eine Note könnte darunter gesetzt werden. – *Eines engl. Lex. bedarf ich, der Schleg. Übers. und des Fleischerschen Originals mit Noten in The plays* pp. Daß ich den Lord in Prinz umwandle sehen Sie. Sehen Sie aber auch, wie eben Shaksp. den Prinzen in diesen Szenen immer nur Lord und die anderen Sir nennt? Mir ist's ein Unterschied, als sagte man statt »Ew. Maj.« zu einem König »mein Herr«. Indes tröstet mich Ihr mit allen Versmaßen so vertrautes Ohr, und ich kann mich ebensogut irren, als ich früher meiner Gesundheit mit Trinken geschadet. – Die Kustoden unten auf den Seiten müssen beim Druck fort. Ich habe sie im Manuskr. Ihrer Bequemlichkeit wegen hingestellt. – Air, ist cas. qu. Zugluft. Den Prinzen zu bitten, aus der Luft zu gehen, hätte geheißen, den groben Narrn Corambis die Tür darauf zu weisen. Sic est der Schüttelspeer nicht. – Es würde äußerst interessant sein, viel Wesen machen, wenn wir diesen alten Dörfling (hameau, hamlet) hier aufführen sähen. Wir könnten diese Aufführung bei der Edition beurteilen. Ich will sie gern ganz aushalten. – Wann darf ich Sie besuchen? Könnten Sie nicht heut abend an der Kasse für mich eine kleine Antwort deshalb zurücklassen, dito falls Sie fahren, die zum ›Haml.‹ erbetenen Werke mitnehmen und anschließen, so wie die anliegende Übersetzung und den wieder zur Vergl. angeschlossenem Originaltext? Haben Sie Drakes, Nares? Ich hätt gern dieses fleißige Geschreib über den Gevatter, besonders behuf des Haml. – – Mein ›Aschenbr.‹ ist Ihrem Wunsch gemäß nun erlöst von unnützen doppelten Worten, wo und wie es ging. Es muß nun unter die Haube, ›Hannibal‹, hoffentl. ein Riese, darin angekündigt werden, und falls dann vorlaut geschrieen wird, er schleunigst es mitsamt den Schreiern zum Himmel heben, und dann zusehn, wer dort heimisch ist. – – Itzo, sagt Hanno, zum Rollin.

4. Jan. 1835. Düss. Gehorsamst

Grabbe.

219. An Karl Immermann

Hochgeehrtester Freund!

Mit den Apparaten zur Hamletsübersetzung ist mir ein großer Gefallen getan. Ich wiederhole, und werd's auch mir zur Beachtung merken, Shaksp. hat in der Umarbeitung seinen alten einfachen Haml. oft widerlich aufgebauscht. Z. B. in den Monolog to be pp. noch das eigne Bild einer »See von Waffen« und so überall nutzlose Bilder, Erweiterungen schon bestehender Größe (in der neuen Edition vergleiche man Hamlets mißmutige Weltbeschreibung mit der kurzen, ungesuchten in der älteren), auch bringt er spätere Lebenserfahrungen am Hof bei, die er nicht bei sich behalten konnte. – Schlegel sagt, Shaks. hätte nie ein Wort geändert – der arme Kritiker vergleiche die beiden Johns und die beiden Hamlets. – Schlegels geglättete Übersetzung, die ich nun wieder, aus Tiecks Hand wenig verändert hervorgegangen, durchmustert habe, braucht uns nicht zu schrecken, – wir wollen eben so deutlich und doch treuer sein. – Was der Tieck (dies darf ich sagen, es ist nichts Persönliches und gehört zur Sache) sich an den Shaksp. kettet, von dem er nichts hat als romantische Staffage, doch ohne Charaktere, in seinen früheren Novellen (die ich und Heine in Berlin noch immer für die besten hielten, und wenn in den späteren Stellen kamen, wo so etwas sentimental-romantischer Duft atmete, rief er: doch der alte Tieck), und in seinen späteren, und besonders in den letzten nichts als eine ihm abgeborgte, jedoch nur bei wenigen Personen hervortretende, oft zu seltsame Charakterisierung und eine mehr gesuchte und sonderbare Komik als ein echte. Man müßte kurzsichtig sein, im Maler Eulenbock nicht den angesichts der Dresdener Galerie verwandelten Falstaff, nicht in der Dorothea in den Verlobten die umgeänderte Cordelia zu erkennen. Shakespeare selbst ist von ihm am furchtbarsten mißhandelt, in Erklärung und Schilderung. Tieck weiß, so viel er auch spricht, von Shaksp. und der alten englischen Bühne wenig oder nichts mehr als andere Kommentatoren auch; er ist in Engl. gewesen, hat aber keine shaksp. Handschrift, außer seinem Namenszug vielleicht, gesehen; wir wissen von Shaksp. nur das wenige, was vor jeder seiner neueren Ausgaben steht, nebst einigen Davenantschen Sagen etc. Shakespeare war Wilddieb, mußte flüchten, zürnte in Sonetten gegen den Lucy, welchem er vielleicht zürnen, aber nicht wegen eines von *ihm* an Lucy begangenen Verbrechens laut verspotten durfte, – Shakespeare war gallig, man sieht ja, wie er im ›Haml.‹ auf die

Privatbühnen loszieht; auch war er gut, naiv war er, aber trocken dabei, als müßte das so sein: man sieht's in seinem Testament; er war lustig, man weiß, wie er Johnson aufzog; er hatte im 19. Jahr eine fast noch einmal so alte Frau geheiratet, er hat die Pferde am Theater gehalten, sein Vater war ein Schlächter oder Wollweber (die noch gröber sind als Metzger) gewesen, und schwerlich fein erzogen lernte er durch sich selbst Londons Welt und den Hof kennen, letzteren, wie es scheint, jedoch nur dem Äußeren nach durch einige herablassende Freunde, denen die Wood-notes des Poeten und Schauspielers auf- und dadurch ge-fielen, comme chez tous les peuples; (»Wood-notes!« das sagt Milton von ihm nach seinem Tode und lobend – die Zeitgenossen werden nicht viel höher gedacht haben), nur wo er das Herz malt, trifft der Pfeil auch in seinen vornehmen Gesellschaften, sonst entfaltet er da oft einen wahren Prunkbombast, so sicher als der ein eigner König sein muß, der einen Kauz wie Polonius zum Minister hat; alle Lebenserfahrungen hatten ihn berührt, er hatte sie alle aufgenommen, Glut inwendig, doch außen Stein, wie er in seinem größten, vorletzten Stück, dem ›Macbeth‹, dasteht. Und Tieck – was macht er aus ihm? Einen unerträglichen, überspannten Schwätzer, einen halben Schranzen, einen gelegentlich sehr sentimental radotierenden, aber verschlechterten Wackernagel, einen geschniegelten, geputzten Jüngling, grad als kröch er aus irgendeiner von seiner oder Posgarus Novell. aus dem Ei. An Humor ist nicht zu denken, wo William bei ihm erscheint, bei William, der geschichtlich für die blechernen Löffel seines Patkindes und zugleich für seine Meisterwerke sorgte, dessen Werke sein Leben und seine Laune genug zeigen, ohne Data. – Soviel muß ich heut vom Leibe haben, Tieck bringt mich selbst darauf. Er will nun einmal etwas Absondres im Shk. finden, da er nichts Neues beischaffen kann: da im ›Hamlet‹, in der 1. Sz., die ich eben transferiert habe, läßt er seine Diener übersetzen: »so dräut er einst, als er im harten Zweisprach aufs Eis die gleitende Streitaxt geschleudert« statt wie Schlegel »so dreut pp. aufs Eis warf den geschlitteten Polacken«. Tieck! sleaded heißt nun einmal »Schlitten fahren«, nicht »gleiten«, und das Bild, daß die Streitaxt im Schlitten gefahren, wäre doch zu kühn, – dann, zum Teufel, der König würde die Streitaxt doch wohl nicht weggeschmissen haben, wenn er dem Feinde mit ihr ins Gesicht droht? Hieß es Pole-ax, wie Pope in einigen Ausgaben gefunden haben will, so ließe sich die Streitaxt durch den mittleren Trennungsstrich noch eher herausklügeln, unsere alte Edit. zeigt aber deutlich den Plural: pollax (das x wie oft für cks) und nicht *ein* l, sondern zwei, i.e. die Polacken, welche überdem im Stück noch ein- oder zweimal vorkommen, und (außer noch vielem, das zu sagen wäre), ist's bei Shaksp. zu vermuten, daß er ein vages Bild, wozu Tieck diese Stelle macht, statt sicherer persönlicher Bezeichnung eines Kampfes mit den Polacken hinstellt? – Doch Haml. soll ja auch im »be or not be« überlegen, ob's besser sei, seinen Stiefvater umzubringen oder nicht, und dabei bedenken, wie wünschenswert der Tod für einen gerechten Menschen sei (*gerechten*, denn er fürchtet nicht den everlasting judge im Monolog), aber daß die Furcht vor etwas nach dem Tode ihn (i.e. nach Tieck vermutlich den König) hindere, umgebracht zu werden. Tis strange. – Ich glaube, daß »to be or not to be«, wie wir Laien es im alten Sinn verstehn, müßte übrigens von den Schauspielern nicht mehr mit einem drückenden Predigerton so wie eine große Last, die man mit dem Strick zieht, hergezogen werden, – Haml. ist bewegt, er kommt von der Hekubaszene, die Perioden verraten die Bewegung, er zürnt, und versteckt seine Tatlosigkeit unter bitteren Reden und dem herbeigerufenen Gewissen, kurz, er spreche diesen Monolog nicht nach der alten Ackermann-Garrickschen Überlieferung, als wenn er einen schweren Tornister abschnallte und hinsetzte, sondern zwar nicht rappelig, aber als Hamlet, geistreich, bitter, sarkastisch, mißmutig, fürchtend pp. Ich wollt wohl versuchen, ob Sie damit zufrieden wären, wenn ich ihn nach meiner Idee so, wie er mir vorkommt, Ihnen vorläse.

Mein ›Aschenbr.‹ ist nun wie's soll. Vieles gekürzt, aber eins konnt ich nicht lassen: wie der Kutscher, die Ratte, von den Platenschen Trimetern parliert, lass' ich ihn à la Platen auf so lange in eine *Parabase* (die der Graf sehr liebt, weil er ihre Bedeutung und Entschuldigung – Fehler sind's immer –) gar nicht kannte beim Aristophanes (der konnte, was ihn politisch quälte, nicht anders beibringen als in den freien und geheiligten Spielen) verwandeln und also 3 Zeilen reden und wieder Kutscher sein.

Ich sehne mich, Sie zu sehen. Wie, wo, wann!

Düss., 8. Jan. 1835. Gehorsamst

(Mein ›Hannibal‹ flutet prächtig; Grabbe.

Sie zerrissen warnend die verselnden Ketten. 12mal wird er besser.)

220. *An seine Frau*

Lucie!

Hör ein vernünft'ges Wort. Ich bin nun so plaziert, daß ich auch für Dich jährlich 100 Rtlr. und mehr erübrigen könnte. ›Aschenbrödel‹ und ›Hannibal‹, die mir mit Umarbeiten viele Zeit geraubt, sind im Begriff in die Presse zu gehn. Laß meine Mutter, die so viel für mich getan hat, in Ehren, zeig ein gutes Herz, indem Du den Prozeß mit der armen Wallbaum, die so oft für Dich lief, edel beschließest, mach mir keine Speranzien mit Quittungen und Obligationen, denke daß ich Dir doch alle Sachen, die ich bedurfte, ins Haus gebracht und nur kümmerliche 6 Hemden pp.

eine tombackne Uhr zum Staat, eine übersilberte für die Post, zur Reise erwählt und alles liegen und stehen gelassen habe, wie ich's fand oder gebracht. Wärst Du gut wie vor der Ehe, könnte manches anders sein. Du hast nie eingesehn, daß ich nur aus Furcht vor mir, nicht vor Dir und Deinem aufreitzenden pp. (sei's gut) etwas Ruhe suchte. Mein ›Hannibal‹ ist fast ganz umgearbeitet und fertig, ›Aschenbrödel‹, auch umgearbeitet, bald unter der Presse, und der Gedanke an die Heimat (der einem in der Ferne wohl kommt, jedoch nicht mit Heimweh zu verwechseln ist) hat mich auf etwas aufmerksam gemacht, was mir so nahe lag: nämlich ein großes Drama aus der Hermannsschlacht zu machen; alle Täler, all das Grün, alle Bäche, alle Eigentümlichkeiten der Bewohner des lippischen Landes, das Beste der Erinnerungen aus meiner, so viel ich davon weiß, auch, wenn Du willst, aus Deiner Kindheit und Jugend, sollen darin grünen, rauschen und sich bewegen. Und, sonderbar, ich dachte nicht daran als mir der Stoff einfiel, mein erster Leiter wird Deines Vaters Buch sein müssen. Ich hoff's hier wo aufzutreiben, und mein Drama soll ihm wahrhaftig nicht schaden, vielmehr sein Gedenken erfrischen mit den Blumen der Poesie, – wenn Du nur auskundigen könntest, wieviel Exemplare die Meiersche Buchhandlung noch hat, – ich ließe sie, wäre das Drama fertig, durch den Buchhändler aufkaufen, und eine neue Auflage, neu bezahlt, bliebe nicht aus. Denn ich würde ja expreß Gewicht darauf legen. – In Frankf. sind mir, was manches erklärt, Szenen aus dem ›Hann.‹ abgedrängt. – Gottlob ich fand sie im Kopf wieder, und besser. – Daß in meinem ganzen Leben alles so ging, wie's ging, ist Glück. Dein

Grabbe

Düsseldorf, 8. Jan. 1835 (wohnhaft in der Ritterstraße, Nr. 70, 1 Treppe hoch, bei Mad. Andries.)

221. An den Postmeister Runnenberg

Ich hatte mich verschrieben, darum diese Korrektur.

Milord!

Du besorgst wohl die Inlagen an die Adressierten baldschleunigst. Mein ›Aschenbrödel‹ ist jetzt erst, da ich Ruhe habe, statt einer roten Kohle, ein lieblich blinzelnder Stern geworden. Im ›Hannibal‹ haben hier am Rhein die Scipionen Waffenschmieden ins Gesicht bekommen, in denen Karchedon unter muß. Außer beim ›Hann.‹ bin ich auch bei der ›Hermannsschlacht‹. Die gibt mir Gelegenheit, alle besseren Jugendgefühle, Jugendblicke auszuschütten; wenn ich daran schreibe, bin ich unter bekannten Eichen und Buchen und Ingomar (der sel. Wistinghausen) mir zur Linken. Dann ›Karl XII.‹, meine Porträtähnlichkeit, eine Tragikomödie, erschütternd und doch lustig. – Das hiesige Theater ist hinsichtlich des Zusammenspiels, Einstudierens im Schau-, Lust- und Trauerspiel normal, an Soufflieren, Verwirrung etc. nicht zu denken. Immermann, der vom König deshalb Urlaub erhalten, bildet es mit fester strenger Hand. Er sagt mir, der Souffleurkasten gehe auch nächstens fort. – Grüße Pichler und durch ihn die Böhmer. – In Frankfurt a.M. ist das theatrum dagegen eine offenbare Aktienspekulation, nur Geld zu verdienen. Klug, die Einheimischen kennen's, besuchens itaque wenig, aber die vielen Fremden kennen's nicht, besuchen's, füllen's Tags, wo sie kommen. Das Detmolder, das Düsseldorfer Theater sind etwa 200½mal besser; die s. g. jüngere Hoffmann gibt dort noch oft erste Rollen, ihr Mann dirigiert dazu (letzterer glaub ich, gut) und Grapow, der da war und mich besucht hat, soll gefallen haben (ich konnte im Stück, ›Barb. v. Sev.‹ nicht sein.) Grapow, der sich in Detmold abscheulich versündigt hat, ist wohl ein Tenorist, der wohl anzuhören ist, aber Frankf. am M. könnte doch einen besseren haben.

Nebenbei übersetz ich noch die jetzt gefundene ›first edition of Hamlet‹. Immermann wird so helfen, daß wir sie mit Recht als eine gemeinschaftliche Arbeit seinen Werken einfügen. Meine Adresse: Auditeur Grabbe,
Düsseldorf, Ritterstraße, Nro. 70, bei
Madame Andries, 1 Treppe hoch.

Je suis
votre très obéissant et
fidèle serviteur
Grabbe.
Pro manu propr.:

Grüß Vater, Emil u. den Synd. Bald Antw. bitte!
[Düsseldorf, 1. Januarhälfte 1835]

222. *An Moritz Leopold Petri*

Lieber Petri.

Du antwortest nicht? Laß mich nicht länger warten, u. besorg's mit den 100 Rtlrn. so wie ich gebeten. Mein ›Aschenbrödel‹ ist ganz umgearbeitet und geht zum Abdruck. ›Hannibal‹ ist auch fast fertig, und Karthagos Flammen spiegeln sich in Scipios Brustharnisch. Nur – – nirgend, weder in Frankf. noch hier kann ich Plutarchs ›Hannibal‹ treffen, was mir unendlich, ja schrecklich weh ist. Er befindet sich in der französischen Übersetzung auf der Detmolder Bibliothek – schaff ihn mir daher umgehends, ein Buchbinder kann die Bogen ausnehmen, oder schaff ihn mir lateinisch, aus Xylanders Ausgabe, die Moebius hat, oder deutsch, wovon auch Schierenberg, den ich herzlich grüße, vielleicht etwas aufspürt. Ich hafte auf Ehre für umgehende und prompte Rücksendung. ›Hann.‹ wird das Beste, was ich geschrieben – fehlt mir Plutarch, verliert er leicht etwas. Ich hatte ihn von der Bibliothek, meine Frau wird ihn zurückgeschickt haben. Sonst ist er noch in meinem Hause. – Immermann behandelt mich ehrenvoll, und, was noch mehr, sorgsam. Hilf, hilf mir zum ›Hannibal‹, jede Auslage besorg ich, auch schreib mir, was ich Dir für meine Mutter schicken muß. Mein Buchhändler gibt's mir. Bitte, bitte umgehends die Bogen über Hannibal aus Plutarch – *das ganze Exemplar kostete zu viel Porto, und ich muß ihn fertig haben*, eh ich dem Buchhändler gar das Porto grad wieder abfodern möchte. Werd ich sonst bei Euch verleumdet, so glaub *Du*: ich hatte und habe Fehler, aber bei Gott, ich würde nicht alles verlassen haben, wär ich nicht meiner Gesundheit wegen dazu genötigt. – Hauptm. Runnenberg wird Dich, falls es Dich interessiert, auch meinen Brief an ihn lesen lassen, ebenso wie meine Mutter den, den sie bekommt. Ich schreibe auch an der ›Hermannsschlacht‹, und hoffe sie soll frisch sein wie Lippes Wald. Unser Querweg von Hartröhren zum Kreutzkrug keimt auch darin.

Dein
Grabbe.

Adresse: Auditeur Grabbe
in Düsseldorf, Ritterstraße,
Nr. 70, 1 Treppe hoch, bei
Witwe Andries wohnhaft.

Am II. Dreikönigstag 1835.

Nur die Bogen *über* Hannibal, den ganzen Plutarch sonst gar nicht, lassen sie sich nicht austrennen und

wieder einsetzen; ich entdeck
ihn doch wohl dann in Köln,
nicht dem *lagischen*, son-
dern dem mit der Dombiblio-
thek, 2 Stationen von hier.

PS.

Daß Immermann mich honorig behandelt und ich guten Umgang habe, kannst Du an der Einlage von Immermann sehen, welche er mir gestern den 11. Jan. schickte. Du kannst sie zeigen, wirf sie aber nicht weg, und behalt sie für mich.

12. Jan. 1835. Dein
Idem.

Verwechsle nur die *Gräfin* von Ahlefeldt nicht mit *Fräulein* Charl. von Ahlefeldt, einer bettelnden Schriftstellerin, was mir fast schlimm zustatt gekommen wäre.

[Beilage]

Ich schlage Ihnen vor, heute mittag mit mir bei der Gräfin Ahlefeldt, der Besitzerin des Guts, wo ich wohne, zu speisen. Sie hat mit Vergnügen Ihre Schriften gelesen, und Ihre Bekanntschaft wird ihr, wie sie mir gesagt hat, angenehm sein.

Da Sie größere Gesellschaft nicht lieben, so werden Sie niemand finden als die Gräfin und mich. Sie brauchen sich daher nicht zu scheuen, und ich wünsche, daß Sie kommen, da es Ihnen nicht gut ist, immer allein, ohne Berührung mit Menschen, auf Ihrer Stube zu sitzen.

Um zwei Uhr werde ich vorgefahren kommen, um Sie abzuholen.

Sonntags. Immermann.

[11. Januar 1835]

223. *An Karl Immermann*

G. P. M.

Hierbei versprochenermaßen etwas aus meinem ›Kościuszko‹. Es könnte wohl in ein Journal kommen, was ich Ihnen überlasse, denn ich brauche diese Bogen nicht mehr, und wünsche sie nicht zurück. Wäre die Julisache nicht eingetroffen, hätt ich das Ding vollendet. Sie merken aber leicht, daß der Welt damals der Sinn zu polnisch ward und mir monarchisch blieb. Polens Rätsel ist seine Pohlo-Aristokratie. Die fast vollendete Beendigung des Stücks ward auch durch den Tod eines Bekannten, dessen Schwester (eine der ersten Damen Detmolds) noch dazu aus meinem Hause gescheucht ward, des kurhessischen Lieutenants Niemeier in Hanau (auf eine abscheuliche Manier erschossen), ganz gehemmt. – ›Hannibal‹ ist bald fertig. – Verzeihen Sie das verschiedene Papier der Kościuszkoszenen. Meine Magd war nicht zu Hause, um anderes zu holen. –

Gehorsamst

Grabbe.

Düss., 13. Jan. 1835.

224. *An seine Mutter*

Liebe Mutter!

Ich bin hier wieder in vornehmen Zirkeln, so vornehm, daß ich wohl mich darin und an ihnen freuen kann, aber auch so vornehm sein muß, nichts zu fodern. ›Aschenbrödel‹ und ›Hannibal‹ gehen jetzt indes bald in Druck, – brauchst Du oder Minchen etwas, schreib's – dann fodr ich's vom Buchhändler schon jetzt, obgleich ich nicht gern in voraus nehme. Der Oberlandesgerichtsrat Immermann und die Gräfin Ahlefeldt behandeln mich so gut und zuvorkommend, wie ich es nicht verdiene. – Minchen muß dem Kaufm. Hoffmann sagen, daß er ja meine Schuldner (Erpe und Schneeberg) an die Zession wiederholt erinnern müßte. Schilt meine Frau darüber, so hat sie, die ja sonst noch Eingebrachtes genug von mir hat, und mit Haus und Gut schaltet, als wär ich nichts, ausleiht, einzieht usw., moralisch und rechtlich Unrecht. – Das Geld bracht ich ins Haus, ich suche noch hier für sie und mich zu verdienen, und 200 Rtlr. aufnehmen mußt ich, um vorerst zu leben. Dazu bin ich Herr. Hört ihr, daß sie irgend darüber spricht, so sagt dieses, was ich schreibe, Hoffmann, dem Kaufmann. Aber nur ihm! Auch gebt mir sonstige Nachricht. Diesen Brief will ich sofort zerrissen und verschwiegen wissen. Wer ein Wort, außer wie ich angedeutet, davon sagt, nehme sich in acht. – Auf den Garten kannst Du nötigenfalls (ich schicke Dir aber gewiß bald, bald!) borgen, nur verkauf ihn nicht. Ich will einst da wohnen in einem kleinen Häuschen. Bald Antwort!

Düsseldorf, den 14. Januar 1835 Dein
Ritterstraße, Nro. 70, bei der Christian.
Madame Andries, 1 Treppe hoch. Wie geht's Althof???

225. *An seine Mutter*

Liebe Mutter!

Anbei der erste Doppellouisdor, den ich sauer verdienen mußte, da sich in der Fremde nicht alles so gleich einrichtet, und ich, um viel zu verdienen, auch viel bedarf. Bald hoff ich, kommt mehr. Er gehört zu denen, die mir eben für das umgearbeitete ›Aschenbrödel‹ geschickt sind. Die übrigen gebrauch ich noch selbst, aber diesen Monat noch ist ›Hannibal‹ fix und fertig und bringt mir 20–30 ein, wo nicht mehr, ›Aschenbrödel‹ schaffte mir 10 in Gold. Dann hoff ich, jeden Monat das Gleiche zu verdienen. – Zeig diesen Brief Petri, und bitt ihn, mir zu sagen, was er Dir gegeben hat. Auch meine Frau könnte, wenn sie wollte, jetzt mit mir, wo ich weit mehr verdiene als Auditeur, glücklich sein, wenn sie nur nachsichtig, pflegend, und zutrauend wäre, in nichts mißtrauisch.

Düsseldorf, den 16. Jan. 1835. Dein

Christian Grabbe.

Gib Minchen etwas, einen Gulden etwa, von dem Geld. Antworte bald.

Meine Adresse:

Düsseldorf,
Ritterstraße, Nro. 70, eine Treppe hoch,
bei Madame Andries.

226. *An Karl Immermann.*

Es ging mir gestern wie Ihrem Kay, nach dessen Namen zu schließen, Sie an Kyau gedacht haben, und ich wußte nicht, ob ich geträumt oder gewacht hatte, Gold erhalten zu haben. – Der ›Oberon‹ hat mir gefallen, und sind die Sänger und Sängerinnen à la der koketten Sonntag und des Juden Paganini etc. auch nicht Extreme, so übertreiben sie doch nicht und spielen für Sänger sehr gut. Daß Sie und eine Malerschule in Düsseldorf ist, sieht man immer mehr auch an der Szenerie. – Morgen liegt meine Beurteilung Ihrer Werke zu Ihrer Überbeurteilung vor Ihnen, – wahrscheinlich ganz, denn ich bin schon mit der Rezension mitten im 3. Bande. Sie müssen auch Rat geben, wo Sie ihn bei der Lektüre meines Aufsatzes nötig halten. Sollte denn der Poet nicht das Recht haben, was jeder Fabrikant hat, seiner Sachen Eigentümliches bemerklich zu machen? Poesie soll zwar etwas Göttlicheres sein und ist es, und Gott soll sich nicht erklären. Ich glaube er tut's aber doch: in uns, in Sternen, Blumen, auch in Christus, mehr als Paulus in Heidelberg vernunftgläubig salbadert. – Mit dem ›Hannibal‹ ist es was Schlimmes: ich habe fast nur noch erschütternde Szenen, eine auf die andere, und sie stoßen mich vorwärts, daß ich glaube, er ist noch nächste Woche fertig, aber hole der Geier die Schlegel und nicht auch dichtenden Kritiker mit ihrer Meinung: »der Poet schreibe alles so kalt hin«. Grade das, was am objektivsten scheint, ist oft das Subjektiveste, soll man diese dummen Worte, die sich ineinander verwirren, einmal gebrauchen. Ich kann versichren, daß ich den Hannibal immer in Ordre halten muß, damit er nicht bei mir einhaut. Auch habe ich einige Ruhebänke in Kampaniens sonnenhellen Fluren eingeschoben.

Düss., 18. Jan. 1835.

(Verzeihn Sie das schlechte Papier; dem Kaufm. war das gute, wie meine Magd sagt, bis übermorgen ausgegangen.)

Gehorsamst
Grabbe.

(Heut nachmittag will ich wieder an ›Hamlet‹.)

227. *An Karl Immermann*

G. P. M.

Verzeihn Sie die Anlage, ich mußte doch einmal an Sie schreiben, wegen des Ranke. Geht's, hätt ich schweigends ihn gern noch ein paar Tage, geht's nicht, so könnte der Billetteinnehmer links (vom Eingang des Theaters gerechnet) am Parterr, der mein Freibill. kennt, mir Bescheid sagen. – Die Anlage ist bis auf den Lucifer der memory nur Scherz; Sie können sie ja wegwerfen. Solche Nebensachen schaden meinem immer fortgehenden ›Hannibal‹ nicht, stärken ihn vielmehr, denn sie sind Erholungen, und ersetzen mir die Gesellschaften. Auch die Hamlt.-Übs. steht nicht still, und heute hoff ich, im Theater eine neue Säule, vielleicht die prächtigste, zu meinem Rez. Bau zu finden. Denn, ich glaube, das ›Leben ein Traum‹ ist uns Deutschen schwerer und fremder als der ›Haml.‹, und, Sie ließen mich ahnen, daß Sie es kühn dichterisch in die Szene setzen lassen. Ihre Äußerung, daß Sie von den Menschen so wenig im ganzen halten, hat mich beschäftigt und frappiert, denn Sie haben ja so manchen tüchtigen, guten und großen Charakter geschildert. Nein, das Bessere wiegt über; es kämpft in der ganzen Geschichte, und hat bis jetzt immer zuletzt gesiegt. Die kleinen Würmer, die kleinen Sorgen, Leiden und Freuden, die Not, der zum Existieren einmal nötige Eigennutz erklären mir fast alle Schlechtigkeit. Der Schlechte wird, wenn er jene Äußerlichkeiten überwunden hat, grade mit der Schlechtigkeit, die er deshalb an der Brust ernährt hat, am meisten zu kämpfen haben, und wahrscheinlich dann auch über sie siegen. Verzeihen Sie diesen Brei; er hat aber im Kessel Gründe: ich kenne einen, der auf ein Billett von mir für mich in den Tod ginge, so wie ich für ihn, ohne irgendein renommierendes Interesse und dgl. dafür zu haben, und ich glaube, Sie grade sind irgendeinem Jugendfreunde auch so. Aber rechte Freundschaft wird so wenig bemerkt, weil sie schüchtern ist, und kaum Nutzen daraus zu ziehen wagt. – Uechtritz wird wohl mit seinem Thrakier in Byzanz sein, und nach einer Porphyrogeneta suchen, denn daß Spartacus vermutlich ein ganz gemeiner Thrakier war, glaubt er schwerlich: eher, daß er, unterderhand, von einer femina illustris (die haben's ja frei nach Justinian, ein eigener Vorzug!) in Konstantinopel oder in Thrakien abortiert worden. Meine Magd kann ihn in der Bennetei [Rest abgerissen] wenigstens noch nicht finden.

Dssld., 18. Jan. 1835.

Gehorsamst

Grabbe.

[...]

228. An Karl Immermann

G. P. M.

Hierbei der Anfang der Rezension. Ich kann heut nicht mehr schicken, was auch gut ist, indem Sie nun erst urteilen können, ob ich den richtigen Takt getroffen. Das Beste ist, ich habe nach Überzeugung gesprochen, und da ich einmal ein dramatischer, wenn auch vielleicht kein theatralischer Charakter bin, was ich indes doch auch einmal versuchen will, hoff ich, die Rez. wird fortan stets besser bis ans Ende. Ich bitte aber diesen Anfang, zur Fortsetzung, retour; Sie können ja ihn heut oder morgen mir vom Theater aus, oder wenn ich nicht heim bin, an die Andries für mich zuschicken. Die rechte Achtung für Schenk erhielt ich gestern erst. Ich habe viele Sigismunde tragieren und, was noch schlimmer, auf dem Theater ohne Beachtung der Umstände und des Charakters deklamieren gesehen und gehört, alle schlechter wie er. Ebenso hält keine Rosaura der Versing Schach. Ich habe nun Stoff pto. einer Kritikasterei genug. Litauens Pferd und Polens weißer Adler, und das ganze sonstige Kostüm störte mich nicht, vielmehr ward's Stück wahrer.

Düss., d. 19. Jan. 1835. Gehorsamst

Grabbe.

229. An Karl Immermann

Als ich gestern abend aus dem Theater kam, und keine Antwort von Ihnen fand (meine Wirtin brachte sie mir später, sie war bei meiner Heimkunft nicht zu Hause), wurde ich etwas trübe, und dachte, Sie hätten sich über meine Rez. geärgert. Ich hielt's fürs beste, Ihnen mit Abschreiben der Übersetzung der 1. Hamltsz. und des Anfangs der 2. und deren Ausbesserung eine Ihnen vielleicht angenehmere Übersendung zu machen. Sie liegt jetzt, wo Ihr Brief mich wieder erheitert hat, sub. pet. rem. nebst first edition,

Fleischers Ausg. und Tieck-Schlegels Übers. bei. Ich habe mich blutegelmäßig an die alte Ausg. gehalten, sie darf, wird die Übersetzung gedruckt, auch nicht paginiert werden, aber über jeder Seite muß dann auch stehen:

»Die Tragödie von Hamlet, Prinzen von Dänemark« wie im Original. Wo ich Schlegel gebrauchen konnte, tat ich das auch, denn es ist lächerlich dumm und eitel, wenn der Übersetzer, da wo sein Vorgänger ihm Bahn gemacht hat, von dieser ab- und über die Seitenhecken springt. Weichen meine Worte ganz von den Übersetzungen der Vulgata ab, so werden Sie finden, daß die princeps mit ihren oft sonderbaren Ausdrücken schuld ist. – Ist alles fertig, so müssen Sie aber revidieren, und ich glaube es wäre nicht übel, wenn wir das Ding mit allerlei Noten ausstatteten, und es als Zugabe zu Ihren Werken besonders edierten. Wer Ihre Werke gekauft hat, muß es dann nachkaufen, wer es wegen des Preises nicht vermocht hat, kauft viell. das wohlfeile Bändchen vom alten Hamlet. Mir ist es eins, ob mein Anteil auf dem Titel oder sonst erwähnt wird, oder nicht, und Honorar will ich für diese Arbeit durchaus nicht. Aber stutzen müssen Sie daran, wenn sie fertig ist.

Da liegen 3 Briefe von Detmold vor mir. Sie mögen enthalten, was sie wollen. Sie verdürben mir heut den ›Hannibal‹. Ich lasse sie noch unter Siegel. Auch der Kontrakt mit dem Hrn. Buchhändler kann deshalb erst heute abend gelesen werden, weil mir Geldsachen furchtbar sind. Ich genehmige alles im voraus, was Sie für gut halten.

Düsseld., 22. Jan. 1835. Gehorsamst

Grabbe.

230. *An Karl Immermann*

G. P. M.

Eben beendige ich die Rez. über ›Merlin‹. Ich bin neugierig; schicke sie Ihnen aber erst morgen bis übermorgen, denn ich sehe, wie sehr mir das Revidieren not tut an den paar Bogen, die ich Ihnen vom übrigen geschickt hatte. Ich lasse Sie zwischen Main etc. reisen, und Sie sind ja viel weiter am Neckar etc. gewesen, was mir erst einfiel, als ich gestern die Fortsetzung der Kritik Ihrer Reise abschrieb. Von den Gedichten ließe sich freilich noch vieles sagen, und ich will noch vieles anbringen, jedoch sind da Zitate nötig, und wieviel würden deren bei der Verschiedenheit, wollt ich erschöpfen. Denn es ist nicht wie ein Scheffel Weizen, den der Bauer, weil er überall egalen Inhalts ist, nach ein paar Probe-Körnern verkauft, sondern es ist Natur mit Häusern, Galgen, Blumen, Schloß, Wald etc.

Der ›Hannibal‹ frißt mir wie ein Wurm am Herzen, aber er muß zu Ende. Karl schaut schon hinein, und ein Lustspiel, welches theatralisch werden soll, dessen Entwurf ich Ihnen si placet einmal mündlich mitteile. Ich habe so viel ekelhaftes Privates zu besorgen (ich danke Ihnen, daß ich meine Mutter mit ein paar Louisdors erfreuen konnte), daß ich gewiß nicht schneller leisten kann als ich tue. Oft, vor Ermattung, stürzt der Schlaf über mich wie ein Mondstein.

Ich habe meinem Kolumbus (meiner Magd) geraten, doch nicht wie der alte Kolumbus nach Westen, sondern nach Osten zum pontus euxinus zu segeln, vulgo Schwarzes Meer, um ihn (wie ein Berliner in der Rest. Nation. ihn einmal nannte, als er im schwarzen Frack eintrat, dem vermeintlichen duc de Rovigo aufzuwarten) »aus die Schwarze Grotte« zu entdecken.

Den Ranke gönnt mir die Frau Gräfin noch wohl. Viele Störungen hindern, ihn zu Ende zu lesen. Ich bin heute mit Gewalt dabei.

Und nun lese ich den Kontrakt wegen Cendrillons, sehe, daß ich ihn nur zur Sicherheit behalten soll, und bin ganz konform mit ihm. Von meinen Exemplaren will ich gern noch einige missen, schickt sie Hr. Schreiner nur an die resp. Rezensieranstalten. Das ist leider immer not. Mein ›Lustspiel‹ in petto ist durch Ihre ›Rezensentenidylle‹ entstanden und soll auch heißen ›Der Rezensent‹. Vom ›Hannibal‹ sollen beizu die ›Göttinger Anzeigen‹ per Heeren sehr gelehrt sprechen. Ich werd ihn ihm mit einem hübschen Wulst von Beobachtungen und Anfragen zuschikken, so daß er meint, hier sei etwas seiner Ideen poetifiziert. Bei alledem, der Mann ist so übel nicht; in der Jugend, wo man nur folgt, geht's in die Ferne, – zog er mich an und reizte mich. – Sind in der Rezension Ihrer Schriften meine Ansichten hier und da verschieden und kritikasternd, so hoff ich, nein, weiß ich, daß Sie darüber nicht zürnen. Zur rechten Zeit gedämpfte Musik ist besser als 20000 Lobposaunen, die man jetzt doch allerwärts vermutet. – Die Beurteilung des ›Hofers‹ ist mir Wollust, einige Scherze werde ich auch nicht unterdrücken können, natürlich auf fremde Kosten. Ich glaube, das ist das einzige, was ich von Heine als probat für die Menge annehmen kann, er hat in seinen ›Reisebildern‹ mehreres aus meinen Reden und dem ›Gothl.‹ auch angenommen, unwillkürlich wohl. Die Theaterkritik ist unter der Feder, so mehr als ich eine alberne von Runkel (rübe?) oder conss. über ›Das Leben ein Traum‹ gelesen. Glauben Sie nicht, daß dies viele mich zerstreut. In Detmold war's ein 10mal größeres Vielerlei.

Gehorsamst

Düss., 22. Jan. 35. Grabbe.

231. An Karl Immermann

Der ›Macbeth‹ ward doch voll. Die Lady hätt ich nun und nimmer so gut von der Limbach, deren Talent mir früher entgangen war, erwartet. Das war kein Trampeltier, böse an allen Ecken, gleich das Schild ihrer Bosheiten aushängend, wie ich diesen Charakter immer dargestellt gesehn habe, noch war's so gar süßer Wein mit einem sauren Stich (denn so, glaub ich, spielt die Stich die Rolle nach der Dresdener Anweisung), nein, es war ein äußerlich liebenswürdiges, doch innen bis zum äußersten vom Ehrgeiz aufgeregtes, furchtbares Weib, die zuletzt doch Weib bleibt, indem sie unwillkürlich im Nachtwandel die früher unterdrückten Gefühle ausspricht. Auch die allmähliche Andeutung des herannahenden Nachtwandels, das Fassen an die Stirn in den früheren Akten (vielleicht unwillkürlich, aber solche Rollen spielen oft mehr mit uns, als wir mit ihnen), das schon früh bleich gewordene Gesicht, ist mir nicht entgangen. Das Nachtwandeln selbst mag verschieden sein, nach den Individuen: sie gab's als wären ihr Haupt und Hände schwer, und müßte die Last der Brust doch heraus. Bei mir (der ich die Ehre hatte, daß mir 1822 meine Wirtin in Berlin die Frage stellte, warum ich denn alles im Zimmer mitten in der Nacht umordnete, und am anderen Morgen erfuhr, daß ich ihr sehr höflich die Gründe expliziert hatte, der ich in Detmold 1826, abends 9 Uhr, einem Offizier, der zu mir von der Ronde kam und ein Buch für die Nacht wünschte, im tiefsten Schlaf einen Band der ›Eleganten Welt‹ aufsuchte und lieh, und bald darauf in causa Klütmann ./. Wilhelm in der Wiese nachts eine am Morgen fertig gefundene Replik verfertigte) ist oder hoffentlich *war* die Nachtwandelei ganz als wär ich frisch wie im Wachen. – Macbeth hielt sich tapfer, und war er auch kein Athlet, so mehr Ehre, daß er durchkämpfte. Nur eins: mehr Modulation der Stimme, als das laute Rufen; erstere wirkt mehr, besonders im Macbeth, den ich mir denke wie eine zitternde Eisenwand. Sie scheint mir der Schatten und das Licht der Sprache. Daß grade in dem gelben Blatt, beim Macbeth, die Szenerien oft schön grün waren, rührte mich, und zeigte, wie so vieles, Ihre Hand. Dem Publikum stieß das Stück vor den Kopf, es fühlte die Wirkung, wußte aber nicht, wie es daran war. Es kam mir vor wie ein Haufen Berliner Coleraärzte. – Sie sehnen sich alle nach Opern, und ›Jean de Paris‹ war gestern doch leer, obgleich ein neuer Sänger darin auftrat, und ›Jean‹ auch sonst beliebt ist. – Der Versing kann man gratulieren, ihr Mann hat gefallen und verdient's im ganzen. Ich will ihn zwar nicht verletzen, kann's aber nicht unterdrücken: ich glaube, er trinkt sicher seinen Stiefel, mehr als ich je gekonnt. Denn er kam mir gestern zu nüchtern vor.

Schenk gefällt mir immer besser, Runkel mit dem verhängnisvollen Reim-Namen (Bunkel, Karfunkel, dunkel, Gemunkel) immer schlechter. Er ist Kastrat: kann nicht loben und nicht tadeln.

Die Verwandlung in die Gartenszene, wo Malc. und Macd. sprechen, ist poetisch. Aber William hat's denn doch mit der Selbstschilderung, die Malc. von sich macht, zu weit getrieben. Macduff glaubt noch dazu an die Schilderung. Das konnte in 6 Worten abgemacht werden. Anfangs der Szene, bis Rosse kommt, ist's fast immer Marionettenwesen. Ernstlich können zwei vernünftige Männer sich so nicht täuschen und täuschen lassen.

Zama liegt nun schon hinter mir. ›Hannibal‹ ist schon in Uechtritzscher Gegend, wo er auch untergeht, furchtbar, denn in Bythinien findet er das kleine Ende im unermeßlichen Chaos des Gemeinen. Sowie er zu Ende ist, setz ich die Feder nicht eher zu etwas anderem an, als bis ich den Runkel zur Theater-Kunkel, und das ›Morgenblatt‹ zur Deposition meiner Rezension Ihrer Werke gemacht habe.

Ich bin nach jeder Szene, die mir gelungen scheint, dabei, denn ich will in Heiterkeit schreiben.

Düss., 27. Jan. 35. (bestes Theater.) Gehorsamst Grabbe.

232. *An Karl Immermann*

G. P. M.

Die Briefe, welche in mancher Art zeugen werden, daß ich doch, so übel es mir von Jugend auf ging, Teilnehmende habe, kann ich erst schicken, wenn ich sie alle beantwortet habe, wobei ich mitten unterm Untergang Karth. begriffen bin. Geheim ist Ihnen nichts mehr, selbst die Briefe meiner Frau nicht. Schreibt sie so, so werde sie auch so gelesen. Nicht einmal erörtern mag ich ihre geizatmenden Schmiereien. – Am ›Hannibal‹ habe ich nur noch 3 Szenen umzuarbeiten. Sicher kann ich nicht eher sterben, bis ich ihn vollendet. – Dann lassen Sie uns unter meiner Firma (denn, obgleich Sie mehr an die Kunst denken, als ans Interesse, würden Sie dem lesenden Gepack doch bei Urteilen über das hiesige Theater beteiligt scheinen, schlecht wie es sieht, hält es alles schlecht wie sein eignes Auge) den Hermann des Runkel für Düsseldorf mit fortlaufender Theaterchronik, und mit der Gesamtkritik ein anderes, bedeutenderes Blatt in Beschlag nehmen. – Die Briefe Hofers, die ich heute behufs der Rez. wieder ansah, haben mich tief ergriffen. – Das übrige obige über meine Briefe pp. schreibe ich nur, weil ich glaube, gestern mehr gesagt zu haben, als ich in dem engen Zeitraum leisten kann. Daß ich aber jetzt fleißig bin, bezeuge ich mir selbst, und da ich mich nicht schäme, ist es wahr.

Daß ›Aschenbr.‹ (von dem ich bald gern einen Korrekturbogen sähe) und ›Hannibal‹ so werden wie sie jetzt sind, verdank ich nur Ihnen. Die älteren Manuskripte sollen auch Ihnen hiermit Eigentum sein, wenn es Ihnen gefällt, sie anzunehmen.

Mit meiner Assonanz, dem Hrn. Plagge, will's noch nicht recht. Man sieht ihm die Mühe an. Das erste Stück gestern, ›Philipp‹, ist aber eine eigene Erscheinung: breit hingearbeitet auf Effektszenen, wie diese: die Mutter erkennt in dem, den sie heiraten will, ihren Sohn. Der Vater geht als Hausknecht großartig beian. – Doch auch so was gehört zur Zeit, das Publikum muß auch davon *wissen*, und die echte Poesie wird aus solchem Mist nur so höher aufwachsen. – Die Frau Brodowicz scheint mir eine treffliche Akquisition.

Düss., 31. Jan. 1835. Gehorsamst

Grabbe.

233. *An Karl Immermann*

G. P. M.

Das ist ein Glück oder Unglück bei mir, was ich einmal laut gesagt, wird, wenn auch oft durch Zufälle verspätet, schlimm oder gut erfüllt. Prusias ist Uechtritz (so wie er in Berlin war) worden, und ich darf Uechtritz nicht mehr auf- und besuchen. Ich kenne den Hrn. Schreiner nicht und weiß nicht, wie er diese Prusias-Uechtritzszene aufnimmt, und wünsche nicht, daß er oder das Publikum erfahren, daß in ihr ein Mann aus die Schwarze Grotte ist, und begnüge mich mit dem Spaß, den Bekannte daran haben; denn wenn es der bei Schreiner verlegten, auch nicht von mir erwähnten ›Rosam.‹ des Uechtritz auch nicht schadete, würde es ihr auch wenig nützen. Nebenbei gesagt, hat ›Hann.‹ durch die Szene sehr gewonnen; wird sie aber mißfällig bemerkt, kann ich leicht die Uechtritzschen Züge, die doch nicht tief ins Herz gehn, verwischen. Gewonnen hat hier ›Hannibal‹ (i. d. das Stück): weil statt eines gewöhnlichen Theaternarrenkönigs, der aus dem Prusias geworden wäre, ich ein ehrbares Individuum, mit seinem Geist und seiner Abnormität, aus dem Leben gegriffen. Ich bin auch deshalb noch einmal so frisch wie gestern. Die Sache hat mir großes Vergnügen gemacht, besonders in der Konferenz, die Prusias mit dem Male hat, vor welcher dieser den ersteren und den ›Hann.‹ skizziert hat, und durch Prusias Verbesserungsandeutungen des Prusias eignes Gesicht hervorkommt. Wie eng hängt das Lustige mit dem Ernsten zusammen. Jetzt winkt mir eine sehr ernste Szene in Karchedon.

D., den 3. Febr. 1835. Gehorsamst
Grabbe.

N. S.

Glauben Sie mir, der ein guter Geschäftsmann war, daß ich nicht mit Phrasen spiele, – die letzten Szenen des ›Hannibal‹ ergreifen mich wie noch nie eins meiner Stücke. Sie reißen an mir, und ich muß oft vor ihnen flüchten wie ein Kind. Aber tapfer, nur noch eine!

Eod. Id.

234. An Karl Immermann

G. P. M.

Gestern habe ich die auf Ihren Rat begonnene Umschmutzung des ›Hannibal‹ vollendet, und ich glaube, er ist zehnmal besser geworden als er ohne meinen hiesigen Aufenthalt und ohne Ihre Andeutungen geworden wäre. Jetzt schreibe ich ihn ins reine. Die Macht der Poesie muß mich in meinem letzten Lebenswirrwarr gehalten haben, sie muß mein Trost gewesen sein, ohne daß ich es ahnte, sonst müßte der Karthager kläglich aussehen, und das tut das Stück im ganzen nicht. – Eigenlob stinkt. – Als ich mit ihm fertig war, wünschte ich für den Tag ein mäßiges Unglück, Tribut für die neidischen Götter. Auch dies glückliche Unglück erschien neben mir im 2. Akt der ›Zauberfl.‹ im Herrn Runkel, nicht eben wegen seiner Person und seines Wesens mir fatal, sondern weil ich im Theater, während gespielt wird, Sozietät nicht liebe. Da kann der eine seine Bemerkungen, besonders die quersten, weil sie am beschwerlichsten liegen, nicht unterdrücken, der andere muß Ja nicken oder antworten, unwillkürlich oder aus Höflichkeit. R. muß sich um mich bekümmern. Er wußte, daß ›Aschenbrödel‹ noch beim Zensor sei, – auch hat er Uechtritz über mich befragt, und *man* hat sich meiner erinnert. Letzteres sagte er mir, als Pamina das Wasser durchschritt, und ich hoffe, es ist mir nichts vom Prusias entfallen, obgleich ich zwischen Wasser, Feuer, Musik und Runkel saß. – Versing ist ein schöner Sarastro. Kleidung, Spiel und Gesang, alles gut gehalten. Seine Frau muß sich freuen. Hätte er etwas mehr Tiefe, hielten sie ihn in Berlin sicher zurück, und vielleicht wollen sie ihn auch so wie er ist engagieren. Ich hoffe aber, die Tonangeber à la mode, welche vom Zauber der Musik nichts wissen, wohl aber von Halsbrechereien und Künsteleien gerührt werden, bei denen der Bassist nur dann gefällt, wenn er seine Stimme wie einen Stein hoch in die Luft schleudert, und ihn dann wieder ins tiefere Wasser plumpsen läßt, werden diesen Wurfplump bei Vers. vermissen. – Ist ›Hannib.‹ abgeschrieben, dann nichts eher (außer Briefen etwa) vollendet, als die Aufsätze über Ihre Schriften und das hiesige, so merkwürdige Theater. Diesem Musterinstitut verdank ich die Lust, demnächst ein ganz theatralisches Stück zu schreiben, und die Idee ist mir dazu gekommen, als Sie neulich einen der mir wohlbekannten Jünglinge mit Sporen aus dem Mittelalter zu Fuß (was ich meine), schwarz-rot-gold um die Brust, einen schwarzen, ungesäuerten Pfannkuchen auf dem Kopf, Liebe und Vaterland im Maul, darstellen ließen. Ich will einen mit all seinen Eigenschaften direkt vom Abschiedscommercio in das bürgerliche Leben führen, und er soll sich wundern, wie es da hergeht, er soll vom Grobian etc. ein Mensch oder, was er Philister nennt (die Herren Studiosen der Sorte müssen Juden sein, da sie so erbittert auf die Philischtim sind), in aller Form, nach manchen Ängsten werden.

Runkel sagte mir, er sei 28 Jahre alt. Ich wunderte mich, daß ich 5 Jahre älter bin. Denn hab ich wohl bisweilen meine Person kritikasternd reden lassen, so ist das doch nur Laune gewesen, und überdem sind mir die fremde Leute. Die ›Shakespearomanie‹ und einige Theaterkritiken *nötigte* mir der Zufall auf, aber ein Journalist, der Tag für Tag über alle Gegenstände zu rezensieren hat, sagt viel bei 28½ Jahren.

Düss., 5. Febr. 1835. Gehorsamst

Grabbe.

Ich wünschte, daß ›Aschenbrödel‹ bald vom Zensor zurückkäme. Das Ding ist ja unschuldig heiter, und ist etwas der Zensur nicht anständig, kann ich's ändern. Gr.

235. *An Karl Immermann*

G. P. M.

Hierbei die ›Rosamunda‹ zurück. Der Anfang erinnert an den Anfang des ›Lebens ein Traum‹, wird aber bald eigentümlich und groß. Ich rate, ihn möglichst, ja überstrenge zu kürzen, er fliege vorüber, wie das Spiegelbild, welches er zeigt, und dessen Gestalten im Stück heraustreten. Nachher sind im Stück die brillantesten Wendungen, voller Theatereffekt, nur überall etwas mehr gestrichen, mein ich, denn beim Calderón bedarfs oft weniger Worte als er macht, da die Situationen bei ihm so deutlich sprechen wie bei keinem Dichter. Die Besetzung? Ich dächte, der Sultan: Reußler, der Herzog v. Apulien: Limbach, Irifela (ich glaube so heißt sie, der Kopist schreibt abscheulich): Dem. Stephany, etwas geputzt, Roberto: so ein Nebenmann George, Pauly oder der Student, die Turmwächter: auch Nebenleute; Rosamunda: Prachtrolle für die Versing, Astolf: mein geliebter Plagge, Casimir: Seeliger, Graf Lucarno: Schenk, Pasquino: Jenke, Stella: Mad. Limbach, Gloris, Flora, Irene: drei hübsche Mädchen, etwa Dem. Horn, Blumauer I, Mad. Schenk, denen ich übrigens damit nicht nachsagen will, daß sie sich bloß in ihrem Spiel hübsch machten, sondern daß ich sie für mehr als gescheut genug halte, auch in kleinen Rollen glänzen zu können. – Den ›Dorfbarbier‹ könnt ich Tag für Tag sehen. Als Mann sieht, liest man wieder, als Kind wollt ich immer Neues. – An Schreiner werd ich schreiben, der armen Olympia bald auf die Beine zu helfen. Ich würde ihm aber schaden, tät ich's jetzt, denn es schadete dem Schluß ›Hannibals‹ vielleicht, und ich bin ungewiß, welcher meiner unehlichen Söhne besser ist, ob ›Hannibal‹ oder ›Napoleon‹ (Nappel sagte meine Frau, als sie noch gut war). – Runkel hat mir gesagt, er hätte Calderóns sämtliche Werke, näml. 100 Stück (ich meine aber, Cald. hätte an 300 geschrieben, und er muß einen Kopf wie das Labyrinth des Minos gehabt haben oder wie Otfried Müller und seine Kureten und Himmelsziegen, versteht sich in höherer Potenz), und ich will einen Band von ihm leihen, und nach meiner Manier im Spanischen das Spanische lernen. – Heute ist nach einigen Geschichtschreibern der Todestag der Maria Stuart, und am 20. der des Hofer, lassen Sie beide bald feiern, und da ich den ›Hannibal‹ Stunde für Stunde zu beendigen denke, bin ich auch bald fessellos von meinem und seinem Ich, und ich komme dann mit einigen kleinen Lichtern, die Sie hoffentlich nicht ausblasen wollen.

Düsseld., 10. Febr. 1835. Gehorsamst

Grabbe.

236. *An Moritz Leopold Petri.*

Lieber Petri!

Dies wird alles in Eile geschrieben, da mich der Buchhändler um ›Hannibal‹ drängt, der am 4. dieses, abends 4½ Uhr, geendet ist, und zu meiner allervollsten Zufriedenheit. Ich weiß kaum, woher ich die Kraft bekommen. Jetzt, da mein Manuskript je unleserlicher ist, so poetischer es hier und da sein mag, schreib ich ihn selbst ab und korrigiere dabei. Voilà, weshalb ich nicht eher antworten konnte. ›Aschenbrödel‹ erhaltet ihr bald. Der Plutarchsche ›Hannibal‹ war mir immer verdächtig, ich fand ihn nur bei den franz. Übersetzungen und (irr ich nicht) bei Schirach. Jetzt dank ich Dir und Schierenberg für die Nachricht. Wir Deutschen verachten die franz. Gelehrsamkeit so oft, und bei Gott, weißt Du, wer mir am meisten ausgeholfen? Der alte Rollin. Schierenb. wird lachen, ich habe aber zu meinem Zweck mehr darin gefunden als im Schlosser. Es wäre mir lieb, wenn Du mir blindweg die Pustkuchsche Foderung qu. abmachtest. Ich habe Deinen Brief darüber nicht durchweg lesen dürfen, weil es jetzt alles gilt, den ›Hannibal‹ zu endigen, und die geringste unangenehme Aufregung mich stören könnte. Deine Freundschaft habe ich jedoch gesehen, und alles, was Dich, Schierenberg etc. persönlich betrifft, herausgelesen. Mir geht es hier sehr wohl, und ich werde meiner Mutter wohl bald wieder Geld schicken können. Für den Ersatz der bewußten Pustk. Foderung, und zwar den sofortigen, haft ich mit meinen Obligationen, meinem Honorar, meinem ganzen Vermögen, meiner Ehre hier *oben*drein, und auch für die Zinsen. Gern hätt ich Dir Szen. aus ›Hannibal‹ geschickt. Er ist dreimal besser gelungen als ›Napoleon‹. – Karthagos Asche weht vielleicht noch heut ins weite Meer, ich bin wenigstens mit Gewalt daran. Ein Genius hat über mei[nem] Schicksal gewaltet, gut, daß ich niedrig geboren ward, das Geschäftsleben kennenlernte, besser aber, daß ich nun diese harten Lehren heiter benutzen kann. Grüße meine Bekannten, Schierenberg und sag Ziegler, ich würd ihm bald antworten.

Düsseld., am Tag des ersten
hies. Schnees, 10. Febr. 1835.

Je suis
votre très-affectionnê
et
très humble
serviteur
Christian Dietrich Grabbe.

(Muß ich Dir Obligationen schicken, geht's dann nicht in vidimierter Abschrift, mit dem Zessionsschein darunter? Die Originale Singleton könnten auf der Post Unfall erleben, aber unter der vidimierten Abschr. bemerkt werden, daß sie fortan nichts mehr gelten, und dann hier von einem Notar verbrannt werden.)

237. *An Karl Immermann*

G. P. M.

Gestern abend 11½ Uhr ist die Abschrift des ›Hannibals‹ beendigt worden. Ich bin nun beim Durchlesen; wo nicht schon heut, haben Sie ihn *sicher* morgen früh. Man sollte das Durchlesen eines eben selbst geschriebenen Werks auf einige Tage aussetzen, weil es einem noch so im Kopf steckt, daß man oft übersieht, wo zu korrigieren ist. Indes die Zeit drängt, und beim ›Napoleon‹ gings mir ebenso, und ich fand Gelegenheit, die Korrekturbogen (obgleich er im Lande, wo die Hasen und Siebenpfeifen wachsen, in Zweibrücken, gedruckt worden) in Detmold zu korrigieren. Und weil das Gedruckte anders aussieht als das Geschriebene, fand ich da manche kleine Verbesserung praktikabel, an die ich beim Lesen des Manuskripts nicht gedacht hätte. Vielleicht kann ich hier auch die Korrekturbogen erhalten. Doch ›Hann.‹ bedarf's nicht so sehr als ›Nap.‹, der mitten unter Alimentationsklagen, Schusterfoderungen an Soldaten, Beeidigungen, Untersuchungen, Wein und Tee mit Rum geschrieben wurde, und zwar teilweise auf in Eile Aktenstücken abgerissenen unbeschriebenen Fetzen. – Meinen wichtigsten Brief nach Haus hab ich gestern, wo mir der Teufel im Leibe gesessen haben muß, auch geschrieben, und nun nichts als das hiesige Theater, Ihre Schöpfung und Ihre anderen Schöpfungen wie ein Blumenbach als Seltenheiten (Ihre Schriften sind aber nicht so selten, wie die Herren Sosier in Hamburg pp. vielleicht heucheln, unterdes sub rosa die Ausgabe dicker wird, denn ich wüßte keine Stadt, worin ich sie nicht getroffen, keinen Katalog, worin ich sie nicht gefunden, und hielt manche Bücheraktion, selbst für Theologen) den dummen Jungen und weisen Männern vorzeigen, und vor allem Ihren Beifall verdienen.

Ich erfahre, Sie haben meine Miete bezahlt. Das hab ich nicht gewußt bisher. Ich bezahlte meiner Wirtin die monatlichen Rechnungen und sehe nun freilich (denn ich sah immer nur unten nach der Summe), daß die Miete nicht darauf mitspezifiziert ist. Aber um à la Calderón auseinanderzusetzen: *erstens* fühl ich Dank, *zweitens* müssen Sie die ausgelegte Summe, sei sie hoch oder niedrig, denn ich kann mich, ohne halb krank zu werden, kaum darnach erkundigen, vom Honorar des ›Hannibal‹ abziehn, *drittens* bin ich, wenn ich will, keineswegs ganz unvermögend, denn das Vermögen, welches ich meiner Frau in den zarten Pfoten gelassen und über das ich disponieren könnte, ist nicht so ganz gering, *viertens* also verpflichte ich mich, von diesem jede Ihrer Auslagen zu bezahlen, und es soll dafür haften, kraft dieser Zeilen, *fünftens* nehmen Sie mir dies nicht übel, denn *sechstens*:

Denn
Nicht ein größres Mißgeschick
Als das übel nehmen, was man
Wohl gemeint.

D., d. 11. Febr. 1835. Gehorsamst
Grabbe.

238. *An Karl Immermann*

G. P. M.

Anbei das Genie, der ›Hannibal‹. Nehmen Sie die Korrekturen nicht übel, besonders am Ende. Ich konnte unmöglich in dieser Hinsicht mehr leisten, als ich tat, da ich das Kopieren noch nicht recht verstehe. – Den Hannibal menschlich zu machen, war 'ne Kunst, er steht in der Geschichte wie eine kalte Mythe; nur Napoleon hat nach Montholon etwas anderes in ihm geahnet. Das Buch wird abgehen, besonders nach Norddeutschland, England, Frankreich und Österreich, denn Hannibal ist ein großes Licht, und ich bin ein nicht ganz unbekanntes Schwefelhölzchen, das ihn anstecken hilft. Meine Urmanuskripte samml ich für Sie, wenn Sie sie haben wollen. Was das Honorar für ›Hannibal‹ betrifft, überlass ich Ihrem Gutdünken. Nun will ich zum Teufel, i. e. ›Fra Diavolo‹, nicht gerade meiner Lieblingsoper, aber doch zerstreute und zerstreuende Flitter genug darin.

Gehorsamst

D., d. 11. Febr. 1835. Grabbe.
(abgeschickt Morgens. d. 14. ej.)

239. *An Karl Immermann*

G. P. M.

Da ich in der Theaterabhandlung tief vorrücke, möcht ich bald auf 1 Tag Ihr Diarium, so wie auch die Runkel- (von zurück Le Knur) schen Hermanniaden über dasselbe, so viel Sie deren in Possess haben, geliehen bekommen. Man glaubt kaum, wieviele gute Einfälle und wie manchen Witz man aus solchen Dummheiten ziehen kann. Es ist Treibhausmist. – Sie haben zuviel Geschäfte, mir jetzt Ihre Bemerkungen mitzuteilen, und es ist auch besser, wenn sie kommen, wann das Dings fertig ist. – Ihr Wort geht nicht leicht bei mir verloren: deshalb wünschte ich vom ›Hann.‹ noch einmal die Schlußszenen, von seiner Landung in Karthago an, auf 1 Nacht: ich will nämlich sehen, ob bei Zama noch etwas herauszustreichen ist. Bedeutend war die Bataille nur durch den Erfolg, Hann. hatte zu erbärmliche Mittel, indes, etwas Firnis noch hie und da anzubringen, mag nicht schaden. An ›Maria Stuart‹ gefiel mir besonders, daß sie nicht allzusehr von der Vers. ins Weinerliche gezogen ward, sondern edler Haltung blieb. Seeliger war besser wie ich ihn geahnt. Leicester hatte sehr tüchtige Momente, aber ganz Hofmann war er nicht. Man sah das Bestreben zu sehr. Die Schimpfszene ging wie'n Donnerwetter, Schiller hat nie mehr Weiberkenntnis gezeigt als in ihr, obgleich sie, nimmt man die beiden Damen historisch, nicht wohl vorzüglich aus Eifersucht entspringen konnte (ebensowenig wie manches in meinem ›Hannibal‹ pp.), denn 1588 waren beide schon ziemliche Matro (Matrosen hätt ich bald geschrieben) nen, und Elisabetta hatte ihre Liebhaber für sich. Die Rhetorik des Stücks ist aber bei Gott breit und so schlingkrautsmäßig, daß ich fast glaube, sie gehört zu diesen Parliamentsreden, und läßt sich nicht ganz ausschneiden, ohne dem Charakter des Stücks zu schaden. Daß die unnütze Szene mit Kent (2. Akt), ich glaube, eine Nachahmung aus ›Henry VIII.‹ u. die Kommunionsszene ausfiel, war pto. der ersteren gut, pto. der letzteren wohl notwendig. – Für Uechtritz hab ich vorige Nacht 2 Stoffe entdeckt: 1. Kambyses in Ägypten, und 2. Alexius Comnenus in Verwicklung mit den Kreuzfahrern, seine Tochter Anna Comnena, geborene Porphyrogeneta und Geschichtsschreiberin, verliebt in einen schwäbischen Herzog dazu, alles in und um Byzanz. Daß er in seiner Rosamunde die slavischen Gepiden und die germanischen Langobarden nicht unterschieden, ist mir nun klar geworden: warum? Es ist Tiefe. Je wüster es unten im Meer hergehen mag, es bleibt in der Regel doch oben: je tiefer es ist, so ruhiger. Diese löst viel, ein dummer Seemann sieht's nur nicht ein. – Kein Tiger kann in den Zwischenzeiten, die mir meine Schmierereien lassen, so arg über den Ranke her sein, als ich. Er muß heute zu Ende, und dann bitt ich morgen um den Großmächtigsten Cortez, wenn er einige Zeit zu entbehren ist. Der Koppe ist bei uns ein sehr geachteter Mann, kam bisweilen nach Detmold, und ein Bekannter Petris. – Das Düss. Publikum läßt sich doch noch bilden, es besucht Trauerspiele stark, was ein weich-grausames Herz anzeigt. Im starren Berlin waren in ›Mar. St[uart]‹ im Opernhause zirka 30–40 Personen in Parterre und Parkett!

Düss., 16. Februar 35. Gehorsamst

Grabbe.

P. S.

Da fällt mir noch eins ein: trefflich war es, als die Vers. zum letzten abging und die Hand lang dem Leicester auf die Brust nicht drückte, sondern lose legte. Ich wollte nur, sie hätte ihn bis zum letzten Wort, von ihr an ihn, darunter zappeln lassen. Wie ich die weißen Handschuh dem Höfling über der Brust sah, war mir's als säh ich fünf Leichensteine einen Sarg in die Erde drücken. Habeat sibi.

240. *An Karl Immermann*

Anbei auch Ranke.

G. P. M.

Hierbei der nun von mir ganz durchkorrigierte und hie und da verbesserte ›Hannibal‹ retour. Ich habe jetzt aus der Schlachtszene von Zama gemacht, was da ging. Freilich wird sie nur beschrieben, das tun die Alten aber auch. Indes hoff ich, die Beschreibung ist so, daß sie größer ist, als der Hr. Pförtner u. sein Sohn, die da empfangen und beschreiben. Ich habe schon manche Schlachtszene beschrieben u. fürchtete Einton, wenn ich wieder die Bataille unmittelbar vorrückte. Ich kenne nur eine einzige Schlacht, die ich noch, wegen ihres Helden oder Verbrechers, und der 1000 Charaktere (Sir Cicero dabei), die um ihn wimmeln, ganz originell schildern möchte und könnte, i. e. Catilinas Untergang, des Zerhackten, geistig u. körperlich. – Was Sie im ›Hannibal‹ bessern, soll mir 'ne Ehre sein. Ich bitte nur, meine und Karthagos Eigentümlichkeiten zu schonen. Fehler, die ich selbst nicht kenne, sind sicher in einem so langen Stück von mir. Manches ist aber oft sehr berechnet, z. B. Hannibal darf nicht Vorgebirge Afrikas, sondern muß Hörner sagen, denn im Periplus heißen sie ebenso. Karthago, denk ich, betrachtete die Weltteile wie Ochsen und faßte sie an den Hörnern. England betrachtet sie ganz rein wie Marktplätze, und faßt, raffinierter als Karchedon, sie an den Meilenzeigern und Stationen der Heerstraßen, den leicht zu besetzenden, leicht zu verteidigenden Inseln und Spitzen. Das tut die unmittelbare Lage am Ozean, indes Karth. u. Venedig zuerst im engen Mittelmeer zu fischen hatten. – Gestern setzte sich im Theater jemand zu mir. Er kannte meinen Namen und sagte, er sei Assessor. Sie hätten ihn auf mich aufmerksam gemacht. Letzteres sagte er aber zu spät, und ich werde vorher sonderbar ihm geschienen haben. Ist's ein tüchtiger Mann, kann er mich einmal besser kennenlernen. – Wegen der Theaterrezension oder Abhandlung erinnre ich: ob meine Bitte von gestern pto. diarii et Arminii (ich will nun auch in meinem Hermann den Runkel mit seinem Blatt anbringen) nicht erfüllt werden kann? – Hätt ich eine Frau, wie die gestrige böse 7! Aber weder Holbein noch Shaksp. haben ein Weib wie das meinige gekannt, oder Shakespeare, dessen Eheglück (er lief auch weg) ich nicht traue, hat's nicht schildern wollen, ich wäre glücklich. Ich habe auch gekämpft, ärger fast wie Petrucchio, aber dieser hatte nur Eigensinn gegenüber; ich: Klatschen, Eigensinn, Geiz, List, Hochmut, Bosheit, Frechheit. Unverschämtheit, Faulheit etc. Dieberei, Räuberei, gälten die nach den ff. unter Gatten.

Düss., 17. Febr. 35. Gehorsamst

Grabbe.

Für Ranke der Gräfin besonderen Dank. Im Brief geht's zu kanni- oder hannibalisch her, um ihn da ausgedrückt haben zu können.

241. *An Karl Immermann*

G. P. M.

Ich tat klug, daß ich Ihren Brief von heute morgen nicht eher las als heute nachmittag. Er hat mich furchtbar aufgereizt, denn ich fühle, nicht Persönlichkeit, sondern die *dumme* Runkelsche Beurteilung des *Instituts* ist es, was Sie reizt. Das ›Käthchen‹ wird mich wohl beruhigen helfen, schwerlich aber ganz. – Ihre Idee ist gut: ich nehme sie noch schlimmer, und will sofort versuchen, mich aller Waffen zu bemächtigen, für Düsseld. erst im ›Hermann‹ selbst, und geht Runkel, genannt Rübe, auch dabei zu Grund, ohne daß er es merkt, und in selber Zeit soll eine Abhandlung für die Welt parat sein. In seinen Rezensionen, seien sie 17 oder 2 oder M. R. pp. unterzeichnet, meistens nicht eine Silbe von Opern-, Sänger- und Stücks-*Kenntnis*, nichts, nichts. Ja, er will loben und kann nicht. Der Kerl interessiert mich weiter nicht, ich könnte ihn leicht etc. – der Samen Abrahams! Es ist höchste Zeit, sein kritisches Unkraut 1.) hier zu zerstören, und 2.) Ananas hier und auswärts zu säen. – Die Theaterstunde schlägt. Ich höre auf, denn treff ich ihn heut, oder vielmehr er mich, so muß ich noch katzenfellige Freundschaftlichkeit ausspannen. Kennt er mich nächstens als Feind, so behandl er mich so, fodre mich, oder tue, was er will. – Ich lese Ihre Mitteilungen über Düsseldorfs Theater sehr fleißig, und da meine Natur einen Strom in sich hat, der mir nie Ruhe läßt, werd ich bald mit ihnen fertig sein. Sorgen Sie nicht, daß ich nicht alles geheim halte. Eben um den Sachen Verschluß zu schaffen, räumt ich heut morgen die meinigen aus. – In die ›Hermannschl.‹ soll Runkel, und ich suche noch an einem seiner Kameraden. In den Noten, à la Lord Byron dahinter, werde ich auf ihr geschichtliches Interesse mit einigen Zitaten aufmerksam machen.

Düss., 18. Febr. 35. Gehorsamst
Grabbe.

So'n Hund! Spiel in der Oper! Wo wird besser gespielt in der Oper als hier? In Detmold wäre längst ein Lenzregen Prügel über ihm.

Hat mich der Mensch zum Spielball gemacht, und mir im Theater den Assessor zugeschickt, so hat er in meine Persönlichkeit gegriffen, und ich greife mit so mehr Recht in die seinige. Jeder, den Sie mir bezeichnen, ist mir lieb, denn: Sie meinen es gut mit mir, tun gut an mir, aber gegen einen solchen Juden könnt ich wieder der alte Adam mit der Erbsünde werden, wie einmal gegen Heine, den ich aber doch achte pto. seines Talents. Id.

Ich kann nicht satt werden; wo spürt man im ganzen Runkel-Hermann, daß der Malachias und seine 2 und siebzehn-Ender auch nur eine Spur von Opernkenntnis haben, auch nur wissen, was eine Note, was Höhe, was Tiefe, was Bariton, was Baß, was Violoncell, was Violine ist? Nichts – echte Fistelkritiker! Mit der Erkenntnis des rezitierenden Schauspiels ist's keinen Gran besser. Solche Kröten zertreten zu müssen! Pflasterarbeit! Und doch nötig. Sehr! Das nennt man Morden!

Idem.

Heute am 19. Febr. ist's mir noch ebenso zumut wie gestern. Daß das Zuschauer-Volk das Käthchen nur wegen seiner Äußerlichkeit bewundert, und Käthchen ist doch das Rätsel der Liebe, mit sicherer, harter Hand der Welt gezeigt. Möge einer einmal das Rätsel der Natur überhaupt auch so dartun. Ich glaube Ihr ›Merlin‹ tut's schon. – Einige Rezensionen im ›Hermann‹ scheinen aus vernünftigeren Händen geflossen zu sein, jedoch im ganzen alles borniert. Ich möchte meine Urteile darüber oder vielmehr über die Anstalt selbst gedruckt sehen, ehe die Gesellschaft nach Elberf. rückt. Das treibt mich schon genug. Klassisch ist die Runkeliade über ›Struensee‹. Sie mögen den Verfasser dieses Stücks schätzen, aber weder in seinem ›Paria‹ noch in dem ›Struensee‹ ist viel von Poesie oder von historischem Verstande, und darum kann er doch ein tüchtiger Mann gewesen sein. Runkel erhebt dieses Stück (wer weiß, ob nicht aus Spekulation) zu den Sternen, entschuldigt sogar das wenige Beifallklatschen, und – das ist der Spaß – da er zuletzt denkt, du hast doch zuviel gelobt und mußt nun tadeln, tadelt er grade das Beste: die Charakterschilderungen Struensees, Julianens und indirekt Mathildens. Struensee, der Emporkömmling, mag sich wohl gegen Ranzau anfangs blöde benommen haben etc. Das sind feine Züge, nur hat

Beer das alles schrecklich umwulstet. – Heut ist Regenwetter. Gute Entschuldigung für die, welche nicht gern zum Benefize zahlen.

Düss., 19. Febr. 1835. Gehorsamst

Grabbe.

242. An Karl Immermann

G. P. M.

Auf Ihr gütiges Schreiben bitte ich Frist zur Antwort bis morgen. Ich billige alles, es kommen mir aber vielleicht über Nachts noch allerlei Notizen, die Sie wenigstens nicht ungern hören werden. Ich bin mitten im Lesen der Theatersachen. Furchtbare Verhältnisse in solchen Dingen.

D., den 20. Februar 1835. Gehorsamst

Grabbe.

243. An Karl Immermann

Weil Sie Gewicht darauf legten, sah ich nach Durchlesung Ihres Briefes gleich nach der Kopfabhackerszene Hasdrubals. Ich kann nicht lassen, Ihnen gleich zu schreiben: »ich wollte, ich hätte so gut geschrieben, wie Sie da gestrichen haben«. Und die wieder anbindenden Worte sind so, daß der Verf. selbst sie nicht gefunden hätte. Morgen mehr. Aufs heutige Theater freu ich mich. Diese stillen Wasser sind mir stets ein Lieblingsstück gewesen. Mit der Lektüre der Mitteilungen qu. bin ich bald fertig, und dann Stoff genug, wie zum historischen Stück. Den M. M. werd ich aber nie berühren, ohne Sie zu fragen. – Heute muß ich auch an Schreiner schreiben. Das erste Korrekturblatt liegt von ›Aschenbr.‹ da. Das Wetter hat mir auf dem rechten Auge meine alte Februar- und Märzfreundin, die Mouche volante geschafft. Indes ich kann doch beiher sehen.

D., 20. Febr. 1835. Gehorsamst

Grabbe.

Morgen den ganzen ›Hannibal‹, nochmal durchlesen, retour. – Im ›Hermann‹ ist noch eine 2. Rez. des ›Struensee‹. Absichtlich, oder ich kenne keinen Menschen; die erste lobt, und ist für die Familie, die zweite tadelt, und ist fürs Publikum. Die erste wird an den gehörigen Ort gesandt sein, die zweite, bei der wenigen Verbreitung des ›Hermann‹, in Berlin nicht bekannt oder nicht dahin spediert worden sein.

Gr.

Ihre Idee mit den Abteilungen: »I. Hannibal ante Portas« pp. ist wunderschön, treffend. Ich weiß nicht, ob ich's schon im Brief gesagt, denn diesen Zettel schieb ich in den schon versiegelten Herrn nach.

244. An Karl Immermann

Hat's mir Hannibal angetan, weil er nur auch ein Auge hatte? Mein rechtes hat sich vorige Nacht sehr entwickelt, und das Geschwür, welches ich dahinter vermutete, weggetropft. Solche nicht empfindsame Tränen laß ich mir gefallen. Heute morgen, 10 Uhr, fing's nun auch an hinter dem linken Auge sich zu rühren, und der hoffnungsvolle Anwachs dahinter wird hoffentlich heute nacht auch vergehn. Ich habe, seit ich mit einem Hrn. v. Cölln anno 1824 im beginnenden Lenz auf der Erde lag, im Walde, und er mir Bruder Medardus vorlas, immer um selbe Zeit jährlich an diesem Übel gelitten. – Mein Körper ist mir ziemlich etwas Fremdes, er hat seine eigenen Interessen, was man oft an den unwillkürlichsten Bewegungen einer Fußzehe bemerken kann, und die Ärzte wissen bis dato, so fleißig sie studiert haben mögen, nichts davon, wie's zusammenhängt. Darum brauch ich auch keinen der Sorte, und ich wette (die Mamsell unten im Hause leidet, wie ich höre, am selben Übel, und gebraucht einen Mediziner), ich bin morgen früh gesund, u. sie treibts noch 4 Wochen. – Meine Mittel sind: *schreiben*, der Blick schärft und richtet sich danach, – *lesen*, aber nur deutsch-gotische Buchstaben, der Blick schärft sich daran, nicht an den verschwemmenden lateinischen Lettern, – etwas *Grünes* um sich haben, – *die Füße warm halten.* – Bei diesen Ehehaften wird's schwer sein, Ihnen alle communicata (aus denen ich die nötigen Auszüge mache, soweit sie das Theater betreffen) noch heute zurückzuschicken. Jedoch Stunde vor Stunde können Sie sie erwarten. Die Lektüre ist sehr interessant, jedoch ich will lieber Auditeur sein und mit Rekruten und Militärs jeder Art verhandeln, als Intendant eines Theaters mit tiefem Kunstgefühl. Ihre Mühsale sind kaum tragbar, und Sie haben doch dabei gedichtet, ich meine gar den ›Merlin‹ während der Zeit. Bittre Erfahrung vielleicht der einzige Lohn. – Nein, das Tüchtige ist ein Fels, der sich selbst macht, und dem die Esel ausweichen, den die Gescheuten respektieren müssen. Den Lohn haben Sie, und der kann viel ersetzen. – Ich bekam von der ewigen Augenqual Fieber und mußte heut nachmittag auf ein paar Stunden retraite machen, deshalb erhalten Sie diesen unterbrochenen Brief so spät. Jetzt schließe ich ihn bei Licht, und ich weiß, es ist besser als im Dunkeln zu sitzen oder gar einen Augenschirm, der dadurch, daß er Schatten und Licht schroff trennt, am meisten schadet, zu tragen. Eins von beiden würden unsere Ärzte, die jetzt alle Gevattern geworden, Dezillionbeutelteilchen-Paten oder Apothekerpfunds-Paten, empfehlen. Ihre Korrekturen im ›Hannibal‹ sind so sorgsam, daß ich mich schäme, Ihnen so viele Mühe gemacht zu haben. Verdien's nicht.

Düss., 21. Febr. 35. Gehorsamst

Grabbe.

245. *An seine Mutter*

Liebe Mutter!

Hierbei ein Doppellouisdor von dem Honorar des ›Hannibal‹. Verwechsle ihn bald in hartes Silber, Gold verliert sich leicht. *Wie geht's Althof?* Minchen soll den Doppellouisdor verwechseln, und eine 2 Taler davon haben. Er gilt hier 11 Taler, 12 Mgr., nach lippischem Gelde gerechnet.

Düsseldorf, 23. Febr. 1835.

Dein
Sohn
Grabbe.

Verkaufe den Garten nicht ohne mein Wissen, denn ich hänge noch an der Laube. Ich habe schlimme Augen gehabt, aber einer der ersten mir unbekannten Ärzte der Stadt kam zu mir, ich weiß kaum, von wem gesandt. Ich dachte an Hofr. Piderit, der mich auch immer so gut behandelt hat. ›Aschenbrödel‹ u. ›Hannibal‹ sind unter der Presse. Ein gedrucktes Probeblatt von ›Aschenbrödel‹ hat der Hauptm. Runnenberg. Zeig dem Kanzleirat Petri diesen Brief.

246. *An Moritz Leopold Petri*

Lieber Petri!

Schick mir Deine Rechnung an meine Mutter. Ich werde ihr heute oder morgen wieder einen Doppellouisdor von meinem bedungenen und zur Auszahlung stehenden Honorar des ›Hannibal‹ übersenden, ganz sicher. Du wirst also ermessen, ob sie, wenn sie ihn erhalten, dennoch fürerst von Dir die monatl. 2½ Rtlr. (mein ich) bedarf. Ich glaube nicht, und weiß nur, daß mein ›Hannibal‹ hier in sehr hohen Händen, *die ich nicht kenne*, gefällt, und Schutz über meinem so lang gemarterten Dasein verbreitet wird. – Daß ich auch von anderer sehr edler und vornehmer Hand anerkannt werde, beweise Dir die kleine Anlage, denn ich weiß, es freut Dich. Zeig sie aber höchstens Deinem Vater und Schierenberg, dann verbrenne sie. Immermann sorgt außerordentlich für mich.

Ex post: Die eben erwähnte Anlage kann ich nicht mitteilen, es treten eben Gründe dagegen ein, aber keine schlimme.

Wie mit der 100 Rtlr.-Sache? – ›Aschenbrödel‹ ist in vollem Druck, und damit Ihr es glaubt, habe ich an den Hauptm. Runnenberg das erste Korrekturbl. angeschlossen, welches er Euch und meiner Frau, wenn sie es verlangt, vielleicht auch dem Kammersekr. Kestner mitteilen wird, wenn er sich und mir einen Spaß machen will.

Düss., 23. Febr. 1835. Dein

Grabbe.

247. An Karl Immermann

G. P. M.

Ich habe behufs der Abhandlung die Theaterzettel durchgelesen und das Nötige mir daraus bemerkt. Hierbei erfolgen sie zurück. – Bei Ihrer unsäglichen Last könnt ich Ihnen vielleicht einen Dienst leisten. Ich glaube, daß ich besonders Shakespeares Sachen gut vorlesen kann, vielleicht auch andere. So wenig ich nun mit den Schauspielern in Berührung zu kommen wünsche, könnte ich doch beim Einstudieren einer oder der anderen Rolle Ihnen die Vorlesung ersparen, und sie übernehmen. Man irrt sich leicht in seinen Talenten, lassen Sie uns aber einmal versuchen, ob ich mich auch hier irre, in einem Privatlesen vor Ihnen in Ihrem Zimmer, einige Szenen nur. – Da ich jetzt mit nichts Poetisierendem beschäftigt bin, sondern allein nach meiner alten Manier auf einen Punkt, das hiesige Theater, ziele, kann ich dem Dr. Runkel von nächstem

Freitag an meine Rezensionen zusenden. Natürlich lesen Sie dieselben vorher, erinnern und bessern.

Gehorsamst

Düss., 24. Febr.
(Werners 24. Pavia und, irr
ich nicht, auch Brienne vom
selbigen Dato.) Grabbe.

248. An Karl Immermann

G. P. M.

Mit Extrakt und Lektüre der Theatercommunicata bin ich sicher bis spätestens morgen früh 10 Uhr zu Ende, und Sie erhalten dann diese mir schon an sich interessanten Mitteilungen zurück. Und dann habe ich den Stoff erobert, aus dem ich die Abhandl. bauen kann, und für Runkel, an den ich schreiben will, sofort etwas von den Abhaustücken beizu abwerfen will. Ob Ihnen die Vorstellung der ›Stella‹ gefallen hat, weiß ich nicht, denn Sie sind bei solchen Dingen äußerst delikat, und, da Sie selbst alles leiten, sehen Sie die Fehler eher. Ich aber muß sagen, ich bin freudigst überrascht worden, und, ich wette, hätte Tieck sie gesehen, er hätte ziemlich trüb an die Dresdner Halbheiten gedacht. Vor allem war es gut, daß das Stück in 3 Akte zusammengezogen, und, ich meine, auch viel darin gekürzt war. Die Empfindeleijauche, welche es mir kaum möglich gemacht hat, je das Original anders als unter großen Pausen zu lesen, war in ihren gehörigen Rinnsal gebracht, und das echt Goethische, das Fein-Natürliche der Charaktere trat frisch hervor. Goethe hatte den Sentimentalitätston durch Werther verherrlicht, und da er sich oft nach der Zeit gerichtet hat, wollte er die ossianisch-werther-deutsch-hausväterliche Stimmung benutzen und klimperte mit einem fünfsaitigen Drama nach – es ist seine ›Kabale und Liebe‹, wie sein ›Clavigo‹ Schillers ›Fiesko‹. Die Versing, die Limb., *die* und *der* Schenk, alle vier vortrefflich. Ich werde den Beweis bald übernehmen. Selbst, daß die Limbach nicht so poetischen Flugs ist wie die Vers., nützte ihr hier nur so mehr. Diese Rolle, wie auch Goethe unwillkürlich gewollt, wurde von der Stern- und Mondlichtelei weggezogen und ans Herz gelegt. Das Publikum ward auch gespannt: es saß eine Mamsell, oder was sie ist, vor mir, die in der Gegend immer sitzt und sonst gern sich umsieht und parliert. Gestern rührte sie nicht ihr caput. Wirkt das Tüchtige erst auf Tiere, daß sie vernünftig werden, so ist es stark – gut.

Düss., 26. Febr. 35. Gehorsamst

Grabbe.

Verzeihen Sie die dicken Federstriche. Ob auch meine Augen stündlich sich bessern, ich schreibe in den ersten Morgenstunden, wo sie eben aus der Nacht kommen, doch erst hinter verhängtem Fenster.

249. *An Karl Immermann*

G. P. M.

Ich habe alles gelesen und ausgezogen. Es dauerte aber bis über 10 Uhr und endete erst jetzt gegen 1 Uhr. Mein guter Wille ließ mich zuviel versprechen, sc. 3 Stunden zu früh. Jetzt aber bin ich fertig, und der Hamlet soll heute abend auch noch ein bißchen an meinen Buckeln schmieden. Die Kritik beginnt heute noch. Fast ist, was die jetzige Direktion und die Aufführungen betrifft, zu viel Gutes, was die Persönlichkeiten der Schauspieler belangt, zu viel Schlimmes zu sagen. Letzteres bleibe aber weg. – Derossi war nichts wert, der Reger ist aber auch ein Fuchs gewesen. Was mir so beizu einfällt.

Ich schicke dies mit Anlagen nach Ihrer Wohnung, weil im Theater es nicht in fremde Hände fallen soll.

Düss., 27. Febr. 1835. Gehorsamst

Grabbe.

250. An Karl Immermann

G. P. M.

Die Abhandl. über das Theater brauch ich nur noch zu mundieren. Dabei will ich Runkels ›Hermann‹ vom Dez. v. J. u. Jan. c. nur noch einmal übersehen, weshalb ich auch Runkel um sofortige Mitteilung gebeten.

Die Adelaide im ›Napoleon‹ und die darin geschilderte Sultanin (Portraits meiner 1830 mir verlobten, nachher so gut wie ich anderwärts verheirateten Braut) ist, meldet mir eben ein Brief, †, und ich fühle nichts, nein, ich, der noch so oft an sie gedacht, bin heiter. Sie ist, wie auch Sie von einer früheren Liebe sagen, nun mein, makellos, ein Stern über ihrem Grab, und über Ihrem

gehorsamsten

Grabbe.

Die Hirschmann gefällt mir nicht. Sie werden Ihre Plage damit haben. Es ist ein Stück Fleisch, aber ohne Geist. Nur Manier: Charaktere gibt sie nicht, sie orgelt und moduliert und zierpuppt nur, was ihr früher scheint einstudiert zu sein. Auf anderen Theatern hat sie sicherlich noch mittelmäßiger gespielt, als hier unter Ihrer Kontrolle. Ich träumte vorige Nacht, Sie hätten ihr mitten in ›Maria Stuart‹, aus der Loge auf die Szene eilend, über den Kopf geschlagen und befohlen abzutreten. Da hätte sie eine Rede an das Publikum gehalten, über ihren Wert, ihre Art u. Weise, ihre Hieherkunft, Sie, aber schon in Ihre Loge zurückgekehrt, hätten ihr von da aus mit der Hand eine furchtbare Ohrfeige gedroht, worauf sie sich mit ihrem Pflegevater, der einen grauen Rock trug, skisierte. ›Othello‹ ist eine meiner liebsten Opern, aber ich hätte heute doch ›Mar. St.[uart]‹ lieber gesehen, welche mir Runkel auf heut verkündigte, um auf einem Boden, der mir fester ist als die Musik, die Spezialrezens. für ›Herm.‹ zu beginnen. Indes will ich in diesen Spezialrezens. doch alles anbringen, was mir in früheren Darstellungen imponiert hat. Runkel ist zufrieden, will meinen Namen, scheint's gern darunter haben, was auch wohl nicht schadet, nützt es auch nichts. Mit Unterschrift kann man freier sprechen als ohne sie.

Düss., 6. März 35. Idem.

251. An Moritz Leopold Petri

Lieber Petri

Du hast mir auf mein letztes Schreiben noch nicht geantwortet, was mich ängstet. Tu es bald. ›Hannibal‹ ist jetzt auch unter der Presse und der Zensor hat nichts gestrichen. Ein kleines Teilchen, nicht die bedeutendste Stelle, *nur von Hannb. Abschied aus Italien* lautet *jetzt* so, und siehe, ob die Rheinluft sie nicht geläutert hat:

Eine Höhe mit dichtem, dunklen Kastanienwald bei Capua. Aus der Nähe das Brausen des Meers.

(Hannibal windet sich zu Pferde rasch durch das Gebüsch, steigt an einem kleinen Grasfleck ab, und hängt die Zügel des Pferdes an einen niedrigen Baumstamm.)

Hannibal.

Gaul, solltest du verstehen, wie ein lang niedergedrückter Schmerz sich lüftet, so wiehere es nicht aus!

(Er stürzt sich zur Erde und faßt sie mit beiden Händen:)

Italia! Herrliche, um die ich siebzehn Jahre warb, die ich mit eignem und mit Konsulblut geschmückt, – so muß ich dich verlassen? Nichts bleibt mir von dir, die ich mitreißen möchte über das Meer? Du, ganz anders als die finstere Karthago und ihr trübrotes, heißes Firmament, du, prangend mit Helden, die nur von Ruhm und Eisen, nichts vom Gold wissen, mit dem Glanz selbst, nicht durch Mietlinge errungener, zum Kapitol hinaufschimmernder Triumphe, nie erhabener als da ich dich zu meinen Füßen wähnte und du dich aufrichtetest zu dem Gewölb deines ewig blauenden Himmels. – Ha, diese paar Gräser entreiß ich dir, und berge sie am Herzen, damit es daran schlage. – Mein jahrelanges Mißgeschick entschuldige bei mir selbst einen Augenblick der Empfindung.

Rufen vom Meerufer (von allen Seiten:) Die Taue strammer! – Seewasser drauf! – Noch zwanzig Ruderer an die fünfte Bank hier! – Schnell, der Landwind wird frisch – Dort naht das Heer zum Einschiffen – Flöße, Barken herbei – Hier 'ne Schiffbrücke – und da – die Segel bereit – Nach Süd-Süd die Vorderdecke! – Matrosen an die Anker! Eile! Zur Heimat geht's! – Wo der Feldherr?

Hannibal (laut:)

Hier von der Höhe hat er euer Treiben beobachtet und findet es gut!

(Er reitet zum Ufer.)

Der Raum erlaubt mir nicht, etwas Bedeutenderes mitzuteilen, und da ich heute morgen vom Buchhändler Schaub Eure Einladung zum ›Lipp. Magazin‹ erhalte, ist mir während des Schreibens eingefallen, daß, wenn Ihr wollt, Ihr dies Bruchstück einsetzen könnt. Ich hoffe Euch aber auch mit lippischeren Sachen wohl einmal dienen zu können, denn die ›Hermannsschlacht‹ ist binnen einigen Wochen fertig, womöglich mit einem Chor altdeutscher Burschen auf der Grotenburg als närrische Folie. – Obgleich ich meiner Mutter Geld schicke, so viel ich kann, bitt ich doch, Dich einmal in jedem Monat zu erkundigen, ob sie etwas bedarf, und es ihr dann zu geben. Den letzten Doppellouisdor hat sie nach Ihrer Antwort den 28. v. M. erhalten. Meine Frau treibt's, während ich das Honorar für den ›Hermann‹ ihr zur Hälfte in Gedanken bestimmt hatte, so arg, daß ihr letzter Brief dem ›Hermann‹ gewiß schadet. Hier werde ich zum Teil von den vornehmsten Ständen über Verdienst geschätzt, und, wo ich von meinen albernen

Launen, die aus meiner früheren Erziehung und Stellung entspringen, noch etwas habe, mit Nachsicht behandelt wie ein Kind, daß ich mich schäme und mich bessere.

Düss., am Tage der Schlacht bei Laon, an. 1814. Dein Grabbe.

[9. u. 10. März 1835]

252. *An Karl Ziegler*

Düsseldorf, am Tage der Schlacht bei Laon

Nous avons decreté et decretons, ce qui suit:

Dank für Deinen Brief vom 3. huj. Die von Dir eingenommenen 31 Taler überlaß ich Dir zur Verfügung und Bestreitung Deiner Mühe und der Gerichtskosten. Verklag den Stockebrand nicht, ich meine den toten Schiernecker, früher in Hornoldendorf, ich meine, es wären Differenzen da gewesen und ich hätte seinen Erben erst deren Aufsuchung versprochen. Grüße Starke und Meier, ich bin ja beiden friedlich gesinnt, und wir können uns ja verständigen. Für Starke hab ich auch ./. Mühlmeister am Magistrat, ./. Kate das., ./. Meier das., ./. Meier am Hofmarschallamt etc. etc. gearbeitet, und für ihn u. Wehren ./. Meier Johann. Ist das in actis? Auch Vergleiche hab ich gepflogen. Ja:

Meiner Frau gib von diesem Geld nichts, ich biete ihr in jedem Brief nur zuviel an. Eher antworten konnt ich nicht; der Buchhändler säet einige Louisdors, aber es soll auch darauf wachsen, und es ist gewachsen, denn ›Hannibal‹ u. ›Cendrillon‹ schwitzen unter dem Hundsstern der Presse.

Binnen wenigen Wochen habt ihr sie. Die Anzeige des ›Lipp. Magazins‹ ist mir zugeschickt. Ich habe ihm ein Stückchen aus ›Hannibal‹ wie er jetzt ist geliefert. Petri hat's. Ich denke ihm bald mehr aus der ›Hermannsschlacht‹ zu schicken. Ich bin hier sehr angesehen, aber auch sehr beobachtet pto. sanitatis. Die Sache mit Kochs ist ex, zu Ende. Im ›Hermann‹ will ich einen altdeutschen Burschenchor auf der Grotenburg anbringen. *Schreib mir bald* und such die Deserv. in Güte zu erhalten.

Es kommt jemand.

In Eile
und immer
Dein
Grabbe.

253. *An Karl Immermann*

G. P. M.

Da muß ich Sie noch mit einer dummen Notiz belästigen, die mein ›Aschenbr.‹ betrifft. Schreiner druckt wieder wie auf dem ersten Probebogen, ich meine, es heißt in der Setzersprache: gesperrter. Ich erfuhr diese Änderung erst gestern von ihm. Er meinte, enge gedruckt, würde ›Aschenbr.‹ zu dünn, etwa 60–70 Seiten. Ich erwiderte: »Ich verstände das nicht, mir selbst wär's gleich, Sie würden indes Ursache haben, den engeren Druck gewählt zu wünschen.« – Wenn Sie das arme Kind der Mühe wert halten, können Sie noch heut die Fortsetz. des breiteren Drucks hindern, indes scheint a.) das Interesse des Verlegers dabei nach seiner Ansicht zu sein, und b.) nimmt sich der Druck besser wie der engere, aber freilich nicht so konzentriert aus. – Ich dächte, man ließe sie machen, tacite. Erst als ich von Schreiner zurückkam, fand ich die neugedruckten Bogen zu Hause, bei meiner Madame.

Düss., 10. März 35.

Gehorsamst
Grabbe.

254. *An Karl Immermann*

G. P. M.

Hierbei die Kritik über ›Wall.[enstein]‹.

Korrigieren Sie darin nach Belieben.

Ganz blind loben durft ich nicht, ich mußte hier und da etwas tadeln, eben um dem hier *»verdienten«* Lob Eingang zu schaffen. Denn das Publikum glaubt nicht mehr, daß man aufrichtig etwas gut findet, und man muß ihm Medizin eingeben, damit es auch das Essen schmeckt.

Einige Scherze hab ich eingeflickt. Lassen Sie diese stehen, sie geben dem Aufs. eine Art Negligençe, und tun das Gleiche, was der Tadel in anderer Weise.

Ich wollte, ich hätte das Dings heut abend zurück, so expediert ich's morgen an Runkel. Ich bitte darum, oder wenigstens schicken Sie es mir morgen früh zeitig retour.

Düsseld., den 11. März 35. Gehorsamst

Grabbe.

Das *korrigierte* Konzept nehmen Sie doch nicht übel?

255. *An Karl Immermann*

G. P. M.

Runkel ist sehr erfreut über die Rezension, und ist's schon in voraus gewesen, denn im letzten Blatt des ›Hermann‹ bin ich (obwohl nicht genannt u. ohne Wissen) schon zum »Mitarbeiter« kreiert! Er will sie im nächsten Blatt ganz abdrucken lassen und hat deshalb den Wolf bedeutet, die übrigen Sachen dasmal beiseit zu legen. Es soll mir lieb sein, nützt sie ihm. Ich habe sie Ihren Andeutungen gemäß geändert, und wünsche *nichts* mehr, als daß sie vor allem Ihnen etwas Freude macht und einige Wirkung im Publico hat. – Eine Masse Briefe, die ich nach Haus geschrieben, ein fataler Streich meiner Magd, welchen Mad. Andries entdeckt hat, griffen mich gestern so an, daß mein Niesen auf der Stelle starker Schnupfen und Fieber wurde, daß ich die Nacht tief, aber doch sehr unruhig geschlafen haben muß, daß ich außer etwas Bier weder Essen noch weniger ein geistiges Getränk (was Sie bei mir leicht vermuten würden) zu mir nehmen konnte, und daß die Madam zum ersten Mal etwas von meiner reizbaren, aber guten Natur scheint recht eingesehen zu haben.

Meine Krankheiten hängen genau mit meinen Gemütsbewegungen zusammen. Und ließe auch das Fieber bis heut abend nicht ab, ich ginge doch in den ›Kaufmann‹, denn ich weiß, ich komme gesund wieder heraus.

Dssld., 13. März 35. Gehorsamst

Grabbe.

Die Theaterabhandlung ist nun bald so weit, daß ich sie vorlegen kann.

256. An Karl Immermann

G. P. M.

Das Ding ist für den ›Hermann‹, auf morgen, bereits gedruckt. Ich hab's schon gesehn.

Hierbei leg ich s. p. rem. zur Probe den Anfang meiner Abhandlung bei. Das Ende wird beweisen, daß er berechnet ist. Beim Abschreiben (jetzt ist's bei ihr das 2. und letzte Mal insofern, als ich die 3. Kopie nach Maßgabe Ihrer Bemerkungen ausfertigen oder bessern werde, wenn Sie das Ganze gelesen) ist mir der Stoff jedesmal gewachsen.

Pto. meiner Magd hatte ich mich nicht wegen der 10 Slbrgr., sondern wegen des vermutlichen Betrugs geärgert. Ein kleiner Dieb ist verächtlicher als ein großer Mörder. Er wagt nur nicht sich auszusetzen. Sie bringt heute, von meiner Madame coram gezogen, das Geld zurück, und schiebt den Irrtum auf andere. Ich glaube, daß es auch so ist.

Düsseld., 14. März 1835. Gehorsamst
Grabbe.

Daß die Hirschmann mit Krämpfen, Vogel mit Schimpfen aus Düsseldorf scheiden, ist meine feste Überzeugung.

257. *An Karl Immermann*

G. P. M.

Anbei der ›Elfenhügel‹ zurück. Ich hätte ihn schon gestern gesandt, aber es war keine zeitige Gelegenheit da.

Ich kann in der romantischen und auch in der bloß ernsten Poesie künstliche Aufgaben, durch welche Naturmysterien mystifiziert werden, nicht leiden. Homer, Sophokles, Calderón, Shakespeare, Ihr ›Merlin‹ u. Ihre ›Verlobte‹ geben die Dinge, wie die Sage sie hat, und lösen nicht daran. Das ist für ein anderes Fach, für Cuvier, Nicolai, Langenbeck u. Oken, welchen die Poesie aber doch immer voraus gewesen ist, und die mit ihren Entdeckungen doch nur oft die ältesten Dichtungen (z. B. den Hiob) bestätigen. Heiberg hat's aber gewagt: denn ob der Elfenspuk echt oder unecht sei, kommt nicht heraus, höchstens das letztere, und so ist der Leser am Schluß in mancher Erwartung, die ein Mann wie der Verf. hätte wunderschön erfüllen können, getäuscht. Aber dagegen erinnre ich mich für den Augenblick auch keines Mystifikationsstücks (Schillers ›Geisterseher‹, den die Narren bis heutigen Tags laut für *unvollendet* i. e. ohne Schluß halten, ist keins, und dazu kein Fragment, welchen Titel ihm Schiller auch nicht gibt, denn von allen Seiten wird das Dämonenwesen exponiert, und man ahnt bald, daß es gilt, den Prinzen zu benutzen und zu katholisieren), welches ungeachtet der künstlichen

Anlage solche Frische, keck gezeichnete Figuren und Situationen hätte.

Die Übersetzung hat den Trab zweier Hamburger Mietgäule; im Lyrischen sitzt sie ganz im nassen Sande. Heiberg wird nach dänischer Dichterart ganz anders, kecker und kühner gedichtet und versifiziert haben. Einige Breiten scheinen aber auch im Original zu sein, sind die gestrichen, ist das Stück sicher aufführbar, besonders hier, wo beizu schöne Laubszenerien sind.

Düsseld., 17. März 35. Gehorsamst
Grabbe.

(Die Abhandlung geht immer vorwärts, und springt noch während des Abschreibens beiseit, wie Ajax, wenn er sich tapfer aus dem Feindesheer zurückzieht, und hier und da noch diesen und den abrupft.)

Sr. Wohlgeboren dem Herrn Oberlandesgerichtsrat Immermann

Anbei ein Mskr.

258. An Karl Immermann

Ich bitte um Verzeihung. Anliegender Schluß des ›Elfenhügels‹ war beim Einpacken vergessen.

Düsseldorf, 17. März, Gehorsamst
11 Uhr Vorm. Grabbe.

Gestern spielte Seeliger in dem sonst so jämmerlichen Stücke gar nicht übel. Auch die übrigen nicht. Einige recht lobenswert. Mehrere falsche Betonungen waren da, und achten Sie: in diesem Potpourri hat man sie mehr und eher bemerkt als in den Kanal-Labyrinthen des ›Kaufmanns‹.

259. *An Moritz Leopold Petri*

[...]

›Aschenbrödel‹ erhaltet Ihr bald, es wird schon an den Prachtexemplaren gedruckt. ›Hannib.‹ dito im Gange. Ich hätte Dir gern die Sz., wo er auf dem Schiff nach Italien sieht, mitgeteilt, doch der Raum hindert's. Meine Frau kann zufrieden sein: ich habe ihr, wenn sie mich nicht ärgert, die Hälfte meines Honorars meines ›Hermanns‹ zugedacht. Runnenb. (Hauptm.), den ich bat, [den] Empfang des Schreibens an sie zu attestieren, weiß es. Ich mochte Dich nicht molestieren, Du tust schon mehr für mich als ich wert bin. Es wird wohl Gelegenheit geben, besser meinen Dank zu zeigen.

Schick Zieglern beiliegenden Zettel, ich bitte.

›Aschenbrödel‹ u. ›Hannibal‹ haben mir nicht zuviel eingebracht, aber innerhalb ein *paar (2) Monaten*, worin sie neu geboren wurden, doch genug, alles ineinander gerechnet (freie Miete, Mittag, Theater, Freiexemplare etc.) 230 Rtlr. Gold, *bar.* (Davon hüt ich noch 120 bis heute.) 150 Rtlr. Gold, außer Beisporteln. Zieglers 35 Taler qu. habe ich ihm zur zweckmäßigen Benutzung in meinen Deservitsachen und seiner deshalbigen Auslagen und Mühen überlassen. Bleibt ein Rest davon für mich, wird er es mir schon seinerzeit schreiben. – Meinem Hause gegenüber strandet eben (12 Uhr Mittags) ein Dampfschiff von 180 Portion Pferdekraft. Sie werden's aber wohl wieder loskriegen. Es zischt jetzt wie alle Teufel, kommt von Rotterdam, und heißt ›Der Batavier‹ (nicht Meisters ›Tafier‹).

Grüße Schierenberg.

Düsseldorf, 18. März 1835.

Dein
Grabbe.

260. *An Karl Immermann*

An
Fräulein Clara Hirschmann,
nachdem ich sie gestern als Donna Diana
gesehen und bewundert.

Hirschmann, du scheidest
Herz wie du leidest,
Welch ein Malheur
Armer Auditeur!

War oft auf der Pirsche,
Sah viele Hirsche,
Doch eine Hirsch*mann*
Man bei dir nur seh'n kann.

O könnt' ich dir nachlaufen
Und dich dann verkaufen,
Was wärst du teuer,
Der *Jagdgöttin* Ungeheuer!

Ich konnt's nicht lassen, und habe hier mit obigen Versen so den 20. Jahrestag von Napoleons Einzug in Paris de ann. 1815 gefeiert. Die Hirschmann war gestern abscheulich, weiter nichts als eine Figur aus einem trivialen Konversationsstück. Wo der spanische Stolz? das südliche Feuer? die List und Intrigue der Katalonierin? Das Aufkeimen, Überschwellen der Leidenschaft? Die fürstliche Grazie des Benehmens? Ihr Spiel drückte auch die Mitspieler, denn sie machte es unter andren dem Don Cesar unmöglich, alle Finessen seiner Rolle einem solchen dumpfigen Wesen gegenüber zu entfalten.

Düss., 20. März 35. Gehorsamst
Grabbe.

261. An Karl Immermann

G. P. M.

Hiebei Koppes Cortez zurück, und Sie statten wohl der Gräfin meinen aufrichtigsten Dank für die Mitteilung desselben ab. Meine eigne schriftliche Danksagung möchte in Form u. Art, wie mir schon oft passiert, einen dummen Streich enthalten. Vor allem habe ich auch aus dem Buch gelernt, warum die Conquistadores alle zuletzt so furchtbar schikaniert wurden. Es kam von Ihren katholischen Majestäten her, die da dachten divide et impera. Karl V. ließ ja in Deutschland Luther ächten, und in Rom den lutherischen Frundsberg den Papst belagern. – Die Theaterabhandl. geht reißend vorwärts, meine Feder fliegt dabei so lustig als wäre sie von einem schnelleren Vogel als einer Gans.

Düss., 25. (?) März 1835 Gehorsamst

Grabbe.

Sie haben mir selbst gesagt, ich dürfte dergl. ins Theater schicken, und da stehen Ihnen ja genug dienstbare Geister zu Gebot, die es Ihnen nach Haus schaffen. Sonst bitte ich, das Buch zurückzusenden, und die Magd soll es dahin bringen, wobei ich aber immer bange vor meiner unmittelbaren schriftlichen Danksagung wäre.

Ex p.

Runkel war eben bei mir und wir sind über die Rez. eins. Er lud mich zu einem Spaziergang nach e. Garten ein, wo Kaffee getrunken würde. Ich will die Motion machen u. *Kaffee* trinken.

Mit 1 Buch.

262. An Karl Immermann

G. P. M.

Gestern habe ich gesehen, und nun sind mir auf einmal nach alter Manier die Augen aufgegangen, was für verderbliche, kleinstädtische, bildungs*un*fähige Bestandteile im Publico sind. Es ist Pflicht der besseren, *noch* größeren Masse, sie niederzukämpfen, denn Ungeziefer steckt grade die Gesunden am liebsten an. Schon neulich ärgert' ich mich, als die Derossi qua Wunschel, die sie jammernswürdig spielte, vor, während des und nach dem Spiel von verteilten Häufleins beklatscht ward. Partei vor der Bühne ist schändlich. Wer weiß nicht, ob sie nicht auch gegen Sie, weil's 'ne Derossi war, gerichtet sein sollte. Dann saß ich gestern anfangs neben 2 Dreiviertelmanns-Gesichtern, die das absurdeste Geschwatz über die jetzige Bühne schwatzten, ein Affe, der schweigt, sagt mehr. Sie schienen mich zu kennen und ins Gespräch ziehen zu wollen, denn ich merkte das an einigen indirekten Schmeicheleien, ich tat aber eiskalt, so daß sie schwiegen. Hätten sie mich angeredet, so wär ich in der alten Laune gewesen, die ich bisweilen in früheren Zeiten, aber seit Jahren nicht mehr, selbst in der Ehe nicht gehabt habe. Dumm urteilen, andere hinterm Rücken verleumden, Gegenwärtige schonen oder feig karessieren, gehört auf Galgen und Rad. Nachher ward Reußler gerufen; mir lieb, es zeigte Anteil, obgleich sie ihn in mancher anderen Rolle eher hätte rufen können. Ich fürchte jetzt auch hier Intriguen, aber ohne Reußlers Wissen. Dann das Gepfeif aus mehreren Ecken am Ende des 2. Stücks, so erbärmlich und grundlos, daß ein Herr aus der Loge rief: »man solle die Pfeifer hinausschaffen«, was in Berlin (in den *Königl.* Theatern) höflich, im kleinen Detmold mit Kolbenstößen geschehen wäre. Das 2. Stücke spielte sich ja ganz lustig, wenigstens für Buben, die Hirschkälber verehren. Jenke war als Gärtnerbursch recht gut, nur als vornehmer Herr nicht ganz an seiner Stelle, was aber das frühere Derossi-Geklatsch schwerlich bemerkt hat. Trugen die übrigen Schauspieler stark auf, so war das recht, denn es ist eine Posse und kein Lustspiel, keine Tragödie, kein Haus- oder Seelengemälde, und wie sonst die Etiketten heißen.

Ich bitte, geben Sie um einzelner willen die Sache der überwiegenden Mehrzahl nicht auf. Meinen oft übereilten Entschlüssen würde das ziemen, aber nicht Ihrem gediegeneren Charakter.

Dieser Brief ist, außer dem gestern Erlebten, das auch das Ende meiner Abhandlung modifizieren soll, schuld, daß ich Ihnen dieselbe erst morgen früh ins Theater sende.

Jetzt steh ich vom Sofa auf und esse als niederschlagendes Pulver einen ganzen Hering mit Essig, Zwiebeln und Pfeffer, excl. des Kopfes und des Schwanzes.

Düss., 26. März 35. Gehorsamst

Grabbe.

Es muß Leute geben, die solche Streiche ganz spezialiter anzetteln, bloß um Sie zu ärgern; tun Sie wenigstens dieses Jahr ihnen den Willen nicht, sich zurückzuziehen. Was kann ein auf den Hinterpfoten stehender, neidisch klaffender Menschen-Köter denn ärgern? Ich schäme mich jetzt, daß ich so schwach war, empört zu werden.

263. *An Karl Immermann*

G. P. M.

Daß ich immer nach einigen Tagen klüger werde und mein Bestes darin besteht, möglichst Belehrung anzunehmen, beweist mir die Wirkung Ihres Schreibens über die Theaterabhandlung.

Ich schreibe und arbeite sie jetzt ganz nach Ihren Bemerkungen um. Recht ist's, daß ich so viele Persönlichkeiten und Einzelheiten auslassen soll. Ich hoffe sie durch allgemeinere, objektivere Bemerkungen zu ersetzen, so treffender, als das Theaterwesen wahrlich genug Bogensenne darbietet, um den Pfeil ins Ziel am sichersten zu jagen. Für das mitgeteilte Repertoire dank ich. Ich werde alles benutzen, mit möglichster Kraft des Frühlings 1835, und mit schnellster, denn ich bin schon im Werk.

Während der Zeit, daß Sie meine Abhandlung hatten, ist mein Hermann oder Armin (ich nenne das Stück zwar ›Hermannsschlacht‹, er aber soll doch darin seinen ehrlichen, echten Namen Armin behalten) vorwärts gelaufen wie seine Senner. Es wird ein Teufelsbraten, und der Archivrat Lacomblet muß doch Bücher dazu leihen, jedoch erst, wenn die Abhandlung qu. umgestempelt und fertig ist.

Düss., 3. Apr. 1835. Gehorsamst

Grabbe

264. An Moritz Leopold Petri

Lieber Petri!

Ist die Sache mit den 100 Rtlrn. zu Ende? Ich bin sehr begierig. Willst Du, schick ich Dir die Freesische oder Hagemeistersche Obligation auch und bares Geld, soviel ich missen kann. Erlöse mich nur. Es schadet meinem Hermann (ich nenn ihn Armin). ›Aschenbrödel‹ ist fertig; ich werde bald die Exemplare erhalten und die ersten gehen nach Detmold. Am ›Hannibal‹ überwältigen 2 Setzer. Eine Abhandlung über das Düsseldorfer Theater, und das deutsche überhaupt, geht eben von mir zum Druck. Die ersten Szenen des ›Armin‹ sind fertig. Das Stück beginnt auf der Gausekötte, im Vorfrühling, unter so halben Schneewetter. – Du bist aber auch Autor, wie ich aus der ›Hallischen Literaturzeitung‹ in specie neulich erfahren. Du hast unser Recht auf Schieder tüchtig verteidigt. Es wäre mir ein Stich in die Seele, wenn Bückeburg uns um das liebliche Amt brächte, wie es in so mancher Art Lippe bevorteilt hat. Urteile selbst, ob es nicht alle Waffen, Geld, List etc. gebrauchen möchte, um zum Ziel zu kommen. Gebraucht ja, soweit die Notwehr es erlaubt, dieselben. Vergeßt nicht. – Ich trüge auch mein Scherflein gern bei. Willst Du einige tüchtige Selbstrezensionen der Schrift machen, will ich sie wohl in passenden Zeitschriften unterbringen. – Meine Frau fährt fort mich zu ärgern; sie schickt mir ein paar Bücher über Hermann, ich freue mich schon, daß sie anders wird und ihren und meinen Vorteil einsieht, da les ich ihren Brief, und alles ist auf Bedingungen berechnet, die teils zeigen, daß sie mich nicht kennt, den Kammersekr. Kestner (wie mir vorkommt) noch weniger, dazu sind Armseligkeiten von Klatschereien gefügt, die mich verdrießlich und taglang kränklich machen. Treibt sie es so weiter, möchten mir doch nach meiner alten Art, die lange gekocht sein will ehe sie *ernstlich* gärt, dann aber das Äußerste wagt, die Saiten reißen. Ich war, ich bin fest entschlossen, alles für sie zu tun, aber ihr Hund will ich nicht sein, oder hört sie nicht auf mich zu ärgern, so versuch ich, solch ein Mann zu werden, wie er ihrem Temperament zu dessen gründlicher Besserung zukommt.

Düss., 5. April 1835. Dein

Grabbe.

265. An Karl Immermann

G. P. M.

Ich schicke anbei Fiedlers Denkschrift zurück und bitte der Gräfin meinen Dank zu sagen.

Runkel war gestern bei mir. Ich bin mit ihm wegen Rezension ›König Johanns‹ einig geworden. Sie steht nächsten Sonntag, wenn sie Ihnen gefällt (er weiß nicht, daß Sie davon wissen werden), in seinem Blatt. Morgen will er eine Anzeige über die Darstellung so im allgemeinen einrücken lassen, wobei ich aber gebeten, in keiner Art zu erwähnen, daß eine 2. Rezension folgen werde, denn so mach ich letzterer aus der Anzeige vielleicht eine gute, dem Haufen unbemerkbare Folie. Ich konnte bis heut früh sie ihm für morgen schon unmöglich liefern, incl. daß ich sie erst

Ihnen mitteilte, dann wieder umarbeitete. – Daß Sie auf Ihre Zurechnung die sich krankmeldenden Damen u. Herren schonen, ist unrecht. Andere Theater tun's auch nicht. Ich würde jedesmal auf den Zettel drucken lassen: heute, wegen am pp. angezeigter Erkrankung pp. des oder der pp., statt des pp. die: etc. Manche Subjekte würden sich hüten, zu oft so gedruckt zu sein. An der Theaterabhandlung schreibe ich heute sechs-acht Bogen weiter. Sie hatte der Umarbeitung wahrlich sehr nötig.

Düss., 8. April 35. Gehorsamst

Grabbe.

266. An Karl Immermann

G. P. M.

Runkel *treibt* mich als wär ich ein Hase. Hierbei sub pet. rem. die Rezension des ›Johann‹. Ich bitte, falls Sie nichts daran erinnern, sie mir noch heute oder bis morgen früh 8 Uhr zurückzusenden, weil Runkel nach seiner Aussage sie sonst nicht ins nächste Sonntags- sondern ins Donnerstagsblatt erst aufnehmen kann. Ich bitte, scheinen sie nötig, um etwaige Bemerkungen. Ich hoffe, das Ganze geht wohl an; weiter ausdehnen konnt ich nicht. Denn wo ein gehöriger Raum in einem kleinen Journal für *solche* Sachen? Die Hauptsache muß in die andere allgemeine *Abhandlung*, die gut durchs Frühjahr fortspaziert.

Düss., 9. April 35. Gehorsamst

Grabbe.

Die Kürzungen im ›Johann‹ waren meisterhaft. Ich mag ihrer aber diesmal nicht gern erwähnen, weil ich von trefflichen Kürzungen schon im ›Wallenstein‹ gesprochen habe, und sich auch Gelegenheit findet, den wichtigen Punkt ein für allemal in der Abhdl. qu. abzumachen.

Id.

Kleine Fehler im Stil verbessre ich.

267. *An Karl Immermann*

G. P. M.

›Wallenstein‹ ist gestern noch gediegener gegeben, als das erste Mal. Ich mag zum zweiten Mal nicht darüber sprechen, und spüre doch, daß ich Samen, der treiben will, in den Kopf bekam.

Die Rez. über ›Kön. Joh.‹ hat dem Runkel, der mich deshalb besuchte, äußerst gefallen. Sie ist unter Rücksicht auf Ihre Andeutungen umgearbeitet, und nach meinem Überschlag zirka 2½ mal besser als sie war. Runkel kann sie aber, wie er versichert, erst Donnerstag einrücken lassen, und er meint, das schadete bei so einer bedeutenden Sache nicht. Sein ›Hermann‹ wird 3 Tage vor dem Druck gesetzt, und somit kam ich gestern früh zu seinem, wie es schien, aufrichtigem Verdruß, für das morgende Blatt zu spät. Schreiner und er scheinen wirklich von dem Dinge enthusiasmiert, und wenn sie nur nicht im voraus davon sprechen! was ich aber zu verhindern gesucht. Daß Schreiner die Sache kennt, muß Sie aber nicht verwundern, denn er ist der rechte *Atlas* des ›Hermann‹, oder ich bin ein Esel.

Düss., 11. Apr. 35. Gehorsamst

Grabbe.

268. *An Moritz Leopold Petri*

Lieber, bester Petri!

Ich bin nicht wert dessen, was Du für mich getan. Eben erhalt ich Deinen Brief. Diese meine kurze Antwort, welche mein Schreiben an Ziegler verzögerte (denn ich freute mich zu sehr) liegt in dem Schreiben an letzterem, welches er Dir, wie ich wünsche, zur Nachricht mitteilen wird, denn sonst hätt ich viel doppelte Worte zu machen. Gottlob, daß die Küstersche Sache vorbei ist. Dank auch dem Amtm. Piderit. Über die Rechnung will ich mit Dir nicht rechten, denn Du nimmst am Ende übel, wenn ich wünsche, Du hättest Deine Portoauslagen mitgerechnet, oder wenn ich bitte, trink doch auf meine Gesundheit ein paar Flaschen tüchtigsten Rheinweins und nimm die Bezahlung aus dem Geldrest. Tu das. Was dann noch übrig bleibt, das schicke mir. Mein Pfad geht hoch, aber schlüpfrig immer. Vor allem müssen ›Aschenbr.‹ und ›Hannib.‹ erscheinen. ›Aschbr.‹ ist gedruckt, wird nur rückgehalten, weil es mit ›Hannibal‹, dem das Papier ausging (Cannä!) zugleich verschickt werden soll. Die Zinsen des Spruteschen Kapitals vom 13. Apri. 1834 (Schlacht bei Montenotte) bis 13. ej. 35 weis meiner Frau zu. Und – doch – – Handeln wir offen mit Geld Hin- und Herschicken, obgleich meine Frau mir bereits vorrechnet, was meine Mutter von mir erhalten. Meine Frau erhält, ärgert sie mich nicht, *ganz sicher den größten Teil des Honorars für den ›Hermann‹*, binnen wenigen Wochen. Solang gedulde sie sich. Ich hab ein Köfferchen; zu Haus blieb genug, mehr als zu viel.

Das Gedicht im ›Lipp. Magazin‹ ist gut. Ist's von Stockmeyer, so ist's sein bestes. Der Druck ist auch brav. Der Aufsatz p. 3 etc. ist paßlich und gefällt mir. Klopstock und Tieck sind indes geborene Preußen. Weiter kann ich, da ich Besuch erhalte, jetzt nicht lesen. – Wenn Schierenberg meine Sachen rezensieren will, wen[n auc]h nur kurz, soll mir das sehr lieb sein, auch meinen Buchhändlern. Ich wollt, er tät es bald, und machte so obenhin auf ›Hannib.‹ u. ›Aschenbr.‹ bevorstehende Erscheinung u. die ›Hermanns‹ aufmerksam.

Geht's, so laß einen Gruß an meine Frau bestellen. Einer und ½ meiner Fußzehen ist zerrissen, was mich am Antworten hinderte. Binnen wenigen Tagen erhält sie mit einem Brief die mir überschickten Bücher zurück. Letztere betreffen die Hermannsschlacht, und für diese Übersendung eben hab ich ihr soviel von Hermanns Honorar bestimmt. Wär sie nun ganz umsichtig, so legte sie mir kein Spänchen in Weg. *Kein Poet schreibt gut bei schlechter Laune.* – Den Geldrest qu. würd ich ihr auch vielleicht anweisen, aber es geht nicht, denn ich bedarf seiner, wenn ich etwa krank würde und zu stolz wäre, mir durch den Buchhändler vorausbezahlen zu lassen. Etwas Hintergrund muß immer haben

[Düsseldorf,] 21. Apr. 35. Dein

Grabbe.

Antworte bald, unfrankiert aber! –

269. An Karl Ziegler

Lieber Ziegler!

Dein Brief hat mich sehr erfreut. Suche mit dem gehobenen Gelde die *rechtmäßigen* Foderungen zu befriedigen, auch *J. C. Kochs*, die für einen Koffer 4 Rtlr. 6 Gr. fodern, was ich in der Eile vergessen hatte bei der Abreise. *Von dem Rest bezahle Dich, und bleibt außer der Dir gebührenden Vergütung etwas übrig, schick's mir.* Meiner Frau habe ich von meinen Honoraren genug angeboten, bis jetzt aber darüber nur quere Antworten erhalten. Kann ich trauen, wo man mir nicht traut? Ich schicke ihr aber doch bald. Nimm Dich mit Starke und Schierholz in acht. Ich glaube beide sind *mir* schuldig. Schierholz' Prozeß *gegen mich* an der Kanzl., den ich, wie ich meine, mit den Kosten gewonnen, vergiß nicht anzusehn und mitzuberechnen, incl. der Deserv. und Kosten, in spec. der ausgelegten. Meiner Mutter hab ich freilich neulich Geld geschickt, und es schon durch meine Frau auch erfahren. Ich sehe nichts Böses darin. Da aber nur ich all diese Interessen, mit denen man geboren ist und ohne die ich geheiratet habe, erwägen und darnach spendieren kann, auch auf meine Lage in der Fremde achten muß, so geht das auch nur von hier aus, durch mich, und kostete es 2faches Porto mit dem Geldherüber- und Hinübersenden.

Mein ›Aschenbrödel‹ ist beim Buchbinder. ›Hannibal‹ im vollsten Druck. Der Verleger verschickt beide Suppen aber nur zu gleicher Zeit, und das verzögert's, daß bei Euch noch keine Exemplare sind. ›Hannibal‹ hat Unglück mit dem Papier. Die erste Abteilung ist gedruckt, und ich sehe täglich den Buchhändler zum Drucker gehen, weiter zu drucken, aber dasselbe weiße Papier ist noch nicht aus Lüttich da. Wir sind alle drei in Verlegenheit, mich zu trösten, schenkt er mir gestern eine Büchermasse von 16 Bänden.

Ich werde hier sehr geachtet. Darf kaum, ohne mir zu schaden, mit anderen als den vornehmeren Personen umgehn. Einige Schauspieler haben mich, der einige Kritiken nicht unterlassen konnte, mit heimlicher Beobachtung beehrt.

Nun sind wir durch die Geschäfte, und ich denke mich auf dem Hartröhren. Ziegler, was macht Althof? Valentini, den er glaubte hassen zu müssen, ist tot, sollt ihm das nicht, gut angebracht, helfen? Auch kein Gruß von mir? Kein Präsent mit ›Asch.‹ o. ›Hann.‹? – Grüße doch Falkmann. Und, hol mich der Geier, bei Gelegenheit auch den Neuenkrüger Neese. Er war meinem Alten gut. Von Pichlers Tränen über Valentinis Tod bitt ich um 0,3465. Denn es sind Logarithmen. Deine Bemerkungen über die Zeit und ihren Ungeist sind richtig, aber doch zu ärgerlich. Lieber Gott, es ist Dreifelderwirtschaft im großen, und wir haben jetzt mit dem Mist zu tun, der das nachher an die Reihe kommende Zeugs bedüngen muß. Auch Mist ist respectable – hear him! wenn er sprechen kann. – Meiner Mutter schick doch, hast Du's von meinem Geld übrig, etwa drei Taler, *laß es aber Petri wissen.* – Du schreibst von Dir: »Ich denke an die Verliebtheit. Was kanns helfen!« Viel schaden oder helfen kann's, Du wirst noch einmal verliebt. Wer an das Pech noch denkt, dem kann's leicht wieder ankleben.

Mel. (aus Coberns aufrichtigem Kabinettsprediger de an. 1712) Der Herr Bruder sein dem Frauenzimmer prächtig gewogen. Ich kann aber das Schminken, Balsamieren, das Lilien-Wasser, Jasmin, Puder, Balsam, Moschus, Ziehbett, Ambra nicht leiden.

Polid. De gustibus non est disputandum. Ich kann es gar wohle leiden. Es gefallt mir besser als wann die Jungfer aussieht wie ein Igel, und stinkt als ein Bock (p. 21).

Grüße alle Runnenbergs, Petri, Schierenberg, Falkmann, Exterde, Hornhard, Barkhausen etc.

Armins (Hermanns) Thusnelde wird wie vom Sülthof. Die Sache gefällt mir außerordentlich. Alles soll ganz lebensfrisch sein. Detmold kommt auch darin vor, und wahrhaftig auf eine brillante Art. Hannibals Ende ist das Kühnste, was ich geschrieben. Tragisch und doch lustig. Neulich besuchten mich 2 Pariser Poeten auf ihrer Durchreise. Ich mag mit dem Französischen geklappert haben, Gott weiß wie. Wird wohl gedruckt. – Ich hoffe, die Militärsache ist am Ende und danke Petri im voraus. Einige Cabinetsordres Friedrich II.: *Gesuch:* Chalié bittet um Pension von 70 Rtlrn., die seiner sel. Ehefrau als Amme accordieret. *Ordre:* er kann ja nicht akkouchieren. *Gesuch:* von Goerne bittet um Entschädigung für Kriegsschäden. *Ord.:* ist nicht kluch. *Ges.:* von Müller bittet ins Bad reisen zu dürfen. *Ord.:* er kann zum Teufel gehn. *Ges.:* M. Benjamin in Magdb. bittet um Bewilligung der Rechte christlicher Kaufleute das. *Ordr.:* Der Jude soll sich sofort aus Magdeburg packen, oder der Kommandant wird ihme herausschmeißen. *Ges.:* Der Landwirt Filegel aus Grätz bittet mit 20000 Rtlrn. ein adliges Gut kaufen zu dürfen. *Antw.* Flegels haben wir genug pp. *Ges.:* Fürst von Sulkowsky wünscht seine Aufwartung zu machen. *Antw.:* Ich hätte in beiden Händen das Podagra. *Ges.:* Genr. M. von Rothkirch bittet um eine Präbende für seine Tochter. *Antw.:* es seindt schon

30 bis 40 Anwartschaften auf jeder Stelle. Er soll hübsch Jungens machen, die kann ich alle unterbringen, aber mit die Madams weiß ich nirgends hin. – – Diese kleinen kaum abgekürzten Stellen sind aus Preuß' ›Geschichte Friedr. d. Großen‹ gezogen, und wenn ich gleich einige recht auffallende gewählt, verraten sie doch den gesundesten Sinn. Brillantere sind zum Teil zu lang für diesen Brief.

Düss., 1. Ostertag. 1835, Morgens 11 Uhr. Dein

Grabbe.

Ich hab 'ne und ½ zersplitterte Zehe bei Besteigen eines Rheinschiffs bekommen u. etwas Fieber. Teil diesen Brief Petri mit, und die *Inlage*, welche sich darauf bezieht.

Da ich diesen Brief doch nicht, weil der an Petri nun noch hineinkommt, so couvertiert lassen kann wie Visa zeigt, schreib ich ihn voll. – *Ges.* Obrist v. W. reicht einen Plan ein, wie für das Land 1½ Millionen mehr einzunehmen. *Friedr. II. antwortet:* er Möge die Millionen vohr sich behalten. *Ges.* Hofprediger Cochius bittet um e. Stelle beim Dom zu Berlin. *Antw.* Jesus Saget, mein Reich ist nicht von dieser Welt. So müssen die prediger auch denken, denn Predigen Sie Nach Ihren Thodt im Duhm von Neuen Jerusallem. *Ges.* Weinhändler Kiehn bittet um Entschädigung wegen Schadens bei der russ. Invasion. *Antw.:* Warum nicht auch Was er bei der sündfluth Wo seine Keller auch unter Wasser gestanden. *Ges.* Commerzienrath Simon bittet das Gut Craatzen kaufen zu dürfen. *Ant.* 40 000 Rtlr. im Negotio bringen 8 protcent in Güter nuhr 4 also verstehet er sein handwerk nicht ein Schuster muß Schuster seindt ein Kaufmann handeln und keine Güter haben.

Hier am Rhein wird's mit dem Frühjahr lebhaft. Die Krahen regen sich, aus den Schiffsschornsteinen dampft's lustig. Gestern sah ich den Vater Rhenus *zum erstenmal* grün. Ich hielt das Gerede seit Jahren für eine bloß nachgeschwätzte Lüge, weil ich ihn immer gelblich gesehen. Es ist ein eigenes Gefühl an diesem blutgetränktesten der Ströme, welchen ich für ein bewußtloses Untier so wenig halte als den Menschen und die See, zu stehen und zu denken wie weit er herkommt, wie bald er sich verliert, und was er erlebt. Das hineingeflossene Blut ist ihm wohl nur Schmutzfleck gewesen. Er hat's auch weggewaschen, der Nasse. Verstand die Bataillen der Menschlein so wenig wohl, als wir die Milben und ihn.

22. Apr. 35.

Antworte bald. Dein

Gr.

270. An Karl Immermann

G. P. M.

Die Teilung von Polen halt ich für ein notwendiges Übel. Die tadelnden Kritiken darüber sind Kindereien derer, welche die Welt opfern würden, um ihr Katechismusexemplar zu retten. Folgende eigenhändige Äußerung der Maria Theresia, die ich in Preuß' ›Friedr. II.‹ finde, hat mich doch sehr erschüttert. Es ist das große *Weib* im Sturm der Politik. Verzeihen Sie die Mitteilung, denn es macht Luft, einem der's versteht so was mitzuteilen:

»Als alle meine länder angefochten wurden und gar nit mehr wusste, wo ruhig niederkommen sollte, steiffete ich mich auf mein gutes Recht und den Beystand Gottes. Aber in dieser Sach, wo nit allein das offenbare Recht himmelschreyent wider uns ist, mueß bekennen, daß zeitlebnes nit so beängstigt mich befunten und mich sehen zu lassen schäme. Bedenkh der Fürst, was wir aller Welt für ein Exempel geben, wenn wir um ein ellendes stück von Pohlen*) oder von der Moldau und Wallachey unnser ehr und

*) Das hatte sie gut sagen, denn ihr Herz ist groß genug gewesen, die von Polen selbst verschuldete Sache so edel zu nehmen.

reputation in die schanz schlagen. Ich merk woll, daß ich allein bin und nit mehr en vigueur, darum lasse ich die Sachen, jedoch nit ohne meinen größten Gram, ihren Weg gehn.«

Das ist ein Trauerspiel in 60 Akten.

Ich hätte gern heut die Theaterabhandlung, ganz wie Sie wünschten, expediert. Mir fehlt aber Ihr Vorspiel: ›Kurf. Joh. Wilh.‹, und ich schließe nicht gern eher, als bis ich alles Material habe. Erhalt ich's bis morgen mittag, ist morgen nachmittag alles fertig.

Runkel hab ich noch nicht gesprochen.

Düss., den 27. April 1835. Gehorsamst

Grabbe.

Meine und der Andries Lisette war nicht zu Haus gestern, darum erst heut dieses expediert. Ich bitte aber wiederholt, mir bis heut mittag den ›Kurf. Joh.‹ zukommen zu lassen. Ich bedarf seiner nur auf Stunden.

28. ej.

Bei dem p. Preuß ist mir noch ein Tragödienstoff, der besonders für Sie wäre, eingefallen: der alte Fritz in der Müller-Arnoldschen Sache. *Fritz hat recht gehabt*, obgleich Preuß, Dohm und alle Historienschreiber so blind sind, es nicht zu sehen. Er kommt mir in der Sache mit seinen grauen Haaren wie ein beschneiter, sich noch einmal furchtbar lüftender Vulkan vor. Das einzige Hindernis der Bearbeitung wären die vielleicht noch existierenden Verwandten der Verurteilten. Indes auch das ist durch Moderation zu vermeiden. Und Friedrichs Individualität bis in die Sprache!

271. An Karl Immermann

G. P. M.

Ich wollte Sie *heut* besuchen, Sie sind *gestern* bei mir gewesen. Letzteres konnt ich nicht erwarten, wegen Ihrer

Augen, gratuliere jetzt aber zur Genesung. Der Dr. Runkel war bei mir, und vernahm zum zweitenmal Ihre Meinung über die Alexisrezension. Was er davon denkt, weiß ich nicht. Ich hab's ihm rein überlassen, und ging mit ihm am Rhein unter anderen Gesprächen, während Sie kamen.

Den Besuch bis heut hatt ich aufgeschoben, weil ich weiß wie ungelegen Augenleidenden das sein kann. Ich gehöre ja selbst dazu. Und nicht auf heut, auf morgen nachmittag 4 Uhr dräng ich mich auf, falls Sie es erlauben und mir nicht absagen, zu Ihnen zu kommen.

Verlassen Sie sich darauf, daß die Theaterabhandlung jetzt zu Ihrer Zufriedenheit verbessert ist, und binnen 4 Stunden bei Schreiner liegt. Sie Ihnen wieder zuschicken, oder vorlesen wollen, würde Ihnen doch unangenehm sein. Bereit bin ich sonst dazu.

Ob Schreiner etwas dafür zahlt, weiß ich noch nicht. Gibt er mir ein paar Kröten, ist's mir lieb. Sonst begnüg ich mich, wenn sie wirkt. Ich wollte, Sie entschieden darüber.

Die Rezension von Schnaase, auch die meinigen, werden angeschlossen, vor allem der ›Kurfürst Johann‹, für dessen Mitteilung ich danke. Schreiner hat ihn aber noch nicht, weil ich ihn abschreibe, damit das Theater das Original (auf dem 3 kleine Oelfleckchen *waren und sind*) zurückerhalte, ohne daß Setzer daran zausen. Meine bereits in der Abhandlung stehende Kritik der Aufführung des ›Alexis‹, denk ich auch zu einem tüchtigen Nachtrag, in welchem man vieles sagen könnte, und das unabhängig vom ganzen, zu erweitern. Schreiner darf das wissen, und der Druck kann vorwärts gehn. Ich muß aber doch noch einmal über diese Darstellung grade mit Ihnen sprechen.

Düsseldorf, 1. Mai 1835. Gehorsamst

Grabbe.

Raumer hat einen Hieb erhalten, mit dem dieser Hohenstaufen-Morast zufrieden sein kann.

272. *An Karl Immermann*

Die Anlagen der Theatersache konnt ich nicht anschließen, übersah auch in der Eile Ihren deshalbigen Wunsch. Sie sollen bestehen aus *Schnaases Rezens. der ›Minna‹, aus meinen beiden Rezensionen, und einer Kritik des ›Blaubart‹, sowie aus Ihrem ›Kurfürsten‹.* Eben als ich Ihren Brief erhielt, hatte ich den meinigen an Schreiner geschrieben, aber zum Glück noch nicht expediert. Morgen mittag bin ich bei Ihnen, was der Geschichte nicht schaden wird; ich werde aber anfragen lassen, im Theater, *wann* ich gelegen kommen kann. Die Anlagen bring ich mit, excl. der über den Blaubart und des Kurfürsten. Wegen des Honorars werden *Sie* vor allen pto. Abdrucks des ›Kurfürsten‹ mit Schreiner sich verständigen müssen; für meine kritische Abhandlung bin ich mit wenigem zufrieden, der ›Johann Wilhelm‹ gibt ihr aber ein tüchtiges avec.

Düss., 1. Mai 35. Gehorsamst

Grabbe.

273. *An Karl Immermann*

Runkel hat mich gestern nachmittag besuchen wollen, und die Mad. Andriessen (mit der ich sonst wieder zufrieden bin) hat ihm gesagt, ich wäre wahrscheinlich in Derendorf. Was ich ihm, fragt er, sagen muß. – Sie halten die ganze Welt für schlecht und ärgern sich. Bei dem Göttlichen, was über uns waltet, Sie haben unrecht. Gestern konnt und mocht ich's Ihnen nicht sagen, weil's affektiert geschienen hätte, ich achte Sie nur Ihres Geistes und Charakters wegen, nicht um Geld oder Profit. Grad gestern vormittag hatte ich einen Beutel Geld von Detmold erhalten, den ich auch noch nicht erbrochen. Sie lassen im ›Alexis‹ den Peter von der Katharina (die Sie zu hoch gestellt haben) sagen: die Selbstermorderei wäre Scheindrohen. Bei *der* Canaille mag's so gewesen sein, aber ich habe mich bis jetzt vor

Mord und Selbstmord förmlich geflüchtet, indem mir mein Leben seit Jahren so leicht geschienen, daß ich zu leicht es vielleicht weggeworfen. Den ›Alexis‹ les ich wegen der Theaterabhandlung wieder durch. Vieles einzelne, das ich früher nicht bemerkt, imponierte mir, »sein Herz ist von der Farbe seines Rocks«, Volksszenen, wie Peter im Meer ausgesehen, und wie Fritz sagt: der Stillus. Auch Alexis ist mir doch der eigentliche Held des Stücks geworden. Sie taten recht, es nach ihm zu benennen.

Zur Abhandlung ist das Nötige aus dem ›Hermann‹ herausgeschnitten, so daß er etwas eunuchisch aussieht. Soll ich aber heut abend den ›Blaubart‹ nicht versäumen, kann ich Ihnen erst morgen nachmittag die ganze Sache bringen. Ist sie gut geraten, so denken Sie daran, daß nur Gutes mich zu Gutem begeistern kann. Daß Sie keine Gêne haben, wenn ich morgen anstiefele, glauben Sie. Ich gebe das Ding nur ab, und falls ich ungelegen komme, hab ich doch 'nen Weg gemacht.

Pto. Ihrer Augen trau ich erstlich ganz keinem Arzt, denn die Ärzte sind alle noch Schüler der Natur, und Ebermeier gehört deshalb zu den besseren, weil er das weiß. Mir scheints als wären Ihre Augen vollkommen von der Entzündung geheilt, nur noch etwas matt. Da müssen Sie sich ja vor Erkältung hüten, besonders in diesem gichtischen Frühlingsmonat, und vor allem die Füße warm halten. Zu starkes Einheizen nützt nicht. Dann ist Grasung der Blicke im und am Grün, langsames Lesen interessanter, aber mit *deutschen* Buchstaben (die lateinischen verschwemmen den Blick) gedruckter Bücher, treffliches Heilmittel. Guter Wein, jetzt der Maitrank, ein paar Gläser, nützen auch, und wenn die Doctores sie tausendmal verbieten. Sie treiben mit Feuer das Feuer aus. Ich schreibe das, weil ich selbst so unsäglich 6 Wochen an den Augen gelitten und Zeit genug hatte, in der Finsternis an alle Hülfsmittel zu denken, mir endlich selbst half, und ich bei der jetzt so wechselfiebrischen Witterung bei Ihnen kein Rezidiv wünsche. Und ja nicht mit den Händen an die Augen gefaßt, auch heut abend, wenn der ›Blaubart‹ gut geht, frisch und fröhlich, ohne Blende, aufs Theater geschaut. Eine Masse Licht und Luft schaden dem Auge nicht.

Düss., 3. Mai 35. Gehorsamst

Grabbe.

274. *An Moritz Leopold Petri*

Lieber Petri. Ich danke Dir für die Übersendung. Hört meine Frau davon, schimpft sie. Geniere Dich deshalb nicht. Ich weiß, was sie hat, was sie bedarf, was sie bekommt. Ich nehme morgen acht Louisdors für eine Theaterabhandlung ein. Die ist *beizu* gemacht, zählt nur 36 Druckseiten. Wollte meine Frau mich ruhig behandeln, meinen Launen nicht überall entgegentreten, sondern die schlimmen leise zum Guten lenken, meine Bekannten (Du bist *Freund*) nicht hassen, was könnten wir pekuniär glücklich sein! Mehrere Kritiken, die ›Aschenbrödel‹, den ›Hannibal‹, eine Abhandlung übers Theater hab ich jetzt in so wenigen Monaten vollendet, weil ich gut behandelt und durch andere Geschäfte nicht behindert ward. Lies doch den Brief, welchen ich an Ziegler geschrieben. Ich will, falls das Buch von Preuß noch nicht in Detmold ist, sehen, daß ich's der dasigen Bibliothek und Ressource schaffe, sofern der Buchhändler es mir irgend billig ins Honorar schließt. ›Aschenbrödel‹ ist ganz fertig, den auch fertigen ›Hannibal‹ seh ich Tag für Tag setzen, doch immer auch nach 3 Tagen am Papiermangel 1½ Tag leiden, indem die Fabriken enorm faul scheinen. Binnen kurzem habt ihr aber alles: ›Cendrillon‹, ›Hannibal‹ und die Abhandlung. – Dann den Hermann, zu dem mir meine Frau auf meine Bitte einige Bücher gesandt, die sie binnen kurzem auch wieder hat, nebst einer Portion des Honorars. – Mein Fuß hat mich verhindert. – Daß Du von meinem Kapital an Sprute 58 Rtlr. 18 Gr. mir übersendet hast, bezeug ich. Auch weiß es die Post. – Sprute muß die Zinsen bezahlen, und an meine Frau. Ich habe ihm früher nichts darüber gesagt, weil ich glaubte, er macht es so. Zögert er, muß man ihn am Amt verklagen. Die Zinsen soll meine Frau haben. – Meiner Mutter gib von den 8 Rtlrn. allmählich, ganz wie Du vorschlägst. – Dank für alles. – Du kennst mich und meine Fähigkeiten in quali et quanto, aber Gang und Wirkung Eures ›Magazins‹ kenn ich weit weniger als Du. Schlag mir vor, was soll ich hineinliefern? Übers Plattdeutsche? Dessen Wert? Oder was Geschichtliches? Oder was ist sonst angemessen? Rezensionen? – Mein Schiff mag, wie Du sagst, etwas hoch gehn. Indes ist der Zuchtmeisterjunge durch zu viele Verhältnisse getrieben, als daß er nicht wissen sollte, wie leicht aus dem Hochgehenden etwas Schief- oder Zugrundegehendes werden kann. Drum kannst Du sicher sein, daß ich Lippe und die Gartenscholle, wo mein Vater grub, nicht vergesse, wohl höher schätze als manches andere. Gefühl für Vaterland ist bei wenigen so stark, wie bei mir. Meine Dichtungen beweisen es von Schweden an bis zu den Sarazenen. – Heut abend führt Immermann ein ungeheures Wagstück aus, und ich glaube es gelingt ihm: er läßt Tiecks ›Blaubart‹ geben, an dessen Bühnenbestimmung Tieck gar nicht gedacht hat. – Grüße Schierenberg. – Durch den Klang Berg fällt mir der hiesige Benzenberg ein, der aber kaum wert sein mag, Schierenberg die Füße zu küssen. Er hat drucken lassen: einen 10pfündigen Mondstein binnen 10 Sekunden, nachts, berechnet und beobachtet zu haben, dito, daß 3 Personen hier mit 1 Slbgr. 6 Pf. zu Mittag satt essen können (ich könnt's vielleicht) und daß Erbsen dieses Jahr teurer sind als Brüsseler Spruten. Das Journal in dem die Sachen, oft auch etwas von mir stehen, heißt ›Hermann‹. Ich wollte, Ihr hieltet's. Dann tät ich auch mehr dafür, weil's mir gelegen ist.

Ex post. Abend 10 Uhr: Der ›Blaubart‹ gefiel ungemein.

Düsseldorf, 3. Mai 35.

Dein Grabbe.

275. *An Karl Immermann*

G. P. M.

Der ›Blaubart‹ ist 'ne tüchtige Dichtung. Die gestrige Aufführung war besser, und hat mich mit mehr romantischen Grillen erfüllt als Tiecks sämtliche Werke. »Das ist gropf« aber wahr. Diese zauberhaften, verhexten, nicht fast, *durchweg* eigentümlichen Figuren machten das Ding unbeschreiblich wunderbar und doch fest, denn sie waren da. Man sieht, man braucht das Tüchtige nur beim Hals zu greifen und hinzustellen, und es ist nichts mehr unmöglich. Anfangs war ich bange, Tieck läßt, statt die Handlung zu bewegen, nach seiner Art alles »sich aussprechen«. Das Publikum schien auch verdutzt, und wußte nicht, was da geschähe und von ihm geschehen müsse. Das kam aber. Die Genies: der Ratgeber, auch besonders der Arzt (welcher Sie als 2. Vater betrachten muß) und das Narr-Getier mit den aufgebundenen Beinen, in das ich mich verlieben könnte, Blaubart selbst, und alle höllen-schön. Auch die Weiber. Im ersten Akt vernahm ich ein paarmal den Souffleur, auch die Versing schien mir zerstreut, und mit etwas Fremden beschäftigt, aber nachher hab ich keinen Souffleur mehr vernommen, und über die Versing zog die Macht der Sache herauf, wie über jedes Genie von solcher Bedeutung. Ich habe sie nie besser, nie so gut spielen sehen als in den letzten Akten. Die Lindner, welche vieles mit *Berechnung* durchsetzt, bekommt einen schweren Wettstreit mit dieser poetischen *Natur*, die mir am besten zu spielen scheint, wenn sie am wenigsten daran denkt. Der Teufel reitet nicht so ins Feuer, wie sie in die letzten Akte hineingerissen schien. Die Altansdekoration, nach welcher wir Zuschauer die Ehre hatten, die Schloßbewohner zu sein, war auch äußerst genial. Das Ding war zu gut, und ich werde das Maul nicht halten können, bei all den wenigen, mit denen ich darüber reden könnte. Es beginnt mit ihm *eine neue Epoche*. Der ›Alexis‹ war mächtig in die Szene gesetzt, aber das war auch leichter, denn er ist weit dramatischer als der ›Blaubart‹ mit der himmelblauen Hoffnung. Die Versing und Reußler sind mit Recht zuerst gerufen, man konnte aber alle hinterdrein rufen. Es ist ein Teufelsding gewesen. Ich bitte, geben Sie der Lisette, meiner Magd, ein Exemplar des ›Blaubarts‹, behufs der Theaterabhandlung mit, oder schicken Sie mir es ja bald. Dr. Runkel bittet mich um eine Rezension der großen Historie vom 3. Mai 1835 für den ›Hermann‹. Geb ich ihm dazu die in Arbeit seiende Anlage der Abhandlung für nächstes Blatt? Es schadet nichts, wird's doppelt gedruckt.

Ich wünsche Glück!

Düs., 4. Mai 35. Gehorsamst

Grabbe.

In der Romantik bin ich gestern gewesen.

276. An Karl Immermann

G. P. M.

Die Kritik über ›Blaubart‹ (Konzept) liegt beian. Ich hätte sie gern im nächsten ›Hermann‹, darum bitt ich, sie mit etwaigen Notizen mir *bald* zurückzuschicken. ›Blaubart‹, im Tieckschen Werk, und im Theatermanuskript, folgen auch anbei. – Den alten Fritz behielt ich gern noch 2 Tage, um mit Ihnen dann mich darüber zu besprechen, die unnützen Sachen zu zeigen, und Ihnen die Mühe unnützen Durchlesens zu sparen. In den 6 Bänden brauchen Sie nur 600 Seiten zu lesen, und Sie haben ihn. – Ganz scharf brauchen Sie die Blaubartrez. nicht zu korrigieren, indem sie für Runkels ›Herm.‹ wohl genügt, und in der Abhandlung erweitert und verbessert werden kann. – Die Bettina gibt ein äußerst unterhaltendes Werk, ich habe bis zum 3. Teil des Buchs in das Buch gelesen. Ich weiß aber nicht, das Weib selbst, welches seine Briefe *herausgibt*, kann mich belehren, interessieren, aber persönlich wär und bliebe sie mir ein Greuel. Napoleons Todestag. Gehorsamst

Grabbe

1835.

Da meine Merkurin noch ausbleibt, les ich im Bande von Tieck. Und sehe mit freudigem Entsetzen, daß es mit dem ›Gestiefelten Kater‹ ernst wird. Das Parterre dieses Stückes ließe sich in und ohne Masken herumstecken, die Mehrzahl im Orchester, die anderen hin und wieder im ganzen Hause.

3 Uhr.

Der Hinze wird ein unauslöschliches Gelächter machen.

3½ Uhr.

277. *An Karl Immermann*

G. P. M.

Gestern 10 Uhr morgens schickt ich die Rezension des ›Blaubart‹ zu Schreiner. Ich rechnete, daß Lisette inklusive der Liebes- und Gassengespräche 12 Uhr da ankommen würde. Es ist aber doch später geworden, und Runkel kam nachmittags zu mir, war sichtbar freudig, erklärte jedoch, er könne erst im nächsten Sonntagstück das Dings abdrukken lassen, indem sein ›Hermann‹ keine Zeit mehr dazu habe, weil er um 4 Uhr in die Zensur müsse. Zu Schreiner schickt ich's, weil Runkel dort am sichersten zu treffen, er auch wohl rechter Verleger des ›Herm.‹ ist.

Hierbei der alte Fritz. Da ist eine Größe, die auch des Preuß mittelmäßige Darstellung nicht verdunkeln kann. Auch verdient er immer Dank für das reich, aber immer noch zu auswählerisch gesammelte Material. Man kann das übrige logisch schließen, ich glaube indes, nur wenige tun's.

Tief in Afrika, mitten auf dem Niger, sind jetzt die englischen Dampfboote! Welch ein unermeßliches Ereignis! Mich freut, daß ich gleich dachte, so kommt's. Fast traut ich der mir gestern vor Augen gekommenen Nachricht nicht, aber England und Shakespeare sind kühn und praktisch.

Mein ›Hannibal‹ wird jetzt lustig fortgedruckt. Pto. der Theaterabhandlung, die Schreiner zugleich mit ›Hannibal‹ und ›Aschenbrödel‹ verschicken will nach 14 Tagen (er hat, wie er sagt, auf ›Hannibal‹ schon gute Bestellungen), bitt ich noch für heute Frist. Ich tue nichts anderes als an ihr arbeiten und diesen Brief schreiben, Essen und Trinken einschließlich. Ich habe wegen der Rez. des ›Blaubart‹ und wiederholten Durchlesung des ›Alexis‹ scheinbar Zeit verloren, in der Tat *gewonnen.*

An meinem Hause ist ein Weg zum Einfahren. Der gehört mir und meiner Frau. Gegenüber an ihm zog eine Frau von Arnim ein. Sie wünschte, an ihm ein Fenster in ihrem Hause anlegen zu dürfen, indem das nicht sein durfte, weil ich dominus der auf ihrem Hause lastenden Servitus luminum etc. war. Meine Frau wollt's auch nicht. Ich erlaubte es doch, und es ist mir lieb, denn diese von Arnim ist nicht die Bettine Arnim, sondern tausendmal schätzbarer.

Ich habe bei dem Briefwechsel der Bettine an Menschenkenntnis gewonnen, Sie oder ich könnten so ein Geschöpf einmal fürs Drama gebrauchen. Aber meine Verachtung gegen es selbst kann ich nicht verschweigen.

Goethe hat kurz geantwortet, das ist das Beste im Buch, sonst alles Lüge, Erbärmlichkeit. Die paar Naturschilderungen kann man sich machen, wenn man aus dem Fenster sieht, auch ist das ein Arnimsches Talent, wie Achim v. A. besser als Bettine bewiesen. Die ekelhafte Kinderliebe und Afferei. Meine feste Überzeugung, daß wegen Honorars und Renommees Briefe unterschlagen und verstellt, ja jetzt gemacht sind. Umsonst nicht hat sie dem ehrlichen Müller kein Original zeigen wollen. Und ich glaube fast, der Reisebeschreiber, welcher das Wesergebirg übersah und bisweilen gute, dann trübe Stutzeraugen hat, Pückler-Muskau, hat geholfen. Das Buch ist ihm ja gewidmet und riecht nach seiner Manier. Er liebt Honorare, vielleicht auch geteilte? Eine Cabinetsordre Fr. II. (man wird gerührt, wenn man von diesen zu dem aufblickt) und der von der Huber herausgegebene Briefwechsel G. Forsters sind mehr wert als alles gedruckte Briefwechseleizeug zwischen Goethe und Schiller, v. d. Velde u. Hell, Sevigné, Rabutin, Bettine. Am Ende gibt man noch in Holzschnitten alte Rezepte etc. heraus.

Was will heut die ›Stella‹ von 28 im ›Hermann‹? Ich denke, weißt nicht.

[Düsseldorf,] 8. Mai 35. Gehorsamst

Grabbe.

278. An Karl Immermann

Ich bitte, dem ›König Johann‹ in den Anlagen das Datum seiner Aufführung beizusetzen. Ich habe in Verblendung mit den Theaterzetteln schlecht Wirtschaft gehalten. Das Mädchen hat den Plantagenet vielleicht in den Ofen gesteckt, was es doch tut, sobald es kann und ich's nicht ertappe.

Die Theaterabhandlung ist nun da, und erfolgt anbei mit den Anlagen. Die Rezension des ›Alexis‹ konnt ich heut nicht vollenden, weil ich nach der Arbeit für Peter und ihn zu matt zu werden fürchtete. Ich wünschte, ich dürfte sie Ihnen morgen nach dem Mittagessen, also 3½ Uhr, mich von hier fortschraubend, selbst bringen, um dann mündlich und ohne Tinte zu hören und zu debattieren, wie das noch Schlechte in meiner Schrift weggeschafft, Gutes viell. beigebracht wird. Ihnen ist's leicht, mir morgen früh durch einen dienenden Geist das Nähere sagen zu lassen, und ich hätte geistige Erfrischung bei Ihnen.

[Düsseldorf,] 9. Mai 35. Gehorsamst
Grabbe.

Die letzte *Anlage wird der ›Blaubart‹*, Sonntag im Druck. Das Vorspiel Ihnen wieder zu schicken, schien mir überflüssig. Sonst bring ich's auch mit. Ist der Titel des Msp. recht? Je ne sais pas.

279. An Carl Georg Schreiner

Ich bedarf zur Vollendung des *letzten Anhangs* zur Theaterabhandlung durchaus die Theaterzettel von den ›Bojaren‹ u. von dem ›Gericht zu Petersburg‹. Ich mag Immermann nicht damit beschweren, indem er sie, da seine zu den Theaterakten gehören, wohl nur ungern ausleiht. Haben Sie, hat Runkel die Zettel? Oder kann Runkel mit Bleifeder im s. p. r. anbeifolgende ›Al.[exis]‹ u. ›Ger. v. Pet.‹ die beiden Personenverzeichnisse mit den hiesigen Darstellern ausfüllen? Oder, wo sind die Zettel zu bekommen, ja, zu kaufen? Elisabeth hat Auftrag, alles, exklusive der Keuschheit, zu wagen, mir binnen ½ Stunde diese Zettel zu schaffen. Dann ist die Abhandlung mit allen Anhängen in 1 Stunde fertig. Ich gehe nicht eher aus dem Hause, denn es singt (›Blätter für lit. Unterh.‹ Nr. 75 de 1835) in: ›Leyer und Hirtenstab, oder: Vermischte, neueste Gedichte, von

Joh. Bapt. Kastner, Sulzbach, Seidel. 1833. 8. 12 Gr.‹ dieser Pater:

Könnt ich zu Dir nach Tunding haben
Gelegenheit, o guter *Schall*!
Dein gutes Bier mich würde laben
Und Deiner Rede munterer Schwall.

Später schlägt er die Laute fort:

Die Pfalz ist kein Sibirien in Baiern,
Sie zählt auch wackere Männer, die nicht feiern,
Und Fische? schnalzen auch in ihren Weihern.

Gottlob, daß für die Komik immer neuer Stoff kommt. Wo kriegt Lisette die Zettel?

Gehorsamst

[Düsseldorf,] 9. Mai 35. Grabbe.

280. An Karl Immermann

Preuß hat die Persönlichkeit Friedrichs, seine Figur, Gestalt, seine Bewegungen, seine Kleidungen etc. vergessen. Das hat der Büsching in seiner Charakteristik alles besser. Auch hätte er ein Faksimile seiner Handschrift beilegen müssen, wenn er neben Fleiß viel Verstand hatte. Handschrift bezeichnet den Charakter mehr als der Stil, obgleich Jean Pl. letzteren so charakterisch findet. Preuß hätte Fritzens 1. Geschäfts- 2. Familiar- 3. Korrespondenzhandschrift, deutsch und franz., anschließen sollen.

In einer Endszene: das Theater geteilt in ein großes Vorzimmer und Friedrich in seinem kleinen Kabinett. Abend, ziemlich dunkel, nur ein Licht und seine zwei zornfunkelnden Augen. Im Vorzimmer die räudige Herde von Räten, welche in Arnolds Sache entschieden, wartend und zitternd vor der berühmten Krücke. Das ließe sich darstellen, eine geteilte Szene sah ich auch im s.[alsa] v.[enia] Schneider Fips.

Ich habe das Zusammentreffen der Vers.[ing] und

Lind.[ner] heut abend überlegt. Es wird gelingen, die Versing, welche sonder Zweifel an diese Rivalitätsgeschichte denkt, schwatzt sich, ehe sie zur Milford kommt, in die Rolle hinein, und vergißt dann das übrige. Die Taktfestigkeit der Lindner bewährt sich eo ipso und schlägt nicht Chamade, trotz des wilderen Feuers der Vers.

So weit bin ich, erwarte Lisette, die nun von hier bis zum Drucker Wolf ¾ Stunden ausbleibt. Denn, wie ich vermute, wenigstens von ihr, der Artilleriebraut:

Am Sonntag legt bei dringendsten Geschäften
Das Weib den Sonntagsputz erst an
Und sollt's verschieben müssen das Gebähren.

Fritzens Handschr. kenn ich aus einem Lehnsprozeß, den ich für e. Hrn. v. Heyderstädt führte. Er hatte sich darin wegen eines kleinen Gutes eines Capitains im Braunschweigischen wiederholt an Braunschweig verwendet. Sie ist ohngefähr

Frederic

ganz ohne die gewöhnlichen Rattenschwänze sc.:
mit welchen Militärs, auch Napoleon, ihren
Namen zu schließen pflegen, als wär's 'ne Rakete. Da fallen mir die Unterzeichnungen Maria Stuarts und Elisabeths ein:

Marie queene

und

Elisabeth.

Schiller hätte diese Schriftzüge näher ansehen sollen und er würde die naive, galante Marie und die eherne Elisabeth, deren Namen so auf Englands Flaggen wehen sollte, besser geschildert haben, als geschehen.

[Düsseldorf,] 10. Mai 1835. Gehorsamst

Grabbe.

Da, 11 Uhr, kommt der anliegende ›Hermann‹. Zwei von mir mit Bleifeder bemerkte Druckfehler sind drin. Das dann, stand denn mir fatal, doch der Masse wohl egal. Meinen Sie, daß Runkel den Druckfehler »dann« [bericht]igt? Im nächsten Blatt?

281. *An Karl Immermann*

Die Versing hat gestern einen glänzenden Erfolg erfochten. Sie hielt nicht nur neben der ersten Schauspielerin Deutschlands aus, sondern wirkte noch mehr. Das ist ein Düsseldorfer-Theater-Belag. Ich traue der Lindner selbst zu, daß sie über diesen Effekt sich nicht ärgert, – sie kann sich nur freuen und hat sich gefreut, wenn sie, wie ich vermute, so groß ist, auch aufkeimende, schossende Talente zu schätzen. Die Versing kann von ihr noch unendlich viel lernen. Gestern aber siegte die Louise über die Milford.

Die Milford hat so was von Schiller'schen Studenten-Ideal-Liebschafts-*Un*realitäten. Im Grunde ist für diese Schwärmereien (Gemütspilze) die Lindner zu gut. Indes war sie *perfekt* in der Rolle, nur das so nötige himmelsierende Affentum hatte sie *verschmäht.* Immer auch groß das. Die Teufel.

[Düsseldorf,] 11. Mai 35. Gehorsamst

Grabbe.

Ich schließe, wie ich sehe, mit Teufel.
Weiß man aber mit den 2 anders unterzukommen?

282. *An Karl Immermann*

Ich schließe einen Brief an, den ich aus sehr achtungswerter und beizu sehr gelehrter Hand erhalte. Wäre der Schreiber desselben nicht freiwillig vom Rektorat zu Lemgo abgetreten, konnten Brandes und Clemen dort nicht angestellt werden.

Woher er weiß, daß ich Sie kenne, weiß ich nicht, weil ich wohl nichts darüber nach Detmold geschrieben. Es ist aber 'ne naheliegende Vermutung.

Die Hauptsache ist die Empfehlung von Wüstenberg, und da kann ich leider das wenigste tun. Empföhl ich ihn auch und gefiele er nicht, hätt ich die Gewissensbisse. Soviel ich weiß und mich erinnere, ist er ohngefähr so hoch wie Schiansky 5′1½″, hat Feuer in Aktion und Stimme, auch wohl Schianskys Stimmumfang. Ob er zur Probe, etwa vorerst ohne Geld, gastieren und probieren kann, können nur Sie bestimmen.

Ich hatte nach Detm. ein Stück Hannibals übersandt, daraus erhellt sich manches im Brief.

[Düsseldorf,] 13. Mai 35. Gehorsamst

Grabbe.

283. An Karl Immermann

Ich lese die Anna von Ronnov, Trauerspiel v. Weide, durch, und werde Ihnen die mir beim Lesen äußerst auffallend oder imponierend gewesenen Stellen, auf der Stelle, sobald ich sie bemerkt, in diesem Schreiben mitteilen, zuletzt auch ein Urteil über das Ganze wagen.

Inhaltsverzeichnis leidet an Nachlässigkeit und einigen unorthographischen Fehlern. Letztere ohne Bedeutung. Bunte Orthographie ist oft die beste.

1. Aufz., 1. Sz.:

»König:

Noch einmal blase, daß der Wald ertönt,
Ob nicht die Schlingel ihren König hören.«

Soll das Humor sein, kann's dem Ganzen Nützen.

»König:

So mag der Donner in den Donner schlagen!«

Auch gut.

Die Interpunktion ist schlecht. – (Bogen 2)

In Regen und Wald gibt's kein Echo.

Auf Bogen 3 ist etwas Gutes.

Die Verwandlungen sind zu bunt.

Die komischen Szenen werden besser als die ernsten im Bogen 3.

Die Reime sind oft dumm angewendet.

Den Verf. ergötzen Natur und ihre Blumen, ist aber kein Dichter.

Er ist noch recht jung.

Bogen 5: »Ich muß ihn sehn,

Sonst sprengt das volle Herz die enge Brust«

ist gut.

Die Handlung ist undramatisch geordnet.

Charaktere alle einfältig.

Bog. 6: der Verf. fängt an, zu repetieren. Pfaff Ambrosius ist so übel nicht.

»Ist nur der Wille gut, mir g'nügt die Tat«

ist Unsinn, da eben der Angeredete gesagt hat, er täte nichts.

Herr Ambrosius und Jerta werden nun auch gropf.

Bog. 7: noch weiß ich nicht, woher die Traurigkeit des Trauerspiels entstehen soll. Mir ist's, als wär's ein Hurenhaus.

»Denn dieser Engel konnt ein Teufel sein«

ist nicht schlecht.

B. 8. Dummer Streich. Weswegen die Ungarn nicht genannt, wie sie heißen: Magyaren!

B. 8. Den Himmel 7 Jahre mit Regenbogen durch Einprügelei eines Menschen zu versorgen, ist schön.

Abscheuliche Nachlässigkeiten ./. Kalligraphie.

Bog. 10. Die Träne, eine ins Aug fliegende Mücke – bon.

Bog. 12. Die Hängeszene hat etwas Originelles.

B. 16. Note: »Man verzeihe mir den Diebstahl.«

Das Beste.

Wenn ich sage, daß das Ganze dummes Zeug ist, welches ich unter Pein durchgelesen, hoff ich, Sie genug davor gewarnt zu haben, es auch zu lesen. Schicken Sie's dem Kerl unfrankiert zurück. Keine Silbe dabei.

Am Geburtstag Maria Theresias, Gehorsamst
regis Hungariae. Grabbe.

284. *An seine Frau*

Liebe Lucie!

Es ärgert Dich doch nicht, wenn ich die Bücher noch etwas hier behalte? Bedenke, daß Ihr binnen kurzer Zeit 2 Dramas und eine Abhandlung von mir gedruckt erhalten werdet. Da hat mich manches aufgehalten. Das Honorar für die ›Hermannsschlacht‹, die da munter fortgeht, teil ich Dir zur Hälfte mit, geht's, zu $\frac{2}{3}$, und das wird genug sein, Dich für dieses Jahr glauben zu machen, daß ich's nicht übel meine. Laß den Eigenwillen, sei gut, denn sieh: in 4 Jahren schrieb ich nichts Dramatisches, jetzt 3 Stück und Anlagen dabei in weniger als 1 Winter.

Die Bücher kommen bald portofrei bei Dir an.

[Düsseldorf,] 14. Mai 35. Dein
Grabbe.

285. *An Carl Georg Schreiner*

Die Anlage, ›Cid‹, ist von mir dem Burgmüller versprochen und unbedingt geschenkt. Ihre Fortsetzung wird ihre Tendenz beweisen, nämlich à la Cervantes durch eine wirklich im ganzen poetische Oper auf die Erbärmlichkeit der jetzt existierenden in Ernst und Komik aufmerksam zu machen. Ich schick's Ihnen, weil Sie mir soviele Journale geliehen, und hoffe, daß sie, (mit 'nem großen 'S) vielleicht sich darüber verwundern, aber weder traurig noch lustig dabei werden. Baldmöglichst bitt ich das Zeugs retour. Sie könnten's bei Stange abgeben oder dahin mitbringen 19 oder 37 Majus.

Gr.

Dieses Opern-Zeugs schreib ich zu meinem Spaß, und denke auch nicht an einen Heller dabei. Es würde mir sonst Gift.

[Düsseldorf, Mitte Mai 1835]

286. An Carl Georg Schreiner

Folgende lippische Volksdichtung, der man Neuheit, kühne Wendungen und Erhabenheit nicht absprechen kann, verdient schriftlich bewahrt zu werden.

»König David spielt vor Saul
Auf die Harfe süße,
Aber König Saul
Nicht faul
Griff sich nach die Spieße,
Wollt' ihn nageln an die Wand,
O du großer Unverstand!
Tut sich selbst krepieren!
Sack in Kopf,
Kopf in Sack,
O du großer Eselszopf!«

Gelehrte behaupten, der Eselszopf sei unrecht, weil sie keine Zöpfe mehr trügen, unsere Barden singen aber einmal Zopf, und nicht, wie die Weisen wollen, *Schopf*, denn der hat Eseleien im Schopf, welcher eine solche, tief aus dem Volksleben rätselhaft emporgesproßte Dichtung nach kleinlichen Kriterien ändern will. Schade, daß Brentano und Arnim sie nicht gekannt haben, sie wäre sonst einer der schönsten Töne des *›Wunderhorns‹*.

[Düsseldorf, Mitte Mai 1835]

287. An Karl Immermann

Runkel hat mir einen bösen Streich gespielt. Unter der Rubrik Volkspoesie steht ein Schreiben an Schreiner im ›Hermann‹, welches selbst sagt, es sollte *schriftlich* (also nicht gedruckt) aufbewahrt werden. Schreiner lachte darüber, und er und Runkel wünschten es im ›Hermann‹ zu sehen, was ich zugab und als harmloser Scherz hingeht. Auf der folgenden Seite pp. aber läßt er nun einen Aufsatz (›Rheinische Bücherschau‹) über Benzenberg folgen, der etwas in meinem Ton klingt und sicher mit der Tendenz, daß ich für den Verf. gehalten werden soll. Das ist abscheulich, denn, ist auch hie und da eine richtige Witzelei darin, so ist's nie mein Wille gewesen, im ›Hermann‹ einen Düsseldorfer anzugreifen, und dann wird an einigen Stellen der Verf. etwas jüdisch-schmutzig. Und je mehr ich zusehe, so mehr seh ich die Berechnung, weil in dem König David und Saul, die Eselszöpfe der Gelehrten vorkommen. Ebendeshalb kann ich Benzenberg die ganze Sache nicht einmal anzeigen, weil's Beleidigung wäre, ihm zuzutrauen, er fühlte sich durch den Zopf verletzt. Indes der Runkel soll mir im nächsten Blatt bezeugen, daß ich den Artikel ›Rheinische Bücherschau‹ nicht verfaßt, nur währt das bei dem langsamen Gang des ›Hermanns‹ bis Donnerstag. Schreinern kann's auch nicht lieb sein. Ich wollte heut abend mich in der ›Jungfr. von Orleans‹ freuen, die bekannten Namen des wunderbaren Stücks ergriffen mich schon auf dem Theaterzettel, ich wollte einen Sperrsitz wagen, denn es wird im Parterre voll werden, und meine Füße sind zum Stehen zu schlecht – um das alles bringt mich ein Jude, denn ich schäme mich, für den Verf. des Aufsatzes über Benzenberg zu gelten. Runkel muß mit Eklat den Leuten diese durch seine Spintisiererei wahrscheinlich entstehende Meinung wegnehmen. Ich schreibe gleich die Erklärung, daß mir das Ding fremd wäre. Er muß sie bezeugen.

[Düsseldorf,] 17. Mai 35. Gehorsamst

Grabbe.

Schreiner bietet mir, wie's scheint, seinen ›Herm.‹ eventualiter an. Ich bitte, diese Notiz zu vernichten, denn, ich will wohl Schreinern das mir Mögliche für den ›Hermann‹ tun, aber dem Runkel dabei auch um keinen Heller schaden.

288. An Carl Georg Schreiner

Heut muß ich mich ein bißchen ausschütten. Es ist einer der größten Tage, welche Deutschland erlebt hat. 1809, 21. Mai, war der zweite, siegreiche Tag von Aspern, Napoleon zum erstenmal in offnem Feld mit seinem *auserlesensten* Heer vom Erzherzog geschlagen. Lannes oder Montebello spürte mit 2 abgeschossenen Beinen auch, daß das Geschick sich wenden könne.

Es ergreift mich furchtbar, und der Lisette kann ich Aspern nicht sagen, weil sie nichts davon versteht.

Aspern! diese Kürassierangriffe, diese Morderei auf den Kirchhöfen, diese schwellende, vorbeidonnernde Donau. – Was Ungeheures!

In Gedanken an diesen Riesenkampf hab ich auch der Vorrede zum ›Gothland‹ das Datum vom 21. Mai gegeben.

Ihr
Grabbe.

[Düsseldorf,] 21. Mai 1835.

Wär ich doch in ihm
gefallen. Ich lache heut nur, um meinen
Ernst zu verdecken.

289. An Carl Georg Schreiner

Wenn heut einer Ihrer Journaltage ist, so denken Sie an Gott und nachher an mich.

Schade, daß der liebe Gott nicht courfähig ist. Er ist weder von Adel noch Offizier. Das kommt von der Menschenmacherei, die so undankbar!

Wie ich glaube, mach ich dem Burgmüller heut sein

Zeugs zurecht, oder der Tacitus packt mich. Der steht mir heut morgen da, wie ein Wölkchen, das zum Typhon ostindischer Gewässer wird. Er hat die römischen Kaiser, welche mit dem Volk gegen die Aristokratie und Begüterten kämpfen mußten, nicht kapiert. Tiberius war ein großer Mann mit kleinen schlechten Anhängseln. Tacitus verdreht bei ihm und allen, weil er selbst Aristokrat ist, alles, aber der Teufel, mit welcher Konsequenz und Schärfe!

Der Rhein befindet sich wohl, nur etwas Gelbsucht. Der Hund meiner Madam (nicht zu verwechseln mit mir) auch. Die Hasen sind jetzt venerisch, bei ihnen, wie bei manchem Menschen, ihre Frühjahrskrankheit.

Der Tiberius soll in meinen ›Hermann‹.

Haben Sie Bettinas 2. Teil? Ich hätte Lust, daran zu bläuen, obgleich ich bei der Lecture (ich habe den 1. Teil nicht durchlesen können) kränklich werde.

Die allerfrischeste Neuigkeit: das Pümpchen hat Frankreich den Krieg erklärt. Wenn dieses patriotische Institut nur nicht unterliegt.

Düsseldorf, 23. Mai [1835]

Γϱαββε

290. An Carl Georg Schreiner

Ich schicke Ihnen den von mir durchkorrigierten ›Hannibal‹ bis p. 168. Der letzte Bogen kommt mir von Hrn. Wolf erst morgen, früh, 10 Uhr.

Die nötigen Korrekturen, welche ich nicht übersehen, sind im Stück von mir mit Bleistift bemerkt. Einige sind kleinlich, und ich überlaß es natürlich Ihnen, welche von ihnen anzuzeigen Sie für nötig halten. *Am besten wär's alle.*

Hr. Dr. Runkel hat den ›Hannibal‹ im Ganzen sehr gut korrigiert, das wenige, was stehen geblieben vom Unrichtigen, mögen meine Schreibfehler sein. Ich fand nur zu erwähnen, und si possible zu verbessern, etwas auf p. 9, 19 (die Dreimänner dürfen nicht getrennt: Drei-Männer gedruckt werden, 's war 'ne enge Clique) p. 63, p. 69, p. 79, p. 86 ein Komma *not* hinter selbst, 122, 124, 130, 156, 162. – Ich bitte zu vergleichen. Der Druck ist trefflich, und das Stück scheint mir auch in ihm gut, gar auch neu.

Journale?

Schicken Sie den ›Hannibal‹ doch dem Wolf baldigst heut retour.

Bei mir ist eingeheizt, und die Steinkohlen brennen nicht. – Die Mittel gegen innere Kopfbeschwerden, welche auf dem Makulaturbogen, den Wolf um den Hannibal geschlagen und in dem Sie diesen erhalten, registriert sind, sind äußerst lächerlich.

[Düsseldorf,] 23. Mai 35. Gehorsamst
Grabbe.

Mit ›Hannibal‹ bis S. 168.

291. An Carl Georg Schreiner

Weil ich Ihnen Briefe schicken soll, und ich ein paar Journale wünsche, schick ich Ihnen auch den ganzen ›Cid‹ bis auf die 3 von mir zurückbehaltenen letzten Endszenen, welche noch allerlei Speere und Spieße haben müssen. Haben Sie Zeit, so lesen Sie das darin, was Sie noch nicht daraus kennen. Ich merke an all den Dummheiten nur, daß mich das europäische Opernwesen erbittert, denn Schlechtheit macht mich weder lustig noch traurig, Dummheit desto mehr.

Geht's, so schicken Sie das Ding, diesen ›Cid‹, unter Kuvert zu Hrn. Stange, nachmittag, heute 3–4 Uhr. Ich wollt's Burgmüller vorlesen.

Ende gut, alles gut, deswegen ja den Endbogen ›Hannibals‹ vor Druckfhlrn. gehütet.

[Düsseldorf,] 24. oder 25. Mai 35. Geh.
Gr.

P. Scr.

Eben erhalt ich die Goethelein, die man lesen muß, etwa wie man die Läuse vom großen Kopf suchen muß.
Ich habe also keine Journale eher nötig, als bis ich mit dem Zeugs fertig bin. Mercy, nicht der General im 30jähr. Krieg. Ich bin bei Ludens Hermschl.

[Am Rande:] *Ex post. Journale jetzt nicht not. V. unten.*

292. An Karl Immermann

Porth hat mir gestern abend über meine Erwartung gefallen. Das zu sagen, bin ich mir selbst schuldig, indem ich sein Spiel seit Marinelli haßte. Er hielt aber gestern die Rolle so tapfer, in Miene, Wort und Haltung so fest, daß er in ähnlichen ans Muster grenzen muß.

Im Stück selbst sieht man, Iffland war schlechter Jurist. Der Bösewicht (ich habe den Zettel nicht bei der Hand, ich glaube er heißt auf ihm Kammerrat) brauchte ja nur den Vergiftungsversuch zu leugnen und den accusator, der testis in propria causa und calumniator dadurch geworden wäre, auf injuria atrox oder gar auf poena talionis verklagen. – Die Versing und die Lauber waren wieder im Äußeren so ähnlich, daß, wenn ich an diese beiden, und an Limbach und Reußler denke, mir die Aufführung des ›Was ihr wollt‹, der ›Irrungen‹, und ähnlicher Stücke, hier ohne Maske und mit so größerem Effekt möglich scheint.

Der Nap. im ›Alten Feldherrn‹ war, solang er sein Gesicht den Zuschauern zurichtete, gut, seitwärts gewandten Gesichts weniger. Wie er den Lauf des Gefechts beobachtete, machte er viel zu viel Bewegungen, deutete gar mit der Hand an, wie's ginge oder wohin es gehen sollte. Das tut ein von Hunderttausenden, von Freund und Feind, Spionen darunter, beobachteter großer General nicht. Hätte Napoleon bei hellem Tag z. B. bei Austerlitz mit der Hand auf den in Mitte des Schlachtfeldes gelegenen, schlecht-besetzten Berg gedeutet, würden bald österreichische und russische Massen vor und auf dem Berg gewesen sein. Er befiehlt leise, täuscht selbst mit verkehrt abgeschickten Adjutanten.

Die eingelegte Marseillaise und der Fackeltanzgesang von Spohr sind so klug gewählt, daß sie eigentlich alles halten. Der Sammler des Quodlibets hat's verstanden.

Gestern war endlich die Blumauer einmal vernünftig kostümiert. Verdeckt oder schattiert sie ihre schmale und hohe Stirn so mit ein paar Locken, ist sie schön. Und sie und die Stephany spielten trefflich.

Dies saß mir auf dem Herzen, drum nehmen Sie es nicht übel.

[Düsseldorf,] 25. Mai 35. Gehorsamst

Grabbe.

293. An Carl Georg Schreiner

Sie besorgen ja wohl die Anlage an Runkel und machen sie ihm, sie ist unverständlich, verständlich. Wir sprachen ja darüber.

Über Bettina, Betsy, Betti, Beß möcht ich etwas Tüchtiges sagen, jedoch noch vorher ein Wort darüber sprechen. Sie erhalten sie heut, spätestens morgen früh zurück.

Mit ›Cid‹ haben Sie sich geirrt. Der ist ein Spaß, und mir scheint's, als dächten Sie, ich hätte je an seinen Druck gedacht. Ich schickte das dumme Zeug Ihnen nur zum Lachen zu, um's nachher Burgmüller zu überliefern, dem's gehört. 'S war mir 'ne Erholung. Wär's irgendwo als Faschingsposse von Burgmüller, toll komponiert, unterzubringen, könnt's Gelegenheit geben, der neueren Oper fernerweitige Hiebe beizubringen.

Wenn es dem ›Hermann‹ nützen kann, so wollt ich ihm wohl, erhalt ich die Schmieren dazu, bisweilen 10–12 Rezensionen, besonders über ästhetische, noch besser über historische und geogr. Werke liefern, jede Rezens. bündig, und doch nur 10 Zeilen.

Düss., 25. Mai 35. Auch über Journeaux lieferte ich Rezensionen.

Grabbe,

und hierunter untertänigst.

294. An Carl Georg Schreiner

Da ich Burgmüllern aus meinen Nebenstunden etwas geliefert, liefr' ich Ihnen auch was, falls Sie es annehmen. Über Goeth. u. Schillers Briefw.

Ich habe nicht darin korrigiert als einmal am Ende, was ich wieder ausgestrichen. Das Ding wurde Frühjahrs 1830, kurz vor den Juliwochen in meiner Gartenlaube geschrieben, und ich ließ es nicht drucken, weil nach einigen Stellen jeder geglaubt hätte, daß ich es später verfertigt.

Sie können damit machen, was Sie wollen. *Es geht mich nichts mehr an.*

Es ist durchweg das Original von 1830, Papier und alles.

Die Bettina hat mich an dies Zeugs wieder erinnert, und Sie sehen, wie sehr mein Haß gegen solche Sachen derselbe bleibt.

Lassen Sie mir, wenn's geht, das Bettinchen noch heut. Ein paar Jour ..? Ich will diese Bettina betten, daß sie zu flohen hat.

[Düsseldorf] Im Mai [1835]

Gr.

Mit Anlage.

295. An Carl Georg Schreiner

Bei dem Urteil über den Briefw. zw. Schiller u. G. geb ich noch einmal Ihrem Buchhändlerurteil zu bedenken, ob eine Publikation desselben, ganz oder teilweis, jetzt dem

Erfolg der anderen Sachen nicht schadet; es gibt zuviel Goethe-Bewundrer. Hat unser Cerberus gewirkt, dann darauf nötigenfalls eine Notiz über die Zeit der Entstehung voran. Sollte hier in dem ›Herm.‹ etwas davon erscheinen, möcht ich vorher doch wissen, was. Einiges könnte, außer dem Zusammenhang, schaden. Sie oder der Dr. können mir ja vorher die gewählten Stellen zeigen. Vielleicht heft ich dann noch was dran.

Doch die Geschichte gehört Ihnen, Sie können tun damit, was Sie wollen, ein paar gutgemeinte Ratschläge, wie obstehende Weisheit, werden Sie aber verzeihen, wenn die Ratschläge auch dumm sind.

Bettinchen wird rezensiert, ich kann daher die Stunde nicht mehr genau bestimmen, in der Sie dies Geschöpf des Ekels zurückerhalten. Haben Sie diese kletternde briefstellernde Katze nötig, sagen Sie es mir nur. Wenn ich 3 Seiten darin gelesen, muß ich mich erst immer verschnaufen, und mein Zimmer kommt mir vor wie voll Katzenpisse.

Geben Sie doch der Elisabeth den Lelewel mit, in welchem ich nur das über mich Gesagte lesen und sehen will, ob man's nicht zum ›Hann.‹ etc. benutzen kann, und suchen Sie sie zu besänftigen, denn sie ist wütend, weil Sie nicht der Balbier, Herr Zeck, sind. Was können Sie dazu? Aber so sind die Weiber!

Könnten Sie Runkel bewegen, daß er zu mir käme, wollt ich heut gut spazieren. Man muß keinen Monat so beim Schopf packen wie den Mai. Er ist das launische, schwangere Weib unter den Monaten, und Sommer sein Kind.

[Düsseldorf,] Mai [1835] Grabbe.

296. An Carl Georg Schreiner

Hätten Sie mir nur die verdammte Rachel vom Leibe gelassen, aber mir fällt ein, ich bat selbst darum. Ich ahnte so

Abscheuliches nicht. Ich les es durch, obgleich mir immer vorkommt, als hätte die liebe Levin den Arsch auf dem Kopf und schisse mit dem Maul.

[...] Geh.

Düss., Mai [1835] Gr.

297. *An Karl Immermann*

Anbei send ich ›Seydelmann und das deutsche Schauspiel‹ von Aug. Lewald, und bitte Sie, p. 171–173 zu lesen, wo wir zwei auch stehen. Ich begreife aber nicht, wie der Verf. wissen konnte, daß Sie den ›Blaubart‹ in die Szene gesetzt. Das Ding ist bei Liesching im fernen Stuttgart verlegt. Den Namen kenn ich nicht. Das Papier und seine Zeichen sind indes nicht düsseldorfisch – ich bin sehr mißtrauisch – daß Bücheranzeigen über den ›Hannibal‹ etc. von Schreiner nach Stuttg. gekommen, glaub ich, wie aber so schnell die Nachricht, daß Sie den ›Blaubart‹ in die Szene gesetzt? Seydelmann?

Ich bitte Sie, zu sorgen, daß ich das Buch heut abend, wenn Schauspiel ist, von Trimborn gegen 7 Uhr selbst abfodern oder von ihm, ist kein Schauspiel, abholen lassen kann. Schreiner sagt, es würde gesucht, und er müßt es bald wiederhaben.

Düss. Gehorsamst

Grabbe.

Mit 1 Anl.

298. *An seine Frau*

Liebe Frau.

Du erhältst mit den nächsten Tagen meine Bücher. Laß mir noch die Hermannssachen. Dein Teil Honorar soll Dir von ›Herm.‹ werden, wenn's geht, *alles.* Grade zur rechten Zeit hat Lewald in Stuttgart drucken lassen, Grabbe, dieses gewaltige Talent, wird erwachen! – Ich kenne Lew. sonst nicht. – – Mach mir aber keine Verdrießlichkeiten. Sei gut, damit ich Lust behalte, zu nützen. Daß Du mit (Du bist klug, und weißt, wen ich meine) sprichst, legt noch immer einen großen Balken in unsren Weg. Der Mann ist ja auch so groß!

Meine jetzt erscheinenden Sachen verbreiten meinen Ruf ungeheuer. ›Hermann‹ wird daher teurer bezahlt wie alle.

Dies ist nur so'n Anzeigezettel, der aber beweist, ich bin Dir nicht bös. Bald kommt Zeugs auf Zeug.

Düss., 3. Juni [1835]. Dein

[Schnörkel]

299. *An Carl Georg Schreiner*

Den Delavigne kann ich wohl bis morgen behalten. Die ›Erinnerungen aus der Schweiz‹ muß ich einige Tage länger haben. Ich will sie rezensieren. Sie sind gut. Enslins Verzeichnis jur. Bücher hab ich morgen durch.

Papst (zu Mailands Gesandten):

Dies stolze Haus der Hohenstaufen, voll
Von wilden Kaiserstirnen, wird
Verschwinden wie ein Sturm, doch eure Städte
Blühn auf wie Rosen nach Gewittern.

Ich bin in vollstem Ernst ganz lebenssatt. Und ich fürchte, daß ich, wenn ich den ›Hermann‹ vollendet, die Rechnung schließe. Ich habe zuviel genossen. Der Puddeck sitzt mir auch auf den Füßen. Gäb's nur Krieg. Es wäre meine einzige Rettung. Selbst Ärzte haben mir Feldzüge gewünscht. Können Sie Runkel bewegen, heut nachmittag 3 Uhr zu mir zu kommen, und mit mir auszugehn, ist's mir sehr lieb.

[Düsseldorf,] 6. Juni 35. Gehorst.

Gr.

300. An Friedrich Althof

Althof!

Ich habe manche Freude gehabt, seit ich von Detmold fort bin, aber die Güte und Treue, womit noch mancher meiner Landsleute an mich gedenkt, ist mir doch das Liebste. Dein Brief vom 19. v. M., den ich heut erhalten, hat mich tief erfreut. Denke der alten Zeiten in der Gartenlaube. Vielleicht sitzen wir, ich bloß als Poet, noch einmal da.

Binnen wenigen Tagen empfängst Du ›Hannibal‹, ganz umgeändert, ›Aschenbrödel‹, meist umgeändert, und eine Abhandl. übers Theater. Es ist alles fertig, nur die Zensur in Köln hält noch 2 Tage auf. In wenigen Wochen habt ihr auch ›Armin‹ oder ›Die Hermannsschlacht‹, vielleicht auch etwas über Code Napoléon, der hier gilt.

Du Zeuge, teils Teilnehmer meines Leidens, weißt, wie's ging.

Düsseldorf, den Rhein vor den Fenstern, 10. Jun. 1835.

Dein
Krischahn.

301. An Karl Immermann

›Armin‹ oder ›Die Hermannsschl.‹ soll köstlich endigen.

»*Augustus.*

Da im Nord der Untergang der Veteranen, der besten Legionen – Und, wie mir Herodes schreibt, im Südost, in Bethlehem ein Kind geboren, welches den Olymp erschüttert. Die alten Götter, die alten Sterne fallen, aber ein neuer Stern soll über Judäa funkeln, drei Könige aus unbekannten Regionen haben ihn erblickt, und brachen auf und suchten ihn, und er, mit Feuerfingern, wies sie zur Anbetung an eine Krippe, worin das Kindlein lag. Rom, dich fassen Jesus-Christ und Deutsche!«

Dies ist nur so'n bißchen Skizze. Indes geb ich dem Dinge sicher eine tüchtige Wendung. Alles was ich jetzt tue bezieht sich nur auf diese Waldschlacht. Ich lese darüber wie ein Sekundaner, aber pedantisch wird sie nicht. Von meinem Zeugs bei Schreiner seh und hör ich noch nichts.

[Düsseldorf,] 10. Juni 35. Gehorsamst

Grabbe.

Ich überlese das Dings wieder und finde, Sie haben's im ›Merlin‹ besser gesagt, an den ich aber bei der Konzeption nicht dachte.

302. *An Karl Ziegler*

Lieber Ziegler.

[...]

Ihr erhaltet in diesen Tagen meine Fabrikate. Sie sind ganz fertig und gebunden, aber noch in der Kölner Zensur, woher sie täglich zurückerwartet werden. Immermann hat in voraus Exemplare bezahlt, obgleich ich ihm doch eins schenke, der Buchhändler ist froh, über die einlaufenden Bestellungen. Lewald in Stuttgart hat auch gerochen, und sagt in einer Schrift: Grabbe, dieses gewaltige Talent, erwacht! – Mein ›Napoleon‹ kommt auf die Bühne. Die ›Hermannsschlacht‹ ist in zwei Monaten fertig. Ich stehe hier, ich kann sagen, in hohem Ansehn. Das wird Dir lieb sein. Grüße meine Mutter. Bleibt etwas von den Des. übrig, gib ihr etwas davon. – Über Eure Gemäldeausstellung brauch ich nichts zu sagen. Ich denke wohl so, wie Du schreibst. – Die Idee mit dem Museum ist gut. Man muß sich nicht abschrecken lassen, fängt das Große mit Kleinem [an. Be]sorg doch die Einlage an Althof. *Bald!* Sei er wie er will, er ist eine gute Seele. Gestern abend ist einer über den Rhein gestolpert und trocknen Fuß[es ans] andere Ufer gefallen. Der hat von Glück zu sagen.

[Düsseldorf,] 1835. 10. Jun. Dein

Ebbarg von Zurückzu.

Antworte mir bald!!!!!!!!

303. An Karl Immermann

Von meinen Sachen seh ich noch immer nichts.

Hierbei erfolgt mit großem Dank der Briefwechsel zwischen Humboldt und Schiller zurück. Ich bitte ihn der Gräfin, welche mir erlaubte, ihn mitzuschleppen, zurückzugeben.

Dieser Briefwechsel ist eine Erquickung auf die jetzt gewöhnlich gedruckten Briefeleien. Da, zwischen Schiller und Humboldt, ist überall reelles Streben, ernstes Prüfen, und er ist der einzige, der seit 20 Jahren nicht Geldes halber ediert ist. Man lernt darin.

Schillers letzter Brief, voller Hoffnungen, vom 2. Apr. 1805 hat mich tief gerührt. Am 5. Mai war er, was man tot nennt.

Bitte, besorgen Sie für diese Mitteilung meinen Dank an die Frau Gräfin. Ich bin den um so mehr schuldig, als Varnhagens Edition der Briefe seiner verstorbenen Rahel mich grenzenlos empört hat. Während meiner ›Hermannsschlacht‹ soll dies Zwittertier auch seine Schläge haben. Rachelche! Dem Ense ist überhaupt das Maulwerk endlich zu versiegeln.

[Düsseldorf,] 11. Juni 1835. Gehorsamst

Grabbe.

Mit 1 Buch.

304. An Carl Georg Schreiner

Die Briefe der Rahel sind so niederträchtig schlecht, daß ich's für Sünde halte, meiner ›Hermannsschlacht‹ durch lange Lecture damit zu schaden. Faderes hat die Literatur noch nicht hervorgebracht. Ich will sehn, ob ich sie in 2 Stunden total durcheise, sonst schick ich sie. Eis' ich diesen Abschaum durch, soll er auch spüren, daß es noch Leute gibt, welche Pfützen zertreten, sobald sie dieselben kennengelernt.

Wann meine Exemplare? Sie tun mir wegen vieler Verhältnisse, auch pto. Beförderung zur Kritik not. Hat sie Mendelche aufgehalten mit Musikfesten? 1 Pfund Bosheit bekäm ich mehr ./. ihn.

– 2 Stunden später. – Nein ich kann dem Rachel-Vieh nicht durch drei Bände nachlaufen. Sie liegen beian. Ich mag keine Disteln und bin kein Esel. Umsonst geärgert soll das stinkige Luder (Juden stinken in der Regel aus der Haut, was ich von Militäruntersuchungen her weiß) mich aber doch nicht haben. – Ich gehe zum ›Hermann‹ und zur Kritik von Zandycks interessanter ›Schweizerreise‹.

[Düsseldorf,] 11. Jun. 35.

Ein boshafter Kater.

Mich ärgert eigentl. nur der Varnhagen. Daß Rachel eine Jüdin ist, dazu konnte sie noch weniger, als daß ich ein lutherscher Dickkopf bin. Ekelhaft ist ihr Geschmier, Bettina eine Milchkuh dagegen, so erbärmlich auch die sonst ist, und dieses Wanzenzeugs mit der Presse zu knicken – Puh! – Ich könnte morden. Doch Ärger über Dummheit ist zuletzt das Dummste.

Mit 3 Bdd.

305. *An Martin Runkel*

Doktor!

lassen Sie ja unter meinen Debatten über Bettine und Goethe u. Schiller meinen Namen oder seine Andeutung weg. Setzen Sie lieber ein X oder U darunter, oder E. v. W. und dergleichen. Es würde schaden, würd ich bei diesen Sachen genannt. Kommen Sie doch um 3 Uhr heut.

[Düsseldorf,] 17. Jun. 35. Geh.

Grabbe oder sepulcrum
+ b.

306. An seine Frau

Liebe Frau.

Nimm diese Bücher an. Lies sie und Du wirst sehen, wir könnten glücklich sein.

[Düsseldorf,] 19. Jun. 1835. Dein

Grabbe.

Hierbei ein Paket Bücher.

307. An Carl Georg Schreiner

Ich habe gerade nur dies Papier.

1.) Ich bitte:! sagen Sie Runkel, er möge doch über das Fragm. über Schill. u. Goethe im ›Herm.‹ auch noch setzen lassen: geschrieben Juni 1830.

2.) Ich bitte:! er möge in der Rez. meiner Suppen die Passage des Lewald klug erwähnen, auch die Franzosen.

Anbei 2 Selbstrezens. Mehr kann ich schwerlich prästieren. 'S ist mir ekelhaft. Runkel kann sie befördern. Eine nach Halle, eine in so'n ›Phönix‹ oder ›Elegante‹ pp. Ich habe mich nicht selbst loben wollen, und tu's nur des Absatzes wegen. Die Galle kommt mir in den Mund, aber es geht nicht anders. Es kann auch in diesen Rez. erweitert, geändert werden. Berechnet sind sie.

Der Delavigne ist ein förmlicher belgischer Nachdruck, nach alter Brüsseler und Zweibrücker Weise. Ihn zu bemänteln, ist eine alberne Abhandlung über die griechischen Elegiker vorgesetzt. Delavigne selbst dichtet aber besser als ich bis jetzt bemerkt; ich las ihn früher zu flüchtig.

Elisabeth bringt die Sachen und Briefe zum Einpacken mit und wird Sie fragen, wann ich kommen soll. Ich konnte niemanden der Adressierten vermeiden. Der eine tut mir dies, der andere das.

[Düsseldorf,] 19. Jun. 1835 Geh.

Gr.

308. An Carl Georg Schreiner

Bitte nehmen Sie diesem Billettchen das Papier nicht übel.

Anbei die Mess. retour. Sie sind doch im Ganzen schlecht, ich habe mich anfangs getäuscht. Besonders schlecht, wenn der Kerl schreit, er wolle singen.

Die Reise durch die Schweiz von Zandyck kann ich neben meinem ›Armin‹ recht gut kritisieren. Dann muß ich sie aber aufschneiden dürfen wie'n Japanesen und nochmals durchlesen. Soll ich? Sonst kann ich sie schicken. Wenn Sie zur Lisette sagen, sie möchte mir sagen, den Hundertjährigen Kalender hätten Sie nicht, so ist mir das die Losung zur Rezension. Thibaudeaus und Preuß 6 Bände lesen sich nicht so auf der Reihe. In ein paar Tagen sind sie jedoch durch. Über Preuß hab ich Ihnen etwas zu *sagen.* Nichts Schlimmes.

Wieviel Postgeld muß ich Ihnen erstatten? Sagen Sie's der Überbringerin. Dann bringt sie's 3 Uhr.

Könnten Sie ihr statt des Casimich eine andere leichte Bücher-Ware geben, dankte ich Ihnen sehr dafür. Solche legère Lecture ist mir Confiture zu ernsteren Gerichten, wie Sie gewiß schon gemerkt haben.

[Düsseldorf,] Jun. 35. Geh.
Gr.

309. An Wolfgang Menzel

Hochgeehrtester Herr Hofrat!

Anbei liegen ›Hannibal‹, ›Aschenbrödel‹ und eine Abhandlung über das hiesige Theater. Die letztere scheint das hiesige Theater sehr hoch zu stellen, es ist aber wahr, es steht so hoch. Fragen Sie den ersten Schauspieler Deutschlands, der hier hat gastiert, Seydelmann, und er wird's bezeugen, besonders, wenn er bedenkt, wie seit seiner letzten Anwesenheit immer noch mehr an den Darstellern fortgezimmert worden.

Immermann hat mich in der Tat vom Tode gerettet. Nicht wegen Not eben, aber aus Mißmut war ich lebenssatt.

In beiliegenden Produktionen sind vielleicht einige Äußerungen, die auffallen, besonders über konstitutionelles Wesen. Aber ich gestehe, ich liebe Despotie eines einzelnen, nicht vieler. Und Rotteck, Zschokke, Wessenberg – sie sind alle halb, wissen nicht, daß sie sich selbst durchschneiden, und beide Enden verfaulen müssen.

Ich schreibe jetzt ›Armin‹ oder ›Die Hermannsschlacht‹. Meine lippische Heimat soll drin sein.

Sie werden ein Dings über Bettinas Briefwechsel erhalten haben. Es ist von mir, aber gehört jetzt dem Dr. Runkel allhier, der es von mir geschenkt erhalten, aber verbessert hat. Es schadete nichts, würd es im Literaturblatt abgedruckt, nur bitt ich, ja meinen Namen nicht darunter zu setzen. Ein Narr hat viele andere, und Goethe hat's größte Gefolg. Es schadete dem Absatz meiner neueren Sachen.

Mir wär es sehr lieb, wenn im Literaturblatt der ›Hannibal‹, ›Aschenbr.‹ und die Theaterabhandlung *bald* rezensiert würden.

p. 17, Z. 11 von oben ist in der Geschichte über das Düsseldorfer Theater das »nicht« zu streichen. Leichtere Druckfehler erkennt man schon.

Nach dem ›Armin‹ will ich ein Lustspiel, ›Eulenspiegel‹, schreiben, und dazu eine Tragödie: ›Alexander der Große‹. – Ein paar Zeilen Antwort? – –

Düsseldorf, 22. Jun. 1835. Mit Hochachtung Ihr

Grabbe.

310. An Carl Georg Schreiner

Per Estafetten.

Euer Gnaden schick ich den Brief an Hofrat Menzel. Besorgen Sie ihn mit den Exemplaren und siegeln Sie ihn zu. Mit dem Siegeln versteh ich's ohnehin schlecht, sowohl wie auf dem Maul als auf Briefen. Ich bin an der ›Hermannsschlacht‹, aber nicht minder an der ›Schweizerreise‹. Zu deren Rezension wär 'ne Karte gut. – Haben Sie eine, so leihen Sie sie mir. Es ist nicht Neugier, die Karten kenn ich doch so ziemlich, aber ich möchte Ihnen den Artikel reell, Punkt vor Punkt sicher, rezensieren. Ist keine da, geh ich auch los. Besser ist indes besser, es heißt darum ja »besser«.

Was ist heut doch für ein Datum?

[Düsseldorf, Juni 1835] Ihr

Sepulcrum + b
i. e.
Grab-be.

311. An Carl Georg Schreiner

Menzel bekommt doch die Sache portofrei. Sonst seh ich zu, daß ich's auslege. Er hätte nicht unrecht, machten ihn unfrankierte Sachen bös.

Ich bin beim ›Armin‹ und beim (Ellrich hätt ich fast gesagt) Zandyck. Der ist ein netter Kerl.

Augustus.

Schlagt Ketten um die Erde! Heerstraßen mein ich.

Die Karte schick ich bald unversehrt retour.

Rückert ist gut, aber der Teufel, oder wie das unbekannte Dings heißt, weiß es, ob er doch nicht mehr Form-Poet als wahrer ist?

Ich sähe gern, käme der Dr. R. heut nachmittag und weckte mir, wenn ich schliefe.

Heute. Geh.
[Düsseldorf, Juni 1835] Gr.

312. An Carl Georg Schreiner

Die Kinder Eduards beweisen, daß Delavigne kein Dichter und seines Namens, des Weinbergs, nicht wert ist. Un cri horrible soll am Ende des Stücks die Melpomene ersetzen!

Delavigne hätte sollen nur gleich von Anfang cris horribles machen lassen, statt seiner Phrasen.

Der erbärmliche Pfuscher hatte Schauspieler und Schauspielerinnen ersten Ranges vor sich. Das betäubte ihn, und er wähnte, er müßte ihnen Rollen statt Dichtungen geben. Die Menjaud, Aubert und Mars hätten ganz was anderes geleistet, hätte diese Bestie von Messeniennes nicht alles zur Narretei gemacht.

Hier haben Sie die Schmiere wieder. Ich danke aber; man muß auch Esel kennenlernen. Dieser fraß shakespearisches Heu, und ist doch nicht satt.

Auch schließ ich Ghiberti an, 1. Band. Der meint's ehrlich. Er ist übrigens nur, wie alle Florentiner, Angelo nicht ausgenommen, nur ein Punktierer, kein Künstler.

Die Schweizerbohne ist in Arbeit.

Ich bin
Den (Gott weiß was) – Herr Stange.

313. *An Carl Georg Schreiner*

T[hai]s

Held, je mehr das Blut dich schmückt,
So mehr bin ich – du Gott! – beglückt!

Alexander

O Thais, Thais, Kön'ge sinken,
Wo Deine Augen ihnen winken!

Thais

Augen, brecht auf: des Lichtes Tore!

Alexander (sieht in ihre Augen)

Die himmlischen, die seel'gen Meteore!

Das ist dummes Zeug. Elisabeth sagt aber, sie hätte gestern den Ghiberti, 5 Uhr zu Ihnen gebracht. Ist's wahr? Wir beide waren schon beim Stange, Herr Schreiner.

Meine Wirtin hat's Maulfieber. Ich hasse schon.

Sonntag. [28. Juni (?) 1835] Ihr

Gr.

Und dieses ist der verspätete, wiedergefundene Brief.

Montag. [29. Juni (?) 1835]

Der ›Hermannsschlacht‹ unterlieg ich fast. Wer kann das Ungeheure, jeden Nerv Aufregende, vollenden ohne zu sterben? Wär ich tot! – Im Leben ahnt man das Große, und hat's nicht. Mich trösten die Sterne. Man hat sie auch nicht, so arg sie glänzen.

Ich bin noch immer bei Zandyck. Morgen soll er fertig sein. Runkel könnte mir den ›Müller u. sein Kind‹ wohl schaffen. Dummes Zeug schafft bei Klugen Klügeres. Rückert ist ein Versehengst.

314. An Carl Georg Schreiner

Mit 1 Buch.

Ein Gedicht, was nicht hinreißt, ist dummes Zeug. So mit Rückerts neuesten Sachen. Blitze und Donner müssen im Dichter wohnen, sonst ist er nichts. Rückert hat sich gequält mit Verspfoten, verstand's aber nicht mit der Poesie auf seine albernen Adler und sein dummes Senkblei. Ich lese weiter und höre auf. – Er fängt p. 189 die Liebe mit »unvergleichlich« an! Hundekerl, für Liebe gibt's kein Wort.

315. An Karl Immermann

Wie hoch und ernst ich Sie achte, wissen Sie.

Sie können das mir glauben, der nötigenfalls sein Leben wegwirft, wie 'nen Heller.

Aber meine Wirtin ist abscheulich. Sie klatscht, lügt, und betriegt vielleicht auch.

Ich halt's für Schuldigkeit, Ihnen, für den ich wahrhaftig gern in den Tod ginge, dies anzuzeigen.

Diese Personage von Wtt. Andries ist nichts als ein Weib, das auf seinen Profit sieht. Ihren Jungen und ihre Tochter soll ich ernähren helfen. Ihre monatlichen Rechnungen taugen auch nichts. Übertrieben teuer!

Ich kann's nur mit meinem Lebensblut besiegeln, wie gut ich Ihnen bin, und tät es gern. Doch diese Andries, die Klatsche, ist nichts wert – So lange als eine Ader bei mir zuckt:

[Düsseldorf, 30. (?) Juni 1835] Ihr

Grabbe.

316. An Karl Immermann

Ordentliche Poesie gedeiht nur im Norden bis etwa 40 Grad südlich. Da sieht man das Feuer, brennt aber nicht mit.

Das hab ich nirgend so gesehn und gelernt als bei der Lecture des ›Nala‹, für dessen Mitteilung ich ebendeshalb der Frau Gräfin Ahlefeldt tausendmal danke.

Im Süden ist die Welt die Poesie, im Norden ist's der Mensch. Dort wird er von der Welt oder Natur überwunden, im Norden bekämpft und besiegt er sie.

Dies Schlinggewächs (Nala) hat mich immer während des Lesens an Ostindien selbst erinnert. Aber Hr. Wjasa, statt drüber zu schweben, sitzt *drin.* Man merkt das gar an den weitläuftigen, auch verschlungenen Namen.

Auch zweifl ich, ob Hr. Kosegarten Sanskrit recht kennt. Er scheint aus *Englischem* übersetzt zu haben. Seine Radotagen über das Hindostanische sollen's verbergen, machen's wahrscheinlich.

Die alberne Sanskrit-Wut mancher Gelehrten wird befördert von England. Es will Leute haben, die es dort als Beamte oder Missionäre, mit gehöriger Sprachkunde, anstellen kann. Es hat aber die Sache zu weit getrieben. Merken erst auch 140 Millionen Hindu, welchen Wert man in Europa auf sie legt, empören sie sich.

Doch, ich habe viel aus dem Buch gelernt. Und danke nochmals.

Düss., 8. Jul. 1835. Gehorsamst

Grabbe.

317. *An seine Mutter*

Dein letzter Brief hat mich sehr krank gemacht. Wirst Du –, ich mags nicht sagen? Du willst hieher kommen? Mich hier nun ganz ausziehen, weil ich Dir vieles geschickt und schicken werde? Noch nicht satt? Kommst Du hieher, wo Du gar nicht hinpaßt, weil Du nichts Katholisches, nichts Vornehmes, kein Hochdeutsch verstehst? Bist Du noch nicht auf dem Weg, so bleib ja in Detmold, bist Du auf der Reise, kehre ja gleich um, und siehe, daß Du Deine Pension behältst. Die wird nicht ins Ausland bezahlt. Sorg für den Garten und Deine übrigen Sachen. In selber Stunde, wo Du hier ankommst (und das werd ich durchs Tagblatt gewahr) reis ich von hier ab. Kommst Du nicht, schick ich Dir in 14 Tagen was, kommst Du, *geb ich Dir nichts mehr.*

Düsseldorf, 21. Jul. 1835. Dein

Sohn.

318. *An Carl Georg Schreiner*

Wir alle wollen durchs kummervolle Leben kommen, schlecht, daß ich mich wundere, den Pfennig vom Leben noch nicht weggeschmissen zu haben. Das Leben hat nur 3 Gutes: Frühling, erste Liebe, Krieg. Die einzigen Erfrischungen.

Duller u. Gutzkow meinen es wohl anders. [...]

Byron war ein großer Kerl. [...] Den Ewigen Juden möcht ich wohl bearbeiten, fiel ich nicht so früh. – »Wir springen von den Säugetieren zu den gefiederten Geschöpfen.« Ich will den Teufel tun.

Daß Dampfschiffe, dann Luftschiffe alle übrige Schifffahrt vernichten, ist bei mir Überzeugung. Zuletzt werden noch Sonnenstrahlschiffe kommen. Die Welt gibt Stoff. Er ist nur zu wenig verarbeitet. [...]

319. An Carl Georg Schreiner

1.) *›Die Elegante‹.*

Theod. Maul: nichts als Manier. Selbst von Callot-Hoffmann. p. 463 heißt es »ist der Ton beim Dichter vorhanden, kommt's bloß auf die Wahl des Stoffes an« [...]

2.) *›Bäuerle's Theaterz.‹*

Die Aufgabe des Lustspiels, Hr. Saphir (p. 434), ist: mit guten Charakteren, Szenen und dramatischer Handlung, Heiterkeit und noch besser, Lachen zu erregen.

[...]

Nordamerikas Regierung verfährt, mein ich, gegen die Indianer usurpatorisch. Sie soll Menschenwürde schützen! und verjagt die Leute aus ihren Sitzen! Pfui!

Ach was, das franz. Drama, wie's jetzt ist, besteht im Spiel, nicht in Dichtung. Er glaubt's nicht.

3.) *›Der Freimütige‹.*

[...]

Was der arme Hufeland sich mit System und Kunst herumzerrt. Ist das Kunstwerk gut, so führt es sein System ja mit sich. Die Gewitter, Ihr Esel, steuern gegen den gewöhnlichen Wind, denn sie führen ihren eigenen. Man sollte toll werden.

[...]

Düsseldorf, [zweite Hälfte] Juli [1835]

320. *An Carl Georg Schreiner*

[...] D. *›Blttr. für lit. Unth.‹*

Heine ist ein magrer, kleiner, häßlicher Jude, der *nie* Weiber genossen hat, sich deshalb alles einbildet. Sein Schmerz, so unnatürlich er ist, mag wirklich sein. Poesien sind seine Gedichte aber nicht. Abwichserei. Eine tüchtige Hure schmisse ihn aus dem Fenster.

Ich kann das Zeugs nicht weiterlesen. Betrug, Lug u. Dummheit. Man muß nachdenken, wie man trotzt und dazwischen wirkt. Der ›Phönix‹ hat mich wo erwähnt. Taugt doch nichts.

Düsseldorf, [zweite Hälfte] Juli [1835]

Hierbei 1 Mappe mit 4 Eseln, blauen.

Ew. Wohlgeboren
ganz gehorsamster
Grabbe.

321. *An Elisa Gräfin von Ahlefeldt*

Hochgeborene
Hochgeehrteste Frau Gräfin!

Es ist ein Unglück da, sonst wagt ich nicht, Ihnen zu schreiben. Ich habe dem Herrn Oberlandesgerichtsrat die ›Geschichte Friedrichs des Großen‹ von Preuß (ich weiß den Augenblick nit, wieviel Bände es sind) mitgeteilt, und Herr Schreiner fodert sie für seine Lesegesellschaft jetzt dringend zurück.

Nun ist der Dichter nicht hier, das Buch wird aber in Derendorf sein. Verschlossen oder mitgenommen hat er es gewiß nicht – in Elberfeld gibt's sicher sonst genug zu tun und zu ärgern. – Darf ich nicht bitten, durch Überbringerin es mir zukommen zu lassen?

Hochachtungsvollst
Ihro Hochgeboren
gehorsamster Grabbe.

[Düsseldorf, Ende Juli 1835]

322. *An Karl Immermann*

Ein Mann wie Sie kann sich ärgern, ist aber gewiß edel, gut und stolz. In *dem* Vertrauen teil ich Ihnen die Anlage mit. Ich begreife kaum, wie meine Sachen so wirken. Der Hofrat und Leibarzt Piderit hat mir den zerschmetterten linken Arm geheilt, mein Augenübel kuriert, meine Choleraanfälle vertrieben, mir die Diätfehler klar gemacht, wie selten jemand, und doch ist er mir noch gut, der sonst so finstre Westfale. Und – – – von meiner Frau sagt er nichts. Kein Sternenglanz schöner als dieses Schweigen. Es glänzt noch Besseres als Sterne.

Düss., Juli. [1835] Ihr

Grabbe.

323. *An Moritz Leopold Petri*

(Meine Adr. siehe unten. Meine frühere Wirtin ist ausgezogen. Die rechte Hausbesitzerin hat mich aber wohnen lassen.)

Lieber Petri!

Dank. Die Rez. von Schierenberg ist mir lieb. Er tadelt zwar, und ich bin in mancher Ansicht von ihm verschieden, mir ist's aber schon lieb, daß er sie niedergeschrieben hat. Nur muß er mich ja nicht mit Heine u. den Franzosen vergleichen. Meine Weiber enden bis jetzt immer edel, unbefleckt, kleinere Rollen ausgenommen. Nächstens schlimmere. Grüß ihn. Und korrigiert in der Abhandl. übers Düss. Theater p. 17 Zeile 11 von oben hinter »Dichter« das »nicht« hinweg; dito heißt es in ›Aschenbrödel‹ nicht das »Band, wo die« sondern das »Land« pp. Ich habe die Korrektur nicht besorgt. – Wäre meine Frau nicht, der ich keinen Ärger machen will, so erhielte Süß nichts. Sind vier Taler zurückbehalten, so werden's mir zukommende Abschreibe-, Prozeß-, Depositions- etc. Kosten sein. Ich behalte mir auch meine Foderungen wegen seiner Siebensachen an Klagereien am Militgr. bevor. Hast Du indes 8 Rtlr. von mir, so schick 2 Rtlr. an meine Mutter, 2 behalt im Hintergrund, und such ihn mit den übrigen 4 Rtlrn. billigst zu befriedigen. Wo möglich ihm nicht alles. Sagst Du's ihm mit Deinem gewohnten Ernst, fügt er sich. – Nimmt das Zeugs kein Ende, so weiß ich nicht mehr, was ich von gewissen Leuten, oder wenigstens einem, denken soll. Ich war mit Rotberg schneller fertig, *ohne Hülfe*, als dieses vielleicht gar gepriesene Geschäftsmännchen – – Meine ›Hermannsschlacht‹ ist vollendet, und wird zum Druck kopiert. – Für's Magazin schick ich Euch was. Es ist ein gutes Journal, bisweilen etwas hausbacken, aber das Salz der Erde, selbst die Künste nicht vergessen. Wir Lipper nehmen doch alles *noch ehrlich und beleuchten die Sachen*, suchen nicht nach bloßem Honorar für bloße Worte, tun Gutes ohnedem, v. z.B. die Kritik des Wendtsch. Alm. und Schierenb. Abhandl. über Schieder. – Mit meiner Frau ist's 'ne eigne Sache. Ich täte alles, hätte sie Vertrauen und geziemenden Gehorsam. Mach's also mit dem Süß ab, ohne sie. – Mein ›Barbarossa‹ ins Schwedische? Ist auch gut. Antworte ein bißchen schneller wie vorher. Man sehnt sich doch oft nach Freundeshand, vor allen in der Dämmerung.

Düss. 1835, an den Erinnrungstagen von Dresden und der Katzbach, 1813.

Dein
Gr.

(Meine Adresse: bei Madame Pithan auf der Ritterstraße.)

Ex post. Da ist noch eine Sache, die Erörterung verdient. Das vermeintl. plötzliche Entstehen der Liebe in ›Aschenbrödel‹. Schierenb. hat den Punkt getroffen, aber bis jetzt hat noch kein Dramatiker ihn überwunden. Die dramatische Form, sei sie noch so keck, beschränkt zu sehr. Geht's dem Romeo mit der Julie nicht ebenso? Und bringen alle Dramatiker nicht gleich die Verliebtheit selbst, durchaus aber nicht ihr Entstehen, auf die Bühne? Sie tun als verstände sich das so eo ipso. Meine Lage ist nicht darnach, zwei Jahre zu opfern, um das, vielleicht vergebliche, Wagstück zu machen, zuerst von allen Dichtern das zarteste Gespinnst der schönsten und furchtbarsten aller Spinnen, der Liebe, Faden aus Faden theatralisch zu entwicklen. – Sonst könnt ich's und habe oft daran gedacht. – Schierenb. muß mir aber auch etwas zugeben. Es kommt mit der aschenbrödelschen Liebesszene *nicht so plötzlich.* Die Baronin warnt anfangs vor Olympias Interessantheit, Olympia fühlt Sehnen, der König auch und hört ihren Namen vorher, Olympia tritt vor, kühn aus Wahrheitsliebe, was dem darnach durstigen Könige gefällt, Feenschimmer hilft etc. Das macht die Szene qu. möglich. – Mein ›Eulenspiegel‹ wird ein tolles lustiges Tier. Dann im edelsten Versmaß: ›Alexander der Große‹, dann, leb ich so lange, in sicher erhabener Art: ›Christus‹. De[nkt] meiner und bezeugt's durch Briefe.

324. An Carl Georg Schreiner

[...]

Maschinen! Die Überlegung, daß das Volk dadurch litte! Die Säue! Je mehr Kultur, je mehr Arbeit, und wer kümmert sich um einen anderen, schafft er etwas Besseres? Soll man stillstehn des Gepacks halber?

[...]

Göschel über Goethe. Ein Lump über den andren. Goethe hat sein mittelmäßiges Talent zu Lumpen zerrissen, darum grade heben Gassenkehrer und Lumpensammler es so hervor.

[...]

Grabbe.

[Düsseldorf, zweite Augusthälfte 1835]

325. An Carl Georg Schreiner

Ich kann Ihnen über die Journale, die ich bei meiner Kränklichkeit las, nur Allgemeines mitteilen.

Das ›Morgenblatt‹ ist dieses Mal nur Schund. Lenau ist ein erbärmlicher Poet, hat's aber bei Cotta verlegt.

[...]

Minerva: Goethe wird mitgenommen. Aber nicht an der rechten Ecke gepackt. Dieser adlig gewordene Kaufmannsbengel hat so ziemlich die Sprache, nie das Leben gekannt. Er krämert aber gut aus, fremde Sachen mitunter. – Nu, der Referent nimmt diese berühmte Goethische Erbärmlichkeit endlich auch mit. Die anderen Jungen treten in Dreck, und der klebt fester als Sonnenlicht, drum ist ihnen Goethe alles, Schiller nichts.

Goethes Faust ist nichts als ein Frankfurter liederlicher Junge, der sich einbildet, was zu sein, aber nichts ist, und nur durch den Blick auf den Taunus seiner Phantasie Farbe, durch hübsche Verse und Reime seinen Trivialitäten Pfeffer und Salz gibt. Hätten Sr. Exzellenz *viel* gerußt, und nicht *vielerlei*, so wär's besser um Sie.

Die Ochsen – glauben noch immer, die Briefwechsel würden so herausgegeben, wie sie geschrieben sind. [...]

Heute. Ihr

[Düsseldorf, erste Septemberhälfte 1835] Grabbe

326. An Elisa Gräfin von Ahlefeldt

Hochgeborene,

Hochgeehrteste Frau Gräfin!

Kobbes Werke, welche anbei zurückerfolgen, will ich rezensieren. Ich danke für die gütige Mitteilung. Der Kobbe hat mir neulich auf dem Rückweg von Derendorf, wo ich denn doch nur vor altem Gram und alten Erinnerungen krank werden konnte, indem wir da nur Kaffee getrunken hatten, recht geholfen. Immermann vermutet's immer schlimm und meint, der Wein oder spirituosa täten's. Nein, mein böses spirituosum ist mein eigner Geist.

Die ›Hermannsschlacht‹, welche Sie erwähnen, ist gegen ›Hannibal‹ ein Koloß. Sie ist fertig. Ich feile nur noch, sinke auch wohl an ihr nieder, wenn sie vollendet ist, – auf ewig.

Düsseldorf, den 25. Sept. 1835.

Hochachtungsvollst
und
gehorsamst
Grabbe.

(Ein Paket
Bücher beian.)

327. *An Carl Georg Schreiner*

G. P. M.

›*Phönix*‹. Pommersche Dorfschule gut.

Daß man von dem Heine schwatzt, dem Fetzen von Byron, und den ich über die Treppe schmiß. Der Kerl ist zu dünn, zu mager und zu häßlich. Daher seine Sentimentalität, mit der er kein Mädchen berühren darf, sondern nur Satiren drechselt. [...]

Mein ›Armin‹ geht kolossal vor. Soll Sie aber nicht genieren.

Ihr
Gr.

[Düsseldorf, zweite Septemberhälfte 1835]

328. *An Carl Georg Schreiner*

Die beiden Journale schick ich dankend retour. Die Bücher folgen bald. [...]

Da prahlen sie stets mit dem Flachskopf Goethe und fangen damit an, daß sie seinen Namen nicht zu schreiben wissen. Er heißt *Goe*the, nicht *Gö*the.

p. 740. Wird mein Aufsatz über das Theater zu Düss. rezensiert. Vom ›Hannibal‹ u. ›Aschenbr.‹ schweigen der Hr. Freimütige, welcher mir immer malitiös gewesen, aber die

Kleinigkeit über das hiesige Theater durfte Immermanns wegen nicht von dem Herrn Alexis der mich [tadelt], weil er mich fürchtet und beneidet, übergangen werden.

[...]

Je suis
votre très affectionée
Louis Hutin.

[Düsseldorf,] 15. Okt. 35.

Mit 2 Journalen.

329. An Carl Georg Schreiner

[...]

›Blätter für lit. Unterhaltung‹.

Hegel hungerte in Jena und ward klug. Er wurde ein Schmeichler des absoluten Monarchismus, und sagte, was ist, ist recht. Diesen Tiefsinn, der jede Ohrfeige rechtfertigt, predigt er unter Phrasen – pah. Er ist nicht wert, Schelling, Fichte, oder Kant die Füße zu lecken, und seine Schüler sind Jungen, die bewundern, wo sie nicht verstehen. Ich glaube, das schrieb ich schon neulich, man kann's aber nicht genug sagen. Hegels Logik ist der des Bardili abgestohlen, und die Schweinehunde wissen's nicht. Das lese der Teufel weiter. Ich kann das Zeug nicht genau lesen. Die ›Hermannsschlacht‹ ist in und über mir, wie ein Sternenmeer. – Wohl mein letzter Trost.

Heine

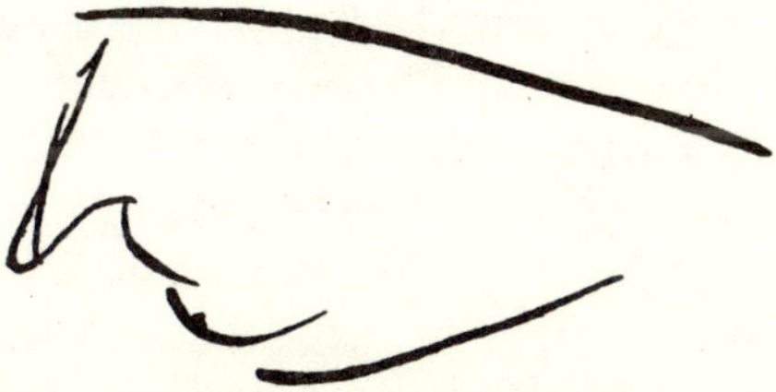

[Düsseldorf, zweite Oktoberhälfte 1835]

330. *An Carl Georg Schreiner*

G. P. M.

Wienbarg und Gutzkow haben, wie mir Runkel schreibt, bereits meine versprochene Teilnahme an ihrem künftigen Journal in der ›Allg. Zeitung‹ gemeldet. Was soll ich machen? Runkel verwundert sich, aber ich kenne nicht die literarischen Koterien, und gab mein Wort. – Geben Sie doch heut, am Reformationsfest, der Lisette den Brief von Menzel, damit ich ihn ordentlich beantworte. Die Antwort werd ich Ihnen vor dem Abschicken mitteilen. – Die Journale mit Dank zurück:

›Phönix‹. p. 886 ist ein abscheulicher Druckfehler: leidenschaftlicher statt leidenschaftsloser. Ist nachher korrigiert. – Robespierre war ein ehrlicher Kerl, aber seinem Amt nicht gewachsen. Man muß die Hunde nicht totschlagen, man muß sie dressieren, in specie wenn man sie nicht recht kennt, wie das ihm, dem Spießbürger aus Amiens, passierte, als er in Paris darunter kam.

[...]

Die s. g. ›Elegante‹ biegt wegen der Abonnenten wieder in eine mildere Tonart. Die Juliideen warfen sie aus dem Wasser aufs Land, was ihr Element nicht ist. Sie zappelte, und wähnte unter [Starr-]krämpfen, das wäre was. [...] Beethovens Pastoralsonate ist ekelhaft. Die Musik drückt das Gefühl in Tönen aus, und sie wird erbärmlich, wenn sie Naturgegenstände *malen* will. Jeder in seinem Kreise. 751–52 steht über dies mißlungene Produkt Beethovens allerlei Dummes. [...]

Düss., 31. Okt. 1835.

Ihr

Grabbe, habe Sie aber lange nicht gesehen.

Anbei 1 Mappe mit 3 Journalen.

331. An Carl Georg Schreiner

Die Theaterz. aus Leipz. meint's gut. Um Tadel hab ich mich nie bekümmert. Die Rezension nützt sicher dem Absatz. – Was mich am meisten frappiert, das sind die Namen der [Luder gestrichen] ne! – der Damen auf den resp. Repertoiren, mit denen ich Schmachtvogel Liebesglück und Geldunglück gehabt. Und find euch im Druck so wieder? – In dem Umschlag, dem ›Literarischen Hochwächter‹, erhält Baiern die höchsten Berge. Er vergißt nur, daß Österreich Salzburg und den Großglockner und Watzmann wieder zu sich gezogen hat, und der Poetenkönig sich mit dem niedrigen Fichtelgebirg begnügen muß. – Jean Pauls »s-Geschichte« ist richtig behandelt. Er war auch ein Fichtelberger, und es säuselte ihm mehr um die Ohren als er selbst verstand. Darum wollte er das »s«, die nette charakteristische Schlange in unsrer Sprache wegschaffen.

Düsseld., im Okt. [1835] Ihr

Grabbe.

(Lassen Sie mir die Journale, für die ich danke, noch 1 Tag.)

332. An Carl Georg Schreiner

[...]

2.) *›Freimütige‹.* Hr. Alexis quälen sich zwischen erzwungenem Lob über mich und Überschätzung Immermanns, wozu dieser schwerlich Veranlassung gab, vielmehr hätte der Häring mich ohne Immermann noch mehr ausgeschimpft, aus Neid. Ich habe Immermann nie nachgeahmt. Er eher meinen ›Napoleon‹ in seiner letzten Ausgabe des ›Hofer‹. Sonst ist die Kritik dem Absatz nicht nachteilig. Von Victor Hugo, den ich erst neulich kennenlernte, hab ich nichts geborgt und verachte die überspannte neuere franz. Schule. Victor hat eher etwas aus meinem ›Gothland‹ genommen. – Steffens und Herder. Nu, so verschieden sie sind, sie taugen beide nichts. Herder quält sich, um etwas herauszubringen, Steffens speit wüstes Zeug aus, wobei seine arme Heimat, Norwegen, und unverdaute erbärmliche Philosophie helfen müssen. – p. 754. Hoffmann von Fallersleben: »Was mir bleibt?« Deine schlechten Verse, Fallersleben. –

3.) *›Lit. Unterh.‹* Heine soff sehr, und die ›Lit. Unt.‹ tun's auch – aus Tintenfässern. – Bettlerzeug das ganze Journal. Ich danke Ihnen, kann indes nichts mehr lesen, und korrigiere am ›Armin‹.

Ach, das Datum weiß ich nicht. Kalt ist's. Verzeihen Sie.

Votre Grabbe.

Mit 1 Mappe u. 4 Journalen.

[Düsseldorf, erste Novemberhälfte 1835]

333. *An Karl Immermann*

G. P. M.

Wolfgang Menzel wünscht etwas von Ihnen für Schillers Denkmal und dessen Album. Er hat mir darüber geschrieben. Schicken Sie ihm doch bald eins ein. Er wünscht es ganz unbefangen, ersucht nur, daß keine Polemik zwischen Nord- und Süddeutschland darin stände, und die störte auch. Schicken Sie dem Lande Schillers und der Hohenstaufen doch eins. Ich versuche mich daran, und schick es morgen ab. Wir könnten unsre Briefe zusammenpacken und gemeinschaftlich die Kosten tragen.

Meine Kasse erlaubt mir nicht, ohne Freibillett das Theater zu besuchen, so sehr das Tageblatt von mir kurze Rezensionen, die ich natürlich umsonst liefre, wünscht. Erhalt ich eins, so bitte ich es mir durch Überbringerin oder sonst bald zu senden. Ich werde im Tageblatt wirken, so viel ich kann. Der ›Armin‹, den ich zum 3. Mal umschreibe, quält sehr mit übermächtigem Stoff.

Düsseldorf, 22. Nov. 35. Gehorsamst

Grabbe.

334. *An Carl Georg Schreiner*

G. P. M.

Da unten riß ich was aus dem Papier, indem ich's glatt machen wollte. Haben Sie nicht einen Band von Schiller, in welchem das ›Siegesfest‹: »Trojas Veste war gesunken« etc. Ich wollt's mit meiner Notiz zum Album gebrauchen und mit dem an Menzel fertigen Brief es Menzel übersenden. – Ich bin krank gewesen von Wind, Hosen und Frack. Dasmal nicht vom Trinken, wie's Erkranken bei mir überhaupt oft andere Ursachen hat, als Leute, die in einem anderen Gemüt fremd sind, begreifen. Morgen früh hätten Sie den Schiller retour.

Düss., 22. Nov. 35. Gehorsamst

Grabbe.

(Vorige Nacht habe ich, der in 1 Tag, 1 Nacht, 1 Tag nicht schlief, entsetzlich genachtwandelt. Bin nun gesund. Meine Wirtin ist, glaub ich, noch nicht vom Schreck geheilt, obgleich ich nicht von meiner Stube kam, und sie's von der ihrige[n aus] vernahm.)

335. *An Wolfgang Menzel*

Noch auf dem Siechbett geschrieben.

Verehrter Herr!

In Antwort auf Ihr Schreiben vom 20. v. M., welche meine wiederholten Krankheitsfälle verzögerten: 1.) Runkel hat mich abscheulich angeführt, ich schenkte ihm die Rezension, sie zu verbessern, ja umzuändern. Er schickt sie roh in meinem Konzept zu Ihnen, und hat gewiß Honorar für sich gefodert, was ich mir beim ›Literaturblatt‹, welches mir oft günstig war, verbat. Und er versicherte mir, er hätte das nicht getan. Weil er meine neuesten Sachen schlecht im Druck korrigiert, gab ich ihm diese Piece und leider andere Skizzen, die er ausarbeiten sollte. Ich will das Zeugs von Bettina dem Gutzkow überlassen, weil ich ihm, ehe ich sein Verhältnis zu Ihnen kannte, einen Beitrag zu einem Journal, das er mit Wienbarg, der so übel nicht, geben wollte. Er handelt gegen Sie widerwärtig, ich hatte auf meinen Reisen nicht Zeit, noch Gelegenheit, diese Debatte kennenzulernen, erst neulich machte mich eine Erwiderung im ›Morgenbl.‹ von Ihnen aufmerksam darauf. Die Bettina-Sache wird mir beim Publico vermutlich schaden, nicht weil sie unrecht ist, sondern wegen des Kompagnon, aber ich will ihn bitten, meinen Namen auszulassen, allein ich fürchte er tut's schwerlich. 2.) Mein Beitrag zum Album für Schillers Denkmal liegt bei. Ich könnt's nicht anders machen, weil ich mich nur auf verwickeltere dramatische Kompositionen verstehe, und selbst bei einer großen Gelegenheit wie diese von Schillers Denkmal, welche aber Talent der Kürze fordert, nur so wie geschehen mich retten mußte. Kürze besitz ich, doch bloß, wo sie sich in weitläuftige Handl. einflickt, nicht aber zu Densprüchen. Nicht Shakespeare, nicht Goethe, – Schillers Feuer machte mich zum Dichter. 3.) Mit Immermann steh ich auf eignem Fuß. Er hat viel für mich getan, aber bald Spannung, bald Friede. Verschiedene Naturen. Fürs hiesige Theater tut er Unsägliches unter den schwierigsten Verhältnissen. 4.) Sprech ich ihn vielleicht heute. Er war nicht in Elberfeld bisher. Tu ich's nicht, so schick ich ein Billett an ihn, um Antwort bis morgen abend. Denn übermorgen geht dieser Brief ab. – Ich war und bin noch recht krank. Meine ›Hermannsschlacht‹ naht in letzter Abschrift ihrem und der Römer Ende. 5.) Rezensionen bald über meine letzten Sachen, si possible, von Ihnen, oder doch von einem unparteiischen Mitarbeiter in Ihrem Blatt. – Häring hat's sauber gemacht und offenbar nur wegen Immermanns in sein[em] ›Freimütigen‹, der da so heißt, wie lucus a non lucendo. Man sagt: Neujahr ginge sein Wisch unter.

Düsseldorf, den 22. Nov. 35. Gehorsamst Grabbe.

Ex post: Immermann erklärt eben, Geschäfte hinderten ihn am sofortigen Beitrag zum Album.

Verzeihen Sie einer krankenden Hand diese korrigierten Zeilen.

Düsseldorf, 25. Nov. 35. Ihr Grabbe.

336. *An Carl Georg Schreiner*

G. P. M.

Anbei die Journale retour. Meine Notizen über *›Freim.‹* u. *›Eleg.‹* verlor ich. Im *›Freim.‹* erinnre ich mich, besonders nachdem ich wieder nachgeschlagen, an p. 823, wo ich, Immermann und Uechtritz wie Triumvirat stehen. Quod non. [...] Die Narren! Die Franzosen haben, als Geschichtsschreiber, wenig gesagt, soviel geleistet als wir Deutschen. Wo ist denn unser Mabillon? Wir sind wie ein Chausseeverschlag oder ein Elegant, und erheben uns immer, um uns tiefer zu erniedrigen. Weg damit. – Die Aufgabe der Dichtkunst ist, den Geist rein zu waschen, Himmel, Erde und Unendlichkeit anzudeuten, und fest in sich zu bleiben. – [...] Der alte, jammerwerte Tieck mit seinem Novellengeschwätz, endlich zu Ruhm gelangt, weil er mit Schiller und Goethe nicht auskommen konnte, und leider sie überlebte. – p. 1251 ist der Zweck der Ehe innige Vereinigung der Geschlechter, aber keine Kinderzeugung. Schön, man denkt bei der innigen Vereinigung nicht daran, kämen nur die Kindlein nicht von selbst nach. [...]

Auch Schiller anbei mit Dank zurück. Ich las ihn bei Nacht, vielleicht zum tausendsten Mal. Er ist doch besser als Goethe, und seine Flecken sind unvermeidliche, ehrliche, nicht mit einem nassen Borstwisch dem Leser ins Gesicht geschleudert, wie's »der Kaufmann am Hof und vor dem Publikum« zu machen wagte.

Düsseld., 27. Nov. 35. Gehorsamst

Ex p.

(Die Bescheinigung über das Geld schick ich. Ich kann Ihren Brief nicht finden. – Doch, sie liege beian, auch ohne Brief. Ohngefähr weiß ich's.)

Grabbe

337. *An Carl Georg Schreiner*

[...]

Über Tieck, 983, ist gut, nur noch nicht kräftig genug, Tieck ist nichts als ein halbgelehrter Schwätzer, Nachahmer, und Shakespearebewunderer, weil er von Shakespeare nichts versteht, sich aber mittelst seiner vergöttern will. [...]

›*Elegante*‹. Tieck kriegt's immer mehr. Die Lobhudelei dieses mittelmäßigen Kopfes, der bloß dadurch bedeutend geworden ist, weil er fortschmierte und aushielt, war auch nicht auszuhalten. [...] p. 859 mein ›Theater zu Düsseldorf‹. Geht's nur ab, sonst wollt ich, ich hätt's nie geschrieben. Der Verdacht, als schmeichelte ich Immermann, ist falsch. Er bildete das redende Schauspiel gut, das erkannt ich. Hatte sonst keine Zwecke.

Die Journale mit Dank retour.

Ihr

[Düsseldorf,] 7. Dez. 1835. Grabbe, wie immer.

Mit 3 Journalen in 1 Mappe.

338. An Carl Georg Schreiner

G. P. M.

Ich will nur die ›Hermannsschl.‹ vollenden, dann geh ich jedenfalls retour nach Detmold. Ist's Ihnen aber möglich mir 30–40 Taler zu schaffen, so will ich die als Anleihen verzinsen. Ich bin pto. der Wiederzahlung sicher, und weil der Fürst mir nur nach der ›Hermannsschl.‹ Gutes tun kann, wart ich, um nicht unnütz mit meiner Frau anzubeißen. Indes verpfände ich Ihnen für diese Anleihe all mein nicht unbedeutendes Hab und Gut.

Düss., 2. Jan. 36. Ihr

C. D. Grabbe.

339. An Carl Georg Schreiner

Düss., 10. Febr.

(Maria Stuart Todest.) 1836.

Ich kann Ihnen nur danken, beiliegenden Empfangsschein übersenden, die Sicherheit Ihrer Foderung bezeugen, und möchte fast wünschen, Sie klagten mich in Detm. aus. – Nu. in den ›K.[önig] Joh.[ann]‹ will ich heute gehen, und ihn rezensieren, so widerlich er mir ist. – Lewald bietet mir 30 Gulden für den Bogen in seiner ›Revue‹, und Cotta versichert's. Doch nichts soll mich in der ›Hermschl.‹ stören.

Ihr

Grabbe.

340. An Karl Ziegler

Lieber Ziegler!

Besorg doch die Einlage an Minchen Wallbaum, jetzt Krähmeier, und hast Du etwas übrig von meinen Deserviten, so gib meiner Mutter bis 6 Rtlr. davon, schick das übrige nach Abzug der Kosten mir umgehends. Cotta bietet mir für ein Journal (nescio welches, doch, von Lewald)

30 Gfl. pro Bogen, mein Buchhändler hat mir vielleicht bisher über 1000 Rtlr. gegeben, ich habe aber davon soviel abschmeißen müssen, daß ich ihn vor Vollend. der ›Hermannsschl.‹ nicht quälen mag, und pto. Cotta hindert mich jetzt Krankheit und Arbeit. Also besorg's kurz, gib mir kurze Nachricht; nochmals, hast Du Geld für mich, schick's mir nach Abzug Deiner Kosten, instruiere Minchen, und alles im stillen. Gib ihr die Anl. in Verwahrung zum event. Gebrauch. Meiner Mutter und keinem Dritten, auch ihrem Mann nicht, soll's was davon sagen. Lebe meine Mutter lange. Es ist nur wegen [m]einer anderen Verhältnisse. Mit der ›Hermschl.‹ bin ich bald im reinen fertig. Eher mag ich hier nichts fodern. Meine Mutter erhält davon.

Düsseldorf, den 22. Febr. 31. Dein

Grabbe.

(Adresse: im Schwarzen Hor[n, Ra]tinger
Straße, Witwe Pithan.)
Minchen muß die Vollmacht geheimhalten.
[Anlage:]

Sollte meine Mutter versterben (Gott möge sie noch lange leben lassen), so übertrag ich der Wilhelmine Wallbaum, meiner früheren Magd, jetzigen Krähmeier, die Gewalt, bis zu meiner Ankunft in Detmold oder meiner anderweitigen Verfügung, deren Sachen zu verwahren und nötigenfalls gerichtlich versiegeln und an niemanden als mich verabfolgen zu lassen. Ich werde die Krähmeier für ihre Mühe belohnen, sie muß mir aber, sollte ich das Unglück haben, eine geliebte Mutter zu verlieren, deren Absterben sofort nach dessen Eintritt melden.

Christian Dietrich Grabbe,

Düsseldorf, am 24. Febr. 1836.

Christian Dietrich Grabbe,
Auditeur.

341. *An seine Mutter*

Lieb[e Mutte]r.

Ich bin lange krank gewesen, jetzt aber wieder auf. Schick die *Einlage durch Minchen* zu Ziegler. Vielleicht erhältst Du von meinen Deserviten von ihm einiges Geld. Ich kann jetzt nicht weiter tun. Cotta von Cottendorf verspricht mir für einen Zeitungsbogen schriftl. 25 Rtlr., so daß ich, ohne zu lügen, bei diesem Anerbieten, schreibe ich tags 2 Bogen, wohl 50 tägl. verdienen könnte. Ich werde aber dadurch ein Pflugochs. Mein Buchhändler hat mir weit über 1000 Rtlr. gegeben, ging es hier nur nicht so leicht darauf. Du erhieltest von hier jetzt schon Geld, aber meine Krankheiten hinderten mich an der Vollendung der ›Hermannsschlacht‹. Jetzt geht sie tapfer weiter.

Adresse: Düsseldorf, bei Madam Pithan,
Ratinger Straße,
im Schwarzen Horn.

Dein
Dietrich und Christian.

Grüße ja Minchen und ihren Mann. Ich hoffe, dem Minchen bald vergelten zu können. Auch Caroline grüße.

[24. Februar 1836]

342. *An Hons*

G. P. M.

Wenn Sie nicht schon jemand anders dafür haben, will ich Ihnen heute wohl den ›Richter von Zalamea‹ so beobachten, daß Sie morgen eine erträgliche Kritik haben. Sie müssen mir aber einen erträgl. Mantel für den heut. Abend leihen, der mich wärmt, in Uniform werde ich zu sehr beobachtet und mein Zivilmantel taugt nichts. Um den Mantel bät ich also gegen 4 Uhr, und sollt ich schlafen, muß mich der Überbr. mit Gewalt wecken. Am besten, Sie gäben der Lisette solch ein Vieh gleich mit. – Dito leg ich einen Brief bei, den ich auf die Post durch einen sicheren

Burschen besorgt haben möchte. Ich bin, wie ich glaube, von meinen bisherigen Briefüberbringern auf die Post oftmals betrogen worden (einmal 10 Slbgr. st. 5). Morgen 9 Uhr brächte dann Lisette den Mantel retour, und Sie meldeten mir in einem kleinen versiegelten Blättchen das Postgeld, damit ich's morgen Mittag abtrage. – Daß Sie in meiner Rez. das über die Drkfhl. ausgelassen, ist gut. Diese hat indes auch einige, ich meine z.B. Indizenzen statt Indezenzen u. dgl.; schadet nicht,

[Düsseldorf,] Am Tage der Schlacht von Pavia 1836.

Ergebenst
Grabbe.

343. *An Karl Immermann*

G.P.M.

Für Ihren freimütig-edlen Brief vom 25. d., den ich aber erst eben zu Händen bekomme, dank ich. Die gestrige Szene war unangenehm, und ich hütete mich soviel ich konnte, sie zu steigern, und entschloß mich, wie immer, erst eine Nacht zu verschlafen. Daß ich Ihnen Dank schuldig bin, weiß ich, aber auch gleichfalls, daß ich nie etwas Arges gegen Sie gewollt habe. Über das Repertoire haben andere als ich geschrieen, ich habe nicht gewagt, über die verwickelten Vorfälle, welche das Repertoire bedingen und es manchem vielleicht nicht genügend erscheinen ließen (vorzügl. wohl denen, die am wenigsten seine Schwierigkeiten kennen), zu urteilen, noch über das Repertoire selbst. Vielmehr hab ich in e[iner] meiner letzten Rezensionen ohngefähr gesagt, daß die Direktionen oft gezwungen wären, aus Mangel an Besserem etwas Gewöhnliches zu nehmen. – Ich habe nie in Gast- oder Kaffeehäusern übers Theater anders gesprochen, als daß ich das Gespräch zurückwies, und habe nur Beeking, La Comblet u. Schreiners Schwager besucht, seit Wochen auch die nicht mehr. –

Eine Rezension des ›Richters von Zalamea‹ hab ich auch

nicht geschrieben, oder mein Name ist gemißbraucht. – Wenn ich die Stücke rezensierte, dachte ich nicht daran, daß das Sie verletzen könnte, da ich hierbei Tiecks Grundsatz voraussetzte, daß die Aufführung mittelmäßiger Produktionen gar nicht schadet, wenn nur die Darstellung, welche denn doch die Hauptsache fürs Theater ist, gut gerät. – Nie habe ich in den berufenen Kritiken eine Silbe geschrieben, die nicht aus meiner vielleicht oft unrichtigen Überzeugung geflossen wäre, wie eine, nie gegen die Verwaltung gerichtet sein sollte.

Die Situation, in die ich mich gestern versetzt sah, entschuldigt, wenn ich sagte, daß mir der Theaterbesuch gleichgültig sei. Das ging aber nicht in specie auf das hiesige Theater, sondern auf *alle*, und die Sache ist wahr. Nur grade das Düsseld. Theater hat mir den Besuch wieder werter gemacht. – Gestern in der Hitze vergaß ich, daß ich der Redaktion des ›Fremdblts.‹ noch einige Rezensionen schuldig bin. Ich verspreche Ihnen aber, dieselben so vorsichtig und so mit Berücksichtigung der Verhältnisse abzufassen, daß sie Ihnen Freude machen und den Zorn über die früheren in Vergessenheit bringen sollen. Ich will sie Ihnen auch gern vor dem Druck zur Lecture und Berichtigung mitteilen, wenn Sie das verlangen. Worunter mein Name nicht steht, dessen Verf. bin ich nicht und werde ihn in Zukunft so wenig kennen als bisher.

Düss., 26. Febr. 36. Gehorsamst Grabbe.

Nur zu Anfang der Fremdblatts Rez. unterschrieb ich mich ein paarmal mit Zah[len.]

344. *An Karl Immermann*

G. P. M.

Ich beeile mich eine Stelle meines gestrigen Briefes zu berichtigen, damit Sie mich nicht des schlimmsten Lasters, der Lüge, zeihen. Bei meinen vielen Sorgen hier und zu Haus, und den sonstigen Beschäftigungen, war in der Tat meinem Gedächtnis ganz der lapsus calami, die Rez. des ›Richters von Zalamea‹ in Nr. 19 des diesj. ›Fremdenbl.‹ entfallen, und da die Redaktion versicherte, sie hätte nichts der Art von mir erhalten, ließ ich's dabei. Gleich nach Abschickung des gestrigen Briefs an Sie fiel mir aber ein, als hätte ich doch eine gemacht, und richtig, so ist's. Die in Nr. 19 ist von mir, hat mir jetzt eine schlaflose Nacht gemacht, weil ich schon gestern, als ich diese Nummer eingesehen hatte, widerrufen wollte, und taugt die Rez. nichts, so wird das über kurz oder lang Strafe genug für mich sein, weil ich ein künstlerisches Gewissen habe. Gichtbrüchig war ich als ich sie schrieb.

Düss., 27. Febr. 1836. Gehorsamst

Grabbe.

Die Redaktion hatte gemeint, ich spräche von der *neulichen letzten* Aufführung.

345. *An seine Frau*

Deinen Brief vom 24. v. M. hab ich erhalten. Meine Magd fand ihn auf dem ausgeräumten Kehricht, indem Dein trefflicher Besteller ihn hinter meinem Rücken u. ohne mein Wissen auf die Stube geworfen hatte. Meine Antwort, soviel mir jetzt die Zeit erlaubt, ist: wenn Du meiner zu Haus bedarfst, bin ich erbötig, sofort hinüberzukommen, – oder, wenn Du noch einmal Deine Proposition von Aufhebung der Gütergemeinschaft erneuest, es sei auf welche Art es wolle, reis' ich auch zu Dir, um meine Rechte der Verwaltung etc. etc., welche Du zu usurpieren suchst, zu sichern und näher u. kräftiger zu üben als es vielleicht aus der Ferne möglich ist. Jetzt drängt mich die Beendigung der ›Hermannsschlacht‹. Das Klügste ist: gedulde Dich einige Wochen, und Du wirst mich nicht mehr als einen Übelwollenden behandeln wollen. – Sagte ich der Preuß. Post, was Du vom Brieferbrechen schreibst! Wie kämst Du in die Patsche!

Düsseldorf, 3. März 1836.

Dein
Grabbe

(Da ich die monatl. Rechnung bezahlen muß, kann ich diesen Brief nicht frankieren. Dein Brief hat mir doch schon ein tüchtiges Präsent an die Finderin verursacht und ohne Grund mich zu diesem veranlaßt.)

(Adresse: im Schwarzen Horn, Ratingerstraße, bei Mad. Pithan.)

346. An Hons

G. Pr. M.

Neulich bin ich zwar im ›Jean v. P.‹ gewesen, mochte aber nicht darüber rezensieren, da viele im Publ. allzu zufrieden schienen, und denn doch nur Hr. Versing brav, Dem. Meiselbach erträglich waren. – Den ›Oberon‹ hab ich, wegen der früheren Stänkereien wider mich, nicht besucht. Die Rezension über ihn in Ihrem heutigen Blatt macht sich. Indes lobe sie was sie will, ›Oberon‹ ist eine erbärmlich zusammengekünstelte Flickerei. – Heut ist ›Romeo und Julie‹, worüber ich ganz Brillantes zu schreiben denke, vielleicht in mehreren Ihrer Blätter den Shakespeare, welchen ich bis zur letzten Silbe kenne, und den Tieck durchmusternd, so daß man's nachdrucken wird. Jedoch muß ich vorher mit Ihnen darüber sprechen, und Ihre Meinung, Warnung etc. vernehmen, noch vor Mittag, i. e. um 1 bis spätestens 2 Uhr. Sonst geh ich nicht hinein, quia: ich weiß dann nicht, wie's ist und soll. Wagen Sie den Besuch. Ich bin nie wohl und freue mich sonst bei dem Stang und tue zu wenig für den Anzeiger.

Ergebenst
Grabbe.
(Kommen Sie!)
Es ist ersprießlich.)
Ja.

[Düsseldorf,] 27. März 36.

347. *An Hermann Kunibert Neumann*

Hochgeehrtester Herr!

Vielleicht kenn ich Sie schon länger, als Sie ahnen. Ich habe in verschiedenen Blättern Ihre Dichtungen wohl beobachtet, und bin denselben mit spähendem Auge gefolgt. Sie haben eins bewahrt, was jetzt keine drei Poeten mehr haben: reinen Sinn. Der ist in der jetzigen gärenden Zeit schon an sich poetisch. Sie wissen ihn aber auch auszuschmücken.

›Des Dichters Herz‹ (wird wohl das Ihrige sein), und ich versichere, daß ich weder in Form noch Inhalt in neuerer Zeit Besseres kenne, als diese Dichtung. Das Leben und die Poesie sind trefflich ineinandergelötet. – ›Irisholdlein‹ scheint auch kühn eine wirkliche Liebe mit der, welche die Dichtung ihr aus dem Feenreiche zur Ergötzung vorführt, verschmelzen zu wollen, und der Gedanke ist neu und gut. Nur (erkennen Sie an der Aufrichtigkeit meines Kritikasterns die Wahrheit meines Lobes) glaube ich, daß die Libellen und sonstigen Feen und Insekten etc. etwas individueller hätten gehalten werden können. Man hält sie in dem Gedicht oft für Menschen an Gestalt und Geist. Alles gut, nur nicht dabei das Charakteristische, Eigentümliche verworfen. Werden Formen und Gedanken auch noch so brillant, sie müssen immer zeigen, woher sie kommen, aus Wespen-, Schmetterlingsköpfen etc.

Ich bin sehr krank, sonst hätte ich schon längst geantwortet. Ich will beide Gaben, für die ich herzlich danke, rezensieren, kann jedoch schwerlich vor 8–14 Tagen dazu kommen, weil ich überall gebunden bin. Nicht nur in Düsseldorf, sondern auch weiterhin sollen Rezensionen erscheinen. – Ich hoffe, Sie nächstens persönlich kennenzulernen und bin

Gehorsamst
Düsseldorf, den 15. April 1836. Ihr
Grabbe.

348. *An Eduard Duller*

Hochgeehrtester Freund!
Anbei liegt eine Kritik über Bettina. Sie war schon zur Zeit des Erscheinens der Briefwechselei fertig, blieb aber, da ich durch genug andere Sachen zerstreut wurde, unbenutzt. Herr *Hartenfels*, welcher zufällig das Konzept bei mir sah, freute sich darüber und meinte, auch jetzt noch könne das Ding Wirkung machen, besonders da Goethe auch noch nach seinem Tode überall, und Bettina bei ihrem Leben wenigstens in Frankfurt lebe. Urteilen Sie und nehmen Sie's im ›Phönix‹ auf, doch ohne meinen oder einen andern Namen. So wie die Sache *jetzt ausgearbeitet* ist, hat der Hartenfels mehr Teil daran als ich. Weder er, noch ich, wünschen, mit Goethes Jüngern eher anzubinden, als bis ihre Visiere von ihren Dummheiten gehörig eingerostet und mürbe gemacht sind. Ein kleines Honorar wäre dem Hrn. Hartenfels, er tue, wie er wolle, auch lieb. Sprechen Sie mit Herrn Sauerländer darüber, welchem ich gern einige Gefälligkeiten mit Korrespondenzen, ja mit Novellen wieder erzeige etc.

Nun mein liebes Ich. Es fragt zuerst, wie geht's Ihnen? Dann sagt's: Meine *›Hermannsschlacht‹* ist fertig, und der *›Eulenspiegel‹* folgt als komisches Nachspiel.

Düsseldorf, 21. April 1836.

349. *An Moritz Leopold Petri*

Lieber Petri!

Dieser unfrankierte Brief wird Dich wundern. Jedoch ich muß ihn schreiben. Vom Hrn. Schreiner, der jetzt mit der Ostermesse zu tun hat, und mir doch schon Vorschuß leistete, kann ich unmöglich weiteren fodern, besonders da meine ›Hermannsschlacht‹ zwar im ganzen vollendet, aber im einzelnen noch nicht ausgefeilt ist. Demnach kann ich nicht anders als das Urteil über mein hartes Los (in welchem ich denn doch immer noch meine Mutter unterstützte) Dir und der Welt zu überlassen, und es drauf wagen, nach Detmold zurückzukehren, was immer besser ist als ein wohlfeiler Sturz in den Rhein, wofür ich mich noch zu teuer achte. Cotta hat mir 20, Dr. Frank in Wien 30 Gulden für jeden leichtzuschreibenden Journalbogen geboten. Du sollst es nächstens selbst lesen. Wie aber kann ich unter Umständen und Ärgernissen, trotz deren ich mehr geleistet als ihr wißt, ihnen reelle Einsendungen liefern, ohne Gefahr, mir und ihnen zu schaden? Mich wundert selbst, daß die ›Hermannsschlacht‹ mir Tag für Tag besser glückt bei ihrem letzten Umguß. Darum bitt ich Dich, meinen einzigen Freund von Jugend auf, 1.) schaffe mir mit umgehender Post 30, wo möglich 36 Taler als Anleihe. Mein gesamtes, jetziges und künftiges Vermögen, auch mein elterliches Erbteil, sobald es nach meiner Mutter Tode an mich fällt, haften. Du mußt aber sorgen, daß Hptm. Runnenberg die übersandte Summe für noch eingekommene Deserviten hält, von denen Ziegler vielleicht auch noch ein Stückchen für mich übrig hat, und daß er über die schweigt, um kein unnützes Geplapper bei meinem Weib zu erwecken. 2.) bitt ich: miete mir ein kleines Logis mit 1 Tisch, 2 Stühlen, einem Bett. Gleich zu Anfang mag ich mich in meinem Hause nicht totärgern, obgleich, geht's nicht anders, ich die genannten Möbeln daraus holen ließe. 3.) Sorge, daß Eure Juristen und Advokaten, meine alten Mitkollegen in den besseren Zeiten, wo ich noch unverheiratet war, mir soviel zum Abschreiben oder Ausarbeiten geben, daß ich täglich doch etwa 15 Mgr. verdiene. Davon kann ich leben, und beizu meine poetischen Sachen vollenden. Dieser Brief ist in Eile geschrieben, daß ich aber gut, wenigstens sehr deutlich kalligraphisch schreiben kann, weißt Du. Gasthäuser und jede unangenehme Berührung für Euch will ich meiden. Meiner Mutter teile gefälligst die offne Anlage mit, und steh ihr einstweilen bei. Jeden Dienst will ich Dir gern vergelten, wo ich kann. *Meine Adresse ist jetzt:* auf der Neubrück-Straße, bei Hrn. Bauer, Nr. 171, 1 Treppe hoch. Mach alles still wie möglich ab, schicke mir umgehends das gebetene Geld, sonst bin ich verloren und kann nicht einmal von hier fort zu Euch. Auch hätte oder muß ich eine Paßerneuerung meines alten vom 17. Sept. 1834 auf Düsseldorf haben. Ein paar Worte auf einen Schein reichen hin. Der alte Paß war mir beim Umziehen verlorengegangen, und darum konnte ich ihn nicht schicken. Meinst Du, ich erhielte Weitläuftigkeiten, über das mehrere Monate verspätete Erneuerungsgesuch, auf ½ Jahr zu richten (ich bin aber noch nächsten Monat bei Euch), so laß es. Du kennst Meyen. Womöglich aber grüß ihn, oder den, der die Regierungspässe austeilt (Kellner?), höflichst von mir, und schaffe mir den Schein. Ich könnte in Münster auf der Durchreise Lärm bekommen. Hier ist mir gar kein Paß abgefodert, und ich hatte sein Datum lange Zeit vergessen.

Dein
Grabbe.

Düsseldorf, 29. April 1836.
Die Adresse steht oben im Brief.

350. *An seine Mutter*

Liebe Mutter!

Der Kammerrat Führer kann nach so viel Jahren keine 30 Rtlr. nachfodern. Mein Schwiegervater war bei der Leihbank der Vorgesetzte, willigte er in Ausleihe ein, und wär's bei seiner Krankheit nur mündlich gewesen, weil er nicht anders konnte, so möchten eher ich und meine Frau den Ärger essen müssen. Doch Führers und Hrn. Wagners Schuldigkeit war's, sowohl bei meines Vaters Lebzeiten, seitdem sie die Geschäfte übernommen (wo auch Neese's Konkurs, so viel ich weiß, noch *nicht ausgebrochen war*), sich um die Sache und meines Vaters gut geführte Bücher zu kümmern, besser als sie getan, zeitig bei Neese ihre Rechte zu wahren, nicht aber, da zirka seit 5 Jahren alles beendigt ist, längst Dein Rechnungsabschluß da ist, Dich wieder zu quälen. Sie scheinen sogar die Sache so wenig gekannt zu haben, daß sie binnen 5 Jahren nicht einmal die Zinsen gehoben, bei welcher Gelegenheit sie gewiß von dem Stand der Dinge unterrichtet worden wären und *zeitige* Maßregeln hätten treffen können. Ist die Nessische Anleihe wirklich da, so haben sie die Schuld, daß sie so lange daran nicht dachten. Sonst können sie auch noch nach 20 Jahren vielleicht etwas Ähnliches aus den ihnen übergebenen Papieren herausklavieren. Auch war und ist weder der Kommissar der Leihbankskommission noch ihr Verwalter verpflichtet, für zufällig eintretende Bankerotte und Unglücksfälle zu haften, haben sie nur mit ehrlichem Sinn gehandelt. »Den Zufall trägt der Herr« heißt es, also hier die Leihbank. Mein Vater und Schwiegervater sind jedenfalls im besten Glauben gewesen. Bezahle nichts, ehe ich's nicht weiß. Meine jetzige Adresse hat der Hr. Kanzleirat Petri. Grüße Minchen und ihren Mann.

Düsseldorf, 29. April 1836. Dein

Christian.

[Am Rande:] Will Führer künftig Dir was, muß er zu Dir kommen. Er hat keine Botmäßigkeit über Dich und hat jüngere Beine als Du.

351. *An Hons*

Hochgeehrter Herr Hons!

1.) Ich kann Ihnen nur Glück wünschen, daß Nr. 5 nicht mehr in Ihr Blatt sudeln will. Ich habe ihn in meiner Rezension des ›Hans Heiling‹ nicht genannt, gar (um ihn nicht direkt am Bart zu fassen) nur von »auswärtigen« Rezensenten zu sprechen fingiert. Fühlt er sich dennoch verletzt, so sollte das Sie freuen. Es beweist, daß ich (doch auch einer Ihrer Mitarbeiter) den Nagel oder wie das Sprichwort heißt auf den Kopf traf. Das Unwesen der Operrezensionen im ›Fremdenblatt‹ war zu arg. Ich erinnere zum Exempel nur unter vielem an die Kritik oder wie man die Jauche nennen soll, über den ›Fidelio‹. Die Meiselbach, welche ich überall in meinen Rezensionen nur *schone*, weil ich der Kasse nicht schaden mag, ist hier wie überall unseres Kritikers Idol. Das gute Mädchen sang aber am Schluß der 1. großen Arie ½ Ton zu tief. Es konnte und kann noch immer nicht richtig Skala singen. Ihre, sc. der Meiselbach, höheren Töne sind in Verhältnis gegen ihre Brusttöne zu spitz und es ist gar kein Übergang da, welcher diesen grellen Naturfehler durch Kunst verschleiert. Richtigen Ansatz der Stimme hat sie fast nie, im ›Fidelio‹ am wenigsten, sie detonierte, und grade die Detonationsstellen wurden von einigen Kennern, vermutl. auch von Nr. 5, beklatscht. Alles das und manches sonst noch hab ich bei mir behalten, obgleich es mich immer wurmt, wenn es mir wieder ins Gedächtnis kommt. Nr. 5 und andere Herren verstehen wohl mehr von Gestalt (obgleich die Figur der M. auch nicht zu schön ist) als von Spiel und

Stimme. Ihr Spiel? als Fidelio? Eine Silbe der Schröder-Devrient sagt mehr als bei ihr 2 Akte. Warum hat Spohr in Kassel sie nicht behalten, wenn er sie nicht quitt haben wollte? Ich glaube gar, einmal behauptet die kenntnisreiche Nr. 5, die Meiselbach hätte italienischen Gesangsvortrag. Will Nr. 5 etwas besser die Ohren spitzen und nicht auf die minder hübsche Person sehn, so wird er finden: *Mad. Albrecht* nicht *Dem. M.* ist die gebildetste, geübteste Sängerin unseres Theaters, und würde am besten eine Rossinische Partie vortragen. Sie hat die reinste Intonation, eine gute Stimme, singt richtig und vibriert nicht wie die Gepriesene. Doch sie sieht etwas ältlicher aus. Über kurz oder lang hätte jemand die Nr. 5 zurechtgewiesen. Ich selbst vielleicht, weil ich nimmer auf die Länge solche Urteile ohne Grund ertrage. Da das Theater in dieser Saison nur noch eine Vorstellung gibt, können Sie um so eher sich über den Verlust des großen Rezensenten trösten. Denken Sie, und was ich kann, will ich helfen, auf Aufsätze, die den Sommer das Publikum fesseln ohne Theatergeschichten zu sein, quia, weil uns dann das Theater fehlt und man die Lücke zeitig bei dem jungen aufstrebenden Blatt zu füllen oder zu verhüllen hat. Die Kritiken der Nr. 5 müssen recht laut sein, denn oft weiß ich schon morgens 8 Uhr, welche Worte abends vorher im Theater selbstgefällig von gewissen Leuten als unfehlbare Kunsturteile in die Luft gepufft sind.

2.) Eben erhalt ich das ›Fremdenbl.‹ von heute. Wie können Sie noch die von dem Pöbel mißverstandene Sache der Tulpenzwiebeln aufnehmen, als wäre irgend etwas Wahres daran? V. Ranke. – Der Holländer liebt schöne Tulpen und schätzt sie. Darum fiel er im 17. Jahrhundert und früher darauf, seine *Wechsel* (cambia) mit Zwiebelnamen zu bezeichnen. Jede Tulpenzwiebelart hatte die *Bedeutung* einer Geldsumme, wurde aber darum nicht selbst für solche verkauft oder versendet. Es war eine Kaufmannslist, welche in den spanischen und französischen Kriegen den Schacher verbergen sollte, und wenn die Harlemer Gärtner die Dummheit der Unkundigen benutzten, und ihnen wirkliche Zwiebeln über den Preis anboten, so ist ihnen das nicht zu verdenken, obgleich auch da keine *wirkliche* Tulpe über 10–15 Taler gekommen ist. V. Mercure français, anno 1676 etc., soweit ich mich seines Jahrgangs aus dem Kopf entsinne. – Dem heutigen Hibernoregius empfehlen Sie a) gefälligst eine lateinische Grammatik und Nachdenken über das »parit« (!), b) auch eine deutsche würde ihm nicht schaden so wenig als Heinsius' ›Stilübungen‹, – c.) raten Sie ihm zu einem guten Kompendium der Logik, damit man nicht mehr raten muß als er geschrieben hat. Wie es scheint, soll nach ihm das Blatt vorn reden und hinten schweigen. Sehr anständig, aber wie ein Widerspruch da vorgetragen. Cfr. Anfang und Schluß der Salbaderei.

3.) In den ›Hofer‹ konnt ich nicht gehen. Immermann hat in der Vorrede getan, als hätte er mir mit seinem elenden früheren ›Hofer‹ Anlaß zu meiner Verfahrungsart im ›Napoleon‹ gegeben. Ich habe aber seinen Arschwisch nie ausgelesen. Der jetzige ›Hofer‹ ist etwas besser, doch später als mein ›Napoleon‹ geschrieben, und trägt Spuren der Nachahmung meines Stücks. – Das alles hätte mich ärgerlich gemacht, und Ärger hab ich ohnehin genug. –

4.) Sie haben mich einmal vor einem »Langen« gewarnt, und vielleicht nicht mit Unrecht. Laß ich ein Wort fallen, bin ich einige Augenblicke mißmutig, heftig, wird's (Gott weiß, ob von ihm oder von wem?) herumgetragen, herumgewendet, gar benutzt auf eine Weise, an die ich nicht dachte. Ich glaube, so etwas hat sich auch zwischen uns, Ihnen und mir, ereignet. Wenden Sie aber bei Gerüchten über mich sich nur an mich, und trauen Sie keinem Stadtgewäsch, und wär es von bestpoliertem Stahl. – Der Lange hat indes zweierlei mir sehr Liebes an sich:

a) er verzehrt bei mir *nichts*,

b.) er besucht mich, und ich wäre ohne ihn ganz sonder Gesellschaft. Auf meine Theaterrezensionen übt er nicht den geringsten Einfluß. Er ist, wie ich Ihnen schon jüngst schrieb, soviel ich weiß, während dieser Saison im Theater nie gewesen.

Lassen Sie uns Freunde bleiben und frischen Stoff für den ›Anzeiger‹ besorgen. Einigen hätt ich in petto und werde ihn Ihnen zur Beratung dieser Tage vorschlagen.

Ihr

Düsseldorf, 9. Mai 1836. alter Grabbe.

352. *An Heinrich Brockhaus*

Hochgeehrtester Herr!

Sie haben mich im ›Konversations-Lexikon‹ nicht vergessen, deswegen vergeß ich Sie auch nicht. Beiliegende Novelle ist mit Hülfe des Hr. Hartenfels von mir geschrieben. Sie ist lokal, doch für jeden Leser originell und bietet dem flachen Geschwätz Trotz, welches sich seit längerer Zeit unter Tiecks Ägide, wie ich sub rosa sage, in die Romanenwelt schleicht. Nehmen Sie dieses Kind der Laune in irgendeine Ihrer Zeitschriften, oder in eines von Ihren Taschenbüchern auf, oder drucken Sie dieselbe apart. Wagen Sie ein Honorar dran (wieviel überlaß ich Ihrem Gutachten), und melden mir gütigst Ihren deshalbigen Entschluß. Ich könnte Ihnen nächstens Besseres liefern (wenn Sie es wollen) auf billige Bedingung. Auch mein fast vollendetes Drama ›Die Hermannsschlacht‹, das beste und kühnste, was ich in der Art geschrieben darunter.

Von nun an schreib ich selbst, was Sie mir verzeihen, indem ich wegen Kränklichkeit schlechte Buchstaben mache, indes Ihnen doch meine Hochachtung bezeugen wollte. Ihr

Vater rettete mich einmal mit einer Kleinigkeit aus Verlegenheit. Freilich auf Tiecks Anweisung. Indes er tat's.

Nehmen Sie die Novelle, so bitte ich dann auch für einen tüchtigen Korrektor zu sorgen. Sie ist abscheulich*) kalligraphiert, vielleicht doch wohl so gut, daß Blumenhagen etc. etc. Neues daraus lernen.

Wollen Sie die Novelle nicht nehmen, so bitt ich, sie einstweilen zu behalten und, ohne das Manuskript zurückschicken, eine Antwort an »Hrn. Hartenfels« in Düsseldorf zu schicken.

Ihr
gehorsamster, leider
jetzt auch bettlägeriger,
und zu kranker
Grabbe,
welcher gern besser
und schöner seine Briefe schriebe
und mehr sagte.

Düsseldorf, den
11. Mai 1836.

353. *An Hons*

G. P. M.

Nehmen Sie diese gebrochenen 1½ Bogen Papier nicht übel. Die 2 ›Blätter von Scherz u. Ernst‹ erfolgen mit Dank zurück. Inhalt und vor allem die Rezensionen sind so trivial, daß man sie kaum angreifen oder auch nur kontrollieren mag. Doch entscheiden und befehlen Sie. Ich gehorche. Nur eins möcht ich wissen, ob man Rellstabs Novellen, so schlecht sie auch sind, nachdrucken darf? Hat er es etwa erlaubt? Oder ist's eine *neue*, von ihm hieher eingeschickte Novelle???

Hören Sie, wie ich als Freund rate, mit den ewigen Jere-

*) [Am Rande:] dieses ist wohl nicht so sehr der Fall, da sie neu abgeschrieben. H[artenfels]

miaden über Norbert auf. Die Repetitionen, und wären sie noch so gut, machen endlich seinen Namen zu einem Trivialweg, und schaden dem Journal. Daß noch einmal kurz und zeitig an die Witwe erinnert wird, vor ihrem Konzert, ist billig, auch daß Mendelssohn teilnimmt, wäre da auch noch einmal einzuschärfen. Sonst ich wiederhol's, schaden zu viele Wiederholungen, wie grade diese meine Periode dartut. Doch: Sie müssen am besten wissen, was noch nutzt. Da der Theaterstoff ausgegangen ist, will ich Ihnen gern helfen, Neues aufs Tapet zu bringen. Es gilt, daß das Feuilleton des ›Fremdenblatts‹ sich erhält und seine Kraft ungeachtet des für den Sommer verlorenen Komödienwesens bewährt. Der gedrückte Scherz und der gedruckte Ernst möchten ohne Theater schwerlich bis zum Oktober durchkommen, oder die ›Düsseldorfer Zeitung‹ muß noch 12 Vorspannpferde mieten, um den mit Leerheit vollgepackten und davon so schweren Beiwagen nachzuschleppen. – Bis morgen liefr ich Ihnen eine Erzählung, die kurz u. bündig wird. Heut bin ich noch zu krank. *Ex post.* Die Erzählung liefr ich nicht eher als bis meine früheren Späße eingerückt sind, was, wie ich *eben* sehe, heute nicht der Fall ist. Ich schreibe nicht gern in die blaue Luft, und es ist eine Frage, ob Sie nicht irren, wenn ein junges Blatt sich zahm halten soll. Jeder hat seine Ansichten. Bös meinen Sie es nicht. Nehmen Sie mir nicht übel, daß ich frei von der Leber rede, aber Ihnen gut bleibe.

Die Prügel quaestionis hab ich nicht erhalten. Wahrscheinlich ist der Versprecher vor der Wiederbezahlung und sofortigen gänzlichen Vernichtung der Schuld, welche seine Anleihe mir auf den Hals schaffte, zu bange. Er möchte nicht viele Jahre oder Augenblicke Zinsen ziehen. Lege er das Kapital klüger an. Ihr
[Düsseldorf, 20.] Mai 1836. Das Datum weiß Grabbe.

ich nicht wegen der Sonnenfinsternis, wobei es hell genug bleiben wird, und die man auf jeden betreffenden Tag sicher prophezeien kann, besonders wenn er wolkig ist. Seit 4000 Jahren weiß man, daß die Sonne sich alle drei Jahre regelrecht mehr oder weniger eine kurze Zeit verdunkelt. Wer weiß, was ihr Gesicht so ärgerlich und ein bißchen finster macht. Manche Astronomen jedoch tun groß und schmeißen prahlerisch mit Berechnungen, *die jeder machen kann*, Fixsternen, Erden und Planeten um sich, wie eine Magd mit Sand. Votre: Gr.

354. *An Carl Georg Schreiner*

Hochgeehrtester Herr Schreiner!

(Bald mehr und Besseres.)

Meine Krankheit hat mich hier 2 Tage gehalten, heut abend fahr ich erst weiter.

1) lassen Sie doch dem Bauer sagen (sc. dem Wirt, bei dem ich wohnte), er möchte alle an mich etwa kommenden Briefe Ihnen überschicken. Sehr gut, wenn Sie die Post instruierten! Ich mag die Bauers wohl leiden, doch ich sehe *Geld* lieber in bekannteren Hände[n, und] es könnte kommen, – brechen Sie sie nur alle auf, expedieren Sie dann aber gefälligst nach Detmold an mich, –

2) ist ein Paket von Brockhaus darunter, eine Novelle ›Grupello‹, die ich mit Hartenfels gemacht und ihm geschenkt habe, er aber Ihnen nicht anbieten wollte, woran Sie nichts verloren haben, so schicken Sie gefälligst sie dem Hartenfels zu. Er bezahlt das etwaige Porto.

3.) Unsere ›Hermannsschlacht‹ vollendet sich nun unter den Bergen und Wäldern ihres Vaterlandes. – Bald mehr, Hons bekommt 10 Aufsätze binnen 8–14 Tagen, die er aber einzeln, nicht auf einmal in ein Blatt rücken muß.

[24.] Mai [1836]

Datum weiß ich nicht. V. Gruß und Ihr Grabbe.

das Postzeichen. – Zu Hagen geschrieben. Im Bette bis
8 Uhr abends, darum
so schlecht geschrieben.

Der Lisette höflich andeuten lassen, daß Sie bei dem Oberdörfer nicht über Ende d. M. auf meinen Namen fortißt. Seine noch nicht ganz fälligen 6 Rtlr. schick ich von Detmold. Beim Abreisen ging's nicht.

Lisette muß an [mich ... Rtlr.] 12 Gr. bezahlen, weil sie [mir] über ein Jahr lang f[ür tägli]ch 2 Flaschen Bier zu 3 Gr. 10 Pf. für 6 Gr. abnahm.

Trösten Sie den Oberdörfer a[uf] meinen nächsten Brief –

355. *An seine Frau*

Ich ersuche Dich, mir umgehends zwei meiner Hemden, zwei Schnupftücher, zwei Paar Strümpfe zu schicken. Sie finden sich unter den Dir wohlbekannten in mein Haus mitgebrachten Kleidungsstücken. Sendest Du sie nicht sofort, werd ich sie zu holen wissen. Hast Du sie verkauft, so laß mir's melden, damit ich neue bestelle. Sonst

Detmold, den 29. Mai 1836. Dein
Grabbe,
wegen Krankheit auf einige Tage bei Hrn. Gastwirt Meier vorläufig abgestiegen.

An
die Frau Auditeurin
Grabbe.

Hierbei ›Wo Herm. d. Var. schlug‹ und den ›Donop‹ mit Dank zurück. Ludens 1. Band kommt in diesen Tagen durch Fahrpost. Auf der Schnellpost war er für mein Gepäck zu unbehülflich und zu schwer.

Gr.

356. *An Moritz Leopold Petri*

Lieber Petri!

Weil ich nicht die Marqueure, welche bei Meier dermalen viel zu tun haben, nach besserem Papier herumschicken mag, ist Gegenwärtiges auf mein gewöhnliches Konzept geschrieben. Das »Motivierte Urteil« folgt beian retour. Man müßte wenig Verstand haben, um nicht zu merken, daß des Dr. Paulus Epilog ganz unverständig ist. Sein Namensgenosse, der Apostel, war 1000 mal konsequenter. Gutzkow und das Junge Deutschland sind in Verachtung geraten, werden sich auch nicht herausretten, weil sie kein Talent haben. Sie wollten mich auch fangen. Ich hütete mich, doch diese Wally ist ganz ohne Bedeutung, und wird nur durch diese Broschure einige erhalten, woran vielleicht Geldspekulanten, Professoren darunter, arbeiten. Gutzkow sitzt sicherlich selbst dazwischen. Paulus hat 1800-4 den Spinoza herausgegeben, und zeigt immer mehr, daß er ihn nicht verstanden.

Etc.

[Detmold] Den 21. Jun. 1836. Dein

Grabbe.

Leih mir ein Buch. Ich werde just gestört. Gib mir auch Themata fürs ›Magazin‹. Hierbei auch mit Dank das mir geliehene ›Magazin‹ zurück. Ich will in jedes Blatt was liefern.

Mit einem Buche u. dem ›Lipp. Magazin‹.

357. *An Karl Ziegler*

Lieber Ziegler!

Bei Ordnung meiner Schreibsachen find ich die Briefe, welche Du mir nach Düsseldorf geschrieben hast. Ich las sie wieder durch, und kann Dir nicht genug die Erkenntlichkeit äußern, welche Du pto. Deines Benehmens in meinen Sachen verdienst.

Sollen wir heut nachmittag zusammen ausfahren? Petri ist vielleicht auch von der Partie.

Nun das Schlimmste, was aber bei mir stadtbewußt der Schwanz [dies Wort gestr.] nicht ist; Du sollst eine Ausgabe des ›Eulenspiegels‹ haben, – die schick mir (si possible) umgehends auf 3 Tage.

Den
[Detmold, Frühling oder Sommer 1836]

Dein
Grabbe

358. An Moritz Leopold Petri

Daß ja der Aufsatz über das ›Heraus unsrer Soldaten‹ aus dem ›Magazin‹ bleibt! Ich habe Nachricht, daß es uns, wenigstens mir, sehr üble Folgen bringen könnte. Ist er schon gesetzt, müßte das Blatt vertilgt werden – ich halte auf Dein Versprechen. Zeig ihn auch niemanden. Zerreiß ihn. Ich schreibe dies mit kranker Hand im Bette. Minchen schrieb die Mitte. Ich ward zu krank.

[Detmold] Den 1. Jul. 36.

Dein
Grabbe.

359. An Carl Georg Schreiner

Hochgeehrtester Herr Schreiner!

Daß ich bis jetzt, um mich bei der Ausführung der ›Hermannsschlacht‹, meines Lieblingswerks, nicht totzuärgern, weder mein Haus betreten noch (aus andern Gründen, weil mich die Freude zu sehr erschüttern würde) meine Frau habe sehen können, ist wahr. Dito, daß 350 Seiten der ›Hermanns-Bataille‹ ins reine sind. Dito, daß ich hier, wo ich Vermögen genug habe, keine Anleihen machen mochte, weil jeder, der einen Dichter während seiner Produktion nicht kennt, nicht begreift, daß derselbe nicht dabei durch Geldspektakel gestört werde, ist wahr. Daß ich Ihnen ferner für mehr als mehrere tausend (nehmen wir casu nur 3000) Taler haften kann, ist wahr. Daß ich aber augenblicklich 2 Louisdors bedarf, ist auch wahr. Kürzer und ohne Lärm zu machen, konnt ich sie nicht erheben, als auf Sie per Post. Sind sie verzehrt, zieh ich bei mir ein, indem die ›Hermanns-Bataille‹ jedenf. in der Zeit fix und fertig ist.

Dem Hrn. Hons schick ich nächstens einen ganzen Haufen, den er in verschiedene Blätter verteilen kann.

Die Wahrheit meiner Vermögenslage und Umstände wird der Hr. Hauptmann und Postmeister Runnenberg hierbei bezeugen. Grüßen Sie Stange.

Ihr gehorsamster

Detmold, den 7. Jul. 1836. Grabbe.

Die Wahrheit der umstehenden Angabe bezeuge ich hierdurch.

Hauptmann Runnenberg
Postmeister.

Detmold,
den 7. Jul. 1836

360. An Carl Georg Schreiner

Geehrtester Herr Schreiner!

Daß Sie die 2 Louisdors zurückwiesen, nehm ich Ihnen nicht übel. Sie waren für mich ein augenblickliches Bedürfnis, und der Postvorschuß hat seinen Zweck erfüllt. Wie es mit mir steht, zeigt der Brief und dessen Inlage, welchen Sie nicht aufgebrochen, und den ich angeschlossen hatte. Es ist eine Art Feigheit, die mich jetzt hindert, von meinen Vermögensumständen den Gebrauch zu machen, welchen ich davon machen könnte. Ich schließe hierin den Ihnen übersandt gewesenen Brief wieder an, und Sie werden finden, daß er attestiert und reell ist. Pto. des übrigen mit nächster oder spätestens übernächster Post mehr. Meine ›Hermannsschlacht‹, schreiben Sie etwas bitter, wäre nach meiner Aussage schon seit 15 Monaten vollendet, und glauben nicht dran. Nun ja, sie war es, ich habe sie aber seit der Zeit 5mal umgearbeitet. – In Düsseldorf bin ich nichts schuldig als

a) Lisette wird 2 Monat, zum Teil nach meiner Abreise, für mich gefressen haben, welches 6 Rtlr. 3 Gr. machen wird,

b) der Raseur wird 15 oder 18 Gr. für sein Bartabnehmen vielleicht noch zu fodern haben,

c) Lisette hat mir ein Jahr lang das Bier (2 Bouteillen) zu 6 Silbergroschen, statt, wie der Preis ist, zu 3 Slbrgr. 10 Pf. angerechnet, und außerdem, daß ich sie als Betrügerin verklagen könnte, hab ich ihr ihren Lohn *bezahlt.*

d) Die Bauer wird vielleicht 2 Rtlr. arrha fodern, die aber gar nicht akkordiert, für einen Monat zuviel ist, und in den französischen Gesetzen eo ipso nicht besteht.

Also, wenn ich Essen und Barbier rechne, ist meine ganze Schuld höchstens 6 Rtlr. 21 Gr. (cfr. oben sub a und b), und damit können Sie mich wohl hinhalten und Weitläuftigkeiten ersparen. Erklären Sie nur pto. der 6 Rtlr. 21 Gr., ich zahlte binnen 8 Wochen.

Ihr ergebenster
Grabbe,
wie immer.

[Detmold, Mitte Juli 1836]

361. An Carl Georg Schreiner

Hochgeehrtester Herr Schreiner!

Ich wollte Sie wegen der 231, schr. zweihundert einunddreißig Taler, nur um ein bißchen Geduld bitten, indem ich vor Vollendung der ›Hermannsschlacht‹, die ganz sicher bald fertig und kopiert ist, nicht in mein Haus und seinen Ärger einziehe. Sie haben ja dem Runkel mit weit mehr Risiko, als Sie bei mir zu befürchten haben, weit größere Gefälligkeiten getan. Auch will ich die Summe gern mit 5 Prozent verzinsen, kurz und gut, ich bin dafür sicher und zahle sie gewiß bald. – Wenn Sie bei meinen Werken Schaden haben, wie Sie schreiben, tut's mir leid. Ich begreife aber dann nicht, wie Uechtritz ›Rosamunde‹, ›Babylonier‹ (die, entre nous gesagt, beide unter aller Kritik sind, und welche Sie auch wohl nur aus besondren Beweggründen angenommen haben) Ihnen irgendeinen Vorteil bringen. Daß meine Sachen nun auch im ›Morgenbl.‹ und in der ›Eleganten‹ im ganzen sehr kräftig und günstig rezensiert sind, hab ich Ihnen schon geschrieben. So faul wie Sie meinen, bin ich in Düsseldorf nicht gewesen. Bedenken Sie, außer den bei Ihnen herausgekommenen Stücken: zirka 4mal die ›Hermannsschlacht‹ umgearbeitet; meine geschäftliche und sonstige Korrespondenz; die manchen, oft auf dem Krankenbett gelieferten Aufsätze für Runkel und Hons, wovon letztere auch in der Ferne nicht ohne Glück gewesen sind, wie ich in Hagen erfuhr, ohne daß der Lobredner mich kannte, – beweisen eine ziemliche Tätigkeit. Hons erhält binnen 14 Tagen allerlei Artikel für das Blatt, und ich wünschte nur, er gäbe mir außerdem ihm paßlich dünkende *Themata* auf, welche ich, ohne in Düsseldorf gegenwärtig zu sein, von Detmold aus bearbeiten kann. Mein Vermögen habe ich übrigens in meinem Brief viel zu gering angegeben. Ich wollte weder Ihnen renommistisch erscheinen noch von dem Postmeister Runnenberg mehr attestieren lassen als zu Ihrer Beruhigung nötig ist. Was dem Balbier noch, der mich übrigens zuletzt nicht mehr rasiert hat, höchstens zukommt, sind nicht 18, sondern nur 15 Sbgr. Meine geringe Schuld in Düsseldorf ist, wie ich Ihnen dargetan, ganz unbedeutend. Die Leute können warten bis ich aus dem Gasthof, dessen Wirt mein Freund ist, dem ich aber ebendeshalb bar bezahle, in mein Haus ziehe und mein Vermögen ergreife, was bereits mit mehreren Obligationen der Fall ist. Ex. p. Übermorgen ist die ›Hermannsschlacht‹ in Konzept fertig, und zwar mit letzter

Emendation. Sie ist in der Hoffnung gearbeitet, daß Sie mir nicht böse sind und sich darüber freuen werden.

Detmold, den 17. Juli 1836.

Ich breche den Brief noch einmal auf, weil er so schlecht zugesiegelt ist. Verzeihen Sie! Das ist einmal mein Fehler.

Ich bin im Ernst
Ihr Sie hochachtender
Grabbe.

362. An Moritz Leopold Petri

Petri!

Hierbei ›Eulenspiegel‹ von Ramberg mit Dank zurück. Die Nebenpersonen sind oft sehr gut gezeichnet, Eulenspiegel hat aber überall zuviel vom Arlequin. Das soll nicht sein, denn er ist kein bloßer Spaßmacher, sondern repräsentiert die aus dem tiefsten Ernst entstandene deutsche Weltironie. – Für den Wagen anbei 24 Mgr., das Trinkgeld sagst Du mir wohl bei Gelegenheit. Ich führe gern wieder aus, und ging es, ins Freie noch heute, wo ich den Wagen besorgen würde. Ich habe lange wenig Sonne genossen.

Den [?]

Dein
Grabbe.

Bei Deinen Worten und Bemerkungen denk ich oft nach, weil ich weiß, daß sie mehr als losgerissenes Gesprächskraut sind. Ich gehe in meinen Stücken stets auf einen Punkt. Ein Punkt wird spitz wie der Straßburger Münster in seiner Höhe. Doch eben um diese Spitze zu erreichen, muß man breit unterbauen. Das hab ich in etwas getan, und den letzten Akten im Schlusse (zu Rom) noch einen Haarbeutel oder Windfahne angehängt, welche nicht ohne Erfolg rauscht.

Idem, qui supra.

363. *An Moritz Leopold Petri*

Lieber Petri!

Wenn wir ausfahren sollen, so laß es mich wissen, besonders wann, damit ich bereit bin.

Den Gutzkow anbei zurück. Es ist diese Brochure aus Haß gegen Menzel entstanden, und das wirblichste, dummste Zeug, was ich je las. Deshalb aber ist es doch interessant, denn der Klügere lernt von einem Dummen mehr, als der Dumme aus dem klügsten Werke. Mein Urteil ist so unparteiischer als Gutzkow im ›Phönix‹ sich brillant über mich erklärt hat. Was jedoch wahr ist, ist wahr, und leckt man noch so viel darum her. Ich hoffe noch heute mittag mit der ›Hermschl.‹ fertig zu sein, wenn mich die letzten Szenen nicht zu sehr angreifen. Es ist der schwierigste Stoff, den ich je unter Händen hatte, weil ich ihn zu genau kenne, und deshalb so manche bloß lokale Kleinigkeiten abstreifen, und sie mit allgemein Interessantem ersetzen muß.

Dein

Detmold, den [?]
Mit 1 Buch.

Grabbe.

364. *An Moritz Leopold Petri*

Lieber Petri!

Die ›Hermannsschlacht‹ kann ich erst heute nachmittag oder bis morgen schicken. Die Korrektur quält mich zu sehr. Darum nimm diese Entschuldigung nicht übel.

[Detmold] 20. Jul. 1836.

Dein
Grabbe.

365. *An Moritz Leopold Petri*

Lieber Petri!

Anbei die ›Hermannsschlacht‹ in Konzept. Beliebt es Dir, sie zu lesen, so bitte ich aber, Dich von der struppigen Kalligraphie nicht stören zu lassen. Ich hätte sie (sc. das Stück) Dir gestern geschickt, konnte aber leider mein Wort nicht halten, weil ich Nachmittags 3 Uhr vor Ermüdung während der Arbeit einschlief. Gib sie in keine fremden Hände, und solltest Du sie durchlesen wollen, schick mir jeden Tag ein paar der von Dir gelesenen Bogen, damit ich sie nach und nach abschreiben lasse. Nie schmier ich wieder ein Genre- und Bataillenstück. Ungeheure Mühe, um Abwechslung und allgemeines Interesse hineinzubringen! Was hab ich nicht im ›Hermann‹ an Witzen, Naturschilderungen, Sentimentalitäten pp. einflicken müssen, um ihn möglichst lesbar zu machen. Indes sei es wie es sei, ein Koloß, auf durchaus neuen Wegen vorschreitend, ist das Stück. Oder weniger: es ist ganz seit meines jetzigen Aufenthalts in Detmold so geschrieben, wie es vorliegt, und beweist doch immer, daß ich nicht so faul gewesen bin, wie viele meinen.

Dein

Detm., 21. Juli 1836. Grabbe.

Ex. p.

Stoß Dich nicht an viele unbedeutende innere u. äußere Fehler. Ich werde sie in der Kopie, wo man sie deutlicher sieht, weil sie reiner ist als das Konzept, korrigieren. Fällt Dir was auf, so gib mir Dein offenes Urteil. Ich bin so dumm noch nicht, um mich nicht belehren zu lassen.

G.

Um's Himmels willen aber, wirf mir die schon schlecht genug aneinander paginierten Blätter nicht durcheinander. Fasse sie behutsam an. – Was ist übrigens meine Schuld für die Fahrt nach den Extersteinen u. Meinb.?

366. *An seine Frau*

Frau!

Über-Morgen früh, Schlag neun Uhr, zieh ich in mein Haus. Vorerst denk ich mein altes Zimmer nebst Schlafkammer, beide parterre, zu wählen. Ich hoffe sie mit allen Möbeln so in Stande zu finden als sie waren. Den Doppelschlüssel zu dem Zimmer, wovon unter andrem der Sergeant Schulz vielleicht zu sagen weiß, bitt ich mir auch neben dem Hauptschlüssel aus. Hast Du mehr Doppelschlüssel, so begehre ich alle, um sie zu vernichten. Einen Hausschlüssel (Du hast 2, wo nicht mehr) verlang ich gleichfalls. Über-Morgen früh halb 9 Uhr hat Sophie bei mir zu erscheinen, oder sie ist übermorgen mittag 12 Uhr außer Diensten. Warum Du gestern das Publikum aufzuregen geschienen und den Pedell Priester vielleicht hast rufen lassen, begreif ich nicht. Es wird wohl nichts von Dir herrühren. Ein Ehemann kann übrigens in sein Haus treten. Ich tat Dir dabei nichts zuleide. – Sei klug. Bedenke unser Interesse ist gemeinsam. Handle nicht dagegen. Ich werde Dich nie verletzen. Fremde Ratgeber nützen wenig.

Detmold, den 24. Juli 1836. Christian Dietrich Grabb[e]

367. *An Moritz Leopold Petri*

Lieber Petri!

Ich habe gestern nichts getan, als mein Haus höflich betreten. Sei mir deshalb nicht böse. Ist Lärm gewesen, ist meine Frau schuld. Übermorgen nehm ich das Haus in Besitz.

Detmold, den 24. Juli 1836. Dein Grabbe.

Wenn dieser Brief Dich zu Haus trifft, lies nebenliegenden Brief an meine Frau. Er ist nicht böse, geht sonst aber weiter an die –

368. An seine Frau

Frau!

Deinen Brief, der wahrscheinlich von heute und vermutlich, nach der Handschrift, von Dir ist, hab ich gelesen, obgleich ich weder bei ihm ein Datum noch eine Namenschiffre gefunden habe. Ich werde ihn aufbewahren und vielleicht zu seiner Zeit drucken lassen. Stehst Du unter dem Schutz der Obrigkeit, steh auch ich darunter. Ich ziehe nun nicht *übermorgen*, sondern *morgen* in meine alte Stube und Kammer, beide parterre, ein. Sophie hat's einzurichten, daß ich dort gut wie sonst wohnen und schlafen kann. D.h.: sie muß fegen, Bette machen etc. wie sich's gebührt.

Detmold, 24. Jul. 1836. Dein Grabbe,
Auditeur.

Dies schick ich Dir offen. Der Überbringer hat Befehl es Dir zu Füßen zu legen, wenn Du es nicht annimmst.

369. An seine Frau

Künftig unterschreib Deinen Namen. Man weiß ja kaum von wem der Brief ist.

[Detmold,] 24. Jul. 1836. Grabbe.

Ich ziehe schon morgen früh ein. Daß meine alte Stube bereit ist! Idem.

370. An den Regierungsrat von Meien

Gestern gehe ich einfach in mein Haus und meine – macht Spektakel

---

Übermorgen früh 9 Uhr werde ich in mein Haus ziehen. Ich wünschte, Priester wäre gegenwärtig, um zu sehen, wie ruhig ich handle.

[Detmold, 24. Juli 1836]

371. An Moritz Leopold Petri

Lieber Petri!

Heut abend kann ich nicht kommen. Ich bin noch nicht genug wohlauf. Geht's, so komm Du. Morgen, denk ich, könnt ich nach Meinberg wohl mit, oder noch besser, wir wären morgen oder übermorgen einmal unter uns irgendwo im Freien zusammen zu allerlei Diskursionen.

[Detmold,] 29. Jul. 1836. Dein
Grabbe.

Brief an den Kronprinzen von Preußen

Von aller Welt verlassen, immer mehr in die tiefste Hülfslosigkeit versinkend, erhebe ich meine scheue Stimme zu der Gnade Ew. Königlichen Hoheit.

Die Strafe meiner Lügen auf mein Haupt, wenn an den folgenden Tatsachen etwas Unwahres ist: ich bin von ziemlich armen Eltern in Lippe-Detmold geboren; sie waren schwach genug, mich auf das Gymnasium zu schicken, und ahnten nicht, daß die Weisheit des Gelehrten nur in der Form sich von der eines Schusters unterscheidet; ich überflügelte bald in den Wissenschaften nicht nur meine Mitschüler, sondern auch manche meiner Lehrer, und glaube noch jetzt ex tempore mich einer fast schrankenlosen Prüfung unterwerfen zu können; da aber mein Geist bei seinem inneren Wachstume sich auch äußerlich entfalten mußte und dies im jugendlichen Übermute auf eine vielleicht zu gewaltsame Weise geschah, so konnten meine ein wenig kleinstädtischen Landsleute das nicht fassen, und ich merkte, daß es um meine lippische Laufbahn getan war; weil ich indes einmal angefangen hatte, so durfte und konnte ich nicht sogleich wieder aufhören, und ich eilte nach Leipzig, um daselbst die Rechte zu studieren, welches ich denn auch so redlich getan habe, daß ich mich vor keinem Examen zu fürchten brauche; jetzt hatten jedoch meine unglücklichen Eltern das letzte Geld für mich aufgewendet, und da ich bei meinen schlechten Aussichten in der Heimat, kein andres Mittel wußte, so schrieb ich in meinem Schmerze ein Trauerspiel, für welches ich wegen seiner Sonderbarkeit einen hohen Preis zu erhalten dachte; aber obwohl bloß wegen dieses Stückes bedeutende Männer auf mich aufmerksam geworden sind und selbst Briefwechsel mit mir angefangen haben, so fehlte es mir bis auf Hut und Schuhe an allem Äußeren, um es einem anständigen Verleger auf die gehörige Weise anzubieten; da übermannte mich die ausgelassenste Lustigkeit, und ich schrieb mit einem abgebrochenen Schwefelhölzchen, welches ich in Ermangelung einer Feder in die Tinte tauchte, das Lustspiel nieder, welches ich als Probe meines Talentes hier beizulegen wage. Jetzt galt es aber, meine letzten Kräfte für meine Erhaltung aufzubieten, und ich erinnerte mich meiner Anlage für die Schauspielkunst, die so groß zu sein scheint, daß es märchenhaft lautete, wenn ich ohne einen näheren, persönlichen Beweis davon sprechen wollte; ich eilte also voll sicherer Hoffnung nach Berlin und – konnte es daselbst nicht einmal so weit bringen, daß ich zu irgend einer kurzen Probedarstellung im Zimmer gelassen wurde!

Ew. Königliche Hoheit haben nun gewiß schon ersehen, was ich für ein Mensch bin. Viele nannten mich genial, ich weiß indes nur, daß ich wenigstens *ein* Kennzeichen des Genies besitze, den Hunger.

Nochmals erhebe ich meine Stimme zu Ew. Königlichen Hoheit!

ANHANG

Nachwort

›Ich halte die Briefe überhaupt für den Stellvertreter der Konversation, darum sehen die meinigen oft so wie Kraut u. Rüben aus als ich selbst im Gespräch bin.‹ Dieses Bekenntnis Grabbes aus dem Jahr 1834 charakterisiert die Mehrzahl seiner Schreiben. Von wenigen Ausnahmen abgesehen, etwa den Briefen an Goethe oder Tieck, in denen er bestehende Normen und Gewohnheiten des Briefschreibens überaus absichtsvoll respektierte, besteht ihr Wert nicht so sehr in einer literarischen Originalität. Grabbes Briefe sind – worauf das Zitat unmißverständlich verweist – keine poetischen Kunstwerke im kleinen, keine glänzenden Kostbarkeiten aus dem reichen Briefschatz deutscher Dichtung. Sie sind vielmehr historische Dokumente zur Biographie des unglücklichen Schriftstellers aus Lippe-Detmold. Der Reiz der Schreiben liegt zuallererst in der Erhellung und authentischen Vermittlung des Charakters und der geistigen und künstlerischen Entwicklung des Autors. Daher sind sie nicht vornehmlich unter dem Gesichtspunkt zu lesen und zu bewerten, inwieweit sie dem hohen ideellen und stilistischen Niveau anderer Briefe der deutschen Literaturgeschichte, zumal des ausgehenden 18. und des beginnenden 19. Jahrhunderts, standhalten. Es sei nur an die Briefe Goethes, Schillers, Wilhelm von Humboldts, Kleists, der Romantiker, aber auch Büchners erinnert.

Die vorliegende Edition – es ist neben den Briefbänden der Historisch-Kritischen Gesamtausgabe (1970/1973) die erste Auswahl, die in den letzten Jahrzehnten überhaupt erschien – beabsichtigt also vor allem, einen Beitrag zum Verständnis der Lebens- und Werkproblematik des Dichters zu leisten, gleichsam ein Lebensbild in Briefen zu vermitteln. Daß diese Zeugnisse auf Grund von Grabbes außergewöhnlich eigenwilliger Persönlichkeit und seines hochgesteckten Anspruchs als Dramatiker eine unverwechselbare, zum großen Teil faszinierende Diktion haben, rechtfertigt ihre Veröffentlichung zusätzlich.

Überblickt man Grabbes Briefe, so ist seine Kennzeichnung ›wie Kraut und Rüben‹ in mehrfachem Sinn aufschlußreich. Zunächst insofern, als sie ganz allgemein die Wesenszüge eines zerrissenen Dichters widerspiegeln und alles andere vermitteln als die Vorstellung eines geschlossenen, womöglich harmonischen Ganzen. Die Adressatenbeziehung bestimmte jeweils Anlage, Tendenz und stilistische Ausformung des Briefes. Das Spektrum der Möglichkeiten ist dabei sehr groß, wenn man die mitunter psychologisch raffiniert und stilistisch glänzend geschriebenen Briefe an Tieck und Immermann (oder gar den an Goethe von 1827) mit den Freundesbriefen an Georg Ferdinand Kettembeil, Karl Ziegler, Leopold Petri oder die an den Berliner Studienkumpan Ludwig Gustorf mit denen an die Eltern vergleicht. Daneben liegt eine Vielzahl amtlicher Schreiben vor, die belegen, daß Grabbe auch weitgehend unabhängig von seiner gebrochenen Subjektivität imstande war, sprachlich elegante und geschliffene Briefe zu verfassen, in denen er als Person vollständig zurücktrat und allein der sachliche Gegenstand im Mittelpunkt blieb. Es gibt Briefe, in denen Grabbe seine innersten Gedanken und Gefühle freimütig eingestand, er sich über die Motive und Interessen seines Lebens und Werkes offen äußerte. Es gibt aber auch Briefe, die ausschließlich der Verhüllung seines Wesens dienten, die Eindrücke von ihm vermitteln sollten, die ganz offensichtlich seinem Wesen widersprachen.

Die Formulierung ›wie Kraut und Rüben‹ meint aber auch und vor allem eine Uneinheitlichkeit in den Briefen in dem Sinne, daß unterschiedliche Themen und Stimmungslagen unvermittelt nebeneinander stehen, daß ihr Autor von tiefer Resignation über seine Lebensumstände in euphorische Übersteigerung seines Anspruchs als Schriftsteller wechselt, er zwischen maßloser Unterschätzung und maßloser Überschätzung seiner Wirkungschancen schwankt. Immer jedoch artikulieren sich die schwierigen Lebens- und Schaffensbedingungen eines ehrgeizigen Schriftstellers, der der größte deutsche Dramatiker werden wollte und ebendies aus objektiven und subjektiven Gründen nicht werden konnte. Und die Briefe bleiben immer nur das, was sie wohl vornehmlich sind – Mitteilungen intimer Regungen eines Individuums, das sich einem vertrauten Adressaten gegenüber unverfälscht offenbart. Grabbes Briefe sind dabei im besonderen Maße nur für die Kommunikation zwischen zwei Menschen bestimmt und nicht für die Öffentlichkeit. Bedenkt man diese Funktion, wird auch verständlich, daß sich Grabbes Korrespondenz heute im wesentlichen als eine einseitige präsentieren muß, weil er mit den an ihn adressierten Schriftstücken sorglos umging. Sieht man vom nahezu vollständig erhaltenen amtlichen Briefverkehr des lippischen Auditeurs ab, so fehlen sowohl die Antwortbriefe Kettembeils und – größtenteils – Immermanns als auch die Briefe solcher Schreiber wie Wolfgang Menzel, Friedrich Wilhelm Gubitz oder Karl Theodor Winkler (Theodor Hell), die für Grabbes künstlerische Entwicklung besonders wichtig waren. Selbst der Brief Tiecks vom 6. Februar 1822, der Grabbes Frühwerk sehr ausgewogen beurteilt und für ihn äußerst schmeichelhaft ist, blieb nur dadurch textlich überliefert, weil Grabbe ihn 1827 seinen ›Dramatischen Dichtungen‹ beigab.

So wie Grabbe seine Briefe keineswegs mit Blick auf eine größere Öffentlichkeit verfaßte, stießen zeitgenössische Briefeditionen auf sein völliges Unverständnis. Das betrifft den ›Briefwechsel zwischen Schiller und Goethe‹, der 1828/29 in der Cottaschen Buchhandlung erschienen war und den Grabbe im Frühjahr 1830 während seiner Arbeit an ›Napoleon oder die hundert Tage‹ mit Widerwillen las. Und es betrifft wenige Jahre später (1835) ›Goethes Briefwechsel mit einem Kinde‹ der Bettina von Arnim. In beiden Fällen fühlte sich Grabbe als Autor einer ›anderen Periode‹ der deutschen Literatur aufs heftigste provoziert. Die Ausgaben veranlaßten ihn zu Besprechungen, die in Gehalt und Ton derart rigoros-ablehnend sind, daß selbst die jungdeutsche ›Frühlingszeitung für Deutschland‹, ›Phönix‹, auf einen Druck der Bettina-Rezension verzichtete.

Die Rezension ›Etwas über den Briefwechsel zwischen Schiller und Goethe‹ (1830) weitete sich unter der Hand nicht nur zu einer literaturkritischen Abrechnung mit der Weimarer Klassik und besonders ihrem damals noch lebenden Repräsentanten Goethe aus, sondern auch zu einer – wie Grabbe am 12. September 1830 Kettembeil schrieb – ›*Abhandlung* über unsere *Zeit und Goethe und Schiller*‹. In der Analyse der Epoche gelangte Grabbe hier zu tiefgreifenden Einsichten, die in einer Einschätzung der Julirevolution vom plebejischen Standpunkt aus gipfelten. So zutreffend Grabbes Charakterisierung der sozialen und kulturellen Entwicklung in Deutschland auch ist, seine Grenze liegt in einer von Haß diktierten Ablehnung der klassischen Literatur, womit er der poetischen Universalität und humanistischen Leistung Goethes nicht gerecht wurde. Die tief empfundene Unversöhnlichkeit klassischer und vormärzlicher Literaturprogrammatik, die Grabbe bei allen Widersprüchen und Begrenztheiten neben Heine und Büchner repräsentiert, hatte ihn dazu geführt, die Korrespondenz der beiden Klassiker nur noch als ›Schmutz‹ aus dem ›Palaste eines sogenannten Dichterfürsten‹ mißzuverstehen. Allerdings hatte Goethe drei Jahre zuvor die ehrfurchtsvolle Übersendung der ›Dramatischen Dichtungen‹ mit Schweigen übergangen und damit dem jungen Dichter die gegensätzlichen Grundhaltungen ihres poetischen Werkes indirekt zu erkennen gegeben. Grabbes Verunglimpfung des Briefwechsels ist aber nicht Revanche für die damalige Mißachtung des eigenen Werkes, sie ist vielmehr der – Fragment gebliebene – Versuch einer Bilanz der deutschen Literatur am ›Ende der Kunstperiode‹ (Heine).

Grabbes Briefe sind bei aller gelegentlichen Neigung zur Manipulation biographischer Details ein einzigartiges Zeugnis für den Werdegang eines der umstrittensten deutschen Schriftsteller. Auf sehr unauffällige Weise werden persönliche und zeitgeschichtliche Ereignisse zueinander in Beziehung gesetzt – allerdings nicht in dem Sinne, Probleme der gesellschaftlichen Entwicklung gründlich aufwerfen oder gar systematisch mit der Absicht einer Bewältigung reflektieren zu wollen, so, wie wir es von anderen Briefschreibern in der deutschen Literatur kennen. Zeitgeschichte dringt vielmehr nur sehr sporadisch und gleichsam gefiltert in die Briefe ein. Die im allgemeinen mittelbare Aufnahme politischer Ereignisse und weltanschaulicher Probleme schließt allerdings direkte Reaktionen nicht aus, wie Äußerungen über die Julirevolution, den Befreiungskampf des polnischen Volkes gegen den Zaren, den des griechischen Volkes gegen die Türken und über das Hambacher Fest belegen.

Eindeutig im Zentrum stehen des Dichters Leben und sein Werk, dessen Entstehung und Wirkung. Daß in Grabbes Briefen seine poetischen und publizistischen Schriften in so auffälliger Weise den Mittelpunkt bilden, verweist darauf, wie stark sich der Autor an diese geklammert hat. Allein sie gaben ihm vorübergehend Halt in einem Leben, das des Haltes dringend bedurfte. Auf sie nahm er immer wieder Bezug, fasziniert von den historischen Helden, die die Entstehung der Werke inspirierten. Die Briefe bezeugen einen hektischen Schaffensprozeß, keinen ruhigen, die poetischen Gestaltungselemente ausformenden. Grabbes Werk konnte sich überhaupt nicht kontinuierlich entfalten, sondern wurde den widrigsten Lebensumständen und den negativen gesellschaftlichen Erfahrungen der Restaurationsepoche geradezu gewaltsam abgetrotzt. Es ist durch radikale Kritik sowohl an den spätfeudalen als auch an den kleinbürgerlich-beschränkten Tendenzen der Zeit geprägt. Für die seit 1819 entstehenden Dichtungen ist insgesamt eine illusionslose, partiell resignative Sicht auf den Aufstieg der deutschen Bourgeoisie charakteristisch. Der Autor vermag den vorrevolutionären Optimismus der deutschen Aufklärung und Klassik nicht mehr zu akzeptieren, er nimmt ihn mit seinen frühen Werken, dem Trauerspiel ›Herzog Theodor von Gothland‹ und dem Lustspiel ›Scherz, Satire, Ironie und tiefere Bedeutung‹, zurück. Die definitive Absage an den deutschen Idealismus war die Voraussetzung dafür, daß Grabbe in den späten zwanziger Jahren Geschichtsdramen schreiben konnte, die eine komplexe, weitgehend realistische Erfassung der tiefgreifenden sozialen, politischen und kulturellen Wandlungen in Europa erkennen lassen. In dem unter dem Eindruck der französischen Julirevolution entstandenen Drama ›Napoleon oder die hundert Tage‹ (1831) gelang ihm eine kritisch-realistische Darstellung des gesellschaftlichen Prozesses in einer Totalität, die die deutsche Dramatik bis dahin nicht gekannt hatte. Grabbes ausgeprägter Sinn für die Widersprüche der Realität schloß somit eine Anknüpfung und Fortführung des klassischen Humanismus aus. Er schuf ein Werk, das die Merkmale einer Übergangsepoche trug und den Weg der vormärzlichen Literatur zum kritischen Realismus des 19. Jahrhunderts vorbereitete.

In seinem Essay ›Vor Feuerschlünden‹ greift Franz Fühmann das Wort Stephan Hermlins vom ›nicht lebbaren‹ Leben auf, das dieser im Nachwort zu einer Ausgabe von Gedichten Georg Trakls geprägt hatte. Es dient, zumal bei Fühmann, zur Charakterisierung der Lebensläufe deutscher Schriftsteller, für die das ›Alltagssterben am unlebbaren Alltagsleben‹ die existentielle Grunderfahrung bildete: ›Jeder, der dies Erliegen erfährt, erfährt es auf seine eigene Weise, und wer es nicht erfährt, wird es nie verstehn. – Kleist ist so gestorben, und Hölderlin, Lenz, die Günderrode, Grabbe, Stifter.‹ Und er fügt – mit Blick auf die gegenwärtige Literatur – hinzu: ›von den Unbekannten Christa T.‹ Dem ist kaum zu widersprechen, im Gegenteil: Fühmanns Studien zu Leben und Werk Trakls leisten einen eminenten Beitrag zur Entdeckung der widerspruchsreichen Beziehungen zwischen der Biographie und dem Werk eines Künstlers, und sie treffen im besonderen Maße auch auf Grabbe zu. Nach Fühmanns sensibler Erfassung der Schaffensproblematik einiger deutscher Schriftsteller verbietet es sich, weiter zu fragen, unter welchen veränderten subjektiven und objektiven Bedingungen Grabbe noch mehr hätte leisten können. Vielmehr ist sein Leben zu akzeptieren als die für ihn tatsächlich einzige Möglichkeit, überhaupt künstlerisch zu produzieren.

Christian Dietrich Grabbe wurde am 11. Dezember 1801 in Detmold als Sohn eines Zuchthausaufsehers geboren, was er – sobald er die Stadt verlassen konnte – stets zu verdrängen bestrebt war. Unter seiner sozialen Herkunft litt er zeitlebens, sie verfolgte ihn geradezu in beängstigender Weise. Immerhin ermöglichten die Eltern Grabbe nach dem Besuch des lippischen Gymnasiums ein dreijähriges Studium der Rechte in Leipzig und Berlin. Danach wollte er, frühzeitig literarisch interessiert und talentiert, nicht nach Detmold zurückkehren, sondern sich in Leipzig,

Dresden oder Berlin als Dramaturg, Dramatiker oder Schauspieler niederlassen.

An den Kronprinzen Friedrich Wilhelm von Preußen entwarf Grabbe in dieser Zeit einen – nicht abgesandten – Brief, den er mit den Worten eröffnete: ›Von aller Welt verlassen, immer mehr in die tiefste Hülfslosigkeit versinkend, erhebe ich meine scheue Stimme zu der Gnade Ewr. Königlichen Hoheit ...‹ Grabbe skizziert, keineswegs ›scheu‹, seine Entwicklung im Gymnasium und an der Universität mit dem Vorsatz, die hochgesteckten künstlerischen Ambitionen von den durchschnittlichen gesellschaftlichen Interessen in Lippe-Detmold abzuheben: ›da aber mein Geist bei seinem inneren Wachstum sich auch äußerlich entfalten mußte und dies im jugendlichen Übermut auf eine vielleicht zu gewaltsame Weise geschah, so konnten meine kleinstädtischen Landsleute das nicht fassen, und ich merkte, daß es um meine lippische Laufbahn getan war.‹ Wie auch aus anderen Briefen hervorgeht, sah Grabbe den Gegensatz zwischen seinem Lebensanspruch und dem der lippischen Kleinbürger, und er befürchtete, in seiner rückständig-abgeschiedenen Heimat letztlich nicht zufrieden werden zu können, zumal er ein bürgerliches Dasein zunehmend verabscheute. Dem genialischen Ideal eines ersehnten reichen Künstlerlebens stellte Grabbe den eintönigen Alltag des Kleinbürgers gegenüber, den er etwa in der Schlußszene von ›Napoleon oder die hundert Tage‹ geißelt, wo der Bonapartist Cambronne (bevor er sich in den Tod für Napoleon stürzt) dem Pächter Lacoste, dem Vertreter des unheroischen Bürgertums, die vernichtenden Worte entgegenschleudert: ›Grüßen Sie die Frau und die lieben Kinder, und wenn sie nach zehn Jahren mit denselben wieder zum tausendsten Male einen Kuchen essen oder Ihren Töchtern neue Kleider schenken, so freuen Sie sich ja von neuem über Ihre Existenz und Ihr

Glück. Wir gehen jenen Kanonenmündungen entgegen und bedürfen Ihrer Elendigkeit nicht mehr!‹

Dieses Zitat macht das Dilemma von Grabbes Leben nachvollziehbar. Er wollte als Dichter Einmaliges vollbringen und glaubte, sich als entscheidende Voraussetzung dafür eine unabhängige künstlerische Lebenswelt aufbauen zu müssen – und er wurde immer wieder zurückgewiesen auf Varianten bürgerlicher Daseinsformen: Advokat, Auditeur, schließlich sogar Abschreiber von Theatertexten. Mit einer Lebenshaltung, wie sie aus dem ›Napoleon‹-Zitat spricht, war natürlich keine auf Familie und Beruf gegründete Existenz zu schaffen. Trotzdem begann Grabbe in Detmold das, was er haßte – eine Laufbahn in der Staatsbürokratie.

Im Briefentwurf des Zweiundzwanzigjährigen an den Kronprinzen walten – jedenfalls vordergründig – ›Scherz, Satire und Ironie‹, wenn Grabbe vom Studium und den ersten poetischen Werken spricht. Er könne sie keinem Verleger anbieten, weil es ihm ›bis auf Hut und Schuhe an allem Äußeren‹ fehle – sein Lustspiel habe er verfaßt ›mit einem abgebrochenen Schwefelhölzchen, welches ich in Ermangelung einer Feder in die Tinte tauchte …‹ Die frühe Neigung zur Pflege des Image eines literarischen Außenseiters findet sich in vielen Briefen und gab – zusammen mit Anekdoten – Anlaß zur Bildung von Legenden, zu denen auch Friedrich Theodor Vischer beitrug, für den Grabbe ein ›Schnapslump‹ war, ›der einiges Dichtertalent dadurch verderbte, daß er sich durchaus zu einem Kraft- und Saftgenie aufbläen wollte.‹

Die individuellen Besonderheiten seines Lebens und Schaffens sind antizipatorische Elemente eines Künstlertyps, der sich verstärkt in der zweiten Hälfte des 19. Jahrhunderts herausbildete und etwa in Paul Verlaines ›Les Poètes maudits‹ (1883) beschrieben wurde. Ansätze für eine solche am Rande der feudalen oder bürgerlichen Gesellschaft entstehende Dichtung gibt es in der deutschen Literaturgeschichte allerdings schon vor Grabbe – bei Johann Christian Günther, Jakob Michael Reinhold Lenz, bei Heinrich von Kleist, um nur einige zu nennen. Kurz nach der Jahrhundertwende treten Züge des literarischen Bohemien – begleitet von direkter Grabbe-Rezeption – u.a. bei Georg Heym, Peter Hille und Frank Wedekind auf. Insofern gehört Grabbes Leben durchaus in den Kontext der europäischen Boheme, er kann mit einigem Recht als ein deutscher ›poète maudit‹ bezeichnet werden.

›Ew. Königliche Hoheit haben nun gewiß schon ersehen, was ich für ein Mensch bin‹, schließt Grabbe den Brief an den Kronprinzen, ohne damals übliche ausschweifend-ehrfurchtsvolle Formulierungen, vielmehr mit einer knappen, großsprecherischen Geste: ›Viele nannten mich genial, ich weiß indes nur, daß ich wenigstens ein Kennzeichen des Genies besitze, den Hunger. Nochmals erhebe ich meine Stimme zu Ew. Königlichen Hoheit!‹

Die existentielle Frage, ›was ich für ein Mensch bin‹, hat Grabbe selbstverständlich in den Briefen durchweg beschäftigt, obwohl nur wenige von ihnen den ›eigentlichen‹ Menschen erkennen lassen dürften. Doch, wer war dieser ›eigentliche‹ Grabbe? Der schwadronierende, genialisch veranlagte Dichter, der sich über das alltägliche Leben hinwegsetzen wollte? Oder der an der Epoche und seinen inneren Konflikten, etwa an dem Widerspruch zwischen subjektivem Ideal und realer Erfahrung, Leidende, von Minderwertigkeitsgefühlen Geplagte, durch seine äußere Erscheinung Benachteiligte, dem es sehr schwerfiel, mit anderen zu kommunizieren und Lebenskrisen produktiv zu bewältigen? Richtiger ist vielmehr, daß alle diese Züge die Gestalt des Künstlers Grabbe konstituieren. Und wieder gilt eine Erfahrung, die Fühmann im Umgang mit

E.T.A.Hoffmann und Trakl gewann, auch für ihn: ›... daß Trakls Leben den Preis darstellte, den er zahlen mußte, sein Werk so zu schaffen, wie er es geschaffen: als Zeugnis eines unlebbaren Lebens.‹ Grabbe sah sich letztlich wohl vor eine ähnliche Problematik gestellt, hatte aber weder physisch noch psychisch die Kraft, der inneren Gebrochenheit jene Energie entgegenzusetzen, die die Voraussetzung dafür gewesen wäre, seinem Leben eine Wende zu geben. Zwar hatte er bereits als Fünfundzwanzigjähriger in einem Brief an den Archivrat Christian Gottlieb Clostermeier erkannt, daß die ›Bekämpfung meines leidenschaftlichen extremen Wesens‹ eine vordringliche Aufgabe sein müsse, doch die Willensstärke dazu brachte er im Alltag des Lebens eben nicht auf. Und auch hier bliebe die Frage, ob es Grabbe überhaupt noch an den Schreibtisch gedrängt hätte, wenn es ihm gelungen wäre, sein ›extremes Wesen‹ im Sinne bürgerlicher Normalität und Durchschnittlichkeit zu regulieren. Es scheint, daß Grabbes charakterliche Eigentümlichkeiten und Besonderheiten und seine exzessive Lebensweise nicht als Makel an einer außergewöhnlichen Künstlergestalt allenfalls zu tolerieren sind, sondern daß sie die individuelle Voraussetzung für die Entstehung seiner in der Geschichte der deutschen Literatur originären Dramatik darstellen. Auf diese Weise ist das Lebensgefühl des Autors mehr oder weniger stark ins Werk eingegangen und wird in ihm aufbewahrt.

Im Sommer 1823 waren alle Versuche vorerst gescheitert, sich mit Hilfe Tiecks oder seiner Studienfreunde in einer der großen Theaterstädte Deutschlands eine künstlerische Karriere zu eröffnen. Die finanzielle Not zwang Grabbe schließlich zur Rückkehr in die Heimat. Nach einer monatelangen Lebenskrise mußte er sich doch zu dem entschließen, was er ursprünglich vermeiden wollte: zur Ablegung eines juristischen Staatsexamens und für eine berufliche

Existenz als Advokat im lippischen Zwergstaat. Seit 1826 arbeitete er als Auditeur im lippischen Heer, zunächst als Gehilfe, später als vollbesoldeter Offizier. Obwohl er noch Ende September 1823, unmittelbar nach seiner Rückkehr, an Gustorf geschrieben hatte: ›und will wieder fort ... In diesem Detmold, wo ich abgeschnitten von aller Literatur, Phantasie, Freunden und Vernunft bin, stehe ich (Dir ins Ohr gesagt) am Rande des Verderbens‹, besiegelte er den nach schweren Depressionen gefaßten Entschluß, sich in Detmold niederzulassen. Von den ehrgeizigen Plänen, ein berühmter Schriftsteller zu werden, ist in den Briefen dieser Jahre nirgends mehr die Rede. Die beiden Frühwerke, das Trauerspiel ›Herzog Theodor von Gothland‹ und das Lustspiel ›Scherz, Satire, Ironie und tiefere Bedeutung‹, die in Leipzig, Berlin und Dresden in literarischen Kreisen Furore gemacht hatten, lagen vergessen zwischen anderen Manuskripten. Sollte sich dieser begabte Poet – das hatte nicht nur Tieck, sondern auch Heinrich Heine bestätigt – aufgegeben haben, bevor auch nur eines seiner Werke der Öffentlichkeit zugänglich geworden war?

Die zunächst erfolgreichen Bemühungen, in der Tätigkeit als Jurist einen Sinn zu entdecken, konnten ihn indes nicht darüber hinwegtäuschen, daß er sein Lebensproblem lediglich verdrängt hatte und er sich nur gezwungenermaßen in sein Schicksal fügte. Immer häufiger versuchte er, depressive Stimmungen durch den Genuß von Alkohol zu beseitigen. Die ironische Distanz zu einer Lebensrolle, die er ablehnte, verstärkte sich in dem Maße, wie er sich seiner Frustration als Schriftsteller wieder bewußt wurde.

Durch einen puren Zufall erhielt Grabbes Leben eine überraschende Wende. Kettembeil, der Leipziger Studienfreund, hatte einen Verlag übernommen und stellte den Druck der Jugenddramen in Aussicht. Dies war ihm wie ›eine Stimme in der Wüste‹, gestand Grabbe. Die lange

Epistel vom 4. Mai 1827 an Kettembeil ist das wohl aufschlußreichste biographische Dokument für Grabbes Charakter. Es enthält alle wesentlichen Züge seiner tragischen individuellen Existenz und kulminiert in der den Leser schockierenden Feststellung: ›Meine Seele ist tot; was jetzt noch unter meinem Namen auf der Erde sich hinschleift, ist ein Grabstein, an welchem Tag für Tag weiter an der Grabschrift gehauen wird.‹ Seinem Kommilitonen beichtete er, was er vor der ihm fremden und feindlichen Umwelt ängstlich verbarg, denn: ›... ich versichere, daß Du zu den wenigen gehörst oder vielleicht der einzige bist, dem ich ein aufrichtiger liebender Freund bleibe.‹ Der Brief enthüllt eines der unglücklichsten deutschen Dichterleben. Es ist bewundernswert, daß Grabbe diese pessimistische Lebensauffassung durch eine enorm hervorbrechende literarische Produktivität vorübergehend überwand und seit der Veröffentlichung der ›Dramatischen Dichtungen‹ (1827) – zunächst jedenfalls – jährlich ein großes Drama zu produzieren imstande war: ›Don Juan und Faust‹ (1829), ›Kaiser Friedrich Barbarossa‹ (1829), ›Kaiser Heinrich der Sechste‹ (1830), ›Napoleon oder die hundert Tage‹ (1831).

Aber selbst in diesen vier Jahren, die noch Grabbes beste waren, bestand zwischen ihm und dem Detmolder Bürgertum eine tiefe Kluft, und man muß sich fragen, wieso es bei seiner psychischen Disposition und deren Bewertung durch die Umwelt überhaupt so lange eine Koexistenz geben konnte. Den Typ des aufklärerisch gebildeten und erzogenen, sozial und ethisch der Norm entsprechenden Bürgers stellte der Archivrat Clostermeier dar, der den Dichter seit früher Kindheit kannte. Clostermeier notierte im Januar 1828, also auf dem Höhepunkt von Grabbes beruflicher Entwicklung, über dessen Rolle im öffentlichen Leben Lippe-Detmolds: ›Grabbe jun. sieht sich als Genie an, das als solches über allen Anstand u. alle Lebensart, alle Konvenienz erhaben und befugt ist, nur allein nach seinem Willen zu handeln ...‹ und prognostizierte: ›Wenn er bei seiner Manie bleibt, so wird er seine Untauglichkeit bald genug verraten.‹ Auch wenn das Wort ›Untauglichkeit‹, im Bewußtsein Clostermeiers ein Synonym für die Unfähigkeit, sich im gesellschaftlichen Leben ›normgerecht‹ zu verhalten, für das Verständnis außergewöhnlicher Künstlerpersönlichkeiten nicht im geringsten geeignet ist, so hat sich doch die Prophezeiung im Hinblick auf die Biographie Grabbes bestätigt. Trotzdem ist – und das dürfte für die Nachwelt entscheidend sein – ein dramatisches Werk entstanden, das geistig und gestalterisch innovatorische Züge aufweist, welche erst Jahrzehnte nach dem Tode des Dichters mit dem Beginn des Naturalismus in Drama und Theater zur Wirkung gelangten.

Interessant ist, daß Grabbe etwa zeitgleich mit der Clostermeier-Notiz in einem Brief an Kettembeil – freilich mit anderem Vokabular – auf ähnliche Weise zu seinem Lebensproblem Stellung bezog. Er schickte Kettembeil eine Selbstrezension zu den gerade erschienenen ›Dramatischen Dichtungen‹, in der er über sich schrieb: ›Offenbar ist der Verf. in mehr als einer Rücksicht untergegangen, mit Ernst und mit Spott scheint er alles Sittliche und Ideale zertrümmert zu haben, er selbst ist mit sich uneins, er ist sich nichts, deshalb ihm auch die Welt.‹ Und dann folgen die erschütternden Zeilen: ›schwerlich wird oder kann ein Mensch wie der Verf. ferner etwas leisten.‹

Die Briefe an Kettembeil zwischen 1827 und 1831, die zu Grabbes bedeutendsten gehören, dokumentieren vor allem die manisch-depressive Lebens- und Schaffenshaltung des Dichters. Er forderte seinen Verleger immer wieder auf, literarischen Zeitungen Exemplare seiner Werke sowie Selbstrezensionen zuzusenden, um nationale Publizität zu erlangen. Unter dem 20. Januar 1828 schrieb Grabbe an

Kettembeil, er fühle sich als der künftige ›Messias der deutschen Bühne‹. Und tatsächlich konnte er in diesen Jahren sowohl mit der öffentlichen Aufnahme seiner Stücke als auch seiner beruflichen Entwicklung als lippischer Auditeur zufrieden sein. Den Gipfelpunkt seines Lebens und Schaffens erreichte er während der Arbeit an ›Napoleon oder die hundert Tage‹.

›Napoleon wird ungeheuer. Frische Kraft in mir. Ich trinke weniger‹, meldete er am 15. März 1830 Kettembeil. Unter dem Eindruck der französischen Julirevolution überarbeitete Grabbe den Text hinsichtlich einer weiteren Entmythisierung der Titelfigur und der Verstärkung der geschichtsbildenden Rolle der Volksmassen. Das Ergebnis war ein realistisches Drama über einige Jahre europäischer Geschichte, in das aktuelle gesellschaftliche Erfahrungen eingeflossen sind. Dabei hatte Grabbe einen epischen Dramentyp entwickelt, der in der Geschichte der Gattung traditionsstiftende Bedeutung erlangen sollte, indem er unter Rückgriff auf die shakespearisierende Gestaltungsweise des Sturm und Drang und der Romantik die Episierung und Öffnung des Dramas weiter vorantrieb. Dies betrifft sowohl die Dialog- und Szenengestaltung im einzelnen als auch den Stückebau im ganzen, die Freiheiten in der Erfassung von Zeit und Raum, die lockere Reihung relativ selbständiger Szenen und insbesondere die Darstellung kollektiver Handlungen in großen, vielfältig gegliederten Massenszenen.

Auffällig in dieser Zeit ist nicht nur, daß sich Grabbes physischer und psychischer Zustand festigte, sondern auch, daß er mit großer Konsequenz an die Herausbildung seiner Geschichtsdramatik ging. Dabei bestand Grabbe – bei allem Bemühen um Anerkennung in der literarischen Welt – auf künstlerischer Originalität, die er in zahlreichen Briefen anderen vormärzlichen Schriftstellern gegenüber behauptete. Daß er in seiner Ablehnung der ›renommierten‹ Autoren undifferenziert urteilte und dabei weder für die publizistische Strategie des Jungen Deutschland oder Börnes noch für die Lyrik und Epik Heines Verständnis aufbrachte, ist seinem teils freiwillig gewählten, teils aufgezwungenen Außenseiterstatus geschuldet. Dafür gibt es um 1830, vor allem aber 1834/35, sehr aufschlußreiche briefliche Zeugnisse.

Bald nach Vollendung des ›Napoleon‹ brach Grabbes Lebenskrise offen und unversöhnlich aus. Es zeigte sich, daß es ihm letztlich nicht gelingen würde, seine poetische Schaffenskraft dauerhaft zu entfalten. Den Briefen sind die Ursachen des Niedergangs zu entnehmen. Zum einen mußte es Grabbe, trotz der öffentlichen Anerkennung in den Literaturzeitungen, zutiefst treffen, seine Dramen nicht gespielt zu sehen. Sieht man von der ›Don Juan und Faust‹-Inszenierung 1829 am Detmolder Hoftheater ab, so erblickte kein weiteres Stück das Licht der zeitgenössischen Bühne. Die Theaterverhältnisse im feudal-restaurativen Deutschland der zwanziger und dreißiger Jahre müssen hier freilich mitgedacht werden. Es bestanden nur etwa dreißig stehende Bühnen – der überwiegende Teil als Hoftheater. Dem Bürgertum war es lediglich in den wirtschaftlich und kulturell entwickeltsten Städten gelungen, vom Adel unabhängige Theaterinstitute zu errichten, so in Hamburg, Leipzig und Frankfurt am Main. Neben den aus nationalen Repräsentationsgründen selten genug veranstalteten Aufführungen der Werke Lessings, Goethes und Schillers sowie der durch die Romantik heimisch gewordenen von Shakespeare, Calderón und Molière prägten die vielfältigen Genres klassischer und romantischer Trivialliteratur die Spielpläne: massenhaft produzierte Lustspiele und Rührstücke, Ritter- und Schauerdramen, Schicksalstragödien. Grabbe, als mit ehrgeizigem Anspruch auf

Neuerungen schreibender Dramatiker, hatte sich mithin sowohl der Flut mittelmäßiger dramatischer Trivialliteratur als auch den desolaten Theaterverhältnissen zu widersetzen – und er konnte nur unterliegen. Deshalb nahm er im zunehmenden Maße keinerlei Rücksichten mehr auf den Zustand, insbesondere die technischen Möglichkeiten des zeitgenössischen Theaters: ›Die jetzige Bühne verdient's nicht – Lumpenhunde sind ihr willkommen, dafür soll sie aber wieder zu den Dichtern kommen‹, schrieb er Kettembeil am 2. Oktober 1830. Damit allerdings hatte er seine Isolation von der Bühne festgeschrieben. Dem die dramenästhetischen Möglichkeiten erweiternden Grabbe blieb nur die Feststellung: ›Das rechte Theater des Dichters ist doch die Phantasie des Lesers.‹

Grabbes Gesundheitszustand verschlechterte sich seit Herbst 1831 beträchtlich. Seine ohnehin schwache Konstitution war derart angeschlagen, daß er wieder häufiger zur Rumflasche griff. Nur so konnte er die Diskrepanz zwischen der Selbstüberschätzung seiner Produktions- und Wirkungsmöglichkeiten und den Minderwertigkeits- und Desillusionierungskomplexen zuweilen ertragen, wenn auch nicht überwinden. Die Öffentlichkeit erlebte ihn als scheuen und unsicheren Menschen, der sich nur entkrampfte, wenn er getrunken hatte, und der sich dann in Maßlosigkeiten gegenüber anderen gefiel. 1827 notierte Immermann seinen ersten Eindruck, kurz nach einem flüchtigen Zusammentreffen mit Grabbe in der Detmolder ›Ressource‹: ›Nach kurzer Frist erschien nun nichts Gigantisches oder Abnormes; sondern ein schmales, spärliches Männchen mit einem länglichen ovalen Gesichte und einem nicht übel gebildeten Munde, dessen blasses Antlitz aber durch ein fahles Haupthaar noch tonloser und mitleidenswürdiger wurde. Er sprach still und schüchtern ... ich trat ihm näher, nannte meinen Namen und sprach eine gewöhnliche Begrüßung aus. Statt sie unbefangen zu erwidern, sagte er verlegen etwas Unverständliches, und es erfolgte ein ganz sonderbarer Moment. Man rückte ihm einen Stuhl hin, suchte das Gespräch in einen gleichgültigen Train zu bringen; umsonst, er blieb einsilbig, unbeholfen. Erst nachdem er einige Ort Wein zu sich genommen, wurde er etwas freier und regalierte uns mit barocken Einfällen, in denen ich sein Naturell erkannte.‹

Für Grabbes weiteres Schicksal waren die Beziehungen zu zwei Frauen von Bedeutung. Aus den Briefen geht hervor, daß sich der Dichter seit Herbst 1829 der Tochter des verstorbenen Archivrates Clostermeier, Louise Christiane, näherte. Nicht hinreichend durch briefliche Zeugnisse dokumentiert ist Grabbes tiefe Zuneigung zur zwanzigjährigen Kaufmannstochter Sophie Henriette Meyer. Als sich diese trotz heimlicher Verlobung mit Grabbe plötzlich von ihm trennte, um einen Färbermeister zu heiraten, schien der Dichter am Ende zu sein. Noch monatelang versuchte Grabbe, seine Geliebte mit leidenschaftlichen Briefen umzustimmen. Überliefert sind nur zwei Schreiben an ihren Bruder, den Kaufmann Valentin Husemann; eines – vom 7. Oktober 1831 – ist für Grabbe überaus charakteristisch: Durch Henriettes Schritt sei er ruiniert, er könne ›weder advozieren, poetisieren noch schriftstellern‹. Seine seelische Erschütterung bagatellisierte Grabbe in diesem Brief – gegenüber dem verachteten Kaufmann –, indem er darauf verwies, daß er wegen der Angelegenheit ›schon jetzt an reiner Einnahme 1000 Reichstaler jährlich‹ verloren habe. Auch andere ironisierende Züge dieses Briefes an einen Adressaten, dem sich der Künstler überlegen fühlte, dem gegenüber er mit seinem Leid prahlte, konnten ihn nicht darüber hinwegtäuschen, daß er der Katastrophe wieder ein Stück näher gekommen war. Offen und ehrlich äußerte er sich in einem Brief an Petri, einen der wenigen

Detmolder Freunde, dem er erst am 14. Januar 1832 vertraute: ›Gestern waren es ½ Jahr, daß ich um meine Einkünfte jeder Art, um meine Geisteskraft, um alles gekommen, und ein Baum geworden bin, von dem ein Blatt nach dem andren fällt.‹

Nach der Auflösung seines Verhältnisses mit Sophie Henriette verband Grabbe sich mit der Tochter des Archivrates. Er strebte das an, was im Verständnis vieler Detmolder von vornherein zum Scheitern verurteilt war, die Ehe mit der zehn Jahre älteren, stolzen und resoluten Bürgersfrau, die sich sehr bald durch sein unkonventionelles Verhalten provoziert fühlte. Die am 6. März 1833 geschlossene Ehe wurde, läßt man die tiefgreifenden Charakterunterschiede außer acht, von Anfang an durch Streit um die Grabbe rechtlich zustehende Verwaltung der Gütergemeinschaft, d. h. des durch Louise eingebrachten Vermögens, belastet. Diese Auseinandersetzungen ziehen sich von Frühjahr 1833 bis zu Grabbes Tode durch den Briefwechsel, und nicht nur durch den mit seiner Frau. Vielmehr wurde diese Ehe, selbst nach seiner Abreise aus Detmold im Herbst 1834, Gegenstand des öffentlichen Interesses, auch des Klatsches. Louise schrieb an mehrere Institutionen und später sogar an Immermann und Schreiner, wodurch Grabbes Stellung in Düsseldorf zusätzlich unerträglich werden mußte. Auch die Detmolder Freunde des Dichters und mehrere lippische Regierungsbeamte waren privat und dienstlich mit der Angelegenheit befaßt. Grabbes Briefe widerspiegeln nur sehr unvollkommen die skandalöse Dimension, die die Eheproblematik durch Louises Verhalten erhielt.

Waren somit die ehelichen Verhältnisse für Grabbe psychisch äußerst belastend, so gestaltete sich auch sein beruflicher Werdegang – ganz abgesehen von seiner versiegenden poetischen Produktivität – zunehmend problematisch.

Mehrere Briefe dokumentieren nach jahrelanger Solidität in der Amtsführung die nunmehrige Vernachlässigung der Auditeurgeschäfte. Am 11. Februar 1834 stellte die lippische Regierung fest, daß sie ›mancherlei Unordnungen und Verzögerungen wahrgenommen und diejenige geordnete, sorgfältige und prompte Behandlung derselben vermißt hat, welche diese Geschäfte vorzugsweise in Anspruch nehmen‹. Schon einen Monat früher hatte Grabbe um Beurlaubung vom lippischen Staatsdienst nachgesucht, um sich ›an den Ufern des Mains oder des Rheins‹ als Schriftsteller niederlassen zu können. Diesen Antrag lehnte die lippische Regierung ab, worauf Grabbe – nach einigem Schriftwechsel – um seinen Abschied als lippischer Auditeur bat. Erst mit einem Schreiben vom 16. September 1834 wurde dem Ersuchen stattgegeben. Den Titel eines lippischen Auditeurs durfte Grabbe weiterhin führen, da die Regierung hoffte, daß er ihm ›fernerhin durch schriftstellerische Arbeiten Ehre machen‹ würde. Grabbe reiste am 4. Oktober 1834 nach Frankfurt am Main.

Der Aufbruch in ein Künstlerleben scheiterte dort zunächst, weil Grabbe sich mit seinem Freund Kettembeil entzweite und keinen festen Kontakt zu jungdeutschen Autoren und Verlegern herstellen konnte. Über sein Erscheinen in einem der Zentren der vormärzlichen deutschen Literatur schrieb Gutzkow am 16. Januar 1835: ›Grabbe war hier – wahnsinnig und betrunken; ganz ruiniert. Er irrt wie ein Vagabond umher … Vielleicht ist er zu retten.‹ Im Dezember 1834 folgte Grabbe einer Einladung Immermanns nach Düsseldorf, der gerade die Leitung des Stadttheaters übernommen hatte. Durch seine Unterstützung gelang es Grabbe letztmalig, poetisch produktiv zu werden. Er schrieb die Abhandlung ›Das Theater zu Düsseldorf mit Rückblicken auf die übrige deutsche Schaubühne‹, die von der Absicht geprägt ist, Immermanns Bemühungen zu würdigen. Er verfaßte Rezensionen über einzelne Aufführungen dieser Bühne für Lokalzeitungen. Und vor allem überarbeitete er den ›Hannibal‹ und begann mit der ›Hermannsschlacht‹. Durch Vermittlung Immermanns fand Grabbe in Schreiner einen neuen Verleger, der die beiden Werke und das dramatische Märchen ›Aschenbrödel‹ druckte.

Doch das ›Alltagssterben am unlebbaren Alltagsleben‹ war nur zu verzögern, nicht zu verhindern, denn ›Künstler ist, wer nicht anders kann – und dem dann nicht zu helfen ist‹. (Fühmann) Spätestens im Frühjahr 1836 konnten sich Immermann und Grabbe nicht mehr über das Repertoire verständigen. Aus den Briefen gehen die immer schon bestehenden Differenzen zwischen beiden Dichtern hervor, im Hinblick auf die Gestaltung des Spielplans, besonders unter dem Gesichtspunkt der Berücksichtigung von Trivialdramatik, und in theaterästhetischen und dramaturgischen Fragen. Während Immermanns Auffassungen, bei aller Aufgeschlossenheit gegenüber Neuerungen in Drama und Theater, an der klassischen deutschen Literatur orientiert waren, bestand Grabbe auf einer entschieden antiklassischen Konzeption für sein Schaffen. Hatte die Schrift ›Über das Theater zu Düsseldorf‹ noch eine weitgehende Übereinstimmung beider vermuten lassen, so verschärfte sich Grabbes Ton in den Besprechungen ständig. Mit seiner Polemik gegen die Trivialliteratur zog er selbst Immermanns Versuche um ein publikumswirksames Repertoire in Zweifel.

Grabbes Düsseldorfer Rezensionen sind ein Zeugnis für seinen erbitterten, aber aussichtslosen Kampf gegen den Verfall des deutschen Dramas und Theaters in jenen Jahrzehnten. Sie verdeutlichen aber auch die zeitgenössische Unproduktivität seines Rigorismus, der ein Verständnis für Immermanns notwendigerweise taktierende Spielplanpolitik gänzlich ausschloß. In dieser Zeit häuften sich in – zumeist in Briefen enthaltenen – Journalnotizen für Schreiner Grabbes Angriffe auf repräsentative Vertreter der deutschen Kultur. Die sich immer deutlicher abzeichnende völlige Frustration fand ihren Niederschlag in gehässigen Äußerungen über Goethe, Tieck, Bettina von Arnim, Rahel Varnhagen, aber auch Heine, Börne und Gutzkow.

Der Brief an Petri vom 29. April 1836, eines der erschütterndsten Lebenszeugnisse Grabbes, kündigte seine Rückkehr nach Detmold an. In den Monaten zuvor hatte er sich vorwiegend in Düsseldorfer Gasthäusern aufgehalten, vor allem in der Weinstube ›Zum Drachenfels‹. Von seinem Detmolder Freund erbettelte er ›36 Taler als Anleihe ... ein kleines Logis mit 1 Tisch, 2 Stühlen, einem Bett‹, weil er nicht in das Clostermeiersche Haus ziehen wollte. Am 26. Mai traf Grabbe in Detmold ein und stieg im Gasthof ›Zur Stadt Frankfurt‹ ab. Von den lippischen Bürgern verspottet, siechte er dort zwei Monate dahin. Volker Braun hat seines Kollegen aus Lippe-Detmold im Gedicht ›Der Teutoburger Wald‹ gedacht.

... Grabbe nebenan
Soff sich tot im Gasthof Zur Stadt Frankfurt
Nicht ohne daß er, die erfolgt war, die
Freiheit des Vaterlands für seine Fürsten
Und ihm blieb nur ein kaltes Weib, ein Giftzahn
Lorbeer auf sein Leichenhaupt und lebend
Ihn anpissen! besang ...

Braun ist nicht der einzige Schriftsteller, für den Grabbes Biographie symptomatischer Ausdruck eines deutschen Künstlerlebens ist. Brecht und Bobrowski haben früh programmatische Rezeptionssignale gesetzt, von den Jüngeren sind u. a. Harald Gerlach, Wulf Kirsten, Joachim Knauth, Heiner Müller und Thomas Valentin zu erwähnen.

Grabbe zog erst Ende Juli 1836 zu seiner Frau. In einem

Brief an das Fürstlich Lippische Konsistorium vom 6. August 1836 beantragte sie die Scheidung der Ehe ›wegen lebensgefährlicher Drohungen und Nachstellungen nach dem Leben ... und unversöhnlichen Hasses‹. Grabbe kam dem zuvor. Er starb am 12. September 1836.

Chronik zu Leben und Werk Grabbes

1801 Christian Dietrich Grabbe am 11. Dezember in Detmold als Sohn eines Zuchthausaufsehers und (späteren) Leihbankverwalters geboren. Seine Vorfahren waren Bauern.

1812 Ostern Eintritt in das Detmolder Gymnasium, nachdem er die Bürgerschule seit 1807 erfolgreich besucht hatte. Bereits während der Schulzeit umfangreiche Lektüre antiker und moderner Autoren. Frühe Vorliebe für Shakespeare.

1817 Grabbe schickt am 28. Juli an den Verleger Georg Joachim Göschen in Leipzig das Manuskript seines – nicht überlieferten – Dramas ›Theodora‹, das dieser ablehnt.

1819 Trotz sehr guter schulischer Leistungen wird Grabbe wegen charakterlicher Unreife der Abgang vom Gymnasium verweigert. Beginn der Arbeit an der Tragödie ›Herzog Theodor von Gothland‹.

1820 Ostern erhält Grabbe das Reifezeugnis. Am 5. Mai schreibt er sich an der Leipziger Universität für das Jura-Studium ein. Finanzielle Unterstützung durch die Ersparnisse der Eltern und ein Stipendium der Fürstin Pauline. Historische, philosophische und juristische Vorlesungen, u. a. bei dem Kantianer Wilhelm Traugott Krug über Naturrecht. Bekanntschaft mit Georg Ferdinand Kettembeil. Zahlreiche Theaterbesuche. Während des Studiums regelmäßiger Briefwechsel mit dem Vater.

1822 Übersiedlung nach Berlin. Eintragung in die Matrikel der Universität am 29. April. Vollendung von ›Herzog Theodor von Gothland‹ im Juni, von ›Scherz, Satire, Ironie und tiefere Bedeutung‹ im

September. Das Trauerspiel schickt er an Tieck, der ihm am 6. Dezember Anerkennung mitteilt, zugleich aber ›unpoetischen Materialismus‹ vorwirft. Studentischer Umgang mit Friedrich von Uechtritz und Karl Köchy, auch mit Heinrich Heine. Durch diesen Bekanntschaft mit dem Herausgeber des ›Gesellschafter‹, Friedrich Wilhelm Gubitz. Besuch der Kollegs, auch von Hegel und Savigny, ohne Engagement. Entwurf eines Bittschreibens an den preußischen Kronprinzen Friedrich Wilhelm.

1823 Grabbe reist im März zunächst nach Leipzig und am 25. März, einer Einladung Tiecks folgend, nach Dresden. Vergebliche Versuche, sich als Schauspieler, Dramaturg oder Autor am Theater zu etablieren. Am 24. Juni Aufbruch zu einer Reise nach Braunschweig. Erneuter, sechswöchiger Aufenthalt in Leipzig. Abschluß der ersten (fragmentarischen) Fassung des Geschichtsdramas ›Marius und Sulla‹. In Braunschweig bei August Klingemann, dem Intendanten des Nationaltheaters, wiederum erfolglose Bemühung, an der Bühne zu arbeiten. Ende August über Hannover Rückkehr nach Detmold.

1824 Nach tiefer Lebenskrise am 14. Februar Antrag bei der Regierung um Zulassung zum juristischen Staatsexamen. Am 2. Juni erhält Grabbe, nachdem er die Prüfung bestanden hat, die Erlaubnis, als Advokat in Lippe zu praktizieren. Von 1824 bis 1826 keine schriftstellerische Tätigkeit.

1826 Seit dem Herbst ist Grabbe als Hilfsauditeur (Militärgerichtsbeamter) beim lippischen Heer tätig. Erfolglose Bewerbung um die Stelle des Archivars. Beginn des amtlichen Briefwechsels mit der Fürstlich Lippischen Regierung (bis 1834).

1827 Im April bietet der Leipziger Studienfreund Kettembeil, der in Frankfurt am Main einen Verlag übernommen hat, Grabbe den Druck der immer noch unveröffentlichten Jugendstücke an. Im Oktober erscheinen die ›Dramatischen Dichtungen nebst einer Abhandlung über die Shakespearo-Manie‹. Goethe und Tieck (Briefe vom 26. bzw. 30. Oktober) reagieren auf die Übersendung der Werke nicht. Beginn des Briefverkehrs mit Kettembeil (bis 1831). Diese Briefe gehören zu den wichtigsten Teilen von Grabbes Korrespondenz. Ein besonders wertvolles biographisches Dokument stellt das ausführliche Schreiben vom 4. Mai 1827 dar.

1828 Grabbe wird am 23. Januar im Range eines Leutnants zum lippischen Auditeur ernannt. Entstehung von ›Don Juan und Faust‹. Ermutigt durch die öffentliche Resonanz der ›Dramatischen Dichtungen‹, weitere schriftstellerische Aktivität.

1829 Am 29. März findet die Uraufführung von ›Don Juan und Faust‹ am Hoftheater Detmold (Musik: Albert Lortzing) statt. Langfristiger Verlagskontrakt mit Kettembeil über die Lieferung mehrerer Geschichtsdramen. Entstehung von ›Kaiser Friedrich Barbarossa‹ und ›Kaiser Heinrich der Sechste‹ sowie ›Aschenbrödel‹ (1. Fassung).

1830 Entstehung von ›Napoleon oder die hundert Tage‹ und der gesellschafts- und literaturkritischen Schrift ›Etwas über den Briefwechsel zwischen Schiller und Goethe‹. Im Frühjahr Beginn der Liebe zu Henriette Meyer. Grabbe begrüßt den Ausbruch der französischen Julirevolution. Seit Herbst Verschlechterung des Gesundheitszustandes.

1831 Im Frühjahr Verlobung mit Henriette Meyer. Im Sommer Arbeit am ›Kosciuszko‹. Vom 6. bis 18. August Reise nach Frankfurt am Main (Rheinfahrt von

Mainz nach Koblenz). Im Herbst Bruch mit Henriette Meyer und Aufnahme der Beziehung zu Louise Christiane Clostermeier, der um zehn Jahre älteren Tochter des lippischen Archivrats Christian Gottlieb Clostermeier.

1832 Werbung um Louise Christiane Clostermeier. In diesem (wie im folgenden) Jahr keine schriftstellerischen Arbeiten.

1833 Am 6. März Eheschließung mit Louise Christiane Clostermeier. Baldiger Ehestreit führt – wie die Unerträglichkeit der Auditeurgeschäfte und die Ignoranz der Bühnen – zur weiteren Verschärfung von Grabbes Lebenssituation. Vernachlässigung der anfänglich solide geführten Amtsgeschäfte.

1834 Ende Januar Petition an den Fürsten Leopold II., ihm eine Existenz als Schriftsteller zu ermöglichen. Am 15. Februar Abschiedsgesuch als Auditeur. Halbjähriger Erholungsurlaub. Mit Schreiben vom 16. September Entlassung aus dem lippischen Staatsdienst. Entstehung der 1. Fassung des Geschichtsdramas ›Hannibal‹. Am 4. Oktober Flucht nach Frankfurt am Main mit der Absicht, sich hier als Schriftsteller niederzulassen. Entzweiung mit seinem Freund und Verleger Kettembeil. Bekanntschaft mit dem jungdeutschen Publizisten Eduard Duller. Am 15. bzw. 18. November Briefe an Wolfgang Menzel und Karl Immermann mit der Bitte um Unterstützung. Am 6. Dezember Abreise nach Düsseldorf. Umarbeitung von ›Aschenbrödel‹.

1835 Beginn der für Grabbes Schaffen fruchtbaren persönlichen und brieflichen Beziehung zu Immermann. Seit Frühjahr Arbeit an ›Hannibal‹ und ›Hermannsschlacht‹. Entstehung der kritischen Abhandlung ›Das Theater zu Düsseldorf mit Rückblicken auf die übrige deutsche Schaubühne‹. Nähere Bekanntschaft mit dem Redakteur Martin Runkel. Durch Vermittlung von Immermann, der sich auch menschlich sehr um Grabbe bemüht, erscheinen im Juni im Verlag von Carl Georg Schreiner ›Hannibal‹, ›Aschenbrödel‹ (2. Fassung) und ›Das Theater zu Düsseldorf‹. Grabbe übermittelt dem Verleger regelmäßig Notizen zu seiner Lektüre deutscher Journale. Seit November (bis Mai 1836) rezensiert Grabbe Theateraufführungen für das ›Düsseldorfer Fremdenblatt‹. Besprechung von Bettina von Arnims ›Briefwechsel mit einem Kinde‹. Vorläufiger Abschluß der Arbeit an der ›Hermannsschlacht‹. Freundschaftlicher Verkehr mit dem Komponisten Norbert Burgmüller.

1836 Zunehmende Krankheit und Trunksucht. Abbruch der Beziehung zu Immermann, letzte Briefe vom 25. und 27. Februar. Am 26. Mai Rückkehr nach Detmold. Umarbeitung der ›Hermannsschlacht‹. Grabbe wohnt zunächst im Gasthaus ›Zur Stadt Frankfurt‹, erst seit dem 25. Juli im Clostermeierschen Haus Unter der Wehme. Am 12. September gestorben.

1838 Grabbes letztes Geschichtsdrama ›Die Hermannsschlacht‹ erscheint mit einer biographischen Einleitung von Eduard Duller bei Schreiner.

Zu dieser Ausgabe

Der vorliegende Band mit 372 Briefen, die Christian Dietrich Grabbe zwischen 1812/13 und Juli 1836 schrieb, ist nicht nur die erste Edition seines epistolarischen Werkes nach der Historisch-Kritischen Gesamtausgabe seiner Werke und Briefe von Alfred Bergmann (6 Bde., Emsdetten/Westf. 1960—1973), sondern die einzige seit Jahrzehnten überhaupt.

Die Historisch-Kritische Ausgabe bietet im fünften und sechsten Band 542 Briefe Grabbes, darunter erstmals eine Vielzahl amtlicher Schreiben; daneben fanden die Briefe an Grabbe sowie – vereinzelt – auch über ihn Aufnahme. A. Bergmanns mit äußerster Akribie erarbeitete Edition, die den überlieferten Briefbestand vollständig enthält, besitzt alle Vorzüge und Nachteile seiner positivistischen Herausgeberpraxis. Ihr umfassender, auf jahrzehntelanger Forschungsarbeit beruhender Kommentar stellt ein unentbehrliches Hilfsmittel für die Grabbe-Forschung dar und wurde von uns dankbar benutzt.

Für eine einbändige Ausgabe von Briefen Grabbes waren mit Blick auf Auswahl und Kommentierung rigorose Entscheidungen zu treffen. So sinnvoll es gewesen wäre, charakteristische Schreiben an Grabbe aufzunehmen oder Lebenszeugnisse einzubeziehen, so hätte dies eine inakzeptable quantitative Verringerung des Briefkonvolutes selbst zur Folge gehabt. Ausscheiden mußten daher amtliche Schreiben des Advokaten und Auditeurs Grabbe (z. B. der Briefwechsel mit der Fürstlich Lippischen Regierung, soweit er ausschließlich juristische Angelegenheiten zum Gegenstand hat), des weiteren Briefe, welche offensichtlich keine belangvollen Informationen zu seiner Persönlichkeit und Biographie oder zu seinen Werken enthalten.

Gesondert zu betrachten sind die Schreiben an den Düsseldorfer Verleger Carl Georg Schreiner, denen häufig die übliche Briefform fehlt. Diese nach der Lektüre deutscher Zeitschriften entstandenen Notizen sind für den heutigen Leser weitgehend uninteressant bzw. (ohne aufwendige Kommentierung) inhaltlich kaum noch verständlich. Aus diesem Konvolut bleiben allerdings jene Aufzeichnungen Grabbes mitteilenswert – und wurden deshalb vollständig oder stark gekürzt aufgenommen –, in denen das Verhältnis des Autors zur zeitgenössischen literarischen und kulturellen Situation zum Ausdruck kommt, Briefe etwa, die Äußerungen Grabbes über Goethe, Tieck, Heine, Immermann sowie über historische und weltanschauliche Probleme enthalten.

Alle unter diesen Prämissen ausgewählten Brieftexte sind im Wortlaut der Historisch-Kritischen Ausgabe wiedergegeben. Die von heute geltenden Normen z. T. stark abweichenden sprachlichen und stilistischen Eigenheiten Grabbes wurden selbstverständlich bewahrt, um dem Leser und Benutzer dieser Ausgabe einen möglichst authentischen Eindruck vom eigenwilligen, sprechnahen Duktus bzw. der äußeren Form seiner Briefe zu geben. Wir beließen aus diesem Grunde alle Anreden, Grußformeln und Datierungen (soweit sie vorhanden sind) weitgehend in der originalen Anordnung; nach üblichem Muster vereinheitlicht wurden lediglich die numerierten Briefüberschriften (z. B.: 30. An die Eltern).

Die Orthographie ist konsequent nach den derzeit verbindlichen Dudenregeln – unter strenger Wahrung des Lautstandes – modernisiert, erhalten blieben charakteristische Schreibweisen, insbesondere der Komposita (Römer-Leben, Dreiviertelmanns-Gesichter, Kanal-Labyrinth u. ä.). In die Interpunktion, die Grabbes Brieftexte markant konstituiert, durften die Herausgeber nur mit bedachter Zurückhaltung eingreifen, und zwar dort, wo der zufällige bzw. von Flüchtigkeit oder Spontaneität bestimmte Gebrauch einiger syntaktischer Mittel das Textverständnis offensichtlich erschwert. Zu konservieren galt es eindeutig erkennbare Charakteristika dieses Briefstils wie fehlende Kommata bei erweiterten Infinitiven und Vergleichssätzen bzw. die Kommatisierung vor *und* in Satzgefügen; getilgt wurden die anstelle der Schlußvokale finiter Verbformen gesetzten Apostrophe und prinzipiell weggelassen die zeitüblichen Adressenangaben am Schluß der Briefe. Entsprechend diesen Redaktionsprinzipien, die zudem jede pauschale Vereinheitlichung zu vermeiden hatten, verbot es sich ebenso, Grabbes willkürliche Kürzel einzelner Wörter (z.B. erträgl. für erträglich, Publ. für Publikum u.v.m.), vor allem aber Abkürzungen von Namen oder literarischen Werken aufzulösen: so steht, vorausgesetzt, der entsprechende Kontext läßt eine Entschlüsselung zweifelsfrei zu, ›B.‹ für ›Kaiser Friedrich Barbarossa‹, ›Nap.‹ für ›Napoleon oder die hundert Tage‹, ›Kön. Joh.‹ für Shakespeares ›König Johann‹.

Wo Verstehenshilfen erforderlich sind, geben Anmerkungen die notwendigen Auskünfte. Verwiesen sei außerdem auf die Chronik zu Leben und Werk Christian Dietrich Grabbes, das kommentierte Personenregister sowie ein Verzeichnis lateinischer Wendungen, Abkürzungen und juristischer Termini.

Eckige Klammern [ ] wurden an unleserlichen oder beschädigten Stellen der Originale für ergänzte Buchstaben oder Einzelwörter benutzt, um ein Verständnis dieser Passagen im Lesefluß zu ermöglichen, sie dienen sonst der Mitteilung von Datierungen bzw. kennzeichnen [...] – vornehmlich in den Journalnotizen an Schreiner – die Auslassungen der Herausgeber. Von Grabbe gesperrt Geschriebenes erscheint *kursiv*, die (z. T. mehrfach) unterstrichenen

Sperrungen einfach gesperrt. Stillschweigend berichtigt sind falsche Schreibungen von geographischen und Personennamen, ungenaue Datierungen und offensichtliche Druckfehler der Historisch-Kritischen Ausgabe.

L. E./V. L.

Lateinische Wendungen, Abkürzungen und juristische Termini

a dato – vom Tage der Ausstellung an
c. = currentis (anni, mensis) – des laufenden (Jahres, Monats)
cum pecuniis – mit Bezahlung
de autito – vom Hörensagen
eo ipso – selbstverständlich
ex facto – aus Erfahrung
ex oculis – wie aus den Augen
ex officio – pflichtgemäß
ex post – im nachhinein
i. e. = id est – das heißt
idem – derselbe
in arte – in der Kunst
in causa – in der Rechtssache
in concreto – im Einzelfall
in eventum – im Ergebnis
in facto – tatsächlich
in infinitum – ohne Ende
in specie – insgesondere, insonderheit
in toto – im ganzen
in uno – in einem
itaque – also
item – ebenso
p. = perge – fahre fort, weiter!
pp. = perge, perge – weiter, weiter
p. p. = praemissis praemittendis – nach Vorausschickung dessen, was vorauszuschicken ist
p. t. = praemissis titulo – unter Vorausschickung des Titels
qua – als
quia – weil
quod non – warum nicht
re vera – in der Tat
salva venia – mit Verlaub
sc. = scilicet – selbstverständlich
sio – so wörtlich
sine studio – ohne Gunst
si placet – wenn es gefällt
si possible – wenn möglich

sub – unter

s. p(et). rem. = sub petito remissionis – unter oder mit Ersuchen um Rücksendung

sub titulo – ohne Titel, ohne Aufschrift

tac. = tacite – stillschweigend, geheim

Anmerkungen

6 *Zimmermann, ›Taschenbuch der Reisen‹:* Das ›Taschenbuch der Reisen oder unterhaltende Darstellung der Entdeckungen ...‹ von Eberhard August Wilhelm von Zimmermann erschien seit 1802 in regelmäßiger Folge.

lege ich meine Aufsätze zum Durchsehen bei: Um welche es sich handelt, ist nicht zu ermitteln.

Catull, Tibull, Properz: Um welche Ausgaben es sich handelt, ist nicht festzustellen.

Ovids ›Tristia‹: ›Klagelieder‹ (8–18 u. Z.) von Publius Ovidius Naso.

7 *›Neue Sammlung ...‹:* ›Neue Sammlung merkwürdiger Reisebeschreibungen für die Jugend‹ (1811–1814) von Joachim Heinrich von Campe.

Schillers ›Geisterseher‹: erschien seit 1789 in mehreren Auflagen.

meine ›Theodora‹: Grabbes erstes, nicht überliefertes Drama. Göschen sandte ihm das Manuskript am 13. August 1817 mit abschlägigem Bescheid zurück.

9 *Kritische Beleuchtung:* in Anlehnung an eine Schrift von Christian Gottlieb Clostermeier (1817).

10 *Nitsch, ›Alte Geographie‹:* ›Kurzer Entwurf der alten Geographie‹ (1792) von Paul Friedrich Achut Nitsch.

Cicero, ›De legibus‹: ›De legibus‹ (Über die Gesetze, um 50 v. u. Z.) von Marcus Tullius Cicero.

Terentii Com.: ein Kommentar (Com. = Commentarius) zu den Komödien von Publius Terentius Afer (166–160 v. u. Z.).

Cicero, ›De senectute‹: ›Cato maior de senectute‹ (Cato der Große über das Greisenalter, um 50 v. u. Z.) von Marcus Tullius Cicero.

Steins ›Geographie‹: Christian Gottlieb Stein war der Verfasser mehrerer geographischer Lehrbücher. Grabbes Wunsch ist daher nicht genauer bestimmbar.

11 *Die ›Schuld‹ ist abbestellt:* Adolph Müllners Schicksalsdrama ›Die Schuld‹ (1816).

den sechsten Band: Gemeint ist die Ausgabe von Charles Wagner ›The dramatic works of William Shakespeare in eight volumes‹ (1801). Der sechste Band enthält ›Julius Cäsar‹, ›Anton und Cleopatra‹, ›Timon von Athen‹, ›Troilus und Cressida‹ und ›Titus Andronicus‹.

12 *Sophoklis tragoediae septem:* ›Sieben Tragödien von Sophokles‹, herausgegeben von Gottfried H. Schäfer (1810).

M. T. Ciceronis de officiis libri tres: Ciceros ›Über die Pflichten‹, drei Bücher (um 50 v. u. Z.).

Gerusalemme liberata di Torquato Tasso: ›Das befreite Jerusalem‹ (1581, dt. erstmals 1626).

Dizionaro della lingua italica: Wörterbuch der italienischen Sprache.

Enzyklopädie …: Es folgen die Titel weiterer Lehrbücher, die Grabbe benötigte.

›Quinctiliani de institutione oratoria libri XII‹: ›De Institutione oratoria‹ (Über den Unterricht der Rhetorik, um 80 u. Z.) von Marcus Fabius Quintilianus, zwölf Bücher.

›De finibus bonorum‹ a Cicerone: ›De finibus bonorum et malorum‹ (Über das höchste Gut und das höchste Übel, 45 v. u. Z.) von Cicero.

14 *Fleischerschen Ausgabe:* Die Edition der Werke Shakespeares von Gerhard Fleischer erschien von 1804 bis 1813.

15 *ehmalige Begeisterung für die Griechen:* Grabbe war kein Anhänger des Freiheitskampfes der Griechen gegen die Türken (1821–1830). Im Mindener ›Sonntagsblatt‹ vom 2. September 1827 schrieb er: ›Das Mitleid und die Hoffnung, welche man für die Griechen fühlt und hegt, scheinen mir nicht recht begründet. Nicht die unmittelbaren Nachkommen der alten Griechen, nein, die Urenkel des verfaultesten, elendesten Reiches, welches Europa je sah, des griechischen Kaisertums, sind es, welche eben mit dem Gedanken an dieses Kaisertum sich erheben wollen.‹

König von England: Georg IV.

16 *Archivrat:* Christian Gottlieb Clostermeier.

17 *Griechen aus Jassy:* In Jassy begann am 25. März 1821 unter Führung von Alexandros Ypsilanti der Unabhängigkeitskampf der Griechen mit einem Aufstand, der niedergeschlagen wurde.

19 *Pastor Althaus … Missionsverein:* In der ›Nachricht über die Missionen unter den Heiden nebst Vorschläge zur Bildung eines Missionsvereins für Lippe-Detmold und die Umgegend‹ (1821) des Detmolder Generalsuperintendenten Ferdinand Weerth wurde dieser als Mitarbeiter genannt.

20 *Von Schmidts Georg steht ein Aufsatz …:* ›Auszug eines Schreibens aus Detmold‹ in den Nummern 304 und 305 vom 20. und 21. Dezember 1821.

Auch wird hier bald ein Friseur hingerichtet werden: Johann Christian Woyzeck, dessen Schicksal Büchner zu seinem gleichnamigen Drama anregte (1835).

21 *Mein Stück:* ›Herzog Theodor von Gothland‹.

22 *Eurem Streite:* Der Anlaß bestand darin, daß Grabbe Clostermeier den Universitätswechsel nach Berlin nicht mitgeteilt hatte.
grade am 11. Juni: Anspielung auf den Todestag Alexanders des Großen (323 v. u. Z.).

23 *des Königs:* hier wie in Nr. 18 und 20 Friedrich Wilhelm III.
zu dem Stücke: ›Herzog Theodor von Gothland‹.

24 *nach Dresden senden:* an Ludwig Tieck, der dort als Hofrat lebte.

25 *Doktor Gustav:* Grabbes Berliner Kumpan Ludwig Gustorf.
mit einem Lustspiel fertig: ›Scherz, Satire, Ironie und tiefere Bedeutung‹.
der russische Kaiser: Zar Alexander I.
beiliegendes Trauerspiel: ›Herzog Theodor von Gothland‹.
Ein paar beurteilende Zeilen von Ihrer Hand: Vgl. Tiecks Brief vom 6. Dezember 1822, in dem er u. a. schrieb: ›Auch ist Ihr Stück so wenig süßlich sentimental, unbestimmt und anderen nachgeahmt, daß es gewissermaßen zum Erschrecken sich ganz einzeln stellt, im Entsetzlichen, Grausamen und Zynischen sich gefällt und dadurch nicht allein jene weichlichen Gefühle ironisierte, sondern zugleich alles Gefühl und Leben des Schauspiels, ja selbst diesen Zynismus zerstört ... Nur muß sich dann dieser Zynismus, der alles im Menschen tief unter das Tier hinabwirft und dadurch die Lüge vernichten will, nicht selbst als die einzige und letzte Wahrheit geben ... An diesem unpoetischen Materialismus leidet Ihr Stück auf eine schmerzliche Weise ...‹

27 *mit dem Professor Gubitz gesprochen ...:* Vgl. Heines Schilderung in den ›Memoiren‹ (1854). Grabbe habe ihm mit folgenden Worten den ›Gothland‹ übergeben: ›Ich wollte wissen, was an mir sei, und da habe ich dieses Manuskript dem Professor Gubitz gebracht, der darüber den Kopf geschüttelt hat, um meiner los zu werden, mich an Sie verwies, der ebenso tolle Grillen im Kopf trüge wie ich und mich daher weit besser verstünde – hier ist nun der Bulk!‹
Kronprinz von Schweden: Oskar, seit 1818 Kronprinz, seit 1844 König von Schweden, kam vielmehr am 29. November auf der Rückreise von Italien in Berlin an.

28 *Ist der Rat Clostermeier noch immer böse:* Siehe 1. Anm. zu S. 22.
Clostermeier in seiner Schrift: ›Wo Hermann den Varus schlug‹ (1822). In dieser Abhandlung hatte Clostermeier gegen die Festlegung des Schauplatzes der Schlacht im Teutoburger Wald (9 u. Z.) durch Sylvius Freiherr von Hohenhausen in dessen ›Über die wahre Ortsbestimmung der Hermannsschlacht‹ (1821) polemisiert.

Ihr Brief: vom 6. Dezember 1822. Grabbe stellte ihn 1827 den ›Dramatischen Dichtungen‹ voran.

29 *Lord Byrons Manier:* Byron galt in der ersten Hälfte des 19. Jahrhunderts als der Vater des Weltschmerzgefühls (Byronismus). Grabbe hat seine Werke wiederholt gelesen und sich ihm zeitlebens geistesverwandt gefühlt.

bloß heitere Sachen: Von dieser Absicht ist allein das im Frühjahr 1823 entstandene Werk ›Nannette und Maria‹ durchdrungen.

Lustspiel: ›Scherz, Satire, Ironie und tiefere Bedeutung‹.

baldige Antwort: Tieck hat auf diesen Brief offensichtlich nicht reagiert.

31 *tritt Voß an seine Stelle:* Nach dem Tode Hardenbergs am 26. November 1822 wurde Otto Karl Friedrich von Voß preußischer Staatskanzler.

33 *einen Brief erhalten:* nicht überliefert.

34 *Münchner Schauspielhaus ... abgebrannt:* Dies geschah am 14. Januar 1823.

Oper ›Cortez‹: ›Ferdinand Cortez‹ (1809) von Gasparo Spontini.

35 *Fürstin Pauline:* Grabbe erhielt die Hälfte eines von der lippischen Fürstin jährlich vergebenen Stipendiums.

der lippische Oberarchivar: Christian Gottlieb Clostermeier.

n5 38 *Nur eine kurze Antwort:* Sie ist nicht überliefert. Auf Einladung Tiecks reiste Grabbe am 25. März 1823 nach Dresden. Vgl. Brief Nr. 30 und die 2. Anm. zu S. 40.

39 *in meinem neuesten Produkte:* ›Nannette und Maria‹.

40 *Dupperig:* Gestalt in Heinrich Christian Becks Lustspiel ›Die Quälgeister‹ (1792).

Nebenbei liegt ein Brief ...: Amadeus Wendt schrieb u. a.: ›Hr. Grabbe ist auf Ihre Empfehlung bei mir gewesen. Er hat mir seine Lage nicht nur vorgestellt, nach welcher es *unmöglich* scheint, ihn bei der Wissenschaft zu erhalten, sondern mir auch einiges aus Shakespearschen Stücken, und zwar so vorgetragen, daß ich wenigstens fest überzeugt bin, er werde unter den Schauspielern nicht als *gewöhnliche* Person stehen ... Er ist eine der eigentümlichsten Naturen, die mir begegnet sind; kräftig in seiner Äußerung und doch voll ungemein viel Reflexion über sich selbst.‹

42 *Brief an Köchy:* Dieser ist – ebenso wie der im ›NB‹ erwähnte – nicht überliefert.

Habe in Nro. 41 oder 42 des ›Merkurs‹: In der Nr. 42 dieser Dresdner Zeitschrift vom 7. April 1823 teilte Grabbe mit, daß Ludwig Pustkuchen in Detmold ein Bruder von Friedrich Wilhelm Pustkuchen, dem Autor der ›Falschen Wanderjahre‹, sei.

Stehely: Café und Konditorei am Berliner Gendarmenmarkt, gegenüber dem Schauspielhaus. Treffpunkt Grabbes und seiner Studienfreunde.

Heil der lieblichen Rosamunde: Anspielung auf ein ungedrucktes Theaterstück von Köchy.

43 *Was den A. Mahlmann angeht:* Grabbe hatte demnach vor, schlimmstenfalls auf einem der Güter von August Mahlmann als Verwalter tätig zu werden.

44 *Fürsten von Bückeburg:* Georg Wilhelm, Fürst von Schaumburg-Lippe.

ein drittes Stück: ›Nannette und Maria‹.

mit einem vierten: Grabbes erstes, Fragment gebliebenes Geschichtsdrama ›Marius und Sulla‹.

45 *König von Bayern:* Maximilian I. Joseph.

König von Sachsen: Friedrich August I.

der alte Hofprediger: Friedrich Adolf Droste.

46 *Choulant ... Deinen Aufsatz:* Der Dresdner Arzt Choulant hatte die Veröffentlichung des Aufsatzes ›Beiträge zur Geschichte der Lithotomie vermittels der Sectio vesicalis‹ im ›Journal für Chirurgie und Augenheilkunde‹ vermittelt; Gustorf bat Grabbe um Übersendung eines Exemplars.

Heines sämtlichen Werken: ›Tragödien, nebst einem lyrischen Intermezzo‹ (1823).

die Tragödien: ›William Ratcliff‹ und ›Almansor‹.

47 *nicht illuminiert:* nicht festlich erleuchtet (zum 25. Jubiläum des Regierungsantritts Friedrich Wilhelms III. am 16. November 1822).

fast wie mein Teufel: Vgl. ›Scherz, Satire, Ironie und tiefere Bedeutung‹, I, 3.

mein sentimentales Tier: ›Nannette und Maria‹.

›Abenteuer des Barbiers Schnaps‹: ›Abenteuer und Fahrten des Bürgers und Barbiers Sebastian Schnapp‹ von August Christian Vulpius, erschien erstmals 1798.

›Der Zuschauer‹: Johann Daniel Symansky: ›Der Zuschauer. Zeitblatt für Belehrung und Aufheiterung‹ (1821–1823).

48 *Heines Tragödien:* Siehe 3. Anm. zu S. 46.

Grade auf den 11. Jun.: Siehe 2. Anm. zu S. 22.

meines neuen Stückes: ›Marius und Sulla‹.

51 *eins meiner Stücke:* ›Nannette und Maria‹.

54 *eine Ifflandische Szene:* Anspielung auf die sentimentalisch-seichten Rührstücke von August Wilhelm Iffland.

die Idee zu einem anderen Faust: ›Don Juan und Faust‹ (1829).

56 *ferne allen Müllerschen Ideen:* bezieht sich auf Adam Müllers Übertritt zum Katholizismus (1805).

57 *Vielleicht wende ich mich ...:* Vgl. Grabbes Entwurf eines Briefes an den Kronprinzen Friedrich Wilhelm von Preußen, S. 455.

58 *wohin ich geschrieben habe:* Dieser Brief ist – ebenso wie der genannte Herr von Staff – nicht nachzuweisen.

59 *der hiesige Superintendent:* Ferdinand Weerth, der Vater von Georg Weerth.

in meinem Lustspiel: ›Scherz, Satire, Ironie und tiefere Bedeutung‹.

das Zeugnis: Grabbes Abgangszeugnis von der Berliner Universität.

60 *Okens Naturhistorie:* Lorenz Okens ›Lehrbuch der Naturgeschichte‹ Bd. 1, Leipzig 1812.

das spanische Bitter: Gemeint sind die ›bitteren‹ Erfahrungen des französischen Interventionsheeres, das 1823 im Auftrag der Heiligen Allianz die bürgerliche Revolution in Spanien niederschlagen sollte. Der Herzog von Angoulême war Befehlshaber der Truppen.

fuimus Troes: Die Zeiten sind vorüber. Eigtl. (nach Publius Vergilius Maro, ›Aeneis‹): ›Wir sind Trojaner *gewesen*‹.

auch Hufeland: Anspielung auf Christoph Wilhelm Hufelands Förderung der Pockenschutzimpfung.

einzuokulieren: (eigtl.) veredeln.

hic it: lat., hier vermutlich im Sinne von: jetzt, da bzw. (in übertragenem Sinne) hierbei, hierin.

61 *Rocken:* nddt., Roggen.

corpus juris Romanorum civilis: Gesetzessammlung des römischen Zivilrechts.

Kronprinzessin: Gemeint ist die bayerische Prinzessin Elisabeth Ludovike.

Ausspruche meines Sulla: Das Zitat stammt nicht aus ›Marius und Sulla‹, sondern findet sich in abgewandelter Form in ›Don Juan und Faust‹: ›Das Jahr ist kurz, und lang die Stunde.‹

wie ich in meinen Nöten: Briefe an Hundrich und Robert; nicht überliefert.

62 *Responde (amico tuo):* lat., Antworte (deinem Freund).

in mora periculum: lat., Gefahr im Verzug (d. h., handle, ohne zu säumen).

›Reise nach Paris‹: ›Briefe, geschrieben auf einer Reise nach Paris‹ (im Jahre 1804) von J. F. Benzenberg, erschienen 1805/06.

›24. Februar‹: Zacharias Werners Schicksalstragödie erschien zuerst in der ›Urania‹ (1815).

›Siegfried v. Lindenberg‹: Roman von Johann Gottwerth Müller (1779).
idq. salv.[is] salvandis: lat., und das unter Wahrung aller zu wahrenden Rechtsbehelfe.
Conc.[epit] et exhib.[uit]: lat., Er hat verfaßt und eingereicht.
Müllers ›Schweizergeschichte‹: ›Geschichte der schweizerischen Eidgenossenschaft‹ (1786) von Johann von Müller.
Malchus' 1. Teil: ›Politik der inneren Staatsverwaltung oder Darstellung des Organismus der Behörden für dieselbe‹ (1823) von Karl August Freiherrn von Malchus.

62 *Grolmann:* ›Theorie des gerichtlichen Verfahrens in bürgerlichen Rechtsstreitigkeiten‹ (1819) von Karl von Grolmann.

63 *seinen Claproth:* ›Grundsätze: 1) von Verfertigung und Abnahme der Rechnungen; 2) von Reskripten und Berichten; 3) von Memorialien und Resolutionen; 4) von Einrichtung der Registraturen‹ (1762) von Justus Claproth.
im Leyser, Lauterbach ...: Gemeint sind Werke anderer zeitgenössischer Rechtsgelehrter.
›Promptuario‹: lat., Vorratskammer; hier auch: Handbuch. Gemeint ist ein siebenbändiges Rechtshandbuch von Ernst Justus Müller (Leipzig, 1792–1797).
af dr: nicht zu entschlüsseln.
ref.[usis] exp.[ensis] Desuper: lat., Unter Ablehnung der Kosten bitte ich außerdem (das Gericht).

64 *tacite zu reponieren:* lat., stillschweigend wiederherzuschicken.
die Stelle ... zu verleihen: Die Wahl unter den sechs Bewerbern fiel im März 1826 auf den Auditor Overbeck aus Horn (vgl. Brief Nr. 42).

69 *›The works of Lord Byron complete in one volume‹:* Sämtliche Werke von Lord Byron in einem Band (1826).
G. P. M.: Abkürzung für ›Gehorsames Promemoria‹.

71 *Tabellen und Karten:* ›Atlas zur Übersicht der Geschichte aller europäischen Staaten von ihrem Ursprung bis zum Jahre 1800‹ (1802–1818) von Christian Kruse.
Verf. der ›Hohenstaufen‹: ›Geschichte der Hohenstaufen und ihrer Zeit‹ (1823–1825) von Friedrich von Raumer.
Bürgermeister: Dieses Amt hatte Heinrich Blümner nicht inne.

74 *selbst nach Tieck:* Vgl. Tiecks Brief an Grabbe vom 6. Dezember 1822 (siehe 5. Anm. zu S. 25).
Votre: frz., Ihr.
›Beschreibung des Lippischen Landes‹: ›Entwurf einer kurzen historischen und geographischen Beschreibung des Lippischen Landes‹ (1786).

75 *Rosental:* damals Park bei Leipzig, heute im Stadtgebiet gelegen.
General Pepe (nämlich p. p.): Wortspiel mit dem Namen des sizilianischen Generals Wilhelm Pepe und der lateinischen Abkürzung für ›perge, perge‹ (weiter, weiter).
in loco subscripto: lat., am unterzeichneten (am Ende des Briefes angeführten) Ort.

76 *pro every time:* lat./engl., für jedesmal, für immer.
keine Dame in »Parteiwut«: Anspielung auf den Titel und eine Figur des Schauspiels ›Parteiwut oder Die Kraft des Glaubens‹ (1817) von Friedrich Wilhelm Ziegler.
lebte da lange Zeit: Vgl. indessen Grabbes Briefe an Ludwig Tieck vom 29. August 1823 (Nr. 34 und Nr. 35).
nach – Bremen: Für diese Reise Grabbes gibt es keine weiteren Belege.

77 *sta viator:* lat., Halte, Wanderer.
Jus: lat., Recht, Rechtswissenschaft.
Fuimus Troes: Siehe 3. Anm. zu S. 60.

79 *(Zent-)Schrift:* Anspielung auf die persische Keilschrift.

81 *Goethe verlegte seinen ›Götz‹ (oder ›Werther‹) selbst:* Dies trifft nur für ›Götz von Berlichingen‹ (1773) zu.

82 *Das Jahr ist kurz, die Stunde lang:* Siehe 4. Anm. zu S. 61.

83 *am 8. Mai:* Die Inskription in die Leipziger Matrikel erfolgte am 5. Mai 1820.
Sepulcrum + b(Grab-be): lat., Grab. Grabbe benutzt diese Wendung in mehreren Briefen, vgl. Nr. 59.

83 *Diable:* diabolus frz., Teufel.

84 *»wenn mir Dein Auge strahlet«:* Anfang eines Duetts aus der Oper ›Das unterbrochene Opferfest‹ (1796) von Peters von Winter.
[...] Hier folgt ein Auszug aus dem Dialog zwischen Don Juan und Donna Anna (II,1), der gegenüber der gedruckten Fassung, wie Grabbe vermerkt, ›weder in Vers noch Wort ausgefeilt‹ ist.

85 *à la Müllner hinter der culpa lata (Schuld):* Müllner hatte der Erstausgabe seines Dramas ›Schuld‹ (vgl. 1. Anm. zu S. 11) eine Rezension der Wiener Aufführung von 1813 beigelegt.

86 *läßt Dramen in Breslau und Kassel aufführen:* nicht zu ermitteln.
Tailleur: frz., Schneider; Bankhalter in Glücksspielen.

87 *einer meiner Landsleute:* Heinrich Conrad Ernst Meyer.
ich habe einen Roman ...: nicht bekannt.

88 *tout egal:* frz., ganz gleich.
sat prata: lat., hier: es reicht.
Heines ›Reisebilder‹: Die ›Harzreise‹ erschien als erster Teil der ›Reisebilder‹ 1826.

89 *Eris:* griechische Göttin der Zwietracht.
spectators: engl., Zuschauer.
Catilinas, Metellas: Gestalten aus ›Marius und Sulla‹.
mein Roman aus der Zeit von 1806–1814: Siehe 2. Anm. zu S. 87.

90 *geben wir ein Journal heraus:* Diese Idee wurde nicht realisiert.
eine kurze Broschure: erste Erwähnung der ›Abhandlung über die Shakespearo-Manie‹, die den ›Dramatischen Dichtungen‹ (1827) beigegeben wurde.
wie Lord Byron ...: Das Wort ›fashion‹ (Mode) fand Grabbe in Byrons ›Don Juan‹ (9. Gesang, 14. Strophe) in dessen 1826 bei Brönner erschienener Werkausgabe (vgl. Anm. zu S. 69). Grabbe eröffnete die ›Abhandlung über die Shakespearo-Manie‹ mit einer ähnlichen Formulierung. Die Erwähnung des Berliner Schneiders Lippold verweist auf die Verwendung von ›fashion‹ in Grabbes Studentenzeit.
Der ›Gothland‹ ... sagte Heine: Diese Äußerung ist in Heines ›Memoiren‹ (1854) nicht zu belegen.
Immermannschen Tragödien: die Trauerspiele ›Das Tal von Ronceval‹, ›Edwin‹, ›Petrarca‹ (1822).
die Stelle im ›Gothland‹ im 3. Akte: In der 1. Szene spricht der Held sein nihilistisches Weltgefühl aus.

91 *sie hatte ein – – – großes –:* ungenaue Anspielung auf Vers 4138 aus Goethes ›Faust‹.
»Hat sie – tüchtige –«: Vgl. ›Herzog Theodor von Gothland‹ III,1.

92 *god beware!:* engl., ›Gott behüte!‹.
Wie Flugsand, sagt Faust ...: Vgl. ›Don Juan und Faust‹, II,1: ›... wie Flugsand aus der Wüste, / Die Stern – im Weltsturm durcheinanderjagen ...‹
Zerline: eigtl. Zerlina; Gestalt in Mozarts ›Don Giovanni‹.

93 *ich leitete ... einen Mörder:* Diese Reminiszenz ist nicht autobiographisch. Nachweislich hat im Detmolder Zuchthaus während Grabbes Kindheit kein Mörder eingesessen.
brochieren: broschieren.

94 *»Ein jeder sucht sich (in der Masse) endlich etwas aus«:* Vgl. Goethes ›Faust. Erster Teil‹, ›Vorspiel auf dem Theater‹: ›Die Masse könnt ihr durch Masse zwingen; / Ein jeder sucht sich endlich selbst was aus.‹

95 *Lafontaines Ölpressen:* Anspielung auf die Trivialromane von August Lafontaine.
Fouqués Lanzenbrechern: Anspielung auf die Dichtungen von Friedrich de la Motte Fouqué, in dessen Werken es häufig zu Kämpfen zwischen Rittern kommt.

96 *Schweinigels ›Schicksale‹:* Walter Scotts Roman ›Nigels Schicksale‹ (1822).

»In Deiner Brust ...«: wörtliches Zitat aus Schillers ›Die Piccolomini‹, II,6.

porc-épic: Stachelschwein.

›Kenilworth‹: Walter Scotts Roman ›Kenilworth‹ (1821).

Szenen aus Goethes ›Egmont‹: Dies wird auch von Goethe bestätigt (zu Eckermann, 18. Januar 1825).

97 *›Morgenblatt‹:* Das ›Morgenblatt für gebildete Stände‹, erschienen in der Cotta'schen Buchhandlung.

Teufels Memoiren von Hauff: Wilhelm Hauffs ›Mitteilungen aus den Memoiren des Satans‹ (1826).

98 *›Messiade‹:* Klopstocks ›Messias‹ (1773).

liest mein Teufel im Klopstock: Vgl. ›Scherz, Satire, Ironie und tiefere Bedeutung‹, I, 4 ›Es ist doch gut, daß ich mein altes unfehlbares Schlafmittelchen, Klopstocks ‚Messias', mitgebracht habe!‹

verbotenus: lat., ganz wörtlich.

Dubito!: lat., Ich zweifle!

Koterie-Menschen: Klüngel-Menschen.

99 *Unser Fürst:* Leopold II. zur Lippe.

die Pichlersche: die Theatertruppe von August Pichler.

eine in ein Provinzialblatt gesetzte Kleinigkeit: Grabbes Bericht über die Detmolder Theaterverhältnisse im Mindener ›Sonntagsblatt‹ vom 14. Januar 1827.

Jam satis: lat., Nun genug.

amice: lat., freundschaftlich.

vir'human – quamcimique: wohl eine Zusammenziehung von lat., viri humani que amici mei que, d.h. ›sowohl ehrenwerte Männer als auch meine Freunde‹.

vom Tage der Schlacht bei Aspern: 21./22. Mai 1809.

102 *aus der Burschenwelt in die Griechenwelt:* vom Sympathisanten der Burschenschaftsbewegung zum Mitstreiter im griechischen Freiheitskampf, in dem er fiel.

Lex 7 de Verborum Significatione: unklarer Bezug auf das Corpus Juris civilis, die Gesetzessammlung des römischen Zivilrechts von Kaiser Justinianus.

103 *ex. gr.:* exempli gratia lat., zum Beispiel.

›Abendzeitung‹ oder ›Morgenblatt‹: die Dresdner ›Abendzeitung‹ und das Stuttgarter ›Morgenblatt für gebildete Stände‹.

104 *›Intelligenzblatte‹:* Das ›Fürstlich Lippische Intelligenzblatt‹ druckte die Ankündigung Grabbes am 27. Oktober 1827.

pto. necessitatis: lat., aus Not.

Die Idee mit Althing ist gut: Offensichtlich hatte Kettembeil vorgeschlagen, Christian August Fischer, der unter dem Pseudonym Althing Unterhaltungsromane schrieb, auch in die Satire des Lustspiels einzubeziehen.

Memoiren von Jacob Seingalt de Casanova: ›Aus den Memoiren des Venetianers Jacob Casanova de Seingalt, oder sein Leben, wie er es zu Dux in Böhmen niederschrieb‹ (1822–1828).

106 *»Creuzer« in Heidelberg:* Anspielung auf die ›Symbolik und Mythologie der alten Völker, besonders der Griechen‹ (1810–1812) des Orientalisten Friedrich Creuzer.

107 *König von Sachsen ist ja auch tot:* Friedrich August I. war am 5. Mai 1827 gestorben.

wie Edgar im ›Lear‹: Vgl. ›König Lear‹, IV, 6: ›Wie grauenvoll/Und schwindelnd ist's, so tief hinab zu schaun!‹

Die Griechen sind Narren: Vgl. 1. Anm. zu S. 15.

Die Nordamerikaner sind um Rivinus reicher geworden: Eduard Florens Rivinus, Herausgeber der Zeitschrift ›Atlantis. Journal des Neuesten und Wissenswerten aus dem Gebiete der Politik, Geschichte, Geographie, Statistik etc. der nordsüdamerikanischen Reiche ...‹ (1826/27), war nach Amerika gegangen.

Die Franzosen sitzen in Spanien: die seit 1823 andauernde Intervention der Heiligen Allianz in Spanien, deren erstrebte Ziele noch immer nicht erreicht worden waren.

107 *die ›Frankfurter Zeitung‹:* die ›Frankfurter Ober-Postamts-Zeitung‹; zum Wechsel in der Leitung dieses Blattes war es bereits Anfang des Jahres gekommen.

108 *›Modezeitung‹:* die ›Allgemeine Modezeitung‹.

Müllner hat ihn schon tüchtig gebissen: bezieht sich wohl auf gelegentliche Angriffe auf Tiecks dramaturgische Tätigkeit im ›Mitternachtsblatt für gebildete Stände‹.

Dr. Gans desgleichen: in der Rezension von Tiecks ›Dramaturgischen Blättern nebst einem Anhange noch ungedruckter Aufsätze über das Deutsche Theater und Berichten über die englische Bühne‹ (1826), die Eduard Gans im ›Berliner Konversationsblatt für Poesie, Literatur und Kritik‹ im Frühjahr 1827 veröffentlicht hatte.

Tue, wie Du willst: Grabbes Freund entschied sich für die Nennung von Tiecks Namen bei der Veröffentlichung seines Briefes vom 6. Dezember 1822 in den ›Dramatischen Dichtungen‹.

109 *Diese Anmerkungen:* erschienen als Kommentar zu Tiecks Brief.

111 *Köchy (der Devrients Tochter jetzt geheiratet hat):* Irrtum Grabbes.

mein nächstes Lustspiel: Bis auf einen knappen Dialog ist von diesem ›Eulenspiegel‹-Projekt nichts bekannt.

Tiecks ›Verlobten‹: Gemeint ist Tiecks Novelle ›Die Verlobung‹, 1823.

112 *unsren lieben Pustkuchen zum Trommeln:* Friedrich Wilhelm Pustkuchen gab in Herford die ›Westfalia, eine Zeitschrift für unbefangene Leser aus allen Ständen‹ heraus.

einen kleinen Beitrag zu Ihrem geehrten ›Sonntagsblatte‹: die ›Korrespondenznachricht‹ aus Detmold, die am 2. September 1827 im Mindener ›Sonntagsblatt‹ erschien.

die letzte Detmoldische Korrespondenz: vom 29. Juli bzw. 5. August 1827.

mit meiner eigenen Theaterkritik: im ›Sonntagsblatt‹ vom 14. Januar 1827.

mit Hülfe eines unserer größten Schriftsteller: Ludwig Tieck. Siehe 4. Anm. zu S. 108.

113 *reüssieren:* lat., Erfolg haben.

anbei das Manuskript: der skizzierte Schluß von ›Marius und Sulla‹.

Pomade: hier wohl synonymisch für Trägheit.

usque ad finem: lat., bis zu Ende.

Auch Goethe hat Ähnliches: Vgl. ›Die Aufgeregten‹ (1817), III, 1 und V. Akt.

Casu: lat., Im vorliegenden Fall.

114 *den Brief an Puteani:* nicht bekannt.

ich habe einen Schlag vor: Vermutlich spekulierte Grabbe auf ein Engagement am Detmolder Hoftheater.

Deine Ankündigung im ›Intelligenzblatt‹: am 27. Oktober 1827 im ›Fürstlich Lippischen Intelligenzblatt‹.

115 *expektivierter:* vorgesehener.

in Berliner Journalen: Vgl. u. a. 3. Anm. zu S. 108.

»Erst das vergangne ist das wahre Glück«, sagt Cäcilia: ›Herzog Theodor von Gothland‹, IV, 3.

116 *Hrn. Glanzow oder Pustkuchen:* Friedrich Pustkuchen trat als Publizist auch unter dem Namen Glanzow hervor.

Tiecks Brief: vom 6. Dezember 1822. Vgl. 4. Anm. zu S. 108.

117 *diese soll ... der Geburt eines Kindes nahen:* Am 18. Oktober wurde Prinz Friedrich geboren.

118 *sep. + b.:* Vgl. 2. Anm. zu S. 83.

ein Exemplar meiner Jugendwerke: ›Dramatische Dichtungen von Grabbe. Nebst einer Abhandlung über die Shakespearo-Manie‹. Reaktionen Goethes nicht bekannt.

119 *hoffe ich um eine geneigte Antwort:* Sie erfolgte nicht.

120 *bei uns ist noch immer Rumor:* die Folge von Grabbes Theaterkritik in der ›Westfalia, eine Zeitschrift für unbefangene Leser aus allen Ständen‹ vom 29. September 1827.

Köchy gibt ein Journal, ›Horen‹ genannt, heraus: Von den in Helmstedt verlegten ›Horen‹ erschienen nur wenige Nummern.

Im ›Eulenspiegel‹ ...: Vgl. 2. Anm. zu S. 111.

121 *antworte dem Herrn Kunz:* Dieser Vorgang ist – ebenso wie die Person selbst und ihr auf S. 122 u. S. 124 genannter Freund – unbekannt.

122 *Hauff tot:* Wilhelm Hauff starb am 18. November 1827.

sorge ja für eine Rezension: Sie erschien im ›Literaturblatt‹ zum ›Morgenblatt für gebildete Stände‹ vom 10. April 1829. Verfasser war Wolfgang Menzel.

123 *Pto. Müllners:* Vgl. Grabbes Briefentwurf in Nr. 62.

Pto. der ›Teufels- oder Esels-Zeitung‹: Gemeint ist ›Die Teufels-Zeitung‹, eine Beilage zum ›Neuen Wandsbecker Boten‹.

der gute Ehemann der Händel-Schütz: Friedrich Karl Schütz.

Napoleons Krönungstag, und der Tag von Austerlitz: Am 2. Dezember 1804 wurde Napoleon von Papst Pius VII. zum Kaiser gekrönt, am gleichen Tag des Jahres 1805 siegte er in der Schlacht von Austerlitz.

Houwald ... aus der Lausitz: Houwald lebte in Neuhaus bei Lübben am Spreewald.

124 *Laissez!:* frz., Laß sie!

in der Frankfurter ›Iris‹: In diesem Blatt wurden die ›Dramatischen Dichtungen‹ am 25. und 28. November 1827 besprochen.

125 *eine Erwähnung darüber:* Am 24. Dezember 1827 erschien in dem von Gubitz herausgegebenen ›Gesellschafter‹ eine Rezension der ›Dramatischen Dichtungen‹.

Anbei ... eine Theaterrezension: veröffentlicht im ›Gesellschafter‹ vom 14. Januar 1828.

Pichlersche Gesellschaft: Siehe 2. Anm. zu S. 99.

Fürst zur Lippe: Leopold II.

ein Schauspielhaus ..., größer als das Leipziger: Das 1825 neueröffnete Detmolder Theater war freilich kleiner als das Leipziger.

weder Eßlair, Devrient, die Stich pp. ...: Belegbar sind lediglich Gastrollen von Eßlair und Devrient.

126 *die ›Iris‹-Rezension:* Vgl. 2. Anm. zu S. 124.

Ich eine Rezension in die ›Hallesche Literaturzeitschrift‹?: Hier erschien im November 1828 eine Besprechung, die jedoch nichts mit dem Textvorschlag Grabbes zu tun hat.

Die hier gedruckten Stücke: Die Abkürzungen der einzelnen Werke sind wie folgt aufzulösen: ›Herzog Theodor von Gothland‹; ›Nannette und Maria‹, ein tragisches Spiel; ›Scherz, Satire, Ironie und tiefere Bedeutung‹, ein Lustspiel; ›Marius und Sulla‹, eine Tragödie.

127 *Samum:* heißer Wüstenwind.

130 *den erledigten Auditeurposten ... verleihen zu wollen:* Am 9. Januar 1828 wird Grabbe von der lippischen Regierung zum Auditeur ernannt.

Emolumente: Einkommen.

131 *im ›Konversationsblatt‹:* Die Rezension im ›Berliner Konversationsblatt‹ ist allerdings eine ablehnende, erschien aber erst im Februar 1828.

die mir gestern erzeigte Gunst: Siehe 1. Anm. zu S. 130.

132 *im ›Socio‹:* im ›Gesellschafter‹.

›Yngurd‹: ›König Yngurd‹ (1817) von Adolph Müllner.

»Messias der deutschen Bühne«: Rousseau hatte in seiner Rezension im ›Rheinisch-Westfälischen Anzeiger‹ vom 9. Januar 1828 davon gesprochen, daß Grabbe zum ›dramatischen Messias Deutschlands‹ werden könne.

133 *Kalbsstoß:* obdt., Kalbskeule.

die letztübersandten Exemplare: der ›Dramatischen Dichtungen‹.

133 *›Herforder‹ Blatt:* ›Westfalia‹.

»Kunz« mußt Du treiben: Vgl. Anm. zu S. 121.

134 *Börne gehe zum Teufel:* Offenbar hatte Kettembeil versucht, auch Ludwig Börne zu einer Besprechung der ›Dramatischen Dichtungen‹ anzuregen.

Taschenbuch deutscher Theaterspiele: Gemeint ist Karl von Holteis ›Jahrbuch deutscher Bühnenspiele‹, in dem ein Preisausschreiben für das beste deutsche Lustspiel veranstaltet wurde.

bis Johanni: Gemeint ist der Johannistag (24. Juni).

inelegant: bezieht sich auf die ›Zeitung für die elegante Welt‹.

135 *Notiz aus der ›Frankfurter Zeitung‹:* In der Ausgabe vom 21. Februar 1828 wurde der ›talentvolle junge Dichter Grabbe‹ erwähnt.

die seit 1 Woche beendigte Pustkuchsche: eine Rezension von Ludwig Pustkuchen in der ›Westfalia‹ vom 5. Januar 1828, in den nächsten Nummern fortgesetzt.

Notiz im ›Westfälischen Anzeiger‹: eine am 28. Januar 1828 erschienene biographische Mitteilung.

›Konversationsblatt‹: Siehe 1. Anm. zu S. 131.

mein guter Rosen ...: Eine Mitwirkung von Rosen an der im ›Gesellschafter‹ erschienenen Kritik ist nicht wahrscheinlich.

136 *›Jahrbücher der wissenschaftlichen Kritik‹:* Hier erschien keine Besprechung der ›Dramatischen Dichtungen‹.

›Journal des Luxus und der Moden‹: Das ›Journal für Literatur, Kunst, Luxus und Mode‹ existierte nur bis 1827.

der alte Direktor: August Pichler.

›Don Juan und Faust‹ sollen sie haben: Das Stück wurde am 29. März 1829 im Detmolder Hoftheater aufgeführt.

Holtei gebe ich nichts: Siehe 2. Anm. zu S. 134.

Wiener Modezeitung: ›Wiener Zeitschrift für Kunst, Literatur, Theater und Mode‹.

137 *Stehely ... d'Heureuse:* zwei damals berühmte Cafés in Berlin. Siehe 3. Anm. zu S. 42.

ein kleines Flämmchen im Mindener ›Sonntagsblatt‹: eine Rezension der ›Dramatischen Dichtungen‹ am 22. Juni 1828. Vgl. dazu Brief Nr. 71.

138 *wenn nicht eine Kommissions-Reise ...:* Ausrede Grabbes.

Ihren gütigen Brief: nicht bekannt.

für die Aufnahme der Rezension ...: Siehe 1. Anm. zu S. 125.

schnellen Abdruck meiner Theaterkritik: Siehe 2. Anm. zu S. 125.

›Der Prozeß‹: Über dieses angebliche Lustspiel-Projekt Grabbes ist nichts bekannt.

139 *die Pustkuch'sche Geschichte:* dessen Rezension der ›Dramatischen Dichtungen‹.

›Merkur‹: in den Nummern vom 14. bis 25. Februar 1828.

und Hell!: in dem ›Wegweiser im Gebiete der Künste und Wissenschaften‹, einer Beilage zur von ihm herausgegebenen ›Abendzeitung‹ vom 27. Februar 1828.

In der Berliner ›Staatszeitung‹: Hier ist keine Rezension nachweisbar; gleiches gilt für die unten erwähnten Blätter ›Bremer Zeitung‹ und ›Hermes‹.

Was macht die ›Iris‹?: Siehe 2. Anm. zu S. 124.

140 *Die Rezension des ›Berliner Konversationsblattes‹:* Siehe 1. Anm. zu S. 131.

ich schwebe schon: bezieht sich auf die Arbeit an ›Don Juan und Faust‹.

ein Brief von Wasserfall: nicht überliefert.

141 *verbi gratia:* lat., zum Beispiel.

Ihre Rezension meiner Siebensachen: Siehe 3. Anm. zu S. 139.

Anbei eine Rezension: erschien in der ›Abendzeitung‹ vom 24./28. April 1828.

141 *Vespertina:* vespera lat., Abend. Gemeint ist die ›Abendzeitung‹.

142 *respct.:* Respekt.

Im ›Morgenblatt‹ vielleicht: Amadeus Wendt hat die ›Dramatischen Dichtungen‹ nicht rezensiert.

Der Elegante, Methusalem, ist zu beleidigt: Methusalem Müller und seine ›Zeitung für die elegante Welt‹ waren in ›Scherz, Satire, Ironie und tiefere Bedeutung‹ kritisiert worden (I, 3; III, 1).

Freimütige (aus sehr guten Gründen): Siehe vorstehende Anm. Vgl. ›Scherz, Satire, Ironie und tiefere Bedeutung‹, II, 2.

›Morgenblatt‹: Siehe 2. Anm. zu S. 122.

143 *Halle ginge los:* Die ›Allgemeine Literatur-Zeitung‹ brachte erst im November 1828 eine Besprechung.

contra resp. 1.3.4.2.6.: unverständliche Formulierung.

(si diis placet): lat., wenn es den Göttern gefällt.

Wie mit der ›Iris‹?: Siehe 2. Anm. zu S. 124.

›Trauersp. in Tirol‹: ›Das Trauerspiel in Tirol‹ (1828).

das Hauptjournal ...: Siehe 3. Anm. zu S. 132.

149 *Halle:* Gemeint ist die ›Allgemeine Literatur-Zeitung‹.

150 *unter Bezug auf die ›Hallische Literaturzeitung‹:* Deren Rezensent hatte Grabbe mit Lord Byron verglichen.

ein Präsent erhalte: Von einem Geschenk Leopolds II. an Grabbe ist nichts bekannt.

wie bei Voß »der Calcutta-Spuk durch Ägypten will«: Anspielung auf Johann Heinrich Voß' ›Antisymbolik‹ (1824).

151 *in einem englischen Journal:* ›Foreign Quarterly Review‹, Bd. 3 von September 1828/Januar 1829.

152 *caupona nova:* ›Neuer Krug‹, Gasthaus außerhalb von Detmold.

den Langen: Grabbes Freund Karl Ziegler.

meine Theaterrezension ... in die ›Iris‹: abgedruckt in der ›Frankfurter Iris‹ vom 10. Mai 1829.

153 *dann ›Philipp‹:* Grabbe plante als dritten Band seines Hohenstaufenzyklus ein Drama über Philipp von Schwaben, neben Otto IV. deutscher König seit der Doppelwahl von 1198.

Gubitz: Er rezensierte ›Don Juan und Faust‹ am 16. Mai 1829 im ›Gesellschafter‹.

Hell: Die ›Abendzeitung‹ brachte am 24./25. März eine Annotation und am 23. April 1829 einen Bericht über die Aufführung am Detmolder Hoftheater.

Müller: In der von Methusalem Müller herausgegebenen ›Zeitung für die elegante Welt‹ erschien erst am 15. Januar 1830 eine Mitteilung über die Inszenierung.

im ›B.‹: in Grabbes ›Kaiser Friedrich Barbarossa‹ (uraufgeführt 1875).

In Lemgo: in der Meyerschen Buchhandlung.
Die Manesser: Sicherlich ist die ›Manessische Liederhandschrift‹ gemeint.
Anbei eine ... Theaterkritik: Sie erschien am 10. Mai 1829.
155 *aber auch so:* Der folgende Text findet sich in ›Aschenbrödel‹, II,2.
ein Sappermenter: entstellte Ableitung von Sakrament (Fluch).
156 *Dank für das ›Morgenblatt‹:* Am 10. April 1829 war eine Rezension von Wolfgang Menzel erschienen.
die Berliner, die ihn auch angegriffen: bezieht sich wohl auf eine Besprechung von Menzels ›Deutscher Literatur‹ (1828) im ›Berliner Konversationsblatt‹.
Dank für die ›Didaskalia‹: In Nr. 111 vom 21. April 1829 war Grabbes Bericht über die Detmolder Aufführung von ›Don Juan und Faust‹ erschienen.
er ist bereits in Lüneburg, wird in Köln aufgeführt: nicht nachweisbar.
157 *geht Hr. Lortzing damit auf Gastrollen:* Übertreibung Grabbes. Albert Lortzing spielte den Don Juan.
157 *›Globe‹:* seit 1824 in Paris erschienene Zeitschrift.
158 *außer dem Frankf. Journal und Lemgo:* Eine Anzeige erschien in der ›Frankfurter Ober-Postamts-Zeitung‹ am 7. März 1829, im ›Fürstlich-Lippischen Intelligenzblatt‹ am 11. April 1829.
Steht die Kritik des Theaters allhier in der ›Iris‹?: Siehe 8. Anm. zu S. 153.
... die auch Menzel unter mich setzt: in dessen Rezension der ›Dramatischen Dichtungen‹. Siehe 1. Anm. zu S. 156.
kalmüserst: geizt.
159 *die Szenen im ›Morgenblatt‹:* gedruckt am 8./11. Juni 1829.
160 *Dummer Streich ...:* Dies geschah bereits in der Aufführung von Heinrich Becks Lustspiel ›Das Kamäleon‹ am 29. Dezember 1828. Inzwischen hatte das Detmolder Theater ›Don Juan und Faust‹ (am 29. März 1829) aufgeführt.
Ihrem Journal: die in Münster und Hamm erscheinenden ›Allgemeinen Unterhaltungsblätter‹.
›Die Abbassiden‹: nicht bekannt.
161 *Rezension des ›Don Juan und Faust‹:* ›Sonntagsblatt‹ vom 28. Juni 1829.
in Ihrem ... ›Sonntagsblatt‹ zu erwähnen: in den Nummern 43–45 vom 11. Oktober bis 8. November 1829.
Ihre Gedichte: ›Eros. Poetisches Taschenbuch für 1831‹.
162 *Anbei die Probeszenen aus ›Aschenbrödel‹:* erschienen in den Heften 6–8 der ›Unterhaltungsblätter‹ von 1829.

Rezension des ›Don Juan‹: erschien in Bd. 6 (Juli–Dezember 1829), H. 4 der ›Allgemeinen Unterhaltungsblätter‹.

die Jenaer Zeitung: offenbar die ›Jenaische Allgemeine Literaturzeitung‹ vom Juli 1829, in der eine Besprechung von ›Don Juan und Faust‹ abgedruckt ist.

163 *inliegenden Brief:* nicht überliefert.

ich schrieb Dir davon: Dieser Brief ist nicht überliefert.

von Hohenhausen … rezensiert im ›Sonntagsblatt‹ den ›Barbarossa‹: Siehe 2. Anm. zu S. 161.

Halle losgegangen: eine Rezension von ›Don Juan und Faust‹ in den ›Ergänzungsblättern zur Allgemeinen Literatur-Zeitung‹ vom Oktober 1829.

die ›Unterhaltungsblätter‹ erheben ›D. J. und F.‹ auch enorm: Siehe 2. Anm. zu S. 162.

nescio: lat., ich weiß nicht.

164 *Fr. Gleich in seinem ›Eremiten‹:* Offenbar hatte sich Gleich in der Zeitschrift ›Der Eremit‹ für Grabbes Polemik in ›Scherz, Satire, Ironie und tiefere Bedeutung‹ revanchiert. Näheres ist, da auf den betreffenden Jahrgang nicht zurückgegriffen werden kann, nicht mehr zu ermitteln.

Tancred: Vgl. im folgenden ›Kaiser Heinrich der Sechste‹, I, 1.

165 *Fleury de Chaboulon (Reise von Elba):* ›Denkwürdigkeiten über Napoleons Privatleben, Rückkehr und Regierung im Jahre 1815‹ (1820).

Venturinisch-Bredowsche Chronik: ›Chronik des 19. Jahrhunderts. 1813–1817‹ von Karl Venturin und Gottfried Gabriel Bredow (1817–1820).

Kaiser Heinrich: Vgl. im folgenden ›Kaiser Heinrich der Sechste‹, V, 3.

166 *Die über ›Don Juan und Faust‹ hat mir sehr gefallen:* Siehe 2. Anm. zu S. 162.

167 *eine Gageerhöhung:* Grabbe erhielt ab 1. Januar 1830 monatlich 18 Reichstaler Gage.

168 *V.:* Vide; lat., Siehe.

169 *Operntext:* Libretto zur Oper ›Richard Löwenherz‹ (1784) von André Grétry. Siehe auch Nr. 97.

171 *Mutter in Berlin:* Vgl. Nr. 95.

171*als die westf. ›Unterhaltungsbl.‹:* Siehe 1. Anm. zu S. 162.

172 *das boshafte ›Konv.blatt‹:* Im ›Berliner Konversations-Blatt‹ vom 12. Dezember 1829 erschien eine Rezension der Hohenstaufendramen.

Das ›Morgenblatt‹ führt mich lobend im Meßkatalog auf: allerdings nur eine Ankündigung im ›Literaturblatt‹ zum ›Morgenblatt‹ vom 3. November 1829.

173 *Homer darüber:* Vgl. ›Odyssee‹, 9. Gesang, Vers 106ff.; 12. Gesang, Vers 127ff.

Vergiß das nicht mit Wist: Zusammenhang unklar. Bezieht sich auf den Detmolder Kaufmann Johann Heinrich Wist und vermutlich Grabbes Äußerung in Nr. 95.

Ihr Urteil über meinen Rotbart: unbekannt.

Taschenbuch ›Aurora‹: blieb eine Idee Friedrich Steinmanns.

174 *Wie ist's mit Barbarossas Rezension?:* erschien im ›Literaturblatt‹ zu den ›Allgemeinen Unterhaltungsblättern‹, Bd. 7, H. 3 (1. Halbjahr 1830).

in Ihren Blättern: Freiligrath veröffentlichte hier sein Gedicht ›Den Manen Christian Gottlieb Clostermeiers‹.

la Fleur: frz., hier wohl: Glanz.

die ›Abendzeitung‹ ... spricht ...: in ihrer Beilage ›Wegweiser im Gebiete der Künste und Wissenschaften‹ vom 17. Oktober 1829.

175 *Ophamila sagt Act. I:* in der 2. Szene.

unseres Kontraktes: der Verlagsvertrag zwischen Kettembeil und Grabbe vom 15. August 1829 mit einer ›Modifikation‹ durch letzteren vom 20. August 1829. Grabbe verpflichtete sich darin zur regelmäßigen Lieferung von jährlich zwei Dramen.

›Philipp von Schwaben‹: dritter von acht geplanten Bänden des Zyklus über die Hohenstaufen. Neben der monatlichen Zahlung von 24 Reichstalern war für jedes weitere Stück ein Extrahonorar von 100 Reichstalern vereinbart, ›unter Voraussetzung, daß diese späteren Teile im gleichen Geiste, wie der erste Teil Kaiser Friedrich Barbarossa gearbeitet sind.‹

Wist hat wieder pro Febr. 24 Rtlr. ...: Die Geldzahlungen Kettembeils erfolgten offensichtlich über Johann Heinrich Wist. Es kam in jenen Monaten zu Unstimmigkeiten, weil Kettembeil ›Aschenbrödel‹, das er nicht abnahm, und auch ›Kaiser Heinrich den Sechsten‹ sehr kritisch beurteilte.

176 *so der Redakteur des ›Sonntagsblatts‹:* Siehe 2. Anm. zu S. 161.

Brief von Köchy: nicht bekannt.

Die Rezension im ›Freimütigen‹: in der Nummer vom 20./26. November 1829.

Raupach hat ja auch einen ›Heinrich VI.‹ geschrieben: Grabbe bezieht sich wohl auf die Berliner Uraufführung von ›Heinrichs Tod‹ im Januar 1830. Die beiden Stücke ›Heinrich und die Welfen‹ und ›Heinrichs Tod‹ erschienen erst 1837 in den ›Dramatischen Werken ernster Gattung‹.

177 *Anzeige des ›Barbarossa‹:* in der Beilage zur ›Abendzeitung‹ vom 3. Oktober 1829.

Briefwechsel zwischen ihm und Schiller: ›Briefwechsel zwischen Schiller und Goethe in den Jahren 1794 bis 1805‹ (1828–1829). Vgl. Grabbes Abhandlung ›Etwas über den Briefwechsel zwischen Schiller und Goethe‹ (1830).

178 *Westfälische Blätter loben mich:* bezieht sich auf mehrere Beiträge im ›Rheinisch-Westfälischen Korrespondenzblatt‹ im Jahre 1829.

error: lat., Irrtum.

Die Feenszenen aus ›Aschenbrödel‹: eine Veröffentlichung erfolgte nicht.

ich ließe mich bedanken: für die in der 2. Anm. zu S. 122 genannte sehr positive Rezension der ›Dramatischen Dichtungen‹.

179 *Ihr gütiges Schreiben:* nicht bekannt.

180 *Shylock:* Gestalt aus Shakespeares ›Kaufmann von Venedig‹ (1600).

wegen der ›Jagd‹: bezieht sich auf die Neueinrichtung der Oper ›Die Jagd‹ (1770) von Johann Adam Hiller durch Albert Lortzing. Die Notiz erschien in der Beilage zur ›Abendzeitung‹ vom 20. März 1830.

habent sua fata libelli: lat., Bücher haben ihre Schicksale.

ich ließe ›Aschenbrödel‹ doch drucken: Kettembeil weigerte sich, das Stück zu verlegen.

181 *in der ›Eleganten‹:* ›Zeitung für die elegante Welt‹ vom 15. Januar 1830.

Hell schreibt mir auch: nicht bekannt.

Köchy und Pustkuchen mahnen: nicht bekannt.

sogar etwas verliebt: Grabbes Beziehung zu der Kaufmannstochter Henriette Meyer, die ihn aber bald verläßt.

dons gratuits: lat., freiwillige Gaben.

182 *Dein letzter Brief ist mir … unangenehm:* Die Meinungsverschiedenheiten über ›Kaiser Heinrich der Sechste‹ hatten dazu geführt, daß Kettembeil die monatlichen Honorare für Grabbe nicht mehr anwies.

Im ›Rh. Anzeiger‹ steht mein Armbruch: ›Rheinisch-Westfälisches Korrespondenzblatt‹ vom 20. Februar 1830.

183 *der ›Komet‹ spricht einigemal von mir:* der ›Komet, ein Unterhaltungsblatt für die gebildete Lesewelt‹ erwähnte Grabe nur einmal, und zwar im ›Literaturblatt‹ vom 5. Februar 1830.

›Der Freimütige‹ u. das ›Konversationsblatt‹: seit dem Jahrgang 1830 vereint als ›Der Freimütige oder Berliner Konversationsblatt‹.

184 *die congrevischen Raketen:* Brandraketen, benannt nach dem englischen General William Congreve (1772–1828).

fuz à qui sagt man hier: Diese Wendung ist nicht mehr eindeutig zu entschlüsseln, vielleicht: futsch (?).

185 *Paganinis elende G-Saite:* Vgl. Grabbes Äußerungen über Paganini im Aufsatz ›Etwas über den Briefwechsel zwischen Schiller und Goethe‹.

186 *l'empereur et roi:* frz., den Kaiser und König.

in Ihren Rezensionen: Siehe 1. Anm. zu S. 156. Am 19. Juli 1830 waren Besprechungen von ›Don Juan und Faust‹ und ›Kaiser Friedrich Barbarossa‹ erschienen, auf die sich Grabbe hier direkt bezieht.

187 *Zeitungen von Paris:* bezieht sich auf die Julirevolution in Frankreich.

die Stuarts von 1688: Grabbe erinnert an den Sturz von Jacob II. in der englischen Revolution.

Charles war für Frankreich stets ein ominöser Name: Die Ordonnanzen Karls X. vom 26. Juli 1830 waren der Anlaß für die Julirevolution. Charles d. Dicke, d. i. Karl III. (876–887); Karl V., deutscher Kaiser (1519–1558), der die Franzosen mehrmals besiegte; Karl IX., König von Frankreich (1550–1574).

188 *ad exemplum:* bezieht sich auf eine Rezension im ›Gesellschafter‹ vom 17. Mai 1830.

corrigendo, supplendo: lat., indem ich verbessere und ergänze.

in einem Journale: Grabbe fand lange keinen Verleger für diesen Aufsatz. Erst am 21. Juni 1835 kam es zu einem auszugsweisen Abdruck in der Zeitung ›Hermann. Ein Zentralorgan für Rheinland-Westphalen‹.

190 *Klemms Brief ... ›Herfest‹ zurück:* Gustav Klemms episches Gedicht ›Herfest‹ (1829) hatte Louise Christiane Clostermeier von ihrem Vater erhalten.

Archivrat: Christian Gottlieb Clostermeier, ihr Vater.

seine Schriften: ›Beiträge zur Kenntnis des Fürstentums Lippe‹ (1816) und ›Wo Hermann den Varus erschlug‹ (1822).

modo: lat., eben.

190 *in der ›Allgemeinen Zeitung‹:* In der Beilage zur Augsburger ›Allgemeinen Zeitung‹ vom 3. September 1830 ist ›Kaiser Friedrich Barbarossa‹ annotiert.

191 *Orleans:* Gemeint ist Ludwig XIX., der nach der Julirevolution französischer König wurde.

Charles X.: Karl X., französischer König bis zur Julirevolution.

Brief an Menzel: Vgl. Nr. 111.

dem Herloßsohn versprochene Rezension: für dessen Zeitschrift ›Komet‹.

193 *die Memoiren der Herzogin Elisabeth v. Orleans:* ›Anekdoten vom französischen Hofe vorzüglich aus den Zeiten Ludewigs des XIV. und des Duc Regent aus Briefen der Madame d'Orleans Charlotte Elisabeth …‹ (1789).

Fréjus: Ort an der französischen Mittelmeerküste, von dem Napoleon 1814 nach Elba abreiste.

›Ça ira‹: frz., Es wird gehen. ›Ça ira‹ war das Lied der Französischen Revolution von 1789.

›Allons enfants de la patrie‹: frz., ›Allons, enfants! De la patrie …‹ (Auf, Kinder! Des Vaterlandes …) Beginn der Marseillaise.

194 *H.:* Herloßsohn, der Herausgeber des ›Komet‹.

Im ›Sonntagsblatt‹ rezensiert ihn die Hohenhausen: Elise von Hohenhausens Rezension erschien in der Nr. vom 31. Oktober/14. November 1830.

Vide: lat., Sieh es.

der hiesige Hofrat: Grabbes Arzt Carl Piderit.

Das »wunderlich«: bezieht sich auf Menzels Formulierung ›der wunderliche Grabbe‹ in einer Rezension im ›Morgenblatt‹.

schreibe ich Robespierre: Davon ist nichts bekannt.

195 *atto:* ital., Akt.

Ça non ira: frz., Es wird nicht gehen. Der erwähnte Vorgang ist unbekannt.

196 *Zweibrücken:* Druckort des ›Napoleon‹.

österr. Mätressenphrase: Vgl. ›Napoleon‹, III, 3.

der Hofrichter: Philipp Christian Ernst.

Rat Ernst: dessen Sohn Karl.

197 *Fr. Elis v. Hoh.:* Freifrau Elise von Hohenhausen.

Ihren Brief: nicht überliefert.

die lieben Ordonnanzen …: Siehe 3. Anm. zu S. 187.

199 *›Eumeniden‹:* Titel des letzten Dramas der dreiteiligen ›Orestie‹ von Aischylos.

›Sakuntala‹: Drama von Kalidasa, dem bedeutendsten indischen Klassiker (etwa 5. Jh.).

Abdruck der Aschenbrödeleien: im ›Morgenblatt‹ vom 4./8. November 1830.

Können Sie es gebrauchen: Siehe 3. Anm. zu S. 188.

Brief an Menzel: Nr. 119.

200 *›Minerva‹:* in Jena erscheinende historische Zeitschrift, die Grabbe bei der Arbeit am ›Napoleon‹ benutzte.

201 *›Où peut on être mieux, qu'au sein de sa famille‹:* frz., ›Wo kann man sich wohler fühlen als im Schoße seiner Familie?‹ (aus der Oper ›Lucile‹ (1769) von André Ernest Modeste Grétry).

202 *Ihr Verlust ist zu groß:* der Tod eines zweiten Kindes.
für den ›Eros‹: Siehe 3. Anm. zu S. 161.
die Rezens. im ›Gesellschafter‹: Es kommt nur eine kurze Anzeige im ›Gesellschafter‹ vom 20. Oktober 1830 in Betracht.

203 *Den verdammten ›Eulenspiegel‹:* Welche Ausgabe Grabbe meint, ist unklar.
Mihi unus: lat., Mir einerlei.
Krieg mit Frankreich: Die Befürchtung Grabbes, daß es als Folge der Julirevolution zu einer militärischen Auseinandersetzung zwischen Preußen und Frankreich kommen könnte, bestätigte sich nicht.

204 *die Polen losschlagen:* Anspielung auf die Erhebung des polnischen Volkes gegen die zaristische Unterdrückung.
Soignies: frz., feinste Sorten.
tout égal: frz., ganz gleich.
Deine Anträge wegen Geschichte oder Roman: Um welche literarischen Pläne es sich handelt, ist nicht zu ermitteln. Vgl. auch 5. Anm. zu S. 235.

205 *im ›Planeten‹ oder ›Kometen‹:* im Literaturblatt zum ›Komet‹ vom 30. Dezember 1830.

206 *Raupachs ›Heinr.‹ in Frankf.:* Die Premiere fand am 29. Dezember 1830 statt. Vgl. 4. Anm. zu S. 176.

207 *›Globe‹ und ›National‹:* ›Globe‹: siehe Anm. zu S. 157; ›National‹: seit 1830 in Paris erscheinende ›Zeitung für Politik und Literatur‹.

208 *Red. des ›Morgenblattes‹ ist ... Haug:* Grabbe irrt. Redakteure des Blattes waren seit 1827 Hermann Hauff, ein Bruder von Wilhelm Hauff, und Johann Friedrich von Cotta.
für Ferdinandus: Grabbe war von Louise Christiane Clostermeier um Vermittlung eines Kontaktes zum ›Morgenblatt‹ wegen Veröffentlichung von Gedichten Freiligraths gebeten worden.
gegen die Lemgoer Aufrührer: Das Folgende bezieht sich auf eine Gehorsamkeitsverweigerung im lippischen Heere, die allerdings keine politischen Motive hatte, so daß die von Grabbe gezogene Parallele zur Julirevolution nicht gerechtfertigt ist.

210 *etwas in die ›Didaskalia‹:* In dieser Zeitschrift ist nichts erschienen.
»Eine Kritik der früheren und jetzigen ...«: Diese Idee wurde nicht realisiert.

211 *in Münchs ›Aletheia‹:* Hermann von Münchs ›Zeitschrift für Geschichte, Staats- und Kirchenrecht‹.
Die ›Hohenstaufen‹ setze ich nicht fort: 1830 war als zweites (und letztes) Drama des Hohenstaufenzyklus ›Kaiser Heinrich der Sechste‹ er-

schienen. Danach schrieb Grabbe ›Napoleon oder die hundert Tage‹.

213 *das tolle Ding von ›Barbarossa‹:* Grabbes Gedicht ›Barbarossa‹.

Freiligraths Traum von Konradin und Friedrich von Östereich: Anspielung auf dessen Gedicht ›Barbarossas erstes Erwachen‹ (1829).

aus der Matthissonschen Schule: Tatsächlich ähnelt die frühe Lyrik Freiligraths den sentimentalischen Gedichten von Friedrich Matthisson.

214 *in Meiers Hause:* im Gasthaus ›Zur Stadt Frankfurt‹.

Die kleine Ente ist ein Teufelskind: Nach einer von Karl Ziegler überlieferten Anekdote trieb Grabbe mit einer Ente seine Späße.

215 *Kościuszko als Drama gefällt mir:* Offensichtlich hatte Kettembeil Grabbe vorgeschlagen, ein Stück über den polnischen Helden zu schreiben, um die Polenbegeisterung von 1831 verlegerisch auszunutzen. Das – auch in weiteren Briefen erwähnte – Drama blieb Fragment. Neben einem kompletten Szenarium existieren textlich ausgearbeitet lediglich zwei Bilder des ersten Aktes.

Diebitsch hat schändlich dumm gekriegt: Anton Graf von Diebitsch, der als russischer Feldmarschall im Jahre 1831 die gegen den polnischen Aufstand eingesetzten Truppen befehligte, starb am 10. Juni, ohne gesiegt zu haben.

von Skrynecki erlogene Verrätereien: bezieht sich auf Auseinandersetzungen innerhalb des polnischen Heeres, an denen General Jan Boncza Skrynecki nach der Niederlage bei Ostrolenko am 26. Mai 1831 wesentlich beteiligt war und die mit seiner Absetzung endeten.

Ein Buch wie Murhard: Karl Murhards ›Theorie und Politik des Handels‹ (1831).

216 *Von Freiligrath Anliegendes zurück:* die Gedichte ›Sonst und jetzt‹ (1831), ›Drei Lieder zur Feier des Soester Schützenfestes‹ (1831).

216 *Ich will es besorgen:* Vgl. 2. Anm. zu S. 208.

Gestattung eines Urlaubes: Die Regierung bewilligte diesen, und Grabbe reiste vom 6. bis 18. August 1831 nach Frankfurt.

218 *Heidenoldendorf:* Ortschaft unweit von Detmold.

Reskript: amtliche Verfügung. Worum es sich handelt, läßt sich nicht mehr ermitteln.

220 *Seine Sachen sind in Frankf. besorgt:* Siehe 2. Anm. zu S. 208.

221 *Alles, was mir die Henr.[iette] böse gemacht hat …:* Grabbe unterhielt in diesen Monaten Beziehungen zu zwei Frauen. Während er sich – wie Briefe zeigen – Louise Christiane Clostermeier näherte, liebte er Henriette Meyer leidenschaftlich und fühlte sich mit ihr seit Früh-

jahr 1831 heimlich verlobt. Der Brief – wie die folgenden – bezieht sich auf den Abbruch dieses Verhältnisses durch Henriette.

223 *Ein Teudt, ein Stöcker werde ich nicht:* Dieser Bezug auf Detmolder Bürger ist unklar.

224 *mit Plessing, Klingenberg oder Werkmeister Löwen:* unklare Anspielung auf Detmolder Bürger.

228 *Wasserfallsche Posten:* Die Anspielung ist nicht zu entschlüsseln.

229 *im Frankf. ›Unterhaltungsbl.‹:* in den ›Wöchentlichen Unterhaltungen‹, einer ›Extra-Beilage zum Frankfurter Journal‹, vom 9. Oktober 1831.

in Braunschw. ...: in den ›Annalen der Haupt- und Residenzstadt Braunschweig‹ vom 24. August 1831.

Bist Du bei Hus[emann] gewesen?: Vgl. Grabbes Briefe an Valentin Husemann.

Ressource: frz., Erholung. Gemeint ist das Gasthaus ›Zur Erholung‹.

230 *ennuyieren:* hier: belästigen.

Deinen Brief: nicht überliefert.

231 *et sequentia (sit venia verbo):* lat., und das Folgende (man erlaube mir das Wort).

232 *Thibaut:* Dieudonné Thiebaults ›Friedrich der Große, seine Familie, seine Freunde und sein Hof‹ (1828).

Eusebii ›Kirchengeschichte‹: ›Eusebii Kirchen-Geschichte aus dem Griechischen übersetzt‹ (1799).

Brief an H.: Husemann. Vgl. Nr. 150.

233 *mein Tier:* vermutlich der Regierungspedell Emmighausen.

Anlage: nicht überliefert.

Es geht mir Tee Ger Lehr: dunkle Formulierung.

234 *Ingrossation:* Eintragung der Verpfändung eines Grundstückes für eine Forderung.

235 *prorogierten:* hier wohl: verlängerten.

quo loco: lat., an welchem Ort.

Rezension in die ›Hallische Literaturzeitung‹: nicht erschienen.

Quaste: hier wohl umgangssprachlich: Pinsel.

einen Roman: Es blieb bei der Idee.

236 *Börnes Briefe:* ›Briefe aus Paris 1830/31‹.

Immermann neulich hier war: Vgl. Immermanns Schilderung der Begegnung in seinem Reisetagebuch vom 23. Oktober 1831.

Sporteln: Nebeneinkünfte aus zusätzlichen Amtshandlungen.

237 *Deserviten:* Honorare für Anwaltstätigkeiten.

Obligationen: Schuldscheine.

leide ich [am Tod]: vorstehende und die zahlreichen anderen Textergänzungen dieses z.T. beschädigten Briefes auch der Ausgabe Oskar Blumenthals (Christ. Dietr. Grabbes sämtliche Werke und handschriftlicher Nachlaß. Erste kritische Gesamtausgabe, Detmold 1874).

238 *sein Buch:* ›Kunststudien‹ (1832).

diesen Brief: nicht überliefertes Schreiben von Theodor von Kobbe. Vgl. Nr. 162.

240 *Meine Zweimal-Braut heiratet:* Henriette Meyer heiratete den Färbermeister Gottfried Theodor Husemann erst am 3. September 1832.

240 *Kartell:* Aufforderung zum Duell.

eine mögliche Braut: Louise Christiane Clostermeier.

Gène: frz., hier: Zwang, Verlegenheit.

243 *Herr Seume:* Johann Gottfried Seume war seit 1792 Geheimsekretär des russischen Generalgouverneurs für die besetzten polnischen Gebiete, Otto Heinrich von Igelström.

244 *Niente:* ital., Nichtstun. Bezieht sich auf ›Einige Nachrichten über die Vorfälle in Polen im Jahre 1794‹ (1796).

Bohne: hier umgangssprachlich in der Bedeutung von ›Nichtigkeit‹.

»Ein großes Herz ...«: kein Ausspruch von Friedrich Barbarossa, sondern von Papst Alexander (III, 1).

Hambacher Fest: das Treffen bürgerlich-demokratischer Kräfte am 27. Mai 1832 auf der Maxburg bei Hambach (Pfalz).

a manièra tedesca: ital., nach deutscher Art.

245 *Voilà tout:* frz., Das ist alles.

Die Briefe des Verstorbenen: ›Briefe eines Verstorbenen‹ (1830/31) von Hermann Fürst von Pückler-Muskau.

›Regulus‹: Tragödie von Lucien Arnault (1833).

›Borgia‹: ›Lucretia Borgia‹ (1835), Drama von Victor Hugo.

aus dem Collin: aus ›Regulus‹ (1802), Tragödie von Heinrich Joseph Collin.

246 *ta mère:* frz., deine Mutter.

Serie französischer Stücke: seit 1831 in französischer Sprache erschienene Reihe des Dessauer Verlags Ackermann.

Der jammervolle Rotteck ... abscheulichen Porträts: Gemeint ist die ›Geschichte des Badischen Landtags von 1831‹ (1833) von Karl von Rotteck. Dieses ›Lese- und Lehrbuch fürs Deutsche Volk‹ enthielt acht Bildnisse von Zeitgenossen; vgl. auch Grabbes Meinung über Rottecks Werk in Nr. 215.

247 *Probeabdrucks:* einer Karte, die die Ehe mit Louise Christiane Clostermeier anzeigt.

249 *der Major:* August Roth.

Laxificaz: Grabbesche Ableitung von Laxans: Abführmittel.

250 *Forstsekretäre loben:* bezieht sich auf Johann Karl August Kestner, der im Streit um die Gütergemeinschaft die Interessen Louises vertrat. Sie widersetzte sich der Grabbe rechtlich zustehenden Verwaltung des Ehevermögens, das freilich zum größten Teil von ihr eingebracht worden war. Dieser Streit belastete die Ehe von Anfang an. Vgl. die folgenden Briefe an Regierungsrat von Meien, der zwischen den Ehepartnern vermittelte. Im Sommer 1833 ging es um 300 Reichstaler, die Louise ohne Wissen Grabbes als Einzahlungsbeitrag für die Witwenkasse außer Haus gebracht hatte, wogegen er protestierte.

254 *Und bitte ... Hochfürstliche Regierung gehorsamst:* Vermerk unter dem Brieftext: ›R./Wird den Curatoren der weltlichen Wittwen- und Waisencasse zur fördersamst abzugebenden Erklärung orig: s. l. r. communicirt. / Detmold den 8ten October 1833. Fürstlich Lippische Regierung. AEschenburg / An die Curatoren der weltlichen Wittwen- und Waisencasse.‹

Don Juan sagt: »König und Ruhm und Vaterland und Ehre«: Das Zitat lautet ›König und Ruhm und Vaterland und Liebe‹ (I, 1).

255 *jährlich 800 Rtlr.:* Dieser Betrag ist von Grabbe viel zu hoch angesetzt.

ed. M.: nicht erklärbare Abkürzung.

Sporteln: Siehe 3. Anm. zu S. 236.

Geschenkt habe ich: Grabbe erließ armen Menschen gelegentlich die Bezahlung von Gebühren.

Nun ist mein Vater tot: Adolf Henrich Grabbe war am 15. Dezember 1832 gestorben.

257 *Antwort vom 30.:* Fürst Leopold hatte Grabbe darin mitgeteilt, daß er sein Gesuch der Regierung gegenüber ›näher motivieren‹ möchte. Vgl. Nr. 185.

258 *bittet nur:* Auf die folgenden Vorschläge ging die Regierung in einem Schreiben vom 11. Februar 1834 nicht ein.

260 *entre nous:* frz., unter uns.

261 *Reskript vom 11. d. M.:* Die lippische Regierung stellte darin über Grabbes Amtsführung fest, daß sie ›mancherlei Unordnungen und Verzögerungen wahrgenommen und diejenige geordnete, sorgfältige und prompte Behandlung derselben vermißt hat, welche diese Geschäfte vorzugsweise in Anspruch nehmen‹.

Ich suche um meinen Abschied nach: Statt dessen bewilligte die Regierung einen halbjährigen bezahlten Urlaub. Vgl. auch Brief Nr. 191.

262 *Propositionen:* Angebote.

263 *Tiefsten Dank!:* Vgl. 2. Anm. zu S. 261.
264 *Eine Antwort:* Immermann reagierte nicht.
Schlacht von Montenotte: Napoleons Sieg über die österreichische Armee am 12. April 1796.
Verlängerung seines Urlaubs betreffend: Diese Bitte lehnte die Regierung in einem Schreiben vom 9. September 1834 ab. (Vgl. Anm. zu S. 267).
266 *Fürerst und für stets Dank:* für die Antwort der Regierung vom 9. September 1834 (Vgl. Anm. zu S. 267).
267 *die Resolution vom 9. Sept. 1834:* Darin teilte die Fürstlich Lippische Regierung Grabbe mit, ›daß eine weitere Beurlaubung mit Bezug der Gage sowenig als ein Wartegeld begründet sei. Wenn aber nach der obigen Eingabe des Auditeurs Grabbe angenommen werden darf, daß er sein bisheriges Amt in Rücksicht seiner geschwächten Gesundheit ganz niederzulegen beabsichtige, so wollen Serenissimus ihm für diesen Fall zur Wiederherstellung seiner Gesundheit und Antretung einer Reise den Fortbezug der Gage bis Ende d. J. bewilligen und die Beibehaltung des Titels und Rangs eines Auditeurs in der Erwartung in Gnaden gestatten, daß er demselben fernerhin durch schriftstellerische Arbeiten Ehre mache und sich diesen mit erneuerter Tätigkeit widme.‹
268 *ad rescr. reg. vom 9. h. m.:* lat., zur amtlichen Verfügung des Fürsten vom 9. dieses Monats.
in rubro: lat., im Briefkopf.
269 *Beiliegende Erklärung:* Nr. 198.
Denk an Müller Starke!: Anspielung auf eine juristische Angelegenheit, bei der Grabbe wegen einer Nachlässigkeit verklagt worden war.
Votre très humble, obéissant et très obligeant serviteur: frz., Euer sehr untertäniger, gehorsamer und sehr dienstfertiger Diener.
271 *die erste Inlage:* Vgl. Nr. 201.
Den Brief an meine Frau: Vgl. Nr. 202.
Pr. C.: Preußisch Courant; Währungsmünze.
273 *Böttiger meinte:* in der Beilage zur ›Abendzeitung‹ vom 3. Oktober 1829.
antworten Sie umgehends: Wolfgang Menzel reagierte auf diesen Brief nicht.
275 *Scribe und Konsorten:* Anspielung auf die Mitarbeiter Scribes, der seine Stücke fabrikmäßig herstellte.
276 *bei den auf einmal vorwärts gehenden »Krabben«:* Vgl. August Graf von Platens Weihespiel ›Die Liga von Cambrai‹ (1833), II. Akt. Ein Bezug auf Grabbe ist allerdings unwahrscheinlich.

Sie hätten ihm auch nicht antworten sollen: Vgl. Immermanns ›Der im Irrgarten der Metrik umhertaumelnde Kavalier‹ (1829).
in dem Sonett worin Preußens Leiden ...: Diese Wendung bezieht sich wohl auf Immermanns Sonett ›Unterricht‹.
mir 2 Szenen daraus gestohlen sind: Grabbe meint die beiden Bruchstücke, die im ›Phönix‹ vom 3. Januar 1835 erschienen.
inliegenden Brief: Siehe Nr. 209.

277 *insinuieren:* gerichtlich auszuhändigen. Um welche Geldangelegenheiten es sich im folgenden handelt, ist nicht mehr festzustellen.
passum concernentem: lat., die betreffende Stelle.

278 *Dupe:* frz., Narr.
Dein neulicher Brief: vom 13. November 1834. In diesem hatte Louise vor allem wissen wollen, ob Grabbe Schuldscheine mit nach Frankfurt genommen und in Geld umgesetzt habe. Vgl. Nr. 208.

279 *Kanzleirat:* Petri.

280 *Luigi:* Gestalt in Immermanns Trauerspiel ›Petrarca‹ (1822).
sans comparaison: frz., ohne zu vergleichen.

281 *Plutarchs ›Hannibal‹:* Gemeint ist die Ausgabe von Wilhelm Holtzmann, genannt Xylander, die seit 1561 erschien.
Dörings ›Anleitung‹ zu lat. Stilübungen: ›Anleitung zum Übersetzen aus dem Deutschen ins Lateinische von F. W. Döring ...‹ erschien seit 1800 in zahlreichen Auflagen.
zu einem fataleren Brief: Nr. 211.

282 *Martins Tiger:* die Tiger der damals berühmten Menagerie von Aken und Martin.
Verf. des ›Meierrechts‹: ›Kurze Darstellung der meierrechtlichen Verfassung in der Grafschaft Lippe ...‹ (1804) von Georg Ferdinand Führer.
schreibt mir Ziegler: Vgl. Nr. 208. Friedrich Pustkuchen, Grabbes Nachfolger im Amt des Auditeurs, stellte fest, daß in der Militärkasse einige hinterlegte Wertpapiere nicht aufzufinden waren. Eine gründliche Aufhellung dieser finanziellen Verwicklungen ist nicht möglich. Einerseits wehrte sich Grabbe zu Recht gegen die Vielzahl der erhobenen Beschuldigungen, andererseits ist nicht auszuschließen, daß er Schuldscheine mitgenommen hatte, die ihm nicht gehörten.

283 *zu besseren Männern:* Johann Kestner. Vgl. Anm. zu S. 250.
ingrossiert: eingetragen. Vgl. Anm. zu S. 234.
seorsum: lat., abgesondert.

284 *das Schreiben meiner Frau:* vom 13. November 1834. Vgl. 2. Anm. zu S. 278.

285 *Inferiertes:* Eingebrachtes.
dolose: lat., hinterlistig.
286 *›Allgemeine Weltgeschichte‹:* Gemeint ist die ›Übersetzung der Allgemeinen Welthistorie, die in Engeland durch eine Gesellschaft von Gelehrten angefertigt worden …‹ (1744ff.), später auch als ›Allgemeine Weltgeschichte von der Schöpfung an bis auf gegenwärtige Zeit‹ (1765–1808) von Wilhelm Guthrie, Johann Gray u. a. herausgegeben.
der beiden Scipionen: P. Cornelius Scipio Africanus maior (Scipio der Ältere) und P. Cornelius Scipio Aemilianus Africanus minor (Scipio der Jüngere); römische Feldherren in den Karthagischen Kriegen und Gestalten in Grabbes ›Hannibal‹.
Gestern hat mir das Theater sehr gefallen: Grabbe sah ›Maria Tudor‹ (1833) von Victor Hugo.
das alte Mannheim: Gemeint ist das Mannheimer Nationaltheater unter Leitung des Reichsfreiherrn Wolfgang Heribert von Dalberg, das sich nach 1778 zu einer führenden deutschen Bühne entwickelt hatte.
Mein Gelübd: Grabbe hatte versprochen, sich im Trinken von Alkohol zu mäßigen.
287 *Töpfer abgeschrieben sein wird:* Karl Töpfers Lustspiel ›Hermann und Dorothea‹ (1820), das Grabbe im Auftrage von Immermann abgeschrieben hatte.
288 *ex post:* lat., hier: spätere.
cunctator: lat., der Zauderer.
318 *Plutarch … im Leben des Dion:* nicht nachweisbar.
der Kameltreiber Heeren: Ludwig Heeren, der in seinen ›Ideen über die Politik, den Verkehr und den Handel der vornehmsten Völker der alten Welt‹ (1825) über Karthago geschrieben hatte.
Ruinen von Huatlipatnam: Diesen Ort hat es nicht gegeben.
Die Guanchos auf Madera: Sie gehören zu den Hamiten.
Der neuentdeckte gebildete Volksstamm …: unklar, worauf sich dies bezieht.
Karl V. scheiterte an Algier: in einem mißlungenen Feldzug im Jahre 1541.
die Franzosen wahrscheinlich bald darin: Anspielung auf den Freiheitskampf des algerischen Volkes gegen die französische Kolonialherrschaft seit 1830.
289 *Helmichis:* Gestalt in Uechtritz' Trauerspiel ›Rosemunde‹ (1834). Grabbe schreibt fälschlich ›Hemilchis‹, wurde stillschweigend berichtigt.
Graf Wackerbarth: August Joseph Ludwig Wackerbarth, in seiner ›Geschichte der großen Teutonen‹ (1821).

roy. fol.: Royal Folio; mittelgroßes Papierformat.

die Gepiden waren Slaven: Irrtum Grabbes. Sie waren Angehörige eines gotischen Stammes.

die bairischen Schyren: Grabbe meint die Scheyern, einen alten, an der Donau ansässigen bairischen Stamm.

290 *Justi:* Karl Wilhelm Justi, der Herausgeber der ›Blumen althebräischer Dichtkunst‹ (1809).

Ammon: Christoph Friedrich von Ammon, Verfasser mehrerer Schriften über das Altertum.

»des Nam' sogar karthagisch klingt!«: weil ›Ammon‹ ein ägyptischer Gott war, der von den Griechen Zeus gleichgesetzt wurde.

parallelismus membrorum: lat., Übereinstimmung der Glieder (Sätze, Verse) in der Literatur des Altertums, zumal der hebräischen.

291 *Töpfer:* Siehe Anm. zu S. 287.

Platen scheint ganz einzutrocknen: bezieht sich auf seine ›Geschichten des Königreiches Neapel von 1414 bis 1443‹ (1833).

die ›Liga‹: ›Die Liga von Cambrai‹ (1833).

Statt den Giannone zu zitieren ...: aus Pietro Giannones ›Bürgerliche Geschichte des Königreichs Neapel‹ (1768–1770).

Paulus Jovius: Paolo Giovios ›Leben des Sforza‹, in: ›Biographien‹ (1549–1557).

Ihren älteren Hofer: ›Das Trauerspiel in Tirol‹ (1827).

›Die beiden Philibert‹ gingen wieder gut: Karl Lebrüns Lustspiel ›Die beiden Philibert‹ (1820) in der Aufführung vom 17. Dezember 1834.

292 *mit einer Schauspielrezension:* Grabbe meint eine Detmolder Theaterkritik, welche in der Dresdner ›Abendzeitung‹ vom 24./28. April 1828 erschienen war und zu heftigen Auseinandersetzungen mit dem Hoftheater geführt hatte.

den Aufsatz: Gemeint ist die wenig später entstandene Abhandlung ›Das Theater zu Düsseldorf mit Rückblicken auf die übrige deutsche Schaubühne‹.

Platens ›Neapel‹: Siehe 2. Anm. zu S. 291.

293 *Ihr ›Reisejournal‹:* Immermanns ›Reisejournal in drei Büchern‹ (1831).

in Belgien ist der König Coburg, halb englisiert: Prinz Leopold von Sachsen-Coburg hatte eine englische Prinzessin geheiratet und war seit 1831 König von Belgien.

Wellington ist wieder Minister: Wellington wurde im Herbst 1830, unter dem Einfluß der Julirevolution, als Minister entlassen, amtierte jedoch seit Ende 1834 für kurze Zeit als Außenminister.

die badische Ständeversammlung: in der bürgerlich-demokratischen Revolution von 1848/49 ein Zentrum des Parlamentarismus.

ihre Annalen: Siehe 3. Anm. zu S. 246.
par peuple: frz., vom Volk.
Herrn von Rottecks ›Geschichte‹: Karl von Rottecks ›Allgemeine Geschichte vom Anfang der historischen Kenntnis bis auf unsre Zeiten‹ (erstmals 1813–1818).
294 *die Madonna, die sixtinische:* Das Folgende bezieht sich auf Mitteilungen in Immermanns ›Reisejournal‹ über den Besuch der Dresdner Gemäldegalerie.
Urteil über Correggio: im ›Reisejournal‹, 2. Buch, 5. Abschnitt.
Brief meiner Madonna: das Schreiben Louises vom 13. November 1834.
Ihre Werke: Immermanns ›Schriften‹ (1835).
den ›Hofer‹: zweite Fassung des ›Trauerspiels in Tirol‹ (1827): ›Andreas Hofer‹.
den Peter: die Trilogie › Alexis‹ (1832).
295 *mit dem Punier:* ›Hannibal‹.
›Der Dichter‹: nichts überliefert.
Eulenspiegel: Siehe 2. Anm. zu S. 111.
(die haben Sie im Kannegieter): nicht zu erklärende Formulierung.
daß im Menuett der Ochs nicht kam: bezieht sich auf das Singspiel ›Das Ochsenmenuett‹, das Grabbe am 21. Dezember 1834 gehört hatte.
296 *Zelter und Goethe:* Grabbe denkt hier wohl an den 1833/34 in sechs Bänden erschienenen ›Briefwechsel zwischen Goethe und Zelter‹.
›Struensee‹: Trauerspiel (1829) von Michael Beer.
Die beiden gesuchten Verse: von Grabbe in die Schlußszene des ›Hannibal‹, V, 4: ›Einst wird kommen der Tag, wo die heilige Ilios hinsinkt‹, eingefügt: ›Priamos auch, und das Volk des lanzenkundigen Königs.‹
die Prophezeiung bis auf den heutigen Tag: Vgl. ›Struensee‹, V, 9.
in Schlözers ›Briefwechsel‹ oder ›Staatsanzeigen‹: In August Ludwig von Schlözers ›Briefwechsel meist historischen und politischen Inhalts‹ (1776–1782) und in den ›Staatsanzeigen‹ (1784 und 1788) finden sich nur geringfügige Hinweise auf Struensee.
Was die Kerle in den Noten da streiten: Gemeint ist eine Auseinandersetzung über den Autor des ›Titus Andronicus‹.
Den alten ›Hamlet‹ übersetz ich also: die 1825 aufgefundene erste Ausgabe von 1603. Grabbes Plan wurde nicht realisiert, sieht man von den in Nr. 217 und 218 mitgeteilten Proben ab.
297 *fille, père:* frz., Tochter, Vater.
Der alte Voß hat doch recht: in der Übersetzung ›Shakespeares Schauspiele von Johann Heinrich Voß‹ (1818 ff.).
das von mir übersetzte Gespr.: der Dialog zwischen Ophelia und Hamlet, der seinem Monolog folgt (III, 1).

kontra Schlegel, Blair und Johnson: bezieht sich auf ›Hamlet. Schauspiel in Übersetzung von Shakespears Original ohne Auslassung. Von A. W. Schlegel‹ (1800); Blair und Johnson gaben Shakespeare-Ausgaben in der zweiten Hälfte des 18. Jahrhunderts heraus.

298 *Im Monolog »Be or not« p.:* ›To be or not to be ...‹ (›Sein oder nicht sein, das ist hier die Frage‹) in ›Hamlet‹, III, 1.

sacer: lat., heilig oder verflucht.

ovis: lat., Schaf.

»Earnest vowes of lofe«: engl., ›Earnest‹ bedeutet sowohl ›Handgeld‹ als auch ›Ernst‹. Zu übersetzen wäre hier wohl: ›Ernster Schwur der Liebe‹.

Wildhelm: wohl Verballhornung (oder Schreibfehler) von ›William‹.

verbotenus: lat., Wort für Wort.

299 *Hermanns ›Metrik‹:* Gottfried Hermann hat mehrere Schriften zur Metrik vorgelegt, u. a. ein ›Handbuch der Metrik‹ (1799).

ersten Teil des Landrechts: unklar, welches Werk Grabbe meint.

240 *Das »Man« in der bekannten Stelle:* Hamlet: ›What a piece of work is man!‹ (II, 2): ›Welch ein Meisterwerk ist der Mensch!‹ (Übersetzung von A. W. Schlegel).

contents not me: engl., Zufriedenheit nicht mir.

das Fleischersche Original: Siehe Anm. zu S. 14.

Kustode: in älteren Ausgaben unter die letzte Zeile einer Seite gesetztes Zeichen (Wort, Silbe), das als erstes auch auf der nächsten Buchseite steht und den Text fortsetzt.

301 *Corambis:* so in der ersten Ausgabe anstelle von Polonius.

Sic est: lat., So ist es.

Schüttelspeer: deutsche Übersetzung des Namens von Shakespeare.

hameau: frz., Dörfchen.

Haben Sie Drakes, Nares?: Nathan Drake ›Shakespeare und seine Zeit‹ (1817); Robert Nares ›Ein Glossar ... über die Werke englischer Autoren‹ (1825).

sagt Hanno, zum Rollin: Hanno, eine Gestalt aus ›Hannibal‹, zu Charles Rollin, dem Verfasser mehrerer Bücher über die Geschichte des Altertums, Grabbes wichtigsten Quellen während der Arbeit an diesem Drama.

302 *Schlegel sagt:* Das Folgende ist bei A. W. Schlegel nicht nachzuweisen.

die beiden Johns: Gemeint sind die beiden Fassungen von ›König Johann‹ (1591, 1623).

Maler Eulenbock: Gestalt in Tiecks Novelle ›Die Gemälde‹ (1822).

Dorothea in den Verlobten: Gestalt in Tiecks Novelle ›Die Verlobung‹ (1823).

Cordelia: eine der drei Töchter von König Lear in Shakespeares gleichnamigem Drama.

Davenantsche Sagen: Dies und das Folgende bezieht sich auf Legenden um die Gestalt Shakespeares. Der englische Dramatiker William Davenant galt als unehelicher Sohn Shakespeares.

Lucy: Thomas Lucy, der Besitzer des Waldes, in dem Shakespeare angeblich gewildert haben soll.

303 *Wood-notes:* engl., soviel wie: Waldgesänge.

comme chez tous les peuples: frz., wie bei allen Völkern.

Wackernagel: Es ist nicht zu entscheiden, ob dies ein ironisierender Name für den Romantiker Heinrich Wackenroder (1773–1798) oder eine Anspielung auf Wilhelm Wackernagel, den zeitgenössischen Autor, ist.

Posgarus Novell: Posgaru ist Pseudonym für Karl Adolph Suckow, der 1833 mit einer Sammlung von ›Novellen‹ hervorgetreten war.

die blechernen Löffel seines Patkindes: Siehe 6. Anm. zu S. 302.

etwas Absondres im Shk. finden …: Die folgenden Bemerkungen zu den Shakespeare-Übersetzungen Tiecks beziehen sich auf ›Shakespeares dramatische Werke‹, Teil 6 (1831). Auf eine vom heutigen Stand der Forschung ausgehende Kommentierung wird verzichtet.

304 *wie Pope in einigen Ausgaben gefunden haben will:* Alexander Pope war Herausgeber einer Ausgabe mit kollationierten und korrigierten Texten Shakespeares (London 1725 ff.).

everlasting judge: engl., ewigen Richter.

Tis strange: engl., Es ist seltsam.

Hekubaszene: II, 2.

305 *Ackermann-Garricksche Überlieferung:* Gemeint ist die Darstellung der beiden berühmten Schauspieler Konrad Ernst Ackermann, seit 1765 in Hamburg, und David Garrick, seit 1747 am Drury-Lane-Theater in London.

wie der Kutscher: Vgl. ›Aschenbrödel‹, III, 2.

Parabase: Ansprache des Publikums durch den Chor in der antiken Komödie, von Platen im Lustspiel ›Der romantische Ödipus‹ (1829) angewandt.

306 *Deines Vaters Buch:* ›Wo Hermann den Varus schlug‹ (1822).

Szenen aus dem ›Hann.‹ abgedrängt: Diese erschienen im ›Phönix‹ vom 3. Januar 1835.

307 *Inlagen:* Siehe Nr. 220, 222 und 224.

Karchedon: grch., Karthago.

Wistinghausen: Name einer weitverzweigten Familie im Lippischen.

›Karl XII.‹ … eine Tragikomödie: nichts überliefert.

307 *›Barb. v. Sev.‹:* ›Der Barbier von Sevilla‹ (1816), komische Oper von Gioacchino Rossini.

308 *Je suis votre très obéissant et fidèle serviteur:* frz., Ich bin Euer sehr gehorsamer und treuer Diener.

Pro manu propr.: lat., Für die Hand gewesener Feldherr (= propraetor).

Synd.: Gemeint ist Wilhelm Runenberg, Syndikus von Detmold.

Plutarchs ›Hannibal‹: Siehe 1. Anm. zu S. 281.

310 *Köln, nicht dem lagischen:* Anspielung auf Grabbes Schulfreund Leopold von Cölln aus Lage.

Einlage von Immermann: Diese enthält eine Einladung Grabbes nach Derendorf bei Düsseldorf, wo Immermann mit Elise Gräfin von Ahlefeldt lebte.

311 *Julisache:* die Julirevolution in Frankreich.

meine Schuldner (Erpe und Schneeberg): Der Sachverhalt läßt sich nicht aufklären.

313 *Kay:* Gestalt in Immermanns ›Merlin‹ (1832).

›Oberon‹: romantische Oper von Carl Maria von Weber (1826). Grabbe schrieb eine Besprechung der Inszenierung für das ›Düsseldorfer Fremdenblatt‹.

Malerschule: die ›Düsseldorfer Malerschule‹ unter Leitung von Wilhelm von Schadow.

meine Beurteilung Ihrer Werke: Die hier und in weiteren Briefen erwähnte Rezension ist nicht überliefert.

als Paulus in Heidelberg vernunftgläubig salbadert: Gemeint sind Heinrich Eberhard Gottlob Paulus' Heidelberger Schriften, insbesondere wohl ›Das Leben Jesu als Grundlage einer reinen Geschichte des Urchristentums‹ (1828).

314 *die Schlegel:* Vgl. zum Folgenden Friedrich Schlegels Fragment: ›Um über einen Gegenstand gut schreiben zu können, muß man sich nicht mehr für ihn interessieren ...‹ (Lyzeumsfragment 1797).

die Anlage: Sie enthält ›Übersetzungsvariationen‹ zu einzelnen Versen von Shakespeare und Byron.

Ranke: Gemeint ist dessen Geschichtswerk ›Fürsten und Völker von Südeuropa im 16. und 17. Jahrhundert‹ (1834).

›Leben ein Traum‹: Eine Inszenierung von Calderóns Drama hat Grabbe in der Abhandlung ›Das Theater zu Düsseldorf‹ (1835) besprochen.

315 *Uechtritz ... in Byzanz:* bezieht sich auf dessen Trauerspiel ›Rom und Spartakus‹ (1823).

Porphyrogeneta: Porphyrogenitus: grch., ›im Purpur Geborener‹. Beiname der Söhne byzantinischer Kaiser.

femina illustris: lat., berühmte Frau.
Bennetei: wohl: Einsiedelei.

316 *der Anfang der Rezension:* Siehe 4. Anm. zu S. 313.
erhielt ich gestern: in der Aufführung von Calderóns ›Das Leben ein Traum‹. Vgl. 4. Anm. zu S. 314.

317 *Vulgata:* der allgemein bekannte Text.
princeps: editio princeps, lat., erste Ausgabe.
Kontrakt mit dem Hrn. Buchhändler: der Vertrag über die Veröffentlichung von ›Aschenbrödel‹ zwischen Immermann und Schreiner.

318 *Rez. über ›Merlin‹:* Siehe 4. Anm. zu S. 318.
Ich lasse Sie zwischen Main etc. reisen: bezieht sich auf eine Reise Immermanns nach Süddeutschland. Vgl. sein ›Reisejournal in drei Büchern‹ (1831).
Karl schaut schon hinein: Siehe 4. Anm. zu S. 307.
ein Lustspiel: ›Eulenspiegel‹. Vgl. 2. Anm. zu S. 111.
Rest. Nation.: das Café ›National‹ in Berlin, Unter den Linden. Das Folgende bezieht sich wahrscheinlich auf Erlebnisse aus Grabbes Studienzeit.
duc de Rovigo: Herzog von Rovigo, Polizeiminister unter Napoleon.
Schwarze Grotte: offenbar eine Kneipe in Berlin.
Frau Gräfin: Immermanns Lebensgefährtin Elise Gräfin von Ahlefeldt.

319 *Cendrillons:* ›Aschenbrödel‹.
›Rezensentenidylle‹: Gedicht Immermanns (1835).
Vom ›Hannibal‹ sollen beizu die ›Göttinger Anzeigen‹: nicht bekannt.
des ›Hofers‹: Immermanns Drama ›Andreas Hofer‹.
in seinen ›Reisebildern‹: Ein direkter Einfluß Grabbes auf Heines frühe Dichtungen läßt sich nicht nachweisen.
Die Theaterkritik ist unter der Feder: nicht zu ermitteln.
eine alberne von Runkel: Die im ›Hermann‹ vom 21. Januar 1835 erschienene Besprechung von Calderóns ›Das Leben ein Traum‹ stammt nicht von Runkel.

320 *›Macbeth‹ ward doch voll:* bezieht sich auf die Aufführung vom 25. Januar 1835.
einen Band der ›Eleganten Welt‹: ›Zeitung für die elegante Welt‹.

321 *›Jean de Paris‹:* Oper von François Adrien Boieldieu (1812).
die Gartenszene: ›Macbeth‹, IV, 3.
in Uechtritzscher Gegend: In der Schlußszene des ›Hannibal‹ hat Grabbe in die Gestalt des Prusias Züge von Uechtritz eingehen lassen.

323 *Assonanz:* hier: ein von Immermann (ähnlich wie Grabbe) Geförderter.

›Philipp‹: Titel eines (aus dem Französischen übersetzten) Dramas von Friederike Krickeberg (1832).

›Rosam.‹ des Uechtritz: ›Rosamunde‹ (1833).

325 *Aufsätze über Ihre Schriften:* Siehe 4. Anm. zu S. 313.

das hiesige, so merkwürdige Theater: Hier und später ist auf Grabbes Abhandlung ›Das Theater zu Düsseldorf‹ Bezug genommen, die 1835 bei Schreiner erschien.

ein ganz theatralisches Stück: Gemeint ist ›Der Student tritt ins Philistertum‹, wovon nur ein Blatt überliefert ist. Der beschriebene Anlaß dafür ist unklar.

326 *›Rosamunda‹:* eine Bearbeitung von Calderóns ›Graf Lucanor‹ (dt. 1825).

327 *Den ›Dorfbarbier‹:* komische Oper von Johann Schenk (1796).

der armen Olympia: ›Aschenbrödel‹.

Labyrinth des Minos: Palast des Königs von Kreta.

Kureten: Jünglinge, die das Zeuskind in der Höhle am Berge Ida auf Kreta schützten.

Himmelsziegen: Die Himmelsziege Amaltheia säugte den in der Höhle auf Kreta geborenen Zeus. Der Zusammenhang mit dem Altertumswissenschaftler Karl Otfried Müller ist unklar.

328 *bei Schirach:* In Gottlob Benedict von Schirachs ›Biographien des Plutarch‹ (1777–1780) findet sich keine Lebensbeschreibung Hannibals.

Der alte Rollin: Charles Rollin, der Autor der ›Alten Geschichte Ägyptens, Karthagos ...‹ (1730–1738) und anderer historischer Werke über das Altertum.

im Schlosser: in Friedrich Christoph Schlossers ›Weltgeschichte in zusammenhängender Erzählung‹ (1815).

die Pustkuchsche Foderung: Was der Detmolder Kaufmann Ludwig Pustkuchen von Grabbe forderte, ist unklar.

329 *Je suis votre très – affectionnê et très humble serviteur:* frz., Ich bin Ihr sehr ergebener und untertäniger Diener.

Singleton: die nur aus einer Farbe bestehende Karte in der Hand des Spielers. Hier soviel wie ›Trumpf‹.

330 *wie ein Blumenbach:* bezieht sich auf den damals sehr bekannten Göttinger Naturgeschichtler Johann Friedrich Blumenbach, der u. a. auch Schädel verschiedener Völker sammelte.

330 *Sosier:* Buchhändler, nach den Gebrüdern Sosius im alten Rom.

sub rosa: lat., unter der Rose; hier: im Vertrauen.

331 *nach Montholon:* nach Charles Tristan de Montholon, der auf St. Helena eine Geschichte Napoleons und Frankreichs geschrieben hat.
›Fra Diavolo‹: komische Oper von Daniel François Esprit Auber (1830).

332 *in Possess:* in Besitz.
An ›Maria Stuart‹ gefiel mir: Grabbe hatte am 14. Februar an einer Probe teilgenommen und verfaßte eine Besprechung für das ›Düsseldorfer Fremdenblatt‹.

333 *›Henry VIII.‹:* Shakespeares ›König Heinrich VIII.‹.
Kambyses in Ägypten: Gemeint ist der Feldzug des persischen Königs Kambyses (529–522 v. u. Z.) nach Ägypten (525).
Alexius Comnenus: Alexios I. Komnenos, byzantinischer Kaiser (1081–1118).
Porphyrogeneta: Siehe 2. Anm. zu S. 315.
slavischen Gepiden: Siehe 4. Anm. zu S. 289.
Cortez: Don Fernando Cortes' ›Drei Berichte an Kaiser Karl V.‹ (dt. 1834).
Habeat sibi: lat., meinetwegen.

334 *Periplus:* grch., Umschiffung. Titel geographischer Werke des Altertums.

335 *pto. diarii et Arminii:* bezieht sich auf Immermanns Theater-Tagebuch und die Düsseldorfer Zeitung ›Hermann‹.
die gestrige böse 7: Grabbe sah eine Aufführung von ›Liebe kann alles oder Die bezähmte Widerspenstige‹ (1822) von Franz von Holbein nach Shakespeare.
die dumme Runkelsche Beurteilung: Martin Runkels Rezensionen im ›Hermann‹.
Das ›Käthchen‹: Kleists ›Käthchen von Heilbronn‹, das Grabbe am Abend sah.
Ihre Idee: Grabbes Abhandlung ›Das Theater zu Düsseldorf‹.

336 *Noten, à la Lord Byron:* Dieser hatte seinem Werke mitunter Anmerkungen beigegeben.
wie einmal gegen Heine: Grabbes Zusammenstoß mit Heine im Café Stehely im Januar 1823. Vgl. Nr. 327.

337 *Malachias:* Name eines hebräischen Propheten (5. Jh. v. u. Z.); Bezeichnung des letzten Buches im Alten Testament.
›Merlin‹: Immermanns Dichtung war 1832 erschienen.
ehe die Gesellschaft nach Elberf. rückt: Dies geschah erst Ende Juli.
›Struensee‹: Michael Beers Drama war am 8. Dezember 1834 aufgeführt worden, die Besprechung Runkels erschien im ›Hermann‹ am 11. Dezember.

›Paria‹: ›Der Paria‹ (1823).

338 *Kopfabhackerszene Hasdrubals:* ›Hannibal‹, III, Abschied von Italien, Weite schöne Flur bei Cajeta.

Diese stillen Wasser: ›Stille Wasser sind tief‹ (1786), Schauspiel von Friedrich Ludwig Schröder.

M. M.: Mister Mendelssohn; Felix Mendelssohn-Bartholdy war zu dieser Zeit in Düsseldorf als Kapellmeister engagiert.

Mouche volante: das sog. Mückensehen als Folge einer Trübung des Auges.

339 *Bruder Medardus:* Hauptgestalt in E. T. A. Hoffmanns Roman ›Die Elixiere des Teufels‹ (1815/16).

340 *Ehehaften:* hier wohl ›Ursachen‹.

communicata: hier wohl ›Übermittlungen‹.

retraite: Rückzug.

343 *Werners 24.:* ›Der vierundzwanzigste Februar‹ (1815), Tragödie von Zacharias Werner.

Pavia: Am 24. Februar 1525 unterlag Franz I. von Frankreich Kaiser Karl V. in einer Schlacht bei dieser Stadt in der Lombardei.

Brienne: Die Schlacht bei Brienne zwischen Napoleon und den Alliierten fand am 29. Januar 1814 statt.

die Vorstellung der ›Stella‹: am 25. Februar 1835. Zum Folgenden vgl. Grabbes Besprechung in ›Das Theater zu Düsseldorf‹.

344 *caput:* lat., Kopf.

Derossi war nichts wert: Josef Derossi war von 1817 bis zur Übernahme der Intendanz durch Immermann (1834) Theaterleiter in Düsseldorf und löste diesen 1837 wieder ab.

345 *meldet mir eben ein Brief ...:* Henriette Meyer-Husemann starb am 26. Januar 1835.

wie auch Sie von einer früheren Liebe sagen: Anspielung auf Immermanns Gedicht ›Spruch des Dichters‹.

skisierte: sich aus dem Staube machte.

›Othello‹: Oper von Gioacchino Rossini (1816).

346 *Abschied aus Italien:* III. Abschied von Italien, die sechste Szene dieser Abteilung.

347 *Einladung zum ›Lipp. Magazin‹:* ›Lippisches Magazin für vaterländische Kultur und Gemeinwohl‹.

348 *Schlacht bei Laon:* Hier siegte am 9./10. März 1814 das preußische Heer über Napoleon.

Nous avons decreté et decretons, ce qui suit: frz., Wir haben beschlossen und verfügen, was folgt.

Deiner Mühe und der Gerichtskosten: Hier und in weiteren Briefen an

Detmolder Freunde geht es um Rechtsgeschäfte, die mit einzelnen, nur noch schwer zu erhellenden Fällen aus Grabbes Tätigkeit als Advokat und Auditeur zusammenhängen. Sie dürften für den heutigen Leser von geringem Interesse sein, so daß auf eine detaillierte Kommentierung dieser Stellen verzichtet werden kann.

349 *ein Stückchen aus ›Hannibal‹:* nicht erschienen.

pto. sanitatis: lat., die Gesundheit betreffend. Grabbe spielt selbst auf seinen Alkoholismus an.

350 *Negligençe:* frz., Nachlässigkeit.

Rezension: über die Aufführung von Schillers ›Wallenstein‹.

351 *in den ›Kaufmann‹:* in eine Aufführung von Shakespeares ›Der Kaufmann von Venedig‹.

coram gezogen: hier: zur Rede gestellt. Eigtl. lat., vor alle Augen gezogen.

352 *›Elfenhügel‹:* ›Der Elfenhügel‹, Drama von Johann Ludvig Heiberg, bearbeitet von Laurids Kruse und Carl Lebrün, erschienen 1838.

Ihre ›Verlobte‹: Grabbe meint den Einakter ›Die Verschollne‹.

353 *in dem sonst so jämmerlichen Stücke:* ›Richards Wanderleben‹ (1834), Lustspiel nach dem Englischen von Johann Georg Kettel.

354 *Meisters ›Tafier‹:* undeutliche Anspielung, die einen Bekannten von Ziegler meinen könnte und dessen Trinkfreudigkeit.

355 *Clara Hirschmann:* Siehe Grabbes Urteil über die Sängerin im Brief vom 6. März 1835 (Nr. 250).

Donna Diana: Titelgestalt eines Lustspiels von Don Augustin Moreto in der deutschen Fassung von West, d. i. Josef Schreyvogel (1819).

356 *Koppes Cortez:* Siehe 6. Anm. zu S. 333.

Conquistadores: span., die Eroberer von Amerika.

den lutherischen Frundsberg: Georg von Frundsberg führte 1526 deutsche Landsknechte gegen Rom.

Gestern habe ich gesehen: Das Folgende bezieht sich auf eine Aufführung ›Die unterbrochene Whistpartie‹ (1817) von Karl Schall und ›Das Crimen plagii‹ (1835) von Albini am 25. März 1835.

357 *die Derossi qua Wunschel:* Madame Derossi als Zimmervermieterin Wunschel in Kotzebues Lustspiel ›Die beiden Klingsberg‹ (1801).

359 *Senner:* Lippische Pferde.

359 *Gausekötte:* Landschaft in Lippe-Detmold.

Du bist aber auch Autor: Irrtum Grabbes.

unser Recht auf Schieder: Das Amt Schieder beanspruchten Lippe-Detmold und Schaumburg-Lippe (Bückeburg) gleichermaßen.

360 *Fiedlers Denkschrift:* ›Verurteilung und Hinrichtung der elf preußischen Offiziere vom Schill'schen Corps durch die Franzosen bei We-

sel den 16. September 1809. Zur Erinnerung an Schill und seine Gefährten bei der Enthüllung des auf ihren Gräbern errichteten Denkmals am 31. März 1835‹ von Franz Fiedler, die Grabbe offenbar von Elise von Ahlefeldt erhalten hatte.

›König Johann‹: Drama von Shakespeare (um 1594).

362 *Atlas:* der das Himmelsgewölbe tragende Titan der griechischen Sage.

Küstersche Sache ... Zinsen des Spruteschen Kapitals: Siehe 3. Anm. zu S. 248.

363 *Schlacht bei Montenotte:* Bei dem oberitalienischen Ort in der Provinz Genua siegte Napoleon am 12. April 1796 über ein österreichisches Heer.

Das Gedicht im ›Lipp. Magazin‹: Gemeint ist ein anonymes Gedicht über die Hermannsschlacht.

Der Aufsatz p. 3 etc.: ›Über die Bedeutung der kleineren deutschen Bundesstaaten in Hinsicht auf deutsche Kultur und Nationalleben‹. Darin steht u. a., ›daß außer Goethe, Herder und Wieland fast alle Heroen der deutschen Literatur ... den Staaten zweiten und dritten Ranges angehört ... haben.‹

364 *die rechtmäßigen Foderungen ...:* Siehe 3. Anm. zu S. 348.

365 *Hartröhren:* Waldlandschaft in Lippe-Detmold.

Neuenkrüger: die Restauration ›Neuer Krug‹ bei Detmold, in der Grabbes Vater verkehrte.

366 *Mel. (aus Coberns aufrichtigem Kabinettsprediger de an. 1712):* ›Der aufrichtige Kabinett-Prediger ...‹ von Gottlieb Cober, erschien erstmals 1711.

Polid. De gustibus non est disputandum: lat., Über Geschmack läßt sich nicht streiten.

Sülthof: Meierei in Lippe-Detmold.

Neulich besuchten mich 2 Pariser Poeten: Dies ist nicht belegbar.

die Militärsache: Siehe 3. Anm. zu S. 348.

Einige Cabinetsordres Friedrich II.: Sie stammen aus dem ›Urkundenbuch zu einer Lebensgeschichte Friedrichs des Großen‹ (1832 bis 1834) von Johann David Erdmann Preuß und sind in Grabbes Schreibweise übernommen.

accordieret: vereinbart, übereingekommen.

367 *im Negotio:* im Bankgeschäft; als Wechsel gegeben.

368 *Die Teilung von Polen:* Grabbe kann nur die erste Teilung Polens 1772 meinen, denn Maria Theresia starb 1780; die zweite war 1793, die dritte 1795. Der Wiener Kongreß 1815 und die Niederschlagung des polnischen Freiheitskampfes von 1830/31 besiegelten diesen Zustand.

Äußerung der Maria Theresia: Grabbe entnahm diese dem in der 6. Anm. zu S. 366 genannten Werk. Sie ist ebenfalls in seiner Schreibweise wiedergegeben.

369 *en vigueur:* frz., in Kraft, in Gesetzeskraft.

Ihr Vorspiel: ›Kurf. Joh. Wilh.‹: Immermanns ›Kurfürst Johann Wilhelm im Theater. Vorspiel zur Eröffnung des Düsseldorfer Stadttheaters‹ (28. Oktober 1834).

der alte Fritz in der Müller-Arnoldschen Sache: Vgl. das in der 6. Anm. zu S. 366 genannte Werk, Band 3.

Dohm: Christian Wilhelm von Dohms ›Denkwürdigkeiten meiner Zeit‹ (1814–1819).

370 *Alexisrezension:* Nicht Grabbes Besprechung von Immermanns ›Alexis‹-Trilogie (1832) ist hier gemeint, sondern eine von Martin Runkel. Die Trilogie besteht aus ›Die Bojaren‹, ›Das Gericht von St. Petersburg‹ und ›Eudoxia‹.

370 *Rezension von Schnaase:* Karl Schnaase hatte die Inszenierung von ›Minna von Barnhelm‹ besprochen.

Raumer hat einen Hieb erhalten: In seiner Theaterabhandlung nennt Grabbe diesen einen ›Geschichtsverflacher der Hohenstaufen‹.

371 *Kritik des ›Blaubart‹:* Grabbes Rezension von Tiecks Dichtung wurde der Theaterabhandlung als Anlage beigegeben.

avec: frz., eigtl.: mit, gegenüber. Hier in der studentischen Bedeutung soviel wie: Ansehen.

Derendorf: Ort bei Düsseldorf. Hier lebte Immermann mit der Gräfin Elise von Ahlefeldt.

Sie lassen im ›Alexis‹ …: Vgl. ›Die Bojaren‹, III, 6.

372 *»sein Herz ist von der Farbe seines Rocks«:* Vgl. ›Die Bojaren‹, IV, 3.

wie Peter im Meer ausgesehen: Vgl. ›Die Bojaren‹, I, 1.

wie Fritz sagt: der Stillus: Grabbe fand das Wort in dem in der 6. Anm. zu S. 366 genannten Werk in der Bedeutung von ›Stil‹.

Gêne: frz., hier: Unbehagen.

373 *36 Druckseiten:* vielmehr 112.

374 *an Sprute:* Siehe 3. Anm. zu S. 348.

Eures ›Magazins‹: Siehe Anm. zu S. 347.

von Schweden an bis zu den Sarazenen: von ›Herzog Theodor von Gothland‹ bis zu ›Hannibal‹ (König Prusias).

Er hat drucken lassen: Das Folgende ist eine Anspielung auf belanglose Veröffentlichungen im ›Hermann‹.

Spruten: Sprottenkohl, eine Grünkohlart.

375 *gropf:* grob.

376 *Den alten Fritz:* Siehe 6. Anm. zu S. 366.

377 *Die Bettina gibt ein äußerst unterhaltendes Werk:* B. von Arnims ›Goethes Briefwechsel mit einem Kinde‹ (1835).
Napoleons Todestag: 5. Mai 1821.
Merkurin: Grabbes Magd Lisette (Elisabeth).
daß es mit dem ›Gestiefelten Kater‹ ernst wird: Eine Inszenierung von Tiecks Komödie kam nicht zustande.

378 *Tief in Afrika ...:* Anspielung auf eine englische Forschungsreise 1833/34, über die auch in deutschen Blättern berichtet wurde.
dominus: lat., Herr; Besitzer.
Servitus luminum: Servitut: Dienstbarkeit, dringliches Gebrauchsrecht an einem Gebäude; hier: das Recht, ein Fenster an einem fremden Grundstück anzubringen.

379 *Umsonst nicht hat sie dem ehrlichen Müller ...:* Gemeint ist der Kanzler des Herzogtums Sachsen-Weimar-Eisenach, Friedrich von Müller. Zu dem von Grabbe mißdeuteten Vorgang vgl. Bettinas Vorrede in der ersten Ausgabe des Briefwechsels.
Pückler-Muskau, hat geholfen: Grabbes Behauptung ist unzutreffend.
Briefwechsel G. Forsters: ›Johann Georg Forsters Briefwechsel. Nebst einigen Nachrichten von seinem Leben‹. Hrsg. von Therese Huber (2 Teile, 1829).
v. d. Velde u. Hell: die Briefe C. F. van der Veldes an Theodor Hell in dessen ›Sämtlichen Schriften‹ (1832).
Sevigné, Rabutin: bezieht sich auf die Briefsammlung der Marquise de Sevigné und die Memoiren des Grafen von Bussy-Rabutin, zwei wichtige literarische Gesellschaftsdokumente für das Frankreich des 17. Jahrhunderts.
›Stella‹ von 28: Gemeint sind die Aufführung von Goethes ›Stella‹ am 25. Februar 1835 im Düsseldorfer Theater und eine Besprechung, deren Autor mit ›28‹ zeichnete.
Plantagenet: engl. Dynastie, der König Johann entstammte, benannt nach: planta genista (Ginsterpflanze).

380 *Je ne sais pas:* frz., Ich weiß nicht.

380 *von den ›Bojaren‹ u. von dem ›Gericht zu Petersburg‹:* Vgl. 1. Anm. zu S. 370.

381 *Büsching:* ›Charakter Friedrichs des Zweiten, Königs von Preußen, beschrieben von D. Anton Friedrich Büsching‹ (1788).
Jean Pl. letzteren so charakteristisch findet: Jean Paul äußert sich in der ›Vorschule der Ästhetik‹ (§ 76) über die ›Beschreibung des Stils‹.
Arnolds Sache: Vgl. das in der 6. Anm. zu S. 366 genannte Werk, Band 3.

Schneider Fips: Gestalt in Kotzebues Lustspiel ›Die gefährliche Nachbarschaft‹ (1805).

das Zusammentreffen der Vers[ing] und Lind[ner]: in der Inszenierung von ›Kabale und Liebe‹; diese spielte die Lady Milford, jene die Luise.

382 *schlägt nicht Chamade:* frz., im Militärwesen: Unterhandlungssignal geben, hier soviel wie: klein beigeben.

Lehnsprozeß: nicht bekannt.

383 *einen Brief:* von Heinrich Ludwig Schierenberg.

384 *Empfehlung von Wüstenberg:* Über diesen Sänger ließ sich nichts ermitteln.

Anna von Ronnov: Es handelt sich um das Trauerspiel ›Die Hunyaden‹ von Otto Julius Bernhard von Corvin-Wierbitzki, der unter dem Pseudonym Otto von der Weiden schrieb. Es wurde – trotz der Kritik Grabbes – 1838 gedruckt. Anna von Ronnov ist die Heldin des Stückes.

386 *Am Geburtstag Maria Theresias:* 13. Mai.

regis Hungariae: lat., der Königin der Ungarn.

die Bücher: Am 28. März 1835 hatte Grabbes Frau ihm geschickt: ›Geschichte des deutschen Volkes‹ (1825) von Heinrich Luden, ›Historisch-geographische Beschreibung der Fürstlich Lippischen Lande in Westfalen‹ (1790) von Wilhelm Gottlieb von Donop und ›Wo Hermann den Varus schlug‹ (1822) von Christian Gottlieb Clostermeier.

›Cid‹: Grabbes Libretto ›Der Cid. Große Oper in 2–5 Akten‹, das er für Norbert Burgmüller schrieb.

bei Stange: Gemeint ist hier Jakob Stang, der Wirt der Weinstube ›Zum Drachenfels‹, in der Burgmüller und Grabbe häufig verkehrten.

387 *ein Schreiben an Schreiner im ›Hermann‹:* Grabbes dort am 17. Mai 1835 abgedruckter Brief an Carl Georg Schreiner (siehe Nr. 286).

388 *daß ich für den Verf. gehalten werden soll:* Diese Mutmaßung Grabbes war unbegründet.

Runkel soll mir im nächsten Blatt bezeugen: Dieser ging nicht auf Grabbes – ungerechtfertigten – Vorwurf ein.

389 *der zweite, siegreiche Tag von Aspern:* Die Schlacht von Aspern fand am 21. und 22. Mai 1809 statt, der zweite, siegreiche Tag war demnach der 22. und nicht der 21. Mai, an dem Grabbe diesen Brief schrieb.

Erzherzog: Erzherzog Karl Ludwig befehligte die österreichische Armee.

Lannes oder Montebello … Beinen: Jean Lannes, Herzog von Montebello, Marschall im französischen Heer, mußten nach der Schlacht

von Aspern beide Beine amputiert werden. Wenige Tage danach starb er.
sein Zeugs: Siehe 4. Anm. zu S. 386.

390 *Typhon:* Nebelhorn.
Bettinas 2. Teil: ›Goethes Briefwechsel mit einem Kinde‹.
Pümpchen hat Frankreich den Krieg erklärt: Worauf Grabbe hier anspielt, ist nicht zu klären.

392 *die Goethelein:* Siehe 2. Anm. zu S. 390.
Ludens Hermschl.: ›Geschichte des deutschen Volkes‹ von Heinrich Luden. Siehe 3. Anm. zu S. 386.
Porth hat mir ... gefallen: Der Dresdner Hoftheaterschauspieler Friedrich Wilhelm Porth gastierte in Düsseldorf in mehreren Rollen. Das Folgende bezieht sich auf eine Aufführung von Ifflands Schauspiel ›Die Advokaten‹, in welcher er den Dr. Wellenberger gab.

392 *Kammerrat:* genauer: Hofrat (Reißmann).
accusator: lat., Ankläger.
testis in propria causa: lat., Zeuge in eigener Sache.
calumniator: lat., Verleumder.
injuria atrox: lat., grobe Beleidigung.
poena talionis: lat., Strafe der Wiedervergeltung.
im ›Alten Feldherrn‹: ›Der alte Feldherr‹ (1832), Liederspiel von Karl Holtei.

393 *die Anlage:* nicht bekannt.
möcht ich etwas Tüchtiges sagen: In den letzten Maitagen 1835 verfaßt Grabbe eine Rezension von ›Goethes Briefwechsel mit einem Kinde‹.

394 *kurz vor den Juliwochen:* wohl Anspielung auf Verlauf und Ausgang der Julirevolution in Frankreich.
Sie können damit machen, was Sie wollen: Schreiner druckte einen Teil dieser Abhandlung im ›Hermann‹ vom 21. Juni 1835.

395 *Cerberus:* lat., Höllenhund. Gemeint sind Grabbes gerade erschienene Werke ›Hannibal‹, ›Aschenbrödel‹ und ›Das Theater zu Düsseldorf‹.
Lelewel: richtig: Lewald. Grabbe meint ›Seydelmann und das deutsche Schauspiel‹ (1835) von August Lewald.
die verdammte Rachel: ›Rahel. Ein Buch des Andenkens für ihre Freunde‹, 1834 in 3 Bänden herausgegeben von Karl August Varnhagen von Ense.

397 *wen ich meine:* Forstsekretär Kestner. Vgl. Anm. zu S. 250.
Delavigne: Casimir Delavignes ›Messenische Lieder‹ (dt. 1832).
›Erinnerungen aus der Schweiz‹: von Moritz Zandyck (1835).
Enslins Verzeichnis jur. Bücher: ›Bibliotheca juridica, oder Verzeichnis

aller brauchbaren seit 1700 bis 1824 in Deutschland erschienenen Werke über alle Teile der Rechtswissenschaft ...‹ (1824) von Theodor Christian Friedrich Enslin.

Papst (zu Mailands Gesandten): Vgl. ›Kaiser Friedrich Barbarossa‹, III, 1. Grabbe zitiert ungenau.

Puddeck: lippische Bezeichnung für Podagra (Gicht).

398 *Dein Brief:* nicht überliefert.

Code Napoléon: das französische Zivilgesetzbuch während des Ersten und Zweiten Kaiserreiches.

Augustus ...: Vgl. ›Die Hermannsschlacht‹, Schluß. Das Briefzitat stellt eine Vorstufe dar.

399 *Sie haben's im ›Merlin‹ besser gesagt:* im ›Vorspiel‹ zur Dichtung.

sagt in einer Schrift: Siehe 2. Anm. zu S. 395.

Mein ›Napoleon‹ kommt auf die Bühne: Immermann plante eine szenische Aufführung, die allerdings nicht zustande kam.

Des.: Deserviten.

Eure Gemäldeausstellung: eine kleine Ausstellung in der ›Ressource‹.

Die Idee mit dem Museum ist gut: Gemeint ist das Projekt eines Detmolder Naturkundemuseums.

die Einlage: Vgl. Nr. 300.

400 *Briefwechsel zwischen Humboldt und Schiller:* ›Briefwechsel zwischen Schiller und Wilhelm v. Humboldt. Mit einer Vorerinnerung über Schiller und den Gang seiner Geistesentwicklung von W. v. Humboldt‹ (1830).

der Gräfin: Elise von Ahlefeldt.

seine Schläge haben: Grabbe ließ von dieser Absicht ab.

401 *Mendelche aufgehalten mit Musikfesten:* Anspielung auf Felix Mendelssohn-Bartholdy. Vgl. 3. Anm. zu S. 338.

./.: gegen.

Debatten über Bettine und Goethe u. Schiller: bezieht sich auf in Aussicht genommene Veröffentlichungen im ›Hermann‹. Vgl. jeweils 2. Anm. zu S. 393 und 394.

401 *sepulcrum + b:* Während dieses Wortspiel (vgl. 2. Anm. zu S. 83) etwa im Brief vom 23. September 1827 wohl noch ohne tiefere Bedeutung war, verweist es hier – und später – auf Grabbes Ahnung eines frühen Todes.

402 *diese Bücher:* ›Hannibal‹, ›Aschenbrödel‹ und ›Das Theater zu Düsseldorf‹.

über das Fragm. ...: bezieht sich auf die auszugsweise Veröffentlichung im ›Hermann‹ vom 21. Juni 1835.

die Passage des Lewald: In seinen Besprechungen für den ›Hermann‹

verzichtete Runkel auf die Notiz über Grabbe in Lewalds ›Seydelmann und das deutsche Schauspiel‹ (siehe 2. Anm. zu S. 395).

die Franzosen: Auch auf diese Bitte ging Runkel nicht ein (zum wahrscheinlichen Grund vgl. 4. Anm. zu S. 366).

Anbei 2 Selbstrezens.: In der Halleschen ›Allgemeinen Literatur-Zeitung‹ erschienen die Selbstrezensionen Grabbes nicht, ebenso nicht im ›Phönix‹ und in der ›Zeitung für die elegante Welt‹.

Delavigne ... Mess.: Siehe 2. Anm. zu S. 397.

403 *Thibaudeaus:* Memoiren von Antoine Claire Graf Thibaudeau. Welche Edition Grabbe meint, ist nicht festzustellen.

Preuß: Siehe 6. Anm. zu S. 366.

Casimich: Kasimir Delavigne. Siehe 2. Anm. zu S. 397.

404 *Rotteck, Zschocke, Wessenberg:* Sie repräsentieren hier den deutschen Liberalismus, den Grabbe ablehnt.

ein Dings über Bettinas Briefwechsel: von Menzel nicht veröffentlicht. Es handelt sich um die in Nr. 293 erwähnte Kritik der Ausgabe. Vgl. 2. Anm. zu S. 393.

bald rezensiert würden: Die Besprechungen von ›Hannibal‹ und ›Aschenbrödel‹ erschienen im ›Literaturblatt‹ vom 20. bzw. 23. Mai 1836.

›Armin‹: Grabbe meint hier und später ›Die Hermannsschlacht‹.

›Eulenspiegel‹: Bereits 1827 hatte Grabbe ein solches Lustspiel geplant. Vgl. 2. Anm. zu S. 111.

›Alexander der Große‹: Es sind nur Bruchstücke überliefert.

Per Estafetten: Mit reitendem Eilboten.

405 *die Sache:* Vgl. Nr. 309.

Zandyck: Siehe 3. Anm. zu S. 397.

Rückert ist gut: bezieht sich auf ›Gesammelte Gedichte‹ (1834) von Friedrich Rückert.

Die Kinder Eduards: ›König Eduards Söhne‹ (1835) nach Casimir Delavigne von Gustav Ritter von Frank.

seines Namens, des Weinbergs: vigne, frz., Weinberg.

Un cri horrible: frz., Eine schreckliche Wende.

Melpomene: Muse der Tragödie.

406 *Ghiberti:* Gemeint ist ›Die Chronik seiner Vaterstadt Florenz von Lorenz Ghiberti‹ (dt. 1833).

Angelo: Michelangelo Buonarotti.

Schweizerbohne: Siehe 3. Anm. zu S. 297.

Thais: berühmte Hetäre im Gefolge Alexanders des Großen. Der Dialog ist ein Bruchstück aus Grabbes ›Alexander‹-Fragment.

407 *bei Zandyck:* bei der Rezension von Moritz Zandycks ›Erinnerungen aus der Schweiz‹.

›Müller u. sein Kind‹: ›Der Müller und sein Kind‹ (1835) von Ernst Raupach.

Rückerts neuesten Sachen: Siehe 3. Anm. zu S. 405.

408 *›Nala‹:* ›Nala. Eine indische Dichtung von Wjasa‹. Aus dem Sanskrit ... von Johann Gottfried Kosegarten (1820).

das Hindostanische: Hindustan, Landschaft in Vorderasien.

410 *Theod. Maul:* Gemeint ist Theodor Mundt.

410 *der arme Hufeland:* Dieser ließ im ›Freimütigen‹ mehrere Sprüche abdrucken, welche er seiner Sammlung ›Aphorismen eines freien Arztes‹ (1834) entnommen hatte.

411 *Der ›Phönix‹ hat mich wo erwähnt:* In seiner Besprechung von Büchners ›Dantons Tod‹ im ›Literaturblatt‹ des ›Phönix‹ vom 11. Juli 1835 hatte Gutzkow – allerdings mit negativer Tendenz – auf Grabbe aufmerksam gemacht.

›Geschichte Friedrichs des Großen‹: Siehe 6. Anm. zu S. 366.

412 *die Anlage:* Es ist nicht bekannt, um welche es sich handelt.

Die Rez. von Schierenberg: ›Über Grabbes neueste Schriften‹, ›Lippisches Magazin‹ vom 12./26. August 1835.

413 *Militgr.:* Militärgericht.

von gewissen Leuten ... einem: Theodor Pustkuchen, Grabbes Nachfolger im Amt des lippischen Auditeurs.

die Kritik des Wendtsch. Alm.: Amadeus Wendts ›Musenalmanach‹, welcher im ›Lippischen Magazin‹ vom 22. April/6. Mai 1835 besprochen wurde.

Schierenb. Abhandl.: Schierenbergs ›Fragmente zur Geschichte und Altertumskunde des Fürstentums Lippe‹, ›Lippisches Magazin‹ vom 15./22. Juli 1835.

Mein ›Barbarossa‹ ins Schwedische?: ›Kaiser Friedrich Barbarossa‹ war 1833 in schwedischer Übersetzung erschienen.

Erinnrungstagen ... 1813: 26. August (bis 31. August).

414 *›Christus‹:* lediglich als Bruchstück überliefert.

Göschel über Goethe: Gemeint ist eine Besprechung von Karl Friedrich Göschels ›Unterhaltungen zur Schilderung Goethescher Dicht- und Denkweise‹ (1834) im ›Freimütigen‹ vom 18. und 20. Juli 1835.

415 *bei Cotta verlegt:* ›Gedichte von Nikolaus Lenau‹ (1834).

Minerva: Goethe wird mitgenommen: In der ›Minerva‹, Band 175, erschien eine anonyme Abhandlung ›Goethe und sein Jahrhundert‹, die diesen allerdings nicht nur verurteilt.

Kobbes Werke ... will ich rezensieren: Theodor von Kobbe war mit mehreren dramatischen und epischen Schriften hervorgetreten, so daß nicht festzustellen ist, welche Ausgabe Grabbe meint. Eine Besprechung ist nicht nachzuweisen.

Kobbe hat mir neulich ...: Vgl. Kobbes Schilderung dieser Begegnung in den ›Humoresken aus dem Philisterleben‹ (1841).

416 *›Phönix‹:* Im ›Literatur-Blatt‹ zum ›Phönix‹ vom 1. August 1835 schrieb Gutzkow abfällig über ›Die Pommer'sche Dichterschule‹, eine Gruppierung trivialer Literaten, die auch Heine nachzuahmen versuchten.

Wird mein Aufsatz ... rezensiert: Willibald Alexis, der Redakteur des ›Freimütigen‹, veröffentlichte nur eine anonyme Besprechung der Theaterabhandlung Grabbes am 15. September 1835.

417 *Je suis votre très affectionée Louis Hutin:* frz., Ich bin Ihr sehr ergebener Louis Hutin. – Mit welcher Absicht Grabbe diesen Namen verwandte, ließ sich nicht feststellen.

was ist, ist recht: In Hegels ›Grundlinien der Philosophie des Rechts oder Naturrecht und Staatswissenschaft im Grundrisse‹ (1821) heißt es: ›Was vernünftig ist, das ist wirklich; und was wirklich ist, das ist vernünftig.‹

das schrieb ich schon neulich: an unbekannter Stelle.

Hegels Logik ist der des Bardili abgestohlen: Einflüsse Christoph Gottfried Bardilis auf Hegels Logik sind tatsächlich nachweisbar.

418 *ihrem künftigen Journal:* ›Deutsche Revue‹ (nicht erschienen).

in der ›Allg. Zeitung‹: vom 26. Oktober 1835.

Brief von Menzel: nicht überliefert. Vgl. aber Nr. 335.

Spießbürger aus Amiens: Robespierre stammte vielmehr aus Arras.

Die s. g. ›Elegante‹: Die ›Zeitung für die elegante Welt‹ wurde unter ihrem neuen Redakteur Gustav Kühne (seit 1. Juli 1835) politisch wieder zurückhaltender.

419 *Die Theaterz. aus Leipz. meint's gut:* Rezensionen der 1835 erschienenen Werke Grabbes in der ›Allgemeinen Theaterchronik‹ vom 25. und 28. August 1835.

In dem Umschlag, dem ›Literarischen Hochwächter‹: bezieht sich auf eine Notiz im ›Literarischen Hochwächter, Literatur- und Konversationszeitung für die Gebildeten im deutschen Volke‹ vom 25. September 1833.

der Poetenkönig: Ludwig I. von Bayern.

Jean Pauls »s-Geschichte«: Auch Jean Paul hatte sich zur Problematik des Binde-S geäußert: ›Über die Zusammensetzung der deutschen Doppelwörter‹ (1818).

ein Fichtelberger: Jean Paul Friedrich Richter wurde in Wunsiedel im Fichtelgebirge geboren.

2.) ›Freimütige‹: bezieht sich auf die Rezension des ›Hannibal‹ im ›Freimütigen‹ vom 17. und 18. August 1835.

Häring: Willibald Alexis redigierte die Zeitschrift unter seinem eigentlichen Namen Dr. Wilhelm Häring.

... in seiner letzten Ausgabe des ›Hofer‹: Immermann erwähnt Grabbes Werk selbst in einer Vorrede zur zweiten, veränderten Ausgabe des ›Trauerspiels in Tirol‹, das 1835 unter dem Titel ›Andreas Hofer, der Sandwirt von Passeyer‹ erschien.

Von Victor Hugo ...: Diese Bemerkung verweist auf ähnliche ästhetische Tendenzen bei Grabbe und Hugo. Die angesprochenen Wirkungs- und Rezeptionszusammenhänge zwischen Grabbe und Immermann einerseits und Hugo andererseits sind noch nicht erforscht.

420 *Steffens und Herder:* bezieht sich auf eine Rezension über Henrich Steffens' naturgeschichtliche und -philosophische Arbeiten.

»Was mir bleibt?«: Gedicht Hoffmanns von Fallersleben.

3.) ›Lit. Unterh.‹: ›Blätter für literarische Unterhaltung‹.

Ich versuche mich daran: Vgl. den Eintrag in ›Schillers Album‹.

Tageblatt: das ›Düsseldorfer Fremdenblatt‹.

421 *Ihr Schreiben:* nicht überliefert.

die Rezension: über Bettina von Arnims ›Goethes Briefwechsel mit einem Kinde‹.

422 *sein Verhältnis zu Ihnen:* bezieht sich auf die Denunziation des Jungen Deutschland durch Wolfgang Menzel, der Gutzkows Roman ›Wally, die Zweiflerin‹ (1835) ablehnte, sowie die folgenden Auseinandersetzungen.

zu einem Journal: Siehe 1. Anm. zu S. 418.

423 *Häring hat's sauber gemacht:* Siehe 6. und 7. Anm. zu S. 419.

lucus a non lucendo: lat., Der Wald kommt von nicht leuchten, d. h. Der Wald heißt lucus, weil es nicht hell darin ist. – Sprachliche Wendung, die eine vom Klang abgeleitete sinnlose Etymologie bezeichnet, welche Grabbe hier zur Charakterisierung des ›Freimütigen‹ benutzt.

Neujahr ginge sein Wisch unter: Zwischen 1830 und 1835 war der ›Freimütige‹ mit dem ›Berliner Konversationsblatt‹ vereint. Ab 1. Januar 1836 erschienen die Zeitschriften wieder getrennt.

Im ›Freim.‹: Hermann Marggraff hatte im ›Freimütigen‹ vom 15. Oktober 1835 Grabbe, Immermann und Uechtritz in diesem Sinne zusammengestellt.

Der alte, jammerwerte Tieck: bezieht sich auf die Besprechung seiner

Novelle ›Eigensinn und Laune‹ in der ›Zeitung für die elegante Welt‹ vom 16. und 17. Oktober 1835.

424 *Über Tieck, 983, ist gut:* eine Rezension der ›Gesammelten Novellen‹ (1835) Ludwig Tiecks.

›Elegante‹: Tieck kriegt's immer mehr: Siehe 5. Anm. zu S. 423.

p. 859 mein ›Theater zu Düsseldorf‹: in der gleichen Zeitschrift vom 31. Oktober 1835.

425 *ihn rezensieren:* im ›Düsseldorfer Fremdenblatt‹ vom 12. Februar 1836 erschienen.

in seiner ›Revue‹: August Lewald gab seit 1835 die ›Allgemeine Theater-Revue‹ heraus.

Cotta: In der J. G. Cotta'schen Buchhandlung erschien das ›Morgenblatt für gebildete Stände‹.

427 *›Richter von Zalamea‹:* Eine Rezension Grabbes der Aufführung von Calderóns Drama am 24. Februar 1836 ist nicht überliefert.

428 *in meiner Rez.:* von Karl Stawinskys ›Familienleben Heinrichs IV.‹ (1832) im ›Düsseldorfer Fremdenblatt‹ vom 24. Februar 1836.

Schlacht von Pavia: am 24. Februar. Siehe 2. Anm. zu S. 343.

Die gestrige Szene war unangenehm: Am 25. Februar 1836 war es zwischen Immermann und Grabbe zu einem Streit gekommen, der den Abbruch ihrer Beziehungen zur Folge hatte.

Beeking, La Comblet u. Schreiners Schwager: Besitzer von Düsseldorfer Gast- und Kaffeehäusern.

430 *lapsus calami:* lat., Schreibfehler.

die Rez. des ›Richters von Zalamea‹: Demnach hatte Grabbe zwar nicht die Aufführung vom 24. Februar 1836 (vgl. Anm. zu S. 427), wohl aber die Premiere vom 17. Januar 1836 im ›Düsseldorfer Fremdenblatt‹ vom 19. Januar 1836 besprochen.

Deinen Brief vom 24. v. M.: In diesem hatte Grabbes Frau von ihm eine Urkunde folgenden Inhalts gefordert: ›Ich übertrage meiner Ehefrau die Disposition über das gemeinsame Vermögen u. leiste auf das mir, nach dem § 9 der Verordnung wegen der Gütergemeinschaft unter Eheleuten zustehende Vorrecht der Administration des Gemeingutes hierdurch Verzicht.‹ (Vgl. Anm. zu S. 250)

431 *was Du vom Brieferbrechen schreibst:* Louise hatte den Verdacht geäußert, daß die an sie gerichteten Briefe auf der Post geöffnet würden.

›Jean v. P.‹: ›Jean von Paris‹ (1812). Oper von François Adrien Boieldieu.

ganz Brillantes zu schreiben denke: im ›Düsseldorfer Fremdenblatt‹ vom 30. März 1836.

432 *Ihre Dichtungen:* ›Des Dichters Herz. Romantisches Gedicht in drei

Gesängen‹ (1836) und ›Irisholdlein und Rosaliebe. Ein Frühlingsgedicht‹ (1835).

433 *will ... rezensieren:* Grabbe besprach lediglich ›Des Dichters Herz‹ im ›Düsseldorfer Fremdenblatt‹ vom 7. Mai 1836.

Kritik über Bettina: Siehe 2. Anm. zu S. 393. Auch Eduard Duller mußte im ›Phönix‹ auf eine Veröffentlichung verzichten.

›Hermannsschlacht‹ ist fertig: Der Druck erfolgte erst aus dem Nachlaß mit einer Biographie von Duller (1838).

434 *Cotta hat mir 20, Dr. Frank in Wien 30 Gulden ...:* Siehe 3. Anm. zu S. 425; Gustav Ritter von Frank war ab 1837 Herausgeber des ›Taschenbuchs dramatischer Originalien‹.

435 *offne Anlage:* Siehe Nr. 350.

436 *herausklavieren:* klavieren: mit den Fingern trommeln, sich an den Fingern abzählen.

»Den Zufall trägt der Herr«: Rechtsformel des römischen Zivilgesetzes. Auf eine Kommentierung des verworrenen Falls wird verzichtet.

437 *Nr. 5:* Welchen Rezensenten Grabbe meint, ist nicht zu ermitteln.

Rezension des ›Hans Heiling‹: romantische Oper (1833) von Heinrich Marschner. Die Besprechung – vermutlich Grabbes letzte – erschien am 5. Mai 1836.

438 *Eben erhalt ich das ›Fremdenbl.‹:* Das Folgende bezieht sich auf eine Meldung, die Grabbe in der Wiener ›Theaterzeitung‹ gefunden und die das ›Fremdenblatt‹ offensichtlich nachgedruckt hatte. Auf eine Kommentierung dieser Anekdoten um den Handel mit niederländischen Tulpen wird verzichtet.

439 *V. Mercure français, anno 1676 etc.:* Diese Quelle ist nicht nachzuweisen.

439 *»parit«:* lat., 3. Person Singular (Präsens) von parere, zeugen. Der Zusammenhang ist unklar.

Heinsius' ›Stilübungen‹: Theodor Heinsius war der Verfasser mehrerer Schulbücher über den deutschen Stil.

In den ›Hofer‹: in die Aufführung von Immermanns ›Andreas Hofer‹ am 8. Mai 1836.

Immermann hat in der Vorrede: Vgl. die 8. Anm. zu S. 419. Grabbe unterstellt Immermann das Folgende zu unrecht, denn dieser hatte den ›Napoleon‹ gelobt.

vor einem »Langen« gewarnt: unklar, wen Grabbe meint.

440 *im ›Konversations-Lexikon‹:* Grabbe wird im Band 2 des ›Konversationslexikons der neuesten Zeit und Literatur‹ (1833) behandelt.

Beiliegende Novelle: ›Grupello. Historische Novelle von Edward Hartenfels mit einem Vorwort von Grabbe‹, erschien 1840, jedoch nicht im Brockhaus-Verlag.

Kind der Laune: nach ›Die jüngsten Kinder meiner Laune‹ (1793–1797) von August von Kotzebue.

Ihr Vater: Friedrich Arnold Brockhaus. Der Vorgang ist nicht nachweisbar.

441 *eine Antwort:* nicht überliefert.

2 ›Blätter von Scherz und Ernst‹: ›Blätter für Scherz und Ernst‹ war die Unterhaltungsbeilage der ›Düsseldorfer Zeitung‹.

Rellstabs Novellen: Ludwig Rellstab trat mit mehreren Erzählungen hervor. Es ist nicht zu ermitteln, um welche Sammlung es sich handelt.

Jeremiaden über Norbert: Der Komponist Norbert Burgmüller war am 7. Mai 1836 gestorben.

442 *Der gedrückte Scherz:* Siehe 2. Anm. zu S. 441.

eine Erzählung: vermutlich die Novelle ›Konrad‹, die am 27. Mai 1836 im ›Düsseldorfer Fremdenblatt‹ erschien.

Die Prügel quaestionis: quaestionis, lat., der Klage. Offenbar waren Grabbe wegen einer Rezension Prügel angedroht worden. Er verwendet zur Charakterisierung des Vorfalls eine juristische Formulierung.

443 *Sonnenfinsternis:* Diese war am 15. Mai 1836 zu beobachten.

eine Novelle ›Grupello‹: Siehe 2. Anm. zu S. 440.

444 *bei Hrn. Gastwirt Meier vorläufig abgestiegen:* Grabbe wohnte zunächst im Gasthof ›Zur Stadt Frankfurt‹.

›Wo Herm. d. Var. schlug‹: Siehe 3. Anm. zu S. 386.

445 *Marquere:* frz., Kellner; eigtl.: Anschreiber.

Das »Motivierte Urteil«: ›Des Großherzogl. Badischen Hofgerichts zu Mannheim vollständig motiviertes Urteil über die in dem Roman ‚Wally, die Zweiflerin' angeklagten Preßvergehen ...‹ (1836) von Heinrich Eberhard Gottlob Paulus.

Sie wollten mich auch fangen: Grabbe meint flüchtige Kontakte zu jungdeutschen Autoren in Frankfurt, z. B. zu Eduard Duller.

Paulus hat 1800–4 den Spinoza herausgegeben: Spinozas ›Opera quae supersunt omnia‹ erschien 1802.

446 *der Aufsatz über das ›Heraus unsrer Soldaten‹:* Diese Notiz über die Schildwachen in Detmold wurde im ›Lippischen Magazin‹ nicht gedruckt, sie fand sich im Nachlaß.

447 *Daß Sie die 2 Louisdors zurückwiesen ...:* Die beiden folgenden Schreiben beziehen sich auf einen Brief Schreiners vom 9. Juli 1836, in welchem dieser Grabbe vorhielt, daß er ›2 Louisdors Postvorschuß ent-

nommen habe‹, ihm insgesamt noch 231 Taler schulde und auch andere noch Forderungen an ihn hätten.

448 *arrha:* lat., Handgeld.

französischen Gesetzen: Das von Napoleon eingeführte Zivilgesetzbuch galt in Düsseldorf noch immer.

449 *wie Sie schreiben:* Im genannten Brief vom 9. Juli 1836 hatte Schreiner auch hervorgehoben, daß er aus dem Verlag von Grabbes Werken ›nicht nur keinen Gewinn, sondern Verlust habe‹.

449 *›Rosamunde‹, ›Babylonier‹:* ›Rosemunde‹ (1833) und ›Die Babylonier in Jerusalem‹ (1836) von Uechtritz.

im ›Morgenbl.‹ und in der ›Eleganten‹: Im ›Literaturblatt‹ zum ›Morgenblatt für gebildete Stände‹ vom 20. und 23. Mai 1836 und in der ›Zeitung für die elegante Welt‹ vom 19. und 20. Mai 1836 wurden ›Hannibal‹ und ›Aschenbrödel‹ rezensiert.

450 *›Eulenspiegel‹ von Ramberg:* ›Till Eulenspiegel‹ (1826) von Johann Heinrich Ramberg.

den letzten Akten: der ›Hermannsschlacht‹.

Idem, qui supra: lat., Derselbe, wie oben.

451 *Den Gutzkow anbei zurück:* Grabbe meint die ›Verteidigung gegen Menzel und Berichtigung einiger Urteile im Publikum‹ (1835) von Karl Gutzkow.

im ›Phönix‹: Gutzkow besprach ›Hannibal‹ und ›Aschenbrödel‹ im ›Phönix‹ vom 18. August 1835.

452 *Meinb.:* Meinberg.

453 *Warum Du gestern ...:* Grabbe versuchte am 23. Juli aus dem Clostermeierschen Haus einige Wertpapiere zu holen, wobei es zum öffentlichen Skandal kam.

454 *Deinen Brief:* Grabbes Frau hatte, ohne Anrede und Grußformel, lediglich geschrieben: ›Ich stehe unter dem Schutz der Obrigkeit!‹

Ich ziehe ... morgen in meine alte Stube: Am 25. Juli 1836 verschaffte sich Grabbe Zutritt zum Clostermeierschen Haus.

Überbringer: ein Kellner aus dem Gasthof ›Zur Stadt Frankfurt‹.

455 *Brief an den Kronprinzen von Preußen:* Das undatierte, nicht abgesandte Schriftstück an den preußischen Kronprinzen, den späteren (seit 1840) König Friedrich Wilhelm IV., entstand im Winter 1822/23 in Berlin. Es wurde im Anhang aufgenommen, weil es für Grabbes Charakter und Stil sehr aufschlußreich ist.

456 *Trauerspiel:* ›Herzog Theodor von Gothland‹.

bedeutende Männer: eine Übertreibung Grabbes, da die Formulierung allein auf Ludwig Tieck zu beziehen sein dürfte.

Lustspiel: ›Scherz, Satire, Ironie und tiefere Bedeutung‹.

Personenregister

Kursiv gesetzte Seitenzahlen kennzeichnen einen Briefempfänger.